MONSTER MANUAL

몬스터 매뉴얼 한국어판

CREDITS

D&D Lead Designers: Mike Mearls, Jeremy Crawford

***Monster Manual* Lead:** Christopher Perkins
Stat Block Development: Chris Sims, Rodney Thompson, Peter Lee
Story Development: Robert J. Schwalb, Matt Sernett, Steve Townshend, James Wyatt
Managing Editor: Jeremy Crawford
Editing: Scott Fitzgerald Gray
Producer: Greg Bilsland

Art Directors: Kate Irwin, Dan Gelon, Jon Schindehette, Mari Kolkowsky, Melissa Rapier, Shauna Narciso
Graphic Designers: Bree Heiss, Emi Tanji, Barry Craig
Cover Illustrator: Raymond Swanland
Interior Illustrators: Tom Babbey, Daren Bader, John-Paul Balmet, Mark Behm, Eric Belisle, Michael Berube, Zoltan Boros, Christopher Bradley, Aleksi Briclot, Filip Burburan, Christopher Burdett, Sam Burley, Mike Burns, Wesley Burt, Milivoj Ćeran, Jedd Chevrier, Conceptopolis, Adam Danger Cook, Julie Dillon, Dave Dorman, Jesper Ejsing, Emrah Elmasli, Wayne England, Mike Faille, Toma Feizo Gas, Emily Fiegenschuh, Tomas Giorello, E.M. Gist, Lars Grant-West, E.W. Hekaton, jD, Jon Hodgson, Ralph Horsley, Kurt Huggins and Zelda Devon, Lake Hurwitz, Tyler Jacobson, Vance Kovacs, Daniel Landerman, Lindsey Look, Daniel Ljunggren, Raphael Lübke, Titus Lunter, Slawomir Maniak, Andrew Mar, Brynn Metheney, Christopher Moeller, Mark Molnar, Marco Nelor, Jim Nelson, Mark A. Nelson, Hector Ortiz, Ryan Pancoast, Adam Paquette, Jim Pavelec, Kate Pfeilschiefter, Steve Prescott, Vincent Proce, Darrell Riche, Ned Rogers, Scott Roller, Jasper Sandner, Mike Sass, Marc Sasso, Ilya Shkipin, Carmen Sinek, Craig J Spearing, Annie Stegg, Zack Stella, Matt Stewart, Raymond Swanland, Justin Sweet, Anne Stokes, Matias Tapia, Cory Trego-Erdner, Autumn Rain Turkel, Cyril Van Der Haegen, David Vargo, Franz Vohwinkel, Richard Whitters, Sam Wood, Ben Wootten, Kieran Yanner, Min Yum, Mark Zug
Additional Contributors: Bruce R. Cordell, Kim Mohan, Chris Dupuis, Tom LaPille, Miranda Horner, Jennifer Clarke Wilkes, Steve Winter, Chris Youngs, Ben Petrisor, Tom Olsen, R.A. Salvatore

Project Management: Neil Shinkle, Kim Graham, John Hay
Production Services: Cynda Callaway, Brian Dumas, Jefferson Dunlap, David Gershman, Matt Knannlein, Anita Williams

Brand and Marketing: Nathan Stewart, Liz Schuh, Chris Lindsay, Shelly Mazzanoble, Hilary Ross, Laura Tommervik, Kim Lundstrom, Trevor Kidd

Based on the original game created by
E. Gary Gygax and Dave Arneson, with Brian Blume, Rob Kuntz, James Ward, and Don Kaye
Drawing from further development by
J. Eric Holmes, Tom Moldvay, Frank Mentzer, Aaron Allston, Harold Johnson, David "Zeb" Cook, Ed Greenwood, Keith Baker, Tracy Hickman, Margaret Weis, Douglas Niles, Jeff Grubb, Jonathan Tweet, Monte Cook, Skip Williams, Richard Baker, Peter Adkison, Bill Slavicsek, Andy Collins, and Rob Heinsoo

Playtesting provided by
over 175,000 fans of D&D. Thank you!
Additional feedback provided by
Robert Alaniz, Anthony Caroselli, Josh Dillard, Curt Duval, Sam E. Simpson Jr., Adam Hennebeck, Sterling Hershey, Paul Hughes, Doug Irwin, Ken J. Breese, Yan Lacharité, Tom Lommel, Jonathan Longstaff, Rory Madden, Matt Maranda, Paul Melamed, Mike Mihalas, David Milman, Daren Mitchell, Claudio Pozas, John Proudfoot, Karl Resch, M. Sean Molley, Sam Sherry, Pieter Sleijpen, David "Oak" Stark, Vincent Venturella, Fredrick Wheeler, Arthur Wright

한국어판 던전즈 앤 드래곤즈 몬스터 메뉴얼
2019년 8월 05일 발매

저자: Mike Mearls, Jeremy Crawford
제작: D&D5 한국어판 제작지원협회 (DKSA)
유통: TRPG Club
기획: Shane Kim, 정재민, 김효경, 한상덕
번역: DKSA 번역팀(Shane Kim, 박정민 외)
교정: DKSA, TRPG Club(곽건민, 김효경, 오근영, 전홍준, 정재민, 박찬일 외)
편집: 곽건민(이그니시스), DKSA 지원팀
협력: 김희정, 박형구 님과 커뮤니케이션 그룹스 D&D 팀, 이준호, 네이버 TRPG 카페, 한우주, 신두하, 한상덕, 민기쁨, 깔깔고블린과 권지훈, 다이스라떼와 Joey Croner.

GALE FORCE NINE PRODUCTION TEAM:
Project Manager: Matthew Vaughan
Project Team: Chris Forgham, Emily Harwood
Producer: John-Paul Brisigotti

표지 해설

레이먼드 스완랜드Raymond Swanland는 자나사Xanathar가 언더마운틴의 가장 깊숙한 곳에서 탐험가들을 습격하는 장면을 그려냈습니다. 거대한 범죄 조직의 지배자인 이 비홀더는 워터딥 도시 깊숙한 곳까지 자신의 사업을 뻗치고 있습니다.

면책조항: 이 책에 나오는 괴물과 실제 존재하는 괴물 사이의 모든 유사점은 우연의 일치입니다. 특히 마인드 플레이어는 분명히, 진짜로, 절대로 존재하지 않으며, 그들이 비밀리에 D&D 팀을 운영하지도 않습니다. 정말로 이런 면책 조항까지 필요할까요? 이처럼 이성적이지 못한 생각에 당신의 뇌를 사용하지 마시길 바랍니다. 그런 식으로 뇌를 쓰면 혼란스러워지고 굳어버리며, 맛도 없어집니다. 좋은 뇌란 부드럽고 매끈하며 거의 쓰인 적 없는 것을 말합니다. 자, 그러니 이 책을 내려놓고 리얼리티 예능을 보거나 인터넷에 고양이 영상이나 찾아보십시오. 요새는 그런 것이 정말 재미있으니 후회하지 않으실 것입니다. 우리가 이런 조언을 드리는 것은 전적으로 우리가 게이머 여러분을 사랑하며, 여러분 모두 달콤하고 부드러운 뇌를 지니시길 바라기 때문입니다.

ISBN: 979-11-88546-14-5 73603-K
Korean edition, 2019

목차

알리는 말씀

도량형 환산

D&D 5판 영문판은 영미권 특유의 도량형 단위인 임페리얼 유닛(Imperial Unit)을 쓰므로, 피트(ft) 및 파운드(lb)를 기본 단위로 사용하였습니다. 이에 한국어판 번역에서는 임페리얼 유닛을 미터법으로 변환하는 도량형 환산을 아래 제시합니다.

부피 단위

1 갤런 = 약 3.79리터

길이 단위

1 마일 = 약 1.6km
1 야드 = 약 0.9m
1 피트(ft) = 약 0.3m
1 인치 = 약 2.54cm

무게 단위

1 파운드(lb) = 약 0.45kg
1 온스 = 약 28.3g

약어

본 룰북에서는 위의 단위들에 더해, 아래 단어들을 약어로 사용하고 있습니다.
히트 포인트 = hp
던전 마스터 = DM
방어도 = AC
난이도 = DC

수정 내용의 적용

D&D 5판 한국어판은 2018년 9월에 발표된 수정안까지 적용하여 번역되었습니다.

도입

이 괴물 모음집은 이야기를 짜고 세계를 만들어 가는 여러분을 위한 것입니다. 하룻밤 만에 끝나는 모험이든, 아니면 오래 진행하는 캠페인이든 당신이 친구들과 한번이라도 던전즈 & 드래곤즈Dungeons & Dragons 게임을 진행하려 하신다면, 이 책의 내용물이 페이지마다 영감으로 가득 차 있음을 발견하실 수 있을 것입니다. 악랄한 괴물이든, 온화한 신비의 존재든, 이 책에는 당신이 찾는 모든 것이 들어 있습니다.

D&D 세계 속에 존재하는 다양한 크리쳐 중 일부는 실제 세계의 신화나 환상문학에서 유래하기도 했습니다. 또 그중 일부는 D&D 고유의 것이기도 합니다. 이 책에 수록된 괴물들은 과거의 여러 판본에서부터 꾸준히 이어져온 것입니다. 여기서 당신은 비홀더나 굴절 야수같이 고전적인 적수들과 함께, 츄얼이나 가지 황폐자 같은 비교적 최근의 창조물들도 발견하실 수 있습니다. 기괴하고 공포스러우며 우스꽝스러운 괴물뿐 아니라 평범한 야수들도 같이 책에 들어 있습니다. 우리는 과거에서부터 이어진 괴물들과 함께, 이 게임의 다각적인 면을 모두 반영할 수 있도록 최선을 다했습니다. D&D의 괴물들은 다양한 형태와 크기를 지니고, 우리에게 스릴뿐 아니라 웃음도 선사해 줄 것입니다.

과거에 던전 마스터(DM)를 해본 경험이 있으시더라도, 이 책의 괴물 묘사 중 일부는 충분히 놀라우실 수 있습니다. 우리는 예전 몬스터 매뉴얼(Monster Manual)들을 연구한 끝에, 잊혀진 요소들을 도로 찾아냈기 때문입니다. 또한 우리는 몇몇 새로운 변곡점을 첨가했습니다. 이 괴물들은 어디까지나 당신의 뜻대로 다룰 수 있는 도구입니다. 우리의 이야기 때문에 당신의 창조성이 억제되어서는 안됩니다. 만약 당신 세계에서 미노타우르스들이 선박을 만드는 놀라운 재주를 가지고 있고, 해적으로 살아간다고 한들 누가 당신 설정에 왈가왈부할 수 있겠습니까? 이 모든 것은 당신의 세계이니, 당신의 뜻대로 재설계 하십시오

이 책의 사용법

DM의 여러 즐거움 중에서도 가장 커다란 부분은 당신만의 판타지 세계를 만들고 생기를 불어넣는 일일 것입니다. 세계에 생기를 불어넣기 위해서는 다양한 크리쳐들이 필요합니다. 당신은 여러 괴물의 이야기를 읽고 창의성을 발휘해 그에 연관된 모험을 만들 수 있으며, 던전을 만들고 그에 꼭 맞는 괴물들을 찾아내 집어넣을 수 있습니다. 바로 이런 부분들이야말로 몬스터 매뉴얼이 도움이 되는 분야입니다.

몬스터 매뉴얼은 던전즈 & 드래곤즈Dungeons & Dragons 게임의 기반을 구성하는 세 권의 책 중 하나로, 플레이어즈 핸드북(Player's Handbook), 던전 마스터즈 가이드(Dungeon Master's Guide)와 함께 자리합니다. 몬스터 매뉴얼은 던전 마스터즈 가이드와 마찬가지로 DM들을 위한 책입니다. 이 책을 이용하면 당신이 만드는 D&D 모험에 교활한 고블린, 악취 덩어리인 트로글로다이트, 야만스러운 오크, 강대한 드래곤 등 수많은 괴물의 무리를 집어넣을 수 있습니다.

던전 마스터즈 가이드에서는 괴물들을 이용해 조우를 설계하는 방법을 안내하고 있습니다. 또한 무작위 괴물 조우 표를 만드는 방법이나 기타 이 책에 등장하는 괴물들을 활용하는 흥미로운 방법도 실려 있으며, 기존의 괴물을 조정하거나 당신만의 새로운 크리쳐를 창조하는 방법도 수록되어 있습니다.

만약 당신이 이전에 한 번도 D&D 모험을 진행해 본 적이 없다면, 우리는 먼저 던전즈 & 드래곤즈 스타터 세트Dungeons & Dragons Starter Set를 읽어보시는 것을 추천합니다. 세트 내에는 어떻게 괴물 무리를 다루는가, 그리고 괴물들을 이용해 어떻게 신나는 모험을 만들어내는가가 잘 설명되어 있습니다.

괴물이란 무엇인가?

괴물이란 의사소통을 나누거나 싸우고 죽일 수 있는 모든 크리쳐를 통칭하는 말입니다. 이 정의를 따르자면 개구리처럼 무해한 것이나 유니콘처럼 선량한 것 역시 괴물에 포함될 수 있습니다. 또한 이 단어는 인간이나 엘프, 드워프 등 플레이어 캐릭터들과 우정을 맺거나 경쟁 관계를 형성할 수 있는 문명화된 종족 역시 포함하고 있습니다. 하지만 괴물 대부분은 D&D 세계를 괴롭히는 존재들이며, 따라서 누군가 막아야 하는 위협이 됩니다. 날뛰는 데몬, 교활한 데빌, 영혼을 빨아먹는 언데드, 소환된 원소 등등 괴물의 종류는 차고 넘치게 많습니다.

이 책은 즉시 사용할 수 있고 쉽게 운영할 수 있는 다양한 수준의 괴물들을 포함하고 있으며, 거의 모든 기후와 환경에서 등장할 법한 크리쳐들을 총망라하고 있습니다. 당신의 모험이 늪에서 벌어지는 것이든, 던전에서 벌어지는 것이든, 아예 다른 이세계에서 벌어지는 것이든, 이 책을 찾아보면 그 환경에 걸맞은 괴물들을 찾을 수 있을 것입니다.

괴물들은 어디에 살까?

당신이 D&D 게임의 초심자라면, 괴물들을 발견하고 싸우게 되는 기이한 장소들에 아직 익숙하지 않을 수도 있습니다.

던전

일반적인 상식에서 던전이란 쇠창살과 족쇄가 늘어선 지하 감옥 정도의 의미입니다. 그러나 D&D 게임에서 '던전'의 의미는 더 넓은 것입니다. 밀폐되어 있고 괴물들이 서식하고 있는 곳이라면 어디든 던전이라고 할 수 있습니다. 던전 대부분은 복잡한 지하 구조물이며, 아래 몇 가지 예시가 있습니다.

- 고블린 무리로 가득한 터널, 그리고 그 터널의 언덕 위에 홀로 솟은 폐허가 된 마법사 탑
- 유령 들린 묘소와 비밀 보물고가 자리한 파라오의 피라미드
- 날뛰는 데몬, 그리고 그 데몬을 숭배하는 사교도들이 숨어 있는 정글 속의 웃자란 덩굴로 가득한 잃어버린 도시
- 서리 거인의 왕이 잠든 얼음 무덤
- 위어랫 무리가 통제하고 있는 미로 같은 하수구 통로들

언더다크

언더다크는 세상에서 가장 큰 던전이나 다름없습니다. 이는 지상 세계 아래 존재하는 거대한 지하세계이며, 어둠에 익숙한 다양한 괴물들이 서식하고 있습니다. 아무런 빛도 들어오지 않는 동굴들이 수많은 터널로 서로 연결되어 점차 아래로 뻗어 내려갑니다. 평생을 다해도 언더다크 전체를 탐색하기란 불가능하며, 내부에는 아래와 같은 장소들을 발견할 수 있습니다.

- 자아를 잃은 노예와 미치광이들이 날뛰는 마인드 플레이어의 감옥 또는 도피처
- 먼지투성이 무덤들이 수없이 늘어서 있는 잃어버린 드워프의 네크로폴리스
- 요새화하고 중무장한 수비 거점, 그리고 그 길을 따라가면 보이는 장엄한 드로우의 도시
- 과대망상에 찬 비홀더나 미친 포모리언 왕이 다스리는, 거대한 버섯들로 가득한 지하의 균열
- 아볼레스나 미친 쿠오토아들이 고향으로 삼는, 해가 뜨지 않는 방대한 바닷속에서 서로 사슬로 연결된 섬들

야생

괴물들이 지하에만 숨어 있는 것은 아닙니다. 많은 괴물이 사막이나 산악, 늪, 계곡, 숲 등의 자연 속에서 살고 있습니다. 야생은 던전만큼이나 위험한 곳이 될 수 있으며, 숨을 곳을 찾을 수 없는 탁트인 평야에서라면 더욱 위험할 것입니다! 어떤 야생 지역들은 던전만큼이나 인상깊게 다가올 것입니다.

- 외로운 산이나 바위 언덕 꼭대기, 망가진 배의 용골들로 만들어진 로크의 둥지
- 광전사와 예티들이 사냥터로 삼는 거대한 북극의 툰드라
- 트린트나 데몬을 숭배하는 타락한 놀들이 지키고 있는 거대한 원시림
- 사악한 블랙 드래곤, 그리고 그 드래곤을 숭배하는 리저드포크가 들끓는 안개로 가득한 습지
- 공룡과 인간 부족 전사들이 사는 정글 섬

도시와 마을

때로는 문명의 요람 속에서 가장 거대한 모험이 벌어질 수도 있습니다. 도시 배경은 모험자들이 부와 권력을 지닌 자들이나 사회의 찌꺼기들과도 상대하게 만듭니다. 문명을 한 꺼풀 벗겨내고 나면, 다른 곳과 마찬가지로 흉악한 악이 도사리고 있을지도 모릅니다. 중세의 도시나 마을은 던전만큼이나 위험한 장소가 될 수 있습니다.

- 켄쿠 도적이나 암살자 길드가 기지로 사용하고 있는 시계탑
- 락샤샤가 고아원 원장으로 위장하여 운영하는 노예시장
- 사령술 마법의 수련자들로 인해 타락한 위저드 대학
- 부유한 데빌을 숭배하는 이교도들이 희생 제의를 바치는 귀족의 장원 저택
- 움직이는 구조물들이 경비를 서고 있는 신전이나 창고, 혹은 박물관

수중

모든 모험이 땅 위에서 벌어지는 것은 아닙니다. 이 책에는 세계의 바닷속에 존재하는 여러 괴물에 대한 내용도 실려 있습니다. 악마 같은 사후아긴에서 시작해, 그들을 경멸하는 평화적인 바다 엘프 모두를 찾아볼 수 있을 것입니다. 바닷속 영역에서는 여러 놀라운 모험이 펼쳐질 수 있습니다.

- 상어와 수중 구울, 성난 유령들이 도사린 가라앉은 배들의 무덤.
- 아름답지만 아무도 들어설 수 없는 폭풍 거인의 산호 성채
- 메두사 여왕이 다스리고 있는 해저의 도시. 거대한 마법 거품으로 공기를 공급받고 있는 곳
- 고대의 보물들이 잠자고 있는 크라켄의 동굴이나 브론즈 드래곤의 보금자리
- 사후아긴들이 섬기는 사신 세콜라의 가라앉은 신전

이세계

어비스, 구층지옥, 황동의 도시. 이런 장소들은 높은 레벨에 도달한 모험자들만이 방문할 수 있습니다. 이런 곳은 그 안에 도사린 사악한 지배자들을 물리칠 만한 용감하고 무모한 자들을 기다리고 있습니다. 이세계에는 질서정연한 모드론에서 미쳐 날뛰는 데몬들까지 강력하고 기괴한 존재들이 있습니다. 이세계가 흥미로운 모험의 장소가 되는 때가 오면, 하늘이 정녕 이 세상의 끝이 아님을 깨달을 수 있을 것입니다.

- 구층지옥의 제1층, 아베너스에 있는 핏 핀드의 요새
- 섀도 드래곤의 둥지로 사용되는 섀도펠 속의 유령들린 성
- 페이와일드에 있는 엘프 여왕의 무덤

- 대기의 원소계에 존재하는, 여기저기서 훔쳐온 놀라운 물건들로 가득한 지니의 궁전.
- 언데드 대마법사가 그 자신의 성물함과 주문책을 숨겨둔, 리치의 비밀 데미플레인.

던전 마스터즈 가이드(Dungeon Master's Guide)를 참조하면 이계들에 대하여 더욱 자세한 정보를 얻을 수 있습니다.

어떤 괴물을 사용할까?

수많은 괴물이 던전에 살고 있지만, 사막이나 숲, 미로 등 다른 환경에서 사는 것도 많이 있습니다. 당신은 괴물의 일반적 환경뿐 아니라 어느 곳에든 원하는 대로 괴물을 배치할 수 있습니다. 이러한 "물 밖에 나온 고기" 이야기는 재미있는 추억이 될 수 있으며, 플레이어들에게도 즐거운 놀라움을 줄 수 있습니다. 사막의 모래 아래 숨어 있는 그릭이나, 언더다크의 거대한 버섯들 사이에서 나타나는 드라이어드를 상상해 보십시오.

게임 수치

괴물의 게임적 능력은 대개 자료 상자로 표시되며, 당신이 괴물을 사용하려 할 때 필요한 핵심적 정보들을 담고 있습니다.

크기

괴물은 초소형, 소형, 중형, 대형, 거대형, 초대형 크기를 가질 수 있습니다. 아래의 크기 분류 표는 특정한 크기의 크리쳐가 전투 상황에서 얼마나 큰 공간을 점유하는지 나타냅니다. 플레이어즈 핸드북(Player's Handbook)을 참조하면 크리쳐의 크기와 공간에 대한 더 자세한 정보를 찾아볼 수 있습니다.

크기 분류

크기	공간	예시
초소형	2.5 × 2.5ft	임프, 스프라이트
소형	5 × 5ft	거대 쥐, 고블린
중형	5 × 5ft	오크, 위어울프
대형	10 × 10ft	히포그리프, 오우거
거대형	15 × 15ft	화염 거인, 트린트
초대형	20 × 20ft	크라켄, 보라벌레

종류

괴물의 종류는 괴물이 지닌 근본적 속성을 말합니다. 특정한 주문이나 마법 물건, 클래스 요소 등 게임 내의 여러 효과들은 특정한 종류의 클래스에게 특별하게 작용할 수 있습니다. 예를 들어, 용족 살해의 화살(Arrow of Dragon Slaying)은 진짜 드래곤뿐 아니라 드래곤 터틀이나 와이번 등, 용족에 속하는 다른 크리쳐들에게 추가적인 피해를 가할 것입니다.

> ### 크리쳐 조정하기
>
> 이 책에는 다종다양한 괴물이 실려 있긴 하지만, 모험에 넣고자 할 때 딱 맞는 괴물을 발견하지 못할 가능성 역시 항상 존재합니다. 유용하게 사용할 수만 있다면, 기존에 존재하는 크리쳐의 일부를 변화시켜 쓰는 것에 부담을 가질 필요는 없습니다. 다른 괴물에서 한두 가지 특성을 빌려오거나, 이 책에서 소개되는 **변형** 혹은 **템플릿**을 사용하는 것도 괜찮습니다. 다만 이렇게 템플릿을 사용하여 괴물을 조정할 경우, 도전 지수가 변할 수 있다는 사실은 기억해 두십시오.
>
> 크리쳐를 조정하고 도전 지수를 계산하는 등에 대한 조언은 던전 마스터즈 가이드에서 찾아볼 수 있습니다.

이 게임에는 아래와 같은 종류의 괴물들이 소개되어 있으며, 종류에 따른 별도의 규칙은 없습니다

거인(Giants)은 인간과 유사하지만, 크기가 월등하게 큰 근연 종입니다. 이들 중 일부는 에틴처럼 머리가 여럿이거나, 포모리언처럼 기형으로 뒤틀린 경우도 있습니다. 언덕 거인, 바위 거인, 서리 거인, 화염 거인, 구름 거인, 폭풍 거인의 여섯 종은 참 거인이라고 부릅니다. 이들 외에도 오우거나 트롤 역시 거인 종류에 속하는 것으로 알려져 있습니다.

괴물류(Monstrosities)는 어느 면으로 보나 괴물이라 할 만한 것들입니다. 즉, 일반적이거나 자연스럽지 않고 결코 온화하지 않은 무시무시한 존재들을 일컫는 말입니다. 아울베어와 같은 이들 중 일부는 마법적인 실험의 실패로 탄생했으며, 미노타우르스나 유안티 등은 끔찍한 저주로 인해 생겨났습니다. 이들은 분류가 불가능합니다. 다른 모든 분류에 맞지 않는 것들을 괴물에 포함시킨다고 이해하는 편이 더 편리할 것입니다.

구조물(Constructs)은 태어난 것이 아니라 만들어진 것들입니다. 이들 일부는 제작자에 의해 간단한 명령을 주입받아 그대로 행동하며, 어떤 것들은 의식을 얻어 독립적으로 생각할 수 있는 능력을 지니고 있습니다. 가장 대표적인 구조물로는 골렘이 있습니다. 모드론처럼 이세계 중 메카너스를 고향으로 두고 있는 크리쳐들 상당수도 구조물이며, 이들은 그 세계의 원료와 더욱 강력한 존재의 의지에 따라 창조되었습니다.

기괴체(Aberrations)는 근본적인 부분에서 이질적인 존재입니다. 이들 대다수는 세상의 신비한 힘이 아니라 그것들이 지닌 이질적 정신에서 유래한 태생적 마법 능력을 보유하고 있습니다. 가장 대표적인 기괴체로는 아볼레스, 비홀더, 마인드 플레이어, 슬라드 등을 꼽을 수 있습니다.

식물류(Plants)는 그냥 평범한 식물을 말하는 것이 아니라, 식물성의 크리쳐를 말하는 것입니다. 이들 대부분은 움직일 수 있으며, 몇몇은 육식을 하기도 합니다. 식물류에서 가장 유명한 것은 셈블링 마운드와 트린트입니다. 가스 포자나 마이코니드 같은 버섯류 크리쳐들 역시 식물류에 속합니다.

악마(Fiends)는 하계에 기반을 둔 사악한 존재들입니다. 이들 중 일부는 신들의 하수인이지만, 대다수는 아크데빌이나 데몬 대공들의 명령을 받고 있습니다. 사악한 사제나 마법사들은 때로 악마를 물질계에 소환해 명령을 내리기도 합니다. 사악한 천상체도 매우 드물지만, 선한 악마는 거의 상상할 수도 없는 존재입니다. 악마에는 데몬, 데빌, 헬 하운드, 락샤샤, 유골로스 등이 속합니다.

야수(Beasts)는 판타지 생태계의 자연스러운 동물 중, 인간형을 제외한 나머지를 통칭하는 분류입니다. 이들 일부는 마법적 능력을 지니고 있지만, 대부분은 지능이 없고 사회를 이루지 않으며 언어도 사용하지 못합니다. 야수는 평범한 동물류나 공룡, 혹은 거대화한 동물들을 모두 포함합니다.

언데드(Undead)는 한때 살아 있었으나 죽음을 맞이한 이후 사령술 마법이나 어떤 불경한 저주의 힘에 의해 불사의 존재로 되살아난 것들을 말합니다. 언데드는 뱀파이어나 좀비 등의 걸어 다니는 시체들에서 시작해 유령이나 악령처럼 실체가 없는 영혼들까지도 포함합니다.

요정(Fey)은 자연의 권능에 가까운 마법적 존재들입니다. 이들은 황혼녘의 작은 숲이나 안개 낀 나무들 사이에서 살아갑니다. 또한 이들은 요정계라는 이름으로도 알려진 페이와일드와도 깊은 연관을 맺고 있습니다. 일부 요정은 외부 이계에서도 찾을 수 있으며, 특히 아보리아나 비스트랜드에 많이 살고 있습니다. 드라이어드, 픽시, 사티로스 등이 요정에 속합니다.

용족(Dragons)은 고대부터 내려온, 어마어마한 힘을 지닌 거대한 파충류들입니다. 선한 성향의 금속 드래곤이나 사악한 유색

드래곤을 참된 드래곤이라 부르며, 이들은 높은 지능과 천부적인 마법 능력을 지니고 있습니다. 용족이라는 분류에는 참된 드래곤과 근연관계에 있는 다른 크리쳐들도 포함되지만, 와이번, 슈도드래곤 등의 여타 용족 크리쳐들은 참된 드래곤에 비하면 힘도 약하고 지능도 낮습니다.

원소(Elementals)는 원소계에 기원을 둔 존재들입니다. 이들 중 일부는 그저 자신을 이루는 원소가 생명을 얻고 움직이는 현상 정도로 치부되며, 단순히 원소라는 이름으로 부릅니다. 다른 것들은 원소력으로 살아가는 생태를 지니고 있습니다. 진과 이프리트를 포함한 여러 지니 종족은 원소계에서 거대한 문명을 이루어 살아가고 있습니다. 기타 원소 종족으로는 아제르, 투명 추적자, 수괴 등이 있습니다.

인간형(Humanoids)은 D&D 세계의 주류이며, 이들 중에는 문명화된 종족도 있고 야만적인 종족도 있습니다. 인간형 크리쳐에는 매우 다양한 종족이 존재합니다. 이들은 각자 나름의 언어와 문화를 지니고 있으며, 대개 주문시전 능력을 배울 수 있지만 태생적으로 마법 능력을 지니는 경우는 거의 없습니다. 이들 대부분은 두 발로 걸어 다닙니다. 플레이어 캐릭터들은 주로 인간, 드워프, 엘프, 하플링 등의 평범한 인간형 종족 중에서 나옵니다. 또한 고블리노이드 종족이라 부르는 고블린, 홉고블린, 버그베어 등은 수가 많지만 난폭하며 야만적입니다. 오크, 놀, 리저드포크, 코볼드 역시 인간형 종족에 속합니다.

이 책에는 다양한 인간형 괴물이 등장하지만, 드로우를 제외한 나머지 플레이어즈 핸드북의 종족들에 대해서는 주로 부록 B에서 자세히 설명하고 있습니다. 부록 B에서는 해당 종족들의 다양한 형태나 역할에 따른 게임 자료를 제공합니다.

점액류(Oozes)는 고정된 형태를 가지지 않는 끈적한 존재들을 말합니다. 이들은 동굴이나 던전에 살면서 시체, 오물 등을 먹이로 삼고, 때때로 마주치는 불행한 크리쳐들 역시 공격합니다. 블랙 푸딩이나 젤라틴 큐브 등이 대표적인 점액류에 속합니다.

천상체(Celestials)는 천상계에 속하는 크리쳐를 말합니다. 이들 대다수는 신의 하수인이며, 전령이나 부하로서 필멸의 세계를 오가며 여러 세상을 돌아다닙니다. 천상체는 근본적으로 선하며, 따라서 선의 성향에서 멀어진 독특한 천상체는 대단히 희귀합니다. 천상체에는 천사, 코아틀, 페가서스 등이 있습니다.

태그

괴물의 종류 뒤에는 괄호가 붙고 그 안에 하나 이상의 태그가 붙어 있을 수 있습니다. 예를 들어 오크는 인간형(오크) 종류로 표기됩니다. 괄호 안의 태그는 특정 크리쳐를 추가로 분류해 주는 역할을 합니다. 태그는 그 자체로 어떤 게임적 규칙을 가지지 않지만, 몇몇 마법 물건 등의 이 태그의 문구에 따라 특별한 능력을 발휘하기도 합니다. 예를 들어, 데몬과 싸울 때 특별히 더욱 강력한 창이 있다면, 이 창은 데몬 태그가 붙은 괴물에게 추가적 효력을 지니는 식으로 만들어질 것입니다.

성향

괴물의 성향은 괴물의 태도에 대한 단서가 되거나, 역할연기 및 전투 상황에서 어떻게 행동할지를 나타내는 역할을 합니다. 예를 들어 혼돈 악 성향의 괴물은 이성적으로 행동할 가능성이 희박하며 눈에 뜨이는 적을 무조건 공격하려 들 것입니다. 한편, 중립적인 성향의 괴물은 협상에 응할 가능성도 있습니다. 플레이어즈 핸드북(Player's Handbook)을 참조하면 여러 성향에 대한 묘사를 찾아볼 수 있습니다.

괴물의 자료 상자 안에 표기된 성향은 그저 기본 사양일 뿐입니다. 캠페인에 필요하다면 괴물의 성향을 바꾸는 것에 부담을 느

끼실 필요가 없습니다. 당신이 선한 성향의 그린 드래곤을 만들고 싶다거나 사악한 폭풍 거인을 만들고 싶다면 원하는 대로 만들면 됩니다.

어떤 크리쳐들은 아무 성향이나 가진다고 쓰여 있습니다. 이런 경우, 당신이 직접 괴물의 성향을 선택할 수 있습니다. 몇몇 괴물들 성향에는 질서, 혼돈, 선, 악 등에 대해 방향성을 가진다고 쓰여 있습니다. 예를 들어, 광전사는 혼돈을 포함하면 어떤 성향이든 가질 수 있습니다. (혼돈 선, 혼돈 중립, 혼돈 악 모두 가능합니다) 이는 그 자체의 야만적 본성 때문입니다.

지능이 낮아서 혼돈과 질서, 선과 악을 이해할 수 없는 크리쳐들도 있습니다. 이들은 도덕적이거나 윤리적인 선택을 할 수 없으며, 그냥 본능에 따라 행동합니다. 이런 크리쳐는 성향 없음으로 표기되며, 말 그대로 성향을 지니지 않는다고 이해하면 됩니다.

방어도

갑옷을 입었거나 방패를 들고 있는 괴물의 경우, AC는 그 갑옷과 방패에 민첩 수정치를 계산한 결과입니다. 갑옷 등이 없다면 민첩 수정치와 괴물의 자연 방어력에 기반해 계산됩니다. 만약 괴물에게 자연적 갑옷이 있거나, 갑옷을 입었거나, 방패를 들고 있다면 그 사실이 AC 뒤에 붙은 괄호 속에 나와 있을 것입니다.

히트 포인트

괴물은 hp가 0 이하로 떨어지면 대개 죽거나 파괴됩니다. 히트 포인트에 대한 더 자세한 정보는 플레이어즈 핸드북을 참조하십시오.

괴물의 히트포인트는 주사위값과 평균값 두 가지 형태로 모두 제시되어 있습니다. 예를 들어, 2d8 hp를 지닌 괴물은 평균 9점의 hp를 지닐 것입니다. (2 × 4.5)

괴물은 크기에 따라 사용하는 주사위가 달라지며, 이는 아래 크기에 따른 히트 다이스 표에 나와 있습니다.

크기에 따른 히트 다이스

괴물의 크기	히트 다이스	주사위당 평균HP
초소형	d4	2.5
소형	d6	3.5
중형	d8	4.5
대형	d10	5.5
거대형	d12	6.5
초대형	d20	10.5

괴물의 건강 수정치 역시 hp에 영향을 끼칩니다. 괴물의 히트 다이스 수에 건강 수정치를 곱한 만큼이 총 hp에 더해집니다. 예를 들어, 건강 12(수정치 +1)를 지닌 괴물이 2d8 HD를 지니고 있다면, 괴물의 HP는 2d8 + 2점일 것입니다. (평균 11점)

속도

괴물의 이동 속도는 자기 턴에 얼마나 멀리 움직일 수 있는가를 나타냅니다. 속도에 대한 더 자세한 정보는 플레이어즈 핸드북을 참조하시기 바랍니다.

모든 크리쳐는 보행 이동 속도를 지니고 있으며, 이 수치는 그냥 단순하게 줄여서 "속도"라고 말하기도 합니다. 지상을 걸어 다닐 수 있는 수단이 없는 크리쳐의 경우 보행 이동 속도가 0ft로 나와 있을 것입니다.

어떤 크리쳐들은 아래와 같은 추가적 이동 형태를 지니기도 합니다.

굴착

굴착 속도를 지닌 괴물은 모래나 땅, 진흙, 얼음 등의 지면 속을 파고 이동할 수 있습니다. 하지만 특별한 언급이 없는 한 단단한 바위를 굴착하며 이동할 수는 없습니다.

등반

등반 속도를 지닌 괴물은 자신의 전신이나 일부를 이용해 수직 표면을 이동할 수 있습니다. 이 이동 속도를 지니고 있으면 등반시 추가적으로 이동력을 소모할 필요가 없습니다.

비행

비행 속도를 지닌 괴물은 전신이나 일부를 사용하여 날아서 이동할 수 있습니다. 일부 괴물은 부양 능력을 지니기도 하는데, 이 경우는 괴물을 떨어트리는 것이 더 어렵습니다. (비행 규칙에 대해서는 플레이어즈 핸드북(Player's Handbook)을 참조하십시오) 괴물이 사망하면 부양을 멈추고 떨어집니다.

수영

수영 속도를 지닌 괴물은 수영 이동시 추가로 이동력을 소모하지 않습니다.

능력치

모든 괴물은 6개의 능력치를 지니고 있습니다. (근력, 민첩, 건강, 지능, 지혜, 매력). 또한 해당 능력치에 따라 수정치를 지니기도 합니다. 능력치 점수와 그 사용법에 대해서는 플레이어즈 핸드북에 더 자세한 정보가 나와 있습니다.

내성 굴림

내성 굴림 항목은 괴물이 지닌 특별한 저항력을 설명하고 있습니다. 예를 들어 쉽게 매혹 또는 공포 상태가 되지 않는 크리쳐의 경우 지혜 내성에 보너스를 받고 있을 것입니다. 괴물들 대부분에게는 특별한 내성 굴림 보너스가 없으며, 그런 경우 이 항목은 아예 존재하지 않을 것입니다.

내성 굴림 보너스는 괴물이 지닌 해당 능력 수정치와 숙련 보너스가 더해진 결과이며, 도전지수에 따라 결정됩니다. (도전 지수에 따른 숙련 보너스 표를 참조하십시오)

도전 지수에 따른 숙련 보너스

도전	숙련 보너스	도전	숙련 보너스
0	+2	14	+5
1/8	+2	15	+5
1/4	+2	16	+5
1/2	+2	17	+6
1	+2	18	+6
2	+2	19	+6
3	+2	20	+6
4	+2	21	+7
5	+3	22	+7
6	+3	23	+7
7	+3	24	+7
8	+3	25	+8
9	+4	26	+8
10	+4	27	+8
11	+4	28	+8
12	+4	29	+9
13	+5	30	+9

기술

괴물이 하나 이상의 기술에 숙련을 지닌 경우, 기술 항목에 그 내용이 쓰여 있습니다. 예를 들어 지각력이 극도로 예민하며 은신에 능한 괴물이라면 지혜(감지)와 민첩(은신) 판정에 보너스를 받을 것입니다.

기술 보너스는 괴물이 지닌 해당 능력 수정치와 숙련 보너스가 더해진 결과이며, 도전지수에 따라 결정됩니다. (도전 지수에 따른 숙련 보너스 표를 참조하십시오) 경우에 따라 다른 수정치들 역시 적용될 수 있습니다. 예를 들어 숙련 보너스가 2배로 적용되는 등 괴물이 예상보다 큰 보너스를 받고 있다면 그 괴물이 해당 분야에 고도로 전문화되었음을 짐작할 수 있을 것입니다.

취약성, 저항, 면역

몇몇 크리쳐는 특정한 종류에 대해 취약성을 지니거나 저항 또는 면역을 가지기도 합니다. 어떤 크리쳐들은 아예 비마법적인 모든 공격에 대해 면역이나 저항을 지니기도 합니다. (마법적 공격이란 주문이나 마법 물건, 기타 마법적 원천에 의한 피해를 뜻합니다.) 또한, 일부 크리쳐들은 특정한 몇몇 상태 이상에 대해 면역을 지니기도 합니다.

감각

감각 항목에는 괴물이 지닌 상시 지혜(감지) 점수가 쓰여 있으며, 만약 괴물이 특별한 감각 능력을 지닌 경우 그 감각 역시 쓰여 있습니다. 특별한 감각 능력들은 아래 설명을 참조하십시오.

맹안시야

맹안시야를 지닌 괴물은 특정한 범위 내에서라면 시각에 의존하지 않고 주변 환경을 감지할 수 있는 능력이 있습니다.

그림록이나 그레이 우즈 등 눈이 아예 없는 괴물이 이런 특수 감각을 지니고 있으며, 박쥐나 드래곤처럼 환경에 동화를 이루거나 아주 예민한 감각을 지닌 괴물들도 마찬가지입니다.

만약 괴물이 태생적으로 눈이 보이지 않는 상태라면, 이 효과에 붙은 괄호 안에 그 사실이 쓰여 있을 것입니다. 또한 이 감지 능력의 최대 범위도 표시되어 있습니다.

암시야

암시야를 지닌 괴물은 어둠 속에서도 일정한 범위를 볼 수 있습니다. 이들은 일정 범위까지의 약한 빛을 마치 밝은 빛처럼 볼 수 있고, 어둠 역시 일정 범위까지는 약한 빛 속에 있는 것처럼 볼 수 있습니다. 어둠 속에서는 색깔을 구별하기 어렵고, 그냥 회색의 음영으로만 보일 뿐입니다. 지하에 사는 크리쳐 대다수가 이러한 감각 능력을 지니고 있습니다.

진동감지

진동감지를 지닌 괴물은 특정 범위 내에서 진동을 느끼며 어디서 진동이 시작되는지 명확한 지점을 알아낼 수 있습니다. 다만 이 경우는 진동의 진원지와 괴물의 위치가 같은 매질로 이어져 있어야 합니다. 비행중이거나 실체가 없는 크리쳐는 진동감지를 사용할 수 없습니다. 앙크헤그나 움버 헐크 등 굴착 능력을 지닌 크리쳐들 중 상당수가 이 특수 감각을 지니고 있습니다.

진시야

진시야를 지닌 괴물은 특정 범위 내에서라면 일반적/마법적 어둠을 모두 꿰뚫어 볼 수 있으며, 투명체를 감지하고 시각적인 환영 모두를 내성 굴림 없이 자동적으로 간파합니다. 또한 변신자의 원래 모습이나 마법적으로 모습을 바꾼 크리쳐의 원래 형태도 파악할 수 있습니다. 또한 진시야의 범위 내에서는 에테르계에 숨은 존재들 역시 발견할 수 있습니다.

언어

이 항목에서는 괴물이 사용하는 언어가 차례대로 나열되어 있습니다. 때로 언어를 이해할 수는 있지만 말할 수는 없는 괴물도 있는데, 그런 경우 이 항목에서 그 사실을 설명합니다. 이 항목에 "—" 표시가 되어 있다는 것은 괴물이 어떤 언어도 이해하거나 구사할 수 없다는 뜻입니다.

정신감응

정신감응, 즉 텔레파시는 특정한 거리 내에서 괴물이 다른 누군가와 정신적으로 의사소통할 수 있음을 나타내는 말입니다. 정신적으로 접촉한 대상은 괴물과 동일한 언어를 구사할 필요는 없지만, 의사소통을 하려면 최소한 하나 이상의 언어를 알고 있어야 합니다. 정신감응이 없는 크리쳐는 오직 감응을 받아 상대에게 오는 생각에 응답만 할 수 있을 뿐이며, 정신감응 회화를 시작하거나 끝내는 것은 오로지 해당 능력을 지닌 존재 뿐입니다.

정신감응을 사용하려는 괴물이 반드시 정신적으로 접촉하려는 대상을 바라보아야 할 필요는 없으며, 범위 내의 다른 대상과 연결될 경우 기존의 연결은 끊어집니다. 정신감응을 사용하는 괴물은 정신으로 의사소통하기 위해 특별히 행동을 사용해야 할 필요가 없지만, 행동불능 상태가 되었다면 더이상 정신감응 대화를 시작할 수 없으며 연결된 기존 접촉도 끊어집니다.

반마법장Antimagic Field이나 이와 유사한 마법 효과 내에 있는 크리쳐는 정신감응을 시작하거나 받을 수 없습니다.

도전

괴물의 도전지수는 그 괴물이 얼마나 강하고 위협적인 상대인지 나타내는 지표입니다. 적절하게 장비를 갖추고 휴식을 취한 4명의 모험자 집단은 자신들의 평균 레벨과 동일한 도전 지수를 가진 괴물을 상대할 때 아무도 죽지 않고 괴물을 처리할 수 있을 것입니다. 예를 들어, 4명의 3레벨 캐릭터로 이루어진 일행은 도전지수 3의 괴물이 까다롭긴 하겠지만, 결코 치명적인 적이 되지는 않을 것입니다.

1레벨 캐릭터보다도 확연히 약한 괴물은 1 미만의 도전지수를 지닙니다. 도전지수 0의 괴물은 아주 많은 수가 모이지 않는 한 의미있는 위협이 되지 못합니다. 이것들 중 효과적인 공격 능력이 없는 것들은 물리쳐도 경험치를 얻을 수 없습니다. 한편 그나마 공격능력을 지닌 것은 하나당 10 XP 정도의 가치를 지닙니다.

또 일부 괴물은 너무 강력한 적이라 20레벨 일행조차 다루기 버겁습니다. 이런 괴물들은 21 이상의 도전지수를 지니며, 플레이어들의 기술을 총동원하여 상대하도록 만들어졌습니다.

경험치

이 항목에 나와 있는 경험치 점수는 해당 괴물의 **도전** 지수에 따른 것입니다. 일반적으로 괴물을 처치한 경우 경험치를 얻을 수 있지만, DM은 그저 위협을 물리치거나 다른 방식으로 무력화해도 경험치를 줄 수 있다고 판정할 수 있습니다.

달리 언급이 없는 한, 주문이나 다른 마법적 능력에 의해 소환된 괴물 역시 자료 상자에 나온 경험치를 그대로 제공합니다.

던전 마스터즈 가이드(Dungeon Master's Guide)를 참조하면 XP 예산을 사용해 조우를 고안하는 법을 안내받을 수 있으며, 이를 통해 조우의 난이도를 조정하는 법 역시 나와 있습니다.

도전 지수에 따른 경험치 점수

도전	XP	도전	XP
0	0 또는 10	14	11,500
1/8	25	15	13,000
1/4	50	16	15,000
1/2	100	17	18,000
1	200	18	20,000
2	450	19	22,000
3	700	20	25,000
4	1,100	21	33,000
5	1,800	22	41,000
6	2,300	23	50,000
7	2,900	24	62,000
8	3,900	25	75,000
9	5,000	26	90,000
10	5,900	27	105,000
11	7,200	28	120,000
12	8,400	29	135,000
13	10,000	30	155,000

특징

특징 항목(괴물의 도전 지수 다음에 나오며 행동이나 반응행동보다 앞에 나오는 것)은 괴물이 지닌 개성중 전투 조우에 연관되어 설명이 필요할 법한 것을 나열하고 있습니다.

선천적 주문시전

선천적 주문시전 특징을 지닌 괴물은 주문을 시전할 수 있는 태생적 능력을 지니고 있습니다. 달리 언급이 없는 한, 1레벨 이상의 태생적 주문 능력은 언제나 시전 가능한 가장 낮은 레벨로만 시전되며 고의로 레벨을 높여 시전할 수 없습니다. 만약 괴물이 소마법을 시전할 수 있는데 이 소마법에서 레벨이 중요한 요소라면, 괴물의 도전 지수를 레벨로 사용하여 계산합니다.

선천적 주문 능력은 특별한 규칙이나 제한이 있을 수 있습니다. 예를 들어, 드로우 마법사는 태생적으로 부양Levitate 주문을 시전할 수 있지만, 이 주문은 오직 "자신에게만 시전 가능"하다는 제한이 붙어 있습니다. 따라서 드로우 마법사는 오직 자신에게만 이 주문을 사용할 수 있을 것입니다.

괴물의 선천적 주문 능력은 다른 주문으로 교체할 수 없습니다. 만약 괴물의 선천적 주문이 명중 굴림을 필요로 하지 않는다면, 딱히 명중 보너스를 받지도 않을 것입니다.

주문시전

주문 시전 특수 능력이 있는 괴물은 주문시전자 레벨과 주문 슬롯을 지니고 있으며, 이를 이용해 1레벨 혹은 그 이상의 주문을 시전할 수 있습니다. (플레이어즈 핸드북(Player's Handbook)에서 설명하는 것과 마찬가지의 규칙을 따릅니다.) 주문시전자 레벨은 또한 여러 기초마법의 레벨에도 그대로 적용됩니다.

괴물은 특정한 클래스에 따라서 알고 있거나 준비하고 있는 주문 목록을 지닙니다. 이 목록은 해당 클래스에 따라 주어지며, 클레릭의 경우 신성 영역의 주문이나 드루이드의 경우 드루이드 집회의 주문 역시 이에 포함될 수 있습니다. 이런 능력을 지닌 경우, 괴물은 마법 물건을 조율하거나 할 때도 해당 클래스의 일원으로 취급합니다.

이런 괴물들은 높은 레벨의 주문 슬롯이 남아 있다면, 자신이 알고 있는 주문을 더 높은 레벨로 시전할 수도 있습니다. 예를 들어, 드로우 마법사가 5레벨 슬롯이 남아 있다면 3레벨의 번개 Lightning Bolt 주문을 5레벨로 높여 시전할 수 있습니다.

당신은 괴물이 알고 있거나 준비해 둔 주문을 클래스 주문 목록 내의 같은 레벨을 지닌 다른 주문으로 교체하거나 할 수 있습니다. 이렇게 주문을 교체한 경우 괴물의 위협 능력이 더 커지거나 작아진다면, 이에 따라 도전 지수를 바꾸어야 할 수도 있습니다.

사이오닉

그 자체의 정신력만으로 주문을 시전할 수 있는 괴물의 경우, 주문시전이나 선천적 주문시전 능력 뒤에 사이오닉이라는 태그가 붙어 있습니다. 이 태그는 그 자체만으로 특별한 규칙상 의미가 있지는 않지만, 게임 내의 다른 요소에는 연관될 수 있습니다. 이 태그를 지닌 괴물은 대개 주문 시전에 필요한 구성요소들 없이도 주문을 시전할 수 있습니다.

행동

괴물은 행동을 사용할 때, 자료 상자의 행동 부분에 나온 선택지 중 하나를 골라 사용하거나 질주나 은신, 퇴각 등 모든 크리쳐가 공통적으로 할 수 있는 행동을 취할 것입니다. 일반적으로 사용할 수 있는 행동의 종류와 예시는 플레이어즈 핸드북에서 찾아볼 수 있습니다.

근접 또는 장거리 공격

괴물이 전투시 취하는 가장 일반적인 행동은 근접 또는 장거리 공격입니다. 이 공격에는 주문이나 무기 공격이 포함되며, 여기서 무기라 하는 것은 꼭 제작된 물건 외에도 손톱이나 꼬리 가시 등의 자연적 무기 역시 포함됩니다. 공격의 여러 종류에 대한 더 자세한 정보는 플레이어즈 핸드북을 참조하십시오.

크리쳐 vs 목표. 근접이나 장거리 공격의 목표물은 대개 크리쳐 하나 또는 목표 하나로 표기됩니다. '목표'라고 명시된 경우, 크리쳐 외에도 물건 역시 목표로 할 수 있는 공격입니다.

명중. 목표에 공격을 명중시켰을 경우, 그에 따른 피해나 기타 특수 효과가 "명중시"라는 언급 뒤에 기록되어 있습니다. 당신은 피해의 평균값을 사용할 수도 있고 주사위를 굴릴 수도 있습니다.

따라서 해당 항목에는 피해의 주사위값과 평균값이 모두 표기되어 있습니다.

빗나감. 만약 해당 공격이 빗나갔어도 발동되는 효과가 있다면, 그 부분은 "빗나감"이라는 언급 뒤에 해당 정보가 쓰여 있을 것입니다.

다중공격

다중공격 행동을 지닌 크리쳐는 자기 턴에 여러 번의 공격을 가할 수 있습니다. 기회 공격을 가할 때는 다중공격을 사용할 수 없으며 오직 단 한 번의 근접 공격만 가능합니다.

탄환

장거리 공격을 할 수 있는 괴물은 충분한 수량의 탄환을 소지하고 있을 것입니다. 투척 무기 공격의 경우 2d4번 가할 수 있는 탄환이 있다고 가정하고, 활이나 석궁 등 사격 무기의 경우 2d10번 공격할 수 있는 분량의 탄환이 있다고 가정하십시오.

반응행동

만약 괴물이 반응행동을 사용하여 무언가 특별한 일을 할 수 있다면, 그에 대한 정보가 이 항목에 쓰여 있습니다. 해당 크리쳐에게 특별한 반응행동이 없다면 이 항목은 존재하지 않을 것입니다.

제한된 횟수 사용

어떤 특수 능력은 제한된 횟수만 사용할 수 있다는 제약이 있습니다.

X/일. "X/일"이라는 언급이 붙어 있다는 것은, 해당 특수 능력을 하루에 X회만 사용할 수 있으며, 다 사용하고 나면 긴 휴식을 취해야만 소비된 횟수를 다시 채울 수 있음을 의미합니다. 예를 들어, "1/일"이라 쓰여진 특수 능력을 지닌 괴물은 일단 그 능력을 한번 사용하고 나면 긴 휴식을 취해야 다시 사용할 수 있을 것입니다.

재충전 X-Y. "재충전 X-Y"라는 언급이 붙어 있는 경우, 괴물은 해당 특수 능력을 한번 사용하고 나면 매라운드에 무작위적으로 능력이 재충전될 수 있다는 것을 의미합니다. 괴물의 턴이 시작될 때마다 1d6을 굴립니다. 만약 이 1d6의 결과가 X와 Y 사이의 값이라면, 해당 능력은 재충전 된 것입니다. 또한 이 능력은 짧은 휴식이나 긴 휴식을 취한 뒤에도 바로 충전됩니다.

예를 들어, "재충전 5-6"이라 쓰여진 능력을 지닌 괴물은 해당 능력을 한번 사용한 후 주사위에서 5-6이 나와야 다시 그 능력을 사용할 수 있을 것입니다.

짧은 휴식/긴 휴식 이후 재충전. 이 언급이 붙어 있는 특수능력을 지닌 괴물은 해당 능력을 한번 사용한 이후 휴식을 취해야 다시 그 능력을 사용할 수 있습니다.

장비

괴물이 갑옷이나 무기를 사용하는 게 아니라면, 자료 상자에 장비가 따로 나와 있는 경우는 그리 많지 않습니다. 인간형처럼 습관

> **괴물들을 위한 붙잡기 규칙**
>
> 많은 괴물들은 먹이를 재빠르게 붙잡을 수 있는 특별한 공격 능력을 지니고 있습니다. 괴물이 그런 공격을 명중시켰다면, 특별한 언급이 없는 한 추가적으로 능력 판정 없이 붙잡기에 성공한 것으로 칩니다.
>
> 괴물에게 붙잡힌 크리쳐는 자기 행동을 사용해 탈출을 시도할 수 있습니다. 탈출을 시도할 경우 근력(운동)이나 민첩(곡예) 판정을 해서 괴물의 자료 상자에 나온 탈출 DC 이상을 얻어야 합니다. 만약 탈출 DC가 따로 주어지지 않았다면 10 + 괴물의 근력(운동) 수정치를 DC로 생각하십시오.

적으로 의복을 입는 크리쳐의 경우, 장비에 따로 언급이 없어도 그냥 적절한 의복을 갖추고 있다고 가정하는 편이 옳습니다.

하지만 당신이 원한다면 괴물도 추가적인 장비와 물건으로 무장시키는 것 역시 가능합니다. 괴물을 처치한 경우 그 장비를 복구해 사용할 수 있는가도 미리 정해 두기 바랍니다. 예를 들어 괴물이 갑옷으로 무장한 경우, 처치한 괴물에게서 얻은 갑옷은 도저히 쓰지 못할 정도로 훼손되었을 것입니다. 장비의 기능에 대해서는 플레이어즈 핸드북(Player's Handbook)에 나온 내용을 참조하십시오.

만약 주문시전 능력을 지닌 괴물이라면 주문을 시전하기 위한 물질 구성요소가 필요할 것입니다. 따라서 대개 자신이 준비한 주문에 필요한 물질 구성요소를 준비했다고 가정해야 할 것입니다.

전설적 크리쳐

전설적 크리쳐는 평범한 크리쳐들에게는 불가능할 법한 일들을 할 수 있습니다. 이런 크리쳐들은 자기 턴이 아닐 때에도 특별 행동을 사용할 수 있으며, 일부는 수 마일 범위 밖으로 퍼져 나가는 마법적인 영향력을 발휘하기도 합니다.

만약 어떤 크리쳐가 주문이나 마법의 힘을 이용해 전설적 크리쳐의 모습으로 변신했다 하더라도, 그 형태가 본래 지닌 전설적 행동이나 본거지 행동, 지역 효과 따위는 쓸 수 없을 것입니다.

전설적 행동

전설적 크리쳐는 자기 턴이 아닐 때도 특정 횟수의 특별한 행동을 취할 수 있으며, 이를 전설적 행동이라 부릅니다. 다만 다른 크리쳐의 턴 동안에는 오직 한 번에 한 가지 선택지만을 골라 사용해야 합니다. 전설적 크리쳐는 또한 전설적 행동을 하지 않고 넘길 수도 있으며, 행동불능 상태에 빠지거나 다른 식으로 행동을 취할 수 없게 되면 전설적 행동 역시 불가능합니다. 전설적 크리쳐가 기습을 당했다면, 전투에서 자기 첫 턴이 시작되기 전까지는 전설적 행동 역시 사용할 수 없습니다.

전설적 크리쳐의 본거지

전설적 크리쳐는 그 본거지가 묘사된 항목을 따로 가지고 있을 수 있으며, 본거지 내에 있을 때는 특별한 효과를 받고 능력을 발휘할 수 있습니다. 이러한 부분은 전설적 크리쳐가 오랜 기간 머무르며 힘을 쌓아온 본거지에서만 발휘됩니다.

본거지 행동

만약 전설적 크리쳐가 본거지 행동을 지니고 있다면, 본거지에 있을 때 공명하는 마법의 힘을 통해 이를 사용할 수 있습니다. 전설적 크리쳐는 우선권 순서 20(비길 경우 항상 지는 것으로 취급)에서 본거지 행동 선택지 중 하나를 선택해 발동합니다. 전설적 크리쳐가 행동불능 상태이거나 기타 행동을 취할 수 없는 상황에서는 본거지 행동도 불가능합니다. 만약 전설적 크리쳐가 기습당했다면, 전투에서 자기 첫 턴이 시작되기 전까지는 본거지 행동도 사용할 수 없습니다.

지역 효과

전설적 크리쳐의 존재 그 자체만으로도 주변 환경에 널리 퍼져 나가는 기이하고 강력한 마법적 효과가 일어날 수 있으며, 이 항목에는 그러한 내용이 기재되어 있습니다. 지역 효과는 전설적 크리쳐가 죽음을 맞이한 경우 급격하게 사라지거나 시간을 두고 천천히 모습을 감추게 될 것입니다.

가고일 GARGOYLE

바로 이 사악하고 기괴한 대지 원소계의 괴물에게서 영감을 받아, 움직이지 않고 거대한 건물의 겉면을 장식하며 앉아 있는 평범한 가고일이 만들어졌습니다. 진짜 가고일은 건물과 폐허 사이에서 보통 석상처럼 움직이지 않고 숨어있다가 느닷없이 기습을 가하며, 희생자들이 공포에 놀라고 고통받는 모습을 보는 것을 정말 좋아합니다.

움직이는 바위. 가고일은 바위 절벽이나 산, 혹은 지하 동굴의 높다란 가장자리에 앉아 있습니다. 이들은 도시의 옥상을 대머리수리처럼 떠돌며 높은 바위 아치나 성채, 혹은 신전의 기반에 자리를 잡고는 자신들이 기다리는 때가 올 때까지 움직이지 않고 앉아 있습니다. 몇 년간 미동도 하지 않을 수 있는 가고일은 이상적인 파수꾼으로서의 능력을 갖추고 있습니다.

무시무시한 명성. 가고일은 잔혹함으로 악명이 높습니다. 가고일과 비슷한 모습으로 조각된 석상들은 여러 문화권에서 침입자들을 겁줘서 쫓아버리려는 용도로 사용되곤 합니다. 이런 조각상 대부분은 그냥 장식물이지만, 진짜 가고일은 이 장식 사이에서 매복하여 불운한 희생자들을 기다리곤 합니다. 지루해진 가고일은 근처의 새나 쥐를 잡아 고문하기도 하지만, 오로지 지성이 있는 희생물을 잡아 고문하려는 욕망을 키워가며 그 긴 시간을 견뎌 내기도 합니다.

잔혹한 하인. 가고일은 높은 지능을 지닌 주인의 교활함에 쉽게 이끌리곤 합니다. 그들은 주인의 집을 지키거나 침입자들을 고문하고 살해하는 등 간단한 임무를 즐기며, 무엇이든 최소한의 노력을 들여 희생자에게 최대한의 고통을 주고자 합니다.

가고일은 때로 혼돈과 파괴에 대한 욕망으로 데몬의 부하가 되기도 합니다. 강력한 주문시전자들 역시 쉽게 가고일을 끌어들여 자신들의 성문과 성벽을 지키도록 합니다. 가고일은 바위의 인내심과 강인함을 지니고 있기에, 가장 잔혹한 주인 아래에서도 아무 불만 없이 긴 시간을 견디며 버틸 수 있습니다.

원소 본성. 가고일은 숨을 쉬거나 먹고 마실 필요가 없으며, 잠을 잘 필요도 없습니다.

가고일 GARGOYLE
중형 원소, 혼돈 악

방어도 15 (자연 갑옷)
히트 포인트 52 (7d8+21)
이동속도 30ft, 비행 60ft

근력	민첩	건강	지능	지혜	매력
15 (+2)	11 (+0)	16 (+3)	6 (-2)	11 (+0)	7 (-2)

피해 저항 아다만틴이 아니며 비마법적 공격에 의한 타격/참격/관통 피해
피해 면역 독성
상태 면역 탈진, 석화, 중독
감각능력 암시야 60ft, 상시 감지 10
언어 대지어
도전지수 2 (450 xp)

거짓 외관. 가고일이 움직이지 않고 있으면, 보통의 움직이지 않는 석상과 구분할 수 없습니다.

행동

다중공격. 가고일은 물기 1회, 할퀴기 1회로 총 2회 공격을 가합니다.

물기. 근접 무기 공격: 명중 +4, 간격 5ft, 목표 하나. 명중시: 5(1d6+2)점의 관통 피해.

할퀴기. 근접 무기 공격: 명중 +4, 간격 5ft, 목표 하나. 명중시: 5(1d6+2)점의 참격 피해.

원소 악의 파편

대지 원소의 사악한 대공인 오그레모크(Ogrémoch)는 그의 바위 왕국을 다스리며, 그가 일어날 때마다 부서진 돌의 파편을 떨어트리곤 합니다. 그의 의식이 부여된 이 떨어진 파편들은 원소 대공의 정수에서 태어나, 긴 시간 서서히 인간형에 가까운 모습으로 변해가며 가고일의 잔혹하고 단단한 모습으로 자랍니다.

오그레모크는 자의적으로 가고일을 창조하지 않았지만, 가고일은 그의 악이 물질적으로 드러난 현신입니다. 가고일들은 오그레모크가 혐오하는 대기 원소를 비웃는 형상입니다. 그들은 살아있는 돌로 만들어진 무거운 존재이지만, 여전히 하늘을 날 수 있기 때문입니다. 그 창조주처럼 가고일들 역시 대기 원소의 존재들을 증오하며, 특히 아라코크라들을 혐오하여 기회가 닿을 때마다 그들을 파괴하려 듭니다.

가고일들은 자신들의 고향 세계에서 오그레모크가 던지는 대지 파편에 섞여 아라코크라들이 지키고 은혜로운 바람 대공이 다스리는 창공계의 도시 아아퀴(Aaqa)를 노리고 침입하곤 합니다.

갈렙 두어 GALEB DUHR

중형 원소, 중립

방어도 16 (자연 갑옷)
히트 포인트 85 (9d8+45)
이동속도 15ft (구를 때는 30ft, 굴러 내려갈 때는 60ft)

근력	민첩	건강	지능	지혜	매력
20 (+5)	14 (+2)	20 (+5)	11 (+0)	12 (+1)	11 (+0)

피해 저항 비마법적 무기에 의한 타격/관통/참격 피해
피해 면역 독성
상태 면역 탈진, 마비, 중독, 석화
감각능력 암시야 60ft, 진동감지 60ft, 상시 감지 11
언어 대지어
도전지수 6 (2,300 xp)

거짓 외관. 갈렙 두어가 움직이지 않고 있으면, 보통의 움직이지 않는 바위와 구분할 수 없습니다.

구르는 돌격. 만약 갈렙 두어가 직선으로 최소 20ft 이상 굴러 이동한 후 그 턴에 후려치기 공격을 명중시켰다면, 해당 공격은 7(2d6)점의 타격 피해를 더 입힙니다. 만약 목표가 크리쳐라면, DC 16의 근력 내성에 실패할 시 넘어집니다.

행동

후려치기. 근접 무기 공격: 명중 +8, 간격 5ft, 목표 하나. 명중시: 12(2d6+5)점의 타격 피해.

바위 조종(1회/일). 갈렙 두어는 주변 60ft 내에서 자신이 볼 수 있는 바위를 최대 2개까지 마법적으로 움직일 수 있습니다 이 바위들은 갈렙 두어와 동일한 게임 자료를 사용하지만, 지능과 매력이 1이며 매혹 또는 공포 상태에 면역이라는 점이 다릅니다. 움직이는 바위는 다른 바위를 조종할 수 없습니다. 움직이는 바위는 갈렙 두어가 집중하는 동안 움직일 수 있습니다. (주문 집중과 동일. 최대 1분)

갈렙 두어 GALEB DUHR

갈렙 두어는 팔다리 같은 뭉툭한 사지가 돋아난 바위처럼 보이는 존재입니다. 갈렙 두어는 주변의 돌과 바위를 움직일 수 있는 능력을 지니고 있으며, 그래서 주로 바위투성이 지형에서 발견되곤 합니다.

주문시전자는 강력한 마법을 사용해 대지계에서 갈렙 두어를 소환할 수 있습니다. 몇몇 갈렙 두어는 자연적으로 대지계에 가까운 물질계에서 나타나기도 합니다. 갈렙 두어는 대부분의 원소류보다 뛰어난 지능을 지니고 있습니다 그래서 보다 능숙하게 위협에 대처할 수 있으며 자신이 지키는 지역에 들어온 다른 이들과 의사소통할 수 있습니다.

바위의 수호자. 갈렙 두어는 나이를 먹거나 생명 유지 활동이 필요하지 않기에 뛰어난 파수꾼이 될 수 있습니다. 강력한 드루이드들은 갈렙 두어를 소환해 석회원을 지키게 하거나 신성한 언덕을 수호하게 합니다. 다른 갈렙 두어는 지하 묘지나 마법사의 탑을 지키도록 명령받기도 합니다. 갈렙 두어는 자신이 바랄 때면 완전히 바위처럼 보이도록 숨을 수 있으며, 그 상태로 1년 가까이 움직이지 않고 버틸 수 있습니다.

갈렙 두어는 소환시 영원히 물질계에 묶이며, 죽는다고 해도 대지계로 돌아가지 못합니다. 갈렙 두어는 뛰어난 기억력을 지니고 있으며, 위협적이지 않은 상대를 만나면 주변 지형에 대한 정보를 나누는 걸 좋아합니다.

바위와의 연결. 갈렙 두어는 주변의 지형에 녹아들 수 있으며, 근처의 돌이나 바위에 마법적인 힘을 부여해 살아있는 것처럼 만들 수 있습니다. 갈렙 두어는 바위를 움직이는 힘을 이용해 침입자들에게 겁을 주거나 보호해야 할 대상을 지키곤 합니다. 침입자들에게 빨리 다가가야 할 때면 갈렙 두어는 팔다리를 감고 바위처럼 변해 빠르게 굴러가는 것을 택합니다.

거인 GIANTS

한때 세상을 발아래 두었던 고대 거인들의 제국은 오늘날까지 이어지는 긴 그림자를 드리우고 있습니다. 그 잊혀진 시절 태산처럼 거대했던 이들은 드래곤들을 죽이고 위대한 꿈을 꾸었으며, 기묘한 것들을 만드는 왕의 종족이었습니다. 이들의 영광은 아주 오래전에 사라졌습니다. 그러나 온 세상에 걸쳐 수많은 씨족으로 흩어져 버린 지금에 와서도, 거인들은 여전히 옛 시절의 관습과 전통을 지키고 있습니다.

전설만큼이나 오래된 종족. 세상에서 멀리 떨어진 지역에는 마지막 남은 거인 문명의 기둥, 석비, 그리고 위대했던 거인 석상의 흔적이 남아 황량한 폐허에 머리를 드리우고 있습니다. 한때 이 위대했던 이 제국은 산산이 찢어진 지 오래이며, 이제 거인들은 고립된 부족과 씨족을 이루어 살아가고 있습니다.

거인들은 드래곤만큼이나 오래되었고, 세상이 만들어졌을 적 거인의 발자취가 처음으로 새겨졌을 때 드래곤들 역시 젊은 종족이었습니다. 이들은 세상 곳곳으로 퍼져 나가며 수 세대에 걸쳐 가혹한 전쟁을 벌여 양쪽 모두 피폐해지고 말았습니다. 오늘날 살아남은 거인 중 과거의 분쟁을 기억하는 이들은 없지만, 그들의 보금자리와 모임에서 흘러나오곤 하는 신화와 전설의 노랫소리 속에는 그들 종족의 영광스러운 새벽이 여전히 등장합니다. 그 노래 속에서 거인들은 원시의 용들을 사냥하고 있습니다. 거인과 드래곤은 오늘날까지도 서로 해묵은 원한을 품고 있으며, 마주쳤을 때 싸움을 벌이지 않는 경우가 오히려 드문 편입니다.

오드닝 THE ORDNING

구름 거인, 화염 거인, 서리 거인, 언덕 거인, 바위 거인, 폭풍 거인 등 주된 거인 종족은 모두 동일한 역사와 종교, 문화 체계를 공유하고 있습니다. 이들은 서로를 가까운 친족으로 여기며, 영토와 야심을 둘러싸고 서로 벌이는 분쟁을 최소한으로 억제하려 합니다.

거인들은 오드닝(Ordning: 질서)이라 부르는 사회 계급 구조에 속해 있습니다. 사회적 지위에 따라 나뉘어지고 고도로 조직화된 오드닝 구조에 따라, 각각의 거인은 자신의 맡은 바와 직분을 지니게 됩니다. 오드닝을 통해 자신의 지위를 알게 되면, 거인은 다른 거인들이 자신보다 상급자인지 아닌지 파악하게 됩니다. 두 거인이 서로 동등한 경우란 존재하지 않습니다. 거인 종족에 속하는 이들 모두는 서로 다른 기술과 특징을 지니고 있으며, 이에 따라 오드닝에서 지위가 정해집니다. 이렇게 일단 지위를 얻고 나면, 그 지위에 걸맞은 기술과 특징을 연마하는 것이 거인들의 삶이 됩니다.

오드닝을 이루는 가장 거대한 요소는 거인의 종족이며, 이에 따라 지위가 나뉘어집니다. 폭풍 거인이 오드닝에서 가장 높은 지위를 차지하고 있으며, 그 뒤를 이어 구름 거인과 화염 거인, 서리 거인, 바위 거인, 언덕 거인이 순서대로 자리하고, 가장 밑바닥에는 진정한 거인이라 할 수 없는 포모리언이나 에틴, 오우거 등이 있습니다.

그 종족 내에서 거인의 지위가 어떠하든, 오드닝이 우선합니다. 설령 언덕 거인 부족의 족장이라 하더라도, 평범한 바위 거인 앞에서는 하급자가 되는 것이 법도입니다. 가장 낮은 지위의 거인들은 그 부족 안에서 어떤 위치에 있더라도 높은 지위의 종족 중 하찮은 이들보다 낮은 취급을 받습니다. 다른 종족의 거인들을 존중하지 않거나 배반하는 행위는 악하게 여겨지지 않으며, 그저 약간 무례한 정도로만 생각될 뿐입니다.

구름 거인 CLOUD GIANT

구름 거인들은 세상 저 높은 곳에서 화려한 삶을 살아가며, 다른 종족들의 고난을 여흥 거리 이상으로 여기지 않습니다. 그들은 밝은 피부를 지닌 근육질 종족으로, 은색이나 푸른색 머리카락을 지닙니다.

높고 위대한 자들. 구름 거인은 바람을 타고 퍼져 나가서 넓은 세상의 곳곳에 자리하게 되었습니다. 중요한 시기가 되면 흩어져 살던 구름 거인 가문이 연합된 씨족으로 뭉치기도 합니다. 하지만 그런 일이 빨리 이루어지는 경우는 거의 없습니다.

대기의 힘이 가득한 자신들의 영역과 마법에 통달한 구름 거인은 스스로 안개로 변하거나 안개 구름을 만들어 낼 수 있습니다. 이들은 높은 산 속에 자리한 성이나 자신들이 실체를 가지도록 만들어 낸 구름 위 영지에서 살아갑니다. 아직도 가끔 하늘 너머로 보이는 이 마법 구름들은 한때 위대했던 거인들의 제국이 부리던 마법적 힘의 마지막 조각입니다.

이들은 다른 대부분의 거인 종족보다 뛰어난 주문시전자들이며, 일부는 기후를 조종하거나 폭풍을 불러오고 바람을 움직이기도 합니다. 이들의 실력은 자신들의 사촌격인 폭풍 거인들에 버금갈 정도입니다.

풍요로운 지배자들. 오드닝에 따르면 비록 구름 거인들의 지위는 폭풍 거인 아래에 위치하지만, 은둔적인 폭풍 거인들은 다른 거인종의 일에 거의 간섭을 하지 않습니다. 그 결과, 많은 구름 거인이 자신들이야말로 거인 종족 중에서 가장 높은 지위와 권능을 지니고 있다고 생각하게 되었습니다. 이들은 하급 거인들을 부려 재산과 예술품을 얻고, 화염 거인들을 대장장이이자 공예가로 고용하며, 서리 거인을 습격자나 강탈병, 약탈꾼으로 써먹곤 합니다. 어리석은 언덕 거인은 단순한 전투 병력이나 난폭한 잡병으로 쓰입니다. 때로는 구름 거인의 여흥을 위해 언덕 거인들이 서로 난투를 벌이기도 합니다. 구름 거인은 언덕 거인이나 서리 거인을 부려 주변의 인간형 족속들의 땅에서 재보를 훔치라고 하며, 이러한 약탈을 자비로운 자신들이 열등한 필멸자들의 세계에 거두는 정당한 세금이라 여깁니다.

실체를 가진 구름이나 산맥의 정상에는 구름 거인의 환상적인 정원이 자리하곤 합니다. 이곳에서 포도송이는 한 알 한 알이 사과처럼 크게 자라며, 사과는 호박만 하고, 호박은 마차만 한 크기로 자라납니다. 이 정원에서 흘러나온 씨앗들이 이야기에서 전해지는 집채만한 농작물이 되며, 하늘까지 닿는 마법의 콩줄기가 되는 것입니다.

인간 귀족들이 사냥매를 키우는 것처럼, 구름 거인들은 그리폰이나 페리톤, 와이번들을 사냥용으로 키우곤 합니다. 이 짐승들은 밤이 되면 구름 거인들의 정원을 순찰하며, 정원 안에는 구름 거인들이 길들여놓은 아울베어나 사자 같은 야수들도 있습니다.

속임수꾼의 자손. 구름 거인을 수호하는 신이자 아버지는 속임수꾼 멤노르(Memnor the Trickster)입니다. 그는 모든 거인 신 중 가장 영리하고 교활하다고 알려져 있습니다. 구름 거인은 자신들이 숭배하는 멤노르의 여러 측면을 따르고자 합니다. 악한 구름 거인들은 멤노르의 기만적인 면과 이기적인 면을 따르며, 선한 구름 거인들은 그의 지성과 화려한 언변을 따르고자 합니다. 구름 거인 가문은 전체적으로 이러한 양 측면 중 하나를 정해 따르곤 합니다.

재산과 권력. 오드닝에서 구름 거인 사이의 지위는 그들이 축적한 재산으로 결정됩니다. 이 재산은 그들 자신의 차림새와 하급자에게 전해주는 선물로 나타나게 됩니다. 하지만 금전적 가치는 오직 자산의 한 측면일 뿐입니다. 구름 거인들이 걸치고 부리는 사치품들은 매우 아름답거나 기이해야만 합니다. 황금이나 보석한 보따리는 정교한 장신구보다 낮은 취급을 받으며, 이처럼 화려하고 정교한 것을 만들어 집을 장식하는 것이 구름 거인의 지위를 나타냅니다.

다른 자에게서 훔치거나 싸워서 빼앗은 것을 제외하고도, 구름 거인은 위험부담이 커질수록 더 열중하는 도박꾼으로서의 자질을 지니고 있습니다. 이들은 대개 자신들이 어찌할 수 없는 사건의 결과를 두고 내기를 하곤 합니다. 이 내기에는 하등한 종족들의 생사까지도 포함되는 경우가 많습니다. 오드닝 내의 지위와 왕의 몸값 정도는 인간형 종족들의 전쟁 결과를 두고 벌인 내기의 판돈으로 적당하게 여겨집니다. 결과를 바꾸겠답시고 사건에 개입하게 되면 판돈을 잃게 되지만, 많은 구름 거인이 들키지만 않으면 그만이라고 생각합니다. 이 교활한 개입이야말로 멤노르의 자손으로서 필요한 자질이라 여겨지기 때문입니다.

화염 거인 FIRE GIANT

공예의 대가이자 잘 조직된 전사들인 화염 거인들은 화산이나 용암 호수, 바위투성이 산맥에 자리를 잡고 살아갑니다. 이들은 무자비한 군국주의 폭력배들이며, 금속을 다루는 이들의 재주는 거의 전설적인 것으로 여겨집니다.

불로 벼려진 자. 화염 거인의 요새는 화산 안을 깎아 만들거나 용암으로 채워진 동굴 속에 세워집니다. 이들 보금자리의 끔찍한 열기는 화염 거인들의 용광로에 불을 붙이고, 요새 벽의 강철이 편안한 오렌지색으로 달아오르게 합니다. 화산의 열기와 멀리 떨어진 곳에서 살아가는 화염 거인들은 석탄을 채굴해 불을 붙입니다. 전통적인 대장장이 기술은 이들의 영역에서 높은 가치를 지니며, 거인들의 바위 성채에서는 항상 금속을 녹이는 연기가 올라옵니다. 외곽의 초소에 자리한 화염 거인들은 나무를 베어내 불을 태우며, 그래서 이들 주변의 숲은 순식간에 사라져 버립니다.

화염 거인은 친척 격인 서리 거인들이 열을 싫어하는 것만큼이나 냉기를 싫어합니다. 하지만 그들 화로의 불이 밝게 타오르고 두꺼운 가죽으로 몸을 감쌀 수 있다면 이들은 추운 곳의 기후도 능히 견딜 수 있습니다.

무예의 전문가. 화염 거인은 태어날 때부터 전쟁의 유산을 안고 살아갑니다. 이들은 요람에 있을 때부터 부모에게서 전투의 찬가를 듣습니다. 어린 나이가 되면 화염 거인들은 전쟁놀이를 하며, 서로에게 불타는 바위를 던지고 용암 강에서 헤엄치며 자라게 됩니다. 나이를 먹고 나면 정식 군사 훈련이 시작되며, 모든 화염 거인들은 요새나 연기와 재로 가득 찬 지하 왕국에서 이런 훈련을 받고 자신들 각자의 삶을 삽니다. 화염 거인들의 노래는 패배하거나 승리한 전투의 송가이며, 이들의 춤은 전투 진형을 이루고 발을 구르는 동작이거나 연기로 가득 찬 전당에서 대장장이 망치를 휘두르며 움직이는 모습입니다.

화염 거인은 대장장이 기술을 대대로 전해주는 것처럼, 전투의 기술 역시 대를 이어 전합니다. 이들의 전투 기술은 거친 본능에서 나오는 것이 아니라, 끝없는 훈련과 절도에서 나오는 것입니다. 적들은 화염 거인들의 난폭한 태도 때문에 착각하는 우를 범하곤합니다. 이들은 오로지 전투를 위해 살아가며, 자신의 태도까지도 이용하는 교활한 전술가입니다.

> "집채만한 바위가 날아와 우리 성벽을 무너트렸고, 그 무너진 틈으로 거인들이 손에 무기를 든 채 성큼성큼 걸어 들어왔다."
> — 스턴게이트 공성전에 참가했던 드웨른 애들스톤 대장의 말.

봉건 군주들. 전쟁으로 정복당한 인간형 종족의 땅은 화염 거인들의 장원이 됩니다. 장원의 농노들은 화염 거인의 전당과 요새 밖에 펼쳐진 농장과 들판에서 일하며, 가축을 키우고 곡식을 수확해 대부분을 화염 거인의 왕에게 세금으로 바칩니다.

화염 거인 장인은 설계도나 문서가 아니라 통찰과 경험을 통해 작업합니다. 대부분의 화염 거인은 노예들의 경박한 솜씨에 큰 가치를 두지 않지만, 일부 거인은 자신들과 비슷할 정도로 뛰어난 기술을 지닌 다른 노예들을 가까이에 두고 부리곤 합니다. 농장이나 궁정에서 일하지 않는 농노들은 화염 거인들의 산악 왕국으로 끌려가 광맥과 보석을 캐며 살아갈 것입니다. (특히 드워프 노예가 많습니다.)

오드닝에서 낮은 지위에 있는 화염 거인은 광산 터널을 감독하고 노예들을 부리는 일을 하며, 이 힘들고 위험한 일을 맡은 노예들은 오래 살아남는 법이 거의 없습니다. 비록 화염 거인이 광산 터널을 뚫는 법에 익숙하고 여러 원석을 모으는 기술을 지니고 있다고 해도, 노예의 안전에 대해서는 아무 신경도 쓰지 않으며 그저 노예들이 캐서 가지고 온 원석들에만 가치를 둘뿐입니다.

숙련된 장인들. 화염 거인은 군인이나 정복자로 무시무시한 명성을 떨치며, 모든 것을 불태우고 약탈하며 파괴한다고 알려져 있습니다. 하지만 거인 중에서는 화염 거인이야말로 장인이자 기술자로서 대우를 받습니다. 이들은 제련이나 대장장이 일에 능숙하며, 이들의 놀라운 기술은 파괴와 전쟁의 도구를 만드는데 빛을 발합니다.

화염 거인은 가장 강대한 요새를 짓고 가장 강력한 공성 병기를 만드는 데 삶을 던집니다. 그들은 합금을 실험하여 가장 단단한 갑옷을 만들고, 그 갑옷을 뚫을 수 있는 검을 만들기 위해 다시 연구를 시작합니다. 이러한 작업은 힘과 지능이 동시에 필요한 일이기에, 오드닝에서 높은 지위에 있는 화염 거인은 동족 중에서도 가장 영리하고 강인한 자들이 되곤 합니다.

서리 거인 FROST GIANT

문명의 손이 닿지 않은 얼어붙은 땅에서 온 거대한 약탈자인 서리 거인은 냉혹하고 사나운 전사들로, 약탈과 습격으로 얻어낸 전리품을 통해 살아갑니다. 그들은 오로지 난폭한 힘과 전투 기술만을 존중하며, 온몸에 난 상처와 적에게서 빼앗은 전리품들로 자신의 가치를 나타내곤 합니다.

얼음 심장의 소유자. 서리 거인은 얼음과 눈의 피조물입니다. 그들의 머리카락과 수염은 창백한 흰색이거나 밝은 파란색을 띠고 있으며, 서리와 고드름으로 얼어붙어 있습니다. 그들의 피부는 빙하처럼 푸른 빛을 띠고 있습니다.

서리 거인은 높은 산꼭대기나 빙하의 계곡에서 살아가며, 이런 곳에서는 겨울이 되어도 태양이 높이 솟지 않습니다. 얼어붙은 이들의 고향에서는 곡식이 자라지 않으며, 이들이 키우는 가축이라고는 문명 세계를 약탈할 때 빼앗아 온 것들뿐입니다. 이들은 툰드라와 산맥의 야생 동물을 사냥하지만 요리하지는 않으며, 갓 죽은 짐승의 살점이 내는 열기 정도면 이들이 먹기에 딱 적당하게 느껴집니다.

폭풍의 강탈자들. 서리 거인의 전쟁 나팔이 울리면 이들은 얼음 요새와 빙하 협곡에서 나와 울부짖는 눈보라처럼 전진합니다. 폭풍이 멎고 나면, 마을과 정착지는 약탈당해 폐허가 되며, 까마귀들은 거인들의 길을 가로막았던 어리석고 용감한 자의 시체들로 배불리 포식합니다.

여관과 술집이 특히 많은 피해를 받으며, 맥주와 꿀술을 보관하는 지하 창고는 깨끗하게 뜯겨나가 거인들의 전리품이 됩니다. 대장간 역시 뿌리부터 털려 나가며, 이들이 만든 쇠와 금속 역시 거인들의 차지가 됩니다. 부자나 사채업자들의 집은 묘하게도 안전한 편인데, 이 약탈자들은 동전이나 사치품에는 별 관심이 없기 때문입니다. 서리 거인은 그저 눈에 띌 만큼 커다란 보석이나 장신구에만 관심을 보일 뿐입니다. 하지만, 이런 보물 역시 눈에 띄면 약탈당하곤 하는데, 서리 거인은 이 사치품들을 다른 금속 무기나 갑옷과 교환하는 법을 알고 있기 때문입니다.

힘에 의한 지배. 서리 거인은 다른 무엇보다 난폭한 힘을 숭상합니다. 그리고 오드닝에서 서리 거인들 사이의 지위는 그 신체적 힘의 증거에 따라 정해지며, 더 강력한 힘을 보여주거나, 더 많은 명예의 상처가 있거나, 죽인 적들의 전리품들을 몸에 얼마나 지니고 있는지가 이러한 증거가 됩니다. 사냥이나 아이 기르기, 혹은 제작과 같은 일은 신체적인 힘과 강인함에 따라 분배됩니다.

서로 다른 씨족에 속한 서리 거인들이 모였을 때 서로의 지위가 불확실하다면, 이들은 서로 힘을 겨루어 우열을 가릅니다. 이러한 만남은 거인들이 서로의 용사를 선출하는 축제 같은 분위기가 되며, 과감한 도전과 응전이 이루어집니다. 언제가 되었든 이 거인들이 만나는 비공식적인 축제 의식은 곧 혼란스러운 자유 대전으로 변하고, 양 씨족은 격투를 벌이며 나무를 쓰러트리고 얼어붙은 호수를 깨며 눈 덮인 산에 눈사태를 일으킵니다.

상품이 아니라 전쟁을 만드는 자. 비록 서리 거인은 물건이나 만드는 사소한 일을 하찮게 여기곤 하지만, 조각과 가죽 제작은 귀중한 기술로 취급합니다. 이들은 짐승의 뼈와 가죽으로 자신들의 의복을 만들며, 남은 뼈나 상아를 깎아 장신구와 무기의 손잡이, 도구를 만들곤 합니다. 이들은 더 작은 적에게서 빼앗은 갑옷과 무기를 재사용하기도 합니다. 인간형 종족의 방패를 엮어 스케일 메일을 만들거나, 양손검을 통나무에 매달아 창으로 씁니다. 이들이 가장 높게 치는 전리품은 드래곤에게서 얻은 것으로, 가장 위대한 서리 거인 야를(Jarl)들은 드래곤의 비늘로 만든 갑옷을 입고 드래곤의 이빨이나 손톱으로 만들어진 무기를 들고 다닙니다.

구름 거인의 바위

서리 거인의 바위

화염 거인의 바위

바위 거인의 바위

언덕 거인의 바위

폭풍 거인의 바위

언덕 거인 HILL GIANT

언덕 거인은 이기적이고 멍청한 난폭자들로, 먹을거리를 찾기 위해 끝없이 사냥하고 채집하며 남의 것들을 빼앗습니다. 이들은 언덕과 숲에 자리를 잡고 먹을 수 있는 것은 무엇이든 먹어 치우며, 더 작은 종족들을 괴롭히곤 합니다. 그들은 게으르고 어리석기에, 거인으로서의 힘과 크기가 아니었다면 예전에 멸종했을 것입니다.

원시적. 언덕 거인은 세상 곳곳의 언덕과 산 계곡에서 살아갑니다. 이들은 통나무로 엉성하게 엮고 진흙을 덕지덕지 바른 오두막을 지어서 그 안에서 잠을 잡니다. 그들의 피부는 언덕을 오르내리며 햇빛을 받아 탄 갈색을 띠고 있습니다. 그들은 뿌리째 뽑아낸 나무를 무기로 사용하거나, 땅에서 뽑아낸 바위를 던지곤 합니다. 이들 거인의 몸에서 흐르는 땀에 걸치고 있는 가죽 냄새가 더해지면 엄청난 악취가 납니다. 이들은 짐승의 가죽을 대충 엮어 몸에 두르고, 머리카락과 가죽을 땋아서 늘어트립니다.

클수록 더 낫다. 언덕 거인의 눈으로 세상을 보면, 인간형 종족이나 동물들은 쉽게 사냥할 수 있는 간편한 먹이들입니다. 드래곤이나 다른 거인들은 상대하기 어려운 적입니다. 언덕 거인은 크기와 힘을 중요시하기 때문입니다.

언덕 거인은 자신들이 오드닝을 따르고 있다는 걸 깨닫지 못합니다. 그저 다른 거인들이 자기들보다 더 크고 강하기 때문에 복종하는 것뿐입니다. 언덕 거인 부족의 족장은 대개 자기 부족에서 가장 크고 뚱뚱한 거인입니다. 이들의 몸집은 겨우 걸어 다닐 수 있을 수준입니다. 언덕 거인이 그 멍청한 뇌를 최대한 가동하려 들 때는 더 높은 지위의 거인들에게서 무언가 얻어내기 위해 가능한 한 비굴하게 굴 때뿐입니다.

무엇이든 먹는 자. 언덕 거인이 딱히 뭔가 하는 일이 없을 때는, 뭐든지 손에 잡히는 걸 먹으려고 듭니다. 언덕 거인은 홀로 사냥이나 채집을 하거나, 다이어 울프를 동료 삼아 데리고 다닙니다. 왜냐하면 부족의 다른 거인들과 음식을 나누고 싶어 하지 않기 때문입니다. 이 거인은 독을 지닌 짐승 등 딱 봐서 위험하지 않겠다 싶으면 무엇이든 먹어 치웁니다. 썩은 고기라도 마다하지 않으며, 때로는 부패한 식물이나 진흙을 먹을 때도 있습니다.

농부들은 특히 언덕 거인을 두려워하고 혐오합니다. 앵크헤그 같은 포식자들은 들판의 지하를 파고들어와 소 한두 마리 정도를 먹어 치울 뿐이지만, 언덕 거인이 쳐들어온다면 소 떼 무리를 모두 먹어 치운 다음 다시 양이나 염소, 닭을 먹으려 들기 때문입니다. 그걸 다 먹고 나면 이제 온갖 과일이나 야채, 곡식을 먹습니다. 만약 농부의 가족이 손에 잡힌다면, 요깃거리가 되는 건 그들도 마찬가지일 것입니다.

멍청하고 치명적. 거의 무엇이든 먹어 치울 수 있는 능력 덕분에, 언덕 거인은 그 오랜 세월을 야만적으로 살아남을 수 있었습니다. 그들은 언덕에 자리를 잡고 짐승처럼 무엇이든 먹고 짝짓기를 했기 때문입니다. 이들은 환경에 적응하거나 변화를 받아들이려 노력한 적이 없으며, 그래서 그들의 정신과 감정은 여전히 단순한 채로 남았습니다.

언덕 거인에게는 그들 나름의 문화가 없기 때문에, 이들은 자신들의 먹잇감을 먹어 치우기 전에 관찰한 대로 따라 하는 습성을 지니고 있습니다. 하지만 이들은 자기들의 크기와 힘을 전혀 생각하지 않습니다. 그래서 언덕 거인 부족 전체가 마치 엘프처럼 차려입으려 들고는, 나무 위에 살겠답시고 숲 전체를 벗겨 먹기도 합니다. 한편 다른 부족은 인간형 종족의 마을이나 촌락을 차지하고는 문이나 창문은 가만 놔두고 벽과 천장을 뜯어내 들어가려 하기도 합니다.

언덕 거인과 이야기를 해보면, 어리숙하고 직설적인 면이 바로 나타납니다. 이들은 속인다는 개념을 잘 이해하지 못합니다. 마을 사람들 여럿이 큰 담요로 몸을 덮고 거인 머리 크기의 호박을 머리처럼 짊어지고 있으면, 언덕 거인들은 다른 거인이라고 속아 넘

"그리고 여기가 거인 무리에 맞서 싸우던 바바리안 앵거로스가 쓰러진 곳입니다. 그의 뼈는 아직도 저 멀리 떨어진 바위 아래에 깔려 있습니다."
— 이스티빈의 장로 젤레인, 거인 전쟁을 회상하며.

어갈 수도 있습니다. 언덕 거인에게 이성적인 판단을 요구하는 것은 무의미한 일이지만, 영리한 종족들은 때때로 거인들을 잘 속여 자기들에게 유리하게 이용하기도 합니다.

날뛰는 깡패들. 언덕 거인은 속았거나 모욕당했다고 느끼면 미친 듯이 화를 내며 보이는 모든 것에 그 분노를 쏟습니다. 자신들을 모욕한 자를 으깨 버린 다음에도 이 분노는 쉽게 가라앉지 않기 때문에, 주변을 날뛰며 배가 고파 힘이 빠질 때까지 사납게 폭력을 휘두릅니다.

만약 언덕 거인이 다른 인간형 종족의 거주지를 차지한 다음 스스로 왕이라 선언했다면, 순수한 폭력과 폭압으로 지배할 것입니다. 기분에 따라 결정이 마음대로 바뀔 것이며, 과거 자신을 자칭했던 칭호도 금방 잊어버릴 것입니다. 그리고 배가 고프면 백성들이라 해도 그냥 잡아먹을 것입니다.

바위 거인 STONE GIANT

바위 거인은 은둔적이며 조용하고, 자기들끼리 조용히 살 때는 평화로운 종족입니다. 그들은 화강암 같은 회색 피부에 호리호리한 체형을 지니고 있으며 푹 꺼진 검은 눈동자를 지닌 엄격한 생김새를 하고 있습니다. 그들은 비밀스러운 종족으로, 세상에서 멀리 떨어진 곳에서 삶을 영위합니다.

바위 세계의 거주자. 바위 거인은 숨겨진 동굴들을 집으로 삼곤 합니다. 복잡한 동굴 구조는 그들의 마을이 되며, 바위투성이 터널이 길이 되고, 지하수 개천이 물길이 됩니다. 홀로 떨어진 산줄기는 그들의 대륙이며, 넓게 펼쳐진 평야는 그들에게 있어 거의 지나칠 일이 없는 거대한 바다와 마찬가지입니다.

바위 거인은 어둡고 조용한 동굴 속에서 살면서 말없이 아름다운 조각을 만들고 물이 동굴 속 개울에 떨어지는 시간을 재곤 합니다. 바위 거인 거주지의 가장 깊은 곳, 시끄러운 박쥐 소리나 바위 거인 경비대와 그들의 곰이 오가지 않는 곳에 이들이 신성시하는 성소가 있습니다. 정적과 어둠이 완벽하게 자리 잡은 곳이 이러한 성소로 선택받습니다. 이 동굴 속 성당에는 가장 신성한 바위 조각들이 자리하며, 이곳의 받침대와 기둥 모두 드워프들이 질투와 부끄러움을 여길 만큼 완벽한 아름다움을 지니고 있습니다.

조각가이자 예언자. 바위 거인은 예술적 기교가 가장 높은 가치로 인정받습니다. 그들은 복잡한 벽화를 그려내며, 동굴 벽 전체를 채운 벽화에서는 다양한 예술적 기교를 볼 수 있습니다. 또한 그들은 바위 조각 기술을 모든 기술 중 가장 위대한 것으로 취급합니다.

바위 거인은 자연의 바윗덩어리를 조각해 아름다운 형태를 만들어 내며, 이것이야말로 그들의 신인 스코라우스 스톤본의 뜻을 따라 영감을 얻는 길이라고 여깁니다. 이 거인들은 부족 최고의 조각가를 지도자로 추대하며, 조각가가 곧 주술사이자 예언자라고 생각합니다. 이 거인들의 성스러운 손은 곧 신의 손이 되어 앞날의 사건들을 조각해 내기 때문입니다.

우아한 운동선수. 바위 거인은 엄청난 크기와 근육에도 불구하고 호리호리하며 우아하게 움직입니다. 바위를 던지는 재주에 통달한 거인은 오드닝에서 높은 지위를 얻게 되며, 거대한 바위를 던지고 받아내는 능력을 선보이는 것은 오드닝에 있어 중요한 기준이 됩니다. 이 거인들은 부족이 고향을 지켜야 하거나 적을 공격할 때 전열에 서서 바위를 던지게 될 것입니다. 하지만 바위 거인에게는 심지어 전투 상황에서도 예술적 기교가 더 우선합니다. 그들은 야만적인 힘으로 바위를 던지는 것이 아니라, 놀라운 운동능력과 우아함으로 정확한 위치에 바위를 던져 넣기 때문입니다.

거인 GIANTS

17

하늘 아래 꿈속 세상. 바위 거인은 자신들이 살아가는 지하의 고향 밖 세상을 꿈속 세상처럼 여기며, 그 어느 것도 완전히 진실이거나 참된 것이 아니라고 생각합니다. 그들은 인간형 종족들이 살아가는 지상 세계가 그들의 꿈에서 유래한 것이라고 믿으며, 그래서 자신들의 행동을 외부인들에게 설명하거나 하지 않고, 자신들이 보고 듣는 것을 절대 완전히 믿지 않습니다. 그들 관습에 따르면 지상에서 이루어진 약속은 지킬 필요가 없는 것입니다. 지상의 모욕은 사과하지 않아도 됩니다. 하늘 아래 꿈속 세상에서 살아가는 지적 존재들을 죽이는 것은 바위 거인들에게 죄악이 되지 않습니다.

운동선수 같은 우아함이나 예술적인 기교를 가지지 못한 바위 거인들은 사회의 하층에서 살아가며, 부족의 수호병으로 일하거나 멀리까지 여행하는 사냥꾼이 되곤 합니다. 침입자들이 바위 거인 씨족의 영토 속으로 깊이 들어왔을 때면 이 수호병들이 바위를 던지고 깨진 돌을 쏟아부으며 침입자들에 맞서 싸웁니다. 이 전투에서도 살아남은 자들은 바위 거인들의 폭력성에 대한 이야기를 널리 퍼트리게 되었지만, 이 난폭해 보이는 자들의 사회가 사실은 얼마나 조용하고 예술적인지는 꿈에도 생각하지 못할 것입니다.

폭풍 거인 Storm Giant

폭풍 거인은 조용한 예언자들로, 필멸자들의 문명 세계에서 멀리 떨어진 곳에 자리를 잡고 살아갑니다. 이들 대부분은 창백한 보라색에서 회색의 피부와 머리카락에, 빛나는 에메랄드색 눈동자를

지니고 있습니다. 몇몇 희귀한 경우는 완전한 보라색 피부에 깊은 보라색 또는 흑청색 머리카락을 지니기도 하며, 은회색이나 보라색 눈동자를 빛내는 경우도 있습니다. 폭풍 거인들은 화가 나기 전까지는 자애롭고 현명한 모습을 보이지만, 폭풍 거인의 분노를 사게 되면 수천 명의 목숨이 경각에 처하게 될 것입니다.

고립된 예언자 왕. 폭풍 거인은 지상 세계에서 멀리 떨어진 드높은 곳이나 바닷속에 자리를 잡고 다른 종족들이 찾아오기 힘든 곳에서 살아갑니다. 몇몇은 너무나 높아 드래곤조차 날아오기 힘든 구름 위의 성에서 살기도 합니다. 다른 이들은 구름을 뚫고 솟아오른 산꼭대기에 자리를 잡습니다. 일부는 해초와 산호가 우거진 대양의 바닥에 내려가 궁전을 짓거나 해저의 협곡에 무시무시한 요새를 세우기도 합니다.

무심한 신탁. 폭풍 거인은 그들의 신 안남이 고대의 거인 제국을 세웠던 과거의 영광을 기억하고 있습니다. 그리고 그들은 제국이 무너지고 잃어버렸던 것을 되찾을 방법을 찾으려 합니다. 그들은 오드닝에서 지위를 비교하지 않지만, 긴긴 세월을 조용한 은둔 생활에 바치며 하늘의 별빛이나 바닷속 심연에서 안남의 뜻을 읽을 수 있는 징조나 상징을 찾으려 해 왔습니다.

폭풍 거인은 세상에서 벌어지는 일들을 넓은 관점에서 바라봅니다. 그들은 제국과 왕국의 흥망성쇠를 예언할 수 있으며, 행운과 재앙이 어떻게 찾아와 어떻게 끝날지를 미리 볼 수 있습니다. 이들은 겉으로 보기엔 전혀 무관해 보이는 사건들 사이의 연관관계를 읽어내기도 합니다. 징조를 읽고 예언을 짚는 과정을 통해 폭풍 거인들은 잊혀져 버린 전승을 찾고 과거에는 알지 못했던 방대한 비밀들을 알게 되었습니다.

왕국은 세웠다가 무너지고, 전쟁은 이기거나 질 수 있으며, 선과 악은 영원히 투쟁을 계속합니다. 폭풍 거인은 마치 필멸의 신들처럼 수많은 생애에 걸쳐 이 사건들을 보아 왔습니다. 그리하여 필멸자들이 어떤 목적을 가지고 멀리 떨어진 폭풍 거인의 영역에 찾아오면, 이들은 자애로운 존재로서 자신들의 비밀 중 일부를 알려주기도 합니다. 하지만 이 방문자들은 먼저 존경심을 지니고 폭풍 거인을 대해야 할 것입니다. 분노한 폭풍 거인은 순수한 파괴 그 자체를 불러오는 강대한 힘을 휘두를 수 있기 때문입니다.

고독한 삶. 폭풍 거인은 가끔 동족과 이야기를 나누곤 합니다. 이는 대개 서로 발견한 징조와 상징을 비교하기 위해서이며, 때로는 예의를 차리기 위한 경우도 있습니다. 폭풍 거인 부모는 자신들의 아이가 완전히 성장할 때까지만 같이 지내며, 자식이 성장하고 나면 다시 홀로 떨어진 고립 상태로 돌아갑니다.

몇몇 인간형 종족의 문화권에서는 폭풍 거인을 하급 신으로서 숭배하고 거인의 업적이나 방대한 지식에 대한 신화나 이야기를 전해 나가기도 합니다. 하지만 폭풍 거인은 그 문화의 법이나 도덕이 아니라, 그 자신의 양심에 따라 자신의 영역을 다스립니다. 따라서 폭풍 거인이 탐욕이나 권력욕으로 변심하게 되면 금방 끔찍한 위협이 되기도 합니다.

언덕 거인 | 화염 거인 | 바위 거인 | 서리 거인 | 구름 거인 | 폭풍 거인
신장 16ft | 신장 18ft | 신장 18ft | 신장 21ft | 신장 24ft | 신장 26ft

거인의 신들

거인들의 고대 제국이 무너질 때, 모든 거인의 아버지인 안남(Annam)은 그의 아이들과 세상을 버렸습니다. 그는 거인들이 다시 영광을 되찾고 세상의 지배자로서 태고의 권리를 되찾기 전에는 결코 세상도, 거인도 보지 않으리라 맹세했습니다. 그 결과, 거인들은 안남이 아니라 안남의 자손인 다른 신들에게 기도하는 쪽을 택하게 되었습니다. 이 신 중에는 거인들의 만신전에 속하게 된 영웅신이나 신적인 악당들 역시 포함됩니다.

거인 신족의 최상층에는 안남의 아이들이 있습니다. 이 아들들이 거인 종족 각각을 대표합니다. 먼저 폭풍 거인은 스트론마우스(Stronmaus)를 섬기며, 구름 거인은 멤노르를, 바위 거인은 스코라우스 스톤본을 섬깁니다. 한편 서리 거인들은 스림(Thrym)을, 화염 거인은 수르트(Surtur)를 섬기며, 언덕 거인은 그롤란터(Grolantor)를 신앙합니다. 하지만 거인 모두 자기가 타고난 종족의 신을 무조건 섬기지는 않습니다. 선한 구름 거인 다수는 기만적인 멤노르를 좋아하지 않으며, 북부의 얼음투성이 산맥에서 살아가는 폭풍 거인들은 스트론마우스 대신 스림에게 기도를 올릴 수도 있습니다. 다른 거인들은 안남의 딸들에게 더 깊은 연관을 느끼기도 합니다. 안남의 딸 중에서는 사냥꾼의 여신이자 가정의 수호신인 히아티(Hiatea)가 있으며, 사랑과 평화의 여신 이알라니스(Iallanis), 그리고 맹렬하고 오만한 기만자인 디안카스트라(Diancastra)도 있습니다.

몇몇 거인은 아예 신들을 버리고 데몬을 숭배하는 사교에 투신하기도 합니다. 이들은 주로 바포멧이나 코스트츠치에를 모십니다. 데몬을 숭배하거나 거인 신족이 아닌 다른 신을 모시는 것은 오드닝의 계율에서 크나큰 죄이기 때문에, 이런 거인들은 동족에서 추방되어 추방자로 살아갑니다.

구름 거인 Cloud Giant

거대형 거인, 중립 선(50%) 또는 중립 악(50%)

방어도 14 (자연 갑옷)
히트 포인트 200 (16d12+96)
이동속도 40ft

근력	민첩	건강	지능	지혜	매력
27 (+8)	10 (+0)	22 (+6)	12 (+1)	16 (+3)	16 (+3)

내성 굴림 건강 +10, 지혜 +7, 매력 +7
기술 통찰 +7, 감지 +7
감각능력 상시 감지 17
언어 공용어, 거인어
도전지수 9 (5,000 xp)

예리한 후각. 거인은 후각에 관계된 지혜(감지) 판정에 이점을 받습니다.

선천적 주문시전. 거인의 선천적 주문시전 능력치는 매력입니다. 거인은 물질 구성요소를 사용하지 않고 아래 주문들을 선천적으로 시전할 수 있습니다:

자유시전: 마법 탐지*Detect Magic*, 안개 구름*Fog Cloud*, 빛*Light*
3회/일: 깃털 낙하*Feather Fall*, 비행*Fly*, 안개 걸음*Misty Step*, 염동력*Telekinesis*
1회/일: 기후 조종*Control Weather*, 가스 형상*Gaseous Form*

행동

다중공격. 거인은 모닝스타 공격을 2회 가합니다.

모닝스타. 근접 무기 공격: 명중 +12, 간격 10ft, 목표 하나. 명중시: 21(3d8+8)점의 관통 피해.

바위. 장거리 무기 공격: 명중 +12, 장거리 60/240ft, 목표 하나. 명중시: 30(4d10+8)점의 타격 피해.

화염 거인 Fire Giant

거대형 거인, 질서 악

방어도 18 (플레이트)
히트 포인트 162 (13d12+78)
이동속도 30ft

근력	민첩	건강	지능	지혜	매력
25 (+7)	9 (-1)	23 (+6)	10 (+0)	14 (+2)	13 (+1)

내성 굴림 민첩 +3, 건강 +10, 매력 +5
기술 운동 +11, 감지 +6
피해 면역 화염
감각능력 상시 감지 16
언어 거인어
도전지수 9 (5,000 xp)

행동

다중공격. 거인은 대검 공격을 2회 가합니다.

대검. 근접 무기 공격: 명중 +11, 간격 10ft, 목표 하나. 명중시: 28(6d6+7)점의 참격 피해.

바위. 장거리 무기 공격: 명중 +11, 장거리 60/240ft, 목표 하나. 명중시: 29(4d10+7)점의 타격 피해.

서리 거인 Frost Giant

거대형 거인, 중립 악

방어도 15 (누더기 갑옷)
히트 포인트 138 (12d12+60)
이동속도 40ft

근력	민첩	건강	지능	지혜	매력
23 (+6)	9 (-1)	21 (+5)	9 (-1)	10 (+0)	12 (+1)

내성 굴림 건강 +8, 지혜 +3, 매력 +4
기술 운동 +9, 감지 +3
피해 면역 냉기
감각능력 상시 감지 13
언어 거인어
도전지수 8 (3,900 xp)

행동

다중공격. 거인은 대도끼 공격을 2회 가합니다.

대도끼. 근접 무기 공격: 명중 +9, 간격 10ft, 목표 하나. 명중시: 25(3d12+6)점의 참격 피해.

바위. 장거리 무기 공격: 명중 +9, 장거리 60/240ft, 목표 하나. 명중시: 28(4d10+6)점의 타격 피해.

언덕 거인 Hill Giant

거대형 거인, 혼돈 악

방어도 13 (자연 갑옷)
히트 포인트 105 (10d12+40)
이동속도 40ft

근력	민첩	건강	지능	지혜	매력
21 (+5)	8 (-1)	19 (+4)	5 (-3)	9 (-1)	6 (-2)

기술 감지 +2
감각능력 상시 감지 12
언어 거인어
도전지수 5 (1,800 xp)

행동

다중공격. 거인은 대곤봉 공격을 2회 가합니다.

대곤봉. 근접 무기 공격: 명중 +8, 간격 10ft, 목표 하나. 명중시: 18(3d8+5)점의 타격 피해.

바위. 장거리 무기 공격: 명중 +8, 장거리 60/240ft, 목표 하나. 명중시: 21(3d10+5)점의 타격 피해.

바위 거인 STONE GIANT

거대형 거인, 중립

방어도 17 (자연 갑옷)
히트 포인트 126 (11d12+55)
이동속도 40ft

근력	민첩	건강	지능	지혜	매력
23 (+6)	15 (+2)	20 (+5)	10 (+0)	12 (+1)	9 (-1)

내성 굴림 민첩 +5, 건강 +8, 지혜 +4
기술 운동 +12, 감지 +4
감각능력 암시야 60ft, 상시 감지 14
언어 거인어
도전지수 7 (2,900 xp)

바위 위장. 거인은 바위 지형에서 민첩(은신) 판정에 이점을 받습니다.

행동

다중공격. 거인은 대곤봉 공격을 2회 가합니다.

대곤봉. 근접 무기 공격: 명중 +9, 간격 15ft, 목표 하나. 명중시: 19(3d8+6) 점의 타격 피해.

바위. 장거리 무기 공격: 명중 +9, 장거리 60/240ft, 목표 하나. 명중시: 28(4d10+6)점의 타격 피해. 목표가 크리쳐라면 DC 17의 근력 내성에 실패할 시 넘어집니다.

반응행동

바위 잡기. 바위나 그와 유사한 물체가 거인에게 날아올 경우, 거인은 DC 10의 민첩 내성에 성공할 시 아무런 피해 없이 그 투사체를 잡아낼 수 있습니다.

폭풍 거인 STORM GIANT

거대형 거인, 혼돈 선

방어도 16 (스케일 메일)
히트 포인트 230 (20d12+100)
이동속도 50ft, 수영 50ft

근력	민첩	건강	지능	지혜	매력
29 (+9)	14 (+2)	20 (+5)	16 (+3)	18 (+4)	18 (+4)

내성 굴림 근력 +14, 건강 +10, 지혜 +9, 매력 +9
기술 비전학 +8, 운동 +14, 역사학 +8, 감지 +9
피해 저항 냉기
피해 면역 번개, 천둥
감각능력 상시 감지 19
언어 공용어, 거인어
도전지수 13 (10,000 xp)

수륙양용. 거인은 공기와 수중 양쪽에서 호흡할 수 있습니다.

선천적 주문시전. 거인의 선천적 주문시전 능력치는 매력입니다. (주문 내성 DC 17). 거인은 물질 구성요소 없이 아래 주문들을 선천적으로 시전할 수 있습니다:

자유시전: 마법 탐지*Detect Magic*, 깃털 낙하*Feather Fall*, 부양*Levitate*, 빛*Light*
3회/일: 기후 조종*Control Weather*, 수중 호흡*Water Breathing*

행동

다중공격. 거인은 대검 공격을 2회 가합니다.

대검. 근접 무기 공격: 명중 +14, 간격 10ft, 목표 하나. 명중시: 30(6d6+9)점의 참격 피해.

바위. 장거리 무기 공격: 명중 +14, 장거리 60/240ft, 목표 하나. 명중시: 35(4d12+9)점의 타격 피해.

번개 일격 (재충전 5-6). 거인은 주변 500ft 내에서 자신이 볼 수 있는 지점 한 곳을 지정해 마법의 벼락을 내리꽂습니다. 해당 지점 반경 10ft 내의 모든 크리쳐는 DC 17의 민첩 내성에 실패할 시 54(12d8)점의 번개 피해를 받습니다. 내성에 성공하면 피해는 절반으로 줄어듭니다.

고르곤 Gorgon

대형 괴물류, 성향 없음

방어도 19 (자연 갑옷)
히트 포인트 114 (12d10+48)
이동속도 40ft

근력	민첩	건강	지능	지혜	매력
20 (+5)	11 (+0)	18 (+4)	2 (-4)	12 (+1)	7 (-2)

기술 감지 +4
상태 면역 석화
감각능력 암시야 60ft, 상시 감지 14
언어 —
도전지수 5 (1,800 xp)

짓밟는 돌격. 고르곤이 한 턴에 최소 20ft 이상을 직선으로 이동하여 목표에게 들이받기 공격을 명중시켰다면, 목표는 DC 16의 근력 내성에 실패할 시 넘어집니다. 목표가 넘어진 상태라면, 고르곤은 추가 행동으로 발굽 공격을 1회 가할 수 있습니다.

행동

들이받기. 근접 무기 공격: 명중 +8, 간격 5ft, 목표 하나.
명중시: 18(2d12+5)점의 관통 피해.

발굽. 근접 무기 공격: 명중 +8, 간격 5ft, 목표 하나. 명중시: 16(2d10+5)점의 타격 피해.

석화 브레스(재충전 5-6). 고르곤은 30ft 길이의 원뿔형 범위에 석화 가스를 뿜어냅니다. 범위 내의 모든 크리쳐는 DC 13의 건강 내성을 굴려 실패할 시 포박 상태가 되어 석화하기 시작합니다. 포박 상태의 크리쳐는 자신의 다음 턴이 끝날 때 다시 내성을 굴려야 하며, 이 내성에 성공하면 효과는 종료됩니다. 그러나 두 번째 내성에도 실패하면 대상은 완전히 석화하며, 상급 회복*Greater Restoration* 주문 등으로 회복하기 전까지는 석화가 해제되지 않습니다.

고르곤 Gorgon

고르곤과 마주치고 살아남아 이야기를 전할 수 있었던 자는 그리 많지 않습니다. 고르곤의 몸은 강철판으로 덮여 있고, 그 코에서는 녹색의 증기가 흘러나옵니다.

무시무시한 구조. 고르곤의 몸을 이루는 강철판은 강철 같은 검은색에서 빛나는 은색까지 다양하지만, 철판으로 만들어져 있다고 해서 움직임에 제한을 받지는 않습니다. 몸의 기름기가 갑옷을 부드럽게 윤활하여 움직이게 해 줍니다. 아프거나 활동하지 않는 고르곤의 몸에는 마치 버섯같은 녹이 슬곤 합니다. 녹슨 고르곤이 움직일 때면 철판이 삐걱대는 소리가 울려 퍼질 것입니다.

괴물 같은 포식자. 고르곤이 먹잇감을 발견하면, 우선 끔찍한 쇳덩이 몸체로 돌격을 가할 것입니다. 고르곤이 적을 들이받고 나면 그들을 밟아 쓰러트리고 뿔뿔이 흩어놓은 다음, 그 잔혹한 발굽으로 죽을 때까지 짓밟을 것입니다. 적 여럿과 동시에 마주치면 고르곤은 치명적인 독안개를 내뿜고, 여기에 닿은 적들은 돌로 변하게 됩니다. 고르곤이 배고파지면 석화된 먹이를 쓰러트려서 자갈 처럼 깨트린 다음, 튼튼한 이빨로 가루가 되도록 씹어서 먹을 것입니다. 무거운 것이 돌진한 흔적들과 여기저기 쓰러진 나무들은 고르곤의 둥지 근처에 있다는 뜻이며, 그 주변에는 고르곤이 먹고 남긴 적의 파편들이 흩어져 있을 것입니다.

고블린 GOBLINS

고블린은 작고 악의에 가득 찬 이기적인 인간형 종족으로 동굴이나 버려진 광산, 파헤쳐진 던전이나 다른 외딴곳에 살고 있습니다. 개개인으로서는 약한 고블린들은 많은 수가 모여서 행동하며, 때로는 압도적인 수가 모이기도 합니다. 이들은 힘을 갈구하며 자신들이 얻은 힘이라면 무엇이든 남들을 괴롭히기 위해 악용합니다.

고블리노이드. 고블린은 고블리노이드라 부르는 종족 집단의 일종입니다. 더 큰 사촌 격인 홉고블린이나 버그베어 역시 이 집단에 속합니다. 이들은 주로 고블린을 괴롭혀 복종시킵니다. 고블린은 게으르고 규율이 없어서 하인으로서나 노동자, 경비병으로서 그다지 쓸모가 없는 편입니다.

악랄한 환희. 탐욕과 악의에 따라 움직이는 고블린은 자기들이 우위에 서는 흔치 않은 순간이 오면 기뻐 날뛰지 않을 수가 없습니다. 그들은 승리가 확실해지면 춤을 추며 기쁨을 만끽합니다. 일단 그 즐거운 순간이 끝나고 나면 고블린들은 다른 자들을 고문하는 데서 즐거움을 얻으며 온갖 종류의 사악함을 선보일 것입니다.

지도자와 추종자. 고블린은 부족 내에서 가장 강하고 영리한 자의 지배를 받습니다. 고블린 두목은 본거지 하나를 다스리는 정도이지만, 고블린 왕이나 여왕(대개는 과하게 성공한 고블린 두목 정도입니다.)의 경우는 수백 명이 넘는 고블린에게 명령을 내리며, 부족의 생존을 위해 여러 본거지의 고블린들을 움직입니다. 고블린 두목들이 오래 버티는 경우는 별로 없으며, 고블린 부족 중 상당수는 홉고블린 전쟁군주나 버그베어 족장의 지배를 받아들이는 편입니다.

도전받는 본거지. 고블린의 본거지에 침입자가 쳐들어오면 경보가 울립니다. 이 본거지는 보통 인간 크기의 적들은 알아차릴 수 없는 좁은 터널과 화살 구멍들이 여기저기 나 있으며, 고블린은 이런 통로를 통해 오가고 적들을 포위하여 기습 공격을 가합니다.

쥐 사육자와 늑대 기수. 고블린은 쥐나 늑대들과 특별한 친분을 지니고 있으며, 이들을 동료나 탈 것으로 키워 같이 행동합니다. 고블린은 쥐처럼 햇빛을 싫어하고 해가 떠 있는 동안에는 지하에 들어가 잠을 잡니다. 고블린은 늑대처럼 집단으로 사냥하며, 숫자가 많아질수록 용감해집니다. 고블린이 늑대의 등에 올라타 사냥할 때는 치고 빠지는 전술을 주로 사용합니다.

마글루비에트의 숭배자들. 강대한 자 마글루비에트(Maglubiyet the Mighty One), 지하와 어둠의 주인이야말로 고블리노이드 종족들이 섬기는 가장 위대한 신입니다. 많은 고블린이 11ft 넘는 크기의 검은 피부를 지니고 눈에서 불꽃이 타오르는 모습으로 마글루비에트를 상상하며, 존경이 아니라 두려움 때문에 신을 숭배합니다. 고블린은 전투 도중에 죽으면 영혼이 아케론에 있는 마글루비에트의 군대에 합류한다고 믿습니다. 이것은 대부분의 고블린들이 두려워하는 "특권"으로, 강대한 자의 영원한 폭정에 시달리는 것은 죽음보다 끔찍한 일이라고 생각하기 때문입니다.

"병사나 깡패를 원하면 홉고블린을 고용해라. 잠들어 있는 누군가를 죽을때까지 두들겨 패고 싶으면 버그베어를 고용해라. 악랄하고 쬐그만 멍청이들을 원한다면 고블린들을 고용해라."

— 노예 군주 스탈만 클림.

"브리-약Bree-Yark!"
― 고블린어로 "항복한다!"는 뜻
(이라고 주장한다.)

고블린 두목 GOBLIN BOSS

소형 인간형(고블린노이드), 중립 악

방어도 17 (체인 셔츠, 방패)
히트 포인트 21 (6d6)
이동속도 30ft

근력	민첩	건강	지능	지혜	매력
10 (+0)	14 (+2)	10 (+0)	10 (+0)	8 (-1)	10 (+0)

기술 은신 +6
감각능력 암시야 60ft, 상시 감지 9
언어 공용어, 고블린어
도전지수 1 (200 xp)

재빠른 도주. 고블린은 자기 턴에 추가 행동을 사용해 퇴각이나 은신 행동을 취할 수 있습니다.

행동

다중공격. 고블린은 시미터로 2회의 공격을 가합니다. 두 번째 공격에는 불리점을 받습니다.

시미터. 근접 무기 공격: 명중 +4, 간격 5ft, 목표 하나. 명중시: 5(1d6+2) 점의 참격 피해.

투창. 근접 또는 장거리 무기 공격: 명중 +2, 간격 5ft 또는 장거리 30/120ft, 목표 하나. 명중시: 3(1d6)점의 관통 피해.

반응행동

공격방향 전환. 두목이 볼 수 있는 크리쳐 하나가 두목을 목표로 공격을 가할 때, 고블린 두목은 목표가 된 고블린 주변 5ft 내의 다른 고블린과 자신의 자리를 바꾸어 다른 고블린이 대신 공격의 목표가 되도록 할 수 있습니다.

고블린 GOBLIN

소형 인간형(고블린노이드), 중립 악

방어도 15 (가죽 갑옷, 방패)
히트 포인트 7 (2d6)
이동속도 30ft

근력	민첩	건강	지능	지혜	매력
8 (-1)	14 (+2)	10 (+0)	10 (+0)	8 (-1)	8 (-1)

기술 은신 +6
감각능력 암시야 60ft, 상시 감지 9
언어 공용어, 고블린어
도전지수 1/4 (50 xp)

재빠른 도주. 고블린은 자기 턴에 추가 행동을 사용해 퇴각이나 은신 행동을 취할 수 있습니다.

행동

시미터. 근접 무기 공격: 명중 +4, 간격 5ft, 목표 하나. 명중시: 5(1d6+2) 점의 참격 피해.

단궁. 장거리 무기 공격: 명중 +4, 장거리 80/320ft, 목표 하나. 명중시: 5(1d6+2)점의 관통 피해.

골렘 GOLEMS

골렘은 점토, 살점, 뼈, 쇠, 바위 등의 평범한 재료로 만들어지지만, 놀랄만한 힘과 내구력을 지니고 있습니다. 골렘에게는 그 어떤 야심도 없고, 생명을 유지하기 위한 음식이나 공기도 필요 없으며, 어떤 고통도 느끼지 않고 아무런 망설임도 없습니다. 막을 수 없는 거신인 골렘들은 오로지 제작자의 명령에만 따라 움직이며, 받은 명령에 따라 공격하거나 보호하는 임무를 수행합니다.

골렘을 만들기 위해서는 먼저 *골렘의 설명서(Manual of Golems)* 가 필요합니다. (던전 마스터즈 가이드(Dungeon Master's Guide) 를 참조하십시오.) 이 설명서에는 특정한 종류의 골렘을 만들기 위한 삽화와 설명, 과정이 충실히 기재되어 있습니다.

물질의 형태를 취한 원소 영혼. 골렘을 만드는 작업은 먼저 그 몸체를 만드는 것으로 시작됩니다. 이 몸체를 만들기 위해서는 상당한 실력의 조각과 조소 능력이나 금속 제련 혹은 수술 실력이 필요합니다. 때로는 골렘의 제작자가 그런 기술을 직접 익히고 있는 경우도 있지만, 대개 골렘을 만들고자 하는 이들은 다른 장인들을 고용하여 작업을 맡기곤 합니다.

일단 점토나 살점, 강철, 혹은 바위로 몸체를 만들고 나면, 골렘의 제작자는 그 몸체에 대지계의 원소 영혼을 불러와 깃들게 합니다. 이 자그마한 생명의 불꽃은 어떤 기억이나 인격도 없습니다. 그저 움직이고 복종하는 간단한 능력만 있을 뿐입니다. 이 과정은 영혼을 인공적인 몸에 묶고, 제작자의 의지에 복종하게 만드는 것으로 이루어집니다.

늙지 않는 수호자들. 골렘은 그 제작자가 죽고 난 이후에도 오랫동안 성스러운 장소나 무덤, 보물 창고를 지킬 수 있습니다. 골렘은 대부분의 물리적 피해를 무시하고 가장 강력한 주문들을 제외하면 마법에도 영향을 받지 않으며 정해진 임무를 수행합니다.

때로는 골렘을 만들 때 특별한 부적이나 다른 물건을 소유할 시 골렘을 조종할 수 있도록 만들기도 합니다. 제작자가 오래전에 죽어버린 골렘이라 할지라도 이런 물건을 지니고 있으면 새로운 주인으로 인정받을 수 있습니다.

맹목적인 복종. 제작자나 명령권자가 있다면, 골렘은 아무런 문제 없이 작동할 수 있습니다. 만약 골렘에게 아무런 명령이 주어지지 않았다면, 골렘은 최선을 다해 마지막으로 받은 명령을 수행합니다. 자기가 받은 명령을 완수할 수 없다면, 골렘은 폭력적으로 반응하기 시작하거나 가만히 서서 아무것도 하지 않을 것입니다. 상반되는 명령을 받은 골렘은 때로 명령을 왜곡해서 받아들이기도 합니다.

골렘은 생각하거나 스스로 행동을 정할 능력이 없습니다. 비록 명령을 완벽하게 알아듣긴 하지만, 골렘은 언어를 전혀 이해하지 못하며 이성도 없고 말로 속여 넘길 수도 없습니다.

구조물의 천성. 골렘은 호흡할 필요가 없으며, 먹고 마시거나 잠잘 필요도 없습니다.

> "열리지 않는 문 뒤에는 거대한 홀이 있었고, 그 끝에는 높게 솟아 있는 바위 왕좌가 자리했다. 왕좌에는 사람 두 명보다 큰 크기의 강철상이 앉아 있었다. 한 손에는 쇠로 된 검을 들었고, 다른 손에는 깃털 채찍을 들고 있었다. 우리는 그때 돌아갔어야 했다."
>
> — 대마법사 모덴카이넨, 마우레 성 지하 던전에서 자신의 일행과 함께 겪었던 고생담을 기록하며.

점토 골렘 CLAY GOLEM

점토로 만들어진 이 묵직한 골렘들은 대부분의 인간 크기 크리쳐들보다 머리 하나 정도 큰 크기를 지니고 있습니다. 이들은 대개 인간형으로 생겼지만, 비율은 제멋대로입니다.

점토 골렘은 강력한 신앙심을 지닌 사제들이 성스러운 목적으로 만드는 경우가 많습니다. 하지만 점토는 생명력을 담기에는 너무 약한 그릇입니다. 만약 골렘이 피해를 받는다면, 그 안에 있는 원소 영혼이 풀려나려 하기 시작합니다. 그런 골렘은 쉽게 미쳐 날뛰며 그 자신이 파괴되거나 완전히 수리될 때까지 주변 모든 것을 때려 부수려 들 것입니다.

살점 골렘 FLESH GOLEM

살점 골렘은 인간의 신체 부분을 꿰맞춘 기괴한 구조물로, 무시무시한 힘을 지닌 근육덩어리 덩치처럼 보입니다. 그 뇌는 간단한 논리를 이해할 수 있지만, 대부분 어린아이 정도의 지성만을 지니고 있을 뿐입니다. 골렘의 근육 조직은 번개의 힘에 반응하며, 이를 통해 활력과 힘을 얻어 움직입니다. 강력한 마법이 골렘의 피부를 보호하고 있어서 마법 주문 대부분과 가장 강력한 무기를 제외한 거의 모든 무기를 흘려냅니다.

살점 골렘은 뻣뻣한 관절로 삐걱대며, 마치 자신의 몸을 완벽하게 통제하지 못하는 것처럼 보이기도 합니다. 죽은 살점은 원소 영혼을 담기에 이상적인 용기가 아니기 때문에, 내부의 영혼은 가끔 분노에 가득 차 울부짖곤 합니다. 만약 내부의 영혼이 제작자의 의지에서 풀려나고자 한다면, 골렘은 진정되거나 완전히 회복될 때까지, 혹은 몸이 완전히 파괴될 때까지 광란에 빠져 날뛰게 될 것입니다.

강철 골렘 IRON GOLEM

모든 골렘 중에서 가장 강력한 강철 골렘은 거대하고 무거운 거인으로 단단한 금속 몸체를 지니고 있습니다. 강철 골렘의 모습은 어떤 형태라도 취할 수 있지만, 대부분은 갑옷을 차려입은 거인의 모습으로 만들어지곤 합니다. 강철 골렘의 주먹은 단 한방에 대부분의 적을 쓰러트릴 수 있으며, 걸을 때마다 쿵쿵대며 울리는 발걸음 역시 묵직합니다. 강철 골렘은 때로 먼 거리의 적을 때리기 위해 거대한 검을 휴대하며, 치명적인 독 브레스를 내뿜을 수도 있습니다.

강철 골렘의 몸체는 희귀한 재료와 혼합물을 함께 녹여내 만들어집니다. 다른 골렘들은 원소 영혼들을 묶어 놓기에 너무 약한 재료를 사용하고 있지만, 강철 골렘은 거의 무적이 되도록 설계되고 만들어집니다. 그 강철 몸체는 안의 영혼을 완벽하게 묶어 놓으며, 오직 마법이 실린 무기나 아다만틴으로 만든 무기들만이 강철 골렘에게 해를 줄 수 있습니다.

바위 골렘 STONE GOLEM

바위 골렘은 다양한 크기와 형태로 만들어지지만, 대개 바위를 깎아 만든 거대하고 인상적인 석상처럼 생겼습니다. 비록 대부분 인간형의 모습을 띠긴 하지만, 조각가가 원한다면 상상할 수 있는 어떤 모습으로도 만들 수 있습니다. 고대의 바위 골렘들은 봉인된 무덤이나 잃어버린 도시의 관문 앞에서 거대한 짐승 모습으로 발견되기도 합니다.

다른 골렘들과 마찬가지로, 바위 골렘들은 주문과 평범한 무기에 거의 영향을 받지 않습니다. 바위 골렘과 싸우는 크리쳐들은 그 주변에서 마치 자기들이 바위처럼 변하는 것처럼 시간의 흐름이 느려지는 것을 느끼기도 합니다.

"물리적 형태가 단단할수록, 골렘이 본래의 목적을 망각할 확률은 낮아진다. 점토로 만든 것은 좀 짜증스러울 수 있다."
— 점토 골렘 제작 설명서에 쓰여진 경고 문구.

점토 골렘 CLAY GOLEM

대형 구조물, 성향 없음

방어도 14 (자연 갑옷)
히트 포인트 133 (14d10+56)
이동속도 20ft

근력	민첩	건강	지능	지혜	매력
20 (+5)	9 (-1)	18 (+4)	3 (-4)	8 (-1)	1 (-5)

피해 면역 산성, 독성, 정신, 아다만틴이 아니며 비마법적 공격에 의한 타격/참격/관통 피해
상태 면역 매혹, 탈진, 공포, 마비, 석화, 중독
감각능력 암시야 60ft, 상시 감지 9
언어 제작자의 언어를 이해하지만 말할 수는 없음
도전지수 9 (5,000 xp)

산성 흡수. 골렘이 산성 피해를 받은 경우 그 피해는 무시되며, 오히려 피해량 만큼 자신의 hp를 회복합니다.

광분. 골렘이 자기 턴을 시작할 때 hp가 60점 이하라면 d6을 굴립니다. 이때 6이 나오면 골렘은 광분에 빠집니다. 광분해 있는 동안, 골렘은 무조건 보이는 가장 가까운 크리쳐를 공격합니다. 만약 이동해서 공격할 수 있는 범위에 크리쳐가 없다면, 골렘은 자신보다 작은 물체를 공격합니다. 일단 골렘이 광분에 빠지면, 완전히 파괴되거나 hp가 최대로 회복될 때까지 그 효과가 지속됩니다.

형체 불변. 골렘은 형태를 변화시키는 모든 주문과 효과에 면역입니다.

마법 저항. 골렘은 주문과 기타 마법적 효과에 대한 내성 굴림에 이점을 받습니다.

마법 무기. 골렘의 무기는 마법 무기로 취급합니다.

행동

다중공격. 골렘은 2회의 후려치기 공격을 가합니다.

후려치기. *근접 무기 공격:* 명중 +8, 간격 5ft, 목표 하나. *명중시:* 16(2d10+5)점의 타격 피해. 목표가 크리쳐라면 DC 15의 건강 내성에 실패할 시 받은 피해만큼 최대hp도 감소합니다. 목표가 이 공격으로 인해 최대hp가 0 이하로 떨어졌다면 목표는 사망합니다. 이렇게 감소한 최대hp는 상급 회복 *Greater Restoration* 주문이나 유사한 마법으로 회복할 수 있습니다.

가속 (재충전 5-6). 골렘은 자신의 다음 턴이 끝날 때까지 마법적으로 AC에 +2 보너스를 받으며, 민첩 내성 굴림에 이점을 받고, 추가 행동으로 후려치기 공격을 1회 가할 수 있습니다.

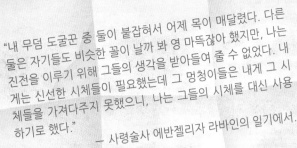

"내 무덤 도굴꾼 중 둘이 붙잡혀서 어제 목이 매달렸다. 다른 둘은 자기들도 비슷한 꼴이 날까 봐 영 마뜩잖아 했지만, 나는 진전을 이루기 위해 그들의 생각을 받아들여 줄 수 없었다. 내게는 신선한 시체들이 필요했는데 그 멍청이들은 내게 그 시체들을 가져다주지 못했으니, 나는 그들의 시체를 대신 사용하기로 했다."

— 사령술사 에반젤리자 라바인의 일기에서.

살점 골렘 FLESH GOLEM

중형 구조물, 중립

방어도 9
히트 포인트 93 (11d8+44)
이동속도 30ft

근력	민첩	건강	지능	지혜	매력
19 (+4)	9 (-1)	18 (+4)	6 (-2)	10 (+0)	5 (-3)

피해 면역 번개, 독성, 아다만틴이 아니며 비마법적 공격에 의한 타격/참격/관통 피해
상태 면역 매혹, 탈진, 공포, 마비, 석화, 중독
감각능력 암시야 60ft, 상시 감지 10
언어 제작자의 언어를 이해하지만 말할 수는 없음
도전지수 5 (1,800 xp)

광분. 골렘이 자기 턴을 시작할 때 hp가 40점 이하라면 d6을 굴립니다. 이때 6이 나오면 골렘은 광분에 빠집니다. 광분해 있는 동안, 골렘은 무조건 보이는 가장 가까운 크리쳐를 공격합니다. 만약 이동해서 공격할 수 있는 범위에 크리쳐가 없다면, 골렘은 자신보다 작은 물체를 공격합니다. 일단 골렘이 광분에 빠지면, 완전히 파괴되거나 hp가 최대로 회복될 때까지 그 효과가 지속됩니다.

만약 골렘의 제작자가 광분에 빠진 골렘 주변 60ft에 있다면 골렘을 진정시키려 시도할 수 있습니다. 골렘은 제작자의 목소리를 들을 수 있어야 합니다. 제작자가 행동을 사용해 DC 15의 매력(설득) 판정에 성공하면 골렘은 광분에서 벗어납니다. 그러나 만약 hp 40 이하일 때 다시 공격을 받는다면, 골렘은 다시 광분에 빠질지도 모릅니다.

화염 기피. 골렘은 화염 피해를 받으면 자신의 다음 턴이 끝날 때까지 모든 명중 굴림과 능력 판정에 불리점을 받습니다.

번개 흡수. 골렘이 번개 피해를 받은 경우 그 피해는 무시되며, 오히려 피해량 만큼 자신의 hp를 회복합니다.

형체 불변. 골렘은 형태를 변화시키는 모든 주문과 효과에 면역입니다.

마법 저항. 골렘은 주문과 기타 마법적 효과에 대한 내성에 이점을 받습니다.

마법 무기. 골렘의 무기는 마법 무기로 취급합니다.

행동

다중공격. 골렘은 2회의 후려치기 공격을 가합니다.

후려치기. 근접 무기 공격: 명중 +7, 간격 5ft, 목표 하나. 명중시: 13(2d8+4)점의 타격 피해.

강철 골렘 IRON GOLEM
대형 구조물, 성향 없음

방어도 20 (자연 갑옷)
히트 포인트 210 (20d10+100)
이동속도 30ft

근력	민첩	건강	지능	지혜	매력
24 (+7)	9 (-1)	20 (+5)	3 (-4)	11 (+0)	1 (-5)

피해 면역 화염, 독성, 정신, 아다만틴이 아니며 비마법적 공격에 의한 타격/참격/관통 피해
상태 면역 매혹, 탈진, 공포, 마비, 석화, 중독
감각능력 암시야 120ft, 상시 감지 10
언어 제작자의 말을 알아듣지만 말할 수는 없음
도전지수 16 (15,000 xp)

화염 흡수. 골렘이 화염 피해를 받은 경우 그 피해는 무시되며, 오히려 피해량 만큼 자신의 hp를 회복합니다.

형체 불변. 골렘은 형태를 변화시키는 모든 주문과 효과에 면역입니다.

마법 저항. 골렘은 주문과 기타 마법적 효과에 대한 내성에 이점을 받습니다.

마법 무기. 골렘의 무기는 마법 무기로 취급합니다.

행동

다중공격. 골렘은 두 번의 근접 공격을 가합니다.

후려치기. 근접 무기 공격: 명중 +13, 간격 5ft, 목표 하나.
명중시: 20(3d8+7) 점의 타격 피해.

검. 근접 무기 공격: 명중 +13, 간격 10ft, 목표 하나. 명중시: 23(3d10+7) 점의 참격 피해.

독성 브레스 (재충전 6). 골렘은 15ft 길이의 원뿔형 범위에 독가스를 뿜어냅니다. 범위 내의 크리쳐는 모두 DC 19의 건강 내성 굴림에 실패하면 45(10d8)점의 독성 피해를 받습니다. 내성에 성공하면 피해는 절반으로 줄어듭니다.

바위 골렘 STONE GOLEM
대형 구조물, 성향 없음

방어도 17 (자연 갑옷)
히트 포인트 178 (17d10+85)
이동속도 30ft

근력	민첩	건강	지능	지혜	매력
22 (+6)	9 (-1)	20 (+5)	3 (-4)	11 (+0)	1 (-5)

피해 면역 독성, 정신, 아다만틴이 아니며 비마법적 공격에 의한 타격/참격/관통 피해
상태 면역 매혹, 탈진, 공포, 마비, 석화, 중독
감각능력 암시야 120ft, 상시 감지 10
언어 제작자의 말을 알아듣지만 말할 수는 없음
도전지수 10 (5,900 xp)

형체 불변. 골렘은 형태를 변화시키는 모든 주문과 효과에 면역입니다.

마법 저항. 골렘은 주문과 기타 마법적 효과에 대한 내성에 이점을 받습니다.

마법 무기. 골렘의 무기는 마법 무기로 취급합니다.

행동

다중공격. 골렘은 두 번의 근접 공격을 가합니다.

후려치기. 근접 무기 공격: 명중 +10, 간격 5ft, 목표 하나.
명중시: 19(3d8 +6) 점의 타격 피해.

감속 (재충전 5-6). 골렘은 주변 10ft 이내에서 자신이 볼 수 있는 크리쳐들을 원하는 만큼 목표로 선택해 감속시킵니다. 각각의 목표는 DC 17의 지혜 내성 굴림을 굴려 실패할 시 반응행동을 사용할 수 없고, 이동속도가 절반으로 줄어들며, 턴 당 1회만 공격을 가할 수 있게 됩니다. 또한 목표는 자기 턴에 행동과 추가 행동 중 하나만을 행할 수 있습니다. 이 효과는 1분간 지속되며, 매번 자기 턴이 끝날 때 다시 내성을 굴려 성공할 시 효과를 종료시킬 수 있습니다.

공룡 Dinosaurs

베히모스(Behemoth)라는 이름으로도 불리는 공룡들은 세상에서 가장 오래된 파충류입니다. 육식 공룡은 사납고 자기 영토에 예민한 사냥꾼들입니다. 초식 공룡은 덜 공격적이지만, 여전히 새끼를 지키려 하거나 괴롭힘을 받게 되면 공격을 가할 수도 있습니다.

공룡은 다양한 크기와 형태를 지니고 있습니다. 커다란 것들은 색이 단조롭지만, 작은 것들은 마치 새들처럼 화려한 색을 지닌 경우도 있습니다. 공룡들은 인간형 종족들이 거의 살지 않는 외딴 지역을 배회하며, 주로 멀리 떨어진 산악 협곡이나 높다란 고원, 열대의 섬이나 깊은 늪지 등에서 발견됩니다.

알로사우르스 Allosaurus

알로사우르스는 거대한 포식자로, 강력한 힘을 지니고 재빠르게 움직입니다. 이것들은 들판에서 먹이를 뒤쫓아 달리며, 사나운 발톱으로 급습을 가해 쓰러트립니다.

앤킬로사우르스 Ankylosaurus

식물을 주식으로 삼으며 몸에서 갑옷 같은 단단한 판이 자라나는 앤킬로사우르스는 갑각판으로 몸을 지키며 묵직한 꼬리로 파괴적인 일격을 가해 포식자들로부터 몸을 보호합니다. 앤킬로사우르스의 몇몇 변종은 꼬리에 가시가 돋아나 타격 피해 대신 관통 피해를 주는 경우도 있습니다.

트리케라톱스 Triceratops

초식 공룡 중에서도 가장 사나운 트리케라톱스들은 머리 앞쪽으로 단단한 보호 갑각이 자라나 있습니다. 이들은 무서운 속도로 돌격하며 거대한 뿔로 들이받아 포식자들을 죽음에 이르게 합니다.

티라노사우르스 렉스
Tyrannosaurus Rex

이 거대한 포식자는 자기 영역의 모든 다른 것들에게 공포의 대상이 됩니다. 그 크기와 무게에도 불구하고 티라노사우르스는 재빠르게 달릴 수 있습니다. 이것은 먹을 수 있는 사냥감들은 무엇이든 추적하며, 통째로 삼키지 못하는 동물은 거의 없습니다. 먹잇감이 될 만한 것이 발견되지 않는다면, 티라노사우르스는 시체를 뜯어먹으며, 자기 먹이를 노리고 오는 더 작은 것들을 먹이로 삼으려 합니다.

프테라노돈 Pteranodon

이 날아다니는 파충류들의 날개 넓이는 15에서 20ft에 달합니다. 이들은 주로 물속의 작은 먹이를 날아서 덮치곤 하지만, 기회가 있다면 먹을 수 있는 것은 무엇이든 습격합니다. 프테라노돈에게는 이빨이 없으며, 대신 날카로운 부리로 삼키기에 너무 큰 먹이를 적당히 토막 내곤 합니다.

플레시오사우르스 Plesiosaurus

물속에서 살아가는 플레시오사우르스는 강력한 물갈퀴로 아담한 몸을 가누며 헤엄치고 살아갑니다. 육식성에 사나운 플레시오사우르스는 마주치는 모든 것을 공격합니다. 이것들은 전체 몸길이의 1/3을 차지하는 유연한 목을 이용하여 어느 방향에서나 먹이에게 파괴적인 일격을 가할 수 있습니다.

알로사우르스 Allosaurus
대형 야수, 성향 없음

방어도 13 (자연 갑옷)
히트 포인트 51 (6d10+18)
이동속도 60ft

근력	민첩	건강	지능	지혜	매력
19 (+4)	13 (+1)	17 (+3)	2 (-4)	12 (+1)	5 (-3)

기술 감지 +5
감각능력 상시 감지 15
언어 —
도전지수 2 (450 xp)

급습. 알로사우르스가 최소 30ft 이상 직선으로 이동한 후 그 턴에 적을 할퀴기 공격으로 명중시켰다면, 목표는 DC 13의 근력 내성에 실패할 시 넘어집니다. 만약 목표가 넘어졌다면 알로사우르스는 추가 행동으로 같은 목표에 물기 공격을 1회 가할 수 있습니다.

행동

물기. 근접 무기 공격: 명중 +6, 간격 5ft. 목표 하나. 명중시: 15(2d10+4)점의 관통 피해.

할퀴기. 근접 무기 공격: 명중 +6, 간격 5ft. 목표 하나. 명중시: 8(1d8+4)점의 참격 피해.

앤킬로사우르스 Ankylosaurus
거대형 야수, 성향 없음

방어도 15 (자연 갑옷)
히트 포인트 68 (8d12+16)
이동속도 30ft

근력	민첩	건강	지능	지혜	매력
19 (+4)	11 (+0)	15 (+2)	2 (-4)	12 (+1)	5 (-3)

감각능력 상시 감지 11
언어 —
도전지수 3 (700 xp)

행동

꼬리. 근접 무기 공격: 명중 +7, 간격 10ft, 목표 하나. 명중시: 18(4d6+4)점의 타격 피해. 목표가 크리쳐라면 DC 14의 근력 내성에 실패할 시 넘어집니다.

트리케라톱스 TRICERATOPS

거대형 야수, 성향 없음

방어도 13 (자연 갑옷)
히트 포인트 95 (10d12+30)
이동속도 50ft

근력	민첩	건강	지능	지혜	매력
22 (+6)	9 (-1)	17 (+3)	2 (-4)	11 (+0)	5 (-3)

감각능력 상시 감지 10
언어 —
도전지수 5 (1,800 xp)

짓밟는 돌격. 트리케라톱스가 한 턴에 최소 20ft 이상을 직선으로 이동하여 목표에게 들이받기 공격을 명중시켰다면, 목표는 DC 13의 근력 내성에 실패할 시 넘어집니다. 목표가 넘어졌다면, 트리케라톱스는 추가 행동으로 짓밟기 공격을 1회 가할 수 있습니다.

행동

들이받기. 근접 무기 공격: 명중 +9, 간격 5ft, 목표 하나. 명중시: 24(4d8+6)점의 관통 피해.

짓밟기. 근접 무기 공격: 명중 +9, 간격 5ft, 넘어진 목표 하나. 명중시: 22(3d10+6)점의 타격 피해.

프테라노돈 PTERANODON

중형 야수, 성향 없음

방어도 13 (자연 갑옷)
히트 포인트 13 (3d8)
이동속도 10ft, 비행 60ft

근력	민첩	건강	지능	지혜	매력
12 (+1)	15 (+2)	10 (+0)	2 (-4)	9 (-1)	5 (-3)

기술 감지 +1
감각능력 상시 감지 11
언어 —
도전지수 1/4 (50 xp)

날아치기. 프테라노돈은 적의 간격에서 날아서 빠져나올 때 기회공격을 유발하지 않습니다.

행동

물기. 근접 무기 공격: 명중 +3, 간격 5ft, 목표 하나. 명중시: 6(2d4+1)점의 관통 피해.

티라노사우르스 렉스 TYRANNOSAURUS REX

거대형 야수, 성향 없음

방어도 13 (자연 갑옷)
히트 포인트 136 (13d12+52)
이동속도 50ft

근력	민첩	건강	지능	지혜	매력
25 (+7)	10 (+0)	19 (+4)	2 (-4)	12 (+1)	9 (-1)

기술 감지 +4
감각능력 상시 감지 14
언어 —
도전지수 8 (3,900 xp)

행동

다중공격. 티라노사우르스는 물기 1회, 꼬리 1회로 2회의 공격을 가합니다. 두 공격은 서로 다른 목표에게 행해져야 합니다.

물기. 근접 무기 공격: 명중 +10, 간격 10ft, 목표 하나. 명중시: 33(4d12+7)점의 관통 피해. 목표가 중형 이하 크기의 크리쳐라면 붙잡힙니다. (탈출 DC 17) 붙잡힌 크리쳐는 포박 상태이며, 티라노사우르스는 크리쳐를 물고 있을 때 다른 목표에게 물기 공격을 할 수 없습니다.

꼬리. 근접 무기 공격: 명중 +10, 간격 10ft, 목표 하나. 명중시: 20(3d8+7)점의 타격 피해.

플레시오사우르스 PLESIOSAURUS

대형 야수, 성향 없음

방어도 13 (자연 갑옷)
히트 포인트 68 (8d10+24)
이동속도 20ft, 수영 40ft

근력	민첩	건강	지능	지혜	매력
18 (+4)	15 (+2)	16 (+3)	2 (-4)	12 (+1)	5 (-3)

기술 감지 +3, 은신 +4
감각능력 상시 감지 13
언어 —
도전지수 2 (450 xp)

숨 참기. 플레시오사우르스는 1시간 동안 숨을 참을 수 있습니다.

행동

물기. 근접 무기 공격: 명중 +6, 간격 10ft, 목표 하나. 명중시: 14(3d6+4)점의 관통 피해.

구울 GHOULS

구울은 인간형 종족의 살점에 대한 참을 수 없는 탐욕에 미친 채 무리 지어 밤에 돌아다닙니다.

살점의 탐식자. 구더기나 송장벌레들처럼 구울은 부패와 죽음에 탐닉합니다. 구울은 죽은 살점과 썩어가는 내장이 넘쳐나는 장소를 찾아다닙니다. 죽은 자들을 뜯어먹지 못할 때면 구울은 살아있는 자들을 습격해 그들을 시체로 만들기도 합니다. 그들이 시체를 먹어 치워서 어떤 영양분을 얻는 것은 아니지만, 구울은 죽은 자들을 먹고자 하는 끝없는 굶주림에 시달립니다. 구울의 언데드 살점은 절대 썩지 않으며, 이 괴물들은 무덤이나 지하묘지에 숨어들어 아무것도 먹지 않은 채 기나긴 시간을 도사리고 있을 수 있습니다.

어비스에서 유래한 것. 구울의 기원은 어비스에서 찾을 수 있습니다. 최초의 구울인 도레사인(Doresain)은 오르커스를 숭배하는 엘프였습니다. 그는 자기 자신의 동족을 배반하였고, 불사의 데몬 대공을 숭배하기 위해 죽은 인간종의 살점으로 축제를 벌였습니다. 이러한 숭배에 대한 보답으로 오르커스는 도레사인을 최초의 구울로 만들어 주었습니다. 도레사인은 어비스에서 오르커스를 충실하게 섬겼고 구울을 만들어 냈으나, 놀의 데몬 군주인 이노그가 침공했을 때 도레사인을 훔쳐 자신의 어비스 영역으로 데려가고 말았습니다. 오르커스가 자신을 위해 아무것도 해주지 않자 도레사인은 구원을 위해 엘프 신들에게 애원했고, 엘프 신들은 그를 불쌍히 여겨 파멸의 운명에서 벗어나게 해 주었습니다. 그 이후 엘프들은 구울의 마비 접촉에 면역을 얻게 되었습니다.

가스트. 오르커스는 때때로 구울에 강력한 심연의 힘을 불어넣어 가스트로 만들곤 합니다. 구울들이 대체로 야만스러운 짐승과 같다면, 가스트는 구울 무리에 명령을 내리고 통솔할 수 있는 교활함을 지니고 있습니다.

가스트 GHAST

중형 언데드, 혼돈 악

방어도 13
히트 포인트 36 (8d8)
이동속도 30ft

근력	민첩	건강	지능	지혜	매력
16 (+3)	17 (+3)	10 (+0)	11 (+0)	10 (+0)	8 (-1)

피해 저항 사령
피해 면역 독성
상태 면역 매혹, 탈진, 중독
감각능력 암시야 60ft, 상시 감지 10
언어 공용어
도전지수 2 (450 xp)

악취. 가스트로부터 5ft 내에서 자기 턴을 시작하는 크리쳐는 모두 DC 10의 건강 내성 굴림을 굴려야 하며, 실패할 시 자신의 다음 턴이 시작할 때까지 중독 상태가 됩니다. 내성 굴림에 성공하면, 이후 24시간 동안 가스트의 악취에 대해 면역을 얻습니다.

퇴치 회피. 가스트와 가스트 주변 30ft 이내에 있는 구울들은 언데드 퇴치 효과에 대한 내성 굴림에 이점을 얻습니다.

행동

물기. 근접 무기 공격: 명중 +3, 간격 5ft, 크리쳐 하나. 명중시: 12(2d8+3) 점의 관통 피해.

할퀴기. 근접 무기 공격: 명중 +5, 간격 5ft, 목표 하나. 명중시: 10(2d6+3) 점의 참격 피해. 목표가 언데드가 아닐 경우, 목표는 DC 10의 건강 내성 굴림을 굴려야 합니다. 이 내성에 실패하면 1분간 마비 상태가 됩니다. 목표는 매번 자기 턴이 끝날 때 다시 내성 굴림을 굴릴 수 있으며, 성공하면 효과는 종료됩니다.

구울 GHOUL

중형 언데드, 혼돈 악

방어도 12
히트 포인트 22 (5d8)
이동속도 30ft

근력	민첩	건강	지능	지혜	매력
13 (+1)	15 (+2)	10 (+0)	7 (-2)	10 (+0)	6 (-2)

피해 면역 독성
상태 면역 매혹, 탈진, 중독
감각능력 암시야 60ft, 상시 감지 10
언어 공용어
도전지수 1 (200 xp)

행동

물기. 근접 무기 공격: 명중 +2, 간격 5ft, 크리쳐 하나. 명중시: 9(2d6+2) 점의 관통 피해.

할퀴기. 근접 무기 공격: 명중 +4, 간격 5ft, 목표 하나. 명중시: 7(2d4+2) 점의 참격 피해. 목표가 크리쳐이며 엘프나 언데드가 아닐 경우, 목표는 DC 10의 건강 내성 굴림을 굴려야 합니다. 이 내성에 실패하면 1분간 마비 상태가 됩니다. 목표는 매번 자기 턴이 끝날 때 다시 내성 굴림을 굴릴 수 있으며, 성공하면 효과는 종료됩니다.

굴절 야수 DISPLACER BEAST

이 괴물 같은 포식자의 이름은 빛을 굴절시켜 자신의 모습을 실제 위치보다 약간 떨어진 곳에 비추는 능력에서 유래했습니다. 굴절 야수는 흑청색 가죽을 가진 미끈한 큰고양이과 야수의 모습을 하고 있습니다. 그러나 여섯 개의 다리와 어깨에서 돋아난 두 개의 긴 촉수, 촉수 끝의 빨판과 가시들을 보면 이 야수가 지닌 이계의 본성을 눈치챌 수 있습니다. 굴절 야수의 눈은 무시무시한 악의로 붉게 빛납니다.

언실리 기원. 굴절 야수는 본래 오래전부터 페이와일드의 황혼 야생을 배회하였습니다. 그러나 이들은 언실리 궁정에 의해 사로잡혀 길들여졌습니다. 궁정의 전사들은 이 짐승의 거칠고 야만스러운 본성을 더욱 강화시켰고, 이 야수를 부려 유니콘이나 페가서스 같이 대단한 사냥감들을 사냥했습니다. 하지만 굴절 야수가 악랄한 지성을 이용해 주인의 우리에서 탈출하는 데는 그리 긴 시간이 걸리지 않았습니다.

도망쳐 나온 굴절 야수들은 페이와일드를 자유로이 돌아다니다 실리 궁정의 눈에 띄게 되었습니다. 점멸견을 데리고 사냥에 나선 요정 사냥꾼들은 페이와일드에서 이 포식자들을 거의 몰아내는 데 성공하였고, 이들은 물질계로 건너왔습니다. 오늘날까지 굴절 야수와 점멸견은 철천지원수 사이로 남아 있습니다.

죽이는 쾌감. 굴절 야수는 단순히 먹이를 얻기 위해서가 아니라 재미로도 사냥감을 죽입니다. 이것들은 배고플 때 먹이를 찾는 것이 아니라, 먹을 준비가 될 때까지 가지고 놀기 위해서 사냥감을 고릅니다. 일단 촉수로 사냥감을 죽이고 나면, 굴절 야수는 시체를 조용한 장소로 끌고 가 방해받지 않고 먹어 치웁니다.

굴절 야수는 홀로 사냥하거나, 매복하기 위해 작은 집단을 꾸립니다. 굴절 야수 혼자서 적을 공격하며 이탈하며, 먹이를 무리가 있는 곳으로 끌고 오는 것입니다. 굴절 야수의 무리는 무역로 근처를 좋아하며 오가는 상인들의 일정을 기억하고 있다가, 철저한 매복으로 상인들을 기습합니다.

뛰어난 경호 야수이자 애완동물. 지능을 지닌 악한 크리쳐들은 애완동물로서 굴절 야수를 좋아하지만, 굴절 야수는 오로지 자기에게 이로울 때만 이런 관계를 받아들입니다. 이렇게 길들여진 굴절 야수는 중요한 인물의 경호를 하거나 보물 창고를 지키는 역할을 맡기도 합니다.

굴절 야수 DISPLACER BEAST

대형 괴물류, 질서 악

방어도 13 (자연 갑옷)
히트 포인트 85 (10d10+30)
이동속도 40ft

근력	민첩	건강	지능	지혜	매력
18 (+4)	15 (+2)	16 (+3)	6 (-2)	12 (+1)	8 (-1)

감각능력 암시야 60ft, 상시 감지 11
언어 —
도전지수 3 (700 xp)

기피. 굴절 야수가 내성에 성공하면 절반의 피해만 받는 효과의 목표가 된다면, 굴절 야수는 내성에 성공할 시 피해를 아예 받지 않습니다. 또한 내성에 실패해도 절반의 피해만 받습니다.

굴절. 굴절 야수는 자신의 실제 위치 근처에 마법적인 환영을 만들어 적의 공격을 유도합니다. 이때 굴절 야수를 공격하는 명중 굴림에는 불리점이 가해집니다. 만약 굴절 야수가 공격에 명중되었다면, 이 특징은 야수의 다음 턴이 끝날 때까지 잠깐 중단됩니다. 또한 굴절 야수가 행동불능 상태가 되거나 이동속도가 0으로 떨어져도 중단됩니다.

행동

다중공격. 굴절 야수는 촉수로 2회의 공격을 가합니다.

촉수. 근접 무기 공격: 명중 +6, 간격 10ft, 목표 하나. *명중시:* 7(1d6+4) 점의 타격 피해. 추가로 3(1d6)점의 관통 피해.

그렐은 눈이 없으며, 부유하여 떠다닙니다. 하지만 그들은 예민한 청각을 지니고 있으며, 그들의 피부는 진동과 전자기장의 움직임에 민감하게 반응합니다. 이런 감각을 통해 그렐은 주변에 누군가가 접근해 오는 것이나 물체의 위치 등을 알아냅니다. 전기를 감지하고 조작하는 그렐의 능력 덕에, 이들은 아무런 피해를 받지 않고 번개 피해를 흡수할 수 있습니다.

그렐은 천성적으로 홀로 지내는 것을 좋아하긴 하지만, 때때로 집회(Coven)라고 부르는 작은 집단으로 모여 살기도 합니다.

떠다니는 매복자. 그렐은 홀로 떨어진 먹이나 길을 잃은 자를 매복하길 좋아하며, 조용히 떠서 통로나 동굴의 천장에서 적당한 목표가 아래를 지나치길 기다리고 있습니다. 먹잇감이 아래를 지나가면, 그렐은 재빨리 내려와 촉수로 먹이를 감싸며 공격합니다. 먹이가 촉수에 의해 마비되면, 그렐은 촉수를 들고 자신의 둥지로 가서 먹기 시작합니다.

이질적인 탐식자. 그렐은 이질적인 포식자로, 세상 모든 것을 먹을 수 있는 것, 먹을 수 없는 것, 더 강한 포식자의 세 가지로 구분합니다. (더 강한 포식자는 그리 흔치 않습니다.) 그렐은 먹을 수 있는 것이라면 그게 인간형이든 아니든 가리지 않고 공격합니다. 또한 그렐은 자기들이 운반하기 어려울 정도로 큰 크기를 지닌 대상은 잘 공격하지 않는 편입니다.

그렐은 때때로 모험자를 그냥 보내줘서 같은 던전 내에 있는 다른 괴물들과 싸우게 해주기도 합니다. 이 경우, 모험자가 처리하려는 다른 목표가 자신에게 더 큰 위협이 되는 것을 알기 때문입니다.

> "우리의 대담한 로그가 축을 타고 올라가서 로프를 고정하기로 했다. 그런데 올라가서 갑자기 헉하는 소리가 들리더니, 로프가 떨어졌다. 그 이후로는 다시 그녀를 볼 수 없었다."
> — 카이버에서 그렐의 공격을 받은 모험자의 기록. 코렌버그 연대기로 출판됨.

그렐 GRELL

그렐은 떠다니는 뇌에 여러 촉수와 넓고 뾰족한 부리가 달린 형상을 하고 있습니다. 10개의 기다란 촉수는 고리 모양의 근육 수백 개가 이어져 만들어진 것으로, 탄탄한 섬유 가죽으로 감싸여 있습니다. 그리고 촉수 끝에는 날카로운 갈고리가 돋아나 있어 마비 독을 주입할 수 있습니다. 그렐은 가시를 촉수 속에 집어넣어 망가트리고 싶지 않은 물건을 다룰 수도 있습니다.

그렐 GRELL
중형 기괴체, 중립 악

방어도 12
히트 포인트 55 (10d8+10)
이동속도 10ft, 비행 30ft (부양)

근력	민첩	건강	지능	지혜	매력
15 (+2)	14 (+2)	13 (+1)	12 (+1)	11 (+0)	9 (-1)

기술 감지 +4, 은신 +6
피해 면역 번개
상태 면역 장님, 넘어짐
감각능력 맹안시야 60ft (너머는 장님으로 취급), 상시 감지 14
언어 그렐어
도전지수 3 (700 xp)

행동

다중공격. 그렐은 촉수로 1회, 부리로 1회씩 총 2회의 공격을 가합니다.

촉수. *근접 무기 공격:* 명중 +4, 간격 10ft, 크리쳐 하나. *명중시:* 7(1d10+2)점의 관통 피해. 목표는 DC 11의 건강 내성에 실패할 시 1분간 중독 상태가 됩니다. 중독 중인 목표는 마비 상태가 되며 매번 자기 턴이 끝날 때 다시 내성을 굴려 성공하면 효과를 종료할 수 있습니다.

목표는 또한 붙잡힙니다. (탈출 DC 15) 목표가 중형 이하 크기의 크리쳐라면 포박 상태에도 걸립니다. 그렐은 자신이 붙잡은 목표에 대한 명중 굴림에 이점을 받으며, 크리쳐 하나를 붙잡고 있을 때에는 다른 목표에게 촉수 공격을 가할 수 없습니다. 중형 이하 크기의 크리쳐가 붙잡혀 있다면 그렐이 이동할 때 붙잡힌 크리쳐 역시 같이 이동당합니다.

부리. *근접 무기 공격:* 명중 +4, 간격 5ft, 목표 하나. *명중시:* 7(2d4+2)점의 관통 피해.

그리폰 Griffon

그리폰은 사나운 육식 동물로, 사자의 몸통에 독수리의 머리와 앞발, 날개가 달린 생물입니다. 그리폰이 공격할 때면 독수리처럼 재빠르고 치명적이며, 사자의 거친 힘과 우아함을 지니고 있습니다.

말을 먹는 짐승. 그리폰은 작은 무리로 날아다니며, 들판과 숲 너머 바위투성이 절벽을 영역으로 삼아 사냥합니다. 농장에서 키우는 동물과 말이 이들이 가장 좋아하는 먹이이지만, 가끔은 히포그리프도 사냥하여 먹어 치우곤 합니다. 그리폰이 말을 발견하면 날카로운 울음소리로 무리의 짝에게 알린 다음, 빠르게 급강하하며 먹이를 덮쳐듭니다.

승용마나 짐말은 그리폰의 날카로운 울음소리를 두려워하며, 그 소리가 들리면 곧 덮쳐올 치명적인 전투를 준비합니다. 그리폰은 말에 탄 기수를 무시할 때가 많아서, 탈 것을 버리고 도망가거나 가축 무리에서 한두 마리 정도만 버리고 도망가면 그리폰에게 아무런 해를 입지 않을 수 있습니다. 하지만 기수가 말을 지키려 한다면 굶주린 그리폰의 분노에 맞서야만 할 것입니다.

하늘에서 살아감. 그리폰은 높은 바위 절벽 위에 나무나 잎, 먹잇감의 뼈로 둥지를 틀고 살아갑니다. 일단 그리폰이 자기 영역을 정하면, 먹이로 삼을 짐승이 떨어질 때까지 그 영역을 떠나지 않습니다.

그리폰은 공격적이고 영토 의식이 강하며, 자신의 영역을 지키기 위해서라면 야만적인 공중전에 뛰어들어 상대를 갈가리 찢어 놓거나, 땅 위의 공격자들을 덮쳐 흩어버립니다. 그리폰의 둥지까지 등반해 올라가려는 자는 절벽에서 공격을 받고 먹이가 되거나, 높은 곳에서 굴러떨어져 목숨을 잃는 일이 다반사입니다.

훈련된 탈 것. 알에서 깨어날 때부터 기른 그리폰은 탈 것으로 훈련할 수 있습니다. 하지만 그렇게 훈련을 시키려면 상당한 시간이 필요하며, 훈련 비용은 비싸게 먹힙니다. (특히 먹잇값이 상당히 들어갑니다.) 또한 이 훈련은 위험할 수도 있습니다. 숙련된 훈련가는 그리폰의 전설적인 난폭함에 대해 잘 알고 있으며, 그래서 안전하게 기를 수 있을 때만 훈련을 시키곤 합니다.

일단 훈련을 마치고 나면 그리폰은 충성스럽고 사나운 탈 것이 되어 줍니다. 그리폰은 평생 한 명의 주인에게 충성하며, 기수를 지키기 위해서라면 죽을 때까지 싸웁니다. 그리폰 탈것은 말고기를 게걸스럽게 탐하며, 그래서 현명한 주인이라면 문명사회에서 멀리 떨어진 곳에 자리를 잡아서 말 말고 다른 먹이에 익숙해지도록 유도하는 편입니다.

그리폰 Griffon

대형 괴물류, 성향 없음

방어도 12
히트 포인트 59 (7d10+21)
이동속도 30ft, 비행 80ft

근력	민첩	건강	지능	지혜	매력
18 (+4)	15 (+2)	16 (+3)	2 (-4)	13 (+1)	8 (-1)

기술 감지 +5
감각능력 암시야 60ft, 상시 감지 15
언어 —
도전지수 2 (450 xp)

예리한 시각. 그리폰은 시각에 관계된 지혜(감지) 판정에 이점을 받습니다.

행동

다중공격. 그리폰은 부리로 1회, 할퀴기 1회로 총 2회의 공격을 가합니다.

부리. 근접 무기 공격: 명중 +6, 간격 5ft, 목표 하나. 명중시: 8(1d8+4)점의 관통 피해.

할퀴기. 근접 무기 공격: 명중 +6, 간격 5ft, 목표 하나. 명중시: 11(2d6+4)점의 참격 피해.

그릭 GRICK

벌레처럼 생긴 그릭은 동굴의 바위 그늘에 숨어서 사냥감을 기다립니다. 사냥감이 덮칠만한 자리에 충분히 접근했다 싶으면 그릭은 가시가 돋아난 네 개의 촉수를 펼치고 먹이를 감싼 다음 굶주린 부리로 사납게 쪼아 먹습니다.

기다리는 포식자. 그릭은 직접 사냥에 나서는 경우가 거의 없습니다. 대신, 먹잇감이 지나다닐만한 길 근처의 바위나 파편 틈에 고무질의 몸을 잘 숨겨놓습니다. 틈새를 파고들어 숨거나, 구멍 안에 또아리를 틀고 기다리기도 합니다. 그릭은 다른 그릭을 제외하면 말 그대로 움직이는 거의 모든 것을 먹어 치울 수 있습니다. 그릭은 가장 가까이 있는 먹이를 목표로 움직이며, 따로 떨어져 있는 크리쳐를 덮치고 혼자 먹을 수 있는 곳으로 끌고 갑니다.

방황하는 매복자. 그릭은 먹이가 눈에 띄지 않게 되면 자리를 옮깁니다. 지성체들이 그릭의 존재를 눈치채면 다른 길을 만들어 그들을 피하기 때문입니다. 언더다크에서 먹잇감이 부족해지면, 그릭은 지상으로 올라와 나뭇등걸이나 절벽 사이 등 야생에 숨어듭니다. 대개 그릭의 무리는 잘 먹고 덩치가 큰 우두머리 한 마리가 이끌곤 합니다.

살육의 전리품. 시간이 흐르고 나면 그릭의 둥지는 그동안 먹어 치운 지성체 먹잇감의 소지품들로 넘쳐나게 되고, 숙련된 안내자라면 이렇게 남겨진 물건들로도 주변에 그릭이 있음을 알 수 있습니다. 언더다크의 탐험자들은 그릭의 둥지 주변을 피해서 그릭을 굶긴 다음, 다른 곳으로 떠나게 만들어서 남은 소지품들을 챙기기도 합니다.

그릭 GRICK
중형 괴물류, 중립

방어도 14 (자연 갑옷)
히트 포인트 27 (6d8)
이동속도 30ft, 등반 30ft

근력	민첩	건강	지능	지혜	매력
14 (+2)	14 (+2)	11 (+0)	3 (-4)	14 (+2)	5 (-3)

피해 저항 비마법적 무기로 인한 타격/관통/참격 피해
감각능력 암시야 60ft, 상시 감지 12
언어 —
도전지수 2 (450 xp)

바위 위장. 그릭은 바위 지형에서 민첩(은신) 판정에 이점을 받습니다.

행동

다중공격. 그릭은 촉수로 1회 공격을 가합니다. 공격이 명중한 경우, 그릭은 같은 목표에게 부리로 1회 공격을 가할 수 있습니다.

촉수. 근접 무기 공격: 명중 +4, 간격 5ft, 목표 하나. 명중시: 9(2d6+2)점의 참격 피해.

부리. 근접 무기 공격: 명중 +4, 간격 5ft, 목표 하나. 명중시: 5(1d6+2)점의 관통 피해.

그릭 우두머리 GRICK ALPHA
대형 괴물류, 중립

방어도 18 (자연 갑옷)
히트 포인트 75 (10d10+20)
이동속도 30ft, 등반 30ft

근력	민첩	건강	지능	지혜	매력
18 (+4)	16 (+3)	15 (+2)	4 (-3)	14 (+2)	9 (-1)

피해 저항 비마법적 무기로 인한 타격/관통/참격 피해
감각능력 암시야 60ft, 상시 감지 12
언어 —
도전지수 7 (2,900 xp)

바위 위장. 그릭은 바위 지형에서 민첩(은신) 판정에 이점을 받습니다.

행동

다중공격. 그릭은 촉수로 1회, 꼬리로 1회, 도합 2회 공격합니다. 촉수 공격이 명중한 경우, 그릭은 같은 목표에게 부리로 1회 공격을 가할 수 있습니다.

꼬리. 근접 무기 공격: 명중 +7, 간격 10ft, 목표 하나. 명중시: 11(2d6+4)점의 타격 피해.

촉수. 근접 무기 공격: 명중 +7, 간격 10ft, 목표 하나. 명중시: 22(4d8+4)점의 참격 피해.

부리. 근접 무기 공격: 명중 +7, 간격 10ft, 목표 하나. 명중시: 13(2d8+4)점의 관통 피해.

그림록 GRIMLOCK

지하에서 살아가는 쇠락한 그림록은 한때 인간이었
지만, 여러 세대에 걸쳐 마인드 플레이어를 숭배한 끝에
언더다크에서 변형되어 눈이 보이지 않는 괴물 같은 식인 종족으
로 변하고 말았습니다.

타락한 사교도. 마인드 플레이어의 제국은 한때 여러 세계를
다스렸고, 수없이 많은 종족을 노예로 삼았습니다. 이들 중 마인
드 플레이어의 정신 조작 능력으로 그들을 신으로 섬기게 된 인
간들이 있었습니다. 그 기괴한 신앙의 대사제들은 결국 추종자를
을 이끌고 일리시드를 숭배하게 되었고, 신성모독적인 의식을 거
행했습니다.

시간이 흐르면서 이 노예 인간들의 의식은 점차 변질되었습니
다. 마인드 플레이어 주인들이 뇌를 빨아먹고 남은 인간의 육신
을 마치 성스러운 제물처럼 먹게 된 것입니다. 일리시드들은 숭
배자들에게 더 많은 지성체를 납치해 와 제물로 바치라고 명령하
였습니다. 일단 제물의 뇌를 먹어 치우고 나면, 마인드 플레이어
들은 죽은 육신을 사교도들에게 먹이로 던져 주었습니다.

눈먼 사냥꾼들. 마인드 플레이어에 의한 통치에서 벗어나자,
이 사교 집단은 곧 적들과 끝없는 싸움을 벌이게 되었습니다. 한
때 이들의 사냥감이 되었던 종족들이 복수를 위해 공격해 온 것
입니다. 사교 집단은 그들이 모시는 일리시드 신들이 있는 언더
다크의 어둠 속으로 도망갔습니다. 빛이 없는 어둠 속에서, 사교
도들은 살아남기 위해 시각 외의 다른 감각을 발달시킬 수밖에
없었습니다. 시간이 지나자 그들의 눈은 완전히 퇴화해 버렸고,
눈두덩은 사라졌습니다.

그림록의 귀는 멀리 떨어진 곳에서 들리는 아주 작은 발소리
도 놓치지 않고, 돌 복도를 통해 어떠한 속삭임이라도 잡아냅니
다. 그림록이 서로 이야기를 나눌 때의 목소리는 너무 작고 낮아
서 다른 종족들은 들을 수도 없을 지경입니다. 땀과 살점, 피의 냄
새가 풍기면 그림록들은 굶주림에서 깨어나 그 냄새의 근원을 찾
아 사냥개처럼 추적합니다. 이 감각을 강화하기 위해, 그림록은
피의 흔적을 남기거나 똥 무더기, 혹은 죽은 먹이의 내장을 둥지
에 두어 길을 찾기 쉽게 합니다. 침입자들이 고약한 냄새가 풍기
는 그런 것들을 발견한다면, 주변에 그림록들이 접근하고 있다는
신호가 될 수 있습니다.

대부분의 크리처에게, 눈이 멀었다는 것은 심각한 장애가 됩니
다. 하지만 그림록은 놀랍도록 발달한 감각 때문에, 오히려 보이
지 않는 것이 축복이 됩니다. 그림록은 시각적 환영이나 착시 현
상에 속아 넘어가지 않으며, 아무런 두려움 없이 먹잇감의 뒤를
쫓습니다.

끝없는 전쟁. 그림록은 여전히 마인드 플레이어들을 숭배합니
다. 마인드 플레이어가 있는 곳에서는 그들의 명령을 따르는 그
림록을 볼 수 있습니다. 그림록은 또한 과거 자신들을 지하로 내
쫓았던 전쟁을 기억합니다. 그림록에게 있어서 그 전쟁은 아직도
계속되는 중이며, 그들은 지상으로 돌아가 더 많은 제물을 그들
의 일리시드 주인에게 바치기 위해 아직도 활동하고 있습니다.

그림록 GRIMLOCK

중형 인간형(그림록), 중립 악

방어도 11
히트 포인트 11 (2d8+2)
이동속도 30ft

근력	민첩	건강	지능	지혜	매력
16 (+3)	12 (+1)	12 (+1)	9 (-1)	8 (-1)	6 (-2)

기술 운동 +5, 감지 +3, 은신 +3
상태 면역 장님
감각능력 맹안시야 30ft, 귀머거리 상태에서는 10ft (너머는 장님으로 취급),
　상시 감지 13
언어 지하공용어
도전지수 1/4 (50 xp)

맹안 감각. 그림록은 귀머거리 상태에서 후각을 잃으면 맹안시야를 잃어
버립니다.

예리한 청각과 후각. 그림록은 청각이나 후각에 관계된 지혜(감지) 판정
에 이점을 받습니다.

바위 위장. 그림록은 바위 지형에서 민첩(은신) 판정에 이점을 받습니다.

행동

가시 박힌 뼈 곤봉. 근접 무기 공격: 명중 +5, 간격 5ft, 목표 하나. 명중
시: 5(1d4+3)점의 타격 피해. 추가로 2(1d4)점의 관통 피해.

기버링 마우서
GIBBERING MOUTHER

악한 주술로 만들어진 모든 두려운 피조물 중에서도 기버링 마우서(주절대는 입덩이)야말로 가장 끔찍하고 타락한 존재일 것입니다. 이 괴물은 눈알과 입 그리고 과거 희생자들의 녹아내린 살덩이가 뭉쳐 만들어져 있습니다. 몸이 망가지고 마우서에게 흡수되는 과정에서 광기에 미친 희생양들은 미쳐서 주절대는 소리만 내게 되며, 눈에 보이는 것은 무엇이든 집어삼키려 듭니다.

부정형 몸체. 기버링 마우서의 몸은 부정형 덩어리로, 수많은 입과 눈이 붙어 있으며, 아래쪽 입들이 바닥을 물어뜯으면서 끈적이듯 움직입니다. 비록 천천히 움직이긴 하지만, 이 괴물은 물이나 진흙, 모래 등에서는 생각보다 수월하게 이동하곤 합니다.

광기의 입. 기버링 마우서가 먹이를 감지하면, 그 수많은 입이 서로 다른 목소리로 중얼거리며 지껄이기 시작합니다. 깊은 목소리와 날카로운 목소리가 떠돌고, 통곡과 미친듯한 웃음소리가 터집니다. 때로는 분노와 환희의 목소리가 동시에 울려 퍼지기도 합니다. 이 끔찍한 불협화음의 주절거림은 듣는 이의 모든 감각을 마비시키며, 공포에 질려 도망가게 만듭니다. 광기를 극복하고 마비되지 않은 이들은 끔찍한 모습으로 끈적이며 자신을 먹어 치우기 위해 다가오는 괴물의 모습을 보게 될 것입니다.

모든 것을 먹어 치움. 닿는 것은 무엇이든 집어삼키려 드는 욕망으로 움직이는 기버링 마우서가 마침내 먹이에 닿게 되면 미친듯이 지껄여 대던 수많은 목소리가 일시적으로 조용해지며, 곧 살아있는 살점들을 물어뜯고 집어삼키는 소리만 들립니다. 이 괴물은 자기 몸에 닿은 바위를 녹여가며 주절대는 소리를 견뎌내고 도망가려는 목표에게 접근합니다.

기버링 마우서는 아무것도 남기지 않고 깨끗하게 먹이를 먹어 치웁니다. 하지만 희생자의 몸을 완전히 집어삼키고 나면, 희생자의 눈과 입만은 부글거리는 괴물의 몸 표면에 떠오르며, 이미 몸에 있는 수많은 입과 눈들과 함께 다음번 먹이를 찾으며 고통스러운 주절거림을 시작하게 될 것입니다.

기버링 마우서 GIBBERING MOUTHER

중형 기괴체, 중립

방어도 9
히트 포인트 67 (9d8+27)
이동속도 10ft, 수영 10ft

근력	민첩	건강	지능	지혜	매력
10 (+0)	8 (-1)	16 (+3)	3 (-4)	10 (+0)	6 (-2)

상태 면역 넘어짐
감각능력 암시야 60ft, 상시 감지 10
언어 —
도전지수 2 (450 xp)

기괴한 바닥. 기버링 마우서 주변 10ft 내의 지면은 반죽 비슷한 어려운 지형이 됩니다. 자기 턴을 이 지형 내에서 시작하는 크리쳐는 DC 10의 근력 내성에 실패할 시 자신의 다음 턴이 시작될 때까지 이동 속도가 0이 됩니다.

주절거림. 기버링 마우서는 행동불능 상태가 아니고 다른 크리쳐를 볼 수 있을 경우 끝없이 주절거립니다. 기버링 마우서 주변 20ft 내에서 자기 턴을 시작하는 크리쳐가 기버링 마우서의 주절거림을 듣게 되면 DC 10의 지혜 내성을 굴려 실패할 시 자신의 다음 턴이 시작할 때까지 반응행동을 할 수 없게 되며, d8을 굴려 자신이 이번 턴에 어떤 행동을 할 지 결정하게 됩니다. 1-4가 나올 경우 해당 크리쳐는 아무 행동도 하지 못합니다. 5-6이 나오면 해당 크리쳐는 행동과 추가 행동을 하지 못하고 무작위 방향으로 모든 이동력을 사용해 이동합니다. 7-8이 나올 경우 해당 크리쳐는 자신의 간격 내에 있는 무작위 목표를 향해 근접 공격을 하며, 간격 내에 아무도 없을 경우 아무런 행동도 하지 않습니다.

행동

다중공격. 기버링 마우서는 물기 공격을 1회 가하고, 사용 가능하다면 실명의 침을 뱉습니다.

물기. 근접 무기 공격: 명중 +2, 간격 5ft, 크리쳐 하나. 명중시: 17(5d6)점의 관통 피해. 목표가 중형 크기 이하의 크리쳐라면 DC 10의 근력 내성에 실패할 경우 넘어집니다. 만약 목표가 이 피해에 의해 사망했다면, 마우서에게 흡수됩니다.

실명의 침 (재충전 5-6). 마우서는 15ft 내의 볼 수 있는 지점 한 곳에 화학적인 끈적이 침을 뱉습니다. 이 침은 지면에 닿으면 번쩍이는 섬광을 내며 폭발합니다. 해당 지점 5ft 내의 모든 크리쳐는 DC 13의 민첩 내성에 실패할 경우, 마우서의 다음 턴이 끝날 때까지 장님 상태가 됩니다.

기스 GITH

전쟁광인 기스양키와 명상하는 기스제라이는 둘로 찢어진 하나의 종족입니다. 이 두 종족은 분열된 이후 서로에게 큰 증오를 품게 되었습니다. 기스양키와 기스제라이로 분열되기 전, 이들은 본래 마인드 플레이어들에 의해 노예가 되었던 하나의 종족이었습니다. 이들은 자신의 주인을 쓰러트리기 위해 수많은 반란을 시도했지만, 그 반란들은 번번이 실패했습니다. 그러나 위대한 지도자 기스(Gith)의 등장으로 마침내 반란은 성공을 거두었습니다.

엄청난 피가 흐르고 난 다음, 기스와 그녀의 수하들은 일리시드 주인들을 쓰러트렸습니다. 그러나 전투가 끝나는 시점에서 저시몬(Zerthimon)이라는 새 지도자가 등장하게 되었습니다. 저시몬은 기스의 목적에 의문을 던지며 도전의 뜻을 밝혔습니다. 그녀의 엄격한 군사적 지도력과 복수에 대한 욕망은 결국 자신의 백성들을 새로운 형태의 노예로 만드는 것이 아니냐는 것입니다. 그 결과 두 지도자를 따르는 두 부류 사이에는 깊은 균열이 생겨났습니다. 그리고 이 두 지도자를 따르는 이들 사이에서 만들어진 차이 때문에, 오늘날까지 두 종족 사이에는 깊은 원한이 자리하고 있습니다.

이 키 크고 성마른 종족들이 마인드 플레이어들에 의해 노예가 되기 전에는 평화로웠는지 야만적이었는지, 문화를 누렸는지 원시적이었는지 알 수 있는 길은 없습니다. 심지어 본래 종족이 원래 어떤 이름이었는지조차 기나긴 세월 속에 잊혀지고 말았습니다.

기스양키 GITHYANKI

기스양키는 아스트랄계를 날아다니는 자신들의 배와 레드 드래곤들의 등 위에 올라타고 수많은 세계를 약탈해 왔습니다. 이들은 여러 세계에서 얻은 깃털과 구슬, 다양한 보석과 귀금속으로 갑옷과 무기를 장식하고 있습니다. 그중에서도 아스트랄계의 적들을 순식간에 잘라버릴 수 있는 은검(Silver Sword)은 전설적인 무기입니다. 마인드 플레이어의 노예 지배에서 벗어난 이후, 이들은 무시무시한 리치 여왕 블라키스(Vlaakith)의 지도 아래 뭉쳐 무자비한 정복자가 되었습니다.

아스트랄계의 약탈자. 기스양키는 다른 모든 종족을 무시하며, 아스트랄계에 위치한 자신들의 요새에서 멀티버스의 구석구석까지 날아가 약탈을 벌입니다. 전쟁이야말로 기스양키 문화의 궁극적인 표현이며, 일말의 망설임도 없는 검은 눈 속에는 어떠한 자비도 찾아볼 수 없습니다. 이들은 약탈이 끝나고 나면 터전이 산산이 부서진 생존자들에게 일주일 정도만 살 수 있는 음식과 자원을 남기고 떠납니다. 기스양키는 나중에 다시 자신들이 정복했던 적에게 돌아와 계속해서 약탈을 거듭할 것입니다.

기스의 추종자들. 기스들이 사용하는 언어에 따르면, 기스양키란 "기스의 추종자들"이라는 뜻이라고 합니다. 이들은 기스의 인도 아래 군사적 사회를 구성하였고, 엄격한 신분 체계를 통해 그들 종족의 숙적과 희생자들에 맞서 영원한 전쟁을 벌이도록 만들었습니다. 지도자인 기스가 죽고 나자, 그 자리는 그녀의 언데드 조언자였던 블라키스의 차지가 되었습니다. 그리고 새로 왕위에 오른 리치 여왕은 자신을 제외하면 그 어떤 존재에 대한 숭배도 금지했습니다.

기스양키는 그 모든 적 중에서도 과거의 주인이었던 마인드 플레이어들을 가장 증오합니다. 그다음이 가까운 친척뻘인 기스제라이들입니다. 다른 종족들은 모두 기스양키의 기준에 의하면 만만한 것들 뿐이며, 외부자를 혐오하는 기스양키의 자존심으로 보았을 때 이런 종족들은 하등하게 여겨집니다.

은검. 기스양키 기사들은 고대의 전쟁에서 마인드 플레이어 주인들과 싸우기 위해 특별한 무기를 만들었다고 합니다. 이 은검은 소유자의 의지를 힘으로 삼아 물리적인 피해와 동시에 정신적

인 피해도 가한다고 알려져 있습니다. 기스양키는 의지의 힘을 통해 은검을 만들어내는 능력을 얻기 전까지 기사로 인정받지 못합니다. 은검은 그레이트소드로 취급하며, 창조자가 직접 다룰 때는 +3 그레이트소드와 같은 힘을 낼 수 있습니다.

기스양키의 시각으로 보면, 은검들은 모두 가치를 헤아릴 수 없는 유물이며 예술품입니다. 기스양키 기사들은 기스양키가 아니면서 은검을 소유하고 있는 다른 종족들을 추적하여 살해하며, 다시 은검을 자신들의 손으로 가져오고자 합니다.

레드 드래곤을 타는 자. 일리시드에 대항해 반란을 일으켰을 때, 기스는 잠재적 동맹을 찾고자 했습니다. 그녀의 조언자였던 블라키스는 악한 드래곤 족의 여신 티아마트를 추천하였고, 기스는 그녀와 만나고자 구층지옥에 직접 찾아갔습니다. 이제 그녀와 티아마트가 맺은 계약의 내용을 알고 있는 것은 오직 티아마트 뿐이지만, 어쨌든 당시 블라키스는 드래곤 여왕의 레드 드래곤 배우자였던 에펠로몬(Ephelomon)을 데리고 아스트랄계에 돌아올 수 있었습니다. 그리고 에펠로몬은 그의 일족이 영원히 기스양키의 동맹으로 남을 것임을 선언하였습니다. 레드 드래곤 전원이 이 고대의 동맹을 따르는 것은 아니지만, 어쨌건 이들 대부분은 고대의 약속에 따라 기스양키를 적으로 여기지 않습니다.

필멸 세계의 전초기지. 아스트랄계에 거주하는 크리쳐들은 나이를 먹지 않기에, 기스양키는 물질계의 외딴곳에 전초기지를 세우고 그곳에서 어린아이들을 키우곤 합니다. 이 전초기지는 군사학교의 역할도 하고 있으며, 어린 기스양키에게 전투 기술과 정신적 능력을 가르칩니다. 기스양키가 나이를 먹으면 마인드 플레이어를 살해하는 것이 신성한 성인식 과정의 하나로 여겨지며, 이 과정을 거친 기스양키는 다시 아스트랄계의 동족에게로 돌아갈 수 있습니다.

기스제라이 GITHZERAI

단호한 철학자이자 엄격한 고행자인 기스제라이는 철저한 질서에 따른 생을 추구합니다. 마르고 근육질의 몸을 지닌 이들은 어떠한 장식도 없는 평범한 옷을 걸치고 있으며, 동족을 제외한 다른 이들에게는 쉽사리 자신들의 믿음을 내어 주지 않습니다. 기스제라이는 친족인 전쟁광 기스양키에게서 등을 돌렸습니다. 그들은 엄격한 수도승의 삶을 영위하며, 영원한 혼돈의 세계 림보의 방대한 바다 위 질서의 섬들에 수도원을 세우고 살아갑니다.

사이오닉 수행자. 기스제라이의 선조는 일리시드 주인들에게 노예로 사육되었을 때 그 정신적 환경에 적응하였습니다. 어쩌면 그 주인들이 이들을 변화시켰을지도 모릅니다. 어쨌든 그 이후 저시몬의 가르침 아래 기스의 전쟁 야망에서 도망쳐 나온 기스제라이들은 정신의 힘에 집중하여 이 힘으로 방벽을 만들고 정신적, 실체적 공격을 막아내는 법을 배웠습니다. 기스제라이가 직접 싸움에 임할 때면 정신력을 이용해 상대의 집중을 흐트러트리고 행동하기 어렵게 만들어 물리적 공격에도 취약하게 합니다.

질서와 혼돈. 기스제라이는 스스로 림보의 혼돈 속 심장부에 자리를 잡았습니다. 림보는 끝없이 변화하는 비틀린 세계로, 조작과 조종에 취약하여 기스제라이의 정신이 충분한 힘을 지니고 있다면 그 정신력만으로 주변의 환경을 조종할 수 있는 곳입니다. 림보는 원시적 물질과 힘이 소용돌이치고 있기 때문에, 그 지형은 바위와 흙의 회오리가 몰아치며 진흙탕의 폭풍우가 쏟아지고 강한 바람과 터져 나오는 불꽃, 그리고 얼어붙은 얼음벽에서 흘러나오는 한기가 스며드는 곳입니다.

하지만 이러한 림보의 힘은 의지에 반응하여 변화합니다. 그래서 기스제라이는 자신들의 정신력을 통해 림보 세계를 채우고 있는 혼돈의 원소를 다스리고, 이를 안정화하여 살아갈 수 있는 형태로 바꾸어 혼돈의 폭풍 속 안전지대를 만들어 냅니다.

기스제라이들의 요새 수도원은 주위를 둘러싼 혼돈을 막아내고, 환경의 어떠한 변화에도 버틸 수 있습니다. 이는 바로 기스제라이들의 의지가 작용하고 있기 때문입니다. 이들 각 수도원은 엄격한 일정에 따라 찬송과 식사, 훈련이 이루어지며, 그들 자신의 철학에 헌신하고 있습니다. 사이오닉으로 강화된 벽 뒤에서 기스제라이들은 생각을 가다듬고 훈련하며, 사이오닉의 힘을 배우고, 질서와 규율이 그 무엇보다 우선한다는 사실을 주입받습니다.

기스제라이의 위계서열은 재능에 따라 나누어지며, 가장 현명한 이들은 교사가 되고, 신체적 정신적 전투에 가장 뛰어난 재능을 지닌 이들은 전투 지도자가 됩니다. 기스제라이는 과거의 위대한 영웅이나 교사들을 숭배하며, 그들의 미덕을 본받기 위해 매일 수련을 거듭하며 살아갑니다.

저시몬의 규율. 기스제라이는 그들 종족의 창시자인 저시몬을 숭상합니다. 비록 기스 여왕이 민족의 자유를 쟁취하긴 했지만, 저시몬은 그녀가 종족 전체를 이끌기엔 합당하지 않다고 생각했습니다. 그는 기스 여왕의 전쟁광 기질로 인해, 결국 그녀 자신이 마인드 플레이어들보다 더 심한 폭군이 될지도 모른다는 우려를 품었습니다.

최선을 다해 저시몬의 원칙과 가르침을 따르는 숙련된 기스제라이 수도승들은 저스(Zerths)라는 이름으로 알려져 있습니다. 이 강력하고 규율 잡힌 몽크들은 오로지 정신의 힘만을 사용해 자기 몸을 여러 이계로 전송할 수 있다고 합니다.

림보 너머. 기스제라이가 림보 너머의 세계에 발을 딛는 경우가 많지는 않지만, 다른 종족 출신의 뛰어난 몽크들이 기스제라이의 수도원을 찾아 학생으로서 가르침을 받으러 오기도 합니다. 그보다 더 희귀한 경우이지만, 때로는 기스제라이 대가가 직접 물질계의 외딴 장소에 숨겨진 수도원을 세우고 젊은 기스제라이들을 훈련시키거나 저시몬의 가르침과 철학을 전파하기도 합니다.

생활에서 규율을 강조하는 만큼, 기스제라이는 과거 마인드 플레이어들에 의해 노예 생활을 했던 사실을 잊지 않고 있습니다. 그리하여 이들은 라크마(Rrakkma), 즉 일리시드 사냥대를 조직하여 여러 세계를 걸쳐 돌아다니며 일리시드를 사냥합니다. 이 사냥단은 최소한 사냥꾼들의 수에 맞먹는 일리시드들을 사냥하기 전까지는 절대 돌아오지 않는다고 알려져 있습니다.

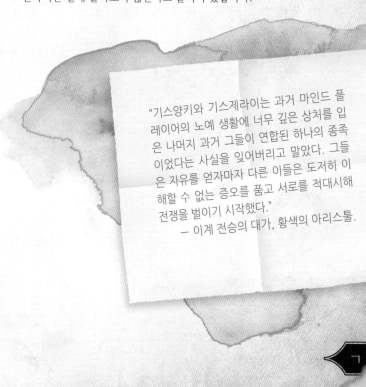

"기스양키와 기스제라이는 과거 마인드 플레이어의 노예 생활에 너무 깊은 상처를 입은 나머지 과거 그들이 연합된 하나의 종족이었다는 사실을 잊어버리고 말았다. 그들은 자유를 얻자마자 다른 이들은 도저히 이해할 수 없는 증오를 품고 서로를 적대시해 전쟁을 벌이기 시작했다."
— 이계 전승의 대가, 황색의 아리스톨.

기스양키 기사 GITHYANKI KNIGHT

중형 인간형(기스), 질서 악

방어도 18 (플레이트)
히트 포인트 91 (14d8+28)
이동속도 30ft

근력	민첩	건강	지능	지혜	매력
16 (+3)	14 (+2)	15 (+2)	14 (+2)	14 (+2)	15 (+2)

내성 굴림 건강 +5, 지능 +5, 지혜 +5
감각능력 상시 감지 12
언어 기스어
도전지수 8 (3,900 xp)

선천적 주문시전(사이오닉). 기스양키의 선천적 주문시전 능력치는 지능입니다. (주문 내성 DC 13, 주문 명중 +5). 기스양키는 어떠한 구성요소도 사용하지 않고 아래 주문들을 선천적으로 시전할 수 있습니다:

자유시전: 마법사의 손*Mage Hand* (손이 투명함)
3회/일: 도약*Jump*, 안개 걸음*Misty Step*, 탐지방어*Nondetection* (자기에게만), 언어구사*Tongues*
1회/일: 이계 전송*Plane Shift*, 염동력*Telekinesis*

행동

다중공격. 기스양키는 은 대검 공격을 2회 가합니다.

은 대검. 근접 무기 공격: 명중 +9, 간격 5ft, 목표 하나. 명중시: 13(2d6+6)점의 참격 피해. 추가로 10(3d6)점의 정신 피해. 이 공격은 마법 무기로 취급합니다. 아스트랄체를 공격해 치명타로 적중하였다면, 기스양키는 피해를 가하는 대신 아스트랄체와 물질 본체를 연결하는 은줄을 잘라낼 수 있습니다. (아스트랄체 투영*Astral Projection* 주문의 사용자도 아스트랄 체로 취급합니다.)

기스양키 전사 GITHYANKI WARRIOR

중형 인간형(기스), 질서 악

방어도 17 (하프 플레이트)
히트 포인트 49 (9d8+9)
이동속도 30ft

근력	민첩	건강	지능	지혜	매력
15 (+2)	14 (+2)	12 (+1)	13 (+1)	13 (+1)	10 (+0)

내성 굴림 건강 +3, 지능 +3, 지혜 +3
감각능력 상시 감지 11
언어 기스어
도전지수 3 (700 xp)

선천적 주문시전(사이오닉). 기스양키의 선천적 주문시전 능력치는 지능입니다. 이들은 어떠한 구성요소도 사용하지 않고 선천적으로 아래 주문들을 시전할 수 있습니다:

자유시전: 마법사의 손*Mage Hand* (손이 투명함)
3회/일: 도약*Jump*, 안개 걸음*Misty Step*, 탐지방어*Nondetection* (자기에게만)

행동

다중공격. 기스양키는 대검 공격을 2회 가합니다.

대검. 근접 무기 공격: 명중 +4, 간격 5ft, 목표 하나. 명중시: 9(2d6+2)점의 참격 피해. 추가로 7(2d6)점의 정신 피해.

기스제라이 몽크 Githzerai Monk

중형 인간형(기스), 질서 중립

방어도 14
히트 포인트 38 (7d8+7)
이동속도 30ft

근력	민첩	건강	지능	지혜	매력
12 (+1)	15 (+2)	12 (+1)	13 (+1)	14 (+2)	10 (+0)

내성 굴림 근력 +3, 민첩 +4, 지능 +3, 지혜 +4
기술 통찰 +4, 감지 +4
감각능력 상시 감지 14
언어 기스어
도전지수 2 (450 xp)

선천적 주문시전(사이오닉). 기스제라이의 선천적 주문시전 능력치는 지혜입니다. 기스제라이는 어떠한 구성요소도 사용하지 않고 선천적으로 아래 주문들을 시전할 수 있습니다:

자유시전: *마법사의 손Mage Hand* (손이 투명함)
3회/일: *깃털 낙하Feather Fall*, *도약Jump*, *투명체 감지See Invisibility*, *방패Shield*

정신 방어. 기스제라이가 갑옷이나 방패를 착용하지 않을 때는 기본 AC에 지혜 수정치를 보너스로 더할 수 있습니다.

행동

다중공격. 기스제라이는 비무장 공격을 2회 가합니다.

비무장 공격. 근접 무기 공격: 명중 +4, 간격 5ft, 목표 하나.
명중시: 6(1d8+2)점의 타격 피해. 추가로 9(2d8)의 정신 피해. 이 공격은 마법 무기 공격으로 취급합니다.

기스제라이 저스 Githzerai Zerth

중형 인간형(기스), 질서 중립

방어도 17
히트 포인트 84 (13d8+26)
이동속도 30ft

근력	민첩	건강	지능	지혜	매력
13 (+1)	18 (+4)	15 (+2)	16 (+3)	17 (+3)	12 (+1)

내성 굴림 근력 +4, 민첩 +7, 지능 +6, 지혜 +6
기술 비전학 +6, 통찰 +6, 감지 +6
감각능력 상시 감지 16
언어 기스어
도전지수 6 (2,300 xp)

선천적 주문시전(사이오닉). 기스제라이의 선천적 주문시전 능력치는 지혜입니다. 기스제라이는 어떠한 구성요소도 사용하지 않고 선천적으로 아래 주문들을 시전할 수 있습니다:

자유시전: *마법사의 손Mage Hand* (손이 투명함)
3회/일: *깃털 낙하Feather Fall*, *도약Jump*, *투명체 감지See Invisibility*, *방패Shield*
1회/일: *환영 살해자Phantasmal Killer*, *이계 전송Plane Shift*

정신 방어. 기스제라이가 갑옷이나 방패를 착용하지 않을 때는 기본 AC에 지혜 수정치를 보너스로 더할 수 있습니다.

행동

다중공격. 기스제라이는 비무장 공격을 2회 가합니다.

비무장 공격. 근접 무기 공격: 명중 +7, 간격 5ft, 목표 하나.
명중시: 11(2d6+4)점의 타격 피해. 추가로 13(3d8)의 정신 피해. 이 공격은 마법 무기 공격으로 취급합니다.

기스 Gith

41

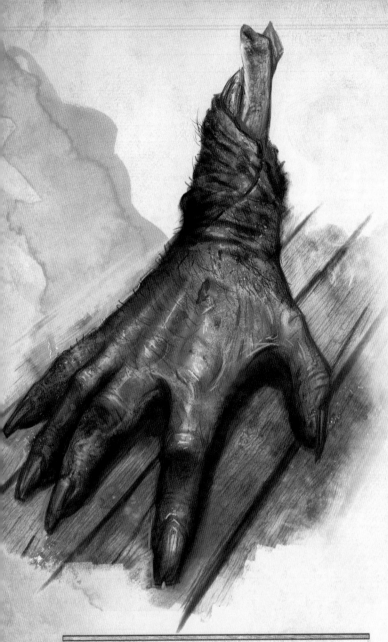

기어오는 손톱 Crawling Claw

기어오는 손톱은 살인자의 손을 자른 것에 암흑 마법을 걸어 움직이도록 만든 것입니다. 사악한 힘을 사용하는 위저드나 워락들은 기어오는 손톱을 만들어 자신들의 일을 돕도록 하기도 합니다.

마법의 기원. 어둠의 사령술 의식을 통해 살인자의 생명력이 그 잘린 손에 그대로 남게 되면, 이 손은 잘린 다음에도 움직이고 기어 다닐 수 있게 됩니다. 만약 죽은 살인자의 영혼이 이미 다른 언데드 크리처로 변한 상태이거나, 살인자가 죽음에서 소생하였거나, 영혼이 이계로 넘어가 버린 다음이라면 이 의식은 실패합니다.

의식은 죽은 지 얼마 되지 않은 살인자의 손을 잘라 사용할 때 가장 원활하게 이루어집니다. 그 결과, 의식을 거행하는 자와 그 하인들은 공공 처형 장소를 빈번하게 드나들며 적당한 손을 찾거나, 암살자나 고문관들과 거래해서 시체를 얻으려 합니다.

창조자의 조종. 기어오는 손톱은 퇴치할 수 없으며, 언데드를 조종하는 주문으로 조종할 수도 없습니다. 이 악랄한 괴물들은 오로지 창조자의 의지에 따라서만 움직이며, 창조자는 손톱을 집중하여 바라보는 것만으로도 정신적으로 명령을 내릴 수 있습니다. 만약 창조자가 아무런 명령도 내리지 않았다면, 손톱은 자신이 받은 마지막 명령을 최대한 충실하게 수행합니다.

기어오는 손톱은 간단한 명령만을 수행할 수 있습니다. 손톱은 감각능력이 제한되어 있고 지능이 낮아서 특정한 사람을 찾아 죽이라는 식의 임무를 수행할 수 없습니다. 하지만, 특정한 장소에 접근하는 자들은 모두 죽이라는 식의 명령은 수행할 수 있습니다. 기어오는 손톱은 열쇠나 손잡이를 돌리는 일 정도는 쉽게 수행할 수 있으며, 살인의 희열을 찾아 방과 방 사이를 분주하게 오갑니다.

악의의 지성. 기어오는 손톱은 본래 살아있던 때의 지능과 기억 중 아주 일부만을 지니고 있습니다. 살인자가 살인을 저지르게 한 증오나 질투, 탐욕이 여전히 손에 남아 있지만, 손톱의 조각난 상태로 인해 이 욕구는 충족되지 못하고 계속 심화되어 갑니다. 가만히 내버려 둔다면 기어오는 손톱은 생전에 그랬던 것과 마찬가지로 끔찍한 살인을 저지를 수도 있습니다.

살아있는 손톱. 만약 아직 살아있는 살인자의 손을 바로 잘라 기어오는 손톱을 만들었다면, 의식을 통해 만들어진 손톱에는 살인자의 영혼이 바로 깃들게 됩니다. 잘려 나간 손은 다시 원래의 팔에 달라붙으며, 불사의 살점은 그대로 살아있는 육신과 이어집니다.

겉보기에 멀쩡해진 살인자는 손이 잘려 나간 적도 없고 의식이 이루어진 적도 없다는 듯 행동할 수 있습니다. 그러나 손이 다시 떨어져 나오게 되면 살아있는 몸통 부분은 즉시 혼수상태에 빠집니다. 이때 기어오는 손톱을 파괴하면 살인자의 남은 몸 역시 죽게 됩니다. 하지만 혼수상태인 몸을 죽여봤자 기어오는 손톱에는 아무런 영향을 주지 못합니다.

언데드의 천성. 기어오는 손톱은 호흡할 필요가 없으며, 먹고 마시거나 잠잘 필요도 없습니다.

기어오는 손톱 Crawling Claw

초소형 언데드, 중립 악

방어도 12
히트 포인트 2 (1d4)
이동속도 20ft 등반 20ft

근력	민첩	건강	지능	지혜	매력
13 (+1)	14 (+2)	11 (+0)	5 (-3)	10 (+0)	4 (-3)

피해 면역 독성
상태 면역 매혹, 탈진, 중독
감각능력 맹안시야 30ft(너머는 장님으로 취급), 상시 감지 10
언어 공용어를 이해하지만 말할 수는 없음
도전지수 0 (10 xp)

퇴치 면역. 기어오는 손톱은 언데드를 퇴치하는 효과에 면역입니다.

행동

할퀴기. *근접 무기 공격:* 명중 +3, 간격 5ft, 목표 하나. *명중시:* 3(1d4+1) 적의 타격 혹은 참격 피해. (피해 종류는 손톱이 선택)

> "살인자의 남은 몸 부분들로는 뭘 할 수 있을지 아주 궁금할 거야. 그렇지 않아?"
> — 사령술사 에반젤리자 라바인.

나가 Nagas

나가는 지능을 지닌 뱀 형태의 존재로, 고대의 폐허에서 비전 지식이나 보물을 지키며 살아갑니다.

최초의 나가는 오래전 사라진 인간형 종족이 불사의 수호신으로서 창조했습니다. 이 종족이 사라지고 나자, 나가들은 자신들이 야말로 과거 주인들이 맡겨두었던 보물과 마법적 지식의 진정한 상속자라고 생각하였습니다. 부지런하고 끈질긴 나가들은 때로 둥지 근처를 배회하며 마법 물건이나 희귀한 주문책을 수집하곤 합니다.

나가는 무자비한 시간의 흐름을 느끼지 못하며, 지치는 법이 없습니다. 나가는 비록 쓰러지더라도 불사의 혼이 남아 며칠 안에 새로운 몸을 생성하며, 이 몸으로 다시 영원한 작업을 계속합니다.

은혜로운 독재자와 야만적인 폭군. 나가는 자기 영역을 절대적인 권위로써 다스립니다. 자비로써 지배하든 공포로서 지배하든, 나가는 자신이야말로 자기 영역 안에 있는 모든 존재들의 주인이라고 여기곤 합니다.

경쟁심. 나가는 유안티 종족과 오랜 세월에 걸쳐 큰 원한을 쌓아왔습니다. 유안티는 자신들이야말로 뱀 형태에서 진화를 이룬 선구자이자 모범이라고 믿기 때문입니다. 하지만 아주 희귀하긴 해도, 나가와 유안티가 서로 간의 차이점을 접어놓고 협력하는 경우도 있긴 합니다. 하지만, 유안티는 언제나 나가의 권위를 무너트릴 방법을 찾습니다.

불사의 천성. 나가는 호흡할 필요가 없으며, 먹고 마시거나 잠잘 필요도 없습니다.

뼈 나가 Bone Naga

유안티와 나가 사이에 있었던 긴 분쟁의 역사 속에서, 유안티는 사령술 의식을 통해 나가가 완전히 부활하지 못하고 해골 형태의 언데드로 부활하여 자신들의 하인이 되도록 만들었습니다. 뼈 나가는 생전에 알고 있던 주문 중 한두 가지만을 기억할 뿐입니다.

수호자 나가 Guardian Naga

현명하고 선한 성품을 지닌 아름다운 수호자 나가는 성스러운 장소나 강력한 마법 물건이 악의 손에 떨어지지 않도록 보호합니다. 이들은 자신들의 숨겨진 안식처에서 주문을 연구하고 적들의 사악한 계획을 방해할 자신들만의 계획을 짜곤 합니다.

수호자 나가는 폭력을 좋아하지 않으며, 침입자를 바로 공격하기보다는 먼저 경고를 해주곤 합니다. 이들은 적이 바로 공격할 때만 자신들의 주문과 독성 침을 사용해 반격을 가하곤 합니다.

영혼 나가 Spirit Naga

영혼 나가는 음울하고 혐오에 차 살아가며, 언제나 자신들의 뜻을 저버린 것들, 혹은 그렇게 믿고 있는 것들에 대해 복수를 획책하고 있습니다. 멀리 떨어진 동굴이나 폐허에 둥지를 트는 영혼 나가는 긴 시간을 들여 새로운 주문을 연구하고 주변을 둘러싼 필멸자들을 노예로 삼아 부립니다. 영혼 나가는 적을 매혹하길 좋아하며, 가까이 유혹하여 독이 담긴 송곳니로 적의 살점을 직접 찌르는 전투법을 사용합니다.

뼈 나가 Bone Naga

대형 언데드, 질서 악

방어도 15 (자연 갑옷)
히트 포인트 58 (9d10+9)
이동속도 30ft

근력	민첩	건강	지능	지혜	매력
15 (+2)	16 (+3)	12 (+1)	15 (+2)	15 (+2)	16 (+3)

피해 면역 독성
상태 면역 매혹, 탈진, 마비, 중독
감각능력 암시야 60ft, 상시 감지 12
언어 공용어, 추가로 1개 언어
도전지수 4 (1,100 xp)

주문시전. 나가는 5레벨 주문시전자입니다. (주문 내성 DC 12, 주문 명중 +4). 나가는 주문 시전시 음성 구성요소만을 필요로 합니다.

만약 나가가 생전에 수호자 나가였다면, 나가의 주문시전 능력치는 지혜입니다. 또한 아래와 같은 클레릭 주문을 준비하고 있습니다:

소마법(자유시전): 수리*Mending*, 신성한 불길*Sacred Flame*, 단순마술 *Thaumaturgy*
1레벨(슬롯 4개): 명령*Command*, 신앙의 방패*Shield of Faith*
2레벨(슬롯 3개): 감정 진정화*Calm Emotions*, 인간형 포박*Hold Person*
3레벨(슬롯 2개): 저주 부여*Bestow Curse*

만약 나가가 생전에 영혼 나가였다면, 나가의 주문시전 능력치는 지능이며, 아래와 같은 위저드 주문을 준비하고 있습니다:

소마법(자유시전): 마법사의 손*Mage Hand*, 하급 환영*Minor Illusion*, 서리 광선*Ray of Frost*
1레벨(슬롯 4개): 인간형 매혹*Charm Person*, 수면*Sleep*
2레벨(슬롯 3개): 생각 탐지*Detect Thought*, 인간형 포박*Hold Person*
3레벨(슬롯 2개): 번개*Lightning Bolt*

행동

물기. 근접 무기 공격: 명중 +5, 간격 10ft, 크리쳐 하나. 명중시: 10(2d6+3)점의 관통 피해. 추가로 10(3d6)점의 독성 피해.

> "네가 나를 파괴해도 나는 돌아
> 올 것이다. 그리고 네가 아끼는
> 모든 사람들이 고통받으리라."
> — 익스블리티카 데필러스,
> 영혼 나가.

영혼 나가 SPIRIT NAGA

대형 괴물류, 혼돈 악

방어도 15 (자연 갑옷)
히트 포인트 75 (10d10+20)
이동속도 40ft

근력	민첩	건강	지능	지혜	매력
18 (+4)	17 (+3)	14 (+2)	16 (+3)	15 (+2)	16 (+3)

내성 굴림 민첩 +6, 건강 +5, 지혜 +5, 매력 +6
피해 면역 독성
상태 면역 매혹, 중독
감각능력 암시야 60ft, 상시 감지 12
언어 심연어, 공용어
도전지수 8 (3,900 xp)

회생. 나가는 사망해도 1d6일 안에 최대hp로 회복하여 다시 살아납니다. 이 회생을 완전히 막으려면 소원*Wish* 주문을 사용해야만 합니다.

주문시전. 나가는 10레벨 주문시전자입니다. 나가의 주문시전 능력치는 지능입니다. (주문 내성 DC 14, 주문 명중 +6) 나가는 주문 시전시 음성 구성요소만을 필요로 합니다. 나가는 아래와 같은 위저드 주문을 준비하고 있습니다:

소마법(자유시전): 마법사의 손*Mage Hand*, 하급 환영*Minor Illusion*, 서리 광선*Ray of Frost*
1레벨(슬롯 4개): 인간형 매혹*Charm Person*, 마법 탐지*Detect Magic*, 수면*Sleep*
2레벨(슬롯 3개): 생각 탐지*Detect Thoughts*, 인간형 포박*Hold Person*
3레벨(슬롯 3개): 번개*Lightning Bolt*, 수중 호흡*Water Breathing*
4레벨(슬롯 3개): 황폐화*Blight*, 차원문*Dimension Door*
5레벨(슬롯 2개): 인간형 지배*Dominate Person*

행동

물기. *근접 무기 공격:* 명중 +7, 간격 10ft, 크리쳐 하나. *명중시:* 7(1d6+4)점의 관통 피해. 목표는 DC 13의 건강 내성에 실패할 시 31(7d8)점의 독성 피해를 받습니다. 성공하면 피해는 절반으로 줄어듭니다.

수호자 나가 GUARDIAN NAGA

대형 괴물류, 질서 선

방어도 18 (자연 갑옷)
히트 포인트 127 (15d10+45)
이동속도 40ft

근력	민첩	건강	지능	지혜	매력
19 (+4)	18 (+4)	16 (+3)	16 (+3)	19 (+4)	18 (+4)

내성 굴림 민첩 +8, 건강 +7, 지능 +7, 지혜 +8, 매력 +8
피해 면역 독성
상태 면역 매혹, 중독
감각능력 암시야 60ft, 상시 감지 14
언어 천상어, 공용어
도전지수 10 (5,900 xp)

회생. 나가는 사망해도 1d6일 안에 최대hp로 회복하여 다시 살아납니다. 이 회생을 완전히 막으려면 소원*Wish* 주문을 사용해야만 합니다.

주문시전. 나가는 11레벨 주문시전자입니다. 나가의 주문시전 능력치는 지혜입니다. (주문 내성 DC 16, 주문 명중 +8) 나가는 주문 시전시 음성 구성요소만을 필요로 합니다. 나가는 아래와 같은 클레릭 주문을 준비하고 있습니다:

소마법(자유시전): 수리*Mending*, 신성한 불길*Sacred Flame*, 단순마법 *Thaumaturgy*
1레벨(슬롯 4개): 명령*Command*, 상처 치료*Cure Wounds*, 신앙의 방 패*Shield of Faith*
2레벨(슬롯 3개): 감정 진정화*Calm Emotion*, 인간형 포박*Hold Person*
3레벨(슬롯 3개): 저주 부여*Bestow Curse*, 투시*Clairvoyance*
4레벨(슬롯 3개): 추방*Banishment*, 이동의 자유*Freedom of Movement*
5레벨(슬롯 2개): 화염 직격*Flame Strike*, 사명 부여*Geas*
6레벨(슬롯 1개): 진시야*True Seeing*

행동

물기. *근접 무기 공격:* 명중 +8, 간격 10ft, 크리쳐 하나.
명중시: 8(1d8+4)점의 관통 피해. 목표는 DC 15의 건강 내성에 실패할 시 45(10d8)점의 독성 피해를 받습니다. 성공하면 피해는 절반으로 줄어듭니다.

독 뱉기. *장거리 무기 공격:* 명중 +8, 장거리 15/30ft, 크리쳐 하나.
명중시: 목표는 DC 15의 건강 내성 굴림을 굴려 실패하면 45(10d8)점의 독성 피해를 받습니다. 내성에 성공하면 피해는 절반으로 줄어듭니다.

나이트메어 Nightmare

대형 악마, 중립 악

방어도 13 (자연 갑옷)
히트 포인트 68 (8d10+24)
이동속도 60ft, 비행 90ft

근력	민첩	건강	지능	지혜	매력
18 (+4)	15 (+2)	16 (+3)	10 (+0)	13 (+1)	15 (+2)

피해 면역 화염
감각능력 상시 감지 11
언어 심연어와 공용어, 하계어를 이해하지만 말할 수는 없음
도전지수 3 (700 xp)

화염 저항 제공. 나이트메어는 기수에게 화염 피해에 대한 저항을 제공합니다.

광원. 나이트메어는 주변 10ft까지 밝은 빛으로, 추가로 10ft까지는 약한 빛으로 밝힙니다.

행동

발굽. 근접 무기 공격: 명중 +6, 간격 5ft, 목표 하나. 명중시: 13(2d8+4)점의 타격 피해. 추가로 7(2d6)점의 화염 피해.

에테르 질주. 나이트메어는 주변 5ft 내의 자발적인 크리쳐들을 최대 3체까지 동행하여 마법적으로 물질계에서 에테르계로 들어가거나, 에테르계에서 물질계로 나올 수 있습니다.

나이트메어 Nightmare

나이트메어는 휘몰아치는 연기와 함께 나타납니다. 나이트메어의 갈기와 꼬리, 발굽은 불길로 타오르고 있습니다. 이 세상의 것 같지 않은 이 짐승의 검은 형상은 초자연적인 속도로 움직이며, 나타날 때처럼 순식간에 사라지고 나면 유황 구름만이 그 자리에 남습니다.

공포의 탈 것. "데몬 말" 또는 "지옥의 말"이라고도 부르는 나이트메어는 사악한 존재들의 탈 것으로 쓰입니다. 여러 데몬과 데빌, 그리고 데스 나이트나 리치, 나이트 해그 등의 사악한 괴물이 이 짐승을 탈 것으로 키웁니다. 이들은 말의 형태를 한 악마처럼 보이며, 나이트메어의 타오르는 눈을 보면 짐승 같지 않은 사악한 지성이 엿보입니다.

나이트메어는 하계에서 소환할 수 있지만, 합당한 희생을 치르지 않으면 잘 올라오려 하지 않습니다. 나이트메어는 자신을 소환한 존재에게 딱히 충성심을 보이진 않습니다.

나이트메어 만들기. 나이트메어는 멀티버스에서 자연적으로 나타나는 존재가 아닙니다. 이들은 페가서스로 만듭니다. 나이트메어를 만드는 의식은 페가서스의 날개를 자르는 고통스러운 고문을 동반하며, 이 과정에서 고귀한 존재는 사악한 마법에 의해 완전하게 악으로 타락합니다.

노틱 Nothic

중형 기괴체, 중립 악

방어도 15 (자연 갑옷)
히트 포인트 45 (6d8+18)
이동속도 30ft

근력	민첩	건강	지능	지혜	매력
14 (+2)	16 (+3)	16 (+3)	13 (+1)	10 (+0)	8 (-1)

기술 비전학 +3, 통찰 +4, 감지 +2, 은신 +5
감각능력 진시야 120ft, 상시 감지 12
언어 지하공용어
도전지수 2 (450 xp)

예리한 시각. 노틱은 시각에 관계된 지혜(감지) 판정에 이점을 받습니다.

행동

다중공격. 노틱은 할퀴기 공격을 2회 가합니다.

할퀴기. 근접 무기 공격: 명중 +4, 간격 5ft, 목표 하나. 명중시: 6(1d6+3)점의 참격 피해.

부패의 시선. 노틱은 주변 30ft 내에서 자신이 볼 수 있는 크리쳐 하나를 목표로 정합니다. 목표는 DC 12의 건강 내성에 실패할 시 마법적으로 10(3d6)점의 사령 피해를 받습니다.

기괴한 통찰. 노틱은 30ft 내에서 자신이 볼 수 있는 크리쳐 하나를 목표로 지정합니다. 목표의 매력(기만)과 노틱의 지혜(통찰)로 대결 판정을 벌입니다. 만약 노틱이 승리한다면, 노틱은 목표에 대한 한 가지 사실이나 비밀을 마법적으로 알게 됩니다. 목표가 매혹에 면역이라면 자동으로 대결 판정에서 승리합니다.

노틱 Nothic

괴악한 눈이 어둠 속에서 나타나면, 기괴한 지성과 불쾌한 악의를 담은 존재가 주시하고 있다는 뜻입니다. 노틱은 대개 자신이 마주친 대상을 지그시 계속 주시할 뿐입니다. 하지만 폭력의 시간이 되면 노틱은 공포스러운 시선을 이용해 적의 살을 썩게 만들어 뼈에서 떨어지게 합니다.

저주받은 비전술사. 신과 같은 위대함을 꿈꾸었던 몇몇 마법사들은 자신의 인생을 다 바쳐 비전의 비밀을 밝히려 했습니다. 그러나 이들은 수많은 세계에서 공포의 대상이 되었던 강력한 리치 베크나가 언데드로서의 존재를 버리고 완전히 비밀의 신으로 승천할 때, 저주를 받아 이 끔찍하고 고통스러운 괴물이 되고 말았습니다. 노틱은 과거의 기억이 전혀 없으며, 그저 그림자 속에 숨어 마법의 지식이 풍부한 곳을 주시하며, 그들 자신들은 절대 이해하지 못하는 기억과 충동의 파편을 되새길 뿐입니다.

어둠의 신탁. 노틱은 자신이 지켜보는 대상에게서 지식을 추출할 수 있는 기이한 마법적 통찰력을 지니고 있습니다. 이들은 이 통찰력으로 인해 비밀과 금지된 전승에 대해 독특한 이해를 지니게 되었으며, 대가를 지불한다면 지식을 알려주기도 합니다. 노틱은 마법 물건을 탐닉하며, 금지된 지식을 찾는 자들은 노틱에게 그런 선물을 제공하며 지식을 갈구하기도 합니다.

마법적 장소의 매복자들. 노틱은 마법 대학이나 기타 마법적인 지식이 충만한 장소에 숨어드는 것으로 악명이 높습니다. 이들은 생전의 희미한 기억 속에서 자신의 원래 모습을 되찾을 수 있는 수단이 있을지도 모른다는 생각을 지니고 있습니다. 물론 이들에게 확실한 목적의식이 있는 것은 아니지만, 집착적으로 마법이 깃든 장소를 떠도는 것입니다. 몇몇 노틱은 더 많은 비전 비밀을 찾아 자신들을 원래대로 돌리려 하는 것이 결국 헛수고이며, 그저 자신들을 변형시킨 그 기묘한 교훈의 일부임을 이해할 정도로 영리하기도 합니다.

녹 괴물 RUST MONSTER

드워프들은 녹 괴물 한 마리와 마주치느니 차라리 오크 부대와 상대하는 편을 택할 것입니다. 이 기괴한 곤충형 괴물은 철 금속을 부식시켜 녹슬게 해서 먹어 치웁니다. 이들은 이런 방식으로 수많은 모험자에게서 갑옷과 방패, 무기들을 먹어 치워 왔습니다.

녹괴물의 몸은 두꺼운 피부로 덮여 있고, 꼬리는 뼈가 드러나 있으며, 깃털 같은 두 개의 더듬이가 곤충형 머리에 돋아나 있습니다.

지하의 청소부. 녹 괴물은 먹어 치울 수 있는 철이나 강철, 아다만틴, 미스랄 같은 철류 금속을 찾아 지하를 떠돌아다닙니다. 이들은 금속을 지니지 않은 상대를 무시하며, 강철 무기나 갑옷을 입은 상대에 대해서는 맹렬한 공격성을 드러냅니다. 녹 괴물은 아주 먼 거리에서도 먹이의 냄새를 맡을 수 있으며, 일단 냄새를 발견하면 재빠르게 달려와 부식시키고 먹어 치웁니다.

녹 괴물은 가시나 검도 아랑곳하지 않고 녹슬게 해 먹습니다. 모험자들은 철제 물건을 떨어뜨리거나 던져서 이 괴물을 다른 곳으로 유인하곤 합니다.

지하의 방랑자. 녹 괴물은 많은 수로 다니는 경우가 많지 않으며, 홀로 사냥하거나 작은 집단을 이룹니다. 이들은 동굴을 방랑하며, 먹어 치울 금속을 찾기 위해 끝없이 떠돌아다닙니다. 이들은 돌아다니다 별다른 해를 끼치지 않고 서로 관심도 주지 않는 다른 언더다크의 거주자들과 만나기도 합니다. 그러므로, 녹 괴물들은 다른 지하의 괴물들 근처에서 발견되는 경우도 있습니다. 만약 녹 괴물들을 잘 먹이고 대해주기만 한다면, 이들은 쓸만한 동료나 애완동물이 되기도 합니다.

녹 괴물 RUST MONSTER
중형 괴물류, 성향 없음

방어도 14 (자연 갑옷)
히트 포인트 27 (5d8+5)
이동속도 40ft

근력	민첩	건강	지능	지혜	매력
13 (+1)	12 (+1)	13 (+1)	2 (-4)	13 (+1)	6 (-2)

감각능력 암시야 60ft, 상시 감지 11
언어 —
도전지수 1/2 (100 xp)

철 감지. 녹 괴물은 주변 30ft 내의 철류 금속의 정확한 위치를 후각으로 알아내 감지할 수 있습니다.

금속 부식. 녹 괴물에 명중한 비마법적 금속 무기는 부식합니다. 피해를 주고 난 다음, 해당 무기는 영구적으로 피해 굴림에 -1 페널티를 받습니다.(이 페널티는 누적됩니다.) 만약 해당 무기에 페널티가 -5까지 누적되면 그 무기는 파괴된 것입니다. 금속으로 만들어진 비마법적 탄환은 녹 괴물에 명중하여 피해를 가한 직후 파괴된 것입니다.

행동

물기. *근접 무기 공격:* 명중 +3, 간격 5ft, 목표 하나. *명중시:* 5(1d8+1) 점의 관통 피해.

더듬이. 녹 괴물은 자신이 볼 수 있는 5ft 내의 비마법적 금속 물체를 부식시킵니다. 누군가 장비하거나 착용하고 있지 않은 물체를 목표로 했다면, 이 접촉은 1 × 1 × 1ft 규모의 금속을 파괴할 수 있습니다. 만약 누군가 장비하거나 착용한 물체를 목표로 했다면, 해당 물체를 착용한 크리쳐는 DC 11의 민첩 내성을 굴려 접촉을 피할 수 있습니다.

금속제 갑옷이나 방패가 목표였다면, 이렇게 접촉할 때마다 영구적으로 AC에 -1 페널티가 가해집니다. (이 페널티는 누적됩니다) 페널티로 인해 갑옷의 기본 AC가 0이 되었거나 방패의 추가 AC가 +0이 되었다면 해당 방어구는 파괴된 것입니다. 금속 무기를 목표로 한 경우, 위의 금속 부식 특징과 동일하게 취급합니다.

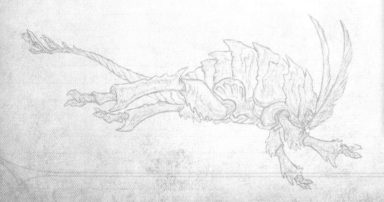

놀 GNOLLS

놀은 야만적인 인간형 종족으로, 무리 지어 아무런 경고도 없이 개척 지방의 정착지나 문명의 변경을 약탈하고 희생자들을 살육한 다음 그 살점으로 포식하곤 합니다.

데몬의 기원. 놀의 기원은 데몬 군주인 이노그(Yeenoghu)가 물질계에서 날뛰었던 시절로 거슬러 올라갑니다. 당시 한 무리의 평범한 하이에나가 이노그가 깨어날 때 그 뒤를 따라다니며 데몬 군주가 남긴 것들을 먹어 치웠습니다. 이 하이에나들이 최초의 놀로 변하였고, 이노그를 따라 어비스의 깊은 곳으로 사라졌다고 합니다. 이후 놀들은 세계의 곳곳으로 퍼져 나갔고, 그때 이미 데몬의 힘에 영향을 받은 흔적이 확실하게 남게 되었습니다.

유랑의 파괴자들. 놀은 무엇을 언제 공격할지 전혀 알 수 없기에 위험한 존재들입니다. 그들은 야생 지역에 모여들어 약탈과 살육을 반복하고는 다시 다른 곳으로 떠나버립니다. 이들은 마치 메뚜기 무리처럼 정착지를 완전히 휩쓸어버리고는 무너진 건물과 뜯어먹힌 시체, 그리고 더럽혀진 땅만을 뒤에 남겨둡니다. 갑옷을 차려입은 전사들이 요새화한 성에서 방비를 굳히고 있으면 날뛰는 놀 무리에 휩쓸리지 않을 수 있지만, 성 주변의 마을이나 촌락, 농장 따위는 순식간에 무너지고 그곳의 사람들은 도축당할 것입니다.

놀은 영구적인 건축물을 만들거나 무언가 가치를 가진 것을 만드는 법이 거의 없습니다. 그들은 무기나 갑옷을 만들지 않으며, 쓰러트린 적의 시체에서 물건을 빼앗아 사용합니다. 그리고 적의 시체에서 귀와 이빨, 머리 가죽을 뜯어 전리품으로서 몸에 장식하거나, 그런 것들을 엮어 누더기 갑옷으로 만들기도 합니다.

피에 굶주림. 놀의 마음속에는 어떠한 선이나 동정심도 없습니다. 놀은 마치 데몬들처럼 양심 따위가 없으며, 어떻게 가르치더라도 그 천성적인 파괴 욕구를 억누르지 못합니다. 광기에 찬 놀의 피의 격노는 다른 모든 종족을 적으로 삼게 합니다. 그리고 놀들은 싸워야 할 적이 없을 때면 동족 내에서 내분을 일으켜 서로 싸움을 벌이곤 합니다. 가장 야만적인 오크 부족이라 할지라도, 놀과 동맹을 맺는 것은 피하려 들 것입니다.

놀 무리 군주 GNOLL PACK LORD

놀 무리의 우두머리는 무리 군주라고 부르며, 힘과 교활함으로 자기 무리를 다스립니다. 무리 군주는 무리의 전리품이나 식량, 잡동사니나 마법 물건 중에서 가장 좋은 것들을 취합니다. 무리 군주는 자신의 몸을 야만적인 장신구나 피어싱으로 장식하며, 적에게서 뜯어낸 신체 부위들을 기념품으로 매달고 다닙니다. 무리 군주는 자기 몸 가죽에 데몬의 상징을 그려 넣고, 이노그의 가호가 내려 자신들을 무적으로 만들어 줄 기원합니다.

놀, 이노그의 이빨
GNOLL FANG OF YEENOGHU

놀은 전투에서 승리하면 데몬의 의식을 벌이고 이노그에게 피의 제물을 바쳐 승리를 자축합니다. 때로는 데몬 군주가 이 제물에 흡족하여 추종자들 중 하나에게 데몬의 혼을 내려 빙의시키곤 합니다. 이렇게 빙의된 자는 이노그의 총애를 받았다고 여겨지며, 이노그의 이빨이 됩니다. 이들이 바로 놀의 군주에게 선택받은 존재입니다. 이노그가 처음 놀을 만들었을 때처럼, 이노그의 이빨이 죽인 시체를 뜯어먹은 하이에나들은 끔찍한 변형을 일으켜 완전히 성장한 놀로 변합니다. 그 지역 내에 하이에나 숫자에 따라 달라지긴 하지만, 이노그의 이빨이 하나만 있어도 주변 놀의 인구가 급격하게 불어나는 일이 벌어질 수 있습니다. 이노그의 이빨을 빨리 찾아서 처리해야만 놀 인구의 증가를 억제할 수 있을 것입니다.

놀 Gnoll

중형 인간형(놀), 혼돈 악

방어도 15 (통가죽 갑옷, 방패)
히트 포인트 22 (5d8)
이동속도 30ft

근력	민첩	건강	지능	지혜	매력
14 (+2)	12 (+1)	11 (+0)	6 (-2)	10 (+0)	7 (-2)

감각능력 암시야 60ft, 상시 감지 10
언어 놀어
도전지수 1/2 (100 xp)

광란. 놀이 자기 턴에 근접 공격으로 어떤 크리쳐의 hp를 0으로 떨어트렸다면, 놀은 추가 행동을 써서 이동 속도의 절반까지 이동하고 물기 공격을 1회 가할 수 있습니다.

행동

물기. 근접 무기 공격: 명중 +4, 간격 5ft, 크리쳐 하나. 명중시: 4(1d4+2)점의 관통 피해.

창. 근접 또는 장거리 무기 공격: 명중 +4, 간격 5ft 또는 장거리 20/60ft, 목표 하나. 명중시: 5(1d6+2)점의 관통 피해. 만약 양손으로 잡고 근접 공격을 했다면 6(1d8+2)점의 관통 피해.

장궁. 장거리 무기 공격: 명중 +3, 장거리 150/600ft, 목표 하나. 명중시: 5(1d8+1)점의 관통 피해.

놀 무리 군주 Gnoll Pack Lord

중형 인간형(놀), 혼돈 악

방어도 15 (체인 셔츠)
히트 포인트 49 (9d8+9)
이동속도 30ft

근력	민첩	건강	지능	지혜	매력
16 (+3)	14 (+2)	13 (+1)	8 (-1)	11 (+0)	9 (-1)

감각능력 암시야 60ft, 상시 감지 10
언어 놀어
도전지수 2 (450 xp)

광란. 놀이 자기 턴에 근접 공격으로 어떤 크리쳐의 hp를 0으로 떨어트렸다면, 놀은 추가 행동을 써서 이동 속도의 절반까지 이동하고 물기 공격을 1회 가할 수 있습니다.

행동

다중공격. 놀은 공격을 2회 가합니다. 이 공격은 글레이브나 장궁 중 어느 쪽으로도 가할 수 있습니다. 그리고 사용이 가능하다면 광란 유발 능력도 사용합니다.

물기. 근접 무기 공격: 명중 +5, 간격 5ft, 크리쳐 하나. 명중시: 5(1d4+3)점의 관통 피해.

글레이브. 근접 무기 공격: 명중 +5, 간격 10ft, 목표 하나. 명중시: 8(1d10+3)점의 참격 피해.

장궁. 장거리 무기 공격: 명중 +4, 장거리 150/600ft, 목표 하나. 명중시: 6(1d8+2)점의 관통 피해.

광란 유발(재충전 5-6). 주변 30ft 내에서 자신이 볼 수 있는 크리쳐 중 광란 특징을 지닌 크리쳐를 하나 선택합니다. 해당 크리쳐가 무리 군주의 명령을 들을 수 있다면 반응행동을 사용해 근접 공격을 1회 가할 수 있습니다.

놀, 이노그의 이빨
Gnoll Fang of Yeenoghu

중형 악마(놀), 혼돈 악

방어도 14 (통가죽 갑옷)
히트 포인트 65 (10d8+20)
이동속도 30ft

근력	민첩	건강	지능	지혜	매력
17 (+3)	15 (+2)	15 (+2)	10 (+0)	11 (+0)	13 (+1)

내성 굴림 건강 +4, 지혜 +2, 매력 +3
감각능력 암시야 60ft, 상시 감지 10
언어 심연어, 놀어
도전지수 4 (1,100 xp)

광란. 놀이 자기 턴에 근접 공격으로 어떤 크리쳐의 hp를 0으로 떨어트렸다면, 놀은 추가 행동을 써서 이동 속도의 절반까지 이동하고 물기 공격을 1회 가할 수 있습니다.

행동

다중공격. 놀은 공격을 물기 1회, 할퀴기 2회로 총 3회의 공격을 가합니다.

물기. 근접 무기 공격: 명중 +5, 간격 5ft, 크리쳐 하나. 명중시: 6(1d6+3)점의 관통 피해. 목표는 DC 12의 건강 내성에 실패할 시 7(2d6)점의 독성 피해를 받습니다.

할퀴기. 근접 무기 공격: 명중 +5, 간격 5ft, 목표 하나. 명중시: 7(1d8+3)점의 참격 피해.

"우리가 왜 이 모험을 하기로 했는지 다시 좀 말해줄래?"
— 파이터 에델레데, 다크맨틀과 처음 마주치고 나서.

다크맨틀 DARKMANTLE

다크맨틀은 누군가 아래에 다가올 때까지 동굴 천장에 붙어 꼼짝도 하지 않고 기다리고 있습니다. 멀리서 보면 다크맨틀은 그저 종유석이나 석순처럼 보일 뿐이지만, 부주의한 자가 바로 아래로 접근하면 천장에서 떨어져 내리면서 펼쳐져 주변을 마법적인 어둠으로 감싸고 먹잇감을 으깨 버립니다.

다크맨틀은 언더다크 전역에서 찾아볼 수 있지만, 섀도펠에도 다수 존재하고 있습니다. 어두운 영역을 좋아하는 이들의 습성은 물질계의 박쥐들과 유사한 부분이 많습니다. 섀도펠에서 살아가는 지능을 지닌 존재들은 다크맨틀을 길들여 경비나 동료로 삼기도 합니다.

다크맨틀 DARKMANTLE

소형 괴물류, 성향 없음

방어도 11
히트 포인트 22 (5d6+5)
이동속도 10ft, 비행 30ft

근력	민첩	건강	지능	지혜	매력
16 (+3)	12 (+1)	13 (+1)	2 (-4)	10 (+0)	5 (-3)

기술 은신 +3
감각능력 맹안시야 60ft, 상시 감지 10
언어 —
도전지수 1/2 (100 xp)

반향감지. 다크맨틀은 귀머거리 상태가 되면 맹안시야를 잃어버립니다.

거짓 외관. 다크맨틀이 움직이지 않고 있으면, 종유석이나 석순 등 자연 동굴의 일부와 구분할 수 없습니다.

행동

으깨기. *근접 무기 공격:* 명중 +5, 간격 5ft, 크리쳐 하나. *명중시:* 6(1d6+3)점의 타격 피해. 다크맨틀은 목표에 달라붙습니다. 만약 목표가 중형 이하 크기의 크리쳐이며 다크맨틀이 명중 굴림에 이점을 받고 있었다면 다크맨틀은 목표의 머리에 달라붙은 것입니다. 이때 목표는 장님 상태로 취급하며 숨을 쉴 수 없게 됩니다.

목표에 달라붙어 있는 동안 다크맨틀은 다른 크리쳐를 공격할 수 없으며, 달라붙은 목표에 대해서만 명중 굴림에 이점을 받고 공격을 가할 수 있습니다. 다크맨틀의 이동속도는 0이 되며, 이동속도에 보너스를 받을 수 없고 목표가 이동하는 대로 같이 움직이게 됩니다.

붙어있는 목표를 포함하여 다크맨틀에 인접한 크리쳐는 행동을 사용해 DC 13의 근력 판정에 성공하면 다크맨틀을 떼어낼 수 있습니다. 다크맨틀은 자기 턴에 이동력 5ft를 소모하여 목표에게서 떨어져 나올 수 있습니다.

어둠의 오오라(1회/일). 다크맨틀 주변 15ft에 마법적인 어둠이 생겨납니다. 이 어둠은 모서리를 돌아 퍼집니다. 어둠은 다크맨틀이 집중하는 동안 유지됩니다. (주문 집중과 동일, 최대 10분) 이 어둠은 암시야로도 뚫어볼 수 없으며, 자연적 빛은 어둠을 밝히지 못합니다. 2레벨 이하의 빛 주문이 이 어둠과 겹칠 경우, 빛은 꺼지게 됩니다.

데몬 DEMONS

무한층의 어비스에 우글거리는 데몬은 혼돈과 악의 화신입니다. 그들은 괴물 같은 형태를 간신히 유지하는 파괴 그 자체입니다. 어떤 연민도, 동정심도, 자비도 없는 데몬들은 오로지 파괴만을 위해 존재합니다.

혼돈의 소산. 어비스는 그 자신의 연장으로써 데몬을 만들었고, 그래서 그들은 추악함과 학살 그 자체의 악마가 되었습니다. 어떤 괴물들은 저마다 독특한 특성이 있지만, 또 다른 것들은 같은 종에 속하기만 하면 거의 똑같이 생겨 거의 구별할 수 없기도 합니다. 메인즈 따위의 데몬들은 필멸자의 영혼으로 만들어지거나 신에게 저주받아 만들어진 것일 수도 있습니다. 또한 모종의 이유로 어비스에 사로잡혀 데몬이 되는 경우도 있습니다.

변덕스러운 위계 상승. 데몬은 오직 힘만을 숭상합니다. 강력한 데몬은 비명을 질러대는 하급 데몬 무리를 통솔하려고 자기 명령을 거스르는 것들을 용서없이 파괴해가며 다스립니다. 데몬의 지위는 그가 흘린 피의 양으로 상승합니다. 더 많은 적을 쓰러뜨릴수록 데몬은 강대해집니다.

데몬은 메인즈에서 시작해 드레치가 되었다가, 어비스에서 길고 긴 시간을 싸운 끝에 브록으로 변화할 수도 있습니다. 하지만 이러한 위계 상승은 흔치 않은 일이며, 대부분의 데몬은 강한 힘을 얻기 전에 파괴됩니다. 이들 중에서도 가장 강대한 존재만이 데몬 군주의 자리에 오를 때까지 살아남아 자신들의 끝없는 전쟁으로 어비스를 갈가리 찢어놓고 있습니다.

데몬 군주들은 마법적인 힘을 상당히 소모해서 하급 데몬을 더 강력한 형태로 변화시킬 수 있습니다. 하지만 데몬들의 승급은 업적이나 성공의 결과로 주어지는 것이 아닙니다. 데몬 군주들은 투명 첩자가 필요할 때 메인즈를 콰짓으로 바꾸어주며, 라이벌 군주와의 전쟁을 앞두었을 때 드레치의 군대를 헤즈로우로 변화시키곤 합니다. 데몬 군주들이 부하를 가장 높은 계급까지 승급시켜주는 경우는 거의 없는데, 이는 힘을 두고 경쟁하는 라이벌이 될지도 모른다고 생각하기 때문입니다.

심연의 침략. 데몬은 어비스 전역을 돌아다니며 다른 세계와 연결된 포탈을 찾곤 합니다. 그들은 어비스에서 벗어나 멀티버스 전역에 자신들의 사악한 영향력을 퍼트릴 기회라면 무엇이든 가리지 않습니다. 그들은 신들의 업적을 무너트리고, 문명을 파괴하며, 우주 전체를 절망과 폐허로 바꾸려 합니다.

필멸자들의 세계에서 내려오는 가장 어두운 전설들은 데몬이 세계에 불러온 파괴에 대한 이야기들입니다. 따라서 서로 오랫동안 싸워온 국가들이라도 데몬이 창궐하게 되면 지금까지의 분쟁을 잠시 접어두고 심연에서 풀려나온 이 악마들을 도로 쫓아낼 때까지 협력하게 될 것입니다.

오염의 흔적. 데몬은 항상 어비스 오염의 흔적을 남기고 다닙니다. 그들의 존재 자체가 세상을 점차 악화시키는 것입니다. 어비스의 균열이 나타난 지역 주변은 식물들이 시들어 버리며, 동물들은 데몬이 날뛰었던 곳 근처를 피해 다닙니다. 데몬의 전염이 나타난 지역의 악취는 절대 사라지지 않으며, 냉혹한 추위나 끔찍한 더위가 나타날 때도 있습니다. 이 악마들이 머물렀던 자리에는 영원히 사라지지 않는 그림자가 흔적처럼 남기도 합니다.

영원한 악. 데몬은 어비스 밖에서라면 죽음에 별로 큰 공포를 느끼지 않습니다. 평범한 무기로는 이 악마들을 막지 못하며, 많은 데몬이 가장 강력한 주문에 대해서도 저항력을 지니고 있습니다. 영웅이 행운을 얻어 데몬을 쓰러뜨렸다면, 악마는 끔찍한 악취를 풍기는 액체로 녹아 사라질 것입니다. 이후 그들은 어비스에서 다시 형체를 갖추며, 그 정신과 정수는 더 큰 증오와 집착을 품고 새 육신에 깃들 것입니다. 데몬을 완벽하게 쓰러트리는 유일한 방법은 어비스에서 데몬을 찾아 그곳에서 죽이는 것입니다.

보호받는 정수. 강력한 데몬은 그 자신의 생명 정수를 몇 단계로 보호하고 있습니다. 비밀스러운 기법과 어비스의 금속들을 사용해 정수를 담을 호부를 만들기도 합니다. 만약 어비스에서 데몬의 형체가 파괴되더라도, 이 호부가 있다면 그 자신이 선택한 장소에서 다시 몸을 만들 수 있습니다.

데몬의 호부를 얻는 것은 위험한 일이며, 단순히 찾아다니는 것만으로도 호부를 창조한 데몬의 관심을 끌 위험이 있습니다. 데몬의 호부를 지니고 있는 크리쳐는 호부에 결속된 데몬에게 청원을 할 수 있으며, 거절한다면 큰 고통을 가할 수 있습니다. 만약 호부가 파괴된다면, 호부를 창조한 데몬은 1년하고도 하루 동안 어비스에 감금될 것입니다.

데몬 숭배 교단. 악마들과 거래하려면 어두운 위험이 따르는 법이지만, 물질계에는 데몬의 권세에 탐닉하는 자들이 많이 있습니다. 데몬 군주들은 이 필멸의 하인들을 조종해 더 사악한 짓을 벌이거나, 마법이나 다른 은혜를 내려주는 대신 자신의 야망을 퍼트리기 위한 명령을 내립니다. 하지만, 데몬들은 봉사하는 인간들을 그저 도구로만 여기며, 언제든 쓸모가 없어지면 파괴해서 어비스에 가져올 필멸의 영혼으로만 생각합니다.

데몬 소환. 데몬을 소환하는 것만큼 위험한 짓은 많지 않습니다. 데빌들과 자유로이 거래를 나누는 마법사들조차 어비스의 악마들은 두려워합니다. 데몬이 물질계에 혼돈을 퍼트릴 기회를 호시탐탐 노리긴 하지만 물질계로 불러준 소환자에 대해 고마워하지는 않으며, 감금된 마법진 안에서 날뛰며 자기를 풀어달라고 요구할 것입니다.

감히 데몬을 소환하는 위험을 감수하는 자들은 데몬에게서 정보를 얻으려 하거나, 데몬의 봉사를 받으려 하거나, 절대적인 악 그 자체의 존재들만이 완수할 수 있는 임무를 맡기려는 자들입니다. 데몬의 소환에는 그 무엇보다 준비가 중요합니다. 숙련된 소환사가 정확한 주문과 마법 물건을 준비해 데몬의 의지를 굴복시켜야 합니다. 만약 작은 실수라도 벌어진다면 풀려난 데몬은 그 소환사부터 먹이로 삼아 무자비하게 날뛰기 시작할 것입니다.

속박된 데몬들. 사악한 어둠의 서(Book of Vile Darkness), 아함의 검은 두루마리(Black Scrolls of Ahm), 그리고 이그윌브의 데모노미콘(The Demonomicon of Iggwilv)은 데몬에 관련된 문제에 있어서 가장 높은 권위를 가진 서적들입니다. 이 고대의 서적들은 데몬의 정수를 물질계의 함정에 빠트려 무기나 우상, 혹은 장신구에 감금시키고 어비스로 돌아가지 못하게 만드는 방법을 다루고 있습니다.

데몬을 속박하는 물체는 반드시 무고한 자의 피와 사악한 영창을 통해 특별히 준비되어야 합니다. 준비된 물체는 눈에 띄게 사악한 기운을 풍기며, 주변의 공기를 더럽히며 소름이 돋게 만듭니다. 이러한 물체를 다루는 크리쳐는 불편한 꿈을 꾸고 사악한 충동을 느끼게 되지만, 물건 안에 속박된 데몬의 정수를 조종할 수 있습니다. 이 물건을 파괴하면 데몬은 풀려나며, 풀려난 데몬은 즉시 자신을 속박한 자에게 복수하려고 들 것입니다.

데몬의 빙의. 얼마나 엄중하게 속박했던 간에, 강력한 데몬은 자신을 가두고 있는 물체에서 빠져나올 방법을 찾으려 듭니다. 데몬의 정수가 용기에서 새어 나오면, 그 정수는 필멸의 육신에 빙의할 수 있습니다. 가끔 악마는 목적을 이루기 위해 빙의되었음을 숨기기도 합니다. 아니면 새로운 몸에 들어서자마자 악마적인 본성을 드러내며 날뛰기 시작할 수도 있습니다.

데몬이 빙의된 몸에 깃들어 있는 동안, 몸의 본래 영혼은 데몬이 쫓겨나거나 몸이 죽으면 함께 어비스에 끌려갈 위험에 빠집니다. 만약 데몬이 빙의되어 있을 때 속박하고 있던 물건이 파괴되어 버린다면, 이 빙의는 강력한 마법으로 데몬의 혼을 쫓아내 버릴 때까지 그대로 유지될 것입니다.

데몬 군주

어비스를 가득 채운 혼돈의 힘은, 특별히 잔학하고 악랄한 데몬들에게 어둠의 축복을 내려 신들과도 맞설만한 강대한 힘을 지닌 독특한 악마로 탈바꿈시킵니다. 이 데몬 군주들은 교활함과 야만적인 힘으로 자신들의 층을 다스리며, 언젠가 어비스 전체에 절대적인 통제권을 차지할 날을 꿈꾸며 서로 싸우고 있습니다.

외부자를 위한 보상. 데몬 군주 대다수는 어비스에 차고 넘치는 하급 데몬의 무리에서 시작해 올라온 것이지만, 어비스의 무한 계층 중 일부는 정복자에 대한 보상으로 군주의 자리를 주기도 합니다. 엘프의 여신이었던 롤스는 엘프족을 배신했다는 이유로 코렐론 라레시안이 그녀를 어비스로 추방한 이후 데몬 군주가 되었습니다. 몇몇 학자는 암흑 대공 그라즈트가 본래 다른 세계에서 왔으며, 오래전 잊혀진 데몬 군주에게서 자리를 빼앗아 자신의 자리를 차지했다고 이야기하곤 합니다.

힘과 통제. 데몬 군주임을 나타내는 가장 중요한 지표는 그 자신의 계층을 재구성할 수 있는 능력입니다. 데몬 군주에 의해 지배되는 어비스의 한 계층은 그 악마의 악랄한 개성을 나타내는 비틀린 반영이며, 데몬 군주들은 다른 존재가 자신의 계층을 침범해 재구성해 버릴지도 모른다는 공포 때문에 쉽사리 자신의 계층을 떠나려 들지 않습니다.

데몬 군주의 정수 역시 다른 모든 데몬처럼 다른 세계에서 죽음을 맞이하면 어비스로 돌아오며, 새로운 몸을 만들어 깃들게 됩니다. 마찬가지로 어비스에서 죽음을 맞이한 데몬 군주는 영원히 파괴됩니다. 데몬 군주들 대부분은 자신들이 그런 운명을 맞이할까봐 자신의 정수 중 일부를 따로 빼돌려 다른 곳에 안전하게 보관합니다.

바포멧 Baphomet

뿔난 왕 혹은 짐승의 대공으로 알려진 데몬 군주 바포멧은 미노타우르스와 다른 야만적인 크리쳐들을 지배합니다. 만약 그의 뜻이 이루어진다면, 모든 문명은 무너지고 모든 종족은 동물적인 야만 본능에 따라 살아가게 될 것입니다.

짐승의 대공은 거대한 검은 털의 미노타우르스 모습으로 나타나며, 무쇠 뿔과 붉은 눈, 그리고 피를 머금은 입을 보입니다. 그의 강철 왕관은 적들의 썩은 머리로 장식되어 있으며, 검은 갑옷은 해골처럼 보이는 가시들이 돋아나 있습니다. 그는 심장절단자라는 이름의 거대한 글레이브를 들고 다니지만, 격투 중에는 그것을 던져버리고 자신의 뿔과 발굽으로 적들을 짓밟고 헤쳐나가기도 합니다.

데모고르곤 Demogorgon

쉿쉿대는 야수, 혹은 자칭 데몬의 대공인 데모고르곤은 멀티버스의 질서를 근본부터 허물고자 하는 목적을 지니고 있습니다. 수많은 목적과 충돌으로 미쳐버린 데몬의 대공은 다른 데몬들과 데몬 군주들 사이에서 공포와 증오를 흩뿌리고 있습니다.

데모고르곤은 인간 셋을 세운 것보다 커다란 키에, 뱀처럼 미끌거리고 거대한 유인원처럼 강인한 신체를 지니고 있습니다. 팔이 있어야 할 자리에는 흡착하는 촉수들이 달려 있습니다. 파충류처럼 생긴 아래 몸통에는 물갈퀴와 발톱이 달린 발이 달려 있으며, 둘로 갈라진 꼬리 끝은 채찍같이 휘어지고 끝에는 날카로운 칼날이 돋아나 있습니다. 데몬의 대공은 비비처럼 생긴 머리가 두 개 달려 있으며, 두 머리 다 미쳐 있습니다. 이 데몬 군주의 야망이 이루어지지 못하게 막는 것은 바로 이 두 머리 사이에서 벌어지는 분쟁과 이중적인 본성 때문일지도 모릅니다.

그라즈트 Graz'zt

데몬 군주 그라즈트는 9ft 가까운 키를 지닌 검은 피부를 지닌 미남 모습으로 나타납니다. 인간형 종족들이 흔히 암흑 대공이라 부르는 이 군주는 계략을 즐기는 심성을 지니고 있어 내면에 숨겨진 악의 깊이가 잘 드러나지 않습니다.

그라즈트는 놀라운 신체적 능력을 지니고 있으며, 그 데몬의 본성은 흑단같이 검은 피부와 뾰족한 귀, 노란 송곳니, 왕관처럼 솟아난 뿔과 여섯 개의 손가락이 달린 손으로 나타납니다. 그는 아름다운 옷과 구경거리들을 좋아하며, 부하나 정부들과 함께 그의 퇴폐적인 즐거움을 즐깁니다. 그는 인큐버스와 서큐버스들을 가장 즐겨 대동하곤 합니다.

쥬이블렉스 Juiblex

점액과 슬라임들의 데몬 군주인 쥬이블렉스는 어비스의 심연 속에서 끓어오르는 지독한 액체의 모습으로 도사리고 있습니다. 이 괴악한 얼굴 없는 군주는 자신을 섬기는 사교도와 필멸의 하인들에게 아무 관심도 없으며, 유일한 욕망은 다른 모든 크리쳐들을 자신의 일부로 녹여버리는 것뿐입니다.

쥬이블렉스가 쉬고 있을 때는 부글거리고 끓어오르는 거대한 액체의 덩어리가 되어 사악한 악취를 공기 중에 흩뿌립니다. 가끔 다른 크리쳐들과 맞서게 되는 경우, 쥬이블렉스는 흑녹색의 핏줄이 꿈틀대는 듯한 점액의 덩어리가 되어 몸을 일으킵니다. 부정형의 몸속에는 악랄한 붉은 눈이 번쩍이며, 뚝뚝 떨어지는 점액 위족이 굶주린 것처럼 닿는 것들을 모조리 녹이며 적을 찾습니다.

롤스 Lolth

거미의 데몬 여왕은 드로우를 지배하는 악의 대모입니다. 그녀의 모든 생각은 악의로 가득 차 있으며, 그녀의 악랄함 가장 깊은 곳에는 가장 충실한 여사제라 할지라도 짐작조차 할 수 없는 계략이 도사리고 있습니다. 그녀는 충실한 신도들을 움직여 물질계의 여러 세계 전체를 휘감는 음모를 짜내며, 언젠가 그녀의 드로우 신도들이 세상 모두를 그녀의 지배하에 두게 될 날을 꿈꾸고 있습니다.

흔치 않게 롤스가 물질계에 현현할 때면 마른 체형에 위풍당당한 드로우 대모의 모습으로 나타납니다. 하지만 전투가 벌어지거나 신도들에게 공포를 불어넣어야 할 때면, 롤스의 하반신은 거대한 데몬 거미의 모습으로 변화하며, 끝에 가시가 달린 발들로 적들을 갈가리 찢어버립니다.

오르커스 Orcus

불사의 데몬 군주 혹은 피의 군주로 알려진 데몬 군주 오르커스는 언데드들에게 숭배받으며 불사의 힘을 다루는 살아있는 자들에게도 숭배를 받습니다. 허무적이며 음모에 가득 찬 오르커스는 그 자신의 의지에 따라 멀티버스 전체에 영원히 변치 않을 죽음과 암흑을 퍼트릴 기회를 노리고 있습니다.

불사의 데몬 군주는 악랄하면서 타락한 존재로, 인간형의 상체와 강인한 염소처럼 보이는 하체를 지니고 기괴하게 비틀린 숫양의 머리를 하고 있습니다. 썩어버린 그 몸에서는 질병의 악취가 풍기지만, 부패한 머리에서 일렁이는 붉은 눈은 이미 죽은 자의 것처럼 보입니다. 등에는 거대한 검은 박쥐 날개가 돋아나 있으며, 움직일 때마다 공기를 가르곤 합니다.

오르커스는 오르커스의 마법봉으로 알려진 악의의 유물을 지니고 있습니다. 이 봉은 인간의 해골로 끝을 장식한 흑요석 막대로, 철퇴 같은 모양을 하고 있습니다. 그는 주변을 언데드로 가득 채우고 있으며, 자신의 통제에 따르지 않는 살아있는 존재들을 그 어떤 것보다 증오하고 있습니다.

이노그 Yeenoghu

놀의 군주나 도살의 짐승으로 알려진 데몬 군주 이노그는 무분별한 파괴와 살육에 굶주려 있습니다. 놀은 그가 다루는 필멸의 도구이며, 그는 놀들을 부추겨 그의 이름을 점점 더 포악해지도록 만듭니다. 타인의 절망과 슬픔에서 큰 기쁨을 느끼는 놀의 군주는 세상을 폐허로 바꾸고 마지막으로 살아남은 놀들이 서로를 찢어 죽이는 동안 죽은 자들로 축제를 벌일 것입니다.

이노그는 상처투성이의 거대한 놀 모습으로 나타나며, 검은 가시가 솟아난 볏이 달렸고 눈은 녹옥의 불길로 타오르고 있습니다. 그의 갑옷은 쓰러진 적에게서 빼앗은 방패와 가슴판들을 기워 붙여 만든 것이며, 찢어낸 적들의 살갗으로 장식되어 있습니다. 이노그는 도살자라 부르는 머리 셋 달린 플레일을 소환할 수 있으며, 직접 그것을 들고 휘두르거나 홀로 전장을 날아다니면서 공격하게 하고 그 자신의 이빨과 손톱으로 적을 찢어내기도 합니다.

기타 데몬 군주

어비스에 존재하는 데몬 군주들의 정확한 숫자와 이름을 모두 아는 이는 아무도 없습니다. 어비스는 무한한 깊이를 지니고 있으며, 강력한 데몬들은 계속해서 군주의 자리에 오르고 또 그만큼이나 빨리 무너지기도 합니다. 데몬 학자들이 데몬 군주 중에서 상당 기간 군주의 자리에 올라 있는 것으로 알고 있는 자들은 기만의 대공 프라츠 울브루(Fraz-Urb'luu), 격노의 대공 코스트츠치에(Kostchtchie), 하계 공기 왕국의 대공 파주주(Pazuzu), 균류의 여군주 저거트모이(Zuggtmoy) 등입니다.

데몬의 종류

데몬 학자들은 혼란스러운 데몬의 부류들을 정리하여 강함에 따라 여러 종류로 분류해 놓았습니다. 대부분의 데몬은 여섯 개의 주된 종류 중 하나에 속하며, 가장 약한 데몬들은 1종에, 가장 강대한 데몬들은 6종에 속합니다. 이 종류에 속하지 않은 데몬들은 하급 데몬이나 데몬 군주들로 따로 구분합니다.

종에 따른 데몬 분류

종류	예시
1	바를구라, 그림자 데몬, 브록
2	챠즘, 헤즈로우
3	글라브레주, 요크롤
4	날페쉬니
5	마릴리스
6	발러, 고리스트로

고리스트로 Goristro

고리스트로는 거의 20ft에 달하는 키를 가진 악마적인 미노타우르스처럼 생겼습니다. 데몬 군주에 의해 조종되고 있을 때, 고리스트로는 무시무시한 살아있는 공성병기이자 귀중한 애완동물 취급을 받습니다. 고리스트로는 미로 같은 통로나 변화하는 복도에서도 길을 찾아낼 수 있는 초자연적인 감각을 지니고 있으며, 이 능력을 통해 적들을 사냥하길 좋아합니다.

거대한 고리스트로는 때로 가마를 지고 있기도 하며, 어깨에 더 작은 데몬들을 태우고 다니는 경우도 있습니다. 이때는 마치 코끼리가 등에 다른 자들을 태우고 다니는 것처럼 보입니다.

그림자 데몬 Shadow Demon

데몬의 몸이 파괴되었는데 어비스에서 재생성될 수 없는 상황에 처한다면, 데몬의 정수는 흐릿하게 반쯤 물리적인 형체를 취하게 됩니다. 이 그림자 데몬들은 다른 데몬으로부터 만들어지거나 승급된 것이 아니라 필멸자가 사용한 마법에 의해 만들어진 것이기 때문에 일반적인 어비스의 위계 밖에 있습니다.

그림자 데몬은 어둠 속에서 흔적도 찾을 수 없이 사라지며, 아무런 소리도 내지 않고 접근해 옵니다. 그림자 데몬은 비실체 손톱을 이용해 희생자들의 공포를 이끌어 내며, 희생자의 기억을 먹어 치우고 그들의 의심을 들이마십니다. 밝은 빛이 비쳐 그들의 정체를 드러낼 수밖에 없게 되면, 하반신은 흐릿한 어둠이고 상반신은 날개 달린 인간형의 어둠의 형체가 보입니다. 이들은 희생자의 정신을 찢어발기는 손톱으로 공격해 올 것입니다.

그림자 특징. 그림자 데몬은 먹고 마시거나 숨 쉬고 잘 필요가 없습니다.

글라브레주 Glabrezu

글라브레주는 유혹을 통해 필멸자의 삶을 망가트리는데 큰 기쁨을 느끼며, 데몬을 소환할 정도로 어리석은 자들의 청원을 받아들이는 몇 안 되는 데몬 중 하나입니다.

글라브레주는 전투에서도 무서운 적이지만, 권력이나 재산을 미끼로 필멸자들을 유혹해 파멸로 이끄는 것을 더 좋아합니다. 이들은 교활하고 속임수에 능하며 사악한 흥정을 잘합니다. 글라브레주는 자신이 긁어모은 보물을 이용해서 근시안적인 소환자나 의지가 약한 필멸자를 유혹합니다. 하지만, 유혹이나 기만에 실패하면 글라브레주는 그대로 싸움에 뛰어들 것입니다.

날페쉬니 Nalfeshnee

날페쉬니는 가장 기괴하게 생긴 데몬 중 하나입니다. 이들은 유인원과 멧돼지를 섞어 만든 것처럼 생겼으며 인간의 두 배 정도 크기에, 등에는 거대하게 불어터진 몸뚱이에 비하면 너무나 작은 깃털 날개가 달려 있습니다. 이 야만적인 모습들은 날페쉬니의 뛰어난 지능과 교활함을 숨겨주는 역할을 합니다.

날페쉬니는 전투에서 강력하고 파괴적이며, 날개를 이용해 전열을 뛰어넘어 손쉽게 가장 취약한 적들부터 처리해 버립니다. 전투의 혼란 도중에도 날페쉬니는 정신감응으로 하급 데몬들에게 명령을 내리며, 그들의 사기를 끌어 올려 상대하는 적들을 분쇄해 버립니다.

날페쉬니는 증오와 절망을 먹고 살지만, 그 무엇보다 인간형 크리쳐의 살점을 좋아합니다. 그들은 자기 소굴에 물질계에서 납치해 온 인간형 크리쳐들을 가두어 두고, 기이한 축하 연회를 벌일 때 산 채로 잡아먹습니다. 날페쉬니는 자신들이 세련되었고 교양있다고 생각하며, 식사할 때마다 녹슬고 부패한 식기를 이용하곤 합니다.

드레치 Dretch

드레치는 데몬 중에서도 가장 약한 존재입니다. 드레치는 역겨운 자기혐오에 가득 차 있으며, 영원토록 끊임없는 불만에 가득 차 살아갈 운명으로 저주받았습니다. 드레치는 지능이 낮아서 가장 단순한 임무가 아니면 제대로 맡길 수도 없습니다. 하지만 그들의 능력이 부족하다고 해서 악의까지 부족한 것은 아닙니다. 드레치는 떼거리로 몰려와서 으르렁대고 툴툴대는 소리로 자신들의 불쾌함을 알리며 덤벼들 것입니다.

마릴리스 Marilith

바라보는 것만으로도 공포스러운 마릴리스는 거대한 뱀의 하반신과 여섯 개의 팔이 달린 인간형 여성의 상반신을 지니고 있습니다.

여섯 손에 하나씩 악랄한 검을 지닌 마릴리스는 전투 상황에서 맞설 자가 거의 없는 무시무시한 적이 됩니다. 이 데몬들은 예민한 지각능력과 영민한 전술 감각을 지니고 있으며, 비슷한 목적을 지닌 데몬들을 규합하여 지도할 수 있습니다. 마릴리스는 또한 데몬 군대의 지휘관이나 대장으로 나서기도 하며, 군대를 이끌고 전투에 나설 기회라면 언제든 환영합니다.

메인즈 Manes

악한 크리쳐들의 영혼이 하계로 내려가 변화하면 메인즈가 됩니다. 이들은 데몬 종족 중에서도 최하층에 위치한 존재들입니다. 이 사악한 악마들은 데몬이 아닌 것들이 눈에 띄는 대로 덤벼들고, 물질계로 소환되면 파괴와 죽음을 흩뿌릴 방법을 찾아 배회합니다.

불사 대공 오르커스는 메인즈를 언데드 괴물로 변화시키는 능력을 지니고 있으며, 주로 구울이나 섀도우로 바꿔버립니다. 다른 데몬들은 주로 메인즈를 잔혹하게 파괴하며 먹어 치웁니다. 그런 경우가 아니라면 메인즈를 죽일 경우 즉시 악취 나는 증기로 변해 사라질 뿐이며, 이 증기는 다음날이 되면 어비스 어딘가에서 다시 메인즈로 변해 생겨날 것입니다.

바를구라 Barlgura

바를구라는 어비스의 야만과 폭력을 상징합니다. 바를구라는 단체로 몰려다니며 강력한 적을 쓰러트리고, 자신들의 승리를 상징하는 역겨운 전리품을 챙겨 자기들 주변의 영역을 장식합니다.

바를구라는 괴악하게 생긴 거대 오랑우탄처럼 생겼고, 그 턱에서는 송곳니가 튀어나와 있습니다. 바를구라는 똑바로 서면 8ft 정도 되는 키에 넓은 어깨를 지니고 있으며, 650lbs 정도의 몸무게를 지니고 있습니다. 그들은 지상에서 보면 원숭이처럼 어색하게 움직이지만, 놀라운 속도와 민첩성으로 기어오를 수 있습니다.

발러 Balor

고대의 공포스러운 악 그 자체인 발러는 데몬 군대를 다스리는 장군 역할을 수행하며, 자신이 적대하는 모든 것을 파괴하고 더 강한 힘을 쟁취하기 위해 살아갑니다.

불타는 채찍과 폭풍의 힘을 담은 장검을 다루는 발러의 전투 기술은 격노와 증오로 가득 차 있습니다. 그들은 죽음에 처하는 순간조차 자신들의 데몬 격노를 폭발시켜 가장 강대한 적들조차 쓰러트릴 수 있는 불길의 폭발을 불러일으킵니다.

> ### 데몬의 진명
> 데몬은 일반적으로 쓰이는 이름을 지니고 있지만, 모든 데몬로드와 1에서 6등급까지의 데몬은 비밀로 지키고 있는 진명이 있습니다. 데몬은 매혹당할 경우에만 자신들의 진명을 알려준다고도 하며, 고대의 두루마리와 고서에는 가장 강력한 데몬들의 진명이 쓰여 있는 경우도 있다고 합니다.
>
> 데몬의 진명을 알아낸 필멸자는 강력한 소환 마법을 통해 어비스에서 데몬을 불러내고, 그들을 어느 정도 조종할 수 있는 능력을 얻을 수 있습니다. 하지만, 이 방식으로 물질계에 소환된 데몬들은 혼란과 고통을 불러일으키고 파괴를 가져오기 위해 자신의 모든 능력을 다할 것입니다.

브록 Vrock

브록은 어리석고 변덕스러운 악마들로, 고통과 살육만을 위해 살아갑니다. 브록은 거대한 인간과 대머리수리를 뒤섞은 것처럼 생겼으며, 기름의 악취가 풍기는 넓은 날개에 비틀린 짐승같이 생긴 몸을 지니고 있습니다.

브록은 기회가 있을 때마다 인간형 존재의 살점을 찾아다니며, 귀가 찢어질 듯한 괴성으로 먹잇감을 충격에 빠트리고는 부리와 발톱으로 날아 덤벼듭니다. 브록은 날개를 휘저어 독성 포자의 구름을 쏟아낼 수 있습니다.

반짝이는 것들을 탐닉하는 브록은 싸구려 장신구나 예쁜 돌이 보이면 서로 차지하려 싸워대기도 합니다. 비록 그들이 보물을 사랑하긴 하지만 브록을 매수하는 것은 매우 어려운데, 이는 거래 상대를 죽여버리고 보물을 차지하는 게 훨씬 쉽다고 생각하기 때문입니다.

요크롤 Yochlol

요크롤은 롤스의 시녀들입니다. 그녀들은 거미 여왕이 부리는 대로 첩자나 지휘관, 혹은 요원으로 활동합니다. 그들은 데몬웹 구덩이에서 자신들의 여신을 숨기고 있지만, 롤스는 때때로 요크롤을 물질계에 보내 그녀의 신전을 지키게 하거나 가장 신실한 여사제들에게 도움을 주기도 합니다. 요크롤은 데몬웹에 있는 롤스의 영역 밖에서는 거의 찾아볼 수 없으며, 자신들의 여왕이자 여신을 제외하면 다른 어떤 데몬 군주도 섬기지 않습니다.

어비스 밖에서 요크롤은 여성 드로우나 거대 거미의 형태를 취합니다. 이 악마들이 진짜 모습을 드러낼 때면, 사악한 외눈을 번뜩이는 노란 점액 기둥의 모습을 띠고 있습니다. 드로우 형태이든 참모습이든 간에, 요크롤은 거미 형태의 물기와 마찬가지로 닿는 것마다 독을 주입할 수 있습니다.

챠즘 Chasme

이 역겹게 생긴 데몬은 인간과 파리를 교배해서 만든 것처럼 보입니다. 챠즘은 네 개의 가느다란 다리를 이용해 벽이나 천장에 달라붙어 있습니다. 챠즘은 윙윙대는 소리와 함께 다가와 적들을 끔찍한 혼수상태에 빠트린 다음 공격을 개시합니다.

낮은 계급에 속하는 챠즘은 더 강력한 주인들 아래에서 심문관이나 행동대장으로 활동합니다. 챠즘은 처벌로 고문을 가하는 것을 매우 좋아하며, 자기 군주를 등진 데몬들을 찾아내는 독특한 특기를 지니고 있습니다. 이런 배신자들을 찾아내 포획하면, 챠즘은 반격받을 염려 없이 마음껏 고문할 상대를 찾아낼 수 있습니다.

콰짓 Quasit

콰짓은 하계 여기저기에 창궐하는 작은 악마입니다. 그들은 신체적으로 약하기 때문에, 그림자에 숨어 불행과 고통을 불러오는 계략을 즐겨 짜곤 합니다 더 강력한 데몬들은 콰짓을 첩자나 전령으로 이용하며, 그게 아니라면 잡아먹거나 단지 심심풀이 삼아서 산산이 찢어 죽이기도 합니다.

콰짓은 동물 모습으로 변할 수 있지만, 그 진짜 모습은 2ft 남짓한 작은 녹색 인간형 악마로, 가시가 돋아 있는 꼬리와 뿔을 지니고 있습니다. 콰짓의 손발에는 날카로운 손톱이 달려 있으며, 이 손톱에는 독이 묻어 있습니다. 콰짓은 투명화 상태로 기습하는 것을 좋아합니다.

헤즈로우 Hezrou

헤즈로우는 어비스의 데몬 군대에서 보병의 역할을 수행합니다. 헤즈로우는 신체적으로 강대하지만, 정신력이 약하며 더 강한 데몬을 불러내기 위해 희생되는 경우도 많습니다. 그들이 적 병력의 심장부에 공격을 가할 때면, 가장 강력한 적들조차 그들의 역겨운 체취 때문에 고통스러워합니다.

변형: 데몬 소환

몇몇 데몬은 행동을 사용해 아래의 선택지처럼 다른 데몬들을 불러낼 수 있습니다.

데몬 소환(1회/일). 어떤 데몬을 소환할지 정하여 마법적인 소환을 합니다.

- **발러**는 50%의 확률로 1d8마리의 브록이나 1d6마리의 헤즈로우, 1d4마리의 글라브레주, 1d3마리의 날페쉬니, 1d2마리의 마릴리스나 1마리의 고리스트로를 소환할 수 있습니다.
- **바를구라**는 30%의 확률로 다른 바를구라 한 마리를 소환할 수 있습니다.
- **챠즘**은 30%의 확률로 다른 챠즘 한 마리를 소환할 수 있습니다.
- **글라브레주**는 30%의 확률로 1d3마리의 브록이나 1d2마리의 헤즈로우, 혹은 다른 글라브레주 한 마리를 소환할 수 있습니다.
- **헤즈로우**는 30%의 확률로 2d6마리의 드레치나 다른 헤즈로우 하나를 소환할 수 있습니다
- **마릴리스**는 50%의 확률로 1d6마리의 브록이나 1d4마리의 헤즈로우, 1d3마리의 글라브레주, 1d2마리의 날페쉬니나 다른 마릴리스 한 마리를 소환할 수 있습니다.
- **날페쉬니**는 50%의 확률로 1d4마리의 브록이나 1d3마리의 헤즈로우, 1d2마리의 글라브레주 또는 다른 날페쉬니 한 마리를 소환할 수 있습니다.
- **브록**은 30%의 확률로 2d4마리의 드레치나 다른 브록 한 마리를 소환할 수 있습니다.
- **요크롤**은 50%의 확률로 다른 요크롤 하나를 소환할 수 있습니다.

소환된 데몬은 소환자로부터 60ft 이내의 점유되지 않은 공간에 나타나며, 소환자의 동료로 활동합니다. 소환된 데몬은 다른 데몬들을 소환할 수 없으며, 1분이 지나거나 소환자가 죽으면 다시 원래 있던 곳으로 돌아갑니다. 소환자는 행동을 사용해 소환된 데몬들을 돌려보낼 수 있습니다.

고리스트로 GORISTRO

거대형 악마(데몬), 혼돈 악

방어도 19 (자연 갑옷)
히트 포인트 310 (23d12+161)
이동속도 40ft

근력	민첩	건강	지능	지혜	매력
25 (+7)	11 (+0)	25 (+7)	6 (-2)	13 (+1)	14 (+2)

내성 굴림 근력 +13, 민첩 +6, 건강 +13, 지혜 +7
기술 감지 +7
피해 저항 냉기, 화염, 번개, 비마법적 무기에 의한 타격/관통/참격
피해 면역 독성
상태 면역 중독
감각능력 암시야 120ft, 상시 감지 17
언어 심연어
도전지수 17 (18,000 xp)

돌격. 고리스트로가 한 턴에 최소 15ft 이상 이동한 직후 적에게 들이받기 공격을 가해 명중시켰다면, 목표는 추가로 38(7d10)점의 관통 피해를 받습니다. 목표가 크리쳐라면, DC 21의 근력 내성에 실패한 경우 20ft 멀리 밀려나고 넘어집니다.

미로 기억력. 고리스트로는 자신이 지나온 길을 완벽하게 기억해 낼 수 있습니다.

마법 저항. 고리스트로는 주문과 다른 마법 효과에 대한 내성에 이점을 받습니다.

공성 괴물. 고리스트로는 건축물과 물체에 2배의 피해를 가합니다.

행동

다중공격. 고리스트로는 주먹 2회, 발굽 1회로 총 3회 공격을 가합니다.

주먹. 근접 무기 공격: 명중 +13, 간격 10ft, 목표 하나. 명중시: 20(3d8+7)점의 타격 피해.

발굽. 근접 무기 공격: 명중 +13, 간격 5ft, 목표 하나. 명중시: 23(3d10+7)점의 타격 피해. 만약 목표가 크리쳐라면, 목표는 DC 21의 근력 내성에 실패할 경우 넘어집니다.

들이받기. 근접 무기 공격: 명중 +13, 간격 10ft, 목표 하나. 명중시: 45(7d10+7)점의 관통 피해.

그림자 데몬 SHADOW DEMON

중형 악마(데몬), 혼돈 악

방어도 13
히트 포인트 66 (12d8+12)
이동속도 30ft, 비행 30ft

근력	민첩	건강	지능	지혜	매력
1 (-5)	17 (+3)	12 (+1)	14 (+2)	13 (+1)	14 (+2)

내성 굴림 민첩 +5, 매력 +4
기술 은신 +7
피해 취약성. 광휘
피해 저항 산성, 화염, 사령, 천둥, 비마법적 무기에 의한 타격/관통/참격
피해 면역 냉기, 번개, 독성
상태 면역 탈진, 붙잡기, 마비, 석화, 중독, 넘어짐, 포박
감각능력 암시야 120ft, 상시 감지 11
언어 심연어, 정신감응 120ft
도전지수 4 (1,100 xp)

비실체 이동. 그림자 데몬은 다른 크리쳐나 물체가 점유한 공간을 어려운 지형처럼 취급해 이동할 수 있습니다. 물체가 점유한 칸에서 자기 턴을 종료하는 경우, 그림자 데몬은 5(1d10)점의 역장 피해를 받습니다.

빛 민감성. 그림자 데몬은 밝은 빛 환경에 있을 때 시각에 관계된 모든 지혜(감지) 판정과 명중 굴림에 불리점을 받습니다.

그림자 은신. 그림자 데몬은 약한 빛이나 어둠 속에 있을 때 추가 행동으로 은신 시도를 할 수 있습니다.

행동

할퀴기. 근접 무기 공격: 명중 +5, 간격 5ft, 크리쳐 하나. 명중시: 10(2d6+3)점의 정신 피해. 그림자 데몬이 명중에 이점을 받고 있었다면 17(4d6+3)점의 정신 피해.

드레치 DRETCH

소형 악마(데몬), 혼돈 악

방어도 11 (자연 갑옷)
히트 포인트 18 (4d6+4)
이동속도 20ft

근력	민첩	건강	지능	지혜	매력
11 (+0)	11 (+0)	12 (+1)	5 (-3)	8 (-1)	3 (-4)

피해 저항 냉기, 화염, 번개
피해 면역 독성
상태 면역 중독
감각능력 암시야 60ft, 상시 감지 9
언어 심연어 정신감응 60ft (심연어를 아는 크리쳐들과만 가능)
도전지수 1/4 (50 xp)

행동

다중공격. 드레치는 물기 1회, 할퀴기 1회, 총 2회 공격을 가합니다.

물기. 근접 무기 공격: 명중 +2, 간격 5ft, 목표 하나. 명중시: 3(1d6)점의 관통 피해.

할퀴기. 근접 무기 공격: 명중 +2, 간격 5ft, 목표 하나. 명중시: 5(2d4)점의 참격 피해.

고약한 구름(1회/일). 드레치 주변 10ft 반경에 역겨운 녹색 가스가 흘러나옵니다. 이 가스는 모서리를 돌아 퍼지며, 구름이 있는 지역은 가볍게 가려진 상태가 됩니다. 이 악취는 1분간 지속되며, 그 전에도 강한 바람이 불면 흩어집니다. 구름 속에서 자기 턴을 시작하는 크리쳐는 DC 11의 건강 내성에 실패할 시 자신의 다음 턴이 시작할 때까지 중독 상태가 됩니다. 이 중독 상태의 캐릭터는 자기 턴에 행동과 추가 행동 중 하나만 할 수 있으며, 반응행동을 하지 못합니다.

글라브레주 Glabrezu

대형 악마(데몬), 혼돈 악

방어도 17 (자연 갑옷)
히트 포인트 157 (15d10+75)
이동속도 40ft

근력	민첩	건강	지능	지혜	매력
20 (+5)	15 (+2)	21 (+5)	19 (+4)	17 (+3)	16 (+3)

내성 굴림 근력 +9, 건강 +9, 지혜 +7, 매력 +7
피해 저항 냉기, 화염, 번개, 비마법적 무기에 의한 타격/관통/참격
피해 면역 독성
상태 면역 중독
감각능력 진시야 120ft, 상시 감지 13
언어 심연어, 정신감응 120ft
도전지수 9 (5,000 xp)

선천적 주문시전. 글라브레주의 주문시전 능력치는 지능입니다. (주문 내성 DC 16). 글라브레주는 물질 구성요소를 사용하지 않고 선천적으로 아래 주문들을 시전할 수 있습니다.

자유 시전: 암흑*Darkness*, 마법 탐지*Detect Magic*, 마법 무효화 *Dispel Magic*
각각 1회/일: 혼란*Confusion*, 비행*Fly*, 권능어: 충격*Power Word: Stun*

마법 저항. 글라브레주는 주문과 기타 마법적 효과에 대한 내성에 이점을 받습니다.

행동

다중공격. 글라브레주는 집게 2회, 주먹 2회, 총 4회의 공격을 가합니다. 혹은 집게 2회 공격을 가하고 주문 하나를 시전할 수도 있습니다.

집게. 근접 무기 공격: 명중 +9, 간격 10ft, 목표 하나. *명중시:* 16(2d10+5) 점의 타격 피해. 목표가 중형 이하 크기의 크리쳐라면 목표를 붙잡습니다. (탈출 DC 15) 글라브레주에게는 2개의 집게가 있으며, 각 집게로 하나씩의 크리쳐를 붙잡을 수 있습니다.

주먹. 근접 무기 공격: 명중 +9, 간격 5ft, 목표 하나. *명중시:* 7(2d4+2) 점의 타격 피해.

날페쉬니 Nalfeshnee

대형 악마(데몬), 혼돈 악

방어도 18 (자연 갑옷)
히트 포인트 184 (16d10+96)
이동속도 20ft, 비행 30ft

근력	민첩	건강	지능	지혜	매력
21 (+5)	10 (+0)	22 (+6)	19 (+4)	12 (+1)	15 (+2)

내성 굴림 건강 +11, 지능 +9, 지혜 +6, 매력 +7
피해 저항 냉기, 화염, 번개, 비마법적 무기로 인한 타격/관통/참격
피해 면역 독성
피해 저항 중독
감각능력 진시야 120ft, 상시 감지 11
언어 심연어, 정신감응 120ft
도전지수 13 (10,000 xp)

마법 저항. 날페쉬니는 주문과 기타 마법적 효과에 대한 내성에 이점을 받습니다.

행동

다중공격. 날페쉬니는 공포의 후광을 사용할 수 있으면 사용하며, 물기 1회, 할퀴기 2회, 총 3회의 공격을 가합니다.

물기. 근접 무기 공격: 명중 +10, 간격 5ft, 목표 하나. 명중시: 32(5d10+5) 점의 관통 피해.

할퀴기. 근접 무기 공격: 명중 +10, 간격 10ft, 목표 하나. 명중시: 15(3d6+5) 점의 참격 피해.

공포의 후광 (재충전 5-6). 날페쉬니는 마법적으로 현란한 빛을 발합니다. 날페쉬니 근처 15ft 내에서 이 빛을 볼 수 있는 모든 크리쳐는 DC 15의 지혜 내성에 실패할 경우 1분간 공포 상태가 됩니다. 공포 상태가 된 크리쳐는 매번 자기 턴이 끝날 때 다시 내성을 굴릴 수 있으며, 성공하면 효과는 종료됩니다. 공포에서 벗어난 크리쳐는 이후 24시간 동안 날페쉬니가 사용하는 공포의 후광에 면역을 얻습니다.

순간이동. 날페쉬니는 자신이 장비하거나 들고 있는 모든 것과 함께, 자신이 볼 수 있는 120ft 이내의 빈 공간에 마법적으로 순간이동합니다.

"사원은 잘린 신체 부위로 가득했다. 우리는 사교도들이 데몬을 소환하고는 후회할 틈도 없이 학살당했던 것이라고 결론을 내렸다. 우리 자신도 토막 나고 싶지는 않았기 때문에, 우리 일행은 꼬리를 말고 여기서 원정을 끝낸 다음 홈렛 마을로 돌아가기로 했다. 루푸스와 번은 우리가 지출한 돈으로 미소를 지었을 것이다."

— 젊은 하프 엘프 위저드 넬루메가
원소 악의 사원에 유일하게 발을 들인 다음
남긴 기록에서.

마릴리스 Marilith

대형 악마(데몬), 혼돈 악

방어도 18 (자연 갑옷)
히트 포인트 189 (18d10+90)
이동속도 40ft

근력	민첩	건강	지능	지혜	매력
18 (+4)	20 (+5)	20 (+5)	18 (+4)	16 (+3)	20 (+5)

내성 굴림 근력 +9, 건강 +10, 지혜 +8, 매력 +10
피해 저항 냉기, 화염, 번개, 비마법적 무기로 인한 타격/관통/참격
피해 면역 독성
피해 저항 중독
감각능력 진시야 120ft, 상시 감지 13
언어 심연어, 정신감응 120ft
도전지수 16 (15,000 xp)

마법 저항. 마릴리스는 주문과 기타 마법적 효과에 대한 내성에 이점을 받습니다.

마법 무기. 마릴리스의 무기 공격은 마법적인 것으로 취급합니다.

반사적. 마릴리스는 전투시 각 전투참가자의 턴마다 1회씩 반응행동을 취할 수 있습니다.

행동

다중공격. 마릴리스는 장검 6회, 꼬리 1회, 총 7회의 공격을 가합니다.

장검. 근접 무기 공격: 명중 +9, 간격 5ft, 목표 하나. 명중시: 13(2d8+4)점의 참격 피해.

꼬리. 근접 무기 공격: 명중 +9, 간격 10ft, 크리쳐 하나. 명중시: 15(2d10+4)점의 타격 피해. 목표가 중형 이하 크기라면 목표는 붙잡힌 상태가 됩니다. (탈출 DC 19) 붙잡힌 목표는 포박 상태이며, 마릴리스는 붙잡힌 상대에게 꼬리 공격을 매번 자동으로 명중시킬 수 있습니다. 목표 하나를 붙잡고 있을 때는 다른 적에게 꼬리 공격을 가할 수 없습니다.

순간이동. 마릴리스는 자신이 장비하거나 들고 있는 모든 것과 함께, 자신이 볼 수 있는 120ft 이내의 빈 공간에 마법적으로 순간이동합니다.

반응행동

받아넘기기. 마릴리스는 근접 공격에 명중당했을 때 1회에 한해 AC에 +5 보너스를 받아 그 공격을 빗나가게 할 수 있습니다. 이 반응행동을 사용하려면 공격자를 볼 수 있어야 하고, 근접 무기를 장비하고 있어야 합니다.

"이 역겨운 버러지에게 동정할 필요는 없다. 어느날 데몬 군주로 자라날지도 모르니까"

— 혼돈의 이머리콜.

브록 VROCK

대형 악마(데몬), 혼돈 악

방어도 15 (자연 갑옷)
히트 포인트 104 (11d10+44)
이동속도 40ft, 비행 60ft

근력	민첩	건강	지능	지혜	매력
17 (+3)	15 (+2)	18 (+4)	8 (-1)	13 (+1)	8 (-1)

내성 굴림 민첩 +5, 지혜 +4, 매력 +2
피해 저항 냉기, 화염, 번개, 비마법적 무기로 인한 타격/관통/참격
피해 면역 독성
피해 저항 중독
감각능력 암시야 120ft, 상시 감지 11
언어 심연어, 정신감응 120ft
도전지수 6 (2,300 xp)

마법 저항. 브록은 주문과 기타 마법적 효과에 대한 내성에 이점을 받습니다.

행동

다중공격. 브록은 부리 1회 발톱 1회, 총 2회 공격을 가합니다.

부리. 근접 무기 공격: 명중 +6, 간격 5ft, 목표 하나. *명중시:* 10(2d6+3)점의 관통 피해.

발톱. 근접 무기 공격: 명중 +6, 간격 5ft, 목표 하나. *명중시:* 14(2d10+3)점의 참격 피해.

포자 (재충전 6). 브록 주변 15ft 범위에 독성 포자가 폭발합니다. 이 폭발은 모서리를 돌아 퍼집니다. 범위 내의 모든 크리쳐는 DC 14의 건강 내성에 실패할 시 중독 상태가 됩니다. 중독된 크리쳐는 매번 자기 턴이 시작할 때 5(1d10)점의 독성 피해를 받습니다. 목표는 매번 자기 턴이 끝날 때 내성을 다시 굴릴 수 있으며, 성공하면 효과는 종료됩니다. 성수 한 병을 대상에게 뿌려도 효과를 종료시킬 수 있습니다.

충격의 비명 (1회/일). 브록은 끔찍한 비명을 내지릅니다. 데몬을 제외하고 주변 20ft 내에서 비명을 들은 모든 크리쳐는 DC 14의 건강 내성에 실패할 시 브록의 다음 턴이 끝날 때까지 충격 상태가 됩니다.

메인즈 MANES

소형 악마(데몬), 혼돈 악

방어도 9
히트 포인트 9 (2d6+2)
이동속도 20ft

근력	민첩	건강	지능	지혜	매력
10 (+0)	9 (-1)	13 (+1)	3 (-4)	8 (-1)	4 (-3)

피해 저항 냉기, 화염, 번개
피해 면역 독성
상태 면역 매혹, 공포, 중독
감각능력 암시야 60ft, 상시 감지 9
언어 심연어를 이해하지만 말할 수는 없음
도전지수 1/8 (25 xp)

행동

할퀴기. 근접 무기 공격: 명중 +2, 간격 5ft, 목표 하나. *명중시:* 5(2d4)점의 참격 피해.

바를구라 Barlgura

대형 악마(데몬), 혼돈 악

방어도 15 (자연 갑옷)
히트 포인트 68 (8d10+24)
이동속도 40ft, 등반 40ft

근력	민첩	건강	지능	지혜	매력
18 (+4)	15 (+2)	16 (+3)	7 (-2)	14 (+2)	9 (-1)

내성 굴림 민첩 +5, 건강 +6
기술 감지 +5, 은신 +5
피해 저항 냉기, 화염, 번개
피해 면역 독성
상태 면역 중독
감각능력 맹안시야 30ft, 암시야 120ft, 상시 감지 15
언어 심연어, 정신감응 120ft
도전지수 5 (1,800 xp)

선천적 주문시전. 바를구라의 주문시전 능력치는 지혜입니다.(주문 내성 DC 13). 바를구라는 물질 구성요소를 사용하지 않고 선천적으로 아래 주문들을 시전할 수 있습니다.

각각 1회/일: 얽혀듬*Entangle*, 환상력*Phantasmal Force*
각각 2회/일: 자기 변장*Disguise Self*, 투명화*Invisibilty*(자신만)

무모함. 자기 턴이 시작할 때 이번 턴 동안 모든 근접 명중 굴림에 이점을 받으려 할 수 있습니다. 단, 그렇게 하면 자신의 다음 턴이 시작될 때까지 바를구라를 목표로 하는 모든 명중 굴림도 이점을 받게 됩니다.

달려 넘기. 바를구라가 도움닫기 이후 도약했다면 최대 40ft 너비, 20ft 높이까지 도약할 수 있습니다.

행동

다중공격. 바를구라는 물기 1회, 주먹 2회, 총 3회 공격을 가합니다.

물기. 근접 무기 공격: 명중 +7, 간격 5ft, 목표 하나. 명중시: 11(2d6+4)점의 관통 피해.

주먹. 근접 무기 공격: 명중 +7, 간격 5ft, 목표 하나. 명중시: 9(1d10+4)점의 타격 피해.

데몬들을 소환하고 조종하는 것은 고통
스러울 정도로 어려운 일이다. 마음이나
영혼이 약한 자에게는 질 수 없는 짐이
나 마찬가지일 것이다.
— 이그윌브의 데모노미콘에서.

발러 Balor

거대형 악마(데몬), 혼돈 악

방어도 19 (자연 갑옷)
히트 포인트 262 (21d12+126)
이동속도 40ft, 비행 80ft

근력	민첩	건강	지능	지혜	매력
26 (+8)	15 (+2)	22 (+6)	20 (+5)	16 (+3)	22 (+6)

내성 굴림 근력+14, 건강 +12, 지혜 +9, 매력 +12
피해 저항 냉기, 번개, 비마법적 무기로 인한 타격/관통/참격
피해 면역 화염, 독성
상태 면역 중독
감각능력 진시야 120ft, 상시 감지 13
언어 심연어, 정신감응 120ft
도전지수 19 (22,000 xp)

죽음의 단말마. 발러는 사망시 폭발합니다. 이때 주변 30ft 내의 모든 크
리쳐는 DC 20의 민첩 내성을 굴려 실패할 시 70(20d6)점의 화염 피해
를 받으며, 성공하면 피해는 절반으로 줄어듭니다. 이 폭발 범위 내에서
다른 크리쳐가 장비하거나 들고 있지 않은 가연성 물체에는 불이 붙으며,
발러의 무기들은 폭발과 동시에 파괴됩니다.

불의 오오라. 발러 주변 5ft 내에 있는 크리쳐들은 발러의 턴이 시작할 때
마다 10(3d6)점의 화염 피해를 받습니다. 다른 크리쳐가 장비하거나 들
고 있지 않은 가연성 물체가 이 범위에 들어오면 불이 붙습니다. 발러에
접촉하거나 5ft 내에서 발러를 근접 공격으로 명중시킨 크리쳐는 매번
10(3d6)점의 화염 피해를 받습니다.

마법 저항. 발러는 주문과 다른 마법 효과에 대한 내성에 이점을 받습니다.

마법 무기. 발러의 무기 공격은 마법적인 것으로 취급합니다.

행동

다중공격. 발러는 장검으로 1회, 채찍으로 1회씩 도합 2회의 공격을 가
합니다.

장검. *근접 무기 공격:* 명중 +14, 간격 10ft, 목표 하나. *명중시:* 21(3d8+8)
점의 참격 피해. 추가로 13(3d8)점의 번개 피해. 발러가 치명타를 가했다
면, 피해 주사위는 2배가 아니라 3배로 계산합니다.

채찍. *근접 무기 공격:* 명중 +14, 간격 30ft, 목표 하나. *명중시:* 15(2d6+8)
점의 참격 피해. 추가로 10(3d6)점의 화염 피해. DC 20의 근력 내성에 실
패할 시 발러 쪽으로 25ft 끌려옵니다.

순간이동. 발러는 자신이 장비하거나 들고 있는 모든 것과 함께, 자신이
볼 수 있는 120ft 이내의 빈 공간에 마법적으로 순간이동합니다.

요크롤 Yochlol

중형 악마(데몬, 변신자), 혼돈 악

방어도 15 (자연 갑옷)
히트 포인트 136 (16d8+64)
이동속도 30ft, 등반 30ft

근력	민첩	건강	지능	지혜	매력
15 (+2)	14 (+2)	18 (+4)	13 (+1)	15 (+2)	15 (+2)

내성 굴림 민첩 +6, 지능 +5, 지혜 +6 매력 +6
기술 기만 +10, 통찰 +6
피해 저항 냉기, 화염, 번개, 비마법적 무기로 인한 타격/관통/참격
피해 면역 독성
피해 저항 중독
감각능력 암시야 120ft, 상시 감지 12
언어 심연어, 엘프어, 지하공용어
도전지수 10 (5,900 xp)

변신자. 요크롤은 행동을 사용해 드로우 여성 또는 거대 거미로 변신하거나, 변신한 상태에서 원래 모습으로 돌아올 수 있습니다. 요크롤의 게임 수치는 모든 형태에서 동일합니다. 요크롤이 장비하거나 들고 있는 물건은 같이 변신되지 않습니다. 요크롤이 사망할 경우 본래 모습으로 돌아옵니다.

마법 저항. 요크롤은 주문과 기타 마법적 효과에 대한 내성에 이점을 받습니다.

거미 등반. 요크롤은 능력 판정 없이 어려운 표면을 포함해 벽이나 천장을 등반할 수 있습니다.

선천적 주문시전. 요크롤의 주문시전 능력치는 매력입니다.(주문 내성 DC 14) 요크롤은 물질 구성요소를 사용하지 않고 아래 주문들을 선천적으로 시전할 수 있습니다.

자유시전: *생각 탐지Detect Thoughts*, *거미줄Web*
1회/일: *인간형 지배Dominate Person*

거미줄 걷기. 요크롤은 거미줄로 인한 이동 제한을 무시합니다.

행동

다중공격. 요크롤은 근접 공격을 2회 가합니다.

후려치기 (거미 형태에서는 물기). 근접 무기 공격: 명중 +6, 간격 5ft(데몬 형태일 때는 10ft), 목표 하나. 5(1d6+2)점의 타격 피해(거미 형태일 때는 관통 피해) 추가로 21(6d6)점의 독성 피해.

안개 형태. 요크롤은 독성 안개로 변하거나 안개에서 원래 형태로 돌아옵니다. 요크롤이 장비하거나 들고 있던 물건들도 같이 변화합니다. 요크롤은 사망할 경우 원래 형태로 돌아옵니다.

　요크롤은 안개로 변했을 때 행동불능 상태이며, 말할 수 없습니다. 요크롤은 30ft의 비행 이동 속도를 지니며 부양할 수 있고, 밀봉된 곳이 아니라면 어느 공간에나 흘러 들어갈 수 있습니다. 이 상태에서 요크롤은 근력, 민첩, 건강 내성에 이점을 받으며, 비마법적인 모든 피해에 면역을 얻습니다.

　안개 상태가 된 요크롤은 다른 크리쳐가 점유한 공간에 들어가서 턴을 마칠 수 있습니다. 요크롤이 차지한 공간에서 자기 턴을 시작하는 크리쳐는 매번 DC 14의 건강 내성을 굴려야 하며, 실패할 시 자신의 다음 턴이 시작할 때까지 중독 상태가 됩니다. 이렇게 중독된 상태에서는 동시에 행동불능 상태에도 걸립니다.

챠즘 Chasme

대형 악마(데몬), 혼돈 악

방어도 15 (자연 갑옷)
히트 포인트 84 (13d10+13)
이동속도 20ft, 비행 60ft

근력	민첩	건강	지능	지혜	매력
15 (+2)	15 (+2)	12 (+1)	11 (+0)	14 (+2)	10 (+0)

내성 굴림 민첩 +5, 지혜 +5
기술 감지 +5
피해 저항 냉기, 화염, 번개
피해 면역 독성
상태 면역 중독
감각능력 맹안시야 10ft, 암시야 120ft, 상시 감지 15
언어 심연어, 정신감응 120ft
도전지수 6 (2,300 xp)

날개소리. 챠즘은 무시무시하게 웅웅대는 날개소리를 냅니다. 데몬들은 이 소리에 면역이지만, 챠즘 주변 30ft 내에서 자기 턴을 시작하는 다른 크리쳐들은 DC 12의 건강 내성에 실패할 시 10분간 무의식 상태로 쓰러집니다. 날개소리를 듣지 못하는 크리쳐는 자동으로 내성에 성공합니다. 무의식 상태의 크리쳐는 피해를 받거나 다른 누군가가 행동을 사용해 성수를 뿌리면 깨어납니다. 깨어난 후 24시간 동안은 날개소리에 면역을 얻습니다.

마법 저항. 챠즘은 주문과 기타 마법적 효과에 대한 내성에 이점을 받습니다.

거미 등반. 챠즘은 능력 판정 없이 어려운 표면을 포함해 벽이나 천장을 등반할 수 있습니다.

행동

콧대. 근접 무기 공격: 명중 +5, 간격 5ft, 크리쳐 하나. 명중시: 16(4d6+2)점의 관통 피해. 추가로 24(7d6)점의 사령 피해. 목표의 최대hp 또한 이 사령 피해만큼 감소합니다. 목표의 최대hp가 이 피해로 인해 0 이하로 떨어졌다면 목표는 사망합니다. 이렇게 감소한 최대hp는 긴 휴식을 마치거나 *상급 회복Greater Restoration* 주문 등을 사용하여 회복할 수 있습니다.

헤즈로우 Hezrou

대형 악마(데몬), 혼돈 악

방어도 16 (자연 갑옷)
히트 포인트 136 (13d10+65)
이동속도 30ft

근력	민첩	건강	지능	지혜	매력
19 (+4)	17 (+3)	20 (+5)	5 (-3)	12 (+1)	13 (+1)

내성 굴림 근력 +7, 건강 +8, 지혜 +4
피해 저항 냉기, 화염, 번개, 비마법적 무기로 인한 타격/관통/참격
피해 면역 독성
상태 면역 중독
감각능력 암시야 120ft, 상시 감지 11
언어 심연어, 정신감응 120ft
도전지수 8 (3,900 xp)

마법 저항. 헤즈로우는 주문과 기타 마법적 효과에 대한 내성에 이점을 받습니다.

악취. 헤즈로우로부터 10ft 내에서 자기 턴을 시작하는 크리쳐는 DC 14의 건강 내성에 실패할 시 자신의 다음 턴이 시작될 때까지 중독 상태가 됩니다. 내성에 성공한 크리쳐는 이후 24시간동안 헤즈로우의 악취에 대해 면역을 얻습니다.

행동

다중공격. 헤즈로우는 물기 1회, 할퀴기 2회, 총 3회 공격을 가합니다.

물기. 근접 무기 공격: 명중 +7, 간격 5ft, 목표 하나. 명중시: 15(2d10+4)점의 관통 피해.

할퀴기. 근접 무기 공격: 명중 +7, 간격 5ft, 목표 하나. 명중시: 11(2d6+4)점의 참격 피해.

변형: 콰짓 패밀리어

외계의 패밀리어에 관심을 가진 필멸의 주문시전자는 간단히 소환할 수 있으며 쉽게 명령을 내릴 수 있는 패밀리어로서 콰짓을 이용할 때가 있습니다. 콰짓은 순종적인 하인을 연기합니다. 콰짓은 주인을 잘 섬기지만, 필멸자를 도발하거나 꾀어 점점 더 혼돈과 악에 가까워지도록 합니다. 이러한 콰짓들은 아래 특징을 가집니다.

패밀리어. 콰짓은 다른 크리쳐를 패밀리어로서 섬길 수 있으며, 그럴 경우, 자기 주인과 정신감응으로 연결을 얻게 됩니다. 둘이 1마일 이내의 거리에서 서로 연결되어 있을 때, 주인은 콰짓의 감각으로 보고 들을 수 있습니다. 콰짓이 주변 10ft 내에 있으면, 주인은 콰짓의 마법 저항 특징을 같이 사용할 수 있습니다. 콰짓은 언제든 자기 마음대로 패밀리어로서의 봉사를 그만둘 수 있으며, 이때 정신적 연결은 끊어질 것입니다.

콰짓 QUASIT

초소형 악마(데몬, 변신자), 혼돈 악

방어도 13
히트 포인트 7 (3d4)
이동속도 40ft

근력	민첩	건강	지능	지혜	매력
5 (-3)	17 (+3)	10 (+0)	7 (-2)	10 (+0)	10 (+0)

기술 은신 +5
피해 저항 냉기, 화염, 번개, 비마법적 무기로 인한 타격/관통/참격
피해 면역 독성
피해 저항 중독
감각능력 암시야 120ft, 상시 감지 10
언어 심연어, 공용어
도전지수 1 (200 xp)

변신자. 콰짓은 행동을 사용해 박쥐 형태(이동속도 10ft, 비행 40ft), 지네 형태(이동속도 40ft, 등반 40ft), 또는 두꺼비 형태(40ft, 수영 40ft)로 변신하거나, 변신한 상태에서 원래 모습으로 돌아올 수 있습니다. 콰짓은 어떤 형태에서도 동일한 게임 자료를 사용하지만, 이동속도만은 위에 쓰여 있는 대로 바뀝니다. 콰짓이 들고 있거나 장비하고 있던 물건은 같이 변화하지 않습니다. 콰짓이 죽으면 원래 형태로 돌아옵니다.

마법 저항. 콰짓은 주문과 기타 마법적 효과에 대한 내성에 이점을 받습니다.

행동

할퀴기 (짐승 형태일 때는 물기). 근접 무기 공격: 명중 +4, 간격 5ft, 목표 하나. 명중시: 5(1d4+3)점의 관통 피해. 목표는 DC 10의 건강 내성에 실패할 시 5(2d4)점의 독성 피해를 받고 1분간 중독 상태가 됩니다. 목표는 매번 자기 턴이 끝날 때 다시 내성을 굴릴 수 있으며, 성공하면 효과는 종료됩니다.

겁주기 (1회/일). 콰짓은 20ft 내에서 크리쳐 하나를 선택하며, 목표는 DC 10의 지혜 내성에 실패할 시 1분간 공포 상태가 됩니다. 목표는 매번 자기 턴이 끝날 때 다시 내성을 굴릴 수 있으나, 시야 안에 콰짓이 있으면 내성에 불리점을 받습니다. 내성에 성공하면 효과는 종료됩니다.

투명화. 콰짓은 마법적으로 투명화합니다. 이 투명화는 공격하거나 겁주기를 사용할 때까지 집중하는 동안 유지됩니다.(주문에 대한 집중과 동일) 콰짓이 장비하거나 들고 있던 물체 역시 같이 투명화합니다.

"나, 영원의 아세레락이 그대에게 파멸을 알리노라. 오라, 어리석은 자들이여. 나의 보물을 탐해보거라. 수많은 자가 시도했건만 모두가 실패하였으니! 너의 살갗으로 나는 벽걸이를 짤 것이며, 너의 뼈가 내 무덤의 깔개가 될 것이니라. 오로지 나만이 죽음의 손아귀에서 벗어났으며, 오로지 나만이 진정한 불멸의 비밀을 알고 있노라!"

— 데미리치의 비문.

데미리치 DEMILICH

초소형 언데드, 중립 악

방어도 20 (자연 갑옷)
히트 포인트 80 (32d4)
이동속도 0ft, 비행 30ft (부양)

근력	민첩	건강	지능	지혜	매력
1 (-5)	20 (+5)	10 (+0)	20 (+5)	17 (+3)	20 (+5)

내성 굴림 건강 +6, 지능 +11, 지혜 +9, 매력 +11
피해 저항 마법 무기에 의한 타격/관통/참격
피해 면역 사령, 독성, 정신, 비마법적 무기에 의한 타격/관통/참격
상태 면역. 매혹, 귀머거리, 탈진, 공포, 마비, 석화, 중독, 넘어짐, 충격
감각능력 진시야 120ft, 상시 감지 13
언어 —
도전지수 18 (20,000 xp)

기피. 데미리치가 내성에 성공하면 절반의 피해만 받는 효과의 목표가 된다면, 데미리치는 내성에 성공할 시 피해를 아예 받지 않습니다. 또한 내성에 실패해도 절반의 피해만 받습니다.

전설적 저항력(3회/일). 데미리치가 내성에 실패한 경우, 이 능력을 1회 소비하고 대신 성공한 것으로 할 수 있습니다.

퇴치 면역. 데미리치는 언데드를 퇴치하는 효과에 면역입니다.

행동

울부짖음 (재충전 5-6). 데미리치는 피를 얼어붙게 하는 괴성을 내지릅니다. 데미리치 주변 30ft 내에서 소리를 들은 모든 크리쳐는 DC 15의 건강 내성에 실패할 시 hp가 0이 되어 쓰러집니다. 내성에 성공한 크리쳐는 자신의 다음 턴이 끝날 때까지 공포 상태가 됩니다.

생명 흡수. 데미리치는 주변 10ft 내에서 자신이 볼 수 있는 크리쳐를 최대 3체까지 목표로 지정합니다 각각의 목표는 DC 19의 건강 내성에 실패할 시 21(6d6)점의 사령 피해를 받습니다. 데미리치는 자신이 입힌 피해의 합계만큼 자신의 hp를 회복합니다.

전설적 행동

데미리치는 아래의 선택지 중에서 3회의 전설적 행동을 취할 수 있습니다. 전설적 행동은 동시에 한 가지만 취할 수 있으며, 오로지 다른 크리쳐의 턴이 끝날 때만 사용할 수 있습니다. 데미리치는 자기 턴이 시작할 때 사용한 전설적 행동 횟수를 모두 회복합니다.

비행. 데미리치는 자기 이동 속도의 절반만큼 비행합니다.
먼지의 구름. 데미리치는 마법적으로 자신의 잔해를 휘날립니다. 이 효과는 모서리를 돌아 퍼집니다. 데미리치 주변 10ft 내의 모든 크리쳐는 DC 15의 건강 내성에 실패할 시 데미리치의 다음 턴이 끝날 때까지 장님 상태가 됩니다. 내성에 성공한 크리쳐는 데미리치의 다음 턴이 끝날 때까지 이 효과에 면역을 얻습니다.
활력 흡수(행동 2회 소모). 데미리치 주변 30ft 내의 모든 크리쳐는 DC 15의 건강 내성에 실패할 시 최대hp가 10(3d6)점 감소합니다. 만약 이 효과로 크리쳐의 최대hp가 0 이하로 떨어졌다면 그 크리쳐는 사망합니다. 이렇게 감소된 최대hp는 *상급 회복Greater Restoration*이나 유사한 마법으로 회복할 수 있습니다.
악랄한 저주(행동 3회 소모). 데미리치는 주변 30ft 내에서 자신이 볼 수 있는 크리쳐 하나를 목표로 정해 저주합니다. 목표는 DC 15의 지혜 내성에 실패할 시 마법적 저주를 받습니다. 저주에 걸린 크리쳐는 모든 명중 굴림과 내성 굴림에 불리점을 받습니다. 목표는 자기 턴이 끝날 때마다 다시 내성을 굴릴 수 있으며, 성공하면 효과는 종료됩니다.

데미리치 DEMILICH

리치의 불멸성은 성물함에 필멸자의 영혼을 계속 먹여줄 때만 지속됩니다. 만약 리치가 이러한 과정을 유지하는 것에 실패하거나 이를 잊어버리게 되면, 리치의 뼈는 모두 먼지로 흩어지고 오직 그 해골만이 남습니다. 이 "데미리치"는 본래 리치가 지니고 있던 악의에 찬 생명력의 일부만 남은 존재입니다. 하지만 이 생명력만으로도 방해를 받는다면 허공에 날아올라 망령 같은 형태를 취할 정도의 힘은 남아 있습니다. 해골은 허공에서 공포스러운 괴성을 내지른 다음, 심약한 자들을 살육하고 두려움에 떨게 할 것입니다. 마침내 홀로 남게 되면 데미리치는 다시 내려앉아 영원한 공허의 평화에 잠겨 듭니다.

데미리치의 길을 추구하는 리치는 거의 없습니다. 데미리치가 된다는 것은 언데드가 되어가며 그들이 유지하고자 했던 자신의 존재가 사라짐을 뜻하기 때문입니다. 하지만, 시간이 흐르면 리치의 이성과 기억도 무너지며, 결국 고대의 무덤에 들어앉아 성물함에 영혼을 먹이는 것도 잊어버리게 됩니다. 그들이 한때 알았던 주문은 마음속에서 모두 흩어져 사라지며, 리치로서 사용했던 비전의 힘도 더는 다룰 수 없게 됩니다. 하지만 단순히 해골만 남은 상태라도 데미리치는 끔찍하고 무시무시한 적임이 틀림없습니다.

인내하는 존재. 리치가 데미리치 상태에 들어서더라도 여전히 성물함은 그 힘을 발휘합니다. 성물함이 남아 있는 한, 데미리치를 완전히 파괴하는 것은 불가능합니다. 해골은 파괴되고 나서 1d10일이 지나면 원래 형태를 되찾게 됩니다. 만약 데미리치가 제대로 마음만 먹는다면 자기 성물함에 영혼 하나만 집어넣어도 자신의 이전 힘을 모두 되찾을 수 있습니다. 그렇게 하면 데미리치는 원래 리치의 형태를 되찾고, 불사의 몸을 재구성할 것입니다.

언데드의 천성. 데미리치는 호흡할 필요가 없으며, 먹고 마시거나 잠잘 필요도 없습니다. 살아남고자 하는 데미리치의 의지는 너무나 강대하기에, 이들은 히트 다이스의 평균값이 아니라 항상 나올 수 있는 hp의 최대값을 지니고 나타납니다.

데미리치의 본거지

데미리치는 수많은 괴물과 함정이 지키고 있는 고대의 미로 같은 무덤의 보물 속에 남아 있습니다. 이 미로의 심장부에 데미리치의 해골이 있으며, 한때 그 몸을 구성했던 뼛가루가 남은 것입니다.

데미리치는 자신의 묘소 안에서 본거지 행동을 사용할 수 있으며, 전설적인 행동도 추가로 사용할 수 있습니다. 각각의 본거지는 독특한 특성을 지니고 있기도 합니다. 본거지에서 데미리치를 마주할 경우, 도전지수는 20으로 취급합니다.(경험치 24,500점)

본거지 행동

데미리치는 우선권 순서 20에서 d20을 굴립니다. (비길 경우 항상 지는 것으로 취급.) 만약 d20의 결과가 11 이상이라면, 데미리치는 아래 효과 중 하나를 본거지 행동으로 사용할 수 있습니다. 데미리치는 같은 효과를 두 라운드 연속으로 사용할 수 없습니다.

- 무덤 전체가 순간적으로 맹렬하게 진동합니다. 무덤에 서 있는 모든 크리쳐는 DC 19의 민첩 내성에 실패할 시 넘어지게 됩니다.

- 데미리치는 60ft 이내에서 자신이 볼 수 있는 크리쳐 하나를 목표로 삼습니다. 그 목표가 있는 공간을 *반마법장Antimagic Field* 주문이 채우게 되며, 이 효과는 다음 라운드의 우선권 순서 20까지 지속됩니다.

- 데미리치는 30ft 내의 크리쳐들을 원하는 만큼 목표로 지정할 수 있습니다. 이렇게 지정된 크리쳐들은 다음 라운드의 우선권 순서가 20이 될 때까지 hp를 회복할 수 없습니다.

본거지 특징

데미리치의 무덤은 아래 효과 중 일부 혹은 전부를 특징으로 지닐 수 있습니다.

- 악하지 않은 크리쳐가 처음으로 무덤 지역에 진입하면 16(3d10)점의 사령 피해를 받습니다.

- 무덤의 괴물들은 매혹이나 공포 상태에 대한 내성 굴림에 이점을 받으며, 언데드 퇴치에 대한 내성에도 이점을 받습니다.

- 데미리치가 허락하지 않는 한 무덤을 드나드는 마법적 이동은 불가능해집니다. 무덤 안팎을 오가는 순간이동이나 이계간 이동은 모두 실패합니다. 무덤 내의 이점을 오가는 순간이동이나 이계간 이동은 가능합니다.

만약 데미리치가 파괴된다면, 이 효과들은 10일 이내에 점차 사라질 것입니다.

아세레락과 그 제자들

데미리치로의 변화가 꼭 리치의 비참한 몰락에 의한 것만은 아닙니다. 리치 중 일부는 어두운 진화의 다음 단계로서, 자신의 의지로 데미리치의 길을 선택하기도 합니다. 강력한 마법사이자 악마학자이고 전설적인 공포의 무덤을 다스리는 주인이었던 리치 아세레락은 스스로 변화를 선택했으며, 해골의 눈구멍과 이빨에 마법의 보석을 박아 넣었습니다. 이 영혼 보석들에는 원할 때 자기 성물함에 먹일 수 있는 영혼들을 포획하는 힘이 있었습니다.

아세레락은 그 자신의 물리적 신체를 버렸고, 몸을 벗어나 수많은 세계를 영혼의 상태로 여행하였습니다. 만약 그에게 유일하게 남은 실체인 해골이 방해를 받을 경우, 그 보석들은 무덤에 들어선 건방진 침입자의 영혼을 삼키고 그것들을 자신의 성물함에 집어넣을 것입니다.

아세레락의 길을 따르는 리치들은 육체에서 자유로워지는 것으로 필멸의 세계를 넘어선 힘을 얻는다고 믿습니다. 그들의 스승이 그러했듯 이 제자들은 남은 유해를 잘 방비된 보물창고에 집어넣고, 영혼 보석을 사용해 성물함을 유지하며 자신의 본거지에 찾아온 모험자들을 파괴합니다.

아세레락이나 그와 유사한 데미리치들은 도전지수 21(경험치 33,000점)로 취급하며, 만약 본거지 내에서 싸울 경우에는 도전지수 23(경험치 50,000점)이 됩니다. 이들은 아래와 같은 추가적 행동 선택지를 지니고 있습니다.

영혼 포획. 데미리치는 30ft 이내에서 자신이 볼 수 있는 크리쳐 하나를 선택합니다. 목표는 DC 19의 매력 내성에 실패할 시 마법적으로 데미리치의 영혼 보석 중 하나에 영혼이 감금당합니다. 영혼이 감금당했다면 목표의 몸과 모든 장비는 즉시 사라져 버릴 것입니다. 내성에 성공해도 목표는 24(7d6)점의 사령 피해를 받으며, 만약 이 피해로 인해 목표의 hp가 0 이하로 떨어졌다면 내성에 실패한 것과 마찬가지로 영혼이 감금당합니다. 영혼은 감금당한 채로 24시간이 지나면 먹혀 사라져 버립니다.

만약 데미리치의 hp가 0으로 떨어지면 파괴되어 먼지로 사라지며, 그 자리에는 보석들만이 남게 됩니다. 보석을 파괴하면 그 안에 사로잡혀 있던 영혼을 풀어줄 수 있으며, 풀려난 영혼의 본래 몸은 사라졌던 자리 혹은 그에 가장 가까운 빈 공간에 그대로 나타날 것입니다.

데빌 DEVILS

데빌은 폭정 그 자체의 화신이며, 필멸자들의 삶 모두를 지배하고자 하는 전체주의 사회를 이루어 움직입니다. 바아터의 구층지옥이 드리운 그림자는 멀티버스 전체에 넓게 드리우고 있으며, 네서스의 암흑 군주 아스모데우스는 권력에 대한 그의 갈증을 채우기 위해 우주 전체를 지배하고자 꾀하고 있습니다. 이를 위해 그는 끊임없이 자신이 다스리는 하계의 군대를 진군시키며, 필멸 세계에 있는 그의 하수인들은 새로운 데빌을 만들 수 있도록 다른 자들의 영혼을 타락시키는 데 힘을 쏟습니다.

폭정의 군주. 데빌은 정복하고, 노예를 잡고, 압제하기 위해 살아갑니다. 그들은 약자 위에 군림하는 것에 큰 희열을 느끼며, 데빌의 권위를 부정하는 자들은 누구든지 빠르고 가혹한 처벌을 받게 될 것입니다. 데빌과 마주하는 때는 언제나 그들이 지닌 권력을 내세울 기회가 되며, 모든 데빌은 권력을 어떻게 사용하고 또한 남용할 것인가에 대해 예민한 감각을 갖추고 있습니다.

데빌은 지적인 필멸자들을 어떻게 타락시킬 수 있는지 이해하고 있으며, 이 지식을 이용해 필멸자들을 유혹과 어둠의 길에 빠트립니다. 이 길에 빠진 필멸자들은 스스로 타락의 노예가 되고 마는 것입니다. 물질계에 온 데빌은 자신들의 영향력을 통해 인간형 종족의 지배자들을 조종하고 사악한 생각을 속삭이며, 편집증을 퍼트려 결국 폭정의 길에 이르게 합니다.

복종과 야망. 그들 자신의 질서적 성향에 의해 데빌은 상급자를 질투하고 미워할지언정 상급자의 명령에 복종합니다. 이 복종에는 나름의 포상이 따른다는 것을 알기 때문입니다. 구층지옥의 위계는 철통같은 충성심으로 이루어져 있으며, 이는 어비스 같은 혼돈의 악마들로서는 꿈꿀 수도 없는 일입니다.

동시에 계략을 꾸미는 것은 데빌의 본성이며, 지배욕에 충실하여 더 많은 권력을 얻기 위해 몰두합니다. 이 유일한 야망은 아스모데우스가 구층지옥의 각 층을 지배하도록 한 아크데빌들에게서 가장 강하게 나타납니다. 이 고위 악마들은 진정한 권력의 일부를 맛보았기에, 그 달콤한 미주를 얻기 위해 끝없는 갈망에 시달리고 있습니다.

어둠의 거래와 영혼의 상인들. 데빌은 하계에 주로 거주하지만, 포탈이나 강력한 소환 마법을 통해 여러 세계를 드나듭니다. 이들은 힘이나 보상을 얻으려 하는 필멸자들과 거래하는 것을 좋아합니다. 그러나 이러한 거래를 하려는 필멸자는 주의해야만 합니다. 데빌은 교활한 협상가이며 거래 조건을 강제하는데 있어 무자비하기 때문입니다. 게다가 가장 낮은 계급의 데빌과 맺은 거래라 할지라도, 이를 강제하는 것은 바로 아스모데우스의 의지라는 점을 잊어서는 안 됩니다. 필멸자가 데빌과의 계약을 파기하면 그 영혼은 즉시 구층지옥에 영원히 속하게 됩니다.

필멸자의 영혼을 소유하면 그 모든 행동을 지배하게 되며, 데빌은 악마적 힘이나 다른 보상을 거래하면서 영혼 외의 다른 화폐는 거의 취급하지 않습니다. 필멸자가 자연적으로 죽었을지라도 영혼은 손에 들어오기 때문에, 본질적으로 불멸의 존재인 데빌은 계약의 완수를 위해 긴 시간을 기다리는 것도 꺼리지 않습니다. 만약 계약 내용에 따라 데빌이 죽기 전에 필멸자의 혼을 차지할 수 있게 된다면, 데빌은 즉시 영혼을 가지고 구층지옥에 돌아가 자신의 소유물로 삼을 것입니다. 오직 신의 간섭만이 데빌이 차지한 영혼을 도로 풀어줄 수 있습니다.

하계의 위계

구층지옥은 엄격한 위계 서열로 이루어져 있으며, 모든 사회가 이 서열에 따라 움직입니다. 아스모데우스가 모든 데빌을 다스리는 절대적 지배자로 군림하며, 그는 구층지옥에서 하급 신의 힘을 지닌 유일한 존재이기도 합니다. 아스모데우스는 물질계에서도 숭배를 받으며, 악한 인간형 종족의 교단을 그의 이름으로 널리 퍼트립니다. 구층지옥에서 그는 핏 핀드 장군들을 지휘하며, 수많은 군단에 명령을 내립니다.

절대적인 폭군이자 영민한 기만자이며, 교묘한 술책의 대가인 아스모데우스는 친구를 가까이, 적들은 더욱 가까이 두는 방식을 통해 권좌를 유지하고 있습니다. 그는 대부분의 사무를 핏 핀드들과 구층지옥의 조직 체계를 움직이는 하급 아크데빌들에게 맡겨 두고 있습니다. 그리고 그는 이들 강력한 데빌 대다수가 바아터의 왕좌를 찬탈하기 위해 음모를 짜고 있다는 사실도 알고 있습니다. 아스모데우스는 아크데빌들을 임명하며, 자신이 원한다면 하계의 위계 서열 중 누구라도 직위를 빼앗거나 넘겨줄 수 있습니다.

만약 구층지옥 밖에서 죽음을 맞는다면, 데빌은 즉시 유황 연기로 흩어지거나 지독한 액체로 녹아내립니다. 그 혼은 즉시 구층지옥의 원래 층으로 돌아오며, 그곳에서 자신의 원래 힘을 되찾습니다. 하지만 구층지옥 내에서 죽음을 맞이한 데빌은 영원히 죽게 됩니다. 이는 아스모데우스조차 두려워하는 숙명입니다.

아크데빌. 현재 구층지옥을 다스리는 아크데빌들은 각 층을 다스리는 대공작들과 그들의 궁정에서 조언자의 역할을 하며 언젠가 그 자리를 빼앗길 꿈 꾸는 공작 또는 여공작들로 이루어져 있습니다. 모든 아크데빌은 그 자신의 악한 본성을 반영하는 독특하고 유일한 존재입니다.

상급 데빌. 핏 핀드, 에리니에스, 뿔 데빌, 얼음 데빌 등은 아크데빌의 명령을 따르며 하급 데빌들을 통솔하는 임무를 수행합니다.

하급 데빌. 임프나 사슬 데빌, 가시 데빌, 수염 데빌, 뼈 데빌, 바늘 데빌 등을 포함한 수많은 악마가 하급 데빌에 속합니다.

레뮤어. 데빌 중에서도 가장 하급에 속하는 레뮤어들은 타락한 필멸자의 사악한 영혼이 고문을 받아 비틀린 형태입니다. 구층지옥에서 살해당한 레뮤어는 축복받은 무기로 죽이거나 되살아나기 전 그 무정형 시체에 성수를 뿌려 녹인 다음에야 영원토록 완전히 파괴됩니다.

승격과 강등. 악한 필멸자의 혼이 구층지옥에 떨어질 때는 그 물리적 형태가 뒤틀려 레뮤어의 모습을 취하게 됩니다. 아크데빌이나 상급 데빌들은 레뮤어를 하급 데빌로 승격시킬 힘을 지니고 있습니다. 아크데빌들은 하급 데빌들을 상급 데빌로 승격시킬 수 있으며, 오직 아스모데우스만이 상급 데빌을 아크데빌의 지위에 올릴 수 있습니다. 이 악마적 승격은 즉시 이루어지는 고통스러운 변화의 과정이며, 변화한 악마는 과거의 기억을 그대로 유지합니다.

하급 승격은 기본적으로 필요에 따라 이루어집니다. 예를 들어 투명한 첩자가 필요할 경우, 핏 핀드는 레뮤어를 즉시 임프로 변화시켜 명령에 따르게 할 것입니다. 상급 승격은 대개 포상 차원에서 이루어집니다. 예를 들어 어떤 뼈 데빌이 전투에서 혁혁한 전과를 세웠다면 아크데빌이 그에 대한 보상으로 뿔 데빌로 변화시켜 줄 수 있습니다. 데빌이 한 등급을 넘어 여러 단계로 한 번에 승격하는 경우는 거의 존재하지 않습니다.

강등은 데빌 사이에서 실패나 불복종에 대한 처벌로서 일상적으로 이루어집니다. 아크데빌이나 상급 데빌은 하급 데빌을 레뮤어로 강등시킬 수 있으며, 이때 이전의 기억은 모두 사라져 버립니다. 아크데빌은 상급 데빌을 하급 데빌로 강등할 수 있지만, 강등당한 데빌은 자신의 전 기억을 그대로 유지합니다. 그리고 어쩌면 자신을 강등시킨 데 대한 복수심을 품을지도 모릅니다.

데빌은 오로지 자신에게 충성을 맹세한 데몬만을 승격하거나 강등시킬 수 있습니다. 따라서 아크데빌이라 할지라도 경쟁하는 아크데빌의 수하를 강등하는 것은 불가능합니다. 모든 데빌은 아스모데우스에 충성을 맹세하였기 때문에, 그 자신만은 자유로이 모든 데빌들을 강등시킬 수 있으며, 자신이 원한다면 어떠한 지위에 있는 데빌이든 간에 원하는 형태로 바꿔 버릴 수 있습니다.

구층지옥

구층지옥은 별개의 아홉 층으로 이루어진 하나의 세계입니다. (구층지옥의 각 층과 군주들 표를 참조하십시오.) 상부의 여덟 층은 데빌의 지존인 아스모데우스에게만 지시를 받는 아크데빌들이 지배하고 있으며, 마지막 아홉 번째 층은 아스모데우스가 직접 다스리는 네서스입니다. 구층지옥의 가장 깊은 곳에 도달하려면 먼저 위의 여덟 층을 순서대로 통과해 내려와야 합니다. 이는 대개 스틱스 강을 따라 여행하는 여정을 따르는데, 이 강은 각 층을 따라 다음 층으로 흐르기 때문입니다. 오로지 가장 용감한 모험자들만이 이 여정의 공포와 고통을 견딜 수 있을 것입니다.

데빌의 진명과 부적

데빌은 통상적으로 쓰는 이름이 있지만, 레뮤어보다 높은 데빌들은 모두 비밀리에 숨기고 있는 진명이 있습니다. 데빌은 매혹되었을 경우 진명을 밝힐 수밖에 없으며, 고대의 두루마리나 고서에는 몇몇 데빌들의 진명이 기록되어 있습니다.

데빌의 진명을 알게 된 필멸자는 강력한 소환 마법을 이용해 구층지옥에서 데빌을 불러내 봉사하게끔 시킬 수 있습니다. 이러한 속박 작업은 데빌 부적을 이용하여 이루어집니다. 이 고대의 유물들에는 데빌을 조종하는 진명이 새겨져 있으며 가치 있는 제물의 피로 적셔 만들어집니다. 이 제물은 대개 제작자가 사랑하는 이의 목숨 등이 되곤 합니다.

데빌은 물질계에 소환되더라도 봉사를 강요받으면 화를 냅니다. 그리고 데빌은 호시탐탐 소환자의 영혼을 타락시켜 구층지옥으로 끌고갈 계략을 꾸밀 것입니다. 손쉽게 소환할 수 있는 유일한 데빌은 임프들 뿐이며, 이들은 소환자의 패밀리어가 될 수도 있습니다. 하지만 여전히 소환자를 타락시키려는 의도를 가지고 있습니다.

가시 데빌 (하마툴라)
BARBED DEVIL (HAMATULA)

탐욕과 욕망의 집합체인 가시 데빌은 구층지옥의 더 강력한 존재들을 받드는 경비병으로 일합니다. 이들은 온몸에 날카로운 바늘과 가시, 갈고리가 잔뜩 돋아난 키 큰 인간형 모습을 띠고 있으며, 언제나 자신이 차지할 다른 물건이나 크리처를 찾아 번뜩이는 눈을 지니고 있습니다. 이 악마들은 승리하여 보상을 얻을 기회가 있다면 언제든지 싸움에 뛰어들 수 있습니다.

가시 데빌은 기습이 불가능할 정도로 높은 경계심을 지닌 것으로 알려져 있으며, 지루함이나 주의가 흐트러지는 일 없이 경계 의무를 수행합니다. 이들은 날카로운 손톱을 무기로 사용하거나 도망가는 적에게 불덩이를 날려 공격합니다.

레뮤어 LEMURE

레뮤어는 필멸의 혼이 타락하여 영원히 구층지옥으로 떨어져 만들어집니다. 데빌 중에서도 가장 낮은 서열의 레뮤어는 정해진 형태가 없는 지겨운 괴물로, 더 높은 형태의 데빌로 승격되고자 끝없이 몸부림칩니다. 이들은 대개 임프로 승격되곤 합니다.

레뮤어는 대략 인간처럼 보이는 머리와 상체를 지닌 녹아내리는 살덩이 모습으로 나타납니다. 얼굴에는 영원한 고통이 드러나 있으며, 문드러진 입은 계속 웅얼대지만 말을 하지는 못합니다.

바늘 데빌 (스피나곤)
SPINED DEVIL (SPINAGON)

대부분의 다른 데빌보다 작은 크기를 지닌 스피나곤은 더 강력한 데빌이나 아크데빌들 아래에서 전령이나 첩자로 활동합니다. 이들은 구층지옥의 눈과 귀 역할을 하며, 바늘 데빌의 연약함을 비웃는 악마들조차 이들의 유용함은 인정하고 있습니다.

바늘 데빌의 몸과 꼬리는 작은 바늘들이 촘촘히 돋아나 있고, 이들은 이 바늘을 날려 장거리 무기로 쓸 수 있습니다. 바늘은 충돌하면 불꽃을 일으키며 터집니다.

전령 역할을 하거나 정보를 수집하지 않고 있을 때면 바늘 데빌은 하계의 군대에서 폭격병 역할을 수행하며, 단체로 몰려다니며 상대적인 약함을 극복하고 적들을 압도합니다. 비록 승격과 권력을 갈구하긴 하지만, 바늘 데빌은 선천적으로 겁이 많으며, 전투가 불리하게 돌아간다 싶으면 가장 빠르게 도망칠 것입니다.

뼈 데빌 (오실루스)
BONE DEVIL (OSYLUTH)

증오와 색욕, 질투로 움직이는 뼈 데빌은 구층지옥의 잔혹한 관리자로 활동합니다. 이들은 더 약한 데빌들에게 일을 시키며, 자기 뜻을 거스르는 데빌들을 강등시키는 데서 비틀린 즐거움을 느낍니다. 동시에 이들은 승격을 갈구하며 상급자들에게 크나큰 질투를 품고 있습니다. 그래서 이들은 짜증을 느끼면서도 상급자들의 총애를 갈구합니다.

뼈 데빌은 인간형의 껍질을 지니고 있지만, 그 말라비틀어진 피부는 해골 골격에 바싹 달라붙어 있습니다. 뼈 데빌은 두개골과 닮은 섬뜩한 머리에 전갈처럼 생긴 꼬리가 달려 있으며, 주변에는 썩어가는 것의 악취를 풍깁니다. 전투가 벌어지면 날카로운 손톱만으로도 충분히 싸울 수 있긴 하지만, 뼈 데빌은 뼈로 만들어진 갈고리 장대 무기를 사용해 적들을 넘어뜨리고 맹독을 지닌 꼬리로 일격을 가하곤 합니다.

뿔 데빌 (말레브란체)
HORNED DEVIL (MALEBRANCHE)

뿔 데빌은 싸움에 접어들기 전까지는 게으르며, 위험이 다가오는 것 같으면 몸을 사립니다. 이들은 자기보다 강한 자들에 대한 증오와 공포로 살아가다가, 도발을 받거나 적대하는 상황이 오면 무시무시한 공격성을 드러내며 분노합니다.

말레브란체는 오우거만큼 큰 키에 쇠처럼 단단한 비늘로 덮여 있습니다. 이들은 지옥 군대에서 비행 보병으로 활동하며, 질서에 맞추어 움직입니다. 그들의 거대한 날개와 굽어있는 뿔은 하늘에서 모습을 보이기만 해도 겁을 주기에 충분하며, 전투시에는 치명적인 갈래창과 채찍처럼 휘둘러 치는 꼬리로 적을 공격합니다.

구층지옥의 각 층과 군주들

층	이름	대공작/대여공작	이전 지배자	주 거주자
1	아베너스	자리엘	벨, 티아마트	에리니에스, 임프, 바늘 데빌
2	디스	디스파터	—	수염 데빌, 에리니에스, 임프, 바늘 데빌
3	미나우로스	맘몬	—	수염 데빌, 사슬 데빌, 임프, 바늘 데빌
4	플레게토스	벨리알과 피에르나	—	가시 데빌, 뼈 데빌, 임프, 바늘 데빌
5	스티지아	레비스투스	게리온	뼈 데빌, 에리니에스, 얼음 데빌, 임프
6	맬볼즈	글라시아	말라가르드, 몰록	가시 데빌, 뼈 데빌, 뿔 데빌, 임프
7	말라도미니	바알제붑	—	가시 데빌, 뼈 데빌, 뿔 데빌, 임프
8	카니아	메피스토펠레스	—	뿔 데빌, 얼음 데빌, 임프, 핏 핀드
9	네서스	아스모데우스	—	모든 데빌

사슬 데빌 (카이톤) Chain Devil (Kyton)

이 불길한 악마들은 수의처럼 사슬을 두르고 있습니다. 저급한 것들을 무시무시한 눈길로 위협하는 사슬 데빌은 살아 움직이는 사슬로 몸을 감고, 날카로운 갈고리와 칼날, 가시들을 휘둘러 적들을 산산이 조각냅니다.

사슬 데빌은 가학적인 간수이자 고문관으로 하계에 이름이 높습니다. 이들은 다른 자들에게 고통과 상처를 주는데 능합니다. 이들은 필멸의 영혼이 구층지옥에 떨어지면 나타나 가학적인 분노를 터트리며 그 혼을 비틀어 고문해서 레뮤어로 바꾸어 버립니다.

수염 데빌 (바바주)
Bearded Devil (Barbazu)

아크데빌이 돌격대로 부리는 수염 데빌은 열을 지어 전투의 영향을 위해 싸움에 뛰어듭니다. 이들은 진짜이든 상상의 산물이든 모든 적에게 폭력적으로 대응하며, 톱니 모양을 한 지옥의 글레이브를 휘두르며 적들을 베어 피의 길을 닦을 것입니다.

수염 데빌은 뾰족한 귀와 비늘이 돋아난 피부를 지닌 인간형 모습을 하고 있습니다. 이들의 긴 꼬리와 굽은 발톱을 보면 악마적인 본성이 여지없이 드러납니다. 이 데빌들은 뺨에서 뱀처럼 꿈틀대는 수염이 자라나기에 이런 이름이 붙었습니다. 이 수염은 멋대로 다가오는 적을 물어 중독시키고 약하게 만듭니다.

얼음 데빌 (겔루곤) Ice Devil (Gelugon)

대개 스티지아나 카니아의 얼음층에서 쉽게 찾아볼 수 있는 얼음 데빌은 구층지옥의 하계 군대에서 사령관으로 활동하며 하급 악마들을 고문하고 분노와 증오를 끌어냅니다. 상급인 핏 핀드의 힘을 탐내는 얼음 데빌들은 쉴 새 없이 승격을 위해 움직이며 구층지옥의 적들을 도륙하고 아크데빌 지배자를 위한 영혼을 수집하는 것을 멈추지 않습니다.

두 발로 걷는 거대한 곤충처럼 생긴 얼음 데빌은 날카로운 손톱이 달린 손발에 강력한 아래턱을 지니고 있으며, 면도날처럼 날카로운 가시가 달린 긴 꼬리를 휘두릅니다. 이들 중 일부는 가시 돋친 장창을 장비하고 있으며, 전투 시에는 얼어붙는 접촉을 통해 적들을 물리치기도 합니다.

에리니에스 Erinyes

하급과 상급 데빌을 통틀어 가장 아름다운 형태를 지닌 에리니에스는 맹렬하고 숙련된 전사들입니다. 그들은 하늘에서 날아 덮치며 주인의 뜻을 거슬렀거나 아스모데우스의 법을 어긴 적들에게 빠른 죽음을 선사합니다. 에리니에스는 석상처럼 아름다운 몸을 지닌 남자 혹은 여자의 모습으로 나타나며, 뒤에는 커다란 가죽 날개가 달려 있습니다. 이들은 아름답게 아로새겨진 갑옷을 걸치고 뿔이 난 투구를 쓰고 있으며, 고풍스러운 검과 활을 들고 있습니다. 또한 이들 중 일부는 얽히는 로프(Ropes of Entanglement)를 장비하고 강력한 적을 사로잡는 데 사용하기도 합니다.

전설에 따르면 최초의 에리니에스는 천상계의 천사들이었으나, 유혹과 잘못된 행동 때문에 타락했다고 합니다. 에리니에스는 천상의 존재로 오해받는 기회를 최대한 활용하며, 이를 통해 정복과 타락을 퍼트리기도 합니다.

변형: 임프 패밀리어

임프는 필멸의 주문시전자에게 봉사하는 역할로도 자주 등장하며, 조언자나 첩자, 패밀리어로 활동합니다. 임프는 주인이 악한 행동을 저지르도록 부추기며, 이렇게 타락한 영혼이야말로 임프에게 있어 최고의 보상인 셈입니다. 임프는 주인에게 놀라운 충성심을 보이며, 주인이 위협받는 경우 임프 역시 꽤 위험한 적이 될 수 있습니다. 이러한 몇몇 임프들은 아래와 같은 특징을 가지고 있습니다.

패밀리어. 임프는 다른 크리쳐의 패밀리어로 활동할 것을 계약합니다. 이 계약을 맺으면 주인과 임프 사이에는 정신적인 연결이 생겨납니다. 둘이 연결되어 있을 때, 서로 1마일 이내의 거리에 있다면 주인은 임프의 감각으로 보고 들을 수 있습니다. 임프로부터 10ft 이내에 있다면, 주인 역시 임프의 마법 저항 특징을 이용할 수 있습니다. 만약 주인이 계약의 규칙을 어겼다면 임프는 더는 패밀리어로 활동하지 않고 정신 연결을 끊은 후 지옥으로 돌아갈 것입니다.

임프 Imp

임프는 하계 전역에서 발견되며, 지옥의 주인들을 섬기거나 경쟁자를 감시하고 필멸자들의 혼을 잘못 인도하여 위험에 빠트리는 일 등을 수행합니다. 임프는 어떤 종족이든 사악한 주인을 자랑스레 섬기곤 하지만, 일을 빠르고 효율적으로 처리하는 역할을 맡기긴 어렵습니다.

임프는 자유로이 동물 형태를 취할 수 있지만, 타고난 모습은 조그마한 붉은 피부의 인간형으로 가시 달린 꼬리와 작은 뿔, 가죽 날개가 달려 있습니다. 임프는 투명 상태에서 공격을 가하며, 독이 묻은 꼬리 가시를 이용합니다.

핏 핀드 Pit Fiend

다른 모든 데빌을 압도하는 지위에 있는 핏 핀드들은 오로지 구층지옥의 대공작이나 대여공작에게만 봉사하며 그들의 뜻을 받들어 움직입니다. 이 강대한 데빌들은 구층지옥의 장군들이며, 하계의 군대를 이끌어 전쟁을 수행하는 자들입니다.

강대한 우월감과 자신을 지닌 핏 핀드는 하계에서 기괴한 귀족적 위치에 서 있습니다. 이 지배적이고 교활한 폭군들은 항상 자신들이 원하는 것을 가로막는 모든 것을 제거해 나갈 계획을 짜고 있으며, 구층지옥의 위험천만한 정치판에서도 협상을 벌입니다.

핏 핀드는 채찍 같은 꼬리에 거대한 날개를 지닌 커다란 괴물이며, 평소에는 마치 망토처럼 날개를 두르고 있습니다. 온몸은 갑옷 같은 비늘로 덮여 있으며, 길게 돋아난 송곳니 끝에서는 가장 강인한 필멸자조차 죽음에 이끌 수 있는 맹독이 흐릅니다. 핏 핀드들은 전투에서 아무런 두려움 없이 단독으로 가장 강대한 적을 상대하며 자신의 우월성과 오만을 뽐내고, 아주 조금의 패배할 가능성도 직접 없애 버립니다.

가시 데빌 BARBED DEVIL

중형 악마(데빌), 질서 악

방어도 15 (자연 갑옷)
히트 포인트 110 (13d8+52)
이동속도 30ft

근력	민첩	건강	지능	지혜	매력
16 (+3)	17 (+3)	18 (+4)	12 (+1)	14 (+2)	14 (+2)

내성 굴림 근력 +6, 건강 +7, 지혜 +5, 매력 +5
기술 기만 +5, 통찰 +5, 감지 +8
피해 저항 냉기, 비마법적이고 은제가 아닌 무기로 가해진 타격/관통/참격 피해
피해 면역 화염, 독성
상태 면역 중독
감각능력 암시야 120ft, 상시 감지 18
언어 하계어, 정신감응 120ft
도전지수 5 (1,800 xp)

가시돋힌 가죽. 매번 자기 턴이 시작할 때, 가시 데빌은 자신을 붙잡고 있는 크리쳐에게 5(1d10)점의 관통 피해를 가합니다.

데빌의 시야. 마법적 어둠은 데빌의 암시야를 가리지 못합니다.

마법 저항. 데빌은 주문과 기타 마법적 효과에 대한 내성에 이점을 받습니다.

행동

다중공격. 가시 데빌은 꼬리 1회, 할퀴기 2회, 총 3회 근접 공격을 가합니다. 혹은, 가시 데빌은 불꽃 던지기를 2회 사용할 수 있습니다.

할퀴기. 근접 무기 공격: 명중 +6, 간격 5ft, 목표 하나. 명중시: 6(1d6+3)점의 관통 피해.

꼬리. 근접 무기 공격: 명중 +6, 간격 5ft, 목표 하나. 명중시: 10(2d6+3)점의 관통 피해.

불꽃 던지기. 장거리 주문 공격: 명중 +5, 장거리 150ft, 목표 하나. 명중시: 10(3d6)점의 화염 피해. 이 불꽃은 누군가 장비하거나 들고 있지 않은 가연성 물체에 불을 붙일 수 있습니다.

레뮤어 LEMURE

중형 악마(데빌), 질서 악

방어도 7
히트 포인트 13 (3d8)
이동속도 15ft

근력	민첩	건강	지능	지혜	매력
10 (+0)	5 (-3)	11 (+0)	1 (-5)	11 (+0)	3 (-4)

피해 저항 냉기
피해 면역 화염, 독성
상태 면역 매혹, 공포, 중독
감각능력 암시야 120ft, 상시 감지 10
언어 하계어를 이해하지만 말하지는 못함.
도전지수 0 (10 xp)

데빌의 시야. 마법적 어둠은 데빌의 암시야를 가리지 못합니다.

지옥의 회생. 구층지옥에서 죽은 레뮤어는 1d10일 안에 최대hp로 다시 살아납니다. 단, 선한 성향의 크리쳐가 축복*Bless* 주문을 받은 상태에서 죽었거나 시체에 성수를 뿌린 경우에는 되살아날 수 없습니다.

행동

주먹. 근접 무기 공격: 명중 +3, 간격 5ft, 목표 하나. 명중시: 2(1d4)점의 타격 피해.

바늘 데빌 SPINED DEVIL

소형 악마(데빌), 질서 악

방어도 13 (자연 갑옷)
히트 포인트 22 (5d6+5)
이동속도 20ft, 비행 40ft

근력	민첩	건강	지능	지혜	매력
10 (+0)	15 (+2)	12 (+1)	11 (+0)	14 (+2)	8 (-1)

피해 저항 냉기, 비마법적이고 은제가 아닌 무기로 가해진 타격/관통/참격 피해
피해 면역 화염, 독성
상태 면역 중독
감각능력 암시야 120ft, 상시 감지 12
언어 하계어, 정신감응 120ft
도전지수 2 (450 xp)

데빌의 시야. 마법적 어둠은 데빌의 암시야를 가리지 못합니다.

날아치기. 바늘 데빌은 적의 간격에서 날아서 빠져나올 때 기회공격을 유발하지 않습니다.

제한된 바늘. 바늘 데빌은 12개의 꼬리 바늘이 있습니다. 긴 휴식을 마치면 사용한 바늘을 모두 회복할 수 있습니다.

마법 저항. 데빌은 주문과 기타 마법적 효과에 대한 내성에 이점을 받습니다.

행동

다중공격. 데빌은 물기 1회와 갈래창 1회로 2회 근접 공격을 하거나, 꼬리 바늘로 2회 장거리 공격을 가합니다.

물기. 근접 무기 공격: 명중 +2, 간격 5ft, 목표 하나. 명중시: 5(2d4)점의 참격 피해.

갈래창. 근접 무기 공격: 명중 +2, 간격 5ft, 목표 하나. 명중시: 3(1d6)점의 관통 피해

꼬리 바늘. 장거리 무기 공격: 명중 +4, 장거리 20/80ft, 목표 하나. 명중시: 4(1d4+2)점의 관통 피해. 추가로 3(1d6)점의 화염피해.

"날거라 내 귀여운 것들! 날아!"
— 플레게토스의 대여공작 피에르나,
그녀의 바늘 데빌 군단을 통솔하며.

변형: 뼈 데빌의 장대무기

몇몇 뼈 데빌은 아래와 같은 행동 선택지를 지닙니다.

다중공격. 뼈 데빌은 갈고리 장대 1회, 독침 1회, 총 2회 공격을 가합니다.

갈고리 장대. 근접 무기 공격: 명중 +8, 간격 10ft, 목표 하나. *명중시:* 17(2d12+4)점의 관통 피해. 목표가 거대 이하 크기의 크리쳐라면 붙잡습니다. (탈출 DC 14) 크리쳐를 붙잡고 있는 동안, 데빌은 다른 목표에게 갈고리 장대를 사용할 수 없습니다.

뼈 데빌 Bone Devil

대형 악마(데빌), 질서 악

방어도 19 (자연 갑옷)
히트 포인트 142 (15d10+60)
이동속도 40ft, 비행 40ft

근력	민첩	건강	지능	지혜	매력
18 (+4)	16 (+3)	18 (+4)	13 (+1)	14 (+2)	16 (+3)

내성 굴림 지능 +5, 지혜 +6, 매력 +7
기술 기만 +7, 통찰 +6
피해 저항 냉기, 비마법적이고 은제가 아닌 무기로 가해진 타격/관통/참격 피해
피해 면역 화염, 독성
상태 면역 중독
감각능력 암시야 120ft, 상시 감지 12
언어 하계어, 정신감응 120ft
도전지수 9 (5,000 xp)

데빌의 시야. 마법적 어둠은 데빌의 암시야를 가리지 못합니다.

마법 저항. 데빌은 주문과 기타 마법적 효과에 대한 내성에 이점을 받습니다.

행동

다중공격. 뼈 데빌은 할퀴기 2번, 독침 1번, 총 3회 공격을 가합니다.

할퀴기. *근접 무기 공격:* 명중 +8, 간격 10ft, 목표 하나. *명중시:* 8(1d8+4)점의 참격 피해.

독침. *근접 무기 공격:* 명중 +8, 간격 10ft, 목표 하나. *명중시:* 13(2d8+4)점의 관통 피해. 추가로 17(5d6)점의 독성 피해. 목표는 DC 14의 건강 내성에 실패시 1분간 중독 상태가 됩니다. 목표는 매번 자기 턴이 끝날 때 다시 내성을 굴릴 수 있으며, 성공하면 효과는 종료됩니다.

뿔 데빌 Horned Devil

대형 악마(데빌), 질서 악

방어도 18 (자연 갑옷)
히트 포인트 178 (17d10+85)
이동속도 20ft, 비행 60ft

근력	민첩	건강	지능	지혜	매력
22 (+6)	17 (+3)	21 (+5)	12 (+1)	16 (+3)	17 (+3)

내성 굴림 근력 +10, 민첩 +7, 지혜 +7, 매력 +7
피해 저항 냉기, 비마법적이고 은제가 아닌 무기로 가해진 타격/관통/참격 피해
피해 면역 화염, 독성
상태 면역 중독
감각능력 암시야 120ft, 상시 감지 13
언어 하계어, 정신감응 120ft
도전지수 11 (7,200 xp)

데빌의 시야. 마법적 어둠은 데빌의 암시야를 가리지 못합니다.

마법 저항. 데빌은 주문과 기타 마법적 효과에 대한 내성에 이점을 받습니다.

행동

다중공격. 데빌은 갈래창 2회, 꼬리 1회, 총 3회 근접 공격을 가합니다. 혹은 근접 공격 대신 불꽃 던지기를 같은 횟수로 가할 수도 있습니다.

갈래창. 근접 무기 공격: 명중 +10, 간격 10ft, 목표 하나.
명중시: 15(2d8+6)점의 관통 피해.

꼬리. 근접 무기 공격: 10(1d8+6)점의 관통 피해. 목표가 언데드나 구조물이 아닌 크리쳐라면, DC 17의 건강 내성에 실패할 시 매번 자기 턴이 시작할 때 지옥의 상처로 10(3d6)점씩의 피해를 받습니다. 데빌이 매번 이 공격을 명중시킬 때마다, 자기 턴이 시작할 때 상처로 잃어버리는 hp가 10점씩 증가합니다. 어떤 크리쳐든 행동을 사용해 DC 12의 지혜(의학) 판정에 성공하면 상처를 봉합할 수 있습니다. 또한 마법적인 치료를 받아도 상처가 아물 수 있습니다.

불꽃 던지기. 장거리 주문 공격: 명중 +7, 장거리 150ft, 목표 하나. 명중시: 14(4d6)점의 화염 피해. 이 불꽃은 누군가 장비하거나 들고 있지 않은 가연성 물체에 불을 붙일 수 있습니다.

사슬 데빌 CHAIN DEVIL

중형 악마(데빌), 질서 악

방어도 16 (자연 갑옷)
히트 포인트 85 (10d8+40)
이동속도 30ft

근력	민첩	건강	지능	지혜	매력
18 (+4)	15 (+2)	18 (+4)	11 (+0)	12 (+1)	14 (+2)

내성 굴림 건강 +7, 지혜 +4, 매력 +5
피해 저항 냉기, 비마법적이고 은제가 아닌 무기로 가해진 타격/관통/참격 피해
피해 면역 화염, 독성
상태 면역 중독
감지능력 암시야 120ft, 상시 감지 11
언어 하계어, 정신감응 120ft
도전지수 8 (3,900 xp)

데빌의 시야. 마법적 어둠은 데빌의 암시야를 가리지 못합니다.

마법 저항. 데빌은 주문과 기타 마법적 효과에 대한 내성에 이점을 받습니다.

행동

다중공격. 사슬 데빌은 사슬 공격을 2회 가합니다.

사슬. 근접 무기 공격: 명중 +8, 간격 10ft, 목표 하나. 명중시: 11(2d6+4)점의 참격 피해. 사슬 데빌이 이미 다른 누군가를 붙잡고 있는 상태가 아니라면 목표는 붙잡힙니다. (탈출 DC 14) 이렇게 붙잡힌 크리쳐는 포박된 상태이기도 하며, 매번 자기 턴이 시작할 때 7(2d6)점의 관통 피해를 받습니다.

움직이는 사슬(짧은/긴 휴식 후 충전). 사슬 데빌은 주변 60ft 내에서 자신이 볼 수 있는 사슬을 최대 4개까지 자기 조종 하에 움직이게 할 수 있습니다. 이 사슬들은 다른 누군가가 장비하거나 들고 있는 것이 아니어야 합니다.

각각의 사슬은 AC 20에 20점의 hp를 지닌 물체로 취급하며, 관통 피해에 저항이 있고 정신과 천둥 피해에 면역입니다. 데빌이 자기 턴에 다중공격을 사용하면, 움직이는 사슬들 역시 각각 1번씩 공격을 가할 수 있습니다. 만약 움직이는 사슬이 다른 크리쳐를 붙잡고 있는 중이라면 공격을 가할 수 없습니다. 움직이는 사슬의 hp가 0으로 떨어지면 사슬은 깨지며 다시 움직일 수 없게 됩니다. 사슬 데빌이 사망하면 이 효과들은 즉시 종료됩니다.

반응행동

불안한 가면. 사슬 데빌은 자기 주변 30ft 내에서 다른 크리쳐가 자기 턴을 시작할 때, 그 크리쳐에게 이미 죽은 사랑하는 이나 증오하는 이의 모습을 환영으로 보여줍니다. 만약 크리쳐도 데빌을 볼 수 있다면, DC 14의 지혜 내성을 굴려 실패할 시 자신의 다음 턴이 끝날 때까지 데빌에 대해 공포 상태가 됩니다.

수염 데빌 Bearded Devil

중형 악마(데빌), 질서 악

방어도 13 (자연 갑옷)
히트 포인트 52 (8d8+16)
이동속도 30ft

근력	민첩	건강	지능	지혜	매력
16 (+3)	15 (+2)	15 (+2)	9 (-1)	11 (+0)	11 (+0)

내성 굴림 근력 +5, 건강 +4, 지혜 +2
피해 저항 냉기, 비마법적이고 은제가 아닌 무기로 가해진 타격/관통/참격 피해
피해 면역 화염, 독성
상태 면역 중독
감각능력 암시야 120ft, 상시 감지 10
언어 하계어, 정신감응 120ft
도전지수 3 (700 xp)

데빌의 시야. 마법적 어둠은 데빌의 암시야를 가리지 못합니다.

마법 저항. 데빌은 주문과 기타 마법적 효과에 대한 내성에 이점을 받습니다.

확고부동. 수염 데빌은 30ft 이내의 볼 수 있는 위치에 동료가 있을 경우, 공포 상태가 되지 않습니다.

행동

다중공격. 수염 데빌은 수염 1회, 글레이브 1회, 총 2회 공격을 가합니다.

수염. 근접 무기 공격: 명중 +5, 간격 5ft, 크리쳐 하나. 명중시: 6(1d8+2)점의 관통 피해. 목표는 DC 12의 건강 내성에 실패할 시 1분간 중독 상태가 됩니다. 이렇게 중독 상태가 된 동안에는 hp를 회복할 수 없습니다. 목표는 매번 자신의 턴이 끝날 때 다시 내성을 굴릴 수 있으며, 성공하면 효과는 종료됩니다.

글레이브. 근접 무기 공격: 명중 +5, 간격 10ft, 목표 하나. 명중시: 8(1d10+3)점의 참격 피해. 만약 목표가 언데드나 구조물이 아닌 크리쳐라면, 목표는 DC 12의 건강 내성에 실패할 시 지옥의 상처를 입고 매번 자기 턴이 시작할 때 5(1d10)점의 hp를 잃게 됩니다. 수염 데빌이 이 공격을 명중시킬 때마다 매턴 잃게 되는 hp도 5점씩 증가합니다. 누구든 행동을 사용해 DC 12의 지혜(의학) 판정에 성공하면 이 상처를 봉합할 수 있습니다. 마법적인 치유를 받아도 상처는 아물게 됩니다.

임프 Imp

초소형 악마(데빌, 변신자), 질서 악

방어도 13
히트 포인트 10 (3d4+3)
이동속도 20ft, 비행 40ft

근력	민첩	건강	지능	지혜	매력
6 (-2)	17 (+3)	13 (+1)	11 (+0)	12 (+1)	14 (+2)

기술 기만 +4, 통찰 +3, 설득 +4, 은신 +5
피해 저항 냉기, 비마법적이고 은제가 아닌 무기로 가해진 타격/관통/참격 피해
피해 면역 화염, 독성
상태 면역 중독
감각능력 암시야 120ft, 상시 감지 11
언어 하계어, 공용어
도전지수 1 (200 xp)

변신자. 임프는 행동을 사용해 쥐(이동 속도 20ft)나 까마귀(20ft, 비행 60ft), 거미(20ft, 등반 20ft) 중 하나의 형태로 변하거나 원래 모습으로 돌아올 수 있습니다. 임프는 모든 형태에서 같은 게임 자료를 사용하지만, 이동 속도는 새로운 형태에 따라 변화합니다. 임프가 장비하거나 들고 있던 물건은 같이 변하지 않습니다. 임프가 사망하면 본래 모습으로 돌아옵니다.

데빌의 시야. 마법적 어둠은 데빌의 암시야를 가리지 못합니다.

마법 저항. 데빌은 주문과 기타 마법적 효과에 대한 내성에 이점을 받습니다.

행동

독침(야수 형태일 때는 물기). 근접 무기 공격: 명중 +5, 간격 5ft, 목표 하나. 명중시: 5(1d4+3)점의 관통 피해. 목표는 DC 11의 건강 내성에 실패할 시 10(3d6)점의 독성 피해를 받습니다. 내성에 성공하면 피해는 절반으로 줄어듭니다.

투명화. 임프는 공격하거나 집중이 종료될 때까지 마법적으로 투명화 상태가 됩니다. (주문과 마찬가지로 집중해야 합니다.) 임프가 장비하거나 들고 있던 것들은 모두 같이 투명해집니다.

변형: 얼음 데빌의 창

몇몇 얼음 데빌은 아래와 같은 행동 선택지를 지닙니다.

다중공격. 얼음 데빌은 창으로 1회, 꼬리로 1회씩 총 2회의 공격을 가합니다.

얼음 창. *근접 무기 공격:* 명중 +10, 간격 10ft, 목표 하나.
명중시: 14(2d8+5)점의 관통 피해. 추가로 10(3d6)점의 냉기 피해.
만약 목표가 크리쳐라면 목표는 DC 15의 건강 내성에 실패할 시 1분간
이동속도가 10ft 감소합니다. 또한 목표는 자기 턴에 행동과 추가 행동
중 한 가지만을 할 수 있으며, 반응행동을 사용하지 못하게 됩니다. 목
표는 매번 자기 턴이 끝날 때 다시 내성을 굴릴 수 있으며, 성공하면
효과는 종료됩니다.

얼음 데빌 Ice Devil

대형 악마(데빌), 질서 악

방어도 18 (자연 갑옷)
히트 포인트 180 (19d10+76)
이동속도 40ft

근력	민첩	건강	지능	지혜	매력
21 (+5)	14 (+2)	18 (+4)	18 (+4)	15 (+2)	18 (+4)

내성 굴림 민첩 +7, 건강 +9, 지혜 +7, 매력 +9
피해 저항 비마법적이고 은제가 아닌 무기로 가해진 타격/관통/참격 피해
피해 면역 화염, 독성, 냉기
상태 면역 중독
감각능력 맹안시야 60ft, 암시야 120ft, 상시 감지 12
언어 하계어, 정신감응 120ft
도전지수 14 (11,500 xp)

데빌의 시야. 마법적 어둠은 데빌의 암시야를 가리지 못합니다.

마법 저항. 데빌은 주문과 기타 마법적 효과에 대한 내성에 이점을 받습니다.

행동

다중공격. 얼음 데빌은 물기 1회, 할퀴기 1회, 꼬리 1회. 총 3회 공격을 가합니다.

물기. *근접 무기 공격:* 명중 +10, 간격 5ft, 목표 하나. *명중시:* 12(2d6+5)점의 관통 피해. 추가로 10(3d6)점의 냉기 피해.

할퀴기. *근접 무기 공격:* 명중 +10, 간격 5ft, 목표 하나. *명중시:* 10(2d4+5)점의 참격 피해. 추가로 10(3d6)점의 냉기 피해.

꼬리. *근접 무기 공격:* 명중 +10, 간격 10ft, 목표 하나. *명중시:* 12(2d6+5)점의 타격 피해. 추가로 10(3d6)점의 냉기 피해.

얼음의 벽(재충전 6). 데빌은 주변 60ft 내의 자신이 볼 수 있는 단단한 표면 위에 불투명한 얼음의 벽을 창조합니다. 이 벽은 두께 1ft에 길이 30ft, 높이 10ft 형태 또는 지름 20ft의 반구 형태로 만들 수 있습니다.

벽이 나타날 때, 생겨나는 지점에 있는 크리쳐는 가장 짧은 경로로 밀려 나옵니다. 행동불능 상태가 아닌 크리쳐는 자신이 벽의 어느 쪽으로 피할지 결정할 수 있습니다. 각 크리쳐는 DC 17의 민첩 내성에 실패할 시 35(10d6)점의 냉기 피해를 받으며, 내성에 성공하면 피해는 절반으로 줄어듭니다.

얼음 데빌이 행동불능 상태에 빠지거나 사망할 경우 벽이 사라지며, 1분이 지나도 사라집니다. 벽의 각 부분은 피해를 받거나 무너질 수 있습니다. 벽의 AC는 5이며 10×10ft 구간마다 30점씩의 hp를 지니고 있습니다. 벽은 화염 피해에 취약성을 지니며, 산성, 냉기, 사령, 독성, 정신 피해에 면역입니다. 만약 벽의 한 부분이 파괴되었다면 그 부분은 차가운 공기로 흩어집니다. 스스로 들어오든 강제로 들어오든 어떤 크리쳐가 차가운 공기가 차 있는 공간에 들어온 경우 DC 17의 건강 내성에 실패할 시 17(5d6)점의 냉기 피해를 받습니다. 내성에 성공하면 피해는 절반으로 줄어듭니다. 차가운 공기는 남은 벽이 모두 사라지고 나면 같이 사라집니다.

"그들은 검에 살고 검에 죽는다. 그들의 미모는 그 격노에 비하면 아무것도 아니니."
— 사악한 암흑의 서에서.

변형: 얽히는 로프

몇몇 에리니에스는 얽히는 로프(Rope of Entanglement)를 장비하기도 합니다. (던전 마스터즈 가이드(Dungeon Master's Guide)에 자세한 사항이 나와 있습니다.) 이 경우, 다중공격을 할 때 공격 2회 대신 로프를 한 번 사용할 수 있습니다.

에리니에스 Erinyes

중형 악마(데빌), 질서 악

방어도 18 (플레이트)
히트 포인트 153 (18d8+72)
이동속도 30ft, 비행 60ft

근력	민첩	건강	지능	지혜	매력
18 (+4)	16 (+3)	18 (+4)	14 (+2)	14 (+2)	18 (+4)

내성 굴림 민첩 +7, 건강 +8, 지혜 +6, 매력 +8
피해 저항 냉기, 비마법적이고 은제가 아닌 무기로 가해진 타격/관통/참격 피해
피해 면역 화염, 독성
상태 면역 중독
감각능력 진시야 120ft, 상시 감지 12
언어 하계어, 정신감응 120ft
도전지수 12 (8,400 xp)

지옥의 무기. 에리니에스의 무기 공격은 마법적인 것으로 취급하며, 명중 시 추가로 13(3d8)점의 독성 피해를 가합니다. (이미 적용됨)

마법 저항. 데빌은 주문과 기타 마법적 효과에 대한 내성에 이점을 받습니다.

행동

다중공격. 에리니에스는 3번의 공격을 가합니다.

장검. 근접 무기 공격: 명중 +8, 간격 5ft, 목표 하나. 명중시: 8(1d8+4)점의 참격 피해. 양손으로 공격한 경우 9(1d10+4)점의 참격 피해. 추가로 13(3d8)점의 독성 피해.

장궁. 장거리 무기 공격: 명중 +7, 장거리 150/600ft, 목표 하나. 명중시: 7(1d8+3)점의 관통 피해. 추가로 13(3d8)점의 독성 피해. 목표, 는 DC 14의 건강 내성에 실패할 시 중독됩니다. 이 독은 하급 회복Lesser Restoration 주문이나 유사한 마법으로 해소할 때까지 지속됩니다.

반응행동

받아넘기기. 에리니에스는 근접 공격에 명중당했을 때 1회에 한해 AC에 +4 보너스를 받아 그 공격을 빗나가게 할 수 있습니다. 이 반응행동을 사용하려면 공격자를 볼 수 있어야 하고, 근접 무기를 장비하고 있어야 합니다.

"전쟁으로 갈가리 찢긴 그대의 왕국에
는 타락이 만연했다. 백성들은 기아와
폭동으로 죽어간다. 그들은 새로운 지
도자를 원하며 울부짖고 있다. 이 모든
고통과 혼란을 종식시킬 카리스마와
용기를 가진 자 말이다. 바로 그대가
용기를 가진 자 말이다. 바로 그대가
그 지도자가 될 수도 있지 않은가!"
— 핏 핀드 히로바알.

핏 핀드 Pit Fiend

대형 악마(데빌), 질서 악

방어도 19 (자연 갑옷)
히트 포인트 300 (24d10+168)
이동속도 30ft, 비행 60ft

근력	민첩	건강	지능	지혜	매력
26 (+8)	14 (+2)	24 (+7)	22 (+6)	18 (+4)	24 (+7)

내성 굴림 민첩 +8, 건강 +13, 지혜 +10
피해 저항 냉기, 비마법적이고 은제가 아닌 무기로 가해진 타격/관통/참격 피해
피해 면역 화염, 독성
상태 면역 중독
감각능력 진시야 120ft, 상시 감지 14
언어 하계어, 정신감응 120ft
도전지수 20 (25,000 xp)

공포의 오오라. 핏 핀드 주변 20ft 내에서 자기 턴을 시작하는 모든 적대
적 크리쳐는 핏 핀드가 행동불능 상태가 아닌 한 DC 21의 지혜 내성을
굴려야 합니다. 이 내성에 실패한 크리쳐는 자신의 다음 턴이 시작할 때
까지 공포 상태가 됩니다. 내성에 성공한 크리쳐는 이후 24시간 동안 핏
핀드가 사용하는 공포의 오오라에 면역을 얻습니다.

마법 저항. 데빌은 주문과 기타 마법적 효과에 대한 내성에 이점을 받습
니다.

마법 무기. 핏 핀드의 무기 공격은 마법적인 것으로 취급합니다.

선천적 주문시전. 핏 핀드의 주문시전 능력치는 매력입니다. (주문 내성
DC 21). 핏 핀드는 물질 구성요소를 사용하지 않고 아래 주문들을 선천
적으로 시전할 수 있습니다.

자유시전: 마법 탐지*Detect Magic*, 화염구*Fireball*
3회/일: 괴물 포박*Hold Monster*, 불꽃의 벽*Wall of Fire*

행동

다중공격. 핏 핀드는 물기 1회, 할퀴기 1회, 철퇴 1회, 꼬리 1회, 총 4회
의 공격을 가합니다.

물기. 근접 무기 공격: 명중 +14, 간격 5ft, 목표 하나. 명중시: 22(4d6+8)
점의 관통 피해. 목표는 DC 21의 건강 내성에 실패할 시 중독 상태가 됩니
다. 이렇게 중독된 크리쳐는 hp를 회복할 수 없으며, 매번 자기 턴이 시작
할 때 21(6d6)점의 독성 피해를 받습니다. 중독된 크리쳐는 매번 자기 턴
이 끝날 때 다시 내성을 굴릴 수 있으며, 성공하면 효과는 종료됩니다.

할퀴기. 근접 무기 공격: 명중 +14, 간격 10ft, 목표 하나.
명중시: 17(2d8+8)점의 참격 피해.

철퇴. 근접 무기 공격: 명중 +14, 간격 10ft, 목표 하나. 명중시: 15(2d6+8)
점의 타격 피해. 추가로 21(6d6)점의 화염 피해.

꼬리. 근접 무기 공격: 명중 +14, 간격 10ft, 목표 하나. 명중시: 24(3d10+8)
점의 타격 피해.

데스 나이트 Death Knight

팔라딘이 그 고결한 길에서 타락하고 회개할 방도를 찾지 못할 때, 암흑의 권세는 한때 필멸자였던 기사를 증오에 찬 언데드로 바꿀 수 있습니다. 데스 나이트는 판금 갑주를 걸친 해골 전사입니다. 그 투구 아래에는 기사의 해골이 보이며, 눈이 있어야 할 곳에는 붉게 타오르는 증오의 불길만이 일렁입니다.

섬뜩한 힘. 데스 나이트는 신성 주문을 시전할 수 있는 능력을 유지하지만, 치유하는 마법의 힘은 모두 잃어버립니다. 또한 이들은 하급 언데드를 끌어모으고 명령을 내릴 수 있게 되며, 강력한 악마를 섬기는 데스 나이트의 경우 악마 하수인들 역시 다스릴 수 있습니다. 데스나이트는 가끔 해골 전투마나 나이트메어를 탈 것으로 부리며 나타나기도 합니다.

회개할 때까지의 불멸성. 데스 나이트는 심지어 산산조각으로 파괴되고 나서도 다시 일어날 수 있습니다. 오직 살아생전 지은 죄과에 대해 회개하고 진정으로 구원을 찾은 다음에야 언데드로서의 끝없는 고통에서 벗어나 진정으로 죽음을 맞을 수 있습니다.

언데드의 천성. 데스 나이트는 호흡할 필요가 없으며, 먹고 마시거나 잠잘 필요도 없습니다.

소스 경

소스 경의 타락은 이솔데라는 이름의 엘프를 오우거에게서 구출한 영웅적 행동에서 시작되었습니다. 소스와 이솔데는 서로 사랑에 빠졌지만, 이미 소스는 결혼한 상태였습니다. 그는 하인을 시켜 아내를 살해했고, 그 살인의 벌을 받게 되자 이솔데와 함께 도망쳤습니다. 그의 성이 포위되었을 때, 그는 신들에게 자신의 죄업을 속죄하기 위해 사명을 내려달라고 기도하였습니다. 그러나 사명을 수행하는 도중 이솔데의 정조에 대한 공포와 의심을 이기지 못해 그는 자신의 사명을 져버렸습니다. 그가 자신의 임무를 완수하지 못했기 때문에 대지는 거대한 격변으로 뒤틀려 버렸습니다. 이솔데는 그의 아들을 낳았지만, 소스는 그게 자신의 아이라고 믿지 않았고 이솔데와 아들 모두를 죽여버렸습니다. 불길이 성을 휩싸고 모든 것을 태워버렸을 때, 소스는 죽어서도 안식을 찾을 수 없는 데스 나이트가 되고 만 것입니다.

데스 나이트 Death Knight

중형 언데드, 혼돈 악

방어도 20 (판금 갑옷, 방패)
히트 포인트 180 (19d8+95)
이동속도 30ft

근력	민첩	건강	지능	지혜	매력
20 (+5)	11 (+0)	20 (+5)	12 (+1)	16 (+3)	18 (+4)

내성 굴림 민첩 +6, 지혜 +9, 매력 +10
피해 면역 사령, 독성
상태 면역 탈진, 공포, 중독
감각능력 암시야 120ft, 상시 감지 13
언어 심연어, 공용어
도전지수 17 (18,000 xp)

마법 저항. 데스 나이트는 주문과 기타 마법적 효과에 대한 내성 굴림에 이점을 받습니다.

언데드 지휘관. 데스 나이트가 행동불능 상태가 아니라면, 그 자신과 주변 60ft 내에서 데스 나이트가 선택한 모든 언데드 크리쳐는 퇴치에 대한 내성에 이점을 받습니다.

주문시전. 데스 나이트는 19레벨 주문시전자입니다. 데스 나이트의 주문 시전 능력치는 매력입니다. (주문 내성 DC 18, 주문 공격 명중 +10) 데스 나이트는 아래와 같은 팔라딘 주문들을 준비하고 있습니다.

1레벨 (슬롯 4개): 명령Command, 결투 강제Compelled Duel, 타오르는 강타Searing Smite
2레벨 (슬롯 3개): 인간형 포박Hold Person, 무기 마법화Magic Weapon
3레벨 (슬롯 3개): 마법 무효화Dispel Magic, 무기 원소화Elemental Weapon
4레벨 (슬롯 3개): 추방Banishment, 비틀대는 강타Staggering Smite
5레벨 (슬롯 2개): 파괴의 파도Destructive Wave(사령)

행동

다중공격. 데스 나이트는 장검 공격을 3회 가합니다.

장검. 근접 무기 공격: 명중 +11, 간격 5ft, 목표 하나. 명중시: 9(1d8+5)점의 참격 피해. 양손으로 공격했다면 10(1d10+5)점의 참격 피해. 추가로 18(4d8)점의 사령 피해.

지옥불 보주(1회/일). 데스 나이트는 주변 120ft 내에서 자신이 볼 수 있는 한 지점에 마법적인 불꽃 덩어리를 폭발시킵니다. 해당 지점에서 20ft 반경의 모든 크리쳐는 DC 18의 민첩 내성을 굴립니다. 이 폭발은 모서리를 돌아 퍼집니다. 실패한 크리쳐는 35(1d06)점의 화염 피해와 35(10d6)점의 사령 피해를 받습니다. 내성에 성공하면 피해는 절반으로 줄어듭니다.

반응행동

받아넘기기. 데스 나이트는 근접 공격에 명중당했을 때 1회에 한해 AC에 +6 보너스를 받아 그 공격을 빗나가게 할 수 있습니다. 이 반응행동을 사용하려면 공격자를 볼 수 있어야 하고, 근접 무기를 장비하고 있어야 합니다.

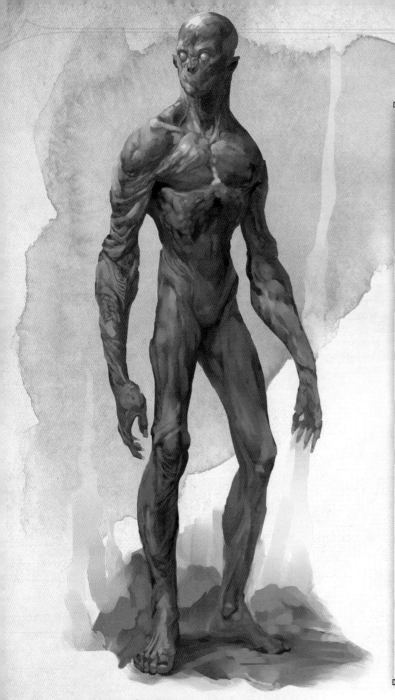

도플갱어 Doppelganger

중형 괴물류(변신자), 중립

방어도 14
히트 포인트 52 (8d8+16)
이동속도 30ft

근력	민첩	건강	지능	지혜	매력
11 (+0)	18 (+4)	14 (+2)	11 (+0)	12 (+1)	14 (+2)

기술 기만 +6, 통찰 +3
상태 면역 매혹
감각능력 암시야 60ft, 상시 감지 11
언어 공용어
도전지수 3 (700 xp)

변신자. 도플갱어는 행동을 사용해 자신이 본 적 있는 특정한 소형 혹은 중형 인간형 크리쳐의 모습으로 변신할 수 있습니다. 크기를 제외한 모든 게임 자료는 어떤 형태에서든 동일합니다. 도플갱어가 장비하거나 들고 있는 물건은 같이 변신되지 않습니다. 도플갱어가 사망할 경우 본래 모습으로 돌아옵니다.

매복자. 도플갱어는 전투 첫 라운드에 기습당한 목표를 공격할 때 명중 굴림에 이점을 받습니다.

기습 공격. 어떤 크리쳐를 기습해 전투 첫 라운드에 공격을 명중시켰다면, 목표는 추가로 10(3d6)점의 피해를 더 받습니다.

행동

다중공격. 도플갱어는 근접 공격을 2회 가합니다.

후려치기. 근접 무기 공격: 명중 +6, 간격 5ft, 목표 하나. 명중시: 7(1d6+4)점의 타격 피해.

생각 읽기. 도플갱어는 주변 60ft 내의 크리쳐 하나를 정해 표면적 생각을 마법적으로 읽습니다. 이 효과는 방벽을 뚫을 수 있지만, 3ft 두께의 나무나 흙, 2ft 두께의 돌, 2인치 두께의 금속, 혹은 얇은 납판을 뚫을 수는 없습니다. 목표가 범위 내에 있는 동안이라면 도플갱어는 계속 그 생각을 읽을 수 있습니다. 이 효과는 도플갱어가 집중하는 동안 지속됩니다. (주문 집중과 동일) 목표의 마음을 읽는 동안, 도플갱어는 목표에 대한 지혜(통찰) 판정과 매력(기만, 위협, 설득) 판정에 이점을 받습니다.

도플갱어 Doppelganger

도플갱어는 다른 인간형 종족의 모습을 취할 수 있는 교활한 변신자로, 기만과 오도를 통해 희생자를 파멸로 이끌어 갑니다. 도플갱어보다 공포와 의혹, 거짓을 잘 퍼트리는 존재는 찾아보기 힘듭니다. 이들은 거의 모든 지역과 문화권에서 찾을 수 있으며 온갖 종족의 모습을 다 취할 수 있습니다.

비밀 훔치기. 도플갱어는 다른 사람의 형태를 취해 어떤 집단이나 공동체라도 섞여 들어갈 수 있지만, 단순한 변신만으로는 언어나 버릇, 기억, 개성까지 변화하지 못합니다. 도플갱어는 가끔 오랜 시간 어떤 인물을 뒤쫓거나 납치하여 그를 흉내 내기 위한 정보를 얻어내고, 목표의 비밀을 훔치기 위해 마음을 연구합니다. 도플갱어는 다른 크리쳐의 표층 의식을 읽을 수 있으며, 이를 통해 대상의 이름, 욕망과 공포, 그리고 기억의 파편을 얻어냅니다. 도플갱어는 장기간의 계획을 통해 특정한 크리쳐를 완벽히 흉내 낼 수 있게 될 때까지 몇 주간에 걸쳐 가까이서 관찰하며 천천히 목표의 정신 상태를 연구하고 말하는 방법이나 행동하는 습관을 배웁니다.

쾌락주의적 사기꾼. 도플갱어는 혼자 행동하거나 작은 집단을 이루고 있습니다. 집단에서는 각자 사기에서 하나씩의 역할을 맡곤 합니다. 도플갱어 하나가 살해당한 귀족이나 상인의 자리를 차지하면, 다른 도플갱어들은 때와 상황에 따라 가족이나 하인들의 역할을 하며 같이 희생자의 재산을 나누어 쓰는 식입니다.

뒤바뀐 아이. 도플갱어는 자기 자식을 직접 키우기에는 너무 게으르고 이기적인 존재들입니다. 이들은 매력적인 남성의 모습으로 여성을 유혹한 다음, 자기 자손을 남깁니다. 도플갱어의 아이는 어머니 종족의 보통 아이와 똑같이 생겼지만, 사춘기가 찾아오면 어느 순간 자신의 진짜 본성을 알게 되고, 동족을 찾아 떠나고 싶은 강한 욕구를 느끼게 됩니다.

두에르가 Duergar

흔히 회색 드워프라는 이름으로도 알려진 폭압적인 두에르가는 언더다크의 지하 깊숙한 곳에 있는 환상적인 도시에서 거주하고 있습니다. 이들은 고대 드워프의 지식과 수많은 노예를 동원하여 쉴 새 없이 자신들의 지저 왕국을 확장해 나가고 있습니다.

대부분의 두에르가(여성 포함)는 대머리이며 잿빛의 회색 피부를 지니고 있습니다. 이들은 돌에 쉽사리 녹아드는 회색 옷차림을 하고 있으며, 자신들의 진지하고 실용적인 태도를 짐작할 수 있는 간단한 장신구만을 하고 있습니다.

노예에서 노예상인으로. 두에르가는 한때 같은 드워프였으나 그들의 탐욕과 지저 깊은 곳으로 끝없이 파고 들어가고자 하는 집착 때문에 결국 지하에서 마인드 플레이어와 접촉하고 말았습니다. 이후 수 세대에 걸쳐 일리시드들에게 의해 납치된 이 드워프들은 결국 사악한 신 라두거(Laduguer)의 도움을 받아 겨우 독립을 쟁취할 수 있었습니다. 그러나 이 노예로서의 생활은 그들을 영원히 변화시키고 말았습니다. 두에르가가 된 그들은 영혼이 검게 물들고 말았고, 자신들이 빠져나왔던 폭군만큼이나 사악하게 변모했습니다. 어떻게든 자유를 얻어냈지만, 두에르가들은 냉담하고 비관적이며 불신에 찬 존재가 되었고, 언제나 고되게 일하며 투덜거리면서 행복이나 자신감이 무엇을 의미하는지 잊어버리고 말았습니다. 그들의 장인 기술과 업적은 여전히 남아 있지만, 그들은 예술 감각이나 온기를 잃었습니다.

두에르가는 친족인 드워프들과 다른 모든 지저 종족에 맞서 전쟁을 벌이고 있습니다. 그들은 자신들이 필요할 때만 동맹을 맺으며, 더는 얻을 것이 없다고 판단되면 쉽게 그 동맹을 깨버립니다. 이들은 언더다크에서 노예를 포획하며, 이 노예들을 공짜 노동력이자 화폐처럼 거래하고 사용합니다.

돌처럼 단단한 자. 드워프들처럼, 두에르가 역시 튼튼한 건강을 지니고 있습니다. 그들은 신체적 활력에 더불어, 일리시드에 의해 노예로 살아왔던 경험 덕에 놀랄만한 정신적 인내마저 갖추게 되었습니다. 두에르가의 정신은 튼튼한 성채와 같으며, 매혹이나 환영, 다양한 주문을 쉽게 물리칠 수 있습니다.

두에르가 Duergar

중형 인간형(드워프), 질서 악

방어도 16 (스케일 메일, 방패)
히트 포인트 26 (4d8+8)
이동속도 25ft

근력	민첩	건강	지능	지혜	매력
14 (+2)	11 (+0)	14 (+2)	11 (+0)	10 (+0)	9 (-1)

피해 저항 독성
감각능력 암시야 120ft, 상시 감지 10
언어 드워프어, 지하 공용어
도전지수 1 (200 xp)

두에르가의 탄성. 두에르가는 중독, 주문, 환영에 대한 내성에 이점을 받으며, 매혹이나 마비 효과에 대한 내성에도 이점을 받습니다.

태양광 민감성. 두에르가는 햇빛을 받고 있을 때 시각에 관계된 지혜(감지) 판정과 모든 명중 굴림에 불리점을 받습니다.

행동

거대화 (짧은/긴 휴식 후 충전). 두에르가는 마법적으로 1분간 자신이 장비하거나 들고 있던 것들과 함께 거대해집니다. 이렇게 거대화한 동안 두에르가의 크기는 대형으로 취급하며, 근력에 기반한 무기 공격은 피해 주사위가 2배가 됩니다. 또한 이 동안에는 근력 판정과 근력 내성 굴림에 이점을 받습니다. 만약 공간이 좁아서 두에르가가 대형 크기로 변하기에 부족하다면, 공간이 허락하는 한 가장 크게 변할 것입니다.

전쟁 곡괭이. 근접 무기 공격: 명중 +4, 간격 5ft, 목표 하나. 명중시: 6(1d8+2)점의 관통 피해. 거대화한 상태라면 11(2d8+2)점의 관통 피해.

투창. 근접 또는 장거리 무기 공격: 명중 4, 간격 5ft 또는 장거리 30/120ft, 목표 하나. 명중시: 5(1d6+2)점의 관통 피해. 거대화한 상태라면 9(2d6+2)점의 관통 피해.

투명화(짧은/긴 휴식 후 충전). 두에르가는 마법적으로 투명화합니다. 이 투명화는 공격하거나 거대화하기 전까지 집중하는 동안 유지됩니다. (주문에 대한 집중과 동일, 최대 1시간) 두에르가가 장비하거나 들고 있던 물체 역시 같이 투명화합니다.

어둠 속에서 태어나. 언더다크는 기이한 마법의 힘이 차 있는 공간이며, 수 세대에 걸쳐 감금당해 살아온 두에르가 역시 이 힘을 흡수하게 되었습니다. 두에르가는 잠시동안 자신의 크기와 힘을 늘릴 수 있으며, 강력한 오우거 크기의 전사가 될 수 있습니다. 만약 상대하기 어려운 적과 마주하게 되었거나 자신들의 영역에 다가오는 크리쳐들을 염탐할 때라면, 이들은 마법의 힘으로 어렵지 않게 어둠 속에 녹아들어 투명화할 것입니다.

언더다크에서 보낸 기나긴 시간 덕에 그들의 암시야 역시 매우 날카로워져서, 평범한 드워프의 두 배 가까운 거리를 볼 수 있게 되었습니다. 하지만 이러한 시력의 발달은, 태양 빛에 과민하게 되는 부작용을 가져왔습니다.

지옥의 주인. 구충지옥의 군주인 아스모데우스가 두에르가의 신으로 위장하여 이 회색 드워프들의 마음속에 악을 불어넣었다고도 합니다. 그는 두에르가들에게 적에 대한 복수심과 목적의식을 불어넣어 결국 더 강력한 폭정으로 이끌어 갔으며, 이 와중에 그의 진정한 정체는 전혀 드러나지 않았다고도 합니다.

"나는 거미 여왕님을 한번 실망시켰다. 두번 다시 그러지 않으리라."

— 드라이더 펠라니스트라.

드라이더 DRIDER

대형 괴물류, 혼돈 악

방어도 19 (자연 갑옷)
히트 포인트 123 (13d10+52)
이동속도 30ft, 등반 30ft

근력	민첩	건강	지능	지혜	매력
16 (+3)	16 (+3)	18 (+4)	13 (+1)	14 (+2)	12 (+1)

기술 감지 +5, 은신 +9
감각능력 암시야 120ft, 상시 감지 15
언어 엘프어, 지하공용어
도전지수 6 (2,300 xp)

요정 선조. 드라이더는 매혹에 대한 내성에 이점을 받으며, 마법적 수면에 빠지지 않습니다.

선천적 주문시전. 드라이더의 선천적 주문시전 능력치는 지혜입니다(주문 내성 DC 13). 드라이더는 물질 구성요소를 사용하지 않고 선천적으로 아래 주문들을 시전할 수 있습니다.

자유시전: 춤추는 빛*Dancing Lights*
1회/일: 암흑*Darkness*, 요정 불꽃*Faerie Fire*

거미 등반. 드라이더는 능력 판정 없이 어려운 표면을 포함해 벽이나 천장을 등반할 수 있습니다.

태양광 민감성. 햇빛을 받고 있을 때 시각에 관계된 지혜(감지) 판정과 모든 명중 굴림에 불리점을 받습니다.

거미줄 걷기. 드라이더는 거미줄로 인한 이동 제한을 무시합니다.

행동

다중공격. 드라이더는 장검이나 장궁으로 3회의 공격을 가합니다. 드라이더는 이 공격중 1회를 물기로 대신할 수 있습니다.

물기. *근접 무기 공격:* 명중 +6, 간격 5ft, 크리쳐 하나. *명중시:* 2(1d4)점의 관통 피해. 추가로 9(2d8)점의 독성 피해.

장검. *근접 무기 공격:* 명중 +6, 간격 5ft, 목표 하나. *명중시:* 7(1d8+3)점의 참격 피해. 양손으로 사용한 경우 8(1d10+3)점의 참격 피해.

장궁. *장거리 무기 공격:* 명중 +6, 장거리 150/600ft, 목표 하나. *명중시:* 7(1d8+3)점의 관통 피해. 추가로 4(1d8)점의 독성 피해.

드라이더 DRIDER

드로우가 대단한 잠재력을 보여줄 때면, 롤스는 그 드로우를 데몬 웹 핏에 소환해 신앙과 힘을 시험에 들게 합니다. 만약 소환된 자가 그 시험에 통과하면, 거미 여왕의 더 큰 총애를 받게 됩니다. 그러나 시험에 실패한 자들은 드라이더로 변형됩니다. 이들은 드로우와 거미를 끔찍하게 융합한 존재이며, 롤스의 권능을 보여주는 살아있는 예시로서 존재합니다. 오직 드로우만이 드라이더로 변할 수 있으며, 오직 롤스만이 드라이더를 만들 수 있습니다.

살아남기 위해 상처 입은 자. 드라이더로 탈바꿈한 드로우는 뒤틀리고 타락한 존재로서 물질계에 돌아옵니다. 광기에 미친 이 괴물들은 은둔자이자 사냥꾼으로서 언더다크 안으로 사라집니다.

때때로 드라이더가 그 저주에도 불구하고 드로우 사회에 다시 합류하는 경우가 있는데, 이는 대개 이전 삶에서부터 이어진 오래된 맹세나 복수를 행하기 위해서입니다. 드로우는 드라이더들을 두려워하고 기피하며, 노예보다 낮은 대우를 합니다. 하지만 롤스의 의지를 보여주는 산 증거로서, 그리고 거미 여왕을 실망시킨 자들의 말로를 보여주는 모습으로서 그들 사회에 드라이더가 합류하는 것을 용인하곤 합니다.

> **변형: 드라이더 주문시전**
>
> 드로우였을 때 주문시전자였던 드라이더는 변화하고 나서도 주문을 사용하는 능력을 유지합니다. 이 드라이더들은 대체로 다른 드라이더보다 높은 주문시전 능력치(대개 15~16 정도)를 지니고 있습니다. 또한, 이 드라이더들은 주문시전 특징을 지닙니다. 드로우 신성 주문시전자였던 드라이더는 지혜 16(+3)과 함께 아래와 같은 주문시전 특징을 지닙니다.
>
> **주문시전.** 드라이더는 7레벨 주문시전자입니다. 드라이더의 주문시전 능력치는 지혜입니다. (주문 내성 DC 14, 주문 명중 +6) 드라이더는 아래 클레릭 주문을 준비하고 있습니다.
>
> 소주문(자유시전): 독 분사*Poison Spray*, 단순마술*Thaumaturgy*
> 1레벨(슬롯 4개): 악압*Bane*, 마법 탐지*Detect Magic*, 성역화*Sanctuary*
> 2레벨(슬롯 3개): 인간형 포박*Hold Person*, 침묵*Silence*
> 3레벨(슬롯 3개): 투시*Clairvoyance*, 마법 무효화*Dispel Magic*
> 4레벨(슬롯 2개): 예지*Divination*, 이동의 자유*Freedom of Movement*

드라이어드 DRYAD

숲에 들어선 여행자들은 나무 사이로 여성의 모습을 한 희미한 형체가 빛나는 모습을 마주치기도 합니다. 따스한 웃음소리가 공기에 맴돌면, 그들은 자기도 모르는 사이 에메랄드색 그림자 속으로 더 깊이 발을 들여놓고 맙니다.

나무에 묶인 자. 강력한 요정들은 때때로 요정 영혼을 나무에 묶어 드라이어드를 만들어 냅니다. 어떤 때는 이러한 변화가 필멸자와 금지된 사랑을 나눈 요정에 대한 처벌 차원에서 이루어지기도 합니다.

드라이어드는 나무에 녹아 들어가 나무를 통해서 대지를 여행할 수 있습니다. 그러나 나무는 그녀의 고향이자 집이 되고, 벗어날 수 없는 뿌리가 됩니다. 나무가 건강하고 안전하게 남아 있는 한, 드라이어드는 영원히 젊고 아름다운 모습을 유지할 수 있습니다. 그러나 나무가 해를 입으면 그녀도 상처를 입게 됩니다. 만약 나무가 완전히 파괴된다면. 드라이어드는 광기에 빠지고 맙니다.

은둔의 요정. 드라이어드는 자신들이 기거하는 숲의 수호자로 활동하곤 합니다. 그들은 부끄러움이 많고 은둔하는 속성이 있으며, 나무에 숨어 침입자들을 관찰합니다. 드라이어드가 이방인의 아름다움에 넋을 잃는다면 아마도 더 가까이 접근해서 보려 할지도 모르고, 어쩌면 매혹을 걸려고 할 수도 있습니다.

드라이어드는 숲을 지키기 위해 다른 숲속 존재들과 협력을 합니다. 유니콘, 트린트, 혹은 사티로스등이 그들과 함께 살아가며, 때때로 숲에 헌신을 바치는 드루이드들이 드라이어드들과 함께 고향이 되는 숲을 지키기도 합니다.

숲의 마법. 드라이어드는 식물이나 동물과 이야기할 수 있습니다. 그들은 나무 하나에서 다른 나무로 순간이동할 수 있으며, 이를 통해 침입자들을 자신들의 집에서 멀리 떨어뜨려 놓습니다. 만약 드라이어드가 수세에 몰리게 된다면 인간형 종족을 매혹하여 서로 싸우게 만들기도 합니다. 또한 그들은 몇몇 유용한 주문을 익혀 사용하곤 합니다.

드라이어드 DRYAD

중형 요정, 중립

방어도 11 (나무껍질 피부를 사용했을 때는 16)
히트 포인트 22 (5d8)
이동속도 30ft

근력	민첩	건강	지능	지혜	매력
10 (+0)	12 (+1)	11 (+0)	14 (+2)	15 (+2)	18 (+4)

내성 굴림 감지 +4, 은신 +5
감각능력 암시야 60ft, 상시 감지 14
언어 엘프어, 삼림어
도전지수 1 (200 xp)

선천적 주문시전. 드라이어드의 선천적 주문시전 능력치는 매력입니다. (주문 내성 DC 14). 드라이어드는 물질 구성요소를 사용하지 않고 선천적으로 아래 주문들을 시전할 수 있습니다.

자유시전: 드루이드술*Druidcraft*
각각 3회/일: 얽혀듬*Entangle*, 굿베리*Goodberry*
각각 1회/일: 나무껍질 피부*Barkskin*, 흔적없는 이동*Pass Without Trace*, 마력곤봉*Shillelagh*

마법 저항. 드라이어드는 주문과 기타 마법적 효과에 대한 내성에 이점을 받습니다.

야수나 식물과의 대화. 드라이어드는 서로 언어를 공유하는 것처럼 야수나 식물들과 대화를 나눌 수 있습니다.

나무 질주. 드라이어드는 턴 당 한 번, 이동력 10ft를 사용해 살아 있는 나무 하나에 마법적으로 들어간 다음, 60ft 내의 다른 나무를 통해 나올 수 있습니다. 이때 나오는 공간은 두 번째 나무 주변 5ft 내의 점유되지 않은 곳이어야 합니다. 들어가는 나무와 나오는 나무는 모두 대형 이상의 크기여야 합니다.

행동

곤봉. *근접 무기 공격:* 명중 +2 (마력곤봉 주문 사용시 +6), 간격 5ft, 목표 하나. *명중시:* 2(1d4)점의 타격 피해. 마력곤봉 주문을 사용했다면 8(1d8+4)점의 타격 피해.

요정의 매혹. 드라이어드는 주변 30ft 내에서 자신이 볼 수 있는 인간형 혹은 야수 크리쳐 하나를 목표로 정합니다. 목표 역시 드라이어드를 볼 수 있다면 DC 14의 지혜 내성에 실패할 시 마법적으로 드라이어드에게 매혹됩니다. 매혹된 크리쳐는 드라이어드를 믿을만한 친구이며 반드시 지켜주어야 하는 대상으로 여기게 됩니다. 비록 목표가 드라이어드의 명령에 절대 복종하는 것은 아니지만, 드라이어드의 부탁과 요청을 충실히 따르고 가능한 호의적으로 반응할 것입니다.

이후 드라이어드나 드라이어드의 동료들이 목표에게 해로운 행동을 할 때마다 목표는 다시 내성을 굴릴 수 있습니다. 또한 24시간이 지나거나 드라이어드가 사망하면 효과는 종료됩니다. 드라이어드와 목표가 서로 다른 세계에 존재하게 되는 경우에도 효과를 끝낼 수 있으며, 드라이어드가 추가 행동을 사용해 매혹을 직접 종료할 수도 있습니다. 목표가 매혹에서 빠져나왔다면 이후 24시간 동안 드라이어드의 요정 매혹에 대한 면역을 얻습니다.

드라이어드는 동시에 최대 인간형 크리쳐 하나와 야수 크리쳐 3체까지를 매혹해 놓을 수 있습니다.

드라코리치 DRACOLICH

드래곤은 장생하는 종족이긴 하지만, 그들도 언젠가는 죽게 됩니다. 많은 드래곤은 이러한 필멸의 운명을 불편해하며, 이들 중 일부는 사령의 힘과 고대의 의식을 이용해 강력한 언데드인 드라코리치로 탈바꿈하기도 합니다. 드래곤 중에서도 가장 자기도취적인 일부만이 이 길을 따르는데, 드라코리치가 되는 길을 선택하면 그들 동족 전체와 드래곤의 신들과의 연결이 끊어짐을 알고 있기 때문입니다.

죽음을 넘어. 드라코리치는 변하기 전의 형태와 크기를 그대로 유지합니다. 가죽과 비늘은 뼈에 완전히 달라붙고, 살점은 모두 떨어져 나가 뼈의 모습이 그대로 드러납니다. 눈알은 사라지고 눈구멍 안에는 형형하게 타오르는 빛만 보일 뿐입니다. 이 눈이야말로 불사의 존재가 된 그들의 악악한 본성을 드러내 보여줍니다.

많은 드래곤이 파괴와 지배라는 사악한 목표를 따르긴 하지만, 드라코리치는 대부분의 악한 드래곤들보다 더 악랄합니다. 그들은 모든 것을 지배하고자 하는 야욕에 불타게 되는 것입니다. 드라코리치는 악마같은 지능을 가진 폭군으로, 그들의 교활한 계획을 진행하기 위해 복잡한 계략의 올가미를 짜며 부와 권력에 대한 유혹으로 수많은 하수인을 끌어들입니다. 그림자 속에서 움직이며 모든 계략을 비밀로 돌려 자신의 존재 자체를 숨기려 드는 드라코리치는 교활하고 어려운 적이라 할 수 있을 것입니다.

드라코리치의 성물함. 드라코리치를 만들기 위해서는 드래곤과 마법사, 혹은 사교도 집단이 서로 협조해 특별한 의식을 거행해야 합니다. 이 의식을 거행하는 동안, 드래곤은 특별한 맹독 혼합물을 마십니다. 이 혼합물은 드래곤을 즉시 죽음에 이르게 합니다. 그러면 함께 참가한 주문 시전자들이 드래곤의 영혼을 붙잡아 리치의 성물함과 동일한 역할을 하는 특별한 보석에 집어넣습니다. 드래곤의 살점은 모두 썩어 떨어져 버리지만, 보석에 들어 있는 영혼의 힘으로 남은 뼈는 움직일 수 있게 됩니다.

드라코리치의 물리적 신체가 완전히 파괴된다 해도, 보석만 같은 세계에 있다면 영혼은 무사히 보석으로 돌아갑니다. 만약 이후 다른 드래곤의 시체에 보석이 접촉할 수 있다면, 보석 내부의 영혼은 시체를 움직여서 새로운 드라코리치로 일어날 수 있습니다. 만약 드라코리치의 영혼 보석이 다른 세계로 간 상태에서 육신이 파괴당한다면, 영혼은 갈 곳을 잃고 내세로 건너갈 수밖에 없습니다.

드라코리치 템플릿

오로지 고룡급이나 원숙체 이상의 참된 드래곤만이 드라코리치가 될 수 있습니다. 더 어린 드래곤은 변화의 의식을 견디지 못하고 죽어버리며, 와이번, 슈도드래곤, 드래곤 터틀 등 용족에 속하긴 하지만 참된 드래곤이 아닌 것들도 의식을 견딜 수 없습니다. 그림자 드래곤은 이미 물리적인 형태를 너무 많이 잃어버렸기에 드라코리치가 될 수 없습니다.

드래곤이 드라코리치로 변하면, 아래 사항을 제외한 모든 게임적 자료는 살아있을 때의 것을 그대로 유지할 수 있습니다. 수륙양용 따위의 특징은 모두 잃어버립니다. 드라코리치는 본거지 행동을 잃어버릴 수도 있고, 새로운 본거지 행동을 얻기도 합니다. 이는 어디까지나 DM의 판단에 따릅니다.

종류. 드라코리치는 용족이 아니라 언데드에 속하게 됩니다. 언데드는 호흡할 필요가 없으며, 먹고 마시거나 잠잘 필요도 없습니다.

피해 저항. 드라코리치는 사령 피해에 대한 저항을 얻습니다.

피해 면역. 드라코리치는 독성 피해에 대한 면역을 얻습니다. 또한 드라코리치는 생전에 지녔던 면역을 유지합니다.

상태 면역. 드라코리치는 매혹, 공포, 마비, 중독 상태에 대한 면역을 얻으며, 탈진하지도 않습니다.

마법 저항. 드라코리치는 주문과 기타 마법적 효과에 대한 내성 굴림에 이점을 받습니다.

블루 드라코리치 원숙체
ADULT BLUE DRACOLICH
거대형 언데드, 질서 악

방어도 19 (자연 갑옷)
히트 포인트 225 (18d12+108)
이동속도 40ft, 굴착 30ft, 비행 80ft

근력	민첩	건강	지능	지혜	매력
25 (+7)	10 (+0)	23 (+6)	16 (+3)	15 (+2)	19 (+4)

내성 굴림 민첩 +6, 건강 +12, 지혜 +8, 매력 +10
기술 감지 +14, 은신 +6
피해 저항 사령
피해 면역 번개, 독성
상태 면역 매혹, 탈진, 공포, 마비, 중독
감각능력 맹안시야 60ft, 암시야 120ft, 상시 감지 24
언어 공용어, 용언
도전지수 17 (18,000 xp)

전설적 저항력 (3/일). 드라코리치가 내성에 실패한 경우, 이 능력을 1회 소비하고 대신 성공한 것으로 할 수 있습니다.

마법 저항. 드라코리치는 주문과 기타 마법적 효과에 대한 내성에 이점을 받습니다.

행동

다중공격. 드라코리치는 공포스러운 존재감을 사용한 다음, 물기 1회 할퀴기 2회, 총 3회 공격을 가할 수 있습니다.

물기. *근접 무기 공격:* 명중 +13, 간격 10ft, 목표 하나. *명중시:* 18(2d10+7)점의 관통 피해, 추가로 5(1d10)점의 번개 피해.

할퀴기. *근접 무기 공격:* 명중 +13, 간격 5ft, 목표 하나. *명중시:* 14(2d6+7)점의 참격 피해.

꼬리. *근접 무기 공격:* 명중 +13, 간격 15ft, 목표 하나. *명중시:* 16(2d8+7)점의 타격 피해.

공포스러운 존재감. 드라코리치로부터 120ft 내에 있는 크리쳐들 중 드라코리치가 선택한 크리쳐들 모두가 DC 18의 지혜 내성 굴림에 실패할 시 1분간 공포 상태가 됩니다. 공포 상태의 크리쳐들은 매번 자기 턴이 끝날 때 다시 내성 굴림을 굴릴 수 있으며, 성공시에는 효과가 종료됩니다. 내성 굴림에 성공하였다면, 해당 크리쳐는 이후 24시간 동안 해당 드라코리치의 공포스러운 존재감에 면역을 얻게 됩니다.

번개 브레스(재충전 5-6). 드라코리치는 90ft 길이, 5ft 폭의 직선 범위에 번개를 뿜어냅니다. 범위 내의 모든 크리쳐는 DC 20의 민첩 내성에 실패할 시 66(12d10)점의 번개 피해를 받습니다. 내성에 성공하면 피해는 절반으로 줄어듭니다.

전설적 행동

드라코리치는 아래의 선택지 중에서 3회의 전설적 행동을 취할 수 있습니다. 전설적 행동은 동시에 한 가지만 취할 수 있으며, 오로지 다른 크리쳐의 턴이 끝날 때만 사용할 수 있습니다. 드라코리치는 자기 턴이 시작할 때 사용한 전설적 행동 횟수를 모두 회복합니다.

탐지. 드라코리치는 지혜(감지) 판정을 합니다.
꼬리 공격. 드라코리치는 꼬리 공격을 1회 가합니다.
날개 공격 (행동 2회 소모). 드라코리치는 날개를 휘둘러 칩니다. 드라코리치로부터 10ft 내에 있는 모든 크리쳐들은 DC 21의 민첩 내성에 실패할 시 14(2d6+7)점의 타격 피해를 받고 넘어집니다. 드라코리치는 이 공격을 가한 다음 자신의 비행 이동 속도 절반만큼 비행해 이동할 수 있습니다.

드래곤, 그림자
DRAGON, SHADOW

그림자 드래곤은 섀도펠에서 태어났거나 오랜 기간 섀도펠에서 지내며 변화한 참된 드래곤입니다. 몇몇 그림자 드래곤은 섀도펠의 냉혹한 풍경과 황폐함에 마음을 빼앗겨 이를 받아들이기도 합니다. 이들은 물질계로 돌아가 다른 드래곤들에게 그림자 이계의 악과 어둠을 더 널리 퍼트리려는 욕망에 불타고 있습니다.

어둠의 포탈. 섀도펠로 향하는 포탈은 고독한 장소나 지하 동굴의 깊은 어둠 속에 있습니다. 그런 장소에 보금자리를 차린 드래곤은 때때로 포탈을 발견하고, 이를 통해 새로운 세계로 건너가기도 합니다. 고룡급 드래곤은 세상과 멀리 떨어진 곳에 보금자리를 차리고 몇 개월에서 몇 년에 이르는 긴 시간을 잠들어 있다가 자기도 모르는 새 포탈을 통해 섀도펠로 흘러 들어가기도 합니다.

그림자로 다시 빚어짐. 그림자 드래곤으로의 변화 과정은 몇 년에 걸쳐 이루어지며, 그동안 드래곤의 비늘은 점차 윤기를 잃고 석탄처럼 검은색으로 바뀌어 갑니다. 가죽의 날개는 반투명해지며, 눈은 색을 잃고 유백색 광택의 회색으로 변해갑니다. 그림자 드래곤은 햇빛을 싫어하게 되며, 어둠 속을 벗어나 밝은 빛 아래로 오면 약해집니다. 어둠은 점차 드래곤의 실체를 채워 원래 자기 모습을 한 유령 같은 그림자로 변화시킵니다.

드래곤의 마법적인 본성이 섀도펠의 관심을 끌어들이며, 세계 자체가 이 강대하고 장엄한 파충류를 변화시켜 차지하려 듭니다. 또한 섀도펠에 오래 머무를수록, 머무른 자는 점차 그 세계의 악과 황량함에 대한 거부감이 약해져 결국에는 그것을 받아들이게 됩니다. 그렇게 드래곤이 섀도펠에서 몇 개월, 몇 년을 보내고 나면 변화를 겪고 그림자 드래곤이 되며, 한번 변하고 나면 다시 본래의 모습으로 돌아올 수 없습니다.

세계로 돌아가기. 그림자 드래곤은 이미 섀도펠의 힘으로 완전히 변화했기에, 다시 물질계로 돌아간다 해도 본래 모습으로 돌아올 수 없습니다. 몇몇 그림자 드래곤은 필멸 세계에서 다른 크리쳐들을 끌어들여 섀도펠에서도 그들과 함께 지내려 들지만, 결국 손님들이 지겨워지면 그것들을 잡아먹기도 합니다. 다른 그림자 드래곤들은 섀도펠을 영원히 떠나서, 더 많은 부와 권력을 얻을 수 있는 물질계로 돌아가려 합니다.

그림자 드래곤 템플릿

오직 참된 드래곤만이 그림자 드래곤으로 변할 수 있습니다. 그리고 섀도펠에서 태어났거나 그곳에서 몇 년 이상의 시간을 보내야만 그림자 드래곤이 될 수 있습니다. 드라코리치는 이미 드래곤으로서의 본성을 잃고 언데드가 되었기에 그림자 드래곤이 될 수 없습니다.

드래곤이 그림자 드래곤으로 변하면, 아래 사항을 제외하고 자신의 게임 자료는 그대로 유지합니다. DM의 판단에 따라 그림자 드래곤은 본거지 행동 중 일부를 잃거나 새로 얻을 수 있습니다.

피해 저항. 드래곤은 사령 피해에 대한 저항을 얻습니다.

기술 숙련: 은신. 드래곤은 민첩(은신) 판정의 숙련 보너스를 두 배로 적용받습니다.

살아있는 그림자. 드래곤은 약한 빛이나 어둠 속에 있을 때 역장, 정신, 광휘 피해를 제외한 모든 피해에 저항을 얻습니다.

그림자 은신. 드래곤은 약한 빛이나 어둠 속에 있을 때 추가 행동으로 은신 시도를 할 수 있습니다.

태양광 민감성. 드래곤은 햇빛을 받고 있을 때 시각에 관계된 지혜(감지) 판정과 모든 명중 굴림에 불리점을 받습니다.

새 행동: 물기. 만약 드래곤이 물기를 통해 산성, 냉기, 화염, 번개, 독성 피해를 주었다면, 변화한 다음에는 피해 속성이 사령으로 바뀌게 됩니다.

새 행동: 그림자 브레스. 드래곤이 사용하는 브레스 무기가 피해를 가하는 것이었다면, 본래 피해 속성 대신에 사령 피해를 주게 됩니다. 만약 인간형 크리쳐가 이 피해로 인해 사망했다면, 언데드 섀도우가 시체에서 일어나 드래곤의 우선권 순서에서 드래곤의 명령에 따라 움직일 것입니다.

그림자 레드 드래곤 성체
YOUNG RED SHADOW DRAGON

대형 용족, 혼돈 악

___

방어도 18 (자연 갑옷)
히트 포인트 178 (17d10+85)
이동속도 40ft, 등반 40ft, 비행 80ft

근력	민첩	건강	지능	지혜	매력
23 (+6)	10 (+0)	21 (+5)	14 (+2)	11 (+0)	19 (+4)

___

내성 굴림 민첩 +4, 건강 +9, 지혜 +4, 매력 +8
기술 감지 +8, 은신 +8
피해 저항 사령
피해 면역 화염
감각능력 맹안시야 30ft, 암시야 120ft, 상시 감지 18
언어 공용어, 용언
도전지수 13 (10,000 xp)

___

살아있는 그림자. 드래곤은 약한 빛이나 어둠 속에 있을 때 역장, 정신, 광휘 피해를 제외한 모든 피해에 저항을 얻습니다.

그림자 은신. 드래곤은 약한 빛이나 어둠 속에 있을 때 추가 행동으로 은신 시도를 할 수 있습니다.

태양광 민감성. 드래곤은 햇빛을 받고 있을 때 시각에 관계된 지혜(감지) 판정과 모든 명중 굴림에 불리점을 받습니다.

행동

다중공격. 드래곤은 물기 1회, 할퀴기 2회, 총 3회 공격을 가할 수 있습니다.

물기. 근접 무기 공격: 명중 +10, 간격 10ft, 목표 하나. *명중시:* 17(2d10+6)점의 관통 피해, 추가로 3(1d6)점의 사령 피해.

할퀴기. 근접 무기 공격: 명중 +10, 간격 5ft, 목표 하나. *명중시:* 13(2d6+6)점의 참격 피해.

그림자 브레스(재충전 5-6). 드래곤은 30ft 길이의 원뿔형 범위에 그림자 불길을 뿜어냅니다. 범위 내의 모든 크리쳐는 DC 18의 민첩 내성에 실패할 시 56(16d6)점의 사령 피해를 받습니다. 내성에 성공하면 피해가 절반으로 줄어듭니다. 만약 이 피해로 인간형 크리쳐의 hp가 0으로 떨어졌다면 해당 크리쳐는 사망하며, 즉시 언데드 섀도우가 시체에서 일어나 드래곤의 우선권 순서에 드래곤의 명령에 따라 움직이게 됩니다.

드래곤 DRAGONS

참된 드래곤은 고대로부터 내려오는 혈통과 무시무시한 힘을 지닌 날개 달린 파충류의 일종입니다. 그들은 교활함과 탐욕으로 인해 공포의 대상이 되곤 하며, 가장 나이 든 드래곤들은 온 세상에서 가장 강력한 존재 중 하나로 여겨지곤 합니다. 드래곤은 또한 숨결을 공포스러운 무기로 사용하며 다른 초자연적 능력을 지닌 마법의 존재들이기도 합니다.

와이번이나 드래곤 터틀 같은 다른 크리처들 역시 드래곤의 피를 일부 잇고 있습니다. 하지만, 참된 드래곤은 크게 유색(Chromatic) 드래곤과 금속(Metallic) 드래곤이라는 두 종류로 나누어집니다. 유색 드래곤에 속하는 블랙, 블루, 그린, 레드, 화이트 드래곤은 이기적이고 사악하며 공포스러운 존재들입니다. 한편 금속 드래곤에 속하는 브라스, 브론즈, 카퍼, 골드, 실버 드래곤은 고귀하고 선하며, 현명하므로 존경받곤 합니다.

이들 각각의 목표나 이상은 서로 판이하지만, 참된 드래곤은 모두 보물에 집착하며, 산더미 같은 재화와 보석, 장신구, 여러 가지 마법 물건을 모아 놓습니다. 거대한 보물 더미를 지닌 드래곤은 쉽게 자신의 보금자리를 떠나지 않으며, 오직 먹이를 찾으러 나설 때만 가끔 자리를 비우곤 합니다.

참된 드래곤들은 생애를 거쳐 4단계로 성장해 갑니다. 가장 어릴 때는 유생체라고 부르며, 천년 가까이 나이를 먹고 나면 고룡의 자리에 오르게 됩니다. 이 시기가 되면 누구라도 그들의 힘에 맞서기 어려워지며 재물의 규모 역시 상상을 초월하게 됩니다.

드래곤 나이 분류

분류	크기	나이 범위
유생체	중형	5살 이하
성체	대형	6-100살
원숙체	거대형	101-800살
고룡	초대형	801살 이상

변형규칙: 선천적 주문사용자로서의 드래곤

드래곤은 선천적으로 마법의 힘을 타고 났으며, 이 규칙을 사용하면 나이를 먹어가며 몇몇 주문에 통달하게 됩니다.

성체 단계 이상으로 나이를 먹은 드래곤은 자신의 매력 수정치만큼의 주문을 다룰 수 있습니다. 각 주문은 하루 1번씩만 시전할 수 있으며, 물질 구성요소가 필요 없습니다. 또한 주문의 레벨은 드래곤의 도전 지수 ÷ 3 이하여야 합니다. (나머지 내림) 드래곤이 주문공격을 할 때 명중 굴림은 드래곤의 숙련 보너스 + 매력 보너스입니다. 또한 드래곤의 주문에 대한 내성 DC는 8 + 숙련 보너스 + 매력 보너스입니다.

유색 드래곤

블랙, 블루, 그린, 레드, 화이트 드래곤은 용족 전체의 악한 부분을 상징합니다. 이들은 공격적이며 탐욕에 차 있고, 악랄합니다. 유색 드래곤은 사악한 지혜를 다루며 심지어 동족 사이에서도 강력한 폭군으로서 공포의 대상이 되곤 합니다.

탐욕에 의해 움직임. 유색 드래곤은 보물에 집착하며, 이 탐욕이 그들의 모든 계략과 계획에 배어 들어갑니다. 그들은 세상의 모든 재보가 본래 자신들의 것이라고 믿으며, 인간형 종족들이나 다른 크리처들이 그것을 "훔쳤다"고 생각합니다. 수많은 동전과 빛나는 보석, 마법 물건으로 가득한 드래곤의 보물 더미는 전설 속에서 자주 등장합니다. 하지만 유색 드래곤은 거래에 큰 관심이 없으며, 그들이 재산을 쌓으려는 목적은 오로지 불타는 소유욕뿐입니다.

자아비대증. 유색 드래곤들은 모두 자신이 우월하다는 생각에 가득 차 있으며, 모든 필멸의 존재 중에서도 자신들이 가장 강대하고 현명하다고 믿습니다. 그들이 다른 존재들과 접촉할 때는 오로지 자신들의 이익을 위해서 뿐입니다. 유색 드래곤은 자신들이 지배의 권리를 타고났다고 믿으며, 이 믿음이 그들의 모든 개성과 세계관을 지배합니다. 유색 드래곤이 겸손해지는 것보다 바다가 파도치기를 멈추는 것이 더 쉬울 것입니다. 이들에게 인간형 종족들은 그저 짐승일 뿐이며, 짐 끄는 가축이나 먹이로 쓰는 것들을 존중할 필요는 없다고 생각합니다.

위험한 본거지. 드래곤의 본거지는 그들의 힘이 가득한 곳이며 보물의 저장고이기도 합니다. 선천적인 튼튼함과 환경적 위험에 견딜 수 있는 능력으로 인해, 드래곤은 본거지를 고르거나 짓고자 할 때 단순히 안식처나 도주로가 아니라 방어에 유용한 곳으로 만들고자 합니다. 이들은 여러 개의 입구와 출구를 만들어 보물을 완벽하게 지키려 합니다.

대부분의 유색 드래곤이 사는 본거지는 위험하고 멀리 떨어진 지역에 위치해 있으며, 이런 곳에는 가장 무모한 필멸자들을 제외하면 대부분의 발길이 닿지 않을 것입니다. 블랙 드래곤은 늪지의 심장부에 본거지를 차리는가 하면 레드 드래곤은 활화산 한가운데 보금자리를 건설하기도 합니다. 강력한 유색 드래곤은 마법적 수호자나 함정, 혹은 자신에게 복종하는 다른 하수인들을 이용하여 보물을 지키기도 합니다.

악한 드래곤들의 여왕. 용의 여왕 티아마트는 악한 용족들 모두의 주신입니다. 그녀는 구층지옥의 제1층인 아베르누스에 살고 있습니다. 티아마트는 하급 신으로서 자신의 신봉자들에게 주문을 내려줄 수 있지만, 그녀는 자신의 힘을 쉽게 나눠주려 하지 않습니다. 그녀는 악한 드래곤 모두가 공유하는 탐욕을 상징하며, 언젠가 멀티버스 전체와 그 모든 보물이 오직 그녀만의 것이 되리라 믿습니다.

티아마트는 무시무시하게 거대한 드래곤으로서, 그녀를 따르는 유색 드래곤의 색깔인 검은색, 청색, 녹색, 붉은색, 흰색의 각각 머리를 하나씩 지니고 있습니다. 그녀는 전장의 공포 그 자체이며, 다섯 개의 머리에서 뿜어대는 브레스로 군대 전체를 살육할 힘을 지니고 있습니다. 그녀의 무시무시한 주문들과 강대한 손톱 역시 절대 무시할 수 없습니다.

티아마트가 가장 증오하는 적은 백금룡 바하무트이며, 이 둘은 용족 전체의 신앙을 거의 양분하고 있습니다. 또한 그녀는 오래전 그녀에게서 아베르누스의 지배권을 빼앗아 가고 용의 여왕이 지닌 권능을 갉아먹고 있는 아스모데우스에 대해서도 특별한 증오심을 품고 있습니다.

그린 드래곤 고룡
ANCIENT GREEN DRAGON

초대형 용족, 질서 악

방어도 21 (자연 갑옷)
히트 포인트 385 (22d20+154)
이동속도 40ft, 비행 80ft, 수영 40ft

근력	민첩	건강	지능	지혜	매력
27 (+8)	12 (+1)	25 (+7)	20 (+5)	17 (+3)	19 (+4)

내성 굴림 민첩 +8, 건강 +14, 지혜 +10, 매력 +11
기술 기만 +11, 통찰 +10, 감지 +17, 설득 +11, 은신 +8
피해 면역 독성
상태 면역 중독
감각능력 맹안시야 60ft, 암시야 120ft, 상시 감지 27
언어 공용어, 용언
도전지수 22 (41,000 xp)

수륙양용. 드래곤은 공기와 수중 양쪽에서 호흡할 수 있습니다.

전설적 저항력 (3/일). 드래곤이 내성에 실패한 경우, 이 능력을 1회 소비하고 대신 성공한 것으로 할 수 있습니다.

행동

다중공격. 드래곤은 먼저 공포스러운 존재감을 사용할 수 있습니다. 그런 다음 물기 1회, 할퀴기 2회, 총 3회의 공격을 가할 수 있습니다.

물기. *근접 무기 공격:* 명중 +15, 간격 15ft, 목표 하나. *명중시:* 19(2d10+8)점의 관통 피해, 추가로 10(3d6)점의 독성 피해.

할퀴기. *근접 무기 공격:* 명중 +15, 간격 10ft, 목표 하나. *명중시:* 22(4d6+8)점의 참격 피해.

꼬리. *근접 무기 공격:* 명중 +15, 간격 20ft, 목표 하나. *명중시:* 17(2d8+8)점의 타격 피해.

공포스러운 존재감. 드래곤으로부터 120ft 내에 있는 크리쳐들 중 드래곤이 선택한 크리쳐들 모두는 DC 19의 지혜 내성 굴림에 실패할 시 1분간 공포 상태가 됩니다. 공포 상태의 크리쳐들은 매번 자기 턴이 끝날 때 다시 내성 굴림을 굴릴 수 있으며, 성공시에는 효과가 종료됩니다. 내성 굴림에 성공하였다면, 해당 크리쳐는 이후 24시간 동안 해당 드래곤의 공포스러운 존재감에 면역을 얻게 됩니다.

독성 브레스(재충전 5-6). 드래곤은 90ft 길이의 원뿔형 범위에 독성 가스를 뿜어냅니다. 범위 내의 모든 크리쳐는 DC 22의 건강 내성에 실패할 시 77(22d6)점의 독성 피해를 받습니다. 내성에 성공하면 피해는 절반으로 줄어듭니다.

전설적 행동

드래곤은 아래의 선택지 중에서 3회의 전설적 행동을 취할 수 있습니다. 전설적 행동은 동시에 한 가지만 취할 수 있으며, 오로지 다른 크리쳐의 턴이 끝날 때만 사용할 수 있습니다. 드래곤은 자기 턴이 시작할 때 사용한 전설적 행동 횟수를 모두 회복합니다.

탐지. 드래곤은 지혜(감지) 판정을 합니다.
꼬리 공격. 드래곤은 꼬리 공격을 1회 가합니다.
날개 공격 (행동 2회 소모). 드래곤은 날개를 휘둘러 칩니다. 드래곤으로부터 15ft 내에 있는 모든 크리쳐들은 DC 23의 민첩 내성에 실패할 시 15(2d6+8)점의 타격 피해를 받고 넘어집니다. 드래곤은 이 공격을 가한 다음 자신의 비행 이동 속도 절반만큼 비행해 이동할 수 있습니다.

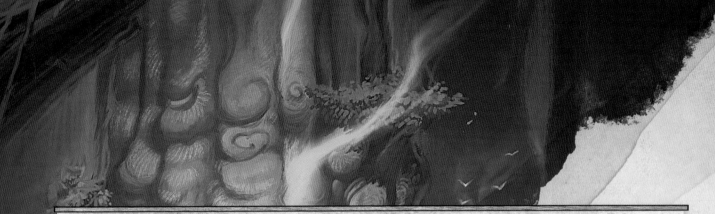

그린 드래곤 원숙체
ADULT GREEN DRAGON
거대형 용족, 질서 악

방어도 19 (자연 갑옷)
히트 포인트 207 (18d12+90)
이동속도 40ft, 비행 80ft, 수영 40ft

근력	민첩	건강	지능	지혜	매력
23 (+6)	12 (+1)	21 (+5)	18 (+4)	15 (+2)	17 (+3)

내성 굴림 민첩 +6, 건강 +10, 지혜 +7, 매력 +8
기술 기만 +8, 통찰 +7, 감지 +12, 설득 +8, 은신 +6
피해 면역 독성
상태 면역 중독
감각능력 맹안시야 60ft, 암시야 120ft, 상시 감지 22
언어 공용어, 용언
도전지수 15 (13,000 xp)

수륙양용. 드래곤은 공기와 수중 양쪽에서 호흡할 수 있습니다.

전설적 저항력 (3/일). 드래곤이 내성에 실패한 경우, 이 능력을 1회 소비하고 대신 성공한 것으로 할 수 있습니다.

행동

다중공격. 드래곤은 먼저 공포스러운 존재감을 사용할 수 있습니다. 그런 다음 물기 1회, 할퀴기 2회, 총 3회의 공격을 가할 수 있습니다.

물기. *근접 무기 공격:* 명중 +11, 간격 10ft, 목표 하나. *명중시:* 17(2d10+6)점의 관통 피해, 추가로 7(2d6)점의 독성 피해.

할퀴기. *근접 무기 공격:* 명중 +11, 간격 5ft, 목표 하나. *명중시:* 13(2d6+6)점의 참격 피해.

꼬리. *근접 무기 공격:* 명중 +11, 간격 15ft, 목표 하나. *명중시:* 15(2d8+6)점의 타격 피해.

공포스러운 존재감. 드래곤으로부터 120ft 내에 있는 크리쳐들 중 드래곤이 선택한 크리쳐들 모두는 DC 16의 지혜 내성 굴림에 실패할 시 1분간 공포 상태가 됩니다. 공포 상태의 크리쳐들은 매번 자기 턴이 끝날 때 다시 내성 굴림을 굴릴 수 있으며, 성공시에는 효과가 종료됩니다. 내성 굴림에 성공하였다면, 해당 크리쳐는 이후 24시간 동안 해당 드래곤의 공포스러운 존재감에 면역을 얻게 됩니다.

독성 브레스(재충전 5-6). 드래곤은 60ft 길이의 원뿔형 범위에 독성 가스를 뿜어냅니다. 범위 내의 모든 크리쳐는 DC 18의 건강 내성에 실패할 시 56(16d6)점의 독성 피해를 받습니다. 내성에 성공하면 피해는 절반으로 줄어듭니다.

전설적 행동

드래곤은 아래의 선택지 중에서 3회의 전설적 행동을 취할 수 있습니다. 전설적 행동은 동시에 한 가지만 취할 수 있으며, 오로지 다른 크리쳐의 턴이 끝날 때만 사용할 수 있습니다. 드래곤은 자기 턴이 시작할 때 사용한 전설적 행동 횟수를 모두 회복합니다.

탐지. 드래곤은 지혜(감지) 판정을 합니다.
꼬리 공격. 드래곤은 꼬리 공격을 1회 가합니다.
날개 공격 (행동 2회 소모). 드래곤은 날개를 휘둘러 칩니다. 드래곤으로부터 10ft 내에 있는 모든 크리쳐들은 DC 19의 민첩 내성에 실패할 시 13(2d6+6)점의 타격 피해를 받고 넘어집니다. 드래곤은 이 공격을 가한 다음 자신의 비행 이동 속도 절반만큼 비행해 이동할 수 있습니다.

그린 드래곤 성체
YOUNG GREEN DRAGON
대형 용족, 질서 악

방어도 18 (자연 갑옷)
히트 포인트 136 (16d10+48)
이동속도 40ft, 비행 80ft, 수영 40ft

근력	민첩	건강	지능	지혜	매력
19 (+4)	12 (+1)	17 (+3)	16 (+3)	13 (+1)	15 (+2)

내성 굴림 민첩 +4, 건강 +6, 지혜 +4, 매력 +5
기술 기만 +5, 감지 +7, 은신 +4
피해 면역 독성
상태 면역 중독
감각능력 맹안시야 30ft, 암시야 120ft, 상시 감지 17
언어 공용어, 용언
도전지수 8 (3,900 xp)

수륙양용. 드래곤은 공기와 수중 양쪽에서 호흡할 수 있습니다.

행동

다중공격. 드래곤은 물기 1회, 할퀴기 2회, 총 3회 공격을 가할 수 있습니다.

물기. *근접 무기 공격:* 명중 +7, 간격 10ft, 목표 하나. *명중시:* 15(2d10+4)점의 관통 피해, 추가로 7(2d6)점의 독성 피해.

할퀴기. *근접 무기 공격:* 명중 +7, 간격 5ft, 목표 하나. *명중시:* 11(2d6+4)점의 참격 피해.

독성 브레스(재충전 5-6). 드래곤은 30ft 길이의 원뿔형 범위에 독성 가스를 뿜어냅니다. 범위 내의 모든 크리쳐는 DC 14의 건강 내성에 실패할 시 42(12d6)점의 독성 피해를 받습니다. 내성에 성공하면 피해는 절반으로 줄어듭니다.

그린 드래곤

모든 참된 드래곤 중에서도 가장 교활하고 믿을 수 없는 존재인 그린 드래곤은 거짓 정보와 속임수를 이용해 적들에게서 우위를 차지합니다. 성질이 더럽고 사악한 이들은 선한 마음가짐을 가진 이들을 타락시키는 과정에서 특별한 즐거움을 느끼곤 합니다. 고대의 숲을 거니는 그린 드래곤들은 영토 때문이 아니라 가능한 한 적은 노력을 들여 부와 권력을 얻기 위해 공격성을 보이곤 합니다.

그린 드래곤은 둥그런 턱선과 눈가에서 시작해 척추까지 이어지는 독특한 볏으로 인해 구분할 수 있습니다. 완전히 자란 그린 드래곤은 두개골 바로 뒤까지 이어지기도 합니다. 그린 드래곤은 귀가 밖으로 드러나 있지 않지만, 목 주변으로 가시돋힌 가죽 판이 넓게 펼쳐져 있습니다.

그린 드래곤의 유생체는 거의 검은색으로 보이는 옅은 녹색의 얇은 비늘이 나 있습니다. 그린 드래곤이 나이를 먹게 되면 그 비늘은 더 커지고 가벼워지며, 숲의 음영이나 에메랄드색, 혹은 올리브색에 가까운 녹색으로 변해 주변 숲 환경에 자연스레 녹아들게 됩니다. 날개는 얼룩덜룩한 무늬가 생겨나며, 가장자리로 갈수록 색이 어두워지고 뼈대 쪽은 밝은색을 띱니다.

그린 드래곤의 다리는 다른 드래곤에 비해 더 긴 편이며, 그래서 숲의 덤불이나 잔해들을 쉽게 넘어 다닐 수 있습니다. 또한 그들은 목도 길게 자라나며, 나이 먹은 그린 드래곤은 애쓰지 않고도 나무 꼭대기 너머를 쉽게 볼 수 있습니다.

변덕스러운 사냥꾼. 그린 드래곤은 하늘을 날아다니거나 땅 위를 걸어 다니며 숲의 영역을 순찰하며 사냥합니다. 그들은 보이는 것은 무엇이든 먹어 치우며, 심하게 배가 고프다면 숲이나 작은 덤불도 먹습니다. 하지만 그들이 가장 좋아하는 먹이는 엘프들입니다.

그린 드래곤은 교활한 거짓말쟁이이며 말 속임수의 달인들입니다. 그들은 저급한 것들에 대해서는 위협을 가하곤 하지만, 다른 드래곤들과 거래할 때는 보다 교묘한 조작을 하기도 합니다. 그린 드래곤은 아무런 경고 없이 동물이나 괴물들을 공격하며, 특히 자기 영토에 위협이 될 만한 것들에게는 자비가 없습니다. 지능을 지닌 크리쳐들을 상대할 때는 재물에 대한 드래곤의 본능적 탐욕에 비길만한 권력에 대한 갈망을 보이며, 자신의 야망을 펼치는 데 도움이 될 크리쳐들을 언제나 찾고 있습니다.

그린 드래곤은 계획을 세워 희생자의 뒤를 쫓아다니며, 때로는 며칠 동안이나 조용히 뒤를 밟기도 합니다. 목표가 약하다면, 드래곤은 공격을 가하기 전 먹잇감이 보여주는 공포와 경악을 충분히 즐깁니다. 그린 드래곤은 적들을 몰살시키는 법이 없으며, 생존자를 남겨놓아 위협을 가하며 조종하려 합니다. 이 생존자를 통해 그린 드래곤은 자기 영역 주변에서 벌어지는 다른 존재들의 활동을 조사하며, 얻을 수 있는 보물이 있는가를 살핍니다. 그린 드래곤들은 때때로 몸값을 받으면 포로들을 풀어주기도 하지만, 몸값이 없다면 포로들은 자기의 값어치를 증명해야만 먹이가 되지 않고 살아남을 수 있습니다.

교활한 계획자. 그린 드래곤은 야비하며 교묘한 존재로, 다른 자들의 욕망과 바램을 읽어 그들을 자기 뜻대로 조종합니다. 그린 드래곤과 이야기를 나눌 만큼 멍청한 자들은 결국 언젠가 자기가 해왔던 일들이 모두 주인이 될 드래곤을 위한 것이었음을 깨닫게 됩니다.

그린 드래곤이 다른 존재들을 조종하려 들 때는 사탕발림과 부드럽고 교양있는 태도를 선보이기도 합니다. 동족들을 상대할 때는 시끄럽고 뻔뻔하며 무례하게 나서며, 특히 비슷한 나이와 지위를 지닌 드래곤을 상대할 때 그런 모습을 보입니다.

분쟁과 타락. 그린 드래곤은 때때로 숲이 다른 지형과 겹치는 지점에서 다른 드래곤들과 분쟁에 휩싸이기도 합니다. 그린 드래곤은 대개 처음에는 물러서는 것처럼 보이며, 가만히 기다리면서 지켜봅니다. 때로는 이 기다림이 수십 년을 가기도 합니다. 그 기다림의 결과 다른 드래곤을 죽이고 그 본거지와 보물을 가로챌 기회가 온다면, 그린 드래곤은 그 기회를 낚아챌 것입니다.

그린 드래곤은 고블린 종족이나 이터캡, 에틴, 코볼드, 오크, 유안티 따위의 지능을 지닌 종족들의 봉사를 받아들이기도 합니다. 또한 그린 드래곤은 엘프 사이에서 타락을 퍼트리며 그들의 의지를 꺾어버리는 일을 즐깁니다. 그린 드래곤은 하수인의 정신을 공포로 망가트려 광기로 몰고 가기도 하며, 숲속의 안개처럼 하수인들의 꿈속에 고문과 같은 고통을 불어넣습니다.

살아 있는 보물들. 그린 드래곤이 가장 좋아하는 보물은 의지를 꺾어버린 의식을 지닌 존재들입니다. 그들은 인기 있는 영웅들을 타락시키고 널리 알려진 학자들의 마음을 망가트리며, 명성높은 바드를 뜻대로 부립니다. 물질적인 보물 중에서는 에메랄드나 나무 조각상, 악기, 그리고 인간형의 조각들을 아끼곤 합니다.

그린 드래곤의 본거지

숲을 사랑하는 그린 드래곤은 늪지와 숲이 섞인 지점에서 블랙 드래곤과 경쟁하며 극지방의 타이가에서는 화이트 드래곤과 마주하게 됩니다. 하지만 그린 드래곤이 통제하는 숲인가 아닌가는 알아보기가 어렵지 않은 편입니다. 전설적인 그린 드래곤이 도사린 숲에서는 언제나 안개가 짙게 드리워져 있으며, 드래곤의 맹독 브레스에서 흘러나온 맵싸한 냄새가 지독하게 감돌고 있습니다. 이끼로 덮인 나무들은 빽빽하게 자라며 숲의 심장부로 이끄는 좁은 길을 만들어 냅니다. 숲 바닥에 닿는 빛은 에메랄드색으로 물들어 있으며, 숲속의 모든 소리는 어디서 나는지 알 수 없게 울려 퍼지곤 합니다.

그린 드래곤 유생체
GREEN DRAGON WYRMLING

중형 용족, 질서 악

방어도 17 (자연 갑옷)
히트 포인트 38 (7d8+7)
이동속도 30ft, 비행 60ft, 수영 30ft

근력	민첩	건강	지능	지혜	매력
15 (+2)	12 (+1)	13 (+1)	14 (+2)	11 (+0)	13 (+1)

내성 굴림 민첩 +3, 건강 +3, 지혜 +2, 매력 +3
기술 감지 +4, 은신 +3
피해 면역 독성
상태 면역 중독
감각능력 맹안시야 10ft, 암시야 60ft, 상시 감지 14
언어 용언
도전지수 2 (450 xp)

수륙양용. 드래곤은 공기와 수중 양쪽에서 호흡할 수 있습니다.

행동

물기. 근접 무기 공격: 명중 +4, 간격 5ft, 목표 하나. *명중시:* 7(1d10+2)점의 관통 피해, 추가로 3(1d6)점의 독성 피해.

독성 브레스(재충전 5–6). 드래곤은 15ft 길이의 원뿔형 범위에 독성 가스를 뿜어냅니다. 범위 내의 모든 크리쳐는 DC 11의 건강 내성에 실패할 시 21(6d6)점의 독성 피해를 받습니다. 내성에 성공하면 피해는 절반으로 줄어듭니다.

숲의 중심부에는 절벽이나 언덕 면에 그린 드래곤이 본거지로 선택한 동굴이 있습니다. 동굴의 입구는 염탐하는 자들이 찾지 못하게 잘 숨겨져 있습니다. 어떤 때는 폭포로 입구를 숨기기도 했고, 때로는 호수나 개울에 반쯤 잠긴 곳에 입구가 있기도 합니다. 어떤 드래곤들은 식물을 키워 입구를 숨기는 예도 있습니다.

본거지 행동

드래곤의 본거지는 우선권 순서 20에서 아래 효과 중 한 가지를 본거지 행동으로 발동합니다. (비길 경우 항상 지는 것으로 취급) 드래곤은 한 가지 효과를 연달아 두 라운드 사용할 수 없습니다.

- 드래곤이 볼 수 있는 120ft 내의 한 지점을 중심으로 20ft 반경의 뿌리와 덩굴이 튀어나와 얽혀듭니다. 이 지역은 어려운 지형이 되며, 이 지역 내의 모든 크리쳐는 DC 15의 근력 내성 굴림에 실패하면 뿌리와 덩굴에 붙잡혀 포박 상태가 됩니다. 뿌리와 덩굴은 드래곤이 이 본거지 행동을 다시 사용하거나 드래곤이 죽을 때 시들어 사라지게 될 것입니다.
- 드래곤이 볼 수 있는 120ft 내의 한 지점에 가시가 돋친 빽빽한 덤불의 벽이 생겨납니다. 이 벽은 60ft 길이에 10ft 높이이며, 5ft 두께를 지니고 시야를 가로막습니다. 이 벽이 나타날 때, 벽이 생겨나는 지점에 있는 모든 크리쳐는 DC 15의 민첩 내성 판정을 해야 합니다. 이 내성에 실패한 크리쳐는 18(4d8)점의 관통 피해를 받고 벽의 공간 밖으로 5ft 밀려나게 됩니다. 어느 방향으로 밀려날지는 밀려나는 쪽이 선택할 수 있습니다. 크리쳐는 벽을 통과해 움직이려 할 수 있지만, 그렇게 지나가는 과정은 느리고 고통스러운 것입니다. 벽 안으로 1ft 들어갈 때마다 이동력은 추가로 4ft씩 소모됩니다. 이에 더해, 벽에 닿는 크리쳐들은 매라운드 자기 턴에 DC 15의 민첩 내성 굴림을 굴려 실패할 시 18(4d8)점의 관통 피해를 받게 됩니다. 내성에 성공했을 때는 피해가 절반으로 줄어듭니다. 10ft 길이의 벽은 AC 5에 15점의 hp를 지니고 있으며, 화염 피해에 취약성을 가지고 타격/관통 피해에 저항을, 정신 피해에 면역을 지니고 있습니다. 드래곤이 다시 이 본거지 행동을 사용하거나 죽게 되면, 이 벽은 바닥으로 사라져 버릴 것입니다.
- 드래곤이 볼 수 있는 120ft 내의 한 지점에 마법의 안개가 생겨나 크리쳐 하나를 감싸게 됩니다. 이 크리쳐는 DC 15의 지혜 내성 굴림에 실패할 경우 다음 라운드의 우선권 순서 20이 될 때까지 드래곤에게 매혹당한 상태가 됩니다.

지역 효과

전설적인 그린 드래곤의 본거지 주변은 드래곤의 마법으로 인해 뒤틀리며, 아래 효과 중 한 가지 이상이 나타나게 됩니다.

- 드래곤의 본거지 주변 1마일 내로 두꺼운 덤불이 미로처럼 자라납니다. 이 덤불은 10ft 높이에 10ft 두께를 지닌 벽으로 취급하며 시야를 가립니다. 크리쳐들은 이 덤불을 통과하며 이동할 수 있지만, 덤불 속으로 1ft 들어갈 때마다 추가로 4ft의 이동력을 소비해야 합니다. 덤불 속의 크리쳐들은 라운드당 한 번씩 DC 15의 민첩 내성 굴림을 굴려야 하며, 실패할 경우 가시에 긁혀 3(1d6)점의 관통 피해를 받게 됩니다. 10ft 길이의 덤불은 각각 AC 5에 30점의 hp를 지니고 있으며 타격과 관통 피해에 저항을, 정신과 천둥 피해에 면역을 가집니다. 또한 이 벽은 화염 피해에 취약성을 갖고 있습니다.
- 드래곤은 자기 본거지 주변 1마일 범위를 다닐 때 자신이 원하지 않는 한 이동의 흔적을 전혀 남기지 않을 수 있습니다. 마법적인 수단을 동원하지 않는다면 드래곤을 추적하는 것은 불가능합니다. 또한, 드래곤은 이 범위 내에서 이동의 모든 방해를 무시하며 마법적이거나 살아 움직이는 것이 아닌 한 식물이 가하는 피해를 전혀 받지 않습니다. 식물들은 드래곤의 길에서 알아서 비키며 사라지곤 합니다.
- 드래곤의 본거지 주변 1마일 이내에 있는 설치류와 새들은 드래곤의 눈과 귀로 봉사합니다. 사슴과 같은 커다란 사냥감들은 이상하리만치 몸을 숨기며, 이로 인해 부자연스러울 정도로 게걸스러운 포식자의 존재를 간접적으로 알려줍니다.

만약 드래곤이 죽게 되면 쥐와 새들은 초자연적인 연결 능력을 즉시 잃게 되며, 덤불은 남아 있겠지만 1d10일 이후에는 마법적인 힘을 잃고 평범한 식물이 되어 가시가 사라지고 그냥 어려운 지형으로 변하게 됩니다.

> "나는 오래전 이 땅을 지배했던 고대 엘프의 왕을 보았다. 그는 자신의 왕좌에서 깊이 잠들어 있었다. 그린 드래곤 하나가 왕의 귀에 속삭이며, 왕의 꿈을 뒤틀고 타락시키고 있었다. 이 드래곤의 이름은 사이언 블러드베인이었고, 그는 우리 모두를 파멸시키고자 하였다."
>
> — 에르고스의 펠리오스.
> 실바네스티의 예언자.

레드 드래곤 고룡
ANCIENT RED DRAGON
초대형 용족, 혼돈 악

방어도 22 (자연 갑옷)
히트 포인트 546 (28d20+252)
이동속도 40ft, 등반 40ft, 비행 80ft

근력	민첩	건강	지능	지혜	매력
30 (+10)	10 (+0)	29 (+9)	18 (+4)	15 (+2)	23 (+6)

내성 굴림 민첩 +7, 건강 +16, 지혜 +9, 매력 +13
기술 감지 +16, 은신 +7
피해 면역 화염
감각능력 맹안시야 60ft, 암시야 120ft, 상시 감지 26
언어 공용어, 용언
도전지수 24 (62,000 xp)

전설적 저항력 (3/일). 드래곤이 내성에 실패한 경우, 이 능력을 1회 소비하고 대신 성공한 것으로 할 수 있습니다.

행동

다중공격. 드래곤은 먼저 공포스러운 존재감을 사용할 수 있습니다. 그런 다음 물기 1회, 할퀴기 2회, 총 3회의 공격을 가할 수 있습니다.

물기. 근접 무기 공격: 명중 +17, 간격 15ft, 목표 하나.
명중시: 21(2d10+10) 점의 관통 피해, 추가로 14(4d6)점의 화염 피해.

할퀴기. 근접 무기 공격: 명중 +17, 간격 10ft, 목표 하나.
명중시: 17(2d6+10) 점의 참격 피해.

꼬리. 근접 무기 공격: 명중 +17, 간격 20ft, 목표 하나.
명중시: 19(2d8+10) 점의 타격 피해.

공포스러운 존재감. 드래곤으로부터 120ft 내에 있는 크리쳐들 중 드래곤이 선택한 크리쳐들 모두는 DC 21의 지혜 내성 굴림에 실패할 시 1분간 공포 상태가 됩니다. 공포 상태의 크리쳐들은 매번 자기 턴이 끝날 때 다시 내성 굴림을 굴릴 수 있으며, 성공시에는 효과가 종료됩니다. 내성 굴림에 성공하였다면, 해당 크리쳐는 이후 24시간 동안 해당 드래곤의 공포스러운 존재감에 면역을 얻게 됩니다.

화염 브레스(재충전 5-6). 드래곤은 90ft 길이의 원뿔형 범위에 화염을 뿜어냅니다. 범위 내의 모든 크리쳐는 DC 24의 민첩 내성에 실패할 시 91(26d6)점의 화염 피해를 받습니다. 내성에 성공하면 피해는 절반으로 줄어듭니다.

전설적 행동

드래곤은 아래의 선택지 중에서 3회의 전설적 행동을 취할 수 있습니다. 전설적 행동은 동시에 한 가지만 취할 수 있으며, 오로지 다른 크리쳐의 턴이 끝날 때만 사용할 수 있습니다. 드래곤은 자기 턴이 시작할 때 사용한 전설적 행동 횟수를 모두 회복합니다.

탐지. 드래곤은 지혜(감지) 판정을 합니다.
꼬리 공격. 드래곤은 꼬리 공격을 1회 가합니다.
날개 공격 (행동 2회 소모). 드래곤은 날개를 휘둘러 칩니다. 드래곤으로부터 10ft 내에 있는 모든 크리쳐들은 DC 25의 민첩 내성에 실패할 시 17(2d6+10)점의 타격 피해를 받고 넘어집니다. 드래곤은 이 공격을 가한 다음 자신의 비행 이동 속도 절반만큼 비행해 이동할 수 있습니다.

레드 드래곤 원숙체
ADULT RED DRAGON

거대형 용족, 혼돈 악

방어도 19 (자연 갑옷)
히트 포인트 256 (19d12+133)
이동속도 40ft, 등반 40ft, 비행 80ft

근력	민첩	건강	지능	지혜	매력
27 (+8)	10 (+0)	25 (+7)	16 (+3)	13 (+1)	21 (+5)

내성 굴림 민첩 +6, 건강 +13, 지혜 +7, 매력 +11
기술 감지 +13, 은신 +6
피해 면역 화염
감각능력 맹안시야 60ft, 암시야 120ft, 상시 감지 23
언어 공용어, 용언
도전지수 17 (18,000 xp)

전설적 저항력 (3/일). 드래곤이 내성에 실패한 경우, 이 능력을 1회 소비하고 대신 성공한 것으로 할 수 있습니다.

행동

다중공격. 드래곤은 먼저 공포스러운 존재감을 사용할 수 있습니다. 그런 다음 물기 1회, 할퀴기 2회, 총 3회의 공격을 가할 수 있습니다.

물기. *근접 무기 공격:* 명중 +14, 간격 10ft, 목표 하나. *명중시:* 19(2d10+8)점의 관통 피해, 추가로 7(2d6)점의 화염 피해.

할퀴기. *근접 무기 공격:* 명중 +14, 간격 5ft, 목표 하나. *명중시:* 15(2d6+8)점의 참격 피해.

꼬리. *근접 무기 공격:* 명중 +14, 간격 15ft, 목표 하나. *명중시:* 17(2d8+8)점의 타격 피해.

공포스러운 존재감. 드래곤으로부터 120ft 내에 있는 크리쳐들 중 드래곤이 선택한 크리쳐들 모두는 DC 19의 지혜 내성 굴림에 실패할 시 1분간 공포 상태가 됩니다. 공포 상태의 크리쳐들은 매번 자기 턴이 끝날 때 다시 내성 굴림을 굴릴 수 있으며, 성공시에는 효과가 종료됩니다. 내성 굴림에 성공하였다면, 해당 크리쳐는 이후 24시간 동안 해당 드래곤의 공포스러운 존재감에 면역을 얻게 됩니다.

화염 브레스(재충전 5-6). 드래곤은 60ft 길이의 원뿔형 범위에 화염을 뿜어냅니다. 범위 내의 모든 크리쳐는 DC 21의 민첩 내성에 실패할 시 63(18d6)점의 화염 피해를 받습니다. 내성에 성공하면 피해는 절반으로 줄어듭니다.

전설적 행동

드래곤은 아래의 선택지 중에서 3회의 전설적 행동을 취할 수 있습니다. 전설적 행동은 동시에 한 가지만 취할 수 있으며, 오로지 다른 크리쳐의 턴이 끝날 때만 사용할 수 있습니다. 드래곤은 자기 턴이 시작할 때 사용한 전설적 행동 횟수를 모두 회복합니다.

탐지. 드래곤은 지혜(감지) 판정을 합니다.
꼬리 공격. 드래곤은 꼬리 공격을 1회 가합니다.
날개 공격 (행동 2회 소모). 드래곤은 날개를 휘둘러 칩니다. 드래곤으로부터 10ft 내에 있는 모든 크리쳐들은 DC 22의 민첩 내성에 실패할 시 15(2d6+8)점의 타격 피해를 받고 넘어집니다. 드래곤은 이 공격을 가한 다음 자신의 비행 이동 속도 절반만큼 비행해 이동할 수 있습니다.

레드 드래곤 성체 YOUNG RED DRAGON

대형 용족, 혼돈 악

방어도 18 (자연 갑옷)
히트 포인트 178 (17d10+85)
이동속도 40ft, 등반 40ft, 비행 80ft

근력	민첩	건강	지능	지혜	매력
23 (+6)	10 (+0)	21 (+5)	14 (+2)	11 (+0)	19 (+4)

내성 굴림 민첩 +4, 건강 +9, 지혜 +4, 매력 +8
기술 감지 +8, 은신 +4
피해 면역 화염
감각능력 맹안시야 30ft, 암시야 120ft, 상시 감지 18
언어 공용어, 용언
도전지수 10 (5,900 xp)

행동

다중공격. 드래곤은 물기 1회, 할퀴기 2회, 총 3회 공격을 가할 수 있습니다.

물기. *근접 무기 공격:* 명중 +10, 간격 10ft, 목표 하나. *명중시:* 17(2d10+6)점의 관통 피해, 추가로 3(1d6)점의 화염 피해.

할퀴기. *근접 무기 공격:* 명중 +10, 간격 5ft, 목표 하나. *명중시:* 13(2d6+6)점의 참격 피해.

화염 브레스(재충전 5-6). 드래곤은 30ft 길이의 원뿔형 범위에 화염을 뿜어냅니다. 범위 내의 모든 크리쳐는 DC 17의 민첩 내성에 실패할 시 56(16d6)점의 화염 피해를 받습니다. 내성에 성공하면 피해는 절반으로 줄어듭니다.

레드 드래곤 유생체
RED DRAGON WYRMLING

중형 용족, 혼돈 악

방어도 17 (자연 갑옷)
히트 포인트 75 (10d8+30)
이동속도 30ft, 등반 30ft, 비행 60ft

근력	민첩	건강	지능	지혜	매력
19 (+4)	10 (+0)	17 (+3)	12 (+1)	11 (+0)	15 (+2)

내성 굴림 민첩 +2, 건강 +5, 지혜 +2, 매력 +4
기술 감지 +4, 은신 +2
피해 면역 화염
감각능력 맹안시야 10ft, 암시야 60ft, 상시 감지 14
언어 용언
도전지수 4 (1,100 xp)

행동

물기. *근접 무기 공격:* 명중 +6, 간격 5ft, 목표 하나. *명중시:* 9(1d10+4)점의 관통 피해, 추가로 3(1d6)점의 화염 피해.

화염 브레스(재충전 5-6). 드래곤은 15ft 길이의 원뿔형 범위에 화염을 뿜어냅니다. 범위 내의 모든 크리쳐는 DC 13의 민첩 내성에 실패할 시 24(7d6)점의 화염 피해를 받습니다. 내성에 성공하면 피해는 절반으로 줄어듭니다.

레드 드래곤

참된 드래곤 중에서도 가장 탐욕스러운 레드 드래곤은 끊임없이 자신들의 보물을 늘릴 기회를 찾고 있습니다. 그들은 모든 드래곤 중에서도 특별히 더 교만하며, 그 교만함은 자신들의 태생에 대한 자만심과 다른 크리쳐들에 대한 경멸에 의한 것입니다.

레드 드래곤 주변에는 유황과 초석의 냄새가 가득합니다. 뒤로 굽어 자라난 뿔과 등골에 돋아난 프릴로 레드 드래곤의 모습을 쉽게 알아볼 수 있습니다. 숨을 내쉴 때마다 연기가 흘러나오며, 눈은 분노의 불길로 이글거립니다. 레드 드래곤의 날개는 모든 유색 드래곤 중에서도 가장 거대하며, 뼈대를 이루는 흑청색 발톱은 마치 불에 타버린 금속을 연상하게 합니다.

레드 드래곤 유생체의 비늘은 밝고 번들거리는 선홍색이지만, 나이를 먹으면서 점차 어둡고 무거운 붉은 색으로 변해가며 금속처럼 두껍고 단단해져 갑니다. 동공 역시 나이를 먹으면서 점차 사라져가며, 가장 오래된 레드 드래곤의 눈은 마치 녹아내리는 용암 덩어리같이 불타고 있습니다.

산의 주인. 레드 드래곤은 산악 지형이나 황무지를 좋아하며, 아득히 높은 곳에서 자신의 영지를 돌아보는 것을 즐깁니다. 산악을 좋아하는 성격 때문에, 그들은 때때로 언덕에 자리를 잡은 카퍼 드래곤과 분쟁을 일으키곤 합니다.

오만한 폭군. 레드 드래곤은 화가 나면 충동적으로 행동하며 파괴적인 격노에 휩싸여 날아올라 날뛰기 시작합니다. 그 성품이 너무 잔혹하고 사납기 때문에, 레드 드래곤은 대부분의 문화권에서 악한 드래곤의 대명사가 되었습니다.

다른 드래곤은 레드 드래곤의 오만함에 비하면 발끝에도 미치지 못합니다. 이들은 스스로를 왕이자 황제로 여기며, 다른 드래곤 동족들이 자신들에 비하면 열등하다고 여깁니다. 그들은 티아마트가 그녀의 이름으로 지배권을 내린 종족이 자신들이라고 주장하며, 세상 전체와 그 모든 피조물이 자신들의 명령에 따라야 한다고 믿습니다.

지위와 노예들. 레드 드래곤은 영지에 집착하는 격렬한 고립주의자입니다. 하지만, 그들은 더 넓은 세상에서 벌어지는 일들을 알고자 하며, 하등한 것들을 정보원이자 전령, 첩자로 쓰곤 합니다. 그들은 다른 레드 드래곤의 소식들에 가장 큰 관심을 보이며, 이는 레드 드래곤 사이에서 끝없는 지위의 투쟁이 벌어지기 때문입니다.

하인이 필요할 때면 레드 드래곤은 혼돈 악 성향의 인간형 크리쳐들에게 충성을 요구합니다. 동맹이 쉽게 이루어질 것 같지 않으면, 이들은 부족의 지도자들을 처참하게 살육하고는 생존자들 위에 지배자로 군림합니다. 레드 드래곤을 섬기는 자들은 그 성미를 거스르면 불에 구워져 먹이가 될지도 모른다는 끝없는 공포에 떨며 살아갑니다. 그들은 살아남고자 하는 욕망으로 거의 모든 시간을 드래곤에게 아첨하고 봉사하면서 살아갑니다.

편집적인 수집광. 레드 드래곤은 그 무엇보다 재산에 큰 가치를 두며, 그 보물 더미는 전설이나 전해질 정도로 거대합니다. 그들은 화폐 가치가 있는 것이라면 무엇이든 탐내며, 슬쩍 보는 것만으로도 물건의 가치를 동화 단위까지 알아맞출 수 있습니다. 레드 드래곤은 과거에 자신이 죽인 강력한 적의 소유물들에 특별히 큰 애착을 지니며, 이런 보물들을 전시해 자신의 우월함을 드러내려 합니다.

레드 드래곤은 자기 보물 더미에 있는 모든 물건의 가치와 위치를 줄줄 꿰고 있습니다. 그들은 동전 한 닢이라도 사라지면 즉시 알아채며, 모든 분노를 불태워 도둑을 무자비하게 살해하려 합니다. 만약 도둑을 찾아내지 못했다면, 드래곤은 발광하며 그 격노가 가라앉을 때까지 주변의 마을과 촌락을 불태울 것입니다.

레드 드래곤의 본거지

레드 드래곤은 높은 산이나 언덕에 보금자리를 마련하고 눈이 덮인 봉우리 근처 동굴, 혹은 과거 드워프들이 살던 요새나 버려진 광산에 자리를 잡기도 합니다. 화산 동굴이나 지열 활동이 활발하게 벌어지는 지역은 레드 드래곤이 가장 좋아하는 곳이며, 이는 이글거리는 열이나 화산의 가스들이 침입자들을 격퇴하는 위험요소가 되어 드래곤이 잠잘 때 주변을 보호해 주기 때문입니다.

레드 드래곤이 일단 보물 더미를 본거지 깊숙한 곳에 튼튼히 방비해 놓았다면, 이후 대부분의 시간을 산 밖에서 보냅니다. 레드 드래곤에게 있어서 세상의 높은 위치에 있다는 것은 자신이 지배하는 아랫것들을 내려다볼 수 있는 왕좌에 있는 것과 마찬가지입니다. 자신이 지배하는 영역이 넓어질수록, 더 높은 자리를 바라게 될 것입니다.

복잡한 본거지 구조 곳곳에는 하수인들이 드래곤의 권력을 나타내는 기념비를 세우곤 합니다. 드래곤이 얼마나 많은 적을 죽였는지, 얼마나 많은 나라를 파괴하고 정복했는지 보여주는 것입니다.

본거지 행동

드래곤의 본거지는 우선권 순서 20에서 아래 효과 중 한 가지를 본거지 행동으로 발동합니다.(비길 경우 항상 지는 것으로 취급) 드래곤은 한 가지 효과를 연달아 두 라운드 사용할 수 없습니다.

- 120ft 내에서 드래곤이 볼 수 있는 한 지점을 중심으로 용암이 솟아오릅니다. 5ft 반경에 20ft 높이까지 치솟아 오르는 분출이 일어나며, 그 범위 내에 있는 모든 크리쳐는 DC 15의 민첩 내성 굴림에 실패할 시 21(6d6)점의 화염 피해를 받습니다. 내성에 성공하면 피해는 절반으로 줄어듭니다.

- 드래곤을 중심으로 60ft 반경에 진동이 일어나며 땅이 흔들립니다. 드래곤을 제외하고 해당 범위에서 땅에 서 있는 모든 크리쳐는 DC 15의 민첩 내성 굴림에 실패할 시 넘어집니다.

- 120ft 내에서 드래곤이 볼 수 있는 한 지점을 중심으로 20ft 반경에 화산 가스가 모여듭니다. 이 구체는 모서리를 돌아 퍼져나가며, 이 지역은 가볍게 가려진 지역이 됩니다. 이 가스는 다음 라운드의 우선권 20까지 남아 있습니다. 이 구름 내에서 자기 턴을 시작하는 모든 크리쳐는 DC 13의 건강 내성에 실패할 시 자기들의 다음 턴이 끝날 때까지 중독 상태가 됩니다. 이 방식으로 중독된 동안에는 행동불능에 빠집니다.

지역 효과

전설적인 레드 드래곤의 본거지 주변은 드래곤의 마법으로 인해 뒤틀리며, 아래 효과 중 한 가지 이상이 나타나게 됩니다.

- 드래곤의 본거지 주변 6마일 이내에는 작은 지진이 수시로 일어나게 됩니다.

- 드래곤의 본거지 주변 1마일 이내의 물은 마법적으로 따뜻해지며, 유황으로 오염됩니다.

- 드래곤의 본거지 주변 1마일 이내에 있는 바위 균열은 화염계로 향하는 포탈이 되며, 불의 원소에 속하는 크리쳐들이 근처에 자리를 잡게 됩니다.

만약 드래곤이 죽으면, 이 효과들은 1d10일 이내에 서서히 사라지게 됩니다.

블랙 드래곤 고룡
ANCIENT BLACK DRAGON

초대형 용족, 혼돈 악

방어도 22 (자연 갑옷)
히트 포인트 367 (21d20+147)
이동속도 40ft, 비행 80ft, 수영 40ft

근력	민첩	건강	지능	지혜	매력
27 (+8)	14 (+2)	25 (+7)	16 (+3)	15 (+2)	19 (+4)

내성 굴림 민첩 +9, 건강 +14, 지혜 +9, 매력 +11
기술 감지 +16, 은신 +9
피해 면역 산성
감각능력 맹안시야 60ft, 암시야 120ft, 상시 감지 26
언어 공용어, 용언
도전지수 21 (33,000 xp)

수륙양용. 드래곤은 공기와 수중 양쪽에서 호흡할 수 있습니다.

전설적 저항력 (3/일). 드래곤이 내성에 실패한 경우, 이 능력을 1회 소비하고 대신 성공한 것으로 할 수 있습니다.

행동

다중공격. 드래곤은 먼저 공포스러운 존재감을 사용할 수 있습니다. 그런 다음 물기 1회, 할퀴기 2회, 총 3회의 공격을 가할 수 있습니다.

물기. 근접 무기 공격: 명중 +15, 간격 15ft, 목표 하나. 명중시: 19(2d10+8)점의 관통 피해, 추가로 9(2d8)점의 산성 피해.

할퀴기. 근접 무기 공격: 명중 +15, 간격 10ft, 목표 하나. 명중시: 15(2d6+8)점의 참격 피해.

꼬리. 근접 무기 공격: 명중 +15, 간격 20ft, 목표 하나. 명중시: 17(2d8+8)점의 타격 피해.

공포스러운 존재감. 드래곤으로부터 120ft 내에 있는 크리쳐들 중 드래곤이 선택한 크리쳐들 모두는 DC 19의 지혜 내성 굴림에 실패할 시 1분간 공포 상태가 됩니다. 공포 상태의 크리쳐들은 매번 자기 턴이 끝날 때 다시 내성 굴림을 굴릴 수 있으며, 성공시에는 효과가 종료됩니다. 내성 굴림에 성공하였다면, 해당 크리쳐는 이후 24시간 동안 해당 드래곤의 공포스러운 존재감에 면역을 얻게 됩니다.

산성 브레스(재충전 5-6). 드래곤은 90ft 길이, 10ft 폭의 직선 범위에 산성 액체를 뿜어냅니다. 범위 내의 모든 크리쳐는 DC 22의 민첩 내성에 실패할 시 67(15d8)점의 산성 피해를 받습니다. 내성에 성공하면 피해가 절반으로 줄어듭니다.

전설적 행동

드래곤은 아래의 선택지 중에서 3회의 전설적 행동을 취할 수 있습니다. 전설적 행동은 동시에 한 가지만 취할 수 있으며, 오로지 다른 크리쳐의 턴이 끝날 때만 사용할 수 있습니다. 드래곤은 자기 턴이 시작할 때 사용한 전설적 행동 횟수를 모두 회복합니다.

탐지. 드래곤은 지혜(감지) 판정을 합니다.
꼬리 공격. 드래곤은 꼬리 공격을 1회 가합니다.
날개 공격 (행동 2회 소모). 드래곤은 날개를 휘둘러 칩니다. 드래곤으로부터 15ft 내에 있는 모든 크리쳐들은 DC 23의 민첩 내성에 실패할 시 15(2d6+8)점의 타격 피해를 받고 넘어집니다. 드래곤은 이 공격을 가한 다음 자신의 비행 이동 속도 절반만큼 비행해 이동할 수 있습니다.

블랙 드래곤 원숙체
ADULT BLACK DRAGON
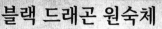

거대형 용족, 혼돈 악

방어도 19 (자연 갑옷)
히트 포인트 195 (17d12+85)
이동속도 40ft, 비행 80ft, 수영 40ft

근력	민첩	건강	지능	지혜	매력
23 (+6)	14 (+2)	21 (+5)	14 (+2)	13 (+1)	17 (+3)

내성 굴림 민첩 +7, 건강 +10, 지혜 +6, 매력+8
기술 감지 +11, 은신 +7
피해 면역 산성
감각능력 맹안시야 60ft, 암시야 120ft, 상시 감지 21
언어 공용어, 용언
도전지수 14 (11,500 xp)

수륙양용. 드래곤은 공기와 수중 양쪽에서 호흡할 수 있습니다.

전설적 저항력 (3/일). 드래곤이 내성에 실패한 경우, 이 능력을 1회 소비하고 대신 성공한 것으로 할 수 있습니다.

행동

다중공격. 드래곤은 먼저 공포스러운 존재감을 사용할 수 있습니다. 그런 다음 물기 1회, 할퀴기 2회, 총 3회의 공격을 가할 수 있습니다.

물기. *근접 무기 공격:* 명중 +11, 간격 10ft, 목표 하나. *명중시:* 17(2d10+6)점의 관통 피해, 추가로 4(1d8)점의 산성 피해.

할퀴기. *근접 무기 공격:* 명중 +11, 간격 5ft, 목표 하나. *명중시:* 13(2d6+6)점의 참격 피해.

꼬리. *근접 무기 공격:* 명중 +11, 간격 15ft, 목표 하나. *명중시:* 15(2d8+6)점의 타격 피해.

공포스러운 존재감. 드래곤으로부터 120ft 내에 있는 크리쳐들 중 드래곤이 선택한 크리쳐들 모두는 DC 16의 지혜 내성 굴림에 실패할 시 1분간 공포 상태가 됩니다. 공포 상태의 크리쳐들은 매번 자기 턴이 끝날 때 다시 내성 굴림을 굴릴 수 있으며, 성공시에는 효과가 종료됩니다. 내성 굴림에 성공하였다면, 해당 크리쳐는 이후 24시간 동안 해당 드래곤의 공포스러운 존재감에 면역을 얻게 됩니다.

산성 브레스(재충전 5-6). 드래곤은 60ft 길이, 5ft 폭의 직선 범위에 산성 액체를 뿜어냅니다. 범위 내의 모든 크리쳐는 DC 18의 민첩 내성에 실패할 시 54(12d8)점의 산성 피해를 받습니다. 내성에 성공하면 피해가 절반으로 줄어듭니다.

전설적 행동

드래곤은 아래의 선택지 중에서 3회의 전설적 행동을 취할 수 있습니다. 전설적 행동은 동시에 한 가지만 취할 수 있으며, 오로지 다른 크리쳐의 턴이 끝날 때만 사용할 수 있습니다. 드래곤은 자기 턴이 시작할 때 사용한 전설적 행동 횟수를 모두 회복합니다.

탐지. 드래곤은 지혜(감지) 판정을 합니다.
꼬리 공격. 드래곤은 꼬리 공격을 1회 가합니다.
날개 공격 (행동 2회 소모). 드래곤은 날개를 휘둘러 칩니다. 드래곤으로부터 10ft 내에 있는 모든 크리쳐들은 DC 19의 민첩 내성에 실패할 시 13(2d6+2)점의 타격 피해를 받고 넘어집니다. 드래곤은 이 공격을 가한 다음 자신의 비행 이동 속도 절반만큼 비행해 이동할 수 있습니다.

블랙 드래곤 성체
YOUNG BLACK DRAGON

대형 용족, 혼돈 악

방어도 18 (자연 갑옷)
히트 포인트 127 (15d10+45)
이동속도 40ft, 비행 80ft, 수영 40ft

근력	민첩	건강	지능	지혜	매력
19 (+4)	14 (+2)	17 (+3)	12 (+1)	11 (+0)	15 (+2)

내성 굴림 민첩 +5, 건강 +6, 지혜 +3, 매력+5
기술 감지 +6, 은신 +5
피해 면역 산성
감각능력 맹안시야 30ft, 암시야 120ft, 상시 감지 16
언어 공용어, 용언
도전지수 7 (2,900 xp)

수륙양용. 드래곤은 공기와 수중 양쪽에서 호흡할 수 있습니다.

행동

다중공격. 드래곤은 물기 1회, 할퀴기 2회, 총 3회 공격을 가할 수 있습니다.

물기. *근접 무기 공격:* 명중 +7, 간격 10ft, 목표 하나. *명중시:* 15(2d10+4)점의 관통 피해, 추가로 4(1d8)점의 산성 피해.

할퀴기. *근접 무기 공격:* 명중 +7, 간격 5ft, 목표 하나. *명중시:* 11(2d6+4)점의 참격 피해.

산성 브레스(재충전 5-6). 드래곤은 30ft 길이, 5ft 폭의 직선 범위에 산성 액체를 뿜어냅니다. 범위 내의 모든 크리쳐는 DC 14의 민첩 내성에 실패할 시 49(11d8)점의 산성 피해를 받습니다. 내성에 성공하면 피해가 절반으로 줄어듭니다.

블랙 드래곤 유생체
BLACK DRAGON WYRMLING

중형 용족, 혼돈 악

방어도 17 (자연 갑옷)
히트 포인트 33 (6d8+6)
이동속도 30ft, 비행 60ft, 수영 30ft

근력	민첩	건강	지능	지혜	매력
15 (+2)	14 (+2)	13 (+1)	10 (+0)	11 (+0)	13 (+1)

내성 굴림 민첩 +4, 건강 +3, 지혜 +2, 매력+3
기술 감지 +4, 은신 +4
피해 면역 산성
감각능력 맹안시야 10ft, 암시야 60ft, 상시 감지 14
언어 용언
도전지수 2 (450 xp)

수륙양용. 드래곤은 공기와 수중 양쪽에서 호흡할 수 있습니다.

행동

물기. *근접 무기 공격:* 명중 +4, 간격 5ft, 목표 하나. *명중시:* 7(1d10+2)점의 관통 피해, 추가로 2(1d4)점의 산성 피해.

산성 브레스(재충전 5-6). 드래곤은 15ft 길이, 5ft 폭의 직선 범위에 산성 액체를 뿜어냅니다. 범위 내의 모든 크리쳐는 DC 11의 민첩 내성에 실패할 시 22(5d8)점의 산성 피해를 받습니다. 내성에 성공하면 피해가 절반으로 줄어듭니다.

블랙 드래곤

유색 드래곤 중에서도 가장 악랄하고 비열한 블랙 드래곤은 난파된 흔적과 폐허의 보물을 모으는 습성이 있습니다. 이 드래곤은 약자들이 융성하는 꼴을 두고 보지 못하며 인간들의 왕국을 무너트리곤 합니다. 그들은 지독한 늪지 한가운데나 한때 왕국이 서 있던 폐허의 한 가운데 둥지를 틀곤 합니다.

깊게 움푹 꺼진 눈과 넓은 콧구멍을 지닌 블랙 드래곤의 얼굴은 마치 해골을 연상하게 합니다. 특징적으로 휘어진 뿔은 뿌리 부분에서는 뼈 색에 가깝다가 끝부분으로 갈수록 점점 어두워져 검은색이 됩니다. 블랙 드래곤이 나이를 먹을수록, 뿔 주변의 살과 광대뼈 자국은 산의 흔적으로 인해 도드라지며 해골 같은 외양을 더욱 닮아 보이게 만듭니다. 블랙 드래곤의 머리는 가시와 뿔로 인해 알아볼 수 있습니다. 드래곤의 혀는 끝이 갈라져 있으며, 산성 점액이 뚝뚝 떨어질 때마다 썩은 식물과 더럽혀진 물의 악취가 납니다.

막 부화한 블랙 드래곤은 번들거리며 빛나는 검은 비늘을 지니고 있습니다. 나이를 먹으면서 비늘은 점점 두꺼워지고 색이 어두워지며, 그 결과 주변 늪지나 산산이 조각난 폐허에 숨을 때 쉽사리 알아볼 수 없게 됩니다.

야만스럽고 잔혹함. 모든 유색 드래곤은 사악하지만, 블랙 드래곤은 그 가학적인 본성에서 특히 돋보입니다. 블랙 드래곤은 먹이가 자비를 구걸할 때까지 살려주며, 환영으로 도망갈 구석이 있는 것처럼 만들어 두었다가 먹이를 끝장냅니다.

블랙 드래곤은 가장 약한 적부터 공격하며, 빠르고 야만스러운 승리를 거두는 동시에 남아 있는 적들을 겁에 질리게 합니다. 패배에 직면하게 되면 블랙 드래곤은 목숨을 구걸하기 위해 무슨 짓이든 하려 들지만, 다른 누군가의 지배 아래에 들어가느니 차라리 죽음을 택할 것입니다.

적과 하인. 블랙 드래곤은 다른 드래곤을 증오하고 두려워합니다. 그들은 라이벌이 될만한 드래곤을 멀리서부터 염탐하며, 약한 드래곤을 죽일 기회를 엿보고 강한 드래곤을 피해 다닙니다. 만약 더 강한 드래곤이 위협을 가하면, 블랙 드래곤은 자기 보금자리를 버리고 새로운 영토를 찾아 떠나기도 합니다.

사악한 리저드포크 부족은 블랙 드래곤을 경배하고 섬기기도 하며, 주변의 인간형 종족 거주지를 습격해 공물로 바칠 보물과 식량을 빼앗거나 용족 지배자의 영역 경계에 신상을 만들기도 합니다.

블랙 드래곤의 사악한 영향력은 주변에 사악한 샴블링 마운드들을 만들어 내기도 하며, 이들은 드래곤의 보금자리에 접근하는 선한 크리처들을 찾아내 죽이기 위해 움직입니다.

코볼드들 역시 많은 블랙 드래곤의 보금자리 주변에 벌레처럼 몰려듭니다. 이들은 그 암흑의 주인만큼이나 잔인해지며, 포로들에게 지네와 전갈을 풀어 고문하거나 약하게 만들고, 결국 드래곤 주인에게 먹이로 바치기도 합니다.

고대의 재보. 블랙 드래곤은 무너진 제국이나 정복당한 왕국의 폐허에서 보물과 마법 물건들을 챙겨 자신들의 위대함을 새깁니다. 드래곤이 거쳐온 문명이 많을수록, 그들은 현재 문명의 부 역시 자신들의 것이 되리라고 여기곤 합니다.

블랙 드래곤의 본거지

블랙 드래곤은 문명의 변경에 자리 잡은 늪지에 터전을 꾸리곤 합니다. 블랙 드래곤의 본거지는 멀리 떨어진 동굴이나 터널, 혹은 일부가 물에 잠긴 폐허 등으로, 드래곤이 몸을 쉴 수 있는 물웅덩이가 있고 먹잇감이 썩어갈 수 있는 곳을 고릅니다. 본거지에는 이전에 드래곤의 먹이가 되었던 부식되고 썩은 뼈들이 널려 있으며, 죽은지 얼마 되지 않은 시체 곳곳은 파리가 들끓고 있습니다. 지네와 전갈, 뱀들이 본거지에 꼬여들고, 내부를 죽음과 부패의 기운으로 가득 채우곤 합니다.

본거지 행동

드래곤의 본거지는 우선권 순서 20에서 아래 효과 중 한 가지를 본거지 행동으로 발동합니다. (비길 경우 항상 지는 것으로 취급) 드래곤은 한 가지 효과를 연달아 두 라운드 사용할 수 없습니다.

- 드래곤이 볼 수 있는 120ft 내의 물웅덩이는 밖으로 솟아오르며 휘감는 파도가 됩니다. 웅덩이로부터 20ft 이내에 있는 모든 크리처는 DC 15의 근력 판정에 실패할 시 웅덩이 쪽으로 20ft 끌려 들어가며 넘어진 상태가 됩니다.
- 구름 같은 벌레 무리가 드래곤으로부터 120ft 이내에서 드래곤이 지정하는 지점을 중심으로 20ft 반경의 원형 지역에 몰려듭니다. 이 구름은 모서리를 돌아 퍼지며, 드래곤이 행동이나 본거지 행동을 사용해 해제할 때까지 남아 있습니다. 이 구름은 가볍게 가려지는 지역을 형성하며, 구름에 들어선 모든 크리처는 DC 15의 건강 내성 굴림에 실패할 시 10(3d6)점의 관통 피해를 입게 됩니다. 구름 속에서 자기 턴을 끝내는 모든 크리처 역시 10(3d6)점의 관통 피해를 받습니다.
- 드래곤으로부터 60ft 이내의 한 지점을 중심으로 15ft 반경에 마법적인 어둠이 퍼집니다. 이 어둠은 드래곤이 행동이나 본거지 행동을 사용해 해제할 때까지 남아 있습니다. 암시야가 있는 크리처들도 이 어둠은 뚫어볼 수 없으며, 비마법적인 불은 어둠을 밝힐 수 없습니다. 만약 2레벨 이하의 주문으로 만들어진 광원의 지역과 이 어둠이 겹치면, 해당 주문은 자동으로 무효화됩니다.

지역 효과

전설적인 블랙 드래곤의 본거지 주변은 드래곤의 마법으로 인해 뒤틀리며, 아래 효과 중 한 가지 이상이 나타나게 됩니다.

- 본거지로부터 6마일 이내의 지역은 수풀이 더욱더 우거지며 뒤틀리고, 늪지의 진흙 역시 더욱 끈적이게 됩니다. 이 지역을 여행하는 데에는 시간이 두 배로 더 걸립니다.
- 주변 1마일 이내의 물은 초자연적으로 오염됩니다. 드래곤의 적이 이 물을 마시면 몇 분 내에 구토하게 될 것입니다.
- 본거지로부터 6마일 이내의 땅은 안개로 가볍게 가려집니다.

드래곤이 죽음을 맞이하면, 식물은 성장한 채로 그대로 있겠지만, 다른 효과들은 1d10일 내에 서서히 사라질 것입니다.

블루 드래곤 고룡
ANCIENT BLUE DRAGON

초대형 용족, 질서 악

방어도 22 (자연 갑옷)
히트 포인트 481 (26d20+208)
이동속도 40ft, 굴착 40ft, 비행 80ft

근력	민첩	건강	지능	지혜	매력
29 (+9)	10 (+0)	27 (+8)	18 (+4)	17 (+3)	21 (+5)

내성 굴림 민첩+7, 건강+15, 지혜+10, 매력+12
기술 감지 +17, 은신+7
피해 면역 번개
감각능력 맹안시야 60ft, 암시야 120ft, 상시 감지 27
언어 공용어, 용언
도전지수 23 (50,000 xp)

전설적 저항력 (3/일). 드래곤이 내성에 실패한 경우, 이 능력을 1회 소비하고 대신 성공한 것으로 할 수 있습니다.

행동

다중공격. 드래곤은 먼저 공포스러운 존재감을 사용할 수 있습니다. 그런 다음 물기 1회, 할퀴기 2회, 총 3회의 공격을 가할 수 있습니다.

물기. 근접 무기 공격: 명중 +16, 간격 15ft, 목표 하나. 명중시: 20(2d10+9)점의 관통 피해, 추가로 11(2d10)점의 번개 피해.

할퀴기. 근접 무기 공격: 명중 +16, 간격 10ft, 목표 하나. 명중시: 16(2d6+9)점의 참격 피해.

꼬리. 근접 무기 공격: 명중 +16, 간격 20ft, 목표 하나. 명중시: 18(2d8+9)점의 타격 피해.

공포스러운 존재감. 드래곤으로부터 120ft 내에 있는 크리쳐들 중 드래곤이 선택한 크리쳐들 모두는 DC 20의 지혜 내성 굴림에 실패할 시 1분간 공포 상태가 됩니다. 공포 상태의 크리쳐들은 매번 자기 턴이 끝날 때 다시 내성 굴림을 굴릴 수 있으며, 성공시에는 효과가 종료됩니다. 내성 굴림에 성공하였다면, 해당 크리쳐는 이후 24시간 동안 해당 드래곤의 공포스러운 존재감에 면역을 얻게 됩니다.

번개 브레스(재충전 5-6). 드래곤은 120ft 길이, 10ft 폭의 직선 범위에 번개를 뿜어냅니다. 범위 내의 모든 크리쳐는 DC 23의 민첩 내성에 실패할 시 88(16d10)점의 번개 피해를 받습니다. 내성에 성공하면 피해는 절반으로 줄어듭니다.

전설적 행동

드래곤은 아래의 선택지 중에서 3회의 전설적 행동을 취할 수 있습니다. 전설적 행동은 동시에 한 가지만 취할 수 있으며, 오로지 다른 크리쳐의 턴이 끝날 때만 사용할 수 있습니다. 드래곤은 자기 턴이 시작할 때 사용한 전설적 행동 횟수를 모두 회복합니다.

탐지. 드래곤은 지혜(감지) 판정을 합니다.
꼬리 공격. 드래곤은 꼬리 공격을 1회 가합니다.
날개 공격 (행동 2회 소모). 드래곤은 날개를 휘둘러 칩니다. 드래곤으로부터 15ft 내에 있는 모든 크리쳐들은 DC 24의 민첩 내성에 실패할 시 16(2d6+9)점의 타격 피해를 받고 넘어집니다. 드래곤은 이 공격을 가한 다음 자신의 비행 이동 속도 절반만큼 비행해 이동할 수 있습니다.

블루 드래곤 원숙체
ADULT BLUE DRAGON
거대형 용족, 질서 악

방어도 19 (자연 갑옷)
히트 포인트 225 (18d12+108)
이동속도 40ft, 굴착 30ft, 비행 80ft

근력	민첩	건강	지능	지혜	매력
25 (+7)	10 (+0)	23 (+6)	16 (+3)	15 (+2)	19 (+4)

내성 굴림 민첩+5, 건강 +11, 지혜 +7, 매력 +9
기술 감지 +12, 은신+5
피해 면역 번개
감각능력 맹안시야 60ft, 암시야 120ft, 상시 감지 22
언어 공용어, 용언
도전지수 16 (15,000 xp)

전설적 저항력 (3/일). 드래곤이 내성에 실패한 경우, 이 능력을 1회 소비하고 대신 성공한 것으로 할 수 있습니다.

행동

다중공격. 드래곤은 먼저 공포스러운 존재감을 사용할 수 있습니다. 그런 다음 물기 1회, 할퀴기 2회, 총 3회의 공격을 가할 수 있습니다.

물기. *근접 무기 공격:* 명중 +12, 간격 10ft, 목표 하나. *명중시:* 18(2d10+7)점의 관통 피해, 추가로 5(1d10)점의 번개 피해.

할퀴기. *근접 무기 공격:* 명중 +12, 간격 5ft, 목표 하나. *명중시:* 14(2d6+7)점의 참격 피해.

꼬리. *근접 무기 공격:* 명중 +12, 간격 15ft, 목표 하나. *명중시:* 16(2d8+7)점의 타격 피해.

공포스러운 존재감. 드래곤으로부터 120ft 내에 있는 크리쳐들 중 드래곤이 선택한 크리쳐들 모두는 DC 17의 지혜 내성 굴림에 실패할 시 1분간 공포 상태가 됩니다. 공포 상태의 크리쳐들은 매번 자기 턴이 끝날 때 다시 내성 굴림을 굴릴 수 있으며, 성공시에는 효과가 종료됩니다. 내성 굴림에 성공하였다면, 해당 크리쳐는 이후 24시간 동안 해당 드래곤의 공포스러운 존재감에 면역을 얻게 됩니다.

번개 브레스(재충전 5-6). 드래곤은 90ft 길이, 5ft 폭의 직선 범위에 번개를 뿜어냅니다. 범위 내의 모든 크리쳐는 DC 19의 민첩 내성에 실패할 시 66(12d10)점의 번개 피해를 받습니다. 내성에 성공하면 피해는 절반으로 줄어듭니다.

전설적 행동

드래곤은 아래의 선택지 중에서 3회의 전설적 행동을 취할 수 있습니다. 전설적 행동은 동시에 한 가지만 취할 수 있으며, 오로지 다른 크리쳐의 턴이 끝날 때만 사용할 수 있습니다. 드래곤은 자기 턴이 시작할 때 사용한 전설적 행동 횟수를 모두 회복합니다.

탐지. 드래곤은 지혜(감지) 판정을 합니다.
꼬리 공격. 드래곤은 꼬리 공격을 1회 가합니다.
날개 공격 (행동 2회 소모). 드래곤은 날개를 휘둘러 칩니다. 드래곤으로부터 10ft 내에 있는 모든 크리쳐들은 DC 20의 민첩 내성에 실패할 시 14(2d6+7)점의 타격 피해를 받고 넘어집니다. 드래곤은 이 공격을 가한 다음 자신의 비행 이동 속도 절반만큼 비행해 이동할 수 있습니다.

블루 드래곤 성체
YOUNG BLUE DRAGON
대형 용족, 질서 악

방어도 18 (자연 갑옷)
히트 포인트 152 (16d10+64)
이동속도 40ft, 굴착 20ft, 비행 80ft

근력	민첩	건강	지능	지혜	매력
21 (+5)	10 (+0)	19 (+4)	14 (+2)	13 (+1)	17 (+3)

내성 굴림 민첩+4, 건강 +8, 지혜 +5, 매력 +7
기술 감지 +9, 은신+4
피해 면역 번개
감각능력 맹안시야 30ft, 암시야 120ft, 상시 감지 19
언어 공용어, 용언
도전지수 9 (5,000 xp)

행동

다중공격. 드래곤은 물기 1회, 할퀴기 2회, 총 3회 공격을 가할 수 있습니다.

물기. *근접 무기 공격:* 명중 +9, 간격 10ft, 목표 하나. *명중시:* 16(2d10+5)점의 관통 피해, 추가로 5(1d10)점의 번개 피해.

할퀴기. *근접 무기 공격:* 명중 +9, 간격 5ft, 목표 하나. *명중시:* 12(2d6+5)점의 참격 피해.

번개 브레스(재충전 5-6). 드래곤은 60ft 길이, 5ft 폭의 직선 범위에 번개를 뿜어냅니다. 범위 내의 모든 크리쳐는 DC 16의 민첩 내성에 실패할 시 55(10d10)점의 번개 피해를 받습니다. 내성에 성공하면 피해는 절반으로 줄어듭니다.

블루 드래곤 유생체
BLUE DRAGON WYRMLING
중형 용족, 질서 악

방어도 17 (자연 갑옷)
히트 포인트 52 (8d8+16)
이동속도 30ft, 굴착 15ft, 비행 60ft

근력	민첩	건강	지능	지혜	매력
17 (+3)	10 (+0)	15 (+2)	12 (+1)	11 (+0)	15 (+2)

내성 굴림 민첩+2, 건강 +4, 지혜 +2, 매력 +4
기술 감지 +4, 은신+2
피해 면역 번개
감각능력 맹안시야 10ft, 암시야 60ft, 상시 감지 14
언어 용언
도전지수 3 (700 xp)

행동

물기. *근접 무기 공격:* 명중 +5, 간격 5ft, 목표 하나. *명중시:* 8(1d10+3)점의 관통 피해, 추가로 3(1d6)점의 번개 피해.

번개 브레스(재충전 5-6). 드래곤은 30ft 길이, 5ft 폭의 직선 범위에 번개를 뿜어냅니다. 범위 내의 모든 크리쳐는 DC 12의 민첩 내성에 실패할 시 22(4d10)점의 번개 피해를 받습니다. 내성에 성공하면 피해는 절반으로 줄어듭니다.

블루 드래곤

자만심이 강하고 영토 의식에 집착하는 블루 드래곤은 사막의 하늘 위를 날아다니며 여행하는 상인들과 사막 지역을 건너 신록의 땅에 사는 가축 무리나 정착지를 습격하곤 합니다. 이 드래곤은 건조한 황야나 이글거리는 불모지, 바위투성이 해안에서도 발견되곤 합니다. 이들은 모든 경쟁자에 맞서 자신들의 영토를 철저하게 지키며, 특히 브라스 드래곤을 경계합니다.

블루 드래곤은 활짝 넓게 펼쳐진 귀와 이마에서 돋아난 커다란 뿔로 인해 쉽게 알아볼 수 있습니다. 날카로운 가시가 줄을 이루어 콧구멍에서 눈썹을 따라 돋아나 있으며, 아래턱에 줄줄 늘어서 있습니다.

블루 드래곤의 비늘은 무지갯빛 푸른색에서 짙은 암청색까지 다양한 색을 띠고 있으며, 사막의 모래로 인해 반들거릴 때까지 연마됩니다. 드래곤이 나이를 먹어가면 비늘은 점차 두껍고 단단해져 가며, 가죽은 정전기로 인해 웅웅대며 파직파직거립니다. 이 효과는 특히 드래곤이 분노하여 공격하기 직전이면 더욱 격렬해지며, 공기가 타는 것 같은 냄새가 나기도 합니다.

오만하고 지독함. 블루 드래곤은 자신이 남들보다 약하거나 열등하다는 어떠한 암시나 표현도 참지 못하며, 인간형 종족이나 다른 열등한 존재들을 지배하는 권력에서 큰 즐거움을 얻습니다.

블루 드래곤은 끈질기고 체계적으로 전투에 임합니다. 그들은 모든 준비를 마치고 전투에 임하며, 몇 시간에서 며칠에 걸쳐 싸움을 이어갑니다. 그들은 멀리서 번개를 날려 공격하다가, 위험 거리에서 날아 벗어난 다음 때를 기다렸다 다시 공격하기를 반복합니다.

사막의 포식자. 매우 배가 고플 때는 선인장이나 다른 사막 식물들도 먹긴 하지만, 블루 드래곤은 기본적으로 육식성입니다. 그들은 유목민이나 마을에서 키우는 가축을 주로 노리며, 먹어 치우기 전에 번개를 내쏘아 먹이를 구워버리곤 합니다. 이러한 식습관으로 인해, 블루 드래곤은 사막의 상인들과 유목 부족들에 큰 위협이 되곤 합니다. 드래곤의 눈에 이들은 손쉬운 먹잇감이자 보물 덩어리로 보이기 때문입니다.

블루 드래곤은 부상을 입으면 사막의 모래 속에 잠겨 들어가 뿔만 내놓고 있습니다. 이 뿔은 겉으로 보기에 사막의 바위와 별다를 바 없어 보입니다. 먹이가 가까이 오면 드래곤은 날아올라 산사태처럼 날개에서 모래를 털어내며 공격을 가합니다.

군주와 수하들. 블루 드래곤은 자신들의 우월함을 만끽하기 위해 재능있고 유능한 크리처들을 부하로 삼곤 합니다. 바드나 학자, 예술가, 마법사, 암살자 등이 블루 드래곤의 요원이 되곤 하며, 이들은 충성에 대한 대가를 넉넉히 받아 챙길 수도 있습니다.

블루 드래곤은 자신들의 본거지를 비밀로 숨기며 철저히 보호합니다. 가장 아끼는 하인이라 할지라도 본거지에 들어갈 수 있는 경우는 거의 없습니다. 블루 드래곤은 앙크헤그나 거대 전갈, 기타 사막의 크리처들을 동원해 본거지 주변을 지키게 하며 다른 보호 수단으로 사용합니다. 다른 블루 드래곤은 때때로 대기의 원소들을 끌어들이거나 다른 크리처들을 수하로 삼곤 합니다.

보석의 보물더미. 블루 드래곤은 가치 있어 보이는 것은 무엇이든 모으곤 하지만, 그중에서도 특히 보석을 좋아하는 편입니다. 그들은 파란색이 가장 고귀하고 아름다운 색이라고 생각하며, 그래서 사파이어를 가장 좋아하고 사파이어가 박힌 마법 물건이나 장신구들을 가장 아낍니다.

블루 드래곤은 가장 아끼는 보물들을 모래 속 깊숙이 묻어두며, 별 가치가 없는 잡동사니들은 모래 구덩이 주변에 뿌려놓아 도둑놈들을 처벌하고 제거할 수 있는 미끼로 삼곤 합니다.

블루 드래곤의 본거지

블루 드래곤은 황폐한 장소를 보금자리로 삼고, 번개 브레스와 굴착 능력을 사용해 모래 아래에 수정화한 동굴과 터널을 만듭니다.

전설적인 블루 드래곤의 본거지 주변에는 천둥폭풍이 사납게 몰아치며, 유리화한 모래로 만들어진 가느다란 관이 보금자리에 공기를 불어 넣어 주는가 하면, 치명적인 유사를 피해야만 겨우 드래곤의 본거지에 다가갈 수 있는 경우도 많습니다.

블루 드래곤은 본거지가 침공당했다는 것을 알게 되면 동굴을 무너뜨려 버릴 수도 있습니다. 그 자신은 굴착해 올라올 수 있지만, 공격자들은 깔려 죽거나 질식당할 수 있기 때문입니다. 이후 블루 드래곤은 다시 돌아와 자신의 소유물들을 도로 챙기고, 죽은 도둑들의 보물 역시 가져갈 것입니다.

본거지 행동

드래곤의 본거지는 우선권 순서 20에서 아래 효과 중 한 가지를 본거지 행동으로 발동합니다. (비길 경우 항상 지는 것으로 취급) 드래곤은 한 가지 효과를 연달아 두 라운드 사용할 수 없습니다.

- 드래곤이 볼 수 있는 120ft 내의 한 크리처 위 천장이 무너집니다. 해당 크리처는 DC 15의 민첩 내성을 굴려야 하며, 실패할 시 10(3d6)점의 타격 피해를 입고 넘어지며 묻힙니다. 묻힌 목표는 포박된 상태가 되며, 숨을 쉴 수 없고 일어설 수도 없습니다. 행동을 사용하고 DC 10의 근력 판정에 성공하면, 묻힌 것을 치우고 일어날 수 있습니다.
- 드래곤이 볼 수 있는 120ft 내의 한 지점에 모래 구름이 몰려들어 20ft 반경에 몰아칩니다. 이 구름은 모서리를 휘감아 퍼집니다. 구름 내의 모든 크리처는 DC 15의 건강 내성에 실패할 시 1분간 장님 상태가 됩니다. 장님 상태의 크리처는 매번 자기 턴이 끝날 때 다시 내성을 굴릴 수 있으며, 성공하면 효과를 끝낼 수 있습니다.
- 본거지 내에서 드래곤이 볼 수 있는 120ft 내의 두 지점 사이로 번개가 몰아칩니다. 각 지점은 드래곤으로부터 120ft 내에 있으며 서로 120ft 이내여야 합니다. 번개의 폭은 5ft입니다. 이 직선 범위에 서 있는 모든 크리처는 DC 15의 민첩 내성에 실패하면 10(3d6)점의 번개 피해를 받습니다.

지역 효과

전설적인 블루 드래곤의 본거지 주변은 드래곤의 마법으로 인해 뒤틀리며, 아래 효과 중 한 가지 이상이 나타나게 됩니다.

- 본거지로부터 6마일 이내에는 천둥 폭풍이 몰아칩니다.
- 본거지로부터 6마일 이내에는 먼지 악마가 돌아다닙니다. 먼지 악마는 대기 원소의 게임 자료를 그대로 따르지만, 비행할 수 없고 이동 속도가 50ft이며 지능과 매력이 1(-5)이라는 차이점이 있습니다.
- 숨겨진 모래 구덩이가 드래곤의 본거지 주변에 있습니다. DC 20의 지혜(감지) 판정에 성공하면 안전한 거리에서 구덩이를 발견할 수 있습니다. 발견하지 못한 경우, 구덩이에 발을 디딘 첫 번째 크리처는 DC 15의 민첩 내성에 실패한 경우 1d6 × 10ft 아래로 빠집니다.

만약 드래곤이 죽는다면, 먼지 악마들은 즉시 사라지지만, 천둥폭풍은 1d10일 안에 사그라들며, 구덩이들은 그대로 남아 있습니다.

화이트 드래곤 고룡
ANCIENT WHITE DRAGON
초대형 용족, 혼돈 악

방어도 20 (자연 갑옷)
히트 포인트 333 (18d20+144)
이동속도 40ft, 굴착 40ft, 비행 80ft, 수영 40ft

근력	민첩	건강	지능	지혜	매력
26 (+8)	10 (+0)	26 (+8)	10 (+0)	13 (+1)	14 (+2)

내성 굴림 민첩 +6, 건강 +14, 지혜 +7, 매력 +8
기술 감지 +13, 은신 +6
피해 면역 냉기
감각능력 맹안시야 60ft, 암시야 120ft, 상시 감지 23
언어 공용어, 용언
도전지수 20 (25,000 xp)

얼음 걷기. 드래곤은 능력 판정 없이 얼어붙은 표면을 걷거나 등반할 수 있습니다. 또한 얼음이나 눈으로 이루어진 어려운 지형을 추가 이동력 소모 없이 이동할 수 있습니다.

전설적 저항력 (3/일). 드래곤이 내성에 실패한 경우, 이 능력을 1회 소비하고 대신 성공한 것으로 할 수 있습니다.

행동

다중공격. 드래곤은 먼저 공포스러운 존재감을 사용할 수 있습니다. 그런 다음 물기 1회, 할퀴기 2회, 총 3회의 공격을 가할 수 있습니다.

물기. 근접 무기 공격: 명중 +14, 간격 15ft, 목표 하나. 명중시: 19(2d10+8)점의 관통 피해, 추가로 9(2d8)점의 냉기 피해.

할퀴기. 근접 무기 공격: 명중 +14, 간격 10ft, 목표 하나. 명중시: 15(2d6+8)점의 참격 피해.

꼬리. 근접 무기 공격: 명중 +14, 간격 20ft, 목표 하나. 명중시: 17(2d8+8)점의 타격 피해.

공포스러운 존재감. 드래곤으로부터 120ft 내에 있는 크리쳐들 중 드래곤이 선택한 크리쳐들 모두는 DC 16의 지혜 내성 굴림에 실패할 시 1분간 공포 상태가 됩니다. 공포 상태의 크리쳐들은 매번 자기 턴이 끝날 때 다시 내성 굴림을 굴릴 수 있으며, 성공시에는 효과가 종료됩니다. 내성 굴림에 성공하였다면, 해당 크리쳐는 이후 24시간 동안 해당 드래곤의 공포스러운 존재감에 면역을 얻게 됩니다.

냉기 브레스(재충전 5-6). 드래곤은 90ft 길이의 원뿔형 범위에 냉기를 뿜어냅니다. 범위 내의 모든 크리쳐는 DC 22의 건강 내성에 실패할 시 72(16d8)점의 냉기 피해를 받습니다. 내성에 성공하면 피해는 절반으로 줄어듭니다.

전설적 행동

드래곤은 아래의 선택지 중에서 3회의 전설적 행동을 취할 수 있습니다. 전설적 행동은 동시에 한 가지만 취할 수 있으며, 오로지 다른 크리쳐의 턴이 끝날 때만 사용할 수 있습니다. 드래곤은 자기 턴이 시작할 때 사용한 전설적 행동 횟수를 모두 회복합니다.

탐지. 드래곤은 지혜(감지) 판정을 합니다.
꼬리 공격. 드래곤은 꼬리 공격을 1회 가합니다.
날개 공격 (행동 2회 소모). 드래곤은 날개를 휘둘러 칩니다. 드래곤으로부터 15ft 내에 있는 모든 크리쳐들은 DC 22의 민첩 내성에 실패할 시 15(2d6+8)점의 타격 피해를 받고 넘어집니다. 드래곤은 이 공격을 가한 다음 자신의 비행 이동 속도 절반만큼 비행해 이동할 수 있습니다.

화이트 드래곤 원숙체
ADULT WHITE DRAGON
거대형 용족, 혼돈 악

방어도 18 (자연 갑옷)
히트 포인트 200 (16d12+96)
이동속도 40ft, 굴착 30ft, 비행 80ft, 수영 40ft

근력	민첩	건강	지능	지혜	매력
22 (+6)	10 (+0)	22 (+6)	8 (-1)	12 (+1)	12 (+1)

내성 굴림 민첩 +5, 건강 +11, 지혜 +6, 매력 +6
기술 감지 +11, 은신 +5
피해 면역 냉기
감각능력 맹안시야 60ft, 암시야 120ft, 상시 감지 21
언어 공용어, 용언
도전지수 13 (10,000 xp)

얼음 걷기. 드래곤은 능력 판정 없이 얼어붙은 표면을 걷거나 등반할 수 있습니다. 또한 얼음이나 눈으로 이루어진 어려운 지형을 추가 이동력 소모 없이 이동할 수 있습니다.

전설적 저항력 (3/일). 드래곤이 내성에 실패한 경우, 이 능력을 1회 소비하고 대신 성공한 것으로 할 수 있습니다.

행동

다중공격. 드래곤은 먼저 공포스러운 존재감을 사용할 수 있습니다. 그런 다음 물기 1회, 할퀴기 2회, 총 3회의 공격을 가할 수 있습니다.

물기. 근접 무기 공격: 명중 +11, 간격 10ft, 목표 하나. 명중시: 17(2d10+6)점의 관통 피해, 추가로 4(1d8)점의 냉기 피해.

할퀴기. 근접 무기 공격: 명중 +11, 간격 5ft, 목표 하나. 명중시: 13(2d6+6)점의 참격 피해.

꼬리. 근접 무기 공격: 명중 +11, 간격 15ft, 목표 하나. 명중시: 15(2d8+6)점의 타격 피해.

공포스러운 존재감. 드래곤으로부터 120ft 내에 있는 크리쳐들 중 드래곤이 선택한 크리쳐들 모두는 DC 14의 지혜 내성 굴림에 실패할 시 1분간 공포 상태가 됩니다. 공포 상태의 크리쳐들은 매번 자기 턴이 끝날 때 다시 내성 굴림을 굴릴 수 있으며, 성공시에는 효과가 종료됩니다. 내성 굴림에 성공하였다면, 해당 크리쳐는 이후 24시간 동안 해당 드래곤의 공포스러운 존재감에 면역을 얻게 됩니다.

냉기 브레스(재충전 5-6). 드래곤은 60ft 길이의 원뿔형 범위에 냉기를 뿜어냅니다. 범위 내의 모든 크리쳐는 DC 19의 건강 내성에 실패할 시 54(12d8)점의 냉기 피해를 받습니다. 내성에 성공하면 피해는 절반으로 줄어듭니다.

전설적 행동

드래곤은 아래의 선택지 중에서 3회의 전설적 행동을 취할 수 있습니다. 전설적 행동은 동시에 한 가지만 취할 수 있으며, 오로지 다른 크리쳐의 턴이 끝날 때만 사용할 수 있습니다. 드래곤은 자기 턴이 시작할 때 사용한 전설적 행동 횟수를 모두 회복합니다.

탐지. 드래곤은 지혜(감지) 판정을 합니다.
꼬리 공격. 드래곤은 꼬리 공격을 1회 가합니다.
날개 공격 (행동 2회 소모). 드래곤은 날개를 휘둘러 칩니다. 드래곤으로부터 10ft 내에 있는 모든 크리쳐들은 DC 19의 민첩 내성에 실패할 시 13(2d6+6)점의 타격 피해를 받고 넘어집니다. 드래곤은 이 공격을 가한 다음 자신의 비행 이동 속도 절반만큼 비행해 이동할 수 있습니다.

화이트 드래곤 성체
YOUNG WHITE DRAGON
대형 용족, 혼돈 악

방어도 17 (자연 갑옷)
히트 포인트 133 (14d10+56)
이동속도 40ft, 굴착 20ft, 비행 80ft, 수영 40ft

근력	민첩	건강	지능	지혜	매력
18 (+4)	10 (+0)	18 (+4)	6 (-2)	11 (+0)	12 (+1)

내성 굴림 민첩 +3, 건강 +7, 지혜 +3, 매력 +4
기술 감지 +6, 은신 +3
피해 면역 냉기
감각능력 맹안시야 30ft, 암시야 120ft, 상시 감지 16
언어 공용어, 용언
도전지수 6 (2,300 xp)

얼음 걷기. 드래곤은 능력 판정 없이 얼어붙은 표면을 걷거나 등반할 수 있습니다. 또한 얼음이나 눈으로 이루어진 어려운 지형을 추가 이동력 소모 없이 이동할 수 있습니다.

행동

다중공격. 드래곤은 물기 1회, 할퀴기 2회, 총 3회 공격을 가할 수 있습니다.

물기. 근접 무기 공격: 명중 +7, 간격 10ft, 목표 하나. 명중시: 15(2d10+4)점의 관통 피해, 추가로 4(1d8)점의 냉기 피해

할퀴기. 근접 무기 공격: 명중 +7, 간격 5ft, 목표 하나. 명중시: 11(2d6+4)점의 참격 피해.

냉기 브레스(재충전 5-6). 드래곤은 30ft 길이의 원뿔형 범위에 냉기를 뿜어냅니다. 범위 내의 모든 크리쳐는 DC 15의 건강 내성에 실패할 시 45(10d8)점의 냉기 피해를 받습니다. 내성에 성공하면 피해는 절반으로 줄어듭니다.

화이트 드래곤

유색 드래곤 중에서도 가장 작고 지성이 낮으며, 가장 동물적인 화이트 드래곤은 극지방이나 눈 덮인 산 같은 서늘한 곳에 자리를 잡곤 합니다. 이들은 악랄하고 잔혹한 파충류로 허기와 탐욕에 의해 움직이곤 합니다.

화이트 드래곤은 야만스러운 눈을 하고 미끈한 외관을 가지고 있으며, 가시가 돋아난 볏이 나 있습니다. 화이트 드래곤 유생체의 비늘은 반짝이는 순수한 백색입니다. 드래곤이 나이를 먹어가며 빛은 점차 어두워지고, 비늘은 색이 바래 완전히 늙게 되면 청백색에 가까운 데다가 약간 회색이 도는 비늘을 갖게 됩니다. 이 패턴은 드래곤이 얼음 지역에 녹아들고 바위투성이 지형에서 사냥할 때나, 구름 속을 날아다닐 때 더 눈에 띄지 않게 해 줍니다.

원시적이고 잔혹함. 화이트 드래곤은 다른 대부분의 드래곤에 비해 교활함과 전술이 부족합니다. 하지만, 그들의 야수적 본성이 있기에 화이트 드래곤은 모든 드래곤 중에서도 최고의 사냥꾼이 되곤 합니다. 그들은 오로지 생존과 적들을 살육하는 데만 신경을 쏟습니다. 화이트 드래곤은 얼어붙은 음식만을 먹어 치우며, 적들이 아직 숨을 쉬고 있을 때 얼음의 숨결을 내뿜어 완전히 얼려버립니다. 그들은 자신이 죽인 적들을 얼려서 본거지 주변의 눈 속에 파묻어 놓곤 하며, 그런 얼음덩이들을 발견했다면 주변에 화이트 드래곤의 본거지가 있다는 뜻으로 보아도 좋습니다.

화이트 드래곤은 또한 가장 강대했던 적의 몸통을 자랑거리로 진열하기도 하며, 얼려버린 시체를 나열해 둡니다. 화이트 드래곤의 본거지 주변에는 거인이나 레모라즈, 다른 드래곤의 잔해들이 자리를 잡고 있으며, 이것은 침입자들에게 화이트 드래곤이 주변에 있다는 경고 역할도 합니다.

화이트 드래곤의 지능은 그저 그렇지만, 그들의 기억력만큼은 정말 탁월합니다. 그들은 모든 모욕과 패배를 일일이 기억하며, 자신을 적대했던 모든 자에게 악랄하게 복수합니다. 때로는 화이트 드래곤과 비슷한 곳에 자리를 잡는 실버 드래곤들이 이 복수의

대상이 되기도 합니다. 화이트 드래곤은 다른 드래곤들처럼 말할 수 있는 능력을 지니고 있지만, 꼭 해야 하는 경우가 아니라면 그다지 입을 열지 않습니다.

외로운 주인. 화이트 드래곤은 다른 성별을 지닌 같은 종을 제외하면 다른 드래곤들을 피하는 편입니다. 심지어 짝을 찾을 때조차 화이트 드래곤은 같이 새끼를 낳을 정도만 함께 있을 뿐 이후에는 다시 헤어져 홀로된 생활로 돌아갑니다.

화이트 드래곤은 본거지 주변에 경쟁자가 접근하는 것을 참지 못합니다. 그 결과, 화이트 드래곤이 보기에 같이 살기에는 너무 약하거나 너무 강한 크리쳐가 있다면 아무런 경고 없이 습격합니다. 화이트 드래곤을 섬기는 크리쳐는 대개 드래곤의 격노에서 살아남을 수 있을 정도의 힘도 있으면서, 드래곤의 허기 때문에 항상 숫자가 줄어들어도 버틸 수 있는 인간형 종족뿐입니다. 화이트 드래곤의 본거지 주변에는 이런 이유 때문에 코볼드들을 자주 볼 수 있는 편입니다.

때로는 강력한 크리쳐들이 순수한 힘이나 마법적 위력을 과시해 화이트 드래곤의 복종을 얻어내기도 합니다. 서리 거인은 자신의 힘을 증명하고 씨족 내에서 높은 지위를 얻기 위해 화이트 드래곤에게 도전하기도 하며, 그 도전에 패배한 자들의 뼈는 화이트 드래곤의 본거지 주변에 흩어져 있습니다. 하지만 서리 거인에게 패배한 화이트 드래곤은 그 하수인이 되며, 자신을 섬기는 자들에게 여전히 지배권을 행사할 수 있다는 전제하에 자신보다 우월한 크리쳐의 지배를 인정하고 받아들입니다.

얼음 아래의 보물. 화이트 드래곤은 얼음의 차가운 광채를 좋아하며, 그와 비슷한 특징을 가진 보물들을 모으곤 합니다. 이들은 특히 다이아몬드를 좋아합니다. 하지만 워낙 멀리 떨어진 극지에서 살다 보니, 화이트 드래곤의 보물 더미에는 물범이나 맘모스의 하얀 상아나 고래 뼈로 만든 조각품이 들어가기도 하며, 배의 선수상이나 가죽, 다른 용감한 모험자의 마법 물건들도 발견됩니다.

동전과 보석 더미들이 드래곤의 본거지 내에 흩어져 있으며, 빛이 비치면 마치 별처럼 빛납니다. 더 큰 보물이나 상자들은 화이트 드래곤의 입김이 만들어낸 얼음이나 서리에 덮여 버리며, 투명한 얼음층 속에 안전하게 보관됩니다. 드래곤의 강력한 힘이 있으면 이런 보물들을 쉽게 꺼낼 수 있겠지만, 그보다 약한 자들이라면 드래곤의 보물이 들어 있는 얼음을 쪼개거나 녹이기 위해서 몇 시간이나 필요할 것입니다.

화이트 드래곤의 흠 없는 기억력 덕분에 그들은 보물 더미 속의 모든 동전과 보석, 마법 물건들을 기억하며, 어떤 승리를 통해 이러한 보물을 얻었는가를 일일이 떠올립니다. 화이트 드래곤은 뇌물로 매수하기가 어려운 것으로 악명이 높으며, 보물을 바친다는 것을 자신들의 사냥 능력에 대한 모욕으로 받아들입니다. 이들은 대개 보물을 바치러 온 자들을 모두 죽여버리고는 보물을 차지합니다.

화이트 드래곤의 본거지

화이트 드래곤의 본거지는 햇빛이 닿지 않는 얼음투성이 동굴이나 지하의 거대한 공동이 되는 경우가 많습니다. 그들은 날아서만 도착할 수 있는 높은 산을 선호하며, 절벽 표면의 동굴이나 미로같이 꼬여 있는 빙하 속 얼음 동굴에 보금자리를 차립니다. 화이트 드래곤은 수직으로 높은 구조의 동굴을 선호하며, 박쥐처럼 천장에 거꾸로 매달리거나 얼음 협곡 사이를 미끄러지며 날아듭니다.

화이트 드래곤 유생체
WHITE DRAGON WYRMLING

중형 용족, 혼돈 악

방어도 16 (자연 갑옷)
히트 포인트 32 (5d8+10)
이동속도 30ft, 굴착 15ft, 비행 60ft, 수영 30ft

근력	민첩	건강	지능	지혜	매력
14 (+2)	10 (+0)	14 (+2)	5 (-3)	10 (+0)	11 (+0)

내성 굴림 민첩 +2, 건강 +4, 지혜 +2, 매력 +2
기술 감지 +4, 은신 +2
피해 면역 냉기
감각능력 맹안시야 10ft, 암시야 60ft, 상시 감지 14
언어 용언
도전지수 2 (450 xp)

행동

물기. *근접 무기 공격:* 명중 +4, 간격 5ft, 목표 하나. *명중시:* 7(1d10+2)점의 관통 피해, 추가로 2(1d4)점의 산성 피해.

냉기 브레스 *(재충전 5-6).* 드래곤은 15ft 길이의 원뿔형 범위에 냉기를 뿜어냅니다. 범위 내의 모든 크리쳐는 DC 12의 건강 내성에 실패할 시 22(5d8)점의 냉기 피해를 받습니다. 내성에 성공하면 피해는 절반으로 줄어듭니다.

화이트 드래곤이 타고나는 전설적인 마법 능력은 본거지 주변의 추위를 더욱 극심하게 만듭니다. 산악 동굴들은 화이트 드래곤이 나타나면 빠르게 얼어붙습니다. 화이트 드래곤은 날카로운 바람 소리가 약간 달라지는 것만으로도 주변의 침입자들을 쉽게 발견해 내곤 합니다.

화이트 드래곤은 넓은 얼음판이나 절벽에서 몸을 쉬며, 주변에는 부서진 얼음과 바위 파편이 가득하고 숨겨진 구덩이와 미끄러운 경사가 가득한 곳에서 편안함을 느낍니다. 적들이 어렵게 다가오는 동안, 드래곤은 횃대에서 횃대 사이를 날아다니며 얼음 브레스로 적들을 무너트릴 것입니다.

본거지 행동

드래곤의 본거지는 우선권 순서 20에서 아래 효과 중 한 가지를 본거지 행동으로 발동합니다. (비길 경우 항상 지는 것으로 취급) 드래곤은 한 가지 효과를 연달아 두 라운드 사용할 수 없습니다.

- 120ft 이내에서 드래곤이 볼 수 있는 한 지점을 중심으로 20ft 반경에 얼어붙는 안개가 모여듭니다. 이 안개는 모서리를 돌아 퍼져 나가며, 그 지역은 심하게 가려진 지역이 됩니다. 안개 속의 모든 크리쳐는 DC 10의 건강 내성에 실패할 시 10(3d6)점의 냉기 피해를 받으며, 성공하면 피해가 절반으로 줄어듭니다. 안개 속에서 자기 턴을 끝내는 크리쳐들은 모두 10(3d6)점의 냉기 피해를 받습니다. 시속 20마일 이상의 강한 바람은 이 안개를 날려 보낼 수 있습니다. 이 안개는 드래곤이 이 본거지 행동을 다시 사용하거나 죽으면 사라지게 됩니다.
- 120ft 내에서 드래곤이 볼 수 있는 크리쳐 3체의 머리 위 천장에서 날카로운 얼음 조각이 떨어집니다. 드래곤은 각각의 목표에 대해 장거리 명중 굴림(+7)을 가합니다. 명중한 대상은 각각 10(3d6)점의 관통 피해를 받습니다.
- 120ft 내에서 드래곤이 볼 수 있는 곳에 불투명한 얼음벽이 솟아납니다. 이 벽은 30ft 길이에 30ft 높이, 1ft 두께를 지니고 있습니다. 벽이 나타날 때 벽이 있는 지역에 위치한 크리쳐는 모두 벽이 없는 방향으로 5ft 밀려나며, 어느 쪽으로 밀려날지는 본인이 선택할 수 있습니다. 10ft 벽은 AC 5에 30점의 hp를 지니며, 화염 피해에 취약성을, 냉기, 산성, 사령, 독성, 정신 피해에 면역을 지닙니다. 이 벽은 드래곤이 다시 이 본거지 행동을 사용하거나 죽으면 사라져 버릴 것입니다.

지역 효과

전설적인 화이트 드래곤의 본거지 주변은 드래곤의 마법으로 인해 뒤틀리며, 아래 효과 중 한 가지 이상이 나타나게 됩니다.

- 본거지 주변 6마일은 차가운 안개로 가볍게 가려진 상태가 됩니다.
- 드래곤의 본거지 주변 6마일 이내는 온도가 급격히 떨어지며, 드래곤이 쉬고 있을 때는 눈보라가 몰아칩니다.
- 드래곤의 본거지 주변에는 얼음벽 덩어리가 생겨납니다. 각각의 벽은 6인치 두께이며 10ft 부분마다 AC 5에 hp 15점을 지니고 있습니다. 이 벽들은 화염 피해에 취약하며, 산성, 냉기, 사령, 독성, 정신 피해에 면역을 지닙니다.

만약 드래곤이 벽을 통과해 움직이고 싶다면, 드래곤은 별다른 어려움 없이 느려지지 않고 벽을 통과할 수 있습니다. 하지만 드래곤이 지나친 부분의 벽은 무너진 상태로 남을 것입니다.

만약 드래곤이 죽으면, 안개와 기온은 1일 안에 원래대로 돌아갑니다. 얼음벽은 1d10일 이내에 녹아서 사라질 것입니다.

금속 드래곤

금속 드래곤은 주변을 보호하고 보살피고자 하며, 스스로 세상에 존재하는 모든 종족 중에서도 가장 강력한 종족으로 여깁니다.

고귀한 호기심. 금속 드래곤들은 사악한 유색 드래곤만큼이나 보물에 탐닉합니다. 하지만 그들은 단순히 탐욕에 의해서만 재물을 쌓으려는 것이 아닙니다. 대신, 금속 드래곤은 조사하고 수집하고자 하는 욕구에 따라 움직이며, 누구의 소유도 아닌 유물들을 모아 자신의 본거지에 저장해 둡니다. 금속 드래곤의 보물 더미는 그 자신의 개성을 나타내는 물건으로 채워져 있으며, 그들 자신의 역사와 기억을 나타내는 저장고입니다. 금속 드래곤은 또한 위험한 마법으로부터 다른 크리쳐들을 보호하려고도 합니다. 그 결과 강력한 마법 물건이나 사악한 유물들 역시 금속 드래곤의 보물 더미에 섞여 들어가는 경우가 생깁니다.

금속 드래곤은 잘 설득하기만 한다면 대의를 위해 자기 보물에서 물건 하나 쯤은 내 줄 수도 있습니다. 하지만 다른 크리쳐의 필요나 소유권의 개념은 드래곤의 관점에서 보기엔 불분명한 부분이 많을 수도 있습니다. 금속 드래곤에게서 필요한 물건을 얻으려면 결국 매수하거나 다른 식으로 생각을 바꾸어야 할지도 모릅니다.

고독한 변신자. 금속 드래곤은 긴 세월을 살아가며, 어느 시점이 지나고 나면 인간형 생명체나 짐승의 모습으로 변신할 수 있는 마법적 능력을 얻게 됩니다. 그들이 처음 자기 모습을 바꿀 수 있는 능력을 얻었을 때, 드래곤은 다른 문화에 섞여 한동안 살아가는 길을 택합니다. 몇몇 드래곤은 너무 수줍어하거나 편집적이라서 자기 본거지와 보물 더미를 떠나지 못하긴 하지만, 과감한 드래곤은 인간형 존재의 모습으로 도시를 돌아다니는 것을 즐기며 그 지방의 문화와 음식을 맛보고, 작은 종족들이 어떻게 살아가는가 감상하며 즐거운 시간을 보내기도 합니다.

몇몇 금속 드래곤은 적을 끌어들이지 않기 위해서 가능한 한 문명에서 멀리 떨어져 살아갑니다. 하지만 이로 인해 그들은 현재 벌어지는 거대한 사건에 제대로 간섭하기 어려워지기도 합니다.

기억의 지속성. 금속 드래곤은 오랜 시간 지워지지 않는 기억력을 지니고 있으며, 과거 인연을 맺은 인간형 종족들을 통해 그 후손들에 대한 생각도 만들어 갑니다. 선한 드래곤은 인간형 종족의 혈통을 냄새로 알아볼 수 있으며, 그들이 오랜 세월 살아가며 만난 사람들의 냄새를 머리에 새기고 그들이 어떻게 후손을 남기며 관계를 만들어나갔는가를 기억하고 있습니다. 골드 드래곤은 악당들의 교활한 이중성을 의심하지 않을지도 모릅니다. 눈앞의 악당이 과거 선하고 지혜로웠던 그의 할머니와 같은 마음가짐이나 심성을 지녔을 것이라고 믿는 것입니다. 반면, 어쩌면 그 조상이 몇 세기 전 드래곤의 보물에서 은 조각상을 훔쳤다는 이유로 고귀한 팔라딘을 멀리하고 경멸하는 드래곤 역시 있을 수 있습니다.

선한 드래곤들의 왕. 금속 드래곤의 주신은 백금용 바하무트입니다. 그는 셀레스티아 산의 일곱 천국에서 살아가지만, 때로 농민의 평범한 옷차림을 한 노인의 모습으로 변장한 채 물질계로 내려오기도 합니다. 이 모습을 했을 때, 그는 대개 일곱 마리의 황금색 카나리아를 데리고 다닙니다. 이들은 사실 형태를 변신한 일곱 마리의 고룡급 골드 드래곤입니다.

바하무트는 필멸의 존재들이 벌이는 일에 잘 간섭하지 않지만, 때로 용의 여왕 티아마트와 그 사악한 부하들의 계략을 방해하는 일에 도움을 주기 위해 예외를 두기도 합니다. 선한 성향의 클레릭이나 팔라딘들은 때로 정의와 보호를 내세우는 바하무트에게 신앙을 바치기도 합니다. 그는 하급 신으로서, 신앙하는 이들에게 신성 주문을 내려줄 힘을 지니고 있습니다.

골드 드래곤 고룡
Ancient Gold Dragon
초대형 용족, 질서 선.

방어도 22 (자연 갑옷)
히트 포인트 546 (28d20+252)
이동속도 40ft, 비행 80ft, 수영 40ft

근력	민첩	건강	지능	지혜	매력
30 (+10)	14 (+2)	29 (+9)	18 (+4)	17 (+3)	28 (+9)

내성 굴림 민첩 +9, 건강 +16, 지혜 +10, 매력 +16
기술 통찰 +10, 감지 +17, 설득 +16, 은신 +9
피해 면역 화염
감각능력 맹안시야 60ft, 암시야 120ft, 상시 감지 27
언어 공용어, 용언.
도전지수 24 (62,000 xp)

수륙양용. 드래곤은 공기와 수중 양쪽에서 호흡할 수 있습니다.

전설적 저항력 (3/일). 드래곤이 내성에 실패한 경우, 이 능력을 1회 소비하고 대신 성공한 것으로 할 수 있습니다.

행동

다중공격. 드래곤은 먼저 공포스러운 존재감을 사용할 수 있습니다. 그런 다음 물기 1회, 할퀴기 2회, 총 3회의 공격을 가할 수 있습니다.

물기. 근접 무기 공격: 명중 +17, 간격 15ft, 목표 하나. 명중시: 21(2d10+10)점의 관통 피해.

할퀴기. 근접 무기 공격: 명중 +17, 간격 10ft, 목표 하나. 명중시: 17(2d6+10)점의 참격 피해.

꼬리. 근접 무기 공격: 명중 +17, 간격 20ft, 목표 하나. 명중시: 19(2d8+10)점의 타격 피해.

공포스러운 존재감. 드래곤으로부터 120ft 내에 있는 크리쳐들 중 드래곤이 선택한 크리쳐들 모두는 DC 24의 지혜 내성 굴림에 실패할 시 1분간 공포 상태가 됩니다. 공포 상태의 크리쳐들은 매번 자기 턴이 끝날 때 다시 내성 굴림을 굴릴 수 있으며, 성공시에는 효과가 종료됩니다. 내성 굴림에 성공하였다면, 해당 크리쳐는 이후 24시간 동안 해당 드래곤의 공포스러운 존재감에 면역을 얻게 됩니다.

브레스 무기 (재충전 5-6). 드래곤은 아래 브레스 무기 중 하나를 사용합니다.

화염 브레스. 드래곤은 90ft 길이의 원뿔형 범위에 화염을 뿜어냅니다. 범위 내의 모든 크리쳐는 DC 24의 민첩 내성에 실패할 시 71(13d10)점의 화염 피해를 받습니다. 내성에 성공하면 피해는 절반으로 줄어듭니다.

약화 브레스. 드래곤의 90ft 길이의 원뿔형 범위에 약화 가스를 뿜어냅니다. 범위 내의 모든 크리쳐는 DC 24의 근력 내성에 실패할 시 1분간 근력 기반 명중 굴림과 근력 판정, 근력 내성 굴림에 불리점을 받게 됩니다. 약화된 크리쳐는 매번 자기 턴이 끝날 때 내성을 굴릴 수 있으며, 성공하면 효과는 종료됩니다.

형태 변신. 드래곤은 마법적으로 자기 도전 지수 이하의 인간형이나 야수 크리쳐의 모습으로 변신하거나, 원래 모습으로 돌아올 수 있습니다. 변신한 상태에서 사망하면 원래 모습으로 돌아옵니다. 드래곤이 장비하거나 들고 있던 모든 물건은 새로운 형태에 녹아들거나 장비한 채로 변하게 됩니다. (드래곤이 방식을 선택합니다.)
　새로운 형태일 때, 드래곤은 자신의 성향과 hp, 히트 다이스, 말할 수 있는 능력, 숙련, 전설적 저항력, 본거지 행동, 지능, 지혜, 매력 점수를 유지합니다. 그 외 다른 게임 정보나 능력은 새로운 형태를 따릅니다. 그러나 드래곤은 변신한 형태일 때 클래스 요소나 전설적인 행동을 사용할 수 없습니다.

전설적 행동

드래곤은 아래의 선택지 중에서 3회의 전설적 행동을 취할 수 있습니다. 전설적 행동은 동시에 한 가지만 취할 수 있으며, 오로지 다른 크리쳐의 턴이 끝날 때만 사용할 수 있습니다. 드래곤은 자기 턴이 시작할 때 사용한 전설적 행동 횟수를 모두 회복합니다.

탐지. 드래곤은 지혜(감지) 판정을 합니다.

꼬리 공격. 드래곤은 꼬리 공격을 1회 가합니다.

날개 공격 (행동 2회 소모). 드래곤은 날개를 휘둘러 칩니다. 드래곤으로부터 15ft 내에 있는 모든 크리쳐들은 DC 25의 민첩 내성에 실패할 시 17(2d6+10)점의 타격 피해를 받고 넘어집니다. 드래곤은 이 공격을 가한 다음 자신의 비행 이동 속도 절반만큼 비행해 이동할 수 있습니다.

골드 드래곤

금속 드래곤 중에서도 가장 강대하고 장엄한 골드 드래곤은 악과 싸우는데 일생을 헌신하고 있습니다.

골드 드래곤은 유연한 가시가 수염처럼 자라난 현명해 보이는 얼굴을 지니고 있습니다. 그 뿔은 코와 눈썹에서 자라나 뒤를 향해 굽어 있고, 한 쌍의 프릴이 긴 목을 따라 돋아 있습니다. 배의 돛처럼 생긴 골드 드래곤의 큰 날개는 어깨에서 시작해 꼬리까지 쭉 이어져 있으며, 날아다닐 때면 마치 허공에서 헤엄치는 것처럼 특징적인 움직임으로 펄럭입니다. 골드 드래곤 유생체는 약간 금속광택이 있는 어두운 노란색 비늘을 지니고 있습니다. 이 광채는 드래곤이 나이를 먹으면 점점 강렬해집니다. 드래곤이 나이를 먹을수록 그 눈동자는 점점 희미해지며, 결국은 마치 녹아내린 금의 보주처럼 보이게 됩니다.

재보의 탐식자. 골드 드래곤은 무엇이든 먹을 수 있지만, 특히 진주나 보석들을 즐겨 먹곤 합니다. 다행히도 골드 드래곤은 배가 부를 때까지 포식하는 편이 아닙니다. 골드 드래곤을 매수하는 것은 불가능하지만, 선물로 먹을 수 있는 보물을 주는 것은 꽤 좋은 생각이 될 수 있습니다.

숙련된 변신자. 다른 금속 드래곤은 현명함과 공정함 때문에 골드 드래곤을 존경하지만, 사실 골드 드래곤은 모든 선한 성향의 드래곤 중에서도 가장 쌀쌀맞고 엄숙한 편입니다. 그들은 홀로 지내는 삶에 높은 가치를 두고 있으며, 짝짓기하고 아이를 만들기 위해 만날 때를 제외하면 다른 드래곤과 잘 만나지 않습니다.

나이 먹은 골드 드래곤은 동물이나 인간형 형체를 취할 수 있습니다. 변장한 골드 드래곤이 본래 모습을 드러내는 경우는 거의 없습니다. 그들은 평범한 외관을 하고 정기적으로 마을에 들러 주변 소문을 수집하고, 정직한 사업을 후원하며, 보이지 않는 방법으로 다양한 도움을 줍니다. 동물의 모습을 했을 때면 드래곤은 미아를 도와주고 떠돌이 악사나 여관 주인의 친구가 되어 며칠 몇 주를 함께 지내곤 합니다.

보물 수집의 대가. 골드 드래곤은 본거지 속 깊은 곳에 자신의 보물들을 매우 안전하게 보관합니다. 마법적인 방어책이 이 저장고에 설치되어 있으며, 누구든지 그 안의 보물을 허락 없이 들고 나오게 되면 드래곤은 이를 바로 알아챌 수 있습니다.

골드 드래곤의 본거지

골드 드래곤은 멀리 떨어진 곳에 보금자리를 차리며, 그곳에서 다른 이들의 의심이나 두려움 없이 하고픈 일을 합니다. 대부분은 목가적인 호수나 강가에 자리를 잡으며, 안개로 둘러싸인 섬이나 폭포 뒤의 복잡한 동굴, 혹은 고대 폐허에 둥지를 두기도 합니다.

골드 드래곤 원숙체
ADULT GOLD DRAGON

거대형 용족, 질서 선

방어도 19 (자연 갑옷)
히트 포인트 256 (19d12+133)
이동속도 40ft, 비행 80ft, 수영 40ft

근력	민첩	건강	지능	지혜	매력
27 (+8)	14 (+2)	25 (+7)	16 (+3)	15 (+2)	24 (+7)

내성 굴림 민첩 +8, 건강 +13, 지혜 +8, 매력 +13
기술 통찰 +8, 감지 +14, 설득 +13, 은신 +8
피해 면역 화염
감각능력 맹안시야 60ft, 암시야 120ft, 상시 감지 24
언어 공용어, 용언.
도전지수 17 (18,000 xp)

수륙양용. 드래곤은 공기와 수중 양쪽에서 호흡할 수 있습니다.

전설적 저항력 (3/일). 드래곤이 내성에 실패한 경우, 이 능력을 1회 소비하고 대신 성공한 것으로 할 수 있습니다.

행동

다중공격. 드래곤은 먼저 공포스러운 존재감을 사용할 수 있습니다. 그런 다음 물기 1회, 할퀴기 2회, 총 3회의 공격을 가할 수 있습니다.

물기. 근접 무기 공격: 명중 +14, 간격 10ft, 목표 하나. *명중시:* 19(2d10+8)점의 관통 피해.

할퀴기. 근접 무기 공격: 명중 +14, 간격 5ft, 목표 하나. *명중시:* 15(2d6+8)점의 참격 피해.

꼬리. 근접 무기 공격: 명중 +14, 간격 15ft, 목표 하나. *명중시:* 17(2d8+8)점의 타격 피해.

공포스러운 존재감. 드래곤으로부터 120ft 내에 있는 크리쳐들 중 드래곤이 선택한 크리쳐 모두는 DC 21의 지혜 내성 굴림에 실패할 시 1분간 공포 상태가 됩니다. 공포 상태의 크리쳐들은 매번 자기 턴이 끝날 때 다시 내성 굴림을 굴릴 수 있으며, 성공시에는 효과가 종료됩니다. 내성 굴림에 성공하였다면, 해당 크리쳐는 이후 24시간 동안 해당 드래곤의 공포스러운 존재감에 면역을 얻게 됩니다.

브레스 무기 (재충전 5-6). 드래곤은 아래 브레스 무기 중 하나를 사용합니다.

화염 브레스. 드래곤은 60ft 길이의 원뿔형 범위에 화염을 뿜어냅니다. 범위 내의 모든 크리쳐는 DC 21의 민첩 내성에 실패할 시 66(12d10)점의 화염 피해를 받습니다. 내성에 성공하면 피해는 절반으로 줄어듭니다.

약화 브레스. 드래곤의 60ft 길이의 원뿔형 범위에 약화 가스를 뿜어냅니다. 범위 내의 모든 크리쳐는 DC 21의 근력 내성에 실패할 시 1분간 근력 기반 명중 굴림과 근력 판정, 근력 내성 굴림에 불리점을 받게 됩니다. 약화된 크리쳐는 매번 자기 턴이 끝날 때 내성을 굴릴 수 있으며, 성공하면 효과는 종료됩니다.

형태 변신. 드래곤은 마법적으로 자기 도전 지수 이하의 인간형이나 야수 크리쳐의 모습으로 변신하거나, 원래 모습으로 돌아올 수 있습니다. 변신한 상태에서 사망하면 원래 모습으로 돌아옵니다. 드래곤이 장비하거나 들고 있던 모든 물건은 새로운 형태에 녹아들거나 장비한 채로 변하게 됩니다. (드래곤이 방식을 선택합니다.)

새로운 형태일 때, 드래곤은 자신의 성향과 hp, 히트 다이스, 말할 수 있는 능력, 숙련, 전설적 저항력, 본거지 행동, 지능, 지혜, 매력 점수를 유지합니다. 그 외 다른 게임 정보나 능력은 새로운 형태를 따릅니다. 그러나 드래곤은 변신한 형태일 때 클래스 요소나 전설적인 행동을 사용할 수 없습니다.

전설적 행동

드래곤은 아래의 선택지 중에서 3회의 전설적 행동을 취할 수 있습니다. 전설적 행동은 동시에 한 가지만 취할 수 있으며, 오로지 다른 크리쳐의 턴이 끝날 때만 사용할 수 있습니다. 드래곤은 자기 턴이 시작할 때 사용한 전설적 행동 횟수를 모두 회복합니다.

탐지. 드래곤은 지혜(감지) 판정을 합니다.
꼬리 공격. 드래곤은 꼬리 공격을 1회 가합니다.
날개 공격 (행동 2회 소모). 드래곤은 날개를 휘둘러 칩니다. 드래곤으로부터 10ft 내에 있는 모든 크리쳐들은 DC 22의 민첩 내성에 실패할 시 15(2d6+8)점의 타격 피해를 받고 넘어집니다. 드래곤은 이 공격을 가한 다음 자신의 비행 이동 속도 절반만큼 비행해 이동할 수 있습니다.

본거지 행동

드래곤의 본거지는 우선권 순서 20에서 아래 효과 중 한 가지를 본거지 행동으로 발동합니다. (비길 경우 항상 지는 것으로 취급) 드래곤은 한 가지 효과를 연달아 두 라운드 사용할 수 없습니다.

- 드래곤은 미래를 앞서 보며, 다음 라운드의 우선권 순서 20때까지 모든 명중 굴림과 능력 판정, 내성 굴림에 이점을 받습니다.
- 120ft 내에서 드래곤이 볼 수 있는 크리쳐 하나는 DC 15의 매력 내성 굴림에 실패하면 꿈의 이계로 추방됩니다. 이곳은 드래곤의 상상으로 만들어진 곳입니다. 여기서 탈출하려면 해당 크리쳐는 행동을 사용하여 드래곤과 매력 판정 대결을 해야 합니다. 만약 크리쳐가 이기면 꿈의 이계에서 탈출할 수 있습니다. 크리쳐가 패배했다면, 이 효과는 다음 라운드의 우선권 순서 20에 종료됩니다. 효과가 종료될 때, 크리쳐는 자신이 사라진 위치에서 나타나며, 그곳이 이미 점유되어 있다면 가장 가까운 비어있는 위치에 나타납니다.

지역 효과

전설적인 골드 드래곤의 본거지 주변은 드래곤의 마법으로 인해 뒤틀리며, 아래 효과 중 한 가지 이상이 나타나게 됩니다.

- 드래곤의 본거지 주변 6마일 이내에서 언어를 이해하는 크리쳐가 잠을 자거나 망아 상태에 빠져들면, 드래곤은 그 크리쳐와 정신감응으로 연결할 수 있으며 꿈에 찾아갈 수 있습니다. 그 크리쳐는 꿈속에서 골드 드래곤과 나눈 이야기를 깨어서도 기억합니다.
- 드래곤의 본거지 주변 6마일은 아름다운 유백색의 안개로 가득해집니다. 이 안개는 사물을 가리지 않습니다. 이 안개는 가까이 다가온 악한 크리쳐에게 겁을 주거나, 악하지 않은 크리쳐들에게 경고를 보내기 위해 형태를 취하곤 합니다.
- 드래곤의 본거지 주변 1마일 이내에 있는 보석과 진주들은 광채를 내고 빛나기 시작하며, 5ft 주변에 약한 빛을 밝힙니다.

만약 드래곤이 사망하면, 이 효과들은 즉시 사라집니다.

골드 드래곤 성체
YOUNG GOLD DRAGON

대형 용족, 질서 선

방어도 18 (자연 갑옷)
히트 포인트 178 (17d10+85)
이동속도 40ft, 비행 80ft, 수영 40ft

근력	민첩	건강	지능	지혜	매력
23 (+6)	14 (+2)	21 (+5)	16 (+3)	13 (+1)	20 (+5)

내성 굴림 민첩 +6, 건강 +9, 지혜 +5, 매력 +9
기술 통찰 +5, 감지 +9, 설득 +9, 은신 +6
피해 면역 화염
감각능력 맹안시야 30ft, 암시야 120ft, 상시 감지 19
언어 공용어, 용언.
도전지수 10 (5,900 xp)

수륙양용. 드래곤은 공기와 수중 양쪽에서 호흡할 수 있습니다.

행동

다중공격. 드래곤은 물기 1회, 할퀴기 2회, 총 3회 공격을 가할 수 있습니다.

물기. 근접 무기 공격: 명중 +10, 간격 10ft, 목표 하나. 명중시: 17(2d10+6)점의 관통 피해.

할퀴기. 근접 무기 공격: 명중 +10, 간격 5ft, 목표 하나. 명중시: 13(2d6+6)점의 참격 피해.

브레스 무기 (재충전 5-6). 드래곤은 아래 브레스 무기 중 하나를 사용합니다.

화염 브레스. 드래곤은 30ft 길이의 원뿔형 범위에 화염을 뿜어냅니다. 범위 내의 모든 크리쳐는 DC 17의 민첩 내성에 실패할 시 55(10d10)점의 화염 피해를 받습니다. 내성에 성공하면 피해는 절반으로 줄어듭니다.

약화 브레스. 드래곤의 30ft 길이의 원뿔형 범위에 약화 가스를 뿜어냅니다. 범위 내의 모든 크리쳐는 DC 17의 근력 내성에 실패할 시 1분간 근력 기반 명중 굴림과 근력 판정, 근력 내성 굴림에 불리점을 받게 됩니다. 약화된 크리쳐는 매번 자기 턴이 끝날 때 내성을 굴릴 수 있으며, 성공하면 효과는 종료됩니다.

골드 드래곤 유생체
GOLD DRAGON WYRMLING

중형 용족, 질서 선

방어도 17 (자연 갑옷)
히트 포인트 60 (8d8+24)
이동속도 30ft, 비행 60ft, 수영 30ft

근력	민첩	건강	지능	지혜	매력
19 (+4)	14 (+2)	17 (+3)	14 (+2)	11 (+0)	16 (+3)

내성 굴림 민첩 +4, 건강 +5, 지혜 +2, 매력 +5
기술 감지 +4, 은신 +4
피해 면역 화염
감각능력 맹안시야 10ft, 암시야 60ft, 상시 감지 14
언어 용언
도전지수 3 (700 xp)

수륙양용. 드래곤은 공기와 수중 양쪽에서 호흡할 수 있습니다.

행동

물기. 근접 무기 공격: 명중 +6, 간격 5ft, 목표 하나. 명중시: 9(1d10+4)점의 관통 피해.

브레스 무기 (재충전 5-6). 드래곤은 아래 브레스 무기 중 하나를 사용합니다.

화염 브레스. 드래곤은 15ft 길이의 원뿔형 범위에 화염을 뿜어냅니다. 범위 내의 모든 크리쳐는 DC 13의 민첩 내성에 실패할 시 22(4d10)점의 화염 피해를 받습니다. 내성에 성공하면 피해는 절반으로 줄어듭니다.

약화 브레스. 드래곤의 15ft 길이의 원뿔형 범위에 약화 가스를 뿜어냅니다. 범위 내의 모든 크리쳐는 DC 13의 근력 내성에 실패할 시 1분간 근력 기반 명중 굴림과 근력 판정, 근력 내성 굴림에 불리점을 받게 됩니다. 약화된 크리쳐는 매번 자기 턴이 끝날 때 내성을 굴릴 수 있으며, 성공하면 효과는 종료됩니다.

브라스 드래곤 고룡
ANCIENT BRASS DRAGON
초대형 용족, 혼돈 선

방어도 20 (자연 갑옷)
히트 포인트 297 (17d20+119)
이동속도 40ft, 굴착 40ft, 비행 80ft

근력	민첩	건강	지능	지혜	매력
27 (+8)	10 (+0)	25 (+7)	16 (+3)	15 (+2)	19 (+4)

내성 굴림 민첩 +6, 건강 +13, 지혜 +8, 매력 +10
기술 역사학 +9, 감지 +14, 설득 +10, 은신 +6
피해 면역 화염
감각능력 맹안시야 60ft, 암시야 120ft, 상시 감지 24
언어 공용어, 용언
도전지수 20 (25,000 xp)

전설적 저항력 (3/일). 드래곤이 내성에 실패한 경우, 이 능력을 1회 소비하고 대신 성공한 것으로 할 수 있습니다.

행동

다중공격. 드래곤은 먼저 공포스러운 존재감을 사용할 수 있습니다. 그런 다음 물기 1회, 할퀴기 2회, 총 3회의 공격을 가할 수 있습니다.

물기. 근접 무기 공격: 명중 +14, 간격 15ft, 목표 하나. 명중시: 19(2d10+8)점의 관통 피해.

할퀴기. 근접 무기 공격: 명중 +14, 간격 10ft, 목표 하나. 명중시: 15(2d6+8)점의 참격 피해.

꼬리. 근접 무기 공격: 명중 +14, 간격 20ft, 목표 하나. 명중시: 17(2d8+8)점의 타격 피해.

공포스러운 존재감. 드래곤으로부터 120ft 내에 있는 크리쳐들 중 드래곤이 선택한 크리쳐들 모두는 DC 18의 지혜 내성 굴림에 실패할 시 1분간 공포 상태가 됩니다. 공포 상태의 크리쳐들은 매번 자기 턴이 끝날 때 다시 내성 굴림을 굴릴 수 있으며, 성공시에는 효과가 종료됩니다. 내성 굴림에 성공하였다면, 해당 크리쳐는 이후 24시간 동안 해당 드래곤의 공포스러운 존재감에 면역을 얻게 됩니다.

브레스 무기 (재충전 5-6). 드래곤은 아래 브레스 무기 중 하나를 사용합니다.

화염 브레스. 드래곤은 길이 90ft, 폭 10ft의 직선 범위에 화염을 뿜어냅니다. 범위 내의 모든 크리쳐는 DC 21의 민첩 내성에 실패할 시 56(16d6)점의 화염 피해를 받습니다. 내성에 성공하면 피해는 절반으로 줄어듭니다.

수면 브레스. 드래곤은 90ft 길이의 원뿔형 범위에 수면 가스를 뿜어냅니다. 범위 내의 모든 크리쳐는 DC 21의 건강 내성에 실패할 시 10분간 무의식 상태가 됩니다. 이 효과는 해당 크리쳐가 피해를 받거나 다른 누군가 행동을 사용해 깨우면 종료됩니다.

형태 변신. 드래곤은 마법적으로 자기 도전 지수 이하의 인간형이나 야수 크리쳐의 모습으로 변신하거나, 원래 모습으로 돌아올 수 있습니다. 변신한 상태에서 사망하면 원래 모습으로 돌아옵니다. 드래곤이 장비하거나 들고 있던 모든 물건은 새로운 형태에 녹아들거나 장비한 채로 변하게 됩니다. (드래곤이 방식을 선택합니다.)

　새로운 형태일 때, 드래곤은 자신의 성향과 hp, 히트 다이스, 말할 수 있는 능력, 숙련, 전설적 저항력, 본거지 행동, 지능, 지혜, 매력 점수를 유지합니다. 그 외 다른 게임 정보나 능력은 새로운 형태를 따릅니다. 그러나 드래곤은 변신한 형태일 때 클래스 요소나 전설적인 행동을 사용할 수 없습니다.

전설적 행동

드래곤은 아래의 선택지 중에서 3회의 전설적 행동을 취할 수 있습니다. 전설적 행동은 동시에 한 가지만 취할 수 있으며, 오로지 다른 크리쳐의 턴이 끝날 때만 사용할 수 있습니다. 드래곤은 자기 턴이 시작할 때 사용한 전설적 행동 횟수를 모두 회복합니다.

탐지. 드래곤은 지혜(감지) 판정을 합니다.
꼬리 공격. 드래곤은 꼬리 공격을 1회 가합니다.
날개 공격 (행동 2회 소모). 드래곤은 날개를 휘둘러 칩니다. 드래곤으로부터 15ft 내에 있는 모든 크리쳐들은 DC 22의 민첩 내성에 실패할 시 15(2d6+8)점의 타격 피해를 받고 넘어집니다. 드래곤은 이 공격을 가한 다음 자신의 비행 이동 속도 절반만큼 비행해 이동할 수 있습니다.

브라스 드래곤 원숙체
ADULT BRASS DRAGON

거대형 용족, 혼돈 선

방어도 18 (자연 갑옷)
히트 포인트 172 (15d12+75)
이동속도 40ft, 굴착 30ft, 비행 80ft

근력	민첩	건강	지능	지혜	매력
23 (+6)	10 (+0)	21 (+5)	14 (+2)	13 (+1)	17 (+3)

내성 굴림 민첩 +5, 건강 +10, 지혜 +6, 매력 +8
기술 역사학 +7, 감지 +11, 설득 +8, 은신 +5
피해 면역 화염
감각능력 맹안시야 60ft, 암시야 120ft, 상시 감지 21
언어 공용어, 용언
도전지수 13 (10,000 xp)

전설적 저항력 (3/일). 드래곤이 내성에 실패한 경우, 이 능력을 1회 소비하고 대신 성공한 것으로 할 수 있습니다.

행동

다중공격. 드래곤은 먼저 공포스러운 존재감을 사용할 수 있습니다. 그런 다음 물기 1회, 할퀴기 2회, 총 3회의 공격을 가할 수 있습니다.

물기. *근접 무기 공격:* 명중 +11, 간격 10ft, 목표 하나. *명중시:* 17(2d10+6)점의 관통 피해.

할퀴기. *근접 무기 공격:* 명중 +11, 간격 5ft, 목표 하나. *명중시:* 13(2d6+6)점의 참격 피해.

꼬리. *근접 무기 공격:* 명중 +11, 간격 15ft, 목표 하나. *명중시:* 15(2d8+6)점의 타격 피해.

공포스러운 존재감. 드래곤으로부터 120ft 내에 있는 크리쳐들 중 드래곤이 선택한 크리쳐들 모두는 DC 16의 지혜 내성 굴림에 실패할 시 1분간 공포 상태가 됩니다. 공포 상태의 크리쳐들은 매번 자기 턴이 끝날 때 다시 내성 굴림을 굴릴 수 있으며, 성공시에는 효과가 종료됩니다. 내성 굴림에 성공하였다면, 해당 크리쳐는 이후 24시간 동안 해당 드래곤의 공포스러운 존재감에 면역을 얻게 됩니다.

브레스 무기 (재충전 5-6). 드래곤은 아래 브레스 무기 중 하나를 사용합니다.

화염 브레스. 드래곤은 길이 60ft, 폭 5ft의 직선 범위에 화염을 뿜어냅니다. 범위 내의 모든 크리쳐는 DC 18의 민첩 내성에 실패할 시 45(13d6)점의 화염 피해를 받습니다. 내성에 성공하면 피해는 절반으로 줄어듭니다.

수면 브레스. 드래곤은 60ft 길이의 원뿔형 범위에 수면 가스를 뿜어냅니다. 범위 내의 모든 크리쳐는 DC 18의 건강 내성에 실패할 시 10분간 무의식 상태가 됩니다. 이 효과는 해당 크리쳐가 피해를 받거나 다른 누군가가 행동을 사용해 깨우면 종료됩니다.

전설적 행동

드래곤은 아래의 선택지 중에서 3회의 전설적 행동을 취할 수 있습니다. 전설적 행동은 동시에 한 가지만 취할 수 있으며, 오로지 다른 크리쳐의 턴이 끝날 때만 사용할 수 있습니다. 드래곤은 자기 턴이 시작할 때 사용한 전설적 행동 횟수를 모두 회복합니다.

탐지. 드래곤은 지혜(감지) 판정을 합니다.
꼬리 공격. 드래곤은 꼬리 공격을 1회 가합니다.
날개 공격 (행동 2회 소모). 드래곤은 날개를 휘둘러 칩니다. 드래곤으로부터 10ft 내에 있는 모든 크리쳐들은 DC 19의 민첩 내성에 실패할 시 13(2d6+6)점의 타격 피해를 받고 넘어집니다. 드래곤은 이 공격을 가한 다음 자신의 비행 이동 속도 절반만큼 비행해 이동할 수 있습니다.

브라스 드래곤 성체
YOUNG BRASS DRAGON

대형 용족, 혼돈 선

방어도 17 (자연 갑옷)
히트 포인트 110 (13d10+39)
이동속도 40ft, 굴착 20ft, 비행 80ft

근력	민첩	건강	지능	지혜	매력
19 (+4)	10 (+0)	17 (+3)	12 (+1)	11 (+0)	15 (+2)

내성 굴림 민첩 +3, 건강 +6, 지혜 +3, 매력 +5
기술 감지 +6, 설득 +5, 은신 +3
피해 면역 화염
감각능력 맹안시야 30ft, 암시야 120ft, 상시 감지 16
언어 공용어, 용언
도전지수 6 (2,300 xp)

행동

다중공격. 드래곤은 물기 1회, 할퀴기 2회, 총 3회 공격을 가할 수 있습니다.

물기. *근접 무기 공격:* 명중 +7, 간격 10ft, 목표 하나. *명중시:* 15(2d10+4)점의 관통 피해.

할퀴기. *근접 무기 공격:* 명중 +7, 간격 5ft, 목표 하나. *명중시:* 11(2d6+4)점의 참격 피해.

브레스 무기 (재충전 5-6). 드래곤은 아래 브레스 무기 중 하나를 사용합니다.

화염 브레스. 드래곤은 길이 40ft, 폭 5ft의 직선 범위에 화염을 뿜어냅니다. 범위 내의 모든 크리쳐는 DC 14의 민첩 내성에 실패할 시 42(12d6)점의 화염 피해를 받습니다. 내성에 성공하면 피해는 절반으로 줄어듭니다.

수면 브레스. 드래곤은 30ft 길이의 원뿔형 범위에 수면 가스를 뿜어냅니다. 범위 내의 모든 크리쳐는 DC 14의 건강 내성에 실패할 시 5분간 무의식 상태가 됩니다. 이 효과는 해당 크리쳐가 피해를 받거나 다른 누군가가 행동을 사용해 깨우면 종료됩니다.

브라스 드래곤

참된 드래곤 중에서도 가장 사교적인 브라스 드래곤은 즐거운 대화와 밝은 햇빛, 그리고 덥고 건조한 기후를 좋아합니다.

브라스 드래곤의 머리는 이마에 자라난 보호 기능을 하는 넓은 판과 뺨을 타고 자라난 가시들을 보면 구분할 수 있습니다. 목 뒤로 길게 볏이 자라나 있으며, 점점 가늘어지는 날개는 거의 꼬리만큼이나 길게 뻗어 있습니다. 브라스 드래곤이 유생체 시절일 때의 비늘은 둔탁하고 때 묻은 것 같은 갈색입니다. 하지만 나이를 먹어가면 드래곤의 비늘은 점차 빛나기 시작하며, 결국 따뜻하게 윤기가 흐르는 황동색으로 변합니다. 브라스 드래곤의 날개와 볏은 끝으로 가면 녹색 윤기를 띠며, 나이를 먹을수록 어두워집니다. 브라스 드래곤이 나이를 먹으면, 그 눈동자는 점차 희미해져 눈 전체가 녹아내린 금속 구체같이 변합니다.

과감한 수다쟁이. 브라스 드래곤은 긴 삶을 살아가며 수천수만의 크리쳐들과 이야기를 나누며, 이 와중에 보물을 대가로 얻어낸 유용한 정보들을 모으곤 합니다. 만약 지능이 있는 크리쳐가 브라스 드래곤이 있는 곳에서 대화를 나누지 않고 물러나려 한다면, 브라스 드래곤은 그들을 뒤쫓을 것입니다. 만약 해당 크리쳐가 마법이나 힘을 이용해 탈출하려 한다면, 드래곤은 먼저 수면 가스를 이용해 그 크리쳐들을 잠재우려 할 것입니다. 그들이 깨어나면 자신들이 거대한 발톱으로 땅에 짓눌려 있는 상태이거나 머리만 남기고 전신이 모래에 파묻힌 상태에서 드래곤과 잡담을 나누어야 하는 처지가 되었음을 깨닫게 될 것입니다.

브라스 드래곤은 즐거운 대화를 나눈 크리쳐들에게 쉽게 믿음을 주는 편이지만, 자신이 조종당하고 있다는 사실을 알아차릴 수 있을 만큼은 영리합니다. 그런 일이 발생하면, 브라스 드래곤은 먼저 점잖게 반응하며 서로 속고 속이는 놀이를 하고 있었다고 생각합니다.

소중히 여기는 보물. 브라스 드래곤은 흥미로운 개성을 지닌 마법 물건들을 탐닉하며 모으곤 합니다. 지능을 지니고 정신감응으로 이야기를 나눌 수 있는 무기나 지니가 봉인된 마법 램프 따위야말로 브라스 드래곤이 가장 좋아하는 보물입니다.

브라스 드래곤은 자신의 보물 더미를 모래 속에 묻어놓거나 본 거지에서 멀리 떨어진 비밀 장소에 숨기곤 합니다. 그들은 자신의 보물이 어디 있는지 손쉽게 기억해 낼 수 있으며, 그래서 지도를 그릴 필요도 없습니다. 모험자나 방랑자들이 오아시스나 모래에 반쯤 묻힌 폐허에서 보물을 찾아냈을 때는 조심하는 것이 좋습니다. 어쩌면 브라스 드래곤의 보물 더미 중 일부일 수도 있기 때문입니다.

브라스 드래곤의 본거지

브라스 드래곤의 사막 본거지는 대개 폐허나 계곡, 아니면 복잡한 동굴로 이루어져 있지만, 대개 하늘로 향하는 구멍이 뚫려 있어 햇빛이 내리쬐곤 합니다.

본거지 행동

드래곤의 본거지는 우선권 순서 20에서 아래 효과 중 한 가지를 본거지 행동으로 발동합니다. (비길 경우 항상 지는 것으로 취급) 드래곤은 한 가지 효과를 연달아 두 라운드 사용할 수 없습니다.

- 드래곤 주변으로 강한 바람이 불어옵니다. 드래곤 근처 60ft 이내에 있는 모든 크리쳐는 DC 15의 근력 내성 굴림에 실패하면 드래곤으로부터 15ft 밀려나 넘어진 상태가 됩니다. 가스나 증기는 모두 바람에 의해 흩어지며, 보호받지 않는 불길은 꺼집니다. 랜턴 등으로 보호받고 있는 불조차 50%의 확률로 꺼질 수 있습니다.
- 120ft 이내에서 드래곤이 볼 수 있는 한 지점을 중심으로 20ft 반경에 모래 구름이 일어납니다. 이 구름은 모서리를 돌아 퍼집니다. 구름 범위 속의 모든 크리쳐는 DC 15의 건강 내성에 실패하면 1분간 장님 상태가 됩니다. 장님 상태의 크리쳐는 자기 턴이 끝날 때마다 다시 내성을 굴릴 수 있으며, 성공하면 효과가 종료됩니다.

지역 효과

전설적인 브라스 드래곤의 본거지 주변은 드래곤의 마법으로 인해 뒤틀리며, 아래 효과 중 한 가지 이상이 나타나게 됩니다.

- 드래곤의 본거지 주변 6마일 이내의 모래에는 흔적이 나타나게 됩니다. 이 흔적들은 주변의 안전한 쉼터나 숨겨진 물의 장소로 이어지며, 그 외에도 드래곤에게 방해되지 않을만한 장소로 향하는 흔적들 역시 생겨납니다.
- 대형 크기 이하의 괴물 영상이 드래곤의 본거지 주변 1마일 근처의 사막 모래에서 생겨납니다. 이 환영들은 스스로 움직이며 진짜처럼 보이지만, 어떤 해도 끼치지 못합니다. 멀리서 이 환영을 시험해 보는 크리쳐는 DC 20의 지능(수사) 판정에 성공할 시 환영임을 알아챌 수 있습니다. 직접 물리적으로 접촉할 경우, 물체가 통과하기 때문에 환영임을 바로 알아볼 수 있습니다.
- 지능 3 이상의 크리쳐가 드래곤의 본거지 주변 1마일 이내에 있는 물의 원천에 도착할 때, 드래곤은 그 크리쳐가 어디 도착했는지를 바로 감지할 수 있습니다.

드래곤이 죽게 되면, 흔적은 1d10일 안에 사라지지만, 다른 효과들은 그 즉시 사라집니다.

브라스 드래곤 유생체
BRASS DRAGON WYRMLING

중형 용족, 혼돈 선

방어도 16 (자연 갑옷)
히트 포인트 16 (3d8+3)
이동속도 30ft, 굴착 15ft, 비행 60ft

근력	민첩	건강	지능	지혜	매력
15 (+2)	10 (+0)	13 (+1)	10 (+0)	11 (+0)	13 (+1)

내성 굴림 민첩 +2, 건강 +3, 지혜 +2, 매력 +3
기술 감지 +4, 은신 +2
피해 면역 화염
감각능력 맹안시야 10ft, 암시야 60ft, 상시 감지 14
언어 용언
도전지수 1 (200 xp)

행동

물기. *근접 무기 공격:* 명중 +4, 간격 5ft, 목표 하나. *명중시:* 7(1d10+2)점의 관통 피해.

브레스 무기 (재충전 5-6). 드래곤은 아래 브레스 무기 중 하나를 사용합니다.

화염 브레스. 드래곤은 길이 20ft, 폭 5ft의 직선 범위에 화염을 뿜어냅니다. 범위 내의 모든 크리쳐는 DC 11의 민첩 내성에 실패할 시 14(4d6)점의 화염 피해를 받습니다. 내성에 성공하면 피해는 절반으로 줄어듭니다.

수면 브레스. 드래곤은 15ft 길이의 원뿔형 범위에 수면 가스를 뿜어냅니다. 범위 내의 모든 크리쳐는 DC 11의 건강 내성에 실패할 시 1분간 무의식 상태가 됩니다. 이 효과는 해당 크리쳐가 피해를 받거나 다른 누군가 행동을 사용해 깨우면 종료됩니다.

브론즈 드래곤 고룡
ANCIENT BRONZE DRAGON
초대형 용족, 질서 선

방어도 22 (자연 갑옷)
히트 포인트 444 (24d20+192)
이동속도 40ft, 비행 80ft, 수영 40ft

근력	민첩	건강	지능	지혜	매력
29 (+9)	10 (+0)	27 (+8)	18 (+4)	17 (+3)	21 (+5)

내성 굴림 민첩 +7, 건강 +15, 지혜 +10, 매력 +12
기술 통찰 +10, 감지 +17, 은신 +7
피해 면역 번개
감각능력 맹안시야 60ft, 암시야 120ft, 상시 감지 27
언어 공용어, 용언
도전지수 22 (41,000 xp)

수륙양용. 드래곤은 공기와 수중 양쪽에서 호흡할 수 있습니다.

전설적 저항력 (3/일). 드래곤이 내성에 실패한 경우, 이 능력을 1회 소비하고 대신 성공한 것으로 할 수 있습니다.

행동

다중공격. 드래곤은 먼저 공포스러운 존재감을 사용할 수 있습니다. 그런 다음 물기 1회, 할퀴기 2회, 총 3회의 공격을 가할 수 있습니다.

물기. 근접 무기 공격: 명중 +16, 간격 15ft, 목표 하나. 명중시: 20(2d10+9)점의 관통 피해.

할퀴기. 근접 무기 공격: 명중 +16, 간격 10ft, 목표 하나. 명중시: 16(2d6+9)점의 참격 피해.

꼬리. 근접 무기 공격: 명중 +16, 간격 20ft, 목표 하나. 명중시: 18(2d8+9)점의 타격 피해.

공포스러운 존재감. 드래곤으로부터 120ft 내에 있는 크리쳐들 중 드래곤이 선택한 크리쳐들 모두는 DC 20의 지혜 내성 굴림에 실패할 시 1분간 공포 상태가 됩니다. 공포 상태의 크리쳐들은 매번 자기 턴이 끝날 때

다시 내성 굴림을 굴릴 수 있으며, 성공시에는 효과가 종료됩니다. 내성 굴림에 성공하였다면, 해당 크리쳐는 이후 24시간 동안 해당 드래곤의 공포스러운 존재감에 면역을 얻게 됩니다.

브레스 무기 (재충전 5-6). 드래곤은 아래 브레스 무기 중 하나를 사용합니다.

번개 브레스. 드래곤은 120ft 길이, 10ft 폭의 직선 범위에 번개를 뿜어냅니다. 범위 내의 모든 크리쳐는 DC 23의 민첩 내성에 실패할 시 88(16d10)점의 번개 피해를 받습니다. 내성에 성공하면 피해는 절반으로 줄어듭니다.

반발 브레스. 드래곤은 30ft 길이의 원뿔형 범위에 반발력의 힘을 뿜어냅니다. 범위 내의 모든 크리쳐는 DC 23의 근력 내성에 실패할 시 드래곤으로부터 60ft 멀리 밀려납니다.

형태 변신. 드래곤은 마법적으로 자기 도전 지수 이하의 인간형이나 야수 크리쳐의 모습으로 변신하거나, 원래 모습으로 돌아올 수 있습니다. 변신한 상태에서 사망하면 원래 모습으로 돌아옵니다. 드래곤이 장비하거나 들고 있던 모든 물건은 새로운 형태에 녹아들거나 장비한 채로 변하게 됩니다. (드래곤이 방식을 선택합니다.)

　새로운 형태일 때, 드래곤은 자신의 성향과 hp, 히트 다이스, 말할 수 있는 능력, 숙련, 전설적 저항력, 본거지 행동, 지능, 지혜, 매력 점수를 유지합니다. 그 외 다른 게임 정보나 능력은 새로운 형태를 따릅니다. 그러나 드래곤은 변신한 형태일 때 클래스 요소나 전설적인 행동을 사용할 수 없습니다.

전설적 행동

드래곤은 아래의 선택지 중에서 3회의 전설적 행동을 취할 수 있습니다. 전설적 행동은 동시에 한 가지만 취할 수 있으며, 오로지 다른 크리쳐의 턴이 끝날 때만 사용할 수 있습니다. 드래곤은 자기 턴이 시작할 때 사용한 전설적 행동 횟수를 모두 회복합니다.

탐지. 드래곤은 지혜(감지) 판정을 합니다.
꼬리 공격. 드래곤은 꼬리 공격을 1회 가합니다.
날개 공격 (행동 2회 소모). 드래곤은 날개를 휘둘러 칩니다. 드래곤으로부터 15ft 내에 있는 모든 크리쳐들은 DC 24의 민첩 내성에 실패할 시 16(2d6+9)점의 타격 피해를 받고 넘어집니다. 드래곤은 이 공격을 가한 다음 자신의 비행 이동 속도 절반만큼 비행해 이동할 수 있습니다.

브론즈 드래곤 원숙체
ADULT BRONZE DRAGON
거대형 용족, 질서 선

방어도 19 (자연 갑옷)
히트 포인트 212 (17d12+102)
이동속도 40ft, 비행 80ft, 수영 40ft

근력	민첩	건강	지능	지혜	매력
25 (+7)	10 (+0)	23 (+6)	16 (+3)	15 (+2)	19 (+4)

내성 굴림 민첩 +5, 건강 +11, 지혜 +7, 매력 +9
기술 통찰 +7, 감지 +12, 은신 +5
피해 면역 번개
감각능력 맹안시야 60ft, 암시야 120ft, 상시 감지 22
언어 공용어, 용언
도전지수 15 (13,000 xp)

수륙양용. 드래곤은 공기와 수중 양쪽에서 호흡할 수 있습니다.

전설적 저항력 (3/일). 드래곤이 내성에 실패한 경우, 이 능력을 1회 소비하고 대신 성공한 것으로 할 수 있습니다.

행동

다중공격. 드래곤은 먼저 공포스러운 존재감을 사용할 수 있습니다. 그런 다음 물기 1회, 할퀴기 2회, 총 3회의 공격을 가할 수 있습니다.

물기. 근접 무기 공격: 명중 +12, 간격 10ft, 목표 하나. 명중시: 18(2d10+7)점의 관통 피해.

할퀴기. 근접 무기 공격: 명중 +12, 간격 5ft, 목표 하나. 명중시: 14(2d6+7)점의 참격 피해.

꼬리. 근접 무기 공격: 명중 +12, 간격 15ft, 목표 하나. 명중시: 16(2d8+7)점의 타격 피해.

공포스러운 존재감. 드래곤으로부터 120ft 내에 있는 크리쳐들 중 드래곤이 선택한 크리쳐들 모두는 DC 17의 지혜 내성 굴림에 실패할 시 1분간 공포 상태가 됩니다. 공포 상태의 크리쳐들은 매번 자기 턴이 끝날 때 다시 내성 굴림을 굴릴 수 있으며, 성공시에는 효과가 종료됩니다. 내성 굴림에 성공하였다면, 해당 크리쳐는 이후 24시간 동안 해당 드래곤의 공포스러운 존재감에 면역을 얻게 됩니다.

브레스 무기 (재충전 5-6). 드래곤은 아래 브레스 무기 중 하나를 사용합니다.

번개 브레스. 드래곤은 90ft 길이, 5ft 폭의 직선 범위에 번개를 뿜어냅니다. 범위 내의 모든 크리쳐는 DC 19의 민첩 내성에 실패할 시 66(12d10)점의 번개 피해를 받습니다. 내성에 성공하면 피해는 절반으로 줄어듭니다.

반발 브레스. 드래곤은 30ft 길이의 원뿔형 범위에 반발력의 힘을 뿜어냅니다. 범위 내의 모든 크리쳐는 DC 19의 근력 내성에 실패할 시 드래곤으로부터 60ft 멀리 밀려납니다.

형태 변신. 드래곤은 마법적으로 자기 도전 지수 이하의 인간형이나 야수 크리쳐의 모습으로 변신하거나, 원래 모습으로 돌아올 수 있습니다. 변신한 상태에서 사망하면 원래 모습으로 돌아옵니다. 드래곤이 장비하거나 들고 있던 모든 물건은 새로운 형태에 녹아들거나 장비한 채로 변하게 됩니다. (드래곤이 방식을 선택합니다.)

새로운 형태일 때, 드래곤은 자신의 성향과 hp, 히트 다이스, 말할 수 있는 능력, 숙련, 전설적 저항력, 본거지 행동, 지능, 지혜, 매력 점수를 유지합니다. 그 외 다른 게임 정보나 능력은 새로운 형태를 따릅니다. 그러나 드래곤은 변신한 형태일 때 클래스 요소나 전설적인 행동을 사용할 수 없습니다.

전설적 행동

드래곤은 아래의 선택지 중에서 3회의 전설적 행동을 취할 수 있습니다. 전설적 행동은 동시에 한 가지만 취할 수 있으며, 오로지 다른 크리쳐의 턴이 끝날 때만 사용할 수 있습니다. 드래곤은 자기 턴이 시작할 때 사용한 전설적 행동 횟수를 모두 회복합니다.

탐지. 드래곤은 지혜(감지) 판정을 합니다.
꼬리 공격. 드래곤은 꼬리 공격을 1회 가합니다.
날개 공격 (행동 2회 소모). 드래곤은 날개를 휘둘러 칩니다. 드래곤으로부터 10ft 내에 있는 모든 크리쳐들은 DC 20의 민첩 내성에 실패할 시 14(2d6+7)점의 타격 피해를 받고 넘어집니다. 드래곤은 이 공격을 가한 다음 자신의 비행 이동 속도 절반만큼 비행해 이동할 수 있습니다.

브론즈 드래곤 성체
YOUNG BRONZE DRAGON
대형 용족, 질서 선

방어도 18 (자연 갑옷)
히트 포인트 142 (15d10+60)
이동속도 40ft, 비행 80ft, 수영 40ft

근력	민첩	건강	지능	지혜	매력
21 (+5)	10 (+0)	19 (+4)	14 (+2)	13 (+1)	17 (+3)

내성 굴림 민첩 +3, 건강 +7, 지혜 +4, 매력 +6
기술 통찰 +4, 감지 +7, 은신 +3
피해 면역 번개
감각능력 맹안시야 30ft, 암시야 120ft, 상시 감지 17
언어 공용어, 용언
도전지수 8 (3,900 xp)

수륙양용. 드래곤은 공기와 수중 양쪽에서 호흡할 수 있습니다.

행동

다중공격. 드래곤은 물기 1회, 할퀴기 2회, 총 3회의 공격을 가할 수 있습니다.

물기. 근접 무기 공격: 명중 +8, 간격 10ft, 목표 하나. 명중시: 16(2d10+5)점의 관통 피해.

할퀴기. 근접 무기 공격: 명중 +8, 간격 5ft, 목표 하나. 명중시: 12(2d6+5)점의 참격 피해.

브레스 무기 (재충전 5-6). 드래곤은 아래 브레스 무기 중 하나를 사용합니다.

번개 브레스. 드래곤은 60ft 길이, 5ft 폭의 직선 범위에 번개를 뿜어냅니다. 범위 내의 모든 크리쳐는 DC 15의 민첩 내성에 실패할 시 55(10d10)점의 번개 피해를 받습니다. 내성에 성공하면 피해는 절반으로 줄어듭니다.

반발 브레스. 드래곤은 30ft 길이의 원뿔형 범위에 반발력의 힘을 뿜어냅니다. 범위 내의 모든 크리쳐는 DC 15의 근력 내성에 실패할 시 드래곤으로부터 40ft 멀리 밀려납니다.

브론즈 드래곤

브론즈 드래곤은 해안에 자리를 잡고 주로 수생 식물이나 물고기들을 먹으며 살아갑니다. 그들은 주로 우호적인 동물의 모습을 취하고 자신이 관심을 가진 자들을 관찰합니다. 이들은 또한 전쟁에 큰 관심이 있으며, 대의에 따라 움직이는 군대에 합류해 싸움을 벌이는 일도 자주 있는 편입니다.

넓게 펼쳐진 빰의 볏이 브론즈 드래곤의 머리를 알아볼 수 있게 해 줍니다. 굽이진 뿔은 볏 바깥쪽으로 뻗어 있고, 등뼈를 따라 아래턱과 빰의 선으로 작은 뿔들이 이어져 있습니다. 브론즈 드래곤의 발에는 물갈퀴가 있고 비늘도 매끈해서 수영하는 데 유리합니다. 브론즈 드래곤 유생체의 비늘은 녹색이 도는 노란빛이지만, 성체 단계에 접어들면 색이 점점 어두워지며 진한 청동빛을 띄게 됩니다. 브론즈 드래곤의 눈동자는 나이를 먹을수록 점점 흐려져서, 결국 빛나는 녹색 구슬 같은 모습이 됩니다.

해안의 드래곤. 브론즈 드래곤은 여행하는 배를 관찰하는 것을 좋아하며, 해안선을 따라 보금자리를 차리며, 가끔 돌고래나 바다갈매기의 모습을 하고 배에 접근해 선원들을 보곤 합니다. 과감한 브론즈 드래곤은 새나 쥐의 모습을 하고 배에 승선하여 보물을 싣고 있는지 살피기도 합니다. 만약 드래곤이 자신의 보물 더미에 더할만한 보물을 발견한다면, 배의 선장과 흥정을 벌여 그 물건을 가져가려 할 것입니다.

전쟁의 기계. 브론즈 드래곤은 폭군의 폭정에 공개적으로 맞서곤 하며, 많은 브론즈 드래곤이 자신들의 크기와 힘을 선한 목적에 쓰기 위해 열정을 불태우며 전쟁에 임하곤 합니다.

본거지 근처에서 분쟁이 벌어지면 브론즈 드래곤은 양쪽의 대의와 주장을 살펴본 다음, 선한 편을 위해 힘을 빌려주곤 합니다. 일단 브론즈 드래곤이 대의를 수긍했다면, 그 누구보다 강력한 아군이 되어줄 것입니다.

잘 정비된 재물. 브론즈 드래곤은 가라앉은 배에서 보물을 수집하며, 보금자리 주변의 산호초나 해안에서 색색의 산호나 진주도 모아들입니다. 브론즈 드래곤이 군대끼리 벌어지는 전쟁이나 폭군에 맞서는 전쟁에 참여했다면, 그에 합당한 대가를 요구할 수도 있습니다. 드래곤의 동맹에게 대가를 지불할 능력이 없다면, 드래곤은 아마 예전 군대의 전쟁사나 동맹을 기념할만한 의식적인 물건을 넘겨받기를 원할 것입니다. 브론즈 드래곤은 또한 적이 차지하고 있던 물건 중에서 자신이 보관하는 게 더 안전하다고 생각하는 물건 역시 소유권을 주장할 수 있습니다.

브론즈 드래곤의 본거지

브론즈 드래곤은 해안의 동굴에 본거지를 차립니다. 그들은 난파선을 수색하며, 본거지 안에서 배를 다시 만들거나 그 구조를 이용하기도 합니다. 이 배들은 보물 저장고나 알이 있는 둥지로 사용되는 경우가 많습니다.

본거지 행동

드래곤의 본거지는 우선권 순서 20에서 아래 효과 중 한 가지를 본거지 행동으로 발동합니다. (비길 경우 항상 지는 것으로 취급) 드래곤은 한 가지 효과를 연달아 두 라운드 사용할 수 없습니다.

- 드래곤은 *안개 구름Fog Cloud* 주문처럼 안개를 만들어 냅니다. 이 안개는 다음 라운드의 우선권 20까지 남아 있습니다.
- 120ft 내에서 드래곤이 볼 수 있는 지점에서 천둥소리가 울려 퍼집니다. 해당 지점에서 20ft 내에 있는 모든 크리쳐는 DC 15의 건강 내성 굴림에 실패하면 5(1d10)점의 천둥 피해를 받고, 자신의 다음 턴이 끝날 때까지 귀머거리 상태가 됩니다.

브론즈 드래곤 유생체
BRONZE DRAGON WYRMLING

중형 용족, 질서 선

방어도 17 (자연 갑옷)
히트 포인트 32 (5d8+10)
이동속도 30ft, 비행 60ft, 수영 30ft

근력	민첩	건강	지능	지혜	매력
17 (+3)	10 (+0)	15 (+2)	12 (+1)	11 (+0)	15 (+2)

내성 굴림 민첩 +2, 건강 +4, 지혜 +2, 매력 +4
기술 감지 +4, 은신 +2
피해 면역 번개
감각능력 맹안시야 10ft, 암시야 60ft, 상시 감지 14
언어 용언
도전지수 2 (450 xp)

수륙양용. 드래곤은 공기와 수중 양쪽에서 호흡할 수 있습니다.

행동

물기. *근접 무기 공격:* 명중 +5, 간격 5ft, 목표 하나. *명중시:* 8(1d10+3)점의 관통 피해.

브레스 무기 (재충전 5-6). 드래곤은 아래 브레스 무기 중 하나를 사용합니다.

번개 브레스. 드래곤은 40ft 길이, 5ft 폭의 직선 범위에 번개를 뿜어냅니다. 범위 내의 모든 크리쳐는 DC 12의 민첩 내성에 실패할 시 16(3d10)점의 번개 피해를 받습니다. 내성에 성공하면 피해는 절반으로 줄어듭니다.

반발 브레스. 드래곤은 30ft 길이의 원뿔형 범위에 반발력의 힘을 뿜어냅니다. 범위 내의 모든 크리쳐는 DC 12의 근력 내성에 실패할 시 드래곤으로부터 30ft 멀리 밀려납니다.

지역 효과

전설적인 브론즈 드래곤의 본거지 주변은 드래곤의 마법으로 인해 뒤틀리며, 아래 효과 중 한 가지 이상이 나타나게 됩니다.

- 하루 한 번, 드래곤은 본거지 주변 6마일 범위의 날씨를 바꿀 수 있습니다. 드래곤은 야외에 있을 필요가 없다는 점을 제외하면, 이는 *기후 조종Control Weather* 주문과 동일한 효과입니다.
- 드래곤의 본거지 주변 6마일 내의 수중 식물은 현란하고 화려한 모습으로 자라납니다.
- 드래곤은 자기 본거지 안에서 환영 소리를 만들어 낼 수 있습니다. 이는 부드러운 음악이나 기이한 메아리까지 다양하며, 본거지의 여러 위치에서 서로 다른 소리를 들려주는 것도 가능합니다.

만약 드래곤이 사망하면 변화된 날씨는 보통 상태로 돌아가며, 다른 효과들은 이후 1d10일 안에 사라집니다.

행동

다중공격. 드래곤은 먼저 공포스러운 존재감을 사용할 수 있습니다. 그런 다음 물기 1회, 할퀴기 2회, 총 3회의 공격을 가할 수 있습니다.

물기. *근접 무기 공격:* 명중 +17, 간격 15ft, 목표 하나. *명중시:* 21(2d10+10)점의 관통 피해.

할퀴기. *근접 무기 공격:* 명중 +17, 간격 10ft, 목표 하나. *명중시:* 17(2d6+10)점의 참격 피해.

꼬리. *근접 무기 공격:* 명중 +17, 간격 20ft, 목표 하나. *명중시:* 19(2d8+10)점의 타격 피해.

공포스러운 존재감. 드래곤으로부터 120ft 내에 있는 크리쳐들 중 드래곤이 선택한 크리쳐들 모두는 DC 21의 지혜 내성 굴림에 실패할 시 1분간 공포 상태가 됩니다. 공포 상태의 크리쳐들은 매번 자기 턴이 끝날 때다시 내성 굴림을 굴릴 수 있으며, 성공시에는 효과가 종료됩니다. 내성 굴림에 성공하였다면, 해당 크리쳐는 이후 24시간 동안 해당 드래곤의 공포스러운 존재감에 면역을 얻게 됩니다.

브레스 무기 (재충전 5-6). 드래곤은 아래 브레스 무기 중 하나를 사용합니다.

냉기 브레스. 드래곤은 90ft 길이의 원뿔형 범위에 냉기를 뿜어냅니다. 범위 내의 모든 크리쳐는 DC 24의 건강 내성에 실패할 시 67(15d8)점의 냉기 피해를 받습니다. 내성에 성공하면 피해는 절반으로 줄어듭니다.

마비 브레스. 드래곤은 90ft 길이의 원뿔형 범위에 마비 가스를 뿜어냅니다. 범위 내의 모든 크리쳐는 DC 24의 건강 내성에 실패할 시 1분간 마비됩니다. 마비된 크리쳐는 매번 자기 턴이 끝날 때 다시 내성을 굴릴 수 있으며, 성공하면 효과는 종료됩니다.

형태 변신. 드래곤은 마법적으로 자기 도전 지수 이하의 인간형이나 야수 크리쳐의 모습으로 변신하거나, 원래 모습으로 돌아올 수 있습니다. 변신한 상태에서 사망하면 원래 모습으로 돌아옵니다. 드래곤이 장비하거나들고 있던 모든 물건은 새로운 형태에 녹아들거나 장비한 채로 변하게 됩니다. (드래곤이 방식을 선택합니다.)

　새로운 형태일 때, 드래곤은 자신의 성향과 hp, 히트 다이스, 말할 수 있는 능력, 숙련, 전설적 저항력, 본거지 행동, 지능, 지혜, 매력 점수를 유지합니다. 그 외 다른 게임 정보나 능력은 새로운 형태를 따릅니다. 그러나 드래곤은 변신한 형태일 때 클래스 요소나 전설적인 행동을 사용할 수 없습니다.

전설적 행동

드래곤은 아래의 선택지 중에서 3회의 전설적 행동을 취할 수 있습니다. 전설적 행동은 동시에 한 가지만 취할 수 있으며, 오로지 다른 크리쳐의 턴이 끝날 때만 사용할 수 있습니다. 드래곤은 자기 턴이 시작할 때 사용한 전설적 행동 횟수를 모두 회복합니다.

탐지. 드래곤은 지혜(감지) 판정을 합니다.

꼬리 공격. 드래곤은 꼬리 공격을 1회 가합니다.

날개 공격 (행동 2회 소모). 드래곤은 날개를 휘둘러 칩니다. 드래곤으로부터 15ft 내에 있는 모든 크리쳐들은 DC 25의 민첩 내성에 실패할 시 17(2d6+10)점의 타격 피해를 받고 넘어집니다. 드래곤은 이 공격을 가한 다음 자신의 비행 이동 속도 절반만큼 비행해 이동할 수 있습니다.

실버 드래곤 고룡
ANCIENT SILVER DRAGON

초대형 용족, 질서 선

방어도 22 (자연 갑옷)
히트 포인트 487 (25d20+225)
이동속도 40ft, 비행 80ft

근력	민첩	건강	지능	지혜	매력
30 (+10)	10 (+0)	29 (+9)	18 (+4)	15 (+2)	23 (+6)

내성 굴림 민첩 +7, 건강 +16, 지혜 +9, 매력 +13
기술 비전학 +11, 역사학 +11, 감지 +16, 은신 +7
피해 면역 냉기
감각능력 맹안시야 60ft, 암시야 120ft, 상시 감지 26
언어 공용어, 용언
도전지수 23 (50,000 xp)

전설적 저항력 (3/일). 드래곤이 내성에 실패한 경우, 이 능력을 1회 소비하고 대신 성공한 것으로 할 수 있습니다.

실버 드래곤

금속 드래곤 중에서도 가장 친절하고 사회적인 실버 드래곤은 곤란한 상황에 처한 선한 존재들을 열성적으로 도와줍니다.

실버 드래곤은 순수한 금속으로 만든 것처럼 광택이 흐르며, 그 얼굴은 높게 치켜뜬 눈과 수염처럼 흐르는 뺨의 가시들로 인해 고귀하게 보입니다. 가시가 돋은 프릴이 머리 뒤쪽을 따라 돋아나 목에서 꼬리 끝까지 쭉 이어집니다. 실버 드래곤 유생체의 비늘은 청회색에 은색 광채만 있을 뿐입니다. 하지만 드래곤이 나이를 먹으면 색이 점점 밝아지다가 결국 비늘 하나하나는 겨우 눈에 뜨일 정도로만 은색이 됩니다. 실버 드래곤이 완전히 나이를 먹으면 눈동자가 점차 사라져 결국 눈 전체가 녹아내린 수은 보주처럼 변합니다.

미덕의 드래곤. 실버 드래곤은 선한 일을 하고 다른 의식 있는 존재들에게 해를 끼치지 않는 것이 도덕적인 삶이라고 믿습니다. 그들은 골드 드래곤이나 브론즈 드래곤처럼 악을 뿌리 뽑기 위해 투쟁을 벌이지 않지만, 악한 행동을 저지르거나 무고한 이들을 괴롭히는 자들에 대해서는 단호히 맞서 싸웁니다.

작은 종족들의 친구. 실버 드래곤은 다른 실버 드래곤들과 가까이 지내는 편입니다. 그리고 동족 외에 그들이 우정을 느끼는 다른 존재는 인간형 종족들이며, 많은 실버 드래곤은 용의 모습으로 살아가지 않을 때 인간형으로 변해 다른 종족들의 삶에 녹아듭니다. 실버 드래곤은 친절한 늙은 현자나 젊은 방랑자같이 친밀한 인간형 존재의 인격을 사용하며, 때로는 필멸의 동료들과 함께 다니며 깊은 우정을 다집니다.

실버 드래곤들은 주기적으로 인간형 삶에서 벗어나 다시 원래의 모습으로 돌아와서 짝짓기를 하고 후손을 만들거나, 자신들의 보물을 돌보고 개인적 일을 처리하곤 합니다. 대개 이 과정에서 시간이 많이 흐르기 때문에, 다시 인간형의 삶으로 돌아와 보면 과거의 동료들은 늙어버렸거나 죽음을 맞이해 버린 경우도 많습니다. 그래서 이들은 몇 대에 걸쳐 인간형 종족의 가족과 친분을 맺기도 합니다.

인류에 대한 존중. 실버 드래곤은 모든 인간형 종족과 잘 지내지만, 엘프나 드워프처럼 길게 살아가는 종족보다는 인간처럼 짧은 삶을 불태우는 종족에 더 호기심을 느낍니다. 인간들이 강한 원동력을 지니고 삶을 살아가는 모습에 실버 드래곤들은 쉽게 빠져듭니다.

역사를 보물로 삼기. 실버 드래곤은 인간종의 역사가 담긴 유물들을 모으길 좋아합니다. 이 유물 중에는 과거의 여러 왕조나 사라진 제국에서 만들어진 막대한 동전들도 있으며, 수많은 종족이 여러 문화권에서 가져온 예술품이나 장신구도 있습니다. 다른 보물들은 주로 망가진 배에서 가져왔거나, 왕과 여왕들의 유품이거나, 고대 제국의 왕좌 혹은 왕관의 보석일 수도 있습니다. 그리고 다양한 발명품과 신제품들도 있으며, 폐허가 된 도시에서 석탑을 통째로 옮겨오는 일도 있습니다.

실버 드래곤 원숙체
ADULT SILVER DRAGON

거대형 용족, 질서 선

방어도 19 (자연 갑옷)
히트 포인트 243 (18d12+126)
이동속도 40ft, 비행 80ft

근력	민첩	건강	지능	지혜	매력
27 (+8)	10 (+0)	25 (+7)	16 (+3)	13 (+1)	21 (+5)

내성 굴림 민첩 +5, 건강 +12, 지혜 +6, 매력 +10
기술 비전학 +8, 역사학 +8, 감지 +11, 은신 +5
피해 면역 냉기
감각능력 맹안시야 60ft, 암시야 120ft, 상시 감지 21
언어 공용어, 용언
도전지수 16 (15,000 xp)

전설적 저항력 (3/일). 드래곤이 내성에 실패한 경우, 이 능력을 1회 소비하고 대신 성공한 것으로 할 수 있습니다.

행동

다중공격. 드래곤은 먼저 공포스러운 존재감을 사용할 수 있습니다. 그런 다음 물기 1회, 할퀴기 2회, 총 3회의 공격을 가할 수 있습니다.

물기. 근접 무기 공격: 명중 +13, 간격 10ft, 목표 하나. 명중시: 19(2d10+8)점의 관통 피해.

할퀴기. 근접 무기 공격: 명중 +13, 간격 5ft, 목표 하나. 명중시: 15(2d6+8)점의 참격 피해.

꼬리. 근접 무기 공격: 명중 +13, 간격 15ft, 목표 하나. 명중시: 17(2d8+8)점의 타격 피해.

공포스러운 존재감. 드래곤으로부터 120ft 내에 있는 크리쳐들 중 드래곤이 선택한 크리쳐들 모두는 DC 18의 지혜 내성 굴림에 실패할 시 1분간 공포 상태가 됩니다. 공포 상태의 크리쳐들은 매번 자기 턴이 끝날 때 다시 내성 굴림을 굴릴 수 있으며, 성공시에는 효과가 종료됩니다. 내성 굴림에 성공하였다면, 해당 크리쳐는 이후 24시간 동안 해당 드래곤의 공포스러운 존재감에 면역을 얻게 됩니다.

브레스 무기 (재충전 5-6). 드래곤은 아래 브레스 무기 중 하나를 사용합니다.

냉기 브레스. 드래곤은 60ft 길이의 원뿔형 범위에 냉기를 뿜어냅니다. 범위 내의 모든 크리쳐는 DC 20의 건강 내성에 실패할 시 58(13d8)점의 냉기 피해를 받습니다. 내성에 성공하면 피해는 절반으로 줄어듭니다.

마비 브레스. 드래곤은 60ft 길이의 원뿔형 범위에 마비 가스를 뿜어냅니다. 범위 내의 모든 크리쳐는 DC 20의 건강 내성에 실패할 시 1분간 마비됩니다. 마비된 크리쳐는 매번 자기 턴이 끝날 때 다시 내성을 굴릴 수 있으며, 성공하면 효과는 종료됩니다.

형태 변신. 드래곤은 마법적으로 자기 도전 지수 이하의 인간형이나 야수 크리쳐의 모습으로 변신하거나, 원래 모습으로 돌아올 수 있습니다. 변신한 상태에서 사망하면 원래 모습으로 돌아옵니다. 드래곤이 장비하거나 들고 있던 모든 물건은 새로운 형태에 녹아들거나 장비한 채로 변하게 됩니다. (드래곤이 방식을 선택합니다.)

새로운 형태일 때, 새로운 형태일 때, 드래곤은 자신의 성향과 hp, 히트 다이스, 말할 수 있는 능력, 숙련, 전설적 저항력, 본거지 행동, 지능, 지혜, 매력 점수를 유지합니다. 그 외 다른 게임 정보나 능력은 새로운 형태를 따릅니다. 그러나 드래곤은 변신한 형태일 때 클래스 요소나 전설적인 행동을 사용할 수 없습니다.

전설적 행동

드래곤은 아래의 선택지 중에서 3회의 전설적 행동을 취할 수 있습니다. 전설적 행동은 동시에 한 가지만 취할 수 있으며, 오로지 다른 크리쳐의 턴이 끝날 때만 사용할 수 있습니다. 드래곤은 자기 턴이 시작할 때 사용한 전설적 행동 횟수를 모두 회복합니다.

탐지. 드래곤은 지혜(감지) 판정을 합니다.
꼬리 공격. 드래곤은 꼬리 공격을 1회 가합니다.
날개 공격 (행동 2회 소모). 드래곤은 날개를 휘둘러 칩니다. 드래곤으로부터 10ft 내에 있는 모든 크리쳐들은 DC 21의 민첩 내성에 실패할 시 15(2d6+8)점의 타격 피해를 받고 넘어집니다. 드래곤은 이 공격을 가한 다음 자신의 비행 이동 속도 절반만큼 비행해 이동할 수 있습니다.

실버 드래곤의 본거지

실버 드래곤은 구름 속에 자리를 잡고, 멀리 떨어진 차가운 산꼭대기에 둥지를 틀곤 합니다. 비록 이들 대다수가 복잡한 자연 동굴이나 버려진 광산을 편안하게 느끼곤 하지만, 실버 드래곤은 인간형 존재들이 만들었던 문명의 과거 끝자락을 좋아합니다. 버려진 산꼭대기 요새나 오래전에 죽은 마법사가 지었던 멀리 떨어진 탑은 실버 드래곤이라면 누구나 꿈꾸는 보금자리입니다.

본거지 행동

드래곤의 본거지는 우선권 순서 20에서 아래 효과 중 한 가지를 본거지 행동으로 발동합니다. (비길 경우 항상 지는 것으로 취급) 드래곤은 한 가지 효과를 연달아 두 라운드 사용할 수 없습니다.

* 드래곤은 안개 구름Fog Cloud 주문을 시전한 것처럼 안개를 만들어 냅니다. 이 안개는 다음 라운드의 우선권 20까지 유지됩니다.

* 강력한 차가운 바람이 드래곤 주변에서 본거지에 몰아칩니다. 드래곤 주변 120ft 내에 있는 모든 크리쳐는 DC 15의 건강 내성에 실패하면 5(1d10)점의 냉기 피해를 받습니다. 가스나 증기는 이 바람에 의해 흩어져 버리며, 보호되지 않는 불은 모두 꺼집니다. 랜턴처럼 보호되고 있는 불이라 해도 50%의 확률로 꺼질 수 있습니다.

지역 효과

전설적인 실버 드래곤의 본거지 주변은 드래곤의 마법으로 인해 뒤틀리며, 아래 효과 중 한 가지 이상이 나타나게 됩니다.

* 하루 한 번. 드래곤은 본거지 주변 6마일 이내의 기후를 바꿀 수 있습니다. 드래곤이 야외에 나갈 필요가 없다는 점을 제외하면 이 효과는 기후 조종Control Weather 주문과 동일합니다.
* 본거지 주변 1마일 이내에서, 악하지 않은 크리쳐가 떨어질 때는 바람이 아래를 받쳐 줍니다. 악하지 않은 크리쳐는 낙하시 라운드당 60ft 속도로 떨어지며 낙하 피해를 받지 않습니다.
* 며칠 이상 작업을 거치면, 드래곤은 본거지 주변의 구름이나 안개를 돌처럼 단단한 고체로 만들고 이를 이용해 원하는 대로 구조물을 만들 수 있습니다.

만약 드래곤이 죽으면 변경된 기후는 주문 설명에 따라 원래대로 돌아오며, 다른 효과는 1d10일 안에 서서히 사라집니다.

실버 드래곤 성체
YOUNG SILVER DRAGON

대형 용족, 질서 선

방어도 18 (자연 갑옷)
히트 포인트 168 (16d10+80)
이동속도 40ft, 비행 80ft

근력	민첩	건강	지능	지혜	매력
23 (+6)	10 (+0)	21 (+5)	14 (+2)	11 (+0)	19 (+4)

내성 굴림 민첩 +4, 건강 +9, 지혜 +4, 매력 +8
기술 비전학 +6, 역사학 +6, 감지 +8, 은신 +4
피해 면역 냉기
감각능력 맹안시야 30ft, 암시야 120ft, 상시 감지 18
언어 공용어, 용언
도전지수 9 (5,000 xp)

행동

다중공격. 드래곤은 물기 1회, 할퀴기 2회, 총 3회 공격을 가할 수 있습니다.

물기. *근접 무기 공격:* 명중 +10, 간격 10ft, 목표 하나. *명중시:* 17(2d10+6)점의 관통 피해.

할퀴기. *근접 무기 공격:* 명중 +10, 간격 5ft, 목표 하나. *명중시:* 13(2d6+6)점의 참격 피해.

브레스 무기 (재충전 5-6). 드래곤은 아래 브레스 무기 중 하나를 사용합니다.

냉기 브레스. 드래곤은 30ft 길이의 원뿔형 범위에 냉기를 뿜어냅니다. 범위 내의 모든 크리쳐는 DC 17의 건강 내성에 실패 시 54(12d8)점의 냉기 피해를 받습니다. 내성에 성공하면 피해는 절반으로 줄어듭니다.

마비 브레스. 드래곤은 30ft 길이의 원뿔형 범위에 마비 가스를 뿜어냅니다. 범위 내의 모든 크리쳐는 DC 17의 건강 내성에 실패 시 1분간 마비됩니다. 마비된 크리쳐는 매번 자기 턴이 끝날 때 다시 내성을 굴릴 수 있으며, 성공하면 효과는 종료됩니다.

실버 드래곤 유생체
SILVER DRAGON WYRMLING

중형 용족, 질서 선

방어도 17 (자연 갑옷)
히트 포인트 45 (6d8+18)
이동속도 30ft, 비행 60ft

근력	민첩	건강	지능	지혜	매력
19 (+4)	10 (+0)	17 (+3)	12 (+1)	11 (+0)	15 (+2)

내성 굴림 민첩 +2, 건강 +5, 지혜 +2, 매력 +4
기술 감지 +4, 은신 +2
피해 면역 냉기
감각능력 맹안시야 10ft, 암시야 60ft, 상시 감지 14
언어 용언
도전지수 2 (450 xp)

행동

물기. *근접 무기 공격:* 명중 +6, 간격 5ft, 목표 하나. *명중시:* 9(1d10+4)점의 관통 피해.

브레스 무기 (재충전 5-6). 드래곤은 아래 브레스 무기 중 하나를 사용합니다.

냉기 브레스. 드래곤은 15ft 길이의 원뿔형 범위에 냉기를 뿜어냅니다. 범위 내의 모든 크리쳐는 DC 13의 건강 내성에 실패 시 18(4d8)점의 냉기 피해를 받습니다. 내성에 성공하면 피해는 절반으로 줄어듭니다.

마비 브레스. 드래곤은 15ft 길이의 원뿔형 범위에 마비 가스를 뿜어냅니다. 범위 내의 모든 크리쳐는 DC 13의 건강 내성에 실패 시 1분간 마비됩니다. 마비된 크리쳐는 매번 자기 턴이 끝날 때 다시 내성을 굴릴 수 있으며, 성공하면 효과는 종료됩니다.

카퍼 드래곤 고룡
Ancient Copper Dragon

초대형 용족, 혼돈 선

방어도 21 (자연 갑옷)
히트 포인트 350 (20d20+140)
이동속도 40ft, 등반 40ft, 비행 80ft

근력	민첩	건강	지능	지혜	매력
27 (+8)	12 (+1)	25 (+7)	20 (+5)	17 (+3)	19 (+4)

내성 굴림 민첩 +8, 건강 +14, 지혜 +10, 매력 +11
기술 기만 +11, 감지 +17, 은신 +8
피해 면역 산성
감각능력 맹안시야 60ft, 암시야 120ft, 상시 감지 27
언어 공용어, 용언
도전지수 21 (33,000 xp)

전설적 저항력 (3/일). 드래곤이 내성에 실패한 경우, 이 능력을 1회 소비하고 대신 성공한 것으로 할 수 있습니다.

행동

다중공격. 드래곤은 먼저 공포스러운 존재감을 사용할 수 있습니다. 그런 다음 물기 1회, 할퀴기 2회, 총 3회의 공격을 가할 수 있습니다.

물기. 근접 무기 공격: 명중 +15, 간격 15ft, 목표 하나. 명중시: 19(2d10+8) 점의 관통 피해.

할퀴기. 근접 무기 공격: 명중 +15, 간격 10ft, 목표 하나. 명중시: 15(2d6+8) 점의 참격 피해.

꼬리. 근접 무기 공격: 명중 +15, 간격 20ft, 목표 하나. 명중시: 17(2d8+8) 점의 타격 피해.

공포스러운 존재감. 드래곤으로부터 120ft 내에 있는 크리쳐들 중 드래곤이 선택한 크리쳐들 모두는 DC 19의 지혜 내성 굴림에 실패할 시 1분간 공포 상태가 됩니다. 공포 상태의 크리쳐들은 매번 자기 턴이 끝날 때 다시 내성 굴림을 굴릴 수 있으며, 성공시에는 효과가 종료됩니다. 내성 굴림에 성공하였다면, 해당 크리쳐는 이후 24시간 동안 해당 드래곤의 공포스러운 존재감에 면역을 얻게 됩니다.

브레스 무기 (재충전 5-6). 드래곤은 아래 브레스 무기 중 하나를 사용합니다.

산성 브레스. 드래곤은 90ft 길이, 10ft 폭의 직선 범위에 산성 액체를 뿜어냅니다. 범위 내의 모든 크리쳐는 DC 22의 민첩 내성에 실패할 시 63(14d8)점의 산성 피해를 받습니다. 내성에 성공하면 피해가 절반으로 줄어듭니다.

감속 브레스. 드래곤은 90ft 길이의 원뿔형 범위에 감속 가스를 뿜어냅니다. 범위 내의 모든 크리쳐는 DC 22의 건강 내성에 실패할 시 반응행동을 사용할 수 없게 되며 이동속도가 절반으로 줄어듭니다. 또한 해당 크리쳐는 매턴 행동과 추가 행동 중 하나만 사용할 수 있습니다. 이 효과는 1분간 지속됩니다. 감속된 크리쳐는 매번 자기 턴이 끝날 때 다시 내성을 굴릴 수 있으며, 성공하면 효과는 종료됩니다.

형태 변신. 드래곤은 마법적으로 자기 도전 지수 이하의 인간형이나 야수 크리쳐의 모습으로 변신하거나, 원래 모습으로 돌아올 수 있습니다. 변신한 상태에서 사망하면 원래 모습으로 돌아옵니다. 드래곤이 장비하거나 들고 있던 모든 물건은 새로운 형태에 녹아들거나 장비한 채로 변하게 됩니다. (드래곤이 방식을 선택합니다.)

새로운 형태일 때, 드래곤은 자신의 성향과 hp, 히트 다이스, 말할 수 있는 능력, 숙련, 전설적 저항력, 본거지 행동, 지능, 지혜, 매력 점수를 유지합니다. 그 외 다른 게임 정보나 능력은 새로운 형태를 따릅니다. 그러나 드래곤은 변신한 형태일 때 클래스 요소나 전설적인 행동을 사용할 수 없습니다.

전설적 행동

드래곤은 아래의 선택지 중에서 3회의 전설적 행동을 취할 수 있습니다. 전설적 행동은 동시에 한 가지만 취할 수 있으며, 오로지 다른 크리쳐의 턴이 끝날 때만 사용합니다. 드래곤은 자기 턴이 시작할 때 사용한 전설적 행동 횟수를 모두 회복합니다.

탐지. 드래곤은 지혜(감지) 판정을 합니다.
꼬리 공격. 드래곤은 꼬리 공격을 1회 가합니다.
날개 공격 (행동 2회 소모). 드래곤은 날개를 휘둘러 칩니다. 드래곤으로부터 15ft 내에 있는 모든 크리쳐들은 DC 23의 민첩 내성에 실패할 시 15(2d6+8)점의 타격 피해를 받고 넘어집니다. 드래곤은 이 공격을 가한 다음 자신의 비행 이동 속도 절반만큼 비행해 이동할 수 있습니다.

카퍼 드래곤 원숙체
ADULT COPPER DRAGON

거대형 용족, 혼돈 선

방어도 18 (자연 갑옷)
히트 포인트 184 (16d12+80)
이동속도 40ft, 등반 40ft, 비행 80ft

근력	민첩	건강	지능	지혜	매력
23 (+6)	12 (+1)	21 (+5)	18 (+4)	15 (+2)	17 (+3)

내성 굴림 민첩 +6, 건강 +10, 지혜 +7, 매력 +8
기술 기만 +8, 감지 +12, 은신 +6
피해 면역 산성
감각능력 맹안시야 60ft, 암시야 120ft, 상시 감지 22
언어 공용어, 용언
도전지수 14 (11,500 xp)

전설적 저항력 (3/일). 드래곤이 내성에 실패한 경우, 이 능력을 1회 소비하고 대신 성공한 것으로 할 수 있습니다.

행동

다중공격. 드래곤은 먼저 공포스러운 존재감을 사용할 수 있습니다. 그런 다음 물기 1회, 할퀴기 2회, 총 3회의 공격을 가할 수 있습니다.

물기. *근접 무기 공격:* 명중 +11, 간격 10ft, 목표 하나. *명중시:* 17(2d10+6)점의 관통 피해.

할퀴기. *근접 무기 공격:* 명중 +11, 간격 5ft, 목표 하나. *명중시:* 13(2d6+6)점의 참격 피해.

꼬리. *근접 무기 공격:* 명중 +11, 간격 15ft, 목표 하나. *명중시:* 15(2d8+6)점의 타격 피해.

공포스러운 존재감. 드래곤으로부터 120ft 내에 있는 크리쳐들 중 드래곤이 선택한 크리쳐들 모두는 DC 16의 지혜 내성 굴림에 실패할 시 1분간 공포 상태가 됩니다. 공포 상태의 크리쳐들은 매번 자기 턴이 끝날 때 다시 내성 굴림을 굴릴 수 있으며, 성공시에는 효과가 종료됩니다. 내성 굴림에 성공하였다면, 해당 크리쳐는 이후 24시간 동안 해당 드래곤의 공포스러운 존재감에 면역을 얻게 됩니다.

브레스 무기 (재충전 5-6). 드래곤은 아래 브레스 무기 중 하나를 사용합니다.

산성 브레스. 드래곤은 60ft 길이, 5ft 폭의 직선 범위에 산성 액체를 뿜어냅니다. 범위 내의 모든 크리쳐는 DC 18의 민첩 내성에 실패할 시 54(12d8)점의 산성 피해를 받습니다. 내성에 성공하면 피해가 절반으로 줄어듭니다.

감속 브레스. 드래곤은 60ft 길이의 원뿔형 범위에 감속 가스를 뿜어냅니다. 범위 내의 모든 크리쳐는 DC 18의 건강 내성에 실패할 시 반응행동을 사용할 수 없게 되며 이동속도가 절반으로 줄어듭니다. 또한 해당 크리쳐는 매턴 행동과 추가 행동 중 하나만 사용할 수 있습니다. 이 효과는 1분간 지속됩니다. 감속된 크리쳐는 매번 자기 턴이 끝날 때 다시 내성을 굴릴 수 있으며, 성공하면 효과는 종료됩니다.

전설적 행동

드래곤은 아래의 선택지 중에서 3회의 전설적 행동을 취할 수 있습니다. 전설적 행동은 동시에 한 가지만 취할 수 있으며, 오로지 다른 크리쳐의 턴이 끝날 때만 사용할 수 있습니다. 드래곤은 자기 턴이 시작할 때 사용한 전설적 행동 횟수를 모두 회복합니다.

탐지. 드래곤은 지혜(감지) 판정을 합니다.
꼬리 공격. 드래곤은 꼬리 공격을 1회 가합니다.
날개 공격 (행동 2회 소모). 드래곤은 날개를 휘둘러 칩니다. 드래곤으로부터 10ft 내에 있는 모든 크리쳐들은 DC 19의 민첩 내성에 실패할 시 13(2d6+6)점의 타격 피해를 받고 넘어집니다. 드래곤은 이 공격을 가한 다음 자신의 비행 이동 속도 절반만큼 비행해 이동할 수 있습니다.

카퍼 드래곤 성체
YOUNG COPPER DRAGON

대형 용족, 혼돈 선.

방어도 17 (자연 갑옷)
히트 포인트 119 (14d10+42)
이동속도 40ft, 등반 40ft, 비행 80ft

근력	민첩	건강	지능	지혜	매력
19 (+4)	12 (+1)	17 (+3)	16 (+3)	13 (+1)	15 (+2)

내성 굴림 민첩 +4, 건강 +6, 지혜 +4, 매력 +5
기술 기만 +5, 감지 +7, 은신 +4
피해 면역 산성
감각능력 맹안시야 30ft, 암시야 120ft, 상시 감지 17
언어 공용어, 용언
도전지수 7 (2,900 xp)

행동

다중공격. 드래곤은 물기 1회, 할퀴기 2회, 총 3회 공격을 가할 수 있습니다.

물기. *근접 무기 공격:* 명중 +7, 간격 10ft, 목표 하나. *명중시:* 15(2d10+4)점의 관통 피해.

할퀴기. *근접 무기 공격:* 명중 +7, 간격 5ft, 목표 하나. *명중시:* 11(2d6+4)점의 참격 피해.

브레스 무기 (재충전 5-6). 드래곤은 아래 브레스 무기 중 하나를 사용합니다.

산성 브레스. 드래곤은 40ft 길이, 5ft 폭의 직선 범위에 산성 액체를 뿜어냅니다. 범위 내의 모든 크리쳐는 DC 14의 민첩 내성에 실패할 시 40(9d8)점의 산성 피해를 받습니다. 내성에 성공하면 피해가 절반으로 줄어듭니다.

감속 브레스. 드래곤은 30ft 길이의 원뿔형 범위에 감속 가스를 뿜어냅니다. 범위 내의 모든 크리쳐는 DC 14의 건강 내성에 실패할 시 반응행동을 사용할 수 없게 되며 이동속도가 절반으로 줄어듭니다. 또한 해당 크리쳐는 매턴 행동과 추가 행동 중 하나만 사용할 수 있습니다. 이 효과는 1분간 지속됩니다. 감속된 크리쳐는 매번 자기 턴이 끝날 때 다시 내성을 굴릴 수 있으며, 성공하면 효과는 종료됩니다.

카퍼 드래곤

카퍼 드래곤은 못 말리는 장난꾼이자 농담과 수수께끼를 즐기는 재담꾼이며, 언덕이나 바위투성이 고원에 살고 있습니다. 그들의 친밀하고 고운 심성에도 불구하고, 그들은 탐욕스럽고 성격이 급하며, 자신들의 보물이 위협받는다고 생각하면 위험한 일면을 드러내기도 합니다.

카퍼 드래곤은 눈썹 판이 눈 위를 덮고, 뒤로 자라난 긴 뿔이 연이어 솟아 모양을 만들고 있습니다. 뒤로 흘러가는 듯한 뺨 옆의 능선과 턱 주름 장식은 특징적인 모양을 만들어 냅니다. 처음 태어날 때 카퍼 드래곤의 비늘은 거친 갈색에 금속 질감만 있습니다. 하지만 나이를 먹어가며 비늘은 점차 구릿빛을 띠게 되고, 나중에 가면 살짝 녹색 광채마저 섞입니다. 카퍼 드래곤의 눈동자는 나이를 먹으면 점점 희미해져 완전히 노화하면 빛나는 터키석 보옥처럼 보이게 됩니다.

좋은 집주인. 카퍼 드래곤은 재치와 좋은 농담, 재미있는 이야기, 수수께끼를 사랑합니다. 웃을 줄 모르는 자들이나 재미있는 유머 감각으로 장난을 받아들이지 못하는 자들에게 짜증을 냅니다.

카퍼 드래곤은 특히 바드를 좋아합니다. 드래곤은 본거지 일부를 뜯어고쳐 바드들을 위한 공연장으로 만들고 그곳에서 이야기를 듣고 수수께끼를 나누며 음악을 즐깁니다. 카퍼 드래곤에게 있어 그런 우정은 긁어모아야 할 보물의 일종입니다.

조심스럽고 재주가 많음. 보물 더미를 만들어나갈 때, 카퍼 드래곤은 대지에서 나오는 보물을 선호하는 편입니다. 금속이나 귀한 보석들이 이들에게 있어서 가장 귀중한 보물입니다.

카퍼 드래곤은 자신의 소유물을 보여주는데 무척 조심스럽습니다. 만약 다른 크리쳐가 자기 보물 더미에 속한 물건을 찾고 있다는 사실을 알게 되면, 카퍼 드래곤은 자기가 그 물건을 소유하고 있다는 사실을 절대 인정하지 않을 것입니다. 대신, 드래곤은 호기심 많은 보물 사냥꾼들의 수색을 제멋대로 유도해 물건과 상관없는 방향으로 멀리 보내고, 자기 즐거움을 위해 멀리서 그들을 지켜보곤 합니다.

카퍼 드래곤의 본거지

카퍼 드래곤은 건조한 고원이나 언덕에 자리를 잡으며, 좁은 동굴에 본거지를 짓곤 합니다. 본거지 곳곳에는 가짜 벽이 있어서 드래곤이 소중히 여기는 원석이나 예술품, 생애를 거쳐 모아온 다른 물건 따위를 숨겨두곤 합니다. 쓸모없는 물건들은 뻔히 보이는 동굴에 늘어놓아 보물 사냥꾼들의 주의를 끌고, 그 사이에 진짜 보물은 꼭꼭 숨겨두는 것입니다.

본거지 행동

드래곤의 본거지는 우선권 순서 20에서 아래 효과 중 한 가지를 본거지 행동으로 발동합니다. (비길 경우 항상 지는 것으로 취급) 드래곤은 한 가지 효과를 연달아 두 라운드 사용할 수 없습니다.

- 120ft 내에서 드래곤이 볼 수 있는 한 지점을 고릅니다. 그 주변 20ft의 땅에서 가시가 솟아오릅니다. 이 효과는 기본적으로 *가시 성장Spike Growth* 주문과 동일하며, 드래곤이 다시 이 본거지 행동을 사용하거나 사망할 때까지 효과가 지속됩니다.
- 120ft 내에서 드래곤이 볼 수 있는 10 × 10ft의 사각형 지역을 선택합니다. 이 지역의 바닥은 3ft 깊이의 진흙으로 변합니다. 바닥에 서 있는 모든 크리쳐들은 바닥이 진흙으로 변할 때 DC 15의 민첩 내성 판정에 실패하면 진흙에 잠겨 포박 상태가 됩니다. 여기서 탈출하려면 DC 15의 근력 판정에 성공해야 하며, 옆의 다른 크리쳐를 꺼내주려는데도 마찬가지의 근력 판정이 필요합니다. 진흙 속에서 1ft 이동할 때마다 추가로 2ft의 이동력이 소모됩니다. 다음 라운드의 우선권 20에서 진흙은 다시 단단하게 굳어버리며, 이후 탈출을 위한 근력 판정 DC는 20으로 증가합니다.

지역 효과

전설적인 카퍼 드래곤의 본거지 주변은 드래곤의 마법으로 인해 뒤틀리며, 아래 효과 중 한 가지 이상이 나타나게 됩니다.

- 드래곤의 본거지 주변 6마일 내의 바위 지형이나 바위 물체에 마법적으로 드래곤의 웃는 형상이 새겨집니다.
- 드래곤의 본거지 주변 1마일 내에서는 일반적으로는 말을 할 수 없는 쥐나 새 같은 초소형 야수들이 용언을 말하고 이해할 수 있는 마법적 능력을 얻게 됩니다. 이 크리쳐들은 드래곤에 호의적으로 말하지만, 정확히 어디 있는지는 모릅니다.
- 드래곤의 본거지 주변 1마일 내에 있는 지성을 가진 크리쳐는 싱글거리고 싶은 욕구를 느낍니다. 심지어 심각한 문제들조차도 갑자기 즐겁게 느껴집니다.

만약 드래곤이 사망하면 마법 조각은 1d10일동안 천천히 사라지며, 다른 효과들은 즉시 사라집니다.

카퍼 드래곤 유생체
COPPER DRAGON WYRMLING

중형 용족, 혼돈 선

방어도 16 (자연 갑옷)
히트 포인트 22 (4d8+4)
이동속도 30ft, 등반 30ft, 비행 60ft

근력	민첩	건강	지능	지혜	매력
15 (+2)	12 (+1)	13 (+1)	14 (+2)	11 (+0)	13 (+1)

내성 굴림 민첩 +3, 건강 +3, 지능 +2, 매력 +3
기술 감지 +4, 은신 +3
피해 면역 산성
감각능력 맹안시야 10ft, 암시야 60ft, 상시 감지 14
언어 용언
도전지수 1 (200 xp)

행동

물기. *근접 무기 공격:* 명중 +4, 간격 5ft, 목표 하나. *명중시:* 7(1d10+2)점의 관통 피해.

브레스 무기 (재충전 5-6). 드래곤은 아래 브레스 무기 중 하나를 사용합니다.

산성 브레스. 드래곤은 20ft 길이, 5ft 폭의 직선 범위에 산성 액체를 뿜어냅니다. 범위 내의 모든 크리쳐는 DC 11의 민첩 내성에 실패할 시 18(4d8)점의 산성 피해를 받습니다. 내성에 성공하면 피해가 절반으로 줄어듭니다.

감속 브레스. 드래곤은 15ft 길이의 원뿔형 범위에 감속 가스를 뿜어냅니다. 범위 내의 모든 크리쳐는 DC 11의 건강 내성에 실패할 시 반응행동을 사용할 수 없게 되며 이동속도가 절반으로 줄어듭니다. 또한 해당 크리쳐는 매턴 행동과 추가 행동 중 하나만 사용할 수 있습니다. 이 효과는 1분간 지속됩니다. 감속된 크리쳐는 매번 자기 턴이 끝날 때 다시 내성을 굴릴 수 있으며, 성공하면 효과는 종료됩니다.

드래곤 터틀 Dragon Turtle

초대형 용족, 중립

방어도 20 (자연 갑옷)
히트 포인트 341 (22d20+110)
이동속도 20ft, 수영 40ft

근력	민첩	건강	지능	지혜	매력
25 (+7)	10 (+0)	20 (+5)	10 (+0)	12 (+1)	12 (+1)

내성 굴림 민첩 +6, 건강 +11, 지혜 +7
피해 저항 화염
감각능력 암시야 120ft, 상시 감지 11
언어 수중어, 용언
도전지수 17 (18,000 xp)

수륙양용. 드래곤 터틀은 공기와 수중 양쪽에서 호흡할 수 있습니다.

행동

다중공격. 드래곤 터틀은 물기 1회, 할퀴기 2회, 총 3회의 공격을 가할 수 있습니다. 할퀴기 2회 대신 꼬리 공격을 1회 가할 수도 있습니다.

물기. 근접 무기 공격: 명중 +13, 간격 15ft, 목표 하나. 명중시: 26(3d12+7)점의 관통 피해.

할퀴기. 근접 무기 공격: 명중 +13, 간격 10ft, 목표 하나. 명중시: 16(2d8+7)점의 참격 피해.

꼬리. 근접 무기 공격: 명중 +13, 간격 15ft, 목표 하나. 명중시: 26(3d12+7)점의 타격 피해. 목표가 크리쳐라면 DC 20의 근력 내성에 실패할 시 드래곤 터틀로부터 10ft 밀려나 넘어집니다.

증기 브레스(재충전 5-6). 드래곤 터틀은 60ft 길이의 원뿔형 범위에 증기를 토해 냅니다. 범위 내에 있는 모든 크리쳐는 DC 18의 건강 내성에 실패하면 52(15d6)점의 화염 피해를 받습니다. 내성에 성공하면 피해는 절반으로 줄어듭니다. 이 화염 피해는 물 속에서도 저항을 받을 수 없습니다.

드래곤 터틀 Dragon Turtle

드래곤 터틀은 아마 바다에서 가장 무서운 존재 중 하나일 것입니다. 대지에서 살아가는 용족들 중 가장 나이 많은 존재들과 비슷한 크기와 힘을 자랑하는 드래곤 터틀은 치명적인 턱의 힘과 증기 브레스, 파괴적인 꼬리로 공격을 가합니다.

드래곤 터틀의 단단한 껍질은 이 괴물이 살고 있는 깊은 바닷속처럼 암록색에 가깝습니다. 은색의 밝은 줄무늬는 물속에서 보면 마치 빛이 춤추는 것처럼 보이며, 그래서 드래곤 터틀이 물 위로 올라오는 모습은 마치 파도 너머로 해나 달이 비치는 것처럼 보입니다.

심해의 드래곤. 참된 드래곤처럼, 드래곤 터틀 역시 보물을 수집합니다. 이들은 가라앉은 배를 노리며, 그 안의 동전이나 다른 귀중한 물건을 끌어모읍니다. 드래곤 터틀은 보물들을 삼켜서 운반하고, 둥지에 도착하면 다시 토해 놓습니다.

드래곤 터틀은 산호초 속에 숨겨진 동굴이나 심해의 해저에서 살아가며, 그게 아니면 해안선을 따라 나 있는 동굴을 찾습니다. 만약 자신이 고른 동굴에 이미 살고 있는 것들이 있다면, 드래곤 터틀은 힘으로 이전 거주자들을 쫓아내 버립니다.

용병 괴물. 드래곤 터틀은 뇌물이 통할 정도의 지능이 있으며, 바다를 항해하는 해적들은 이 괴물에게 보물을 바치는 대신 안전한 항행을 보장받는 게 훨씬 이익이라는 사실을 깨달았습니다. 영리한 사후아긴은 보물을 바치고 드래곤 터틀의 브레스를 이용해 배나 해안 거주지를 습격할 때 도움을 받기도 합니다.

원소의 힘. 드래곤 터틀은 때로 해저 깊은 곳에 있는 물의 원소계로 통하는 균열을 찾아내기도 합니다. 이 괴물 종족은 가끔 마리드들과 함께 있는 모습을 보이기도 하는데, 마리드는 드래곤 터틀의 등 위에 산호 왕좌를 꾸리고 이들을 탈것으로 부리기도 합니다.

라미아 Lamia

폐허가 된 사막 도시와 잊혀진 왕조의 무덤은 사악한 라미아가 둥지를 틀기에 최적의 장소입니다. 이 퇴폐적인 괴물은 잊혀진 보물을 차지하고 자신들의 쾌락주의적 법칙으로 아첨꾼들이 가득한 자신의 영역을 다스립니다. 라미아는 재칼위어를 부려 다양한 일을 시키며, 그들을 보내 폐허 너머에서 노예를 잡아 오거나 상인, 야영지, 마을에서 보물을 훔쳐 오고, 공격할 때는 라미아의 마법으로 재칼위어들을 숨깁니다.

라미아는 아름다운 인간형 종족의 상반신에 네 다리가 달린 강력한 사자의 몸을 지니고 있습니다. 라미아의 잔혹한 검은 손톱은 그 포식자로서의 본성을 나타내 주며, 이들은 고문에 대한 욕구와 인간형 종족들의 살점에 대한 탐욕으로 언제나 굶주려 있습니다.

쾌락의 폭군. 라미아는 여행하는 상인들에게서 훔친 귀중품들로 자신의 보금자리를 화려하게 장식하고, 마법을 사용해 둥지를 꾸미거나, 썩고 망가진 부분을 환영으로 숨깁니다. 보금자리의 숨막힐 듯 아름다운 정원이나 곱게 꾸려진 건물이나, 수없이 많은 노예는 사실 멀리 떨어진 폐허의 적막함을 가린 것뿐입니다.

라미아는 취하게 만드는 접촉을 이용해 적들의 정신을 약하게 하고, 매혹 주문에 취약하게 만들어 결국은 자신들의 노예로 만듭니다. 라미아는 *사명 부여Geas* 주문으로 노예들을 복종시켜 투기장에서 결투시키는 여흥을 관람하기도 합니다.

악랄한 포식자. 라미아는 언제나 더 많은 노예와 재물을 얻고 싶어 하며, 물의 표면이나 거울을 이용해 *염탐Scrying* 주문으로 자신의 영역 주변을 살펴봅니다. 라미아는 이 능력을 사용해 무역로나 주변의 정착지를 염탐하며, 쓸만한 물건이나 가지고 놀 만한 놀잇감을 찾습니다.

라미아는 특히나 순수한 마음을 지닌 모험자들을 유혹하고 타락시켜 악으로 이끄는 것을 좋아하고, 이들 마음속 미덕이 무너지는 걸 보며 즐거워합니다. 이들은 마법을 사용해 잠재적인 희생양을 자신들의 둥지로 끌어들이며, 환영과 노예들을 이용해 무력화된 적을 사로잡습니다. 하지만 라미아는 아름다움과 힘을 높게 칩니다. 라미아가 하찮게 여기는 포로는 그저 끔찍한 만찬의 요리 중 하나가 되거나, 가진 것을 모두 빼앗긴 채로 황야에 버려져 죽을 때까지 떠돌게 될 뿐입니다.

라미아는 노예들이 적과 직접 맞붙게 하고, 자신은 외곽에서 돌며 마법으로 적들을 굴복시킵니다. 라미아는 적에 오래 붙어 있으려 들지 않으며, 손톱과 단검으로 살을 찢고 어떻게든 안전한 거리로 빠져나오려 듭니다.

그라즈트의 수하. 데몬 군주 그라즈트가 필멸의 하인들에게 영생을 약속하며, 충성의 맹세를 받는 대신 괴물 같은 힘을 주어 최초의 라미아들을 만들었습니다. 그라즈트는 때때로 라미아를 부려 자신에게 중요한 곳을 지키게 하지만, 그에게 봉사하는 라미아들은 그렇게 임무를 맡은 도중에도 원하는 만큼 악을 흩뿌릴 수 있습니다.

라미아 Lamia

대형 괴물류, 혼돈 악

방어도 13 (자연 갑옷)
히트 포인트 97 (13d10+26)
이동속도 30ft

근력	민첩	건강	지능	지혜	매력
16 (+3)	13 (+1)	15 (+2)	14 (+2)	15 (+2)	16 (+3)

기술 기만 +7, 통찰 +4, 은신 +3
감각능력 암시야 60ft, 상시 감지 12
언어 심연어, 공용어
도전지수 4 (1,100 xp)

선천적 주문시전. 라미아의 선천적 주문시전 능력치는 매력입니다. (주문 내성 DC 13). 라미아는 물질 구성요소를 사용하지 않고 아래 주문들을 선천적으로 시전할 수 있습니다.

자유시전: *자기 위장Disguise Self*(인간형으로만), *상급 영상Major Image*
3회/일: *인간형 매혹Charm Person*, *거울 분신Mirror Image*, *염탐 Scrying*, *암시Suggestion*
1회/일: *사명 부여Geas*

행동

다중공격. 라미아는 할퀴기 1회, 단검이나 만취의 접촉 1회로 총 2회의 공격을 가합니다.

할퀴기. *근접 무기 공격:* 명중 +5, 간격 5ft, 목표 하나. *명중시:* 14(2d10+3)점의 참격 피해.

단검. *근접 무기 공격:* 명중 +5, 간격 5ft, 목표 하나. *명중시:* 5(1d4+3)점의 관통 피해.

만취의 접촉. *근접 주문 공격:* 명중 +5, 간격 5ft, 크리쳐 하나. *명중시:* 목표는 마법적으로 1시간 동안 저주를 받습니다. 이 시간 동안, 목표는 지혜 능력 판정과 지혜 내성 굴림에 불리점을 받습니다.

라이칸스로프 LYCANTHROPES

모든 저주 중에서도 가장 오래되었고 공포스러운 저주인 라이칸스로프의 저주는, 가장 문명화된 사람조차도 탐욕스러운 야수로 변하게 만듭니다. 본래 인간 형태를 띠고 있을 때, 라이칸스로프 저주에 걸린 크리처는 다른 동족과 전혀 구분할 수 없습니다. 하지만 시간이 흐르면 많은 라이칸스로프가 야수 형태일 때의 여러 특징을 지니게 됩니다. 동물 형태일 때, 라이칸스로프는 원래의 보통 동물보다 더 강력한 모습으로 변합니다. 가까이서 보면 라이칸스로프 동물의 눈은 부자연스러운 지성을 지니고 있으며, 어둠 속에서 붉게 타오른다는 점을 알 수 있습니다.

사악한 라이칸스로프는 평범한 사람들 사이에 숨어서 밤에는 짐승 모습으로 변해 공포와 피바람을 불러일으킵니다. 이러한 공포는 특히 보름달에 심해지곤 합니다. 선한 라이칸스로프는 은둔하여 살고 있으며, 다른 문명 종족 주변에 있는 것을 불편해합니다. 이들은 대개 마을이나 촌락 밖 야생에서 혼자 살아가길 선택합니다.

라이칸스로프의 저주. 인간형 종족은 라이칸스로프에게 상처를 입거나, 부모 중 하나가 라이칸스로프인 경우 저주에 영향을 받게 됩니다. *저주 해제Remove Curse* 주문은 라이칸스로프의 저주를 치유할 수 있지만, 태생적으로 타고난 경우는 오직 *소원 Wish* 주문으로만 저주에서 벗어나게 할 수 있습니다.

라이칸스로프는 저주에 저항하려 하거나 이를 포용할 수 있습니다. 저주에 저항하려는 경우, 라이칸스로프는 인간 형태일 때 본래의 성향과 개성을 유지할 수 있습니다. 삶은 언제나처럼 돌아가며, 날뛰려는 야수의 욕구를 마음속에서 억누르며 삽니다. 하지만 보름달이 뜨는 날이면 저주는 저항하기에 너무 강력해지며, 아무리 저항하려 해도 짐승 모습으로 변하게 됩니다. 어쩌면 인간도 짐승도 아닌 변종의 모습이 될 수도 있습니다. 달이 차면, 내면의 야수가 다시 통제권을 차지합니다. 특히 이 저주를 받은 대상이 그 사실을 모를 경우, 아예 변형해서 저질렀던 일들을 기억하지 못할 수도 있습니다. 라이칸스로프로 변해서 저질렀던 일들은 피로 물든 꿈처럼 여겨지는 것입니다.

몇몇 사람은 저주에 저항하느니 그것을 받아들이는 길을 선택하기도 합니다. 시간과 경험이 있다면, 이들은 자신의 변신 능력을 통제하고 자기 의지에 따라 짐승 형태나 변종 형태로 변할 수 있습니다. 야수의 본성을 포용한 라이칸스로프 대부분은 피의 갈증에 넘어가 악해지며, 약자를 먹이로 삼기 위해 호시탐탐 기회를 노리게 됩니다.

위어베어 WEREBEAR

위어베어는 자신의 괴물적 본성을 억누르고 파괴 충동을 거부한 강력한 라이칸스로프입니다. 인간 형태일 때도 이들은 커다란 덩치의 근육질 몸매에 곰 모습일 때와 마찬가지의 털가죽 옷을 걸친 경우가 많습니다. 위어베어는 천성적으로 외톨이이며, 자신이 야수성을 드러냈을 때 주변에 무고한 이들이 있지 않을까 걱정하고 있습니다.

변형: 비인간 라이칸스로프

이 책에서 소개하는 게임 자료는 기본적으로 인간이 라이칸스로프로 변한 경우입니다. 하지만, 당신은 이 게임 자료를 이용해 비인간 라이칸스로프를 만들 수 있으며, 이런 경우 인간형 종족일 때의 종족 특징을 추가하면 됩니다. 예를 들어, 엘프 위어울프라면 요정 선조 특징을 지니고 있을 것입니다.

위어베어가 변신하면, 커다란 몸집으로 무기나 발톱을 휘두를 수 있습니다. 이들은 곰처럼 사납게 싸우지만, 짐승 형태일 때도 저주를 옮기지 않기 위해 최대한 물지는 않으려 합니다. 일반적으로 위어베어는 자신의 저주를 오직 가까운 동료나 제자에게만 넘기며, 새로운 라이칸스로프가 저주를 받아들이고 통제할 수 있도록 가르치고 도와주는데 긴 시간을 쏟습니다.

고독한 존재인 위어베어은 영토를 철저하게 지키며, 자기 영토 안의 식물이나 동물을 인간이나 괴물들의 손길에서 보호합니다. 비록 대부분의 위어베어는 선한 성향이지만, 일부는 다른 라이칸스로프처럼 악해지기도 합니다.

위어보어 WEREBOAR

위어보어는 사나운 성질에 저속한 난폭자입니다. 인간형일 때 이들은 땅딸막하고 근육질이며, 짧고 거친 머리카락을 지니고 있습니다. 인간형이거나 혼종 형태일 때 이들은 무거운 무기를 사용하며, 들이받는 공격으로 자신들의 저주를 퍼트리려 듭니다. 위어보어는 대상을 가리지 않고 저주를 감염시키며, 이렇게 저주에 걸린 대상이 그 저주에 강하게 저항할수록, 나중에 변했을 때는 더 야만적이고 난폭해지곤 합니다.

위어보어는 멀리 떨어진 숲 지역에서 작은 가족 단위로 살아가며, 오두막을 짓거나 동굴에서 모여 지냅니다. 이들은 방랑자들을 수상하게 여기지만, 때로는 오크와 동맹을 맺곤 합니다.

위어랫 WERERAT

위어랫은 야비하고 악의적인 성격을 지닌 교활한 라이칸스로프입니다. 이들은 인간형 형태일 때도 왜소하며, 가느다란 머리와 날카로운 눈을 지니고 있습니다. 인간형이거나 혼종 형태일 때, 위어랫은 가벼운 무기를 선호하며 집단으로 싸우기보다 매복 전술을 선호하는 편입니다. 위어랫은 쥐 형태일 때도 감염시키는 물기 공격을 사용할 수 있지만, 쥐 모습일 때는 조용히 침입해서 전투하기보다는 탈출하는 편을 좋아합니다.

위어랫 씨족은 마치 도적 길드처럼 움직이며, 이들은 자신의 저주를 오직 씨족에 합류하고자 하는 이들에게만 전파합니다. 사고로 감염되었거나 부족의 규율을 깬 위어랫은 사냥당하며, 발견되자마자 죽여버립니다.

위어랫 씨족은 주로 도시 문명권에서 발견되며, 때로는 지하 저장고나 지하묘지에서 살기도 합니다. 이들은 주로 대도시의 하수구를 좋아하며, 지하 지역을 사냥터로 삼곤 합니다. 위어랫들은 쥐나 거대 쥐를 함께 기르며 부립니다.

위어타이거 WERETIGER

위어타이거는 거만하고 까다로운 천성을 지닌 사나운 사냥꾼이자 전사입니다. 갸름하고 미끈한 근육질의 인간형 모습을 지니고 있을 때도, 이들은 다른 동족보다 키가 크고 꼼꼼하게 차려입곤 합니다. 위어타이거는 동물이나 변종 형태로 변하면 거대해지지만, 가능한 한 깔끔한 인간 형태로 싸우려고 합니다. 그들은 자신들의 저주를 퍼트리려 들지 않는데, 새로운 위어타이거가 나타났다는 것은 영역과 먹이를 두고 경쟁할 새 상대가 나타났다는 말이기 때문입니다.

위어타이거는 인간 문명의 가장자리에 있는 정글에 살거나, 무역하기 위해 멀리 떨어진 정착지로 여행하기도 합니다. 이들은 홀로 살거나 작은 가족 단위로 지내는 편입니다.

위어울프 WEREWOLF

위어울프는 야만적인 포식자입니다. 이들은 인간 형태일 때도 예민한 감각에 사나운 성질을 지니고 있으며, 생고기를 즐겨 먹습니다. 늑대 형태일 때 역시 무시무시한 포식자이지만, 변종 형태일 때는 보기만 해도 두려운 존재가 됩니다. 이들은 털이 난 근육질 인간형 몸에 게걸스러운 늑대의 머리가 달린 모습이 되는 것입니다. 위어울프는 변종 형태에서도 무기를 다룰 수 있지만, 강력한 손톱과 이빨로 적을 찢어버리는 것을 더 좋아합니다.

대부분의 위어울프는 감염된 지 얼마 되지 않아 문명화된 지역에서 벗어납니다. 저주를 친구나 가족에게 퍼트리고 싶지 않기 때문입니다. 저주를 기꺼이 포용한 자들은 자신들이 저지른 살인과 악행의 결과를 두려워합니다. 야생에서 지내는 위어울프는 늑대나 다이어 울프를 찾아 무리를 결성하곤 합니다.

라이칸스로프 플레이어 캐릭터

캐릭터가 라이칸스로프 저주를 받는 경우, 라이칸스로프 종류에서 지정한 것을 제외하면 자신의 게임 자료를 그대로 유지할 수 있습니다. 캐릭터는 비인간 형태일 때 라이칸스로프의 이동속도를 따르며, 피해 면역과 특징, 그리고 장비와 관계없는 행동 선택지를 얻을 수 있습니다. 캐릭터는 물기나 할퀴기 등 라이칸스로프의 자연 공격에 숙련을 얻게 되며, 그 피해는 라이칸스로프의 게임 자료에 있는 것과 동일합니다. 캐릭터는 야수 형태일 때 말을 할 수 없습니다.

라이칸스로프가 아닌 인간형 종족이 라이칸스로프의 저주가 실린 공격에 맞게 되면 건강 내성을 굴려야 합니다. (DC 8 + 라이칸스로프의 숙련 보너스 + 라이칸스로프의 건강 수정치). 이 내성에 실패하면 저주에 감염됩니다. 만약 캐릭터가 저주를 포용할 경우, 자신의 성향은 라이칸스로프의 것으로 변화합니다. DM은 성향이 변한 캐릭터를 저주가 치료될 때까지 자신이 통제할 수 있습니다.

아래 정보는 특정한 라이칸스로프에 따른 변화입니다.

위어베어. 캐릭터의 근력이 19 미만일 경우, 근력은 19가 됩니다. 곰이나 변종 형태일 때는 자연 갑옷으로 인해 AC에 +1 보너스를 받습니다. 자연 무기의 명중과 피해는 근력에 기반합니다.

위어보어. 캐릭터의 근력이 17 미만일 경우, 근력은 17이 됩니다. 멧돼지나 변종 형태일 때는 자연 갑옷으로 인해 AC에 +1 보너스를 받습니다. 자연 무기의 명중과 피해는 근력에 기반합니다. 캐릭터가 사용하는 돌격 특징의 DC는 8 + 캐릭터의 숙련 보너스 + 근력 수정치입니다.

위어랫. 캐릭터의 민첩이 15 미만일 경우, 민첩은 15가 됩니다. 자연 무기의 명중과 피해는 민첩에 기반합니다.

위어타이거. 캐릭터의 근력이 17 미만일 경우, 근력은 17이 됩니다. 자연 무기의 명중과 피해는 근력에 기반합니다. 캐릭터가 사용하는 급습 특징의 DC는 8 + 캐릭터의 숙련 보너스 + 근력 수정치입니다.

위어울프. 캐릭터의 근력이 15 미만일 경우 근력은 15가 됩니다. 늑대나 변종 형태일 때는 자연 갑옷으로 인해 AC에 +1 보너스를 받습니다. 자연 무기의 명중과 피해는 근력에 기반합니다.

위어베어 Werebear

중형 인간형(인간, 변신자), 중립 선

방어도 인간형일 때 10, 곰이나 변종형태일 때 11 (자연 갑옷)
히트 포인트 135 (18d8+54)
이동속도 30ft (곰이나 변종 형태일 때 40ft, 등반 30ft)

근력	민첩	건강	지능	지혜	매력
19 (+4)	10 (+0)	17 (+3)	11 (+0)	12 (+1)	12 (+1)

기술 감지 +7
피해 면역 비마법적이고 은제가 아닌 무기로 가해진 타격/관통/참격 피해
감각능력 상시 감지 17
언어 공용어 (곰 형태에서는 말할 수 없음)
도전지수 5 (1,800 xp)

변신자. 위어베어는 행동을 사용해 대형 크기의 곰-인간 변종형 혹은 대형 곰으로 변신하거나, 변신한 상태에서 원래 모습으로 돌아올 수 있습니다. AC, 이동 속도를 제외한 위어베어의 게임 수치는 모든 형태에서 동일

합니다. 위어베어가 장비하거나 들고 있는 물건은 같이 변신되지 않습니다. 위어베어가 사망할 경우 본래 모습으로 돌아옵니다.

예리한 후각. 위어베어는 후각에 관계된 지혜(감지) 판정에 이점을 받습니다.

행동

다중공격. 곰 형태일 때, 위어베어는 할퀴기 공격을 2회 가할 수 있습니다. 인간형일때는 대도끼 공격을 2회 가할 수 있습니다. 변종형일 때는 곰이나 인간형에서의 공격을 섞을 수 있습니다.

물기 (곰 또는 변종형일 때만). 근접 무기 공격: 명중 +7, 간격 5ft, 목표 하나. 명중시: 15(2d10+4)점의 관통 피해. 목표가 인간형 크리쳐라면 DC 14의 건강 내성에 실패할 시 위어베어 라이칸스로프 저주에 걸립니다.

할퀴기 (곰 또는 변종형일 때만). 근접 무기 공격: 명중 +7 간격 5ft, 목표 하나. 명중시: 13(2d8+4)점의 참격 피해.

대도끼(인간형 또는 변종형일 때만). 근접 무기 공격: 명중 +7, 간격 5ft, 목표 하나. 명중시: 10(1d12+4)점의 참격 피해.

위어보어 WEREBOAR

중형 인간형(인간, 변신자), 중립 악

방어도 인간형일 때 10, 멧돼지나 변종형태일 때 11 (자연 갑옷)
히트 포인트 78 (12d8+24)
이동속도 30ft (멧돼지 형태일 때 40ft)

근력	민첩	건강	지능	지혜	매력
17 (+3)	10 (+0)	15 (+2)	10 (+0)	11 (+0)	8 (-1)

기술 감지 +2
피해 면역 비마법적이고 은제가 아닌 무기로 가해진 타격/관통/참격 피해
감각능력 상시 감지 12
언어 공용어 (멧돼지 형태일 때는 말할 수 없음)
도전지수 4 (1,100 xp)

변신자. 위어보어는 행동을 사용해 멧돼지-인간 변종형 혹은 멧돼지로 변신하거나, 변신한 상태에서 원래 모습으로 돌아올 수 있습니다. AC, 이동속도를 제외한 위어보어의 게임 수치는 모든 형태에서 동일합니다. 위어보어가 장비하거나 들고 있는 물건은 같이 변신되지 않습니다. 위어보어가 사망할 경우 본래 모습으로 돌아옵니다.

돌격(멧돼지나 변종 형태에서만 가능). 위어보어가 한 턴에 최소 15ft 이상 직선으로 이동한 직후 적에게 엄니 공격을 가해 명중시켰다면, 목표는 추가로 7(2d6)점의 참격 피해를 받습니다. 목표가 크리쳐라면, DC 13의 근력 내성에 실패한 경우 넘어집니다.

끈질김(짧은/긴 휴식 후 충전). 위어보어가 피해를 받아 hp가 0으로 떨어졌다면, 한 번에 15점 이상의 피해를 받지 않은 경우 hp 1점은 남게 됩니다.

행동

다중공격 (인간형 또는 변종형에서만). 위어보어는 공격을 2회 가합니다. 엄니는 그 중 1회만 가능합니다.

망치 (인간형 또는 변종형에서만). 근접 무기 공격: 명중 +5, 간격 5ft, 목표 하나. 명중시: 10(2d6+3)점의 타격 피해.

엄니 (멧돼지 또는 변종형에서만). 근접 무기 공격: 명중 +5, 간격 5ft, 목표 하나. 명중시: 10(2d6+3)점의 참격 피해. 목표가 인간형 크리쳐라면 DC 12의 건강 내성에 실패할 시 위어보어 라이칸스로프 저주에 걸립니다.

위어랫 WERERAT

중형 인간형(인간, 변신자), 질서 악

방어도 12
히트 포인트 33 (6d8+6)
이동속도 30ft

근력	민첩	건강	지능	지혜	매력
10 (+0)	15 (+2)	12 (+1)	11 (+0)	10 (+0)	8 (-1)

기술 감지 +2, 은신 +4
피해 면역 비마법적이고 은제가 아닌 무기로 가해진 타격/관통/참격 피해
감각능력 암시야 60ft(쥐 형태에서만), 상시 감지 12
언어 공용어 (쥐 형태일 때는 말할 수 없음)
도전지수 2 (450 xp)

변신자. 위어랫은 행동을 사용해 쥐-인간 변종형 혹은 거대 쥐로 변신하거나, 변신한 상태에서 원래 모습으로 돌아올 수 있습니다. AC를 제외한 위어랫의 게임 수치는 모든 형태에서 동일합니다. 위어랫이 장비하거나 들고 있는 물건은 같이 변신되지 않습니다. 위어랫이 사망할 경우 본래 모습으로 돌아옵니다.

예리한 후각. 위어랫은 후각에 관계된 지혜(감지) 판정에 이점을 받습니다.

행동

다중공격 (인간형 또는 변종형에서만). 위어랫은 공격을 2회 가합니다. 물기는 그 중 1회만 가능합니다.

물기. (쥐 또는 변종형에서만). 근접 무기 공격: 명중 +4, 간격 5ft, 목표 하나. 명중시: 4(1d4+2)점의 관통 피해. 목표가 인간형 크리쳐라면 DC 11의 건강 내성에 실패할 시 위어랫 라이칸스로프 저주에 걸립니다.

소검. (인간형 또는 변종형에서만). 근접 무기 공격: 명중 +4, 간격 5ft, 목표 하나. 명중시: 5(1d6+2)점의 관통 피해.

손석궁. (인간형 또는 변종형에서만). 장거리 무기 공격: 명중 +4, 장거리 30/120ft, 목표 하나. 명중시: 5(1d6+2)점의 관통 피해.

위어타이거 WERETIGER

중형 인간형(인간, 변신자), 중립

방어도 12
히트 포인트 120 (16d8+48)
이동속도 30ft (호랑이 형태에서는 40ft)

근력	민첩	건강	지능	지혜	매력
17 (+3)	15 (+2)	16 (+3)	10 (+0)	13 (+1)	11 (+0)

기술 감지 +5, 은신 +4
피해 면역 비마법적이고 은제가 아닌 무기로 가해진 타격/관통/참격 피해
감각능력 암시야 60ft, 상시 감지 15
언어 공용어 (호랑이 형태에서는 말할 수 없음)
도전지수 4 (1,100 xp)

변신자. 위어타이거는 행동을 사용해 호랑이-인간 변종형 혹은 호랑이로 변신하거나, 변신한 상태에서 원래 모습으로 돌아올 수 있습니다. 위어타이거 게임 수치는 크기와 이동 속도를 제외하면 모든 형태에서 동일합니다. 위어타이거가 장비하거나 들고 있는 물건은 같이 변신되지 않습니다. 위어타이거가 사망할 경우 본래 모습으로 돌아옵니다.

예리한 청각과 후각. 위어타이거는 청각이나 후각에 관계된 지혜(감지) 판정에 이점을 받습니다.

급습(호랑이 또는 변종 형태에서만). 위어타이거가 최소 15ft 이상 직선으로 이동한 후 그 턴에 적을 할퀴기 공격으로 명중시켰다면, 목표는 DC 14의 근력 내성에 실패할 시 넘어집니다. 만약 목표가 넘어졌다면 위어타이거는 추가 행동으로 같은 목표에 물기 공격을 1회 가할 수 있습니다.

행동

다중공격 (인간형 또는 변종형에서만). 위어타이거는 인간형일 때 시미터 또는 장궁 공격을 2회 가합니다. 변종형일 때는 인간형처럼 공격하거나 할퀴기 공격을 2회 가할 수 있습니다.

물기 (호랑이 또는 변종형에서만). 근접 무기 공격: 명중 +5, 간격 5ft, 목표 하나. 명중시: 8(1d10+3)점의 관통 피해. 목표가 인간형 크리쳐라면 DC 13의 건강 내성에 실패할 시 위어타이거 라이칸스로프 저주에 걸립니다.

할퀴기 (호랑이 또는 변종형에서만). 근접 무기 공격: 명중 +5, 간격 5ft, 목표 하나. 명중시: 7(1d8+3)점의 참격 피해.

시미터 (인간형 또는 변종형에서만). 근접 무기 공격: 명중 +5, 간격 5ft, 목표 하나. 명중시: 6(1d6+3)점의 참격 피해.

장궁 (인간형 또는 변종형에서만). 장거리 무기 공격: 명중 +4, 장거리 150/600ft, 목표 하나. 명중시: 6(1d8+2)점의 관통 피해.

"흑월단. 한때 왕국에 충성하는 모험자들이었으나, 현재는 위어울프 무리가 되어 숲을 떠돌고 있다. 국왕은 이들의 저주를 해소할 방법을 찾는 이에게는 영지와 작위, 황금을 하사하겠다고 하였다. 하지만 나는 그런 보상에는 전혀 관심이 없다."

— 쏜스태프, 엘프 드루이드.

위어울프 WEREWOLF

중형 인간형(인간, 변신자), 혼돈 악

방어도 인간형일 때 11, 늑대나 변종형일 때 12 (자연 갑옷)
히트 포인트 58 (9d8+18)
이동속도 30ft (늑대 형태일 때 40ft)

근력	민첩	건강	지능	지혜	매력
15 (+2)	13 (+1)	14 (+2)	10 (+0)	11 (+0)	10 (+0)

기술 감지 +4, 은신 +3
피해 면역 비마법적이고 은제가 아닌 무기로 가해진 타격/관통/참격 피해
감각능력 상시 감지 14
언어 공용어 (늑대 형태에서는 말할 수 없음)
도전지수 3 (700 xp)

변신자. 위어울프는 행동을 사용해 늑대-인간 변종형 혹은 늑대로 변신하거나, 변신한 상태에서 원래 모습으로 돌아올 수 있습니다. AC와 이동 속도를 제외한 위어울프의 게임 수치는 모든 형태에서 동일합니다. 위어울프가 장비하거나 들고 있는 물건은 같이 변신되지 않습니다. 위어울프가 사망할 경우 본래 모습으로 돌아옵니다.

예리한 청각과 후각. 위어울프는 청각이나 후각에 관계된 지혜(감지) 판정에 이점을 받습니다.

행동

다중공격. (인간형 또는 변종형에서만). 위어울프는 창 2회(인간형) 또는 물기 1회, 할퀴기 1회(변종형)으로 총 2회 공격을 가합니다.

물기 (늑대 또는 변종형에서만). 근접 무기 공격: 명중 +4, 간격 5ft, 목표 하나. 명중시: 6(1d8+2)점의 관통 피해. 목표가 인간형 크리쳐라면 DC 12의 건강 내성에 실패할 시 위어울프 라이칸스로프 저주에 걸립니다.

할퀴기 (늑대 또는 변종형에서만). 근접 무기 공격: 명중 +4, 간격 5ft, 목표 하나. 명중시: 7(2d4+2)점의 참격 피해.

창 (인간형에서만). 근접 또는 장거리 무기 공격: 명중 +4, 간격 5ft 또는 장거리 20/60ft, 목표 하나. 명중시: 5(1d6+2)점의 관통 피해. 양손으로 근접 공격을 했을 경우 6(1d8+2)점의 관통 피해.

락샤샤 Rakshasa

락샤사는 착각과 오도를 통해 아무도 모르게 다른 이들을 지배하려고 듭니다. 이 악마들의 진정한 모습을 본 자들은 거의 없습니다. 이들은 마음대로 형태를 바꿀 수 있으며, 이 능력을 통해 귀족이나 대주교, 부유한 상인 등 강력하고 영향력 있는 인물로 변하는 걸 좋아합니다. 락샤사의 참된 모습은 인간과 호랑이를 섞은 것 같습니다. 그러나 락샤사의 참모습에는 딱 한 가지 알아볼 만한 기형이 있는데, 그들의 손은 인간의 손과 비슷하지만. 손바닥이 손등에 달려 있다는 것입니다.

필멸의 육신 속 사악한 영혼. 락샤사는 본래 아주 오래전 구층지옥에서 유래했습니다. 그곳에서 강력한 데빌들은 하계를 탈출하기 위해 암흑의 의식을 거쳐 자신의 악마적 육신에서 정수를 해방시키려 했습니다. 락샤샤는 인간의 살점을 먹고자 하는 욕구와 사악한 계략을 위해 물질계에 찾아옵니다. 이들은 조심스레 먹이를 선택하고. 자신들의 존재를 비밀에 부치기 위해서는 무엇이든 감수합니다.

재탄생한 악. 락샤샤에게 있어서, 물질계에서의 죽음은 구층지옥으로 고통스럽게 돌아간다는 것을 의미합니다. 이들은 자신의 몸이 다시 만들어질 때까지 그 정수가 지옥에 묶이게 됩니다. 몸이 새로 만들어지는 과정은 몇 달에서 몇 년까지 걸립니다. 락샤샤가 다시 태어나면 과거의 모든 기억과 지식을 지니고 있으며, 자신을 죽인 자에 대한 복수의 일념으로 불타오릅니다. 만약 목표가 어떻게든 자기 손아귀를 빠져나갔다면, 락샤샤는 자신을 죽인 자의 가족과 친구, 후손들에게 그 죄를 묻습니다.

데빌과 마찬가지로. 구층지옥에서 살해당한 락샤샤는 되살아나지 못하고 영원히 파괴됩니다.

락샤샤 Rakshasa

중형 악마, 질서 악

방어도 16 (자연 갑옷)
히트 포인트 110 (13d8+52)
이동속도 40ft

근력	민첩	건강	지능	지혜	매력
14 (+2)	17 (+3)	18 (+4)	13 (+1)	16 (+3)	20 (+5)

기술 기만 +10, 통찰 +8
피해 취약성 선한 크리쳐가 사용하는 마법 무기의 관통 피해
피해 면역 비마법적 무기에 의한 타격/관통/참격 피해
감각능력 암시야 60ft, 상시 감지 13
언어 공용어, 하계어
도전지수 13 (10,000 xp)

제한된 마법 면역. 락샤샤는 자신이 원하지 않는 한 6레벨 이하의 주문에 영향을 받거나 감지당하지 않습니다. 락샤샤는 다른 모든 주문과 기타 마법적 효과에 대한 내성에 이점을 받습니다.

선천적 주문시전. 락샤샤의 선천적 주문시전 능력치는 매력입니다. (주문 내성 DC 18, 주문 명중 +10). 락샤샤는 물질 구성요소를 사용하지 않고 선천적으로 아래 주문들을 시전할 수 있습니다.

자유시전: 생각 탐지*Detect Thoughts*, 자기 위장*Disguise Self*, 마법사의 손*Mage Hand*, 하급 환영*Minor Illusion*
각 3회/일: 인간형 매혹*Charm Person*, 마법 탐지*Detect Magic*, 투명화*Invisibility*, 상급 영상*Major Image*, 암시*Suggestion*
각 1회/일: 인간형 지배*Dominate Person*, 비행*Fly*, 이계 전송*Plane Shift*, 진시야*True Seeing*

행동

다중공격. 락샤샤는 할퀴기 공격을 2회 가합니다.

할퀴기. 근접 무기 공격: 명중 +7, 간격 5ft, 목표 하나. 명중시: 9(2d6+2)점의 참격 피해. 목표가 크리쳐라면 저주를 받습니다. 이 마법 저주는 목표가 짧은 휴식이나 긴 휴식을 취할 때 효력이 나타납니다. 목표의 생각은 끔찍한 상상과 악몽으로 가득찹니다. 저주받은 대상은 휴식에 의한 이익을 얻을 수 없습니다. 이 저주는 저주 해제*Remove Curse* 주문이나 유사한 마법으로 해소하기 전까지 지속됩니다.

> "나를 한 번 죽이면 네 잘못이고.
> 내가 두 번 죽으면 내 잘못이다."
> ― 락샤샤의 격언.

레모라즈 REMORHAZES

얼음과 눈 아래에서 증기 구름과 함께 갑자기 솟아오르는 레모라즈는 몸속에서 자체적으로 열을 발산합니다. 이 괴물은 머리 뒤에 달린 날개 같은 지느러미를 펼치고 삐죽빼죽한 송곳니가 달린 입을 크게 열어젖힙니다.

북극의 포식자. 레모라즈는 극한의 기온에 살아가며, 엘크나 북극곰 등 자신의 영역을 공유하는 짐승들을 사냥하여 먹어 치웁니다. 이들은 따뜻한 날씨를 견디지 못하며, 몸속에서 타오르는 용광로 같은 열을 통해 냉기에 적응했습니다. 레모라즈가 사냥에 나설 때면 눈과 얼음 속을 깊이 파고들었다가, 지상에서 가벼운 진동이라도 감지되면 솟구쳐올라 공격합니다. 얼음과 눈 속에 숨어 있을 때면, 레모라즈는 자신의 체온을 낮추어 주변 얼음이 녹지 않게 합니다.

어린 것들. 서리 거인 사냥꾼들은 얼음 황무지 속에서 레모라즈의 둥지와 알들을 찾아다닙니다. 거인은 어린 레모라즈를 비싸게 치는데, 이들은 잘 키우기만 하면 명령에 충실히 따르고 거인들의 얼음 성채를 지키도록 할 수 있기 때문입니다. 완전히 자란 것들과 달리, 어린 레모라즈는 먹이를 통째로 삼키기보다는 조금씩 뜯어먹는 편입니다.

레모라즈 REMORHAZ

거대형 괴물류, 성향 없음

방어도 17 (자연 갑옷)
히트 포인트 195 (17d12+85)
이동속도 30ft, 굴착 20ft

근력	민첩	건강	지능	지혜	매력
24 (+7)	13 (+1)	21 (+5)	4 (-3)	10 (+0)	5 (-3)

피해 면역 냉기, 화염
감각능력 암시야 60ft, 진동감지 60ft, 상시 감지 10
언어 —
도전지수 11 (7,200 xp)

가열된 몸. 레모라즈에 접촉하거나 5ft 내에서 근접 공격을 명중시킨 크리쳐는 10(3d6)점의 화염 피해를 받습니다.

행동

물기. *근접 무기 공격:* 명중 +11, 간격 10ft, 목표 하나. *명중시:* 40(6d10+7)점의 관통 피해. 추가로 10(3d6)점의 화염 피해. 목표가 크리쳐라면 목표는 붙잡힌 상태가 됩니다. (탈출 DC 17) 이렇게 붙잡힌 크리쳐는 포박 상태이며, 레모라즈는 크리쳐를 물고 있을 때 다른 목표에게 물기 공격을 할 수 없습니다.

삼키기. 레모라즈는 자신이 붙잡고 있는 중형 이하 크기의 크리쳐에게 물기 공격을 1회 가합니다. 이 공격이 명중할 경우 목표는 물기 피해를 받고 삼켜지며, 붙잡힌 상태는 종료됩니다. 삼켜진 크리쳐는 장님에 포박 상태이며, 외부에서의 모든 공격과 효과에 완전 엄폐를 받습니다. 또한 이 크리쳐는 매번 레모라즈의 턴이 시작할 때 21(6d6)점의 산성 피해를 받습니다.

만약 레모라즈가 내부의 적에게서 한 턴에 30점 이상의 피해를 받은 경우, 그 턴 마지막에 DC 15의 건강 내성을 굴려 실패 시 삼킨 크리쳐를 모두 토해냅니다. 토해진 크리쳐는 레모라즈 근처 10ft 내의 빈 공간에 넘어진 상태로 나타납니다. 레모라즈가 사망하면 삼켜진 크리쳐는 포박 상태에서 벗어나며, 이동력 15ft를 소모하여 넘어진 상태로 밖에 나올 수 있습니다.

어린 레모라즈 YOUNG REMORHAZ

대형 괴물류, 성향 없음

방어도 14 (자연 갑옷)
히트 포인트 93 (11d10+33)
이동속도 30ft, 굴착 20ft

근력	민첩	건강	지능	지혜	매력
18 (+4)	13 (+1)	17 (+3)	3 (-4)	10 (+0)	4 (-3)

피해 면역 냉기, 화염
감각능력 암시야 60ft, 진동감지 60ft, 상시 감지 10
언어 —
도전지수 5 (1,800 xp)

가열된 몸. 레모라즈에 접촉하거나 5ft 내에서 근접 공격을 명중시킨 크리쳐는 7(2d6)점의 화염 피해를 받습니다.

행동

물기. *근접 무기 공격:* 명중 +6, 간격 5ft, 목표 하나. *명중시:* 20(3d10+4)점의 관통 피해. 추가로 7(2d6)점의 화염 피해.

로크 Roc

로크는 흘깃 보면 다른 육식 조류와 크게 다를 것도 없어 보입니다. 하지만 로크가 다가오면 다가올수록 그 엄청난 크기가 실감나게 될 것입니다. 하늘을 나는 로크의 날개 너비는 거의 200ft에 육박합니다. 로크는 산 정상에 둥지를 틀고 쉬곤 합니다. 이 괴물 같은 새에 맞먹는 크기를 지닌 것은 가장 나이 먹은 드래곤뿐입니다.

하늘의 거신. 아주 먼 옛날, 거인들이 세상의 지배권을 두고 드래곤들과 싸움을 벌일 때, 거인 신족의 아버지 안남은 신도들이 하늘에서도 드래곤과 대결을 벌일 수 있도록 로크를 창조했습니다. 전쟁이 끝나자, 로크는 거인들의 지배에서 벗어나 세상 곳곳으로 널리 퍼져 나갔습니다.

구름 거인이나 폭풍 거인들이 가끔 이 거대한 새를 길들이긴 해도, 로크는 거인마저 먹잇감 중 하나로 바라볼 뿐입니다. 이들은 먹이를 찾아 머나먼 거리를 날아다니며, 높은 구름 위에서 자신들의 사냥터까지 내 쏘듯 떨어집니다. 로크는 작고 날쌘 동물들을 내버려 두는 편이며, 먹잇감이 쉽게 엄폐할 수 있는 마을이나 숲은 별로 좋아하지 않습니다. 로크는 거인이나 고래, 코끼리처럼 덩치도 크고 느린 목표를 좋아하며, 그런 먹이를 발견하면 급강하하여 날카로운 발톱을 낚아챈 다음 올라갑니다.

홀로 고립됨. 로크는 홀로 수백 년을 살아갑니다. 이들은 나무와 천막 망가진 선박, 혹은 자신이 뜯어먹은 상단의 잔해들로 둥지를 만들며, 더 작은 존재들이 쉽사리 접근하지 못하는 산 정상을 차지하고 자리를 잡습니다.

때때로 로크의 둥지 속에 상단이나 배의 보물들이 있는 경우가 있지만, 로그들은 이런 번쩍이는 것에는 별다른 관심이 없습니다. 때로는 둥지 속에 인간보다 더 큰 크기의 알들이 있을 수도 있습니다. 로크는 짝짓기를 잘 하지 않는 편이기에 알이 발견되는 경우는 정말 희귀합니다.

로크 Roc

거대형 괴물류, 성향 없음

방어도 15 (자연 갑옷)
히트 포인트 248 (16d20+80)
이동속도 20ft, 비행 120ft

근력	민첩	건강	지능	지혜	매력
28 (+9)	10 (+0)	20 (+5)	3 (-4)	10 (+0)	9 (-1)

내성 굴림 민첩 +4, 건강 +9, 지혜 +4, 매력 +3
기술 감지 +4
감각능력 상시 감지 14
언어 –
도전지수 11 (7,200 xp)

예리한 시각. 로크는 시각에 관계된 지혜(감지) 판정에 이점을 받습니다.

행동

다중공격. 로크는 부리 1회, 갈퀴 1회, 총 2회 공격합니다.

부리. *근접 무기 공격:* 명중 +13, 간격 10ft, 목표 하나. *명중시:* 27(4d8+9)점의 관통 피해.

갈퀴. *근접 무기 공격:* 명중 +13, 간격 5ft, 목표 하나. *명중시:* 23(4d6+9)점의 참격 피해. 목표는 붙잡힙니다. (탈출 DC 19) 붙잡힌 목표는 포박 상태가 됩니다. 로크는 크리쳐 하나를 붙잡고 있을 때 다른 목표에게 갈퀴 공격을 할 수 없습니다.

로퍼 ROPER

동굴과 언더다크의 지저에서 살아가는 탐욕스러운 로퍼는 자신이 잡을 수 있는 것은 무엇이든 먹어 치웁니다. 로퍼는 언더다크의 짐승들부터 모험자들이나 이들의 장비에 이르기까지 무엇이든 먹습니다.

로퍼는 석순이나 종유석 같은 모습을 지니고 있으며, 조용히 위장하여 기습을 가하곤 합니다. 이 괴물은 바닥에 달린 수천 개의 끈적한 섬모를 통해 천천히 움직입니다. 로퍼는 동굴 벽을 기어올라 바위 천장에 매달리기도 하며, 공격에서 가장 유리한 위치를 찾아 기다립니다.

언더다크의 사냥꾼들. 로퍼는 피어서가 성숙하여 진화한 형태이며, 두 크리쳐는 바위 같은 외양과 사냥 전술에서 같은 수단을 공유하고 있습니다. 로퍼는 아주 긴 시간을 조용히 기다릴 수 있으며, 외눈을 감고 있으면 그냥 돌덩어리로만 보일 뿐입니다.

지나치게 가까이 접근한 크리쳐가 있다면 로퍼는 갑자기 눈을 뜨고 끈적한 촉수를 날리며 기습해 사로잡곤 합니다. 먹이를 사로잡으면, 로퍼는 굶주린 괴성을 내지르며 촉수를 되감아 빠져나오려는 먹이를 끌어당기고, 바위처럼 단단한 이빨로 마지막 일격을 가합니다.

로퍼는 백금이나 보석, 마법 물건을 제외하면 무엇이든 소화할 수 있으며, 이 괴물을 죽이고 나면 몸속에서 채 소화되지 않은 다양한 보물을 발견할 수 있습니다. 로퍼의 소화액 또한 비싼 가치를 지니고 있으며, 연금술사들은 용해제로 이 소화액을 쓰곤 합니다.

약화의 촉수. 로퍼는 몸에서 6개의 촉수가 자라나 있으며, 이 끈적한 촉수는 닿는 것은 무엇이든 붙잡을 수 있습니다. 이 촉수들 끝에는 털 같은 말단이 자라나 있으며, 이 끝부분이 먹이의 살점을 관통하여 힘을 빼앗습니다. 그래서 먹잇감은 로퍼에게 붙잡히면 급격하게 힘이 빠지게 됩니다. 만약 촉수가 잘려 나가거나 망가지면, 로퍼는 새 촉수를 자라나게 하여 떨어진 것을 대체합니다.

로퍼 ROPER
대형 괴물류, 중립 악

방어도 20 (자연 갑옷)
히트 포인트 93 (11d10+33)
이동속도 10ft, 등반 10ft

근력	민첩	건강	지능	지혜	매력
18 (+4)	8 (-1)	17 (+3)	7 (-2)	16 (+3)	6 (-2)

기술 감지 +6, 은신 +5
감각능력 암시야 60ft, 상시 감지 16
언어 —
도전지수 5 (1,800 xp)

거짓 외관. 로퍼가 움직이지 않고 있으면, 보통의 움직이지 않는 종유석이나 석순 같은 동굴의 자연적인 구조와 구분할 수 없습니다.

붙잡는 촉수. 로퍼는 최대 6개까지의 촉수를 지닐 수 있습니다. 각각의 촉수는 공격의 목표가 될 수 있습니다. (AC 20, hp 10점, 독성과 정신 피해에 면역) 촉수를 파괴해도 로퍼에게는 피해를 주지 않으며, 로퍼는 다음 턴에 다른 촉수를 만들어 낼 수 있습니다. 또한 크리쳐가 행동을 사용해 DC 15의 근력 판정에 성공한 경우 촉수를 찢어버릴 수 있습니다.

거미 등반. 로퍼는 능력 판정 없이 어려운 표면을 포함해 벽이나 천장을 등반할 수 있습니다.

행동

다중공격. 로퍼는 덩굴촉수로 4번의 공격을 가하고, 감아 올리기를 쓴 다음, 물기 공격을 1회 가할 수 있습니다.

물기. *근접 무기 공격:* 명중 +7, 간격 5ft, 목표 하나. *명중시:* 22(4d8+4) 점의 관통 피해.

덩굴촉수. *근접 무기 공격:* 명중 +7, 간격 50ft, 목표 하나. *명중시:* 목표는 붙잡힙니다. (탈출 DC 15) 붙잡힌 목표는 포박 상태가 되며, 근력 판정과 근력 내성 굴림에 불리점을 받습니다. 크리쳐를 붙잡고 있는 촉수는 다른 목표를 공격할 수 없습니다.

감아 올리기. 로퍼는 붙잡고 있는 크리쳐들을 각각 25ft 가까이 끌어 당깁니다.

리버넌트 Revenant

리버넌트, 즉 복수귀는 잔혹하고 처절한 종말을 맞이한 필멸자의 혼이 변화한 존재입니다. 리버넌트는 자신을 파멸로 이끈 대상에게 복수하기 위한 일념으로 세상에 돌아온 것입니다. 리버넌트는 좀비와 비슷하게 살아 있었을 적 자신의 몸을 다시 차지하여 움직입니다. 하지만, 좀비처럼 공허한 눈 대신, 리버넌트의 눈은 적대자에게 복수하려는 결단과 분노로 붉게 타오릅니다. 만약 리버넌트의 원래 몸이 파괴되었거나 어떤 이유로 쓰지 못하는 상태가 되었다면, 리버넌트의 영혼은 다른 인간형 시체의 몸에 깃들 수 있습니다. 리버넌트가 어떤 몸을 도구로 사용하든, 리버넌트의 적대자는 마주치자마자 자신이 무엇을 상대하는지 알아볼 수 있습니다.

복수에 굶주린 자. 리버넌트에게는 복수를 위해 단 1년 만이 주어집니다. 복수의 대상이 죽거나, 리버넌트가 시간이 다하기 전에 그 대상을 죽이는 데 실패했다면, 리버넌트는 먼지로 화해 사라지며 내세에 가게 됩니다. 만약 그 적이 너무 강력해서 리버넌트 혼자서는 도저히 복수를 이룰 수 없다면, 아마 동료가 될 자를 찾아서 자신의 사명을 이룩하려 들 것입니다.

신성한 정의. 리버넌트가 추적하는 대상은 어떠한 마법으로도 숨을 수 없으며, 리버넌트는 복수의 대상이 어느 방향에 있는지, 얼마나 멀리 떨어져 있는지 언제나 알 수 있습니다. 리버넌트가 복수의 대상으로 여기는 자가 여럿 존재한다면 리버넌트는 그들 모두를 추적할 수 있지만, 그래도 자신에게 치명적인 타격을 가한 자부터 추격할 것입니다. 만약 리버넌트의 몸이 파괴되었다면, 그 영혼은 쓸 수 있는 새로운 시체를 찾아 자신의 사냥을 계속할 것입니다.

언데드의 천성. 리버넌트는 호흡할 필요가 없으며, 먹고 마시거나 잘 필요도 없습니다.

> ### 변형: 주문과 무기를 사용하는 리버넌트
> 생전에 주문시전자였던 리버넌트는 죽어서도 주문시전 능력 일부를 지녔을 수도 있습니다. 마찬가지로 생전에 무기와 갑옷을 다루었던 리버넌트라면 마찬가지로 죽은 다음에도 계속 그렇게 할 수 있습니다.

리버넌트 Revenant

중형 언데드, 중립

방어도 13 (가죽 갑옷)
히트 포인트 136 (16d8+64)
이동속도 30ft

근력	민첩	건강	지능	지혜	매력
18 (+4)	14 (+2)	18 (+4)	13 (+1)	16 (+3)	18 (+4)

내성 굴림 근력 +7, 건강 +7, 지혜+6, 매력 +7
피해 내성 사령, 정신
피해 면역 독성
상태 면역 매혹, 탈진, 공포, 마비, 독성, 충격
감각능력 암시야 60ft, 상시 감지 13
언어 생전에 알았던 언어 전부
도전지수 5 (1,800 xp)

재생. 리버넌트는 자기 턴이 시작할 때 10점의 hp를 회복합니다. 만약 리버넌트가 화염이나 광휘 피해를 받았다면 그 다음 턴의 시작에는 hp를 회복할 수 없습니다. 리버넌트의 몸은 hp가 0이 된 턴에 재생이 불가능해지면 완전히 파괴됩니다.

회생. 리버넌트는 몸이 파괴되어도 그 혼이 남게 됩니다. 이후 24시간이 지나면 리버넌트의 혼은 같은 세계 내의 다른 시체에 깃들어 최대hp를 회복하고 다시 일어날 수 있습니다. 혼이 몸 밖에 있을 때 *소원Wish* 주문을 시전하면 리버넌트의 혼을 내세로 보내고 다시는 돌아오지 못하게 할 수 있습니다.

퇴치 면역. 리버넌트는 언데드 퇴치 효과에 면역입니다.

복수의 추적자. 리버넌트는 자신이 복수하고자 하는 크리쳐가 어느 방향으로 얼마나 떨어져 있는지 항상 정확히 파악하고 있습니다. 심지어 복수의 대상이 이계에 있을 때에도 마찬가지입니다. 만약 리버넌트가 추적하는 대상이 사망하면, 리버넌트는 그 사실을 바로 알 수 있습니다.

행동

다중공격. 리버넌트는 주먹 공격을 2회 가합니다.

주먹. *근접 무기 공격:* 명중 +7, 간격 5ft, 목표 하나. *명중시:* 11(2d6+4)점의 타격 피해. 목표가 리버넌트의 복수 대상이라면 목표는 추가로 14(4d6)점의 타격 피해를 더 받습니다. 목표가 대형 이하 크기의 크리쳐라면 리버넌트는 피해를 주는 대신 목표를 붙잡을 수 있습니다. (탈출 DC 14)

복수의 시선. 리버넌트는 주변 30ft 내에 복수의 대상이 있을 때 그 대상을 주시합니다. 목표는 DC 15의 지혜 내성을 굴려 실패할 시 리버넌트가 피해를 주거나 리버넌트의 다음 턴이 끝날 때까지 마비 상태가 됩니다. 이 마비 상태가 끝나면 목표는 리버넌트에 대해 1분간 공포 상태가 됩니다. 공포 상태인 목표는 매번 자기 턴이 끝날 때 다시 내성을 굴릴 수 있지만, 시야에 리버넌트가 있을 때에는 내성에 불리점을 받습니다. 내성에 성공하면 효과는 종료됩니다.

리저드포크 Lizardfolk

리저드포크는 세상의 여러 늪지와 정글에서 살아가는 인간형 파충류 종족입니다. 그들의 오두막 마을은 반쯤 물에 잠긴 폐허나 동굴, 혹은 출입이 금지된 습지에 있습니다.

영토의식과 외부자 배격. 리저드포크는 아주 가끔만 다른 종족들과 만나고 거래합니다. 맹렬한 영토 의식을 지니고 있는 리저드포크는 위장한 척후병들을 통해 영토의 외곽을 지킵니다. 불청객이 찾아올 때면, 부족은 사냥꾼 무리를 보내 이들을 괴롭히거나 내쫓아버리고, 구역 밖에 있는 악어 소굴이나 다른 위험한 장소로 유도합니다.

리저드포크는 전통적 도덕과는 아무런 상관이 없으며, 선이나 악이라는 개념을 낯설어합니다. 진정으로 중립적인 존재들인 리저드포크는 살아남기 위해 할 수 있는 일은 무엇이든 하며, 죽여야 할 때가 오면 서슴없이 죽입니다.

리저드포크는 그들이 차지한 사냥터를 좀처럼 벗어나는 법이 없습니다. 그 사냥터에 침입한 자들은 추적당하고, 살해당하며, 어쩌면 먹이가 될 수도 있습니다. 리저드포크는 상대가 인간형 종족이든, 괴물이나 짐승이든 구별을 두지 않습니다. 또한 리저드포크는 자신들의 영역 밖을 멀리 벗어나는 경우가 없으며, 익숙하지 않은 곳에서는 사냥꾼이 아니라 사냥감이 될 수 있다는 것도 알고 있습니다.

때때로 리저드포크 역시 주변의 다른 종족과 동맹을 맺곤 합니다. 이 리저드포크는 대개 인간이나 엘프, 드워프, 하플링 등이 유용하거나 믿을 수 있다는 점을 알고 있는 경우가 많습니다. 일단 리저드포크가 외부인들과 관계를 맺게 되면, 이들은 충실하고 맹렬한 우방이 되어줄 것입니다.

대단한 축제와 희생의식. 리저드포크는 잡식성이지만, 인간형 종족의 고기도 먹습니다. 야영지에 끌려간 포로는 대축제의 식사가 되거나 춤과 이야기, 결투 등이 같이 행해지는 야만적 주술의식의 제물이 될 수도 있습니다. 희생자는 부족 전체가 함께 요리하여 먹거나, 리저드포크의 신인 세무아냐(Semuanya)에게 바쳐집니다.

상당한 공예가. 리저드포크가 공예 기술에 뛰어나지는 않지만, 이들은 사냥감의 뼈를 이용해 다양한 도구나 장신구를 만들 수 있습니다. 또한 이들은 죽은 괴물의 껍질이나 가죽을 이용해 방패를 만들어 사용합니다.

리저드포크 지도자. 리저드포크는 마법에 대해 종교적인 경외감을 지니고 있습니다. 리저드포크 부족의 지도자는 주술사인 경우가 많고, 이들은 세무아냐를 기리는 의식을 주관합니다. 하지만 몇몇 리저드포크 부족은 세무아냐의 은총 대신 파충류 데몬 군주인 세시넥(Sess'inek)을 섬기기도 합니다. 세시넥은 항상 리저드포크를 타락시키고 조종할 방법을 찾고 있습니다.

세시넥의 형상으로 태어난 리저드포크는 다른 동족보다 더 크고 교활하며, 훨씬 더 사악합니다. 이 리저드 왕이나 여왕은 리저드포크 부족 전체를 지배하며, 주술사의 권위를 빼앗고 백성들 전체에게 적대의식과 공격성을 불어넣습니다.

드래곤 숭배자. 리저드포크는 용언을 말할 수 있으며, 이는 아주 오래전 드래곤들에게서 받은 가르침이라고 합니다. 드래곤의 영토에 들어간 부족은 때로 공물을 바치고 드래곤의 은총을 받으려 하기도 합니다. 악한 드래곤은 리저드포크를 조종해 자신의 악랄한 계획에 이용하고, 이들을 약탈자이자 파괴자로 탈바꿈시키기도 합니다.

리저드포크 Lizardfolk

중형 인간형(리저드포크), 중립

방어도 15 (자연 갑옷, 방패)
히트 포인트 22 (4d8+4)
이동속도 30ft, 수영 30ft

근력	민첩	건강	지능	지혜	매력
15 (+2)	10 (+0)	13 (+1)	7 (-2)	12 (+1)	7 (-2)

기술 감지 +3, 은신 +4, 생존 +5
감각능력 상시 감지 13
언어 용언
도전지수 1/2 (100 xp)

숨 참기. 리저드포크는 15분 동안 숨을 참을 수 있습니다.

행동

다중공격. 리저드포크는 서로 다른 무기를 이용해 근접 공격을 2회 가할 수 있습니다.

물기. 근접 무기 공격: 명중 +4, 간격 5ft, 목표 하나. 명중시: 5(1d6+2)점의 관통 피해.

무거운 곤봉. 근접 무기 공격: 명중 +4, 간격 5ft, 목표 하나. 명중시: 5(1d6+2)점의 타격 피해.

투창. 근접 또는 장거리 무기 공격: 명중 +4, 간격 5ft 또는 장거리 30/120ft, 목표 하나. 명중시: 5(1d6+2)점의 관통 피해.

가시 방패. 근접 무기 공격: 명중 +4, 간격 5ft, 목표 하나. 명중시: 5(1d6+2)점의 관통 피해.

리저드포크 주술사
Lizardfolk Shaman
중형 인간형(리저드포크), 중립

방어도 13 (자연 갑옷)
히트 포인트 27 (5d8+5)
이동속도 30ft, 수영 30ft

근력	민첩	건강	지능	지혜	매력
15 (+2)	10 (+0)	13 (+1)	10 (+0)	15 (+2)	8 (-1)

기술 감지 +4, 은신 +4, 생존 +6
감각능력 상시 감지 14
언어 용언
도전지수 2 (450 xp)

숨 참기. 리저드포크는 15분 동안 숨을 참을 수 있습니다.

주문시전(리저드포크 형태일 때만). 리저드포크는 5레벨 주문시전자입니다. 리저드포크의 주문시전 능력치는 지혜입니다. (주문 내성 DC 12, 주문 명중 +4). 리저드포크는 아래와 같은 드루이드 주문을 준비하고 있습니다.

소마법(자유시전): *드루이드술Druidcraft, 화염 생성Produce Flame, 가시 채찍Thorn Whip*
1레벨(슬롯 4개): *얽혀듦Entangle, 안개 구름Fog Cloud*
2레벨(슬롯 3개): *금속 가열Heat Metal, 가시 성장Spike Growth*
3레벨(슬롯 2개): *동물 소환Conjure Animals*(파충류만), *식물 성장 Plant Growth*

행동

다중공격 (리저드포크 형태일 때만). 리저드포크는 물기 1회, 할퀴기 1회로 총 2회의 공격을 가합니다.

물기. *근접 무기 공격:* 명중 +4, 간격 5ft, 목표 하나. *명중시:* 5(1d6+2)점의 관통 피해. 악어 형태로 공격했다면 7(1d10+2)점의 관통 피해. 리저드포크가 악어 형태로 대형 크기 이하의 크리쳐를 공격해 명중시켰다면, 목표는 붙잡힙니다. (탈출 DC 12) 이렇게 붙잡힌 목표는 포박 상태이며, 리저드포크는 목표를 물고 있는 동안 다른 목표에게 물기 공격을 할 수 없습니다. 리저드포크가 원래 형태로 돌아가면 붙잡힌 상태는 종료됩니다.

할퀴기 (리저드포크 형태일 때만). *근접 무기 공격:* 명중 +4, 간격 5ft, 목표 하나. *명중시:* 4(1d4+2)점의 참격 피해.

형태 변신(짧은/긴 휴식 후 충전). 리저드포크는 마법적으로 악어 모습으로 변신하며, 이 형태를 1시간까지 유지할 수 있습니다. 리저드포크는 추가 행동을 사용해 본래 형태로 돌아올 수 있습니다. 크기를 제외한 게임 자료는 어느 형태에서나 동일합니다. 리저드포크가 장비하거나 들고 있는 물건은 같이 변하지 않습니다. 리저드포크가 사망하면 본래 형태로 돌아옵니다.

> "내가 리저드포크랑 거래하는 동안, 그들이 무슨 생각을 하는지 도저히 알 수가 없었다. 그 파충류 눈은 아무런 의도를 드러내지 않았다. 나는 그저 상품을 주었고, 그들은 내게 불편한 기분을 주었다."
>
> — 도마뱀 습지의 리저드포크 부족과 거래한 상인의 경험담에서.

리저드 왕/여왕 Lizard King/Queen
중형 인간형(리저드포크), 혼돈 악

방어도 15 (자연 갑옷)
히트 포인트 78 (12d8+24)
이동속도 30ft, 수영 30ft

근력	민첩	건강	지능	지혜	매력
17 (+3)	12 (+1)	15 (+2)	11 (+0)	11 (+0)	15 (+2)

내성 굴림 건강 +4, 지혜 +2
기술 감지 +4, 은신 +5, 생존 +4
상태 면역 공포
감각능력 암시야 60ft, 상시 감지 14
언어 심연어, 용언
도전지수 4 (1,100 xp)

숨 참기. 리저드포크는 15분 동안 숨을 참을 수 있습니다.

꼬챙이 꽂기. 턴 당 한 번, 리저드포크가 삼지창으로 적을 공격해 명중시키면, 목표는 추가로 10(3d6)점의 피해를 받습니다. 그리고 리저드포크는 이렇게 가한 추가 피해만큼 임시hp를 얻습니다.

행동

다중공격. 리저드포크는 공격을 2회 가합니다. 물기 1회와 할퀴기 또는 삼지창 공격 1회를 가하거나, 삼지창으로만 2번 공격할 수 있습니다.

물기. *근접 무기 공격:* 명중 +5, 간격 5ft, 목표 하나. *명중시:* 6(1d6+3)점의 관통 피해.

할퀴기. *근접 무기 공격:* 명중 +5, 간격 5ft, 목표 하나. *명중시:* 5(1d4+3)점의 참격 피해.

삼지창. *근접 또는 장거리 무기 공격:* 명중 +5, 간격 5ft 또는 장거리 20/60ft, 목표 하나. *명중시:* 6(1d6+3)점의 관통 피해. 양손으로 근접 공격을 가했을 경우 7(1d8+3)점의 관통 피해.

주문시전. 리치는 18레벨 주문시전자입니다. 리치의 주문시전 능력치는 지능입니다. (주문 내성 DC 20, 주문 명중 +12). 리치는 아래의 위저드 주문을 준비하고 있습니다.

소마법(자유시전): 마법사의 손*Mage Hand*, 요술*Prestidigitation*, 서리 광선*Ray of Frost*
1레벨(슬롯 4개): 마법 탐지*Detect Magic*, 마법 화살*Magic Missile*, 방패*Shield*, 천둥파도*Thunderwave*
2레벨(슬롯 3개): 생각 탐지*Detect Thoughts*, 투명화*Invisibility*, 멜프의 산성화살*Melf's Acid Arrow*, 거울 분신*Mirror Image*
3레벨(슬롯 3개): 사체 조종*Animate Dead*, 주문반사*Counterspell*, 마법 무효화*Dispel Magic*, 화염구*Fireball*
4레벨(슬롯 3개): 황폐화*Blight*, 차원문*Dimension Door*
5레벨(슬롯 3개): 죽음구름*Cloudkill*, 염탐*Scrying*
6레벨(슬롯 1개): 무적의 구체*Globe of Invulnerabiilty*, 분해*Disintegrate*
7레벨(슬롯 1개): 죽음의 손가락*Finger of Death*, 이계 전송*Plane Shift*
8레벨(슬롯 1개): 괴물 지배*Dominate Monster*, 권능어 충격*Power Word Stun*
9레벨(슬롯 1개): 권능어 죽음*Power Word Kill*

퇴치 저항. 리치는 언데드를 퇴치하는 효과에 내한 내성에 이점을 받습니다.

행동

마비의 접촉. *근접 주문 공격:* 명중 +12, 간격 5ft, 크리쳐 하나. *명중시:* 10(3d6)점의 냉기 피해. 목표는 DC 18의 건강 내성에 실패할 시 1분간 마비됩니다. 목표는 매번 자기 턴이 끝날 때 다시 내성을 굴릴 수 있으며, 성공하면 효과는 종료됩니다.

전설적 행동

리치는 아래의 선택지 중에서 3회의 전설적 행동을 할 수 있습니다. 한번에 하나씩의 전설적 행동만을 할 수 있으며, 이는 다른 크리쳐의 턴이 끝날 때만 사용할 수 있습니다. 리치는 자기 턴이 시작할 때 소비한 전설적 행동을 모두 회복합니다.

소마법. 리치는 소마법을 시전합니다.
마비의 접촉(행동 2회 소모). 리치는 마비의 접촉을 사용합니다.
경악의 주시(행동 2회 소모). 리치는 10ft 내에서 자신이 볼 수 있는 크리쳐 하나를 주시합니다. 목표는 이 마법에 대해 DC 18의 지혜 내성을 굴려 실패할 시 1분간 공포 상태가 됩니다. 공포 상태의 목표는 매번 자기 턴이 끝날 때 다시 내성을 굴릴 수 있으며, 성공하면 효과는 종료됩니다. 목표가 공포 상태에서 벗어나면 이후 24시간 동안 리치의 시선에 면역을 얻습니다.
생명 붕괴(행동 3회 소모). 리치 주변 20ft 내에 있는 언데드가 아닌 모든 크리쳐는 DC 18의 건강 내성을 굴려 실패할 시 마법적으로 21(6d6)점의 사령 피해를 받습니다. 내성에 성공하면 피해는 절반으로 줄어듭니다.

리치 LICH

중형 언데드, 다양한 악 성향

방어도 17 (자연 갑옷)
히트 포인트 135 (18d8+54)
이동속도 30ft

근력	민첩	건강	지능	지혜	매력
11 (+0)	16 (+3)	16 (+3)	20 (+5)	14 (+2)	16 (+3)

내성 굴림 건강 +10, 지능 +12, 지혜 +9
기술 비전학 +19, 역사학 +12, 통찰 +9, 감지 +9
피해 저항 냉기, 번개, 사령
피해 면역 독성, 비마법적 무기로 인한 타격/관통/참격 피해
상태 면역 매혹, 탈진, 공포, 마비, 중독
감각능력 진시야 120ft, 상시 감지 19
언어 공용어, 추가로 5개까지의 언어
도전지수 21 (33,000 xp)

전설적 저항력 (3회/일). 리치가 내성에 실패한 경우, 이 능력을 1회 소비하고 대신 성공한 것으로 할 수 있습니다.

회생. 리치는 성물함이 남아 있는 한 파괴되어도 1d10일 안에 새 몸을 만들어 낼 수 있습니다. 이 몸은 최대hp로 회복된 상태이며, 다시 정상적으로 움직일 수 있습니다. 새 몸은 성물함 주변 5ft 내에 나타날 것입니다.

리치 LICH

리치는 위대한 마법사가 스스로를 보전하기 위해 불사의 길을 선택한 결과입니다. 그들은 모든 것을 바치고서라도 더 큰 힘을 지니고자 한 것이며, 자신과 얽히는 경우가 아니라면 산 자의 일에 대해서는 모든 관심을 끊었습니다. 끝없는 모략을 꾸며 가며 광기에 가득 찬 리치는 오래전 잊혀진 지식과 가장 끔찍한 비밀들에 굶주려 있습니다. 죽음의 그림자에서 벗어나 있기에, 그들은 수십 수백 년이 넘는 오랜 시간이 걸리는 계획이라도 아무런 문제없이 짜고 실행할 수 있습니다.

리치는 앙상한 인간형의 해골로, 말라비틀어진 살점이 겨우 뼈를 이어 붙여주고 있습니다. 눈은 오래전에 썩어 사라져 버렸지만, 여전히 눈구멍 안에는 빛이 번쩍이고 있습니다. 리치는 생전에 입었던 고급스러운 옷과 장신구를 걸치고 있지만, 이것들 모두 세월의 흐름에 썩고 더럽혀진 지 오래입니다.

불사의 비밀. 별생각 없이 리치가 되는 길을 선택하는 마법사는 없습니다. 그리고 리치로 변화하는 과정은 철저히 비밀에 부쳐져 있습니다. 리치가 되는 방법을 찾고자 하는 마법사는 악마나 사악한 신, 기타 악한 존재와 거래를 해야 합니다. 대다수는 불사의 데몬 대공인 오르커스와 거래를 하며, 오르커스는 수많은 리치를 만들어낸 바 있습니다. 하지만 리치가 되는 힘을 주는 자는 언제나 그러한 지식에 대한 대가로 복종을 요구합니다.

리치는 마법사의 영혼을 성물함(Phylactery)에 가두는 비전 의식을 통해 만들어집니다. 그 과정을 거치면 영혼은 필멸의 세계에 묶이며, 죽은 다음 외부 이계로 떠나지 않게 됩니다. 전통적인 성물함은 부적이나 작은 상자 모양을 하고 있지만, 내부에 이름과 속박, 불사, 그리고 암흑 마법을 나타내는 은색 문양을 그려 넣을 수만 있다면 사실상 어떤 물건이라도 성물함으로 사용할 수 있습니다.

일단 성물함을 준비하면, 리치가 되려는 자는 변화의 용액을 마십니다. 이 용액은 지독한 독과 성물함에 희생된 지성체의 피를 혼합하여 만들어진 것입니다. 용액을 마신 위저드는 죽지만, 영혼이 성물함에 들어간 다음에는 리치로서 일어나 영원히 살게 됩니다.

영혼의 희생. 리치는 주기적으로 성물함에 영혼을 먹여 주어야만 자신의 몸과 의식을 유지하는 마법의 힘을 지속시킬 수 있습니다. 리치는 감금*Imprisonment* 주문을 사용해 이러한 과정을 수행합니다. 리치는 일반적인 형태의 감금 주문을 사용하는 대신 이 주문으로 목표의 몸과 영혼을 산채로 성물함에 집어넣을 수 있습니다. 이 주문을 사용하려면 리치와 성물함은 같은 세계에 있어야 합니다. 리치의 성물함은 한 번에 하나의 크리쳐만을 집어넣을 수 있습니다. 그리고 마법 무효화*Dispel Magic*을 9레벨로 성물함에 시전한 경우, 그 안에 감금된 크리쳐를 꺼낼 수 있습니다. 성물함에 감금된 크리쳐는 24시간이 지나고 나면 흡수되어 영원히 파괴되며, 신의 간섭이 아니면 그 어떤 수단으로도 도로 살려낼 수 없습니다.

자신의 몸을 유지하기 위해 영혼을 바치는 과정을 실패하거나 잊어버린 리치는 육체적으로 붕괴하기 시작하며, 결과적으로 데미리치로 변하고 맙니다.

죽음과 회복. 리치의 몸이 사고나 공격에 의해 파괴되면, 리치의 영혼과 정신은 그 몸에서 빠져나오며 오로지 생명이 빠진 시체만이 그 자리에 남습니다. 성물함에서는 빛나는 연기가 흘러나오며, 며칠 안에 그 근처에 새 몸을 만들어 냅니다. 성물함이 파괴되면 리치 역시 영원한 죽음을 맞이한다는 사실을 알고 있기 때문에, 리치는 대개 자신의 성물함을 철저하게 방비하고 잘 숨겨 놓습니다.

리치의 성물함을 파괴하기란 쉽지 않으며, 특별한 의식이나 물건, 혹은 무기가 필요한 경우도 있습니다. 모든 성물함은 그 나름의 독특한 요소가 있으며, 성물함을 파괴하는 방법을 알아내는 것 자체가 하나의 사명이 될 수 있습니다.

외로운 존재. 리치는 때때로 더 많은 힘에 대한 지독한 집착에서 벗어나 주변 세상에 관심을 가지게 되곤 합니다. 어쩌면 살아생전 일어났던 거대한 사건을 다시 떠올리는 경우도 있으며, 살아있었던 때의 경험을 되새기기도 합니다. 하지만 그런 경우가 아니라면, 리치는 대개 철저하게 고립된 장소에서 자신에게 봉사하는 존재들로 둘러싸여 본거지를 벗어나지 않고 지냅니다.

극소수의 리치만이 자신의 이전 이름을 그대로 사용하며, 나머지는 "검은 손"이라거나 "잊혀진 왕"같은 별명을 사용하곤 합니다.

마법의 수집가. 리치는 주문과 다양한 마법 물건을 수집합니다. 리치는 다양한 주문을 사용할 수 있으며, 그것들 외에도 여러 물약이나 두루마리, 주문책, 몇 개씩의 마법 막대나 봉, 한두 개의 지팡이를 지니고 있습니다. 리치의 본거지가 공격받는다면, 이들은 아무런 주저함 없이 자신의 물건들을 사용할 것입니다.

언데드의 천성. 리치는 호흡할 필요가 없으며, 먹고 마시거나 잠잘 필요도 없습니다.

리치의 본거지

리치는 홀로 서 있는 탑이나 황량한 폐허, 혹은 흑마법을 가르치던 시설 등 생전에 좋아했던 장소에 자리를 잡곤 합니다. 혹은 몇몇 리치의 경우 강력한 수호자와 함정으로 가득 찬 비밀스러운 무덤을 지어놓고 그 안에 틀어박히기도 합니다.

리치의 본거지는 리치가 지닌 날카로운 정신과 악랄한 교활함을 드러내고 있으며, 다양한 마법적, 비마법적 함정으로 보호받고 있습니다. 다양한 언데드, 구조물, 그리고 속박된 데몬들이 그림자 속에 웅크리고 리치의 일을 방해하려는 자를 파괴하려 합니다.

본거지에서 마주한 리치는 도전지수 22(41,000xp)로 취급합니다.

본거지 행동

리치는 우선권 순서 20에서 아래 마법적 효과 중 하나를 본거지 행동으로 사용합니다. (비길 경우 항상 지는 것으로 취급) 리치는 한 가지 효과를 두 라운드 연속으로 사용할 수 없습니다.

- 리치는 d8을 굴려 나온 숫자 이하의 주문 레벨 슬롯 하나를 회복합니다. 만약 그 레벨 이하의 슬롯 중 소비한 것이 없다면, 아무 일도 일어나지 않습니다.

- 리치는 30ft 내에서 볼 수 있는 크리쳐 하나를 목표로 지정합니다. 번쩍이는 부정력의 힘이 리치와 그 목표를 엮습니다. 리치가 피해를 받을 때마다, 그 목표도 DC 18의 건강 내성 굴림을 굴려야 합니다. 이 내성에 실패하면, 리치가 받은 피해의 절반이 목표에게 이전됩니다. (나머지 내림) 이 매듭은 다음 라운드의 우선권 순서 20까지 지속되며, 그 전이라도 리치나 목표가 본거지 밖으로 나가면 효과가 종료될 수 있습니다.

- 리치는 과거 본거지에서 죽었던 자들의 영혼을 불러옵니다. 이 영혼은 물질화하여 리치 주변 60ft 내에서 볼 수 있는 크리쳐 하나를 공격합니다. 목표는 DC 18의 건강 내성에 실패할 경우 52(15d6)점의 사령 피해를 받으며, 성공하면 피해는 절반으로 줄어듭니다. 공격을 가한 후 물질화한 영혼은 사라집니다.

마그민 MAGMIN

키득대며 장난기 넘치는 마그민은 검게 굳은 용암 껍질로 만든 작달막한 인간처럼 보입니다. 마그민의 몸에서 모닥불 같은 열이 느껴지거나 빛이 나는 것은 아니지만, 여기저기 구멍이 나 있는 피부 곳곳에서는 작은 불꽃이 솟곤 합니다.

소환된 불장난꾼. 마그민은 마법에 의해 물리적 형상이 주어진 불의 원소 정령입니다. 이들은 오직 소환되었을 때만 물질계에 나타나곤 합니다. 이들은 무엇이든 태울 수 있는 것을 보면 대화재를 일으킬 불쏘시개라고 생각하며, 오직 소환자의 마법적인 통제만이 마그민이 주변 모든 것에 불을 지르고 다니는 걸 막을 수 있습니다. 불과 난장판을 좋아하는 이들의 속성 때문에, 혼돈과 파괴를 퍼트리기에는 더할 나위 없는 졸개로 쓰이곤 합니다. 소환된 마그민 무리는 성채 하나를 몇 분만에 완전히 잿더미로 만들 수 있습니다.

불타는 파괴. 내부의 화염이 강력하긴 하지만, 마그민의 단단한 용암 껍질은 마그민이 손대는 모든 것이 즉시 불타지는 않게 해 줍니다. 하지만 내면에서 타오르는 불길처럼 마그민은 변덕스럽고 예측할 수 없습니다. 게다가 이들은 단순한 원소의 피조물이기 때문에, 자신들의 속성이 물질계의 존재들에게 해를 입힌다는 사실도 잘 모르고 있습니다.

주인을 섬기는 도중 기회를 얻게 되면, 마그민은 산불이나 활화산의 용암 등 엄청난 열이 있는 장소를 찾아가려 합니다. 그게 아니라면 마그민은 손가락 사이에서 불꽃을 튕기며 놀거나, 물건들에 불을 지르면서 장난을 칩니다.

마그민 MAGMIN

소형 원소, 혼돈 중립

방어도 14 (자연 갑옷)
히트 포인트 9 (2d6+2)
이동속도 30ft

근력	민첩	건강	지능	지혜	매력
7 (-2)	15 (+2)	12 (+1)	8 (-1)	11 (+0)	10 (+0)

피해 저항 비마법적 무기로 인한 타격/관통/참격 피해
피해 면역 화염
감각능력 암시야 60ft, 상시 감지 10
언어 화염어
도전지수 1/2 (100 xp)

죽음의 폭발. 마그민이 죽으면, 주변에 불꽃과 용암을 퍼트리며 폭발합니다. 마그민 주변 10ft 내의 모든 크리쳐는 DC 11의 민첩 내성 굴림에 실패할 시 7(2d6)점의 화염 피해를 받습니다. 성공하면 피해는 절반으로 줄어듭니다. 또한 해당 범위 내의 가연성 물체에는 불이 붙습니다.

불타는 광원. 마그민은 추가 행동을 사용해 스스로에게 불을 붙이거나 끌 수 있습니다. 마그민에 불이 붙어 있을 때는 주변 10ft까지 밝은 빛, 추가로 10ft까지는 약한 빛을 냅니다.

행동

접촉. *근접 무기 공격:* 명중 +4, 간격 5ft, 목표 하나. *명중시:* 7(2d6)점의 화염 피해. 만약 목표가 크리쳐이거나 가연성 물체라면 불이 붙습니다. 목표는 행동을 사용해 불을 끌 때까지 매번 자기 턴이 끝날 때 3(1d6)점의 화염 피해를 받습니다.

마이코니드 Myconids

마이코니드는 지성을 지닌 걸을 수 있는 균류로, 언더다크에서 살아갑니다. 이들은 깨달음을 얻고자 하며 폭력을 피하려 듭니다. 만약 평화로이 접근한다면, 마이코니드는 기꺼이 안식처를 제공해 주며 자신들의 거주지를 안전하게 지나도록 해 줍니다.

회합과 융합. 마이코니드 거주지 중 가장 거대한 것에는 그들만의 왕족이 있으며, 이 거주지는 회합이라는 사회적 집단들로 구성됩니다. 회합은 20명 이상의 마이코니드가 함께 살아가는 단위이며, 이들은 함께 일하고 융합합니다.

융합이란, 마이코니드가 변화 없는 지저의 삶에서 벗어나 깨달음을 얻기 위해 벌이는 집단 명상의 일종입니다. 마이코니드의 교감 포자들이 모여서 집단의식을 형성하면, 환각 포자가 함께 공유하는 꿈을 펼칩니다. 마이코니드는 이 꿈을 놀이로써 즐기고 이 꿈을 통해 사회적 교류를 합니다. 마이코니드에게 있어 융합은 삶의 목적 그 자체입니다. 이들은 더 높은 의식에 닿기 위해, 집단의 합일을 위해, 영적인 깨달음을 얻기 위해 융합을 행합니다. 마이코니드는 또한 교감 포자를 통해 다른 지성체와 정신감응으로 이야기를 나누기도 합니다.

마이코니드 번식. 다른 버섯류와 마찬가지로, 마이코니드 역시 포자를 통해 번식합니다. 이들은 인구가 과하게 불어나지 않도록 포자를 조심스레 퍼트리곤 합니다.

포자 하인 템플릿

포자 하인이란, 마이코니드 왕족의 조종 포자에 의해 되살아난 대형 이하 크기의 크리쳐를 말합니다. 애초부터 피와 살이 없었던 크리쳐(예를 들어 구조물이나 원소, 점액류, 식물, 언데드)는 포자 하인이 될 수 없습니다. 포자 하인이 되면 본래의 게임 자료에 아래와 같은 변화가 가해지거나 새로운 특징이 붙습니다.

유지되는 특징. 포자 하인은 자신의 AC와 hp, 히트 다이스, 근력, 민첩, 건강, 각종 피해에 대한 취약성이나 저항, 면역을 유지합니다.

잃는 특징. 포자 하인은 본래의 내성 굴림이나 기술 보너스를 잃어버리며, 특수 감각과 특별 기능을 모두 잃습니다. 또한 포자 하인은 다중공격이나 타격/관통/참격 피해를 가하는 근접 무기 공격을 제외한 다른 모든 행동 선택지를 잃어버립니다. 만약 포자 하인에게 타격/관통/참격 이외 속성의 피해를 가하는 근접 무기 공격 행동이 있었다면, 포자 하인이 되면 다른 속성의 피해를 잃게 됩니다. 단, 마법 물건 등 포자 하인이 지니고 있는 장비를 통해 가해지는 피해라면 그대로 가할 수 있습니다.

종류. 포자 하인은 식물 크리쳐가 되며, 다른 태그를 모두 잃습니다.

성향. 포자 하인은 성향이 없습니다.

이동속도. 포자 하인의 이동속도는 10ft 감소합니다. 그러나 5ft 이하로 줄어들지는 않습니다.

능력 점수. 포자 하인의 능력 점수는 다음과 같이 변합니다. 지능 2(-4), 지혜 6(-2), 매력 1(-5)

감각. 포자 하인은 30ft 범위의 맹안시야를 지니며, 이 범위를 벗어나면 장님으로 취급합니다.

상태 면역. 포자 하인은 장님, 매혹, 공포, 마비 상태에 면역입니다.

언어. 포자 하인은 언어를 사용할 수 있는 능력을 잃지만, 교감 포자를 사용하는 마이코니드의 지시를 받아들입니다. 포자 하인은 가장 강력한 마이코니드가 내린 명령을 최우선으로 수행합니다.

공격. 만약 포자 하인에게 피해를 가할 다른 수단이 없다면, 포자 하인은 주먹이나 팔다리를 이용해 비무장 공격을 가합니다. 명중한 경우 비무장 공격은 1d4+하인의 근력 수정치만큼 피해를 가합니다. 만약 하인이 대형 크기라면, 이 피해는 2d4+근력 수정치가 됩니다.

예시 포자 하인

아래 포자 하인 게임 자료는 콰고스를 포자 하인으로 만든 경우의 예시입니다.

마이코니드 새싹 Myconid Sprout

소형 식물, 질서 중립

방어도 10
히트 포인트 7 (2d6)
이동속도 10ft

근력	민첩	건강	지능	지혜	매력
8 (-1)	10 (+0)	10 (+0)	8 (-1)	11 (+0)	5 (-3)

감각능력 암시야 120ft, 상시 감지 10
언어 —
도전지수 0 (10 xp)

경고 포자. 만약 마이코니드가 피해를 받게 되면, 주변 240ft 내의 다른 모든 마이코니드가 그 고통을 같이 느낍니다.

태양병. 마이코니드는 햇빛 아래 있을 때 모든 능력 판정과 명중 굴림, 내성 굴림에 불리점을 받습니다. 마이코니드는 직사광선에 1시간 이상 노출될 경우 사망합니다.

행동

주먹. *근접 무기 공격:* 명중 +1, 간격 5ft, 목표 하나. *명중시:* 1(1d4-1)점의 타격 피해. 추가로 2(1d4)점의 독성 피해.

교감 포자(3회/일). 마이코니드 주변 10ft 반경에 포자가 퍼집니다. 이 포자는 모서리를 돌아 퍼지며, 언데드/구조물/원소를 제외한 지능 2 이상의 크리쳐에게 영향을 줍니다. 영향을 받은 크리쳐는 서로 30ft 내에 있을 경우, 다른 크리쳐들과 정신감응으로 의사소통을 할 수 있습니다. 이 효과는 1시간 지속됩니다.

콰고스 포자 하인
Quaggoth Spore Servant

중형 식물, 성향 없음

방어도 13 (자연 갑옷)
히트 포인트 45 (6d8+18)
이동속도 20ft, 등반 20ft

근력	민첩	건강	지능	지혜	매력
17 (+3)	12 (+1)	16 (+3)	2 (-4)	6 (-2)	1 (-5)

피해 면역 독성
상태 면역 장님, 매혹, 공포, 마비, 중독
감각능력 맹안시야 30ft (너머는 장님으로 취급), 상시 감지 8
언어 —
도전지수 1 (200 xp)

행동

다중공격. 포자 하인은 할퀴기 공격을 2회 가합니다.

할퀴기. *근접 무기 공격:* 명중 +5, 간격 5ft, 목표 하나. *명중시:* 6(1d6+3)점의 참격 피해.

마이코니드 왕족 Myconid Sovereign

대형 식물, 질서 중립

방어도 13 (자연 갑옷)
히트 포인트 60 (8d10+16)
이동속도 30ft

근력	민첩	건강	지능	지혜	매력
12 (+1)	10 (+0)	14 (+2)	13 (+1)	15 (+2)	10 (+0)

감각능력 암시야 120ft, 상시 감지 12
언어 —
도전지수 2 (450 xp)

경고 포자. 만약 마이코니드가 피해를 받게 되면, 주변 240ft 내의 다른 모든 마이코니드가 그 고통을 같이 느낍니다.

태양병. 마이코니드는 햇빛 아래 있을 때 모든 능력 판정과 명중 굴림, 내성 굴림에 불리점을 받습니다. 마이코니드는 직사광선에 1시간 이상 노출될 경우 사망합니다.

행동

다중공격. 마이코니드는 환각 포자나 평온의 포자를 1회 사용한 후, 주먹 공격을 1회 가합니다.

주먹. 근접 무기 공격: 명중 +3, 간격 5ft, 목표 하나. *명중시:* 8(3d4+1) 점의 타격 피해. 추가로 7(3d4)점의 독성 피해.

조종 포자(3회/일). 마이코니드는 주변 5ft 내의 대형 이하 크기 야수나 인간형 크리쳐 시체에 포자를 뿌립니다. 시체는 24시간 이후 포자 하인으로 일어납니다. 일어난 시체는 파괴되거나 1d4+1주가 지날 때까지 움직이며, 활동을 종료하면 다시 조종할 수 없습니다.

환각 포자. 마이코니드는 주변 5ft 내에서 자신이 볼 수 있는 크리쳐 하나에게 포자를 뿌립니다. 목표는 DC 12의 건강 내성에 실패할 시 1분간 중독 상태가 됩니다. 중독된 목표는 환각에 빠져 동시에 행동불능 상태이기도 합니다. 목표는 매번 자신의 턴이 끝날 때 다시 내성을 굴릴 수 있으며, 성공하면 효과는 종료됩니다.

평온의 포자. 마이코니드는 주변 5ft 내에서 자신이 볼 수 있는 크리쳐 하나에게 포자를 뿌립니다. 목표는 DC 12의 건강 내성에 실패할 시 1분간 충격 상태가 됩니다. 목표는 매번 자신의 턴이 끝날 때 다시 내성을 굴릴 수 있으며, 성공하면 효과는 종료됩니다.

교감 포자. 마이코니드 주변 30ft 반경에 포자가 퍼집니다. 이 포자는 모서리를 돌아 퍼지며, 언데드/구조물/원소를 제외한 지능 2 이상의 크리쳐에게 영향을 줍니다. 영향을 받은 크리쳐는 서로 30ft 내에 있을 경우, 다른 크리쳐들과 정신감응으로 의사소통을 할 수 있습니다. 이 효과는 1시간 지속됩니다.

마이코니드 성체 Myconid Adult

중형 식물, 질서 중립

방어도 12 (자연 갑옷)
히트 포인트 22 (4d8+4)
이동속도 20ft

근력	민첩	건강	지능	지혜	매력
10 (+0)	10 (+0)	12 (+1)	10 (+0)	13 (+1)	7 (-2)

감각능력 암시야 120ft, 상시 감지 11
언어 —
도전지수 1/2 (100 xp)

경고 포자. 만약 마이코니드가 피해를 받게 되면, 주변 240ft 내의 다른 모든 마이코니드가 그 고통을 같이 느낍니다.

태양병. 마이코니드는 햇빛 아래 있을 때 모든 능력 판정과 명중 굴림, 내성 굴림에 불리점을 받습니다. 마이코니드는 직사광선에 1시간 이상 노출될 경우 사망합니다.

행동

주먹. 근접 무기 공격: 명중 +2, 간격 5ft, 목표 하나. *명중시:* 5(2d4)점의 타격 피해. 추가로 5(2d4)점의 독성 피해.

평온의 포자(3회/일). 마이코니드는 주변 5ft 내에서 자신이 볼 수 있는 크리쳐 하나에게 포자를 뿌립니다. 목표는 DC 11의 건강 내성에 실패할 시 1분간 충격 상태가 됩니다. 목표는 매번 자신의 턴이 끝날 때 다시 내성을 굴릴 수 있으며, 성공하면 효과는 종료됩니다.

교감 포자. 마이코니드 주변 20ft 반경에 포자가 퍼집니다. 이 포자는 모서리를 돌아 퍼지며, 언데드/구조물/원소를 제외한 지능 2 이상의 크리쳐에게 영향을 줍니다. 영향을 받은 크리쳐는 서로 30ft 내에 있을 경우, 다른 크리쳐들과 정신감응으로 의사소통을 할 수 있습니다. 이 효과는 1시간 지속됩니다.

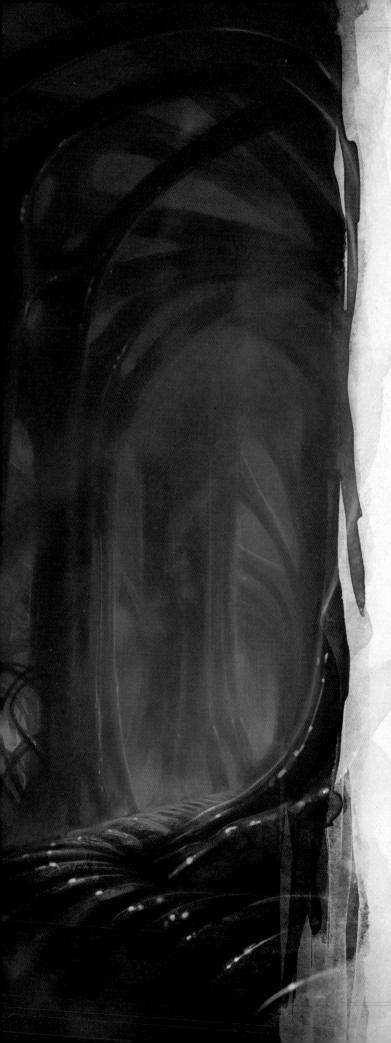

마인드 플레이어 Mind Flayer

흔히 일리시드(Illithids)라고도 알려진 마인드 플레이어는 수많은 세계에서 지성체들의 숙적으로 널리 악명을 떨쳤습니다. 이들 종족은 사이오닉을 쓰는 폭군이자 노예상인이며 세계 사이를 항해하는 항해자였습니다. 또한 이들은 악랄한 흑막이 되어 하나의 종족 전체를 먹이로 삼기도 했습니다. 문어와 비슷한 이들의 머리에는 뱀과 같은 촉수 네 개가 달려 있으며, 근처에 지성체가 오면 굶주림에 꿈틀대며 움직이곤 합니다.

영겁의 세월 전, 일리시드는 수많은 세계에 걸쳐 뻗어 있던 대제국을 통치했습니다. 이들은 인간형 종족 전체를 노예로 삼아 완전히 왜곡시키기도 했으며, 개중에는 기스양키와 기스제라이, 그림록, 쿠오 토아 등이 이들의 노예였습니다 집단의식을 발달시킨 일리시드는 그들의 무감정한 정신으로만 견딜 수 있을 정도로 긴 시간이 걸리는 악한 계획을 수립하여 차근차근 진행시킵니다.

이들의 제국이 몰락하고 나서, 일리시드 집단은 물질계에서 주로 언더다크에 자리를 잡게 되었습니다.

사이오닉 지휘관. 마인드 플레이어는 트로글로다이트나 그림록, 콰고스, 오우거 따위의 정신을 통제할 수 있는 사이오닉 능력을 지니고 있습니다. 일리시드는 정신감응을 통해 의사소통하는 것을 좋아하며, 마찬가지로 정신감응을 통해 자신들의 노예에게 명령을 내리곤 합니다.

일리시드가 강력한 저항과 마주칠 때면, 이들은 직접적인 전투를 피하고 노예들에게 공격을 명령합니다. 이 노예들은 마치 일리시드의 손발이 된 것처럼 충실하게 명령을 수행하며, 마인드 플레이어와 적 사이를 가로막고 자신들의 목숨을 다 바쳐 주인들이 무사히 도망가도록 돕습니다.

군체 의식 식민지. 홀로 활동하는 마인드 플레이어는 추방자이거나 외톨이인 경우가 많습니다. 대부분의 일리시드는 휘하의 마인드 플레이어들이 엘더 브레인에게 충성하는 식민지 단위로 살아갑니다. 엘더 브레인은 거대한 뇌처럼 생긴 존재로서, 마인드 플레이어 공동체 중앙에 있는 거대한 수조 안에 잠겨 있습니다. 이 수조 안에서 엘더 브레인은 정신감응을 통해 5마일 내에 있는 각각의 마인드 플레이어들에게 명령을 내리며, 동시에 수많은 정신적 의사소통을 행하는 것이 가능합니다.

정신에 굶주린 자들. 일리시드는 인간형 종족의 뇌를 먹고 삽니다. 뇌는 이들의 생존에 필요한 영양소와 호르몬, 그리고 사이오닉 에너지를 공급해 줍니다. 뇌를 충분히 섭취하여 건강한 일리시드는 자줏빛 피부 겉으로 얇은 유막을 생성합니다.

일리시드는 인간형 종족의 뇌를 먹어 치울 때 일종의 황홀감을 맛보며, 뇌 주인의 모든 기억과 개성, 내면 가장 깊숙한 곳에 있는 공포를 먹어 치우게 됩니다. 마인드 플레이어는 때로 뇌를 바로 먹어 치우기보다 수확하기도 하며, 이렇게 수확한 뇌를 통해 이질적인 실험을 거쳐 지능 포식자를 만들기도 합니다.

콸리스

마인드 플레이어가 무언가 써서 남겨야 하는 경우는 그리 많지 않지만, 그럴 때가 오면 이들은 콸리스(Qualith)라는 것을 이용합니다. 이것은 마치 점자 같은 촉각의 문자로, 읽을 때는 반드시 마인드 플레이어의 촉수들을 이용해야 합니다. 콸리스는 네 줄의 연으로 이루어지며, 일리시드가 아닌 이들은 너무나 생소하여 마법의 도움 없이는 제대로 읽을 수도 없습니다. 콸리스는 주로 기록 용도로 사용되긴 하지만, 일리시드는 이 문자를 이용해 포탈을 만들거나 경고 혹은 안내를 위해 표면에 남기는 방식으로 이용하기도 합니다.

마인드 플레이어 MIND FLAYER

중형 기괴체, 질서 악

방어도 15 (브레스트플레이트)
히트 포인트 71 (13d8+13)
이동속도 30ft

근력	민첩	건강	지능	지혜	매력
11 (+0)	12 (+1)	12 (+1)	19 (+4)	17 (+3)	17 (+3)

내성 굴림 지능 +7, 지혜 +6, 매력 +6
기술 비전학 +7, 기만 +6, 통찰 +6, 감지 +6, 설득 +6, 은신 +4
감각능력 암시야 120ft, 상시 감지 16
언어 지저어, 지하공용어, 정신감응 120ft
도전지수 7 (2,900 xp)

마법 저항. 마인드 플레이어는 주문과 기타 마법적 효과에 대한 내성에 이점을 받습니다.

선천적 주문시전(사이오닉). 마인드 플레이어의 선천적 주문시전 능력치는 지능입니다. (주문 내성 DC 15). 마인드 플레이어는 어떠한 구성요소도 사용하지 않고 아래 주문들을 선천적으로 시전할 수 있습니다:

자유시전: 생각 탐지*Detect Thought*, 부양*Levitate*
1회/일: 괴물 지배*Dominate Monster*, 이계 전송*Plane Shift*(자신만)

행동

촉수. 근접 무기 공격: 명중 +7, 간격 5ft, 크리쳐 하나. 명중시: 15(2d10+4)점의 정신 피해. 목표가 중형 이하 크기의 크리쳐라면 목표는 붙잡힙니다. (탈출 DC 15) 목표는 DC 15의 지능 내성에 실패할 시 붙잡혀 있는 동안 계속 충격 상태에 빠집니다.

뇌 추출. 근접 무기 공격: 명중 +7, 간격 5ft 마인드 플레이어에게 붙잡혀 행동불능 상태가 된 인간형 크리쳐 하나. 명중시: 55(10d10)점의 관통 피해. 이 피해로 목표의 hp가 0 이하가 되었다면, 마인드 플레이어는 목표를 죽이고 그 뇌를 추출해 먹어치운 것입니다.

정신파(재충전 5-6). 마인드 플레이어는 60ft 길이의 원뿔형 범위에 마법적으로 정신 에너지를 방출합니다. 범위 내의 모든 크리쳐는 DC 15의 지능 내성에 실패할 시 22(4d8+4)점의 정신 피해를 받고 1분간 충격 상태가 됩니다. 충격 상태의 크리쳐는 매번 자신의 턴이 끝날 때 다시 내성을 굴릴 수 있으며, 성공하면 충격 상태는 종료됩니다.

변형: 마인드 플레이어 비전술사

소수의 마인드 플레이어는 비전 주문을 이용해 사이오닉 능력을 보조하곤 합니다. 하지만 이들은 동료 마인드 플레이어에게 변태라고 손가락질받으며, 곧잘 무시되곤 합니다. 마인드 플레이어 비전술사는 도전 지수 8(3,900XP)이며, 추가로 아래 특징을 지니고 있습니다.

주문시전. 마인드 플레이어는 10레벨 주문시전자입니다. 마인드 플레이어의 주문시전 능력치는 지능입니다. (주문 내성 DC 15, 주문 명중 +7). 마인드 플레이어는 아래와 같은 위저드 주문을 준비하고 있습니다.

소마법(자유시전): 도검 방비*Blade Ward*, 춤추는 빛*Dancing Lights*, 마법사의 손*Mage Hand*, 전격의 손아귀*Shocking Grasp*
1레벨(슬롯 4개): 마법 탐지*Detect Magic*, 자기 위장*Disguise Self*, 방패*Shield*, 수면*Sleep*
2레벨(슬롯 3개): 흐려짐*Blur*, 투명화*Invisibility*, 무력화 광선*Ray of Enfeeblement*
3레벨(슬롯 3개): 투시*Clairvoyance*, 번개*Lightning Bolt*, 전음*Sending*
4레벨(슬롯 3개): 혼란*Confusion*, 환영 지형*Hallucinatory Terrain*
5레벨(슬롯 2개): 염동력*Telekinesis*, 역장의 벽*Wall of Force*

망령 WRAITH

망령은 악의의 화신 그 자체로써, 실체가 없는 형태로 나타나 모든 생명을 꺼트리고자 합니다. 부정력으로 가득찬 이 괴물은 단지 지나가는 것만으로 주변의 잎을 시들게 하고 나뭇가지를 말라 비틀어지게 합니다. 동물은 망령 주변에서 도망칠 것입니다. 심지어 작은 불빛들조차 망령의 공포스러운 존재가 빨아들이는 공허 속에서 불이 꺼지게 될 것입니다.

악의 망각. 필멸의 인간형 종족이 너무나 타락한 삶을 살았거나 악마와의 계약을 맺게 되면, 그 영혼은 하계에서 영원한 저주를 받게 됩니다. 하지만, 때로 그 영혼이 너무나 강력한 부정력에 휩싸여 있을 경우, 끔찍한 저승으로 가기도 전에 영혼 그 자체가 붕괴하여 악의의 덩어리가 되기도 합니다. 이런 일이 벌어졌을 때, 영혼은 망령이 됩니다. 자신이 죽은 세계에 사로잡힌 공허의 존재가 되는 것입니다. 망령은 생전의 흔적 중 어느 것도 가지고 있지 않습니다. 새로운 형태로 변한 망령은 오로지 다른 모든 살아 있는 것을 파멸로 몰아넣고자 할 뿐입니다.

희미한 육신. 망령은 마치 필멸의 존재가 안개를 지나치는 것처럼 단단한 물체나 다른 크리쳐를 통과해 지나갈 수 있습니다.

망령은 그림자 속 메아리처럼 필멸자였던 시절의 삶 중 일부를 기억하기도 합니다. 하지만 생전에 벌어졌던 가장 큰 사건이나 감정도 이들에게는 그저 희미한 흔적밖에는 남지 않으며, 반쯤 기억하는 꿈처럼 흐릿할 뿐입니다. 망령은 생전에 매혹되었던 것을 눈앞에 두면 잠깐 멈춰 쳐다보기도 하고, 과거의 우정 앞에서 그 흔적을 느끼기도 합니다. 하지만 그런 일은 거의 벌어지지 않습니다. 망령은 과거 자신의 존재를 그 무엇보다 증오하기 때문입니다.

언데드 지휘관. 망령은 최근에 폭력적 죽음을 맞이한 인간형 크리쳐의 영혼을 언데드 하인으로 만들 수 있습니다. 이 비통의 파편은 살아 있는 모든 것을 증오하는 악령(Specter)으로 변합니다.

망령은 가끔 모든 살아 있는 존재들의 파멸을 꿈꾸며 죽은 자들의 군대를 꾸리기도 합니다. 이들이 무덤에서 일어나 전투에 나설 때면, 모든 삶과 희망이 스러집니다. 망령의 군대가 후퇴할 수밖에 없다 해도, 이들의 병력이 거하는 대지는 지독하게 오염되고 뒤틀려 아무도 살 수 없는 땅이 되고 맙니다.

언데드의 천성. 망령은 호흡할 필요가 없으며, 먹고 마시거나 잠잘 필요도 없습니다.

망령 WRAITH
중형 언데드, 중립 악

방어도 13
히트 포인트 67 (9d8+27)
이동속도 0ft, 비행 60ft (부양)

근력	민첩	건강	지능	지혜	매력
6 (-2)	16 (+3)	16 (+3)	12 (+1)	14 (+2)	15 (+2)

피해 저항 산성, 냉기, 화염, 번개, 천둥, 비마법적이고 은제가 아닌 무기로 가해진 타격/관통/참격 피해
피해 면역 사령, 독성
상태 면역 매혹, 탈진, 붙잡힘, 마비, 석화, 중독, 넘어짐, 포박
감각능력 암시야 60ft, 상시 감지 12
언어 생전에 알았던 언어 전부
도전지수 5 (1,800 xp)

비실체 이동. 망령은 다른 크리쳐나 물체가 점유한 공간을 어려운 지형처럼 취급해 이동할 수 있습니다. 물체가 점유한 칸에서 자기 턴을 종료하는 경우, 망령은 5(1d10)점의 역장 피해를 받습니다.

태양광 민감성. 망령은 햇빛을 받고 있을 때 시각에 관계된 지혜(감지) 판정과 모든 명중 굴림에 불리점을 받습니다.

행동

생명 흡수. 근접 무기 공격: 명중 +6, 간격 5ft, 크리쳐 하나. *명중시:* 21(4d8+3)점의 사령 피해. 목표는 DC 14의 건강 내성에 실패할 시 최대 hp도 같은 양만큼 감소합니다. 이렇게 감소한 최대hp는 긴 휴식을 마칠 때 회복됩니다. 만약 목표가 이 공격으로 인해 최대hp가 0 이하로 떨어질 경우 즉시 사망합니다.

악령 창조. 망령은 주변 10ft 내에서 자신이 볼 수 있는 인간형 크리쳐의 시체 중, 지난 1분 내에 폭력적으로 죽은 시체의 영혼을 악령으로 만들 수 있습니다. 악령이 된 영혼은 자신의 시체가 있는 공간이 가장 가까운 빈 공간에 나타납니다. 악령은 망령의 명령과 통제에 따릅니다. 망령은 최대 7체까지의 악령을 통제할 수 있습니다.

"맨티코어는 인간의 살점 맛을 정말 좋아한다. 그래서 내가 산길을 다닐 때면 꼭 인간 경비병들을 고용하는 거다."
— 마르소크 울다르.
드워프 구리 상인.

맨티코어 Manticore

맨티코어 Manticore					
대형 괴물류, 질서 악					

방어도 14 (자연 갑옷)
히트 포인트 68 (8d10+24)
이동속도 30ft, 비행 50ft

근력	민첩	건강	지능	지혜	매력
17 (+3)	16 (+3)	17 (+3)	7 (-2)	12 (+1)	8 (-1)

감각능력 암시야 60ft, 상시 감지 11
언어 공용어
도전지수 3 (700 xp)

꼬리 가시 재성장. 맨티코어는 24개의 꼬리 가시를 지니고 있습니다. 사용한 꼬리 가시들은 긴 휴식을 마칠 때 다시 자라납니다.

행동

다중공격. 맨티코어는 근접하여 물기 1회, 할퀴기 2회, 혹은 장거리에서 꼬리 가시 3회로 총 3회의 공격을 가합니다.

물기. 근접 무기 공격: 명중 +5, 간격 5ft, 목표 하나. 명중시: 7(1d8+3)점의 관통 피해.

할퀴기. 근접 무기 공격: 명중 +5, 간격 5ft, 목표 하나. 명중시: 6(1d6+3)점의 참격 피해.

꼬리 가시. 장거리 무기 공격: 명중 +5, 장거리 100/200ft, 목표 하나. 명중시: 7(1d8+3)점의 관통 피해.

어느 면으로 보나 괴물이라고 부를만한 맨티코어는 어렴풋이 인간처럼 생긴 머리와 사자의 몸에, 드래곤의 날개를 지니고 있습니다. 화려한 갈기가 등을 타고 나 있으며, 기다란 꼬리 끝에는 아주 멀리서도 적을 꿰뚫을 수 있는 치명적인 가시가 돋아나 있습니다.

사악한 포식자. 맨티코어는 다양한 먹이를 사냥하는 흉폭한 살인자입니다. 이들은 무리를 지어 덩치가 크거나 위험한 적을 사냥하며, 일단 죽이고 나면 먹이를 나누어 먹습니다. 맨티코어는 먼저 멀리서 꼬리 가시를 날려 공격하며, 땅에 내려와서는 할퀴고 물어뜯어 먹이를 찢어버립니다. 야외에서 많은 적을 상대할 때면 날개를 이용해 하늘로 날아오르며, 가시가 다 떨어질 때까지 멀리서 공격을 가합니다.

맨티코어가 특별히 밝은 성격은 아니지만, 이들은 악랄한 천성과 대화할 수 있는 능력을 지니고 있습니다. 이들은 공격을 가하려 할 때, 적들을 조롱하며 목숨을 구걸한다면 특별히 빨리 죽여주겠다고 어릅니다. 만약 맨티코어가 보기에 사냥감을 살려주는 것이 자기들에게 더 이익이 된다 싶으면, 이들은 공물이나 희생양을 대신 받고 사냥감을 풀어주기도 합니다.

괴물들 간의 관계. 맨티코어는 잘 대해주고 주기적으로 먹이를 주는 사악한 주인을 곧잘 따르는 편입니다. 맨티코어는 오크 부족이나 홉고블린 군대에 고용되어 공중 지원을 하기도 합니다. 몇몇은 언덕 거인 족장의 사냥 동료가 되기도 하며, 어쩌면 라미아의 둥지를 지키고 있을 수도 있습니다.

맨티코어의 사냥터를 노리는 가장 큰 라이벌은 키마이라나 그리폰, 페리톤, 와이번 등입니다. 맨티코어는 집단으로 사냥하며, 수적 우세를 최대한 활용합니다. 또한 맨티코어는 드래곤을 두려워하며 가능한 한 드래곤들을 피하려 듭니다.

메두사의 둥지. 메두사는 세상에서 멀리 떨어진 곳, 자신들의 괴물같은 모습과 변덕이 드러나지 않는 곳에서 영원히 격리된 채 살아갑니다. 이들의 보금자리는 아무도 보살피지 않아 결국 무너져 버리고, 어둠이 깔린 폐허는 가시와 덩굴로 뒤덮이며 장애물과 숨겨진 장소가 곳곳에 생겨납니다. 만용을 부리는 도굴꾼이나 모험자들은 메두사가 눈앞에 나타날 때까지는 그 존재도 눈치채지 못하는 경우가 많습니다.

메두사는 여전히 저주에 걸려 있습니다. 자신들 역시 스스로가 비춰진 모습을 보면, 필멸자들처럼 돌로 변합니다. 따라서 메두사는 둥지 주변에서 거울이나 반사되는 표면들은 모두 더럽히고 파괴해 버립니다.

메두사 Medusa

중형 괴물류, 질서 악

방어도 15 (자연 갑옷)
히트 포인트 127 (17d8+51)
이동속도 30ft

근력	민첩	건강	지능	지혜	매력
10 (+0)	15 (+2)	16 (+3)	12 (+1)	13 (+1)	15 (+2)

기술 기만 +5, 통찰 +4, 감지 +4, 은신 +5
감각능력 암시야 60ft, 상시 감지 14
언어 공용어
도전지수 6 (2,300 xp)

석화의 응시. 메두사는 자기 주변 30ft 내에서 턴을 시작하는 크리쳐가 있을 경우, 자신이 행동불능 상태가 아니고 서로를 볼 수 있다면 그 크리쳐를 석화하려 시도할 수 있습니다. 목표는 DC 14의 건강 내성에 실패할 시 포박 상태가 되어 마법적으로 석화하기 시작합니다. 만약 목표가 이 내성 굴림에 5 이상의 차이로 실패했다면 즉시 석화합니다. 포박 상태가 된 크리쳐는 자기 턴이 끝날 때 다시 내성 굴림을 굴려야 하며, 이때 성공하면 효과는 종료됩니다. 그러나 두 번째 내성에도 실패하면 완전히 석화하여 *상급 회복Greater Restoration* 주문 등으로 해소할 때까지 석화된 채로 있게 됩니다.

크리쳐는 기습당한 것이 아닌 한 자기 턴이 시작할 때 눈길을 돌리겠다고 선언하여 내성 굴림을 피할 수 있습니다. 그렇게 눈길을 돌린다면 해당 크리쳐는 자신의 다음 턴이 끝날 때까지 메두사를 볼 수 없습니다. 만약 해당 크리쳐가 잠깐이라도 메두사와 마주본다면 즉시 내성 굴림을 굴려야 합니다.

만약 메두사가 밝은 빛 환경에 있을 때 30ft 내에 반사되는 표면이 있다면 메두사 역시 자신의 모습을 비춰보고 스스로에게 석화의 응시를 사용하게 됩니다.

행동

다중공격. 메두사는 뱀 머리카락으로 1회, 소검으로 2회씩 근접 공격을 3회 가합니다. 혹은 장궁으로 장거리 공격을 2회 가할 수도 있습니다.

뱀 머리카락. 근접 무기 공격: 명중 +5, 간격 5ft, 크리쳐 하나. *명중시:* 4(1d4 +2)점의 관통 피해. 추가로 14(4d6)점의 독성 피해.

소검. 근접 무기 공격: 명중 +5, 간격 5ft, 목표 하나. *명중시:* 5(1d6+2)점의 관통 피해.

장궁. 장거리 무기 공격: 명중 +5, 장거리 150/600ft, 목표 하나. *명중시:* 6(1d8+2)점의 관통 피해. 추가로 7(2d6)점의 독성 피해.

메두사 Medusa

매혹적인 만큼이나 치명적이기도 한 메두사는 뱀 같은 머리카락이 달린 존재로, 허영 때문에 불사의 저주를 받았습니다. 이들은 과거 자신들이 살았던 폐허 속에서 조용히 지내며, 예전 자신들을 추앙했던 숭배자들이나 영웅이 되려던 자들의 석화된 파편에 둘러싸여 살아갑니다.

불멸의 화려함. 옛날, 영원한 젊음과 아름다움, 그리고 숭배를 원하던 이들은 사악한 신들에게 기원하고 드래곤에게 애원하며 고대의 마법을 배웠고, 자신들의 소원을 들어줄 강력한 마법사를 찾아다녔습니다. 어떤 이들은 희생 제물을 바치며 데몬 군주나 아크데빌들에게 기원했고, 모든 것을 바쳐 영원한 미와 젊음을 원했습니다. 그러나 이들은 거기에 따라오는 저주에 대해서는 신경도 쓰지 않고 있었습니다. 이 계약을 맺은 자들은 놀라운 신체적인 아름다움을 얻고 젊음을 되찾았으며, 불사성을 얻고 다른 이들의 숭배를 받으며 꿈에도 그리던 권력과 영향력을 얻게 되었습니다. 하지만 필멸자들 사이에서 반신처럼 추앙받는 시간이 흐르자, 이들이 부린 허영과 오만의 대가가 찾아왔습니다. 이들은 영원히 메두사로 변해버린 것입니다. 메두사의 머리카락은 독을 가진 뱀들로 변했고, 자신이 쳐다보는 자는 누구나 돌이 되어버렸습니다. 이 식성들은 그들의 타락을 나타내는 기념비가 된 것입니다.

메로우 MERROW

메로우는 연안 바닷가를 전전하며 물고기와 인어를 포함해 앞길을 가로막는 것 중 먹을 수 있는 것은 무엇이든 잡아먹으며 살아갑니다. 이 야만적인 괴물은 부주의한 먹잇감을 사로잡아 죽이고, 익사한 시체를 자신들의 수중 둥지에 가져가 먹습니다.

변형된 인어. 아주 먼 옛날, 인어 부족 하나는 해저 바닥에서 데모고르곤의 우상을 발견했습니다. 이것이 무엇인지 모르는 부족원들은 그것을 왕에게 가져갔고, 우상에 손을 댄 자들은 왕을 포함해 모두 광기로 미쳐버렸습니다. 이들은 처참한 희생 의식을 치러 어비스로 가는 문을 열어버렸습니다. 바다는 살해당한 인어들의 피로 붉게 물들었고, 의식은 성공했습니다. 왕은 살아남은 인어들을 데리고 수중의 문을 통해 어비스에 있는 데모고르곤의 층으로 향했습니다. 인어들은 수 세대를 걸쳐 어비스에서 살아남았고, 그과정에서 어비스의 마력은 영원히 이들을 뒤틀어 거대하고 사악한 괴물로 바꾸어 놓았습니다. 첫 번째 메로우가 탄생한 것입니다.

해안의 폭력배들. 데몬의 대공은 언제든 기회가 있을 때마다 물질계의 바다에 메로우들을 돌려보내곤 합니다. 메로우는 폭력을 휘두르는 난폭자로, 자기보다 약하고 작은 것은 무엇이든 상관없이 괴롭히려 듭니다.

메로우는 해저 동굴에 살아가며 적과 희생자들의 몸뚱이, 그리고 가라앉은 배에서 빼앗은 보물과 전리품으로 둥지를 채웁니다. 이들은 살해한 적들이나 익사한 선원들의 불어터진 시체를 해초에 묶어 자신들의 영역을 표시합니다.

메로우 MERROW

대형 괴물류, 혼돈 악

방어도 13 (자연 갑옷)
히트 포인트 45 (6d10+12)
이동속도 10ft, 수영 40ft

근력	민첩	건강	지능	지혜	매력
18 (+4)	10 (+0)	15 (+2)	8 (-1)	10 (+0)	9 (-1)

감각능력 암시야 60ft, 상시 감지 10
언어 심연어, 수중어
도전지수 2 (450 xp)

수륙양용. 메로우는 공기와 수중 양쪽에서 호흡할 수 있습니다.

행동

다중공격. 메로우는 물기 1회, 할퀴기나 작살 1회로 총 2회의 공격을 가합니다.

물기. 근접 무기 공격: 명중 +6, 간격 5ft, 목표 하나. 명중시: 8(1d8+4)점의 관통 피해.

할퀴기. 근접 무기 공격: 명중 +6, 간격 5ft, 목표 하나. 명중시: 9(2d4+4)점의 참격 피해.

작살. 근접 또는 장거리 무기 공격: 명중 +6, 간격 5ft 또는 장거리 20/60ft, 목표 하나. 명중시: 11(2d6+4)점의 관통 피해. 만약 목표가 거대 이하 크기의 크리쳐라면 목표는 메로우와 근력 판정 대결을 하여 실패할 시 메로우쪽으로 20ft 끌려옵니다.

먼지 메피트

메피트 MEPHITS

메피트는 임프를 닮은 변덕스러운 존재로, 원소계의 주민입니다. 이들은 여섯 종의 변종이 있으며, 각 종류는 두 가지 원소가 혼합된 상태를 나타냅니다.

나이를 먹지 않는 장난꾼인 메피트는 원소계와 태초의 혼돈에서 많은 수가 몰려다니곤 합니다. 또한, 물질계에서 이들을 구성하는 요소가 풍부한 곳에서 찾아볼 수 있습니다. 예를 들어, 용암 메피트는 불과 땅이 같이 많은 곳, 즉 화산 근처에서 둥지를 틀곤 합니다. 한편 얼음 메피트는 공기와 물이 많은 곳을 좋아하며, 얼어붙은 극지 바다를 좋아할 것입니다.

원소의 천성. 메피트는 호흡할 필요가 없으며, 먹고 마시거나 잠잘 필요도 없습니다.

먼지 메피트 DUST MEPHIT

대지와 공기의 결합물인 먼지 메피트는 묘지나 죽음의 기운이 서려 있는 곳에 많은 흥미를 느껴 모여듭니다.

얼음 메피트 ICE MEPHIT

얼어붙은 공기와 물의 결합물인 얼음 메피트는 냉담하고 차가우며, 무자비한 잔혹함으로 메피트들 사이에서 악명이 높습니다.

얼음 메피트

먼지 메피트 DUST MEPHIT

소형 원소, 중립 악

방어도 12
히트 포인트 17 (5d6)
이동속도 30ft, 비행 30ft

근력	민첩	건강	지능	지혜	매력
5 (-3)	14 (+2)	10 (+0)	9 (-1)	11 (+0)	10 (+0)

기술 감지 +2, 은신 +4
피해 취약성 화염
피해 면역 독성
상태 면역 중독
감각능력 암시야 60ft, 상시 감지 12
언어 창공어, 대지어
도전지수 1/2 (100 xp)

죽음의 폭발. 메피트가 죽으면 먼지 덩어리가 되어 폭발합니다. 메피트로부터 5ft 내에 있는 모든 크리쳐는 DC 10의 건강 내성에 실패할 시 1분간 장님 상태가 됩니다. 장님 상태의 크리쳐는 매번 자기 턴이 끝날 때 내성 굴림을 굴릴 수 있으며, 성공하면 효과는 종료됩니다.

선천적 주문시전(1회/일). 메피트는 선천적으로 물질 구성요소를 사용하지 않고 수면*Sleep* 주문을 시전할 수 있습니다. 메피트의 선천적 주문시전 능력치는 매력입니다.

행동

할퀴기. 근접 무기 공격: 명중 +4, 간격 5ft, 크리쳐 하나. 명중시: 4(1d4+2)점의 참격 피해.

실명 브레스. (재충전 6). 메피트는 15ft 길이의 원뿔형 범위에 눈을 멀게 하는 먼지를 뿌립니다. 범위 내의 모든 크리쳐는 DC 10의 민첩 내성에 실패할 경우 1분간 장님 상태가 됩니다. 장님 상태의 크리쳐는 매번 자기 턴이 끝날 때 다시 내성을 굴릴 수 있으며, 성공하면 효과는 종료됩니다.

얼음 메피트 ICE MEPHIT

소형 원소, 중립 악

방어도 11
히트 포인트 21 (6d6)
이동속도 30ft, 비행 30ft

근력	민첩	건강	지능	지혜	매력
7 (-2)	13 (+1)	10 (+0)	9 (-1)	11 (+0)	12 (+1)

기술 감지 +2, 은신 +3
피해 취약성 타격, 화염
피해 면역 냉기, 독성
상태 면역 중독
감각능력 암시야 60ft, 상시 감지 12
언어 수중어, 창공어
도전지수 1/2 (100 xp)

죽음의 폭발. 메피트가 죽으면 날카로운 얼음 조각이 되어 폭발합니다. 메피트로부터 5ft 내에 있는 모든 크리쳐는 DC 10의 민첩 내성에 실패할 시 4(1d8)점의 참격 피해를 받습니다. 성공하면 피해는 절반으로 줄어듭니다.

거짓 외관. 메피트가 움직이지 않고 있으면, 보통의 얼음 조각과 구분할 수 없습니다.

선천적 주문시전(1회/일). 메피트는 물질 구성요소를 사용하지 않고 선천적으로 안개 구름*Fog Cloud* 주문을 시전할 수 있습니다. 메피트의 선천적 주문시전 능력치는 매력입니다.

행동

할퀴기. 근접 무기 공격: 명중 +3, 간격 5ft, 크리쳐 하나. 명중시: 3(1d4+1)점의 참격 피해. 추가로 2(1d4)점의 냉기 피해.

서리 브레스(재충전 6). 메피트는 15ft 길이의 원뿔형 범위에 차가운 공기를 뿜어냅니다. 해당 범위 내의 모든 크리쳐는 DC 10의 민첩 내성에 실패할 시 5(2d4)점의 냉기 피해를 받습니다. 내성에 성공하면 피해는 절반으로 줄어듭니다.

연기 메피트

연기 메피트
Smoke Mephit

게으르고 엉성한 연기 메피트는 공기와 불의 결합물이며, 몸에서 계속 연기가 솟아나고 있습니다. 이들은 진실을 말하는 법이 거의 없으며, 다른 이들을 조롱하거나 속여 엉뚱한 길을 알려주는 것을 좋아합니다.

용암 메피트
Magma Mephit

대지와 불의 혼합물인 용암 메피트는 어두운 붉은 색으로 빛나며, 녹은 용암 구슬이 몸에서 흐릅니다. 이들은 다른 사람들의 말이나 행동을 이해하는 게 느린 편입니다.

용암 메피트

용암 메피트 Magma Mephit

소형 원소, 중립 악

방어도 11
히트 포인트 22 (5d6+5)
이동속도 30ft, 비행 30ft

근력	민첩	건강	지능	지혜	매력
8 (-1)	12 (+1)	12 (+1)	7 (-2)	10 (+0)	10 (+0)

기술 은신 +3
피해 취약성 냉기
피해 면역 화염, 독성
상태 면역 중독
감각능력 암시야 60ft, 상시 감지 10
언어 화염어, 대지어
도전지수 1/2 (100 xp)

죽음의 폭발. 메피트가 죽으면 용암 덩어리가 되어 폭발합니다. 메피트로부터 5ft 내에 있는 모든 크리쳐는 DC 11의 민첩 내성에 실패할 시 7(2d6)점의 화염 피해를 받습니다. 성공하면 피해는 절반으로 줄어듭니다.

거짓 외관. 메피트가 움직이지 않고 있으면, 보통의 용암 웅덩이와 구분할 수 없습니다.

선천적 주문시전(1회/일). 메피트는 물질 구성요소를 사용하지 않고 선천적으로 금속 *가열Heat Metal* 주문을 시전할 수 있습니다. (주문 내성 DC 10). 메피트의 선천적 주문시전 능력치는 매력입니다.

행동

할퀴기. 근접 무기 공격: 명중 +3, 간격 5ft, 크리쳐 하나. 명중시: 3(1d4+1)점의 참격 피해. 추가로 2(1d4)점의 화염 피해.

화염 브레스(재충전 6). 메피트는 15ft 길이의 원뿔형 범위에 화염을 뿜어냅니다. 범위 내의 모든 크리쳐는 DC 11의 민첩 내성에 실패할 시 7(2d6)점의 화염 피해를 받습니다. 내성에 성공하면 피해는 절반으로 줄어듭니다.

연기 메피트 Smoke Mephit

소형 원소, 중립 악

방어도 12
히트 포인트 22 (5d6+5)
이동속도 30ft, 비행 30ft

근력	민첩	건강	지능	지혜	매력
6 (-2)	14 (+2)	12 (+1)	10 (+0)	10 (+0)	11 (+0)

기술 감지 +2, 은신 +4
피해 면역 화염, 독성
상태 면역 중독
감각능력 암시야 60ft, 상시 감지 12
언어 창공어, 화염어
도전지수 1/4 (50 xp)

죽음의 폭발. 메피트가 죽으면 연기 구름이 되어 폭발합니다. 메피트 주변 5ft 반경은 심하게 가려진 지역으로 취급합니다. 이 구름은 1분간 유지되며, 그 이전에도 강한 바람으로 날려보낼 수 있습니다.

선천적 주문시전 (1/일). 메피트는 선천적으로 춤추는 빛*Dancing Light* 주문을 시전할 수 있으며, 물질 구성요소도 필요 없습니다. 메피트의 주문시전 능력치는 매력입니다.

행동

할퀴기. 근접 무기 공격: 명중 +4, 간격 5ft, 크리쳐 하나. 명중시: 4(1d4+2)점의 참격 피해.

잿가루 브레스 (재충전 6). 메피트는 15ft 길이의 원뿔 모양으로 잿가루를 뿜어냅니다. 범위 내의 모든 크리쳐는 DC 10의 민첩 내성에 실패할 시 메피트의 다음 턴이 끝날 때까지 장님 상태가 됩니다.

진흙 메피트

증기 메피트 Steam Mephit

불과 물의 결합물인 증기 메피트는 어디든 뜨거운 물이 있는 것을 좋아하며, 쉿쉿거릴 때마다 증기 촉수를 흔들거립니다. 거만하고 예민한 증기 메피트는 자신들이 모든 메피트 중에서도 가장 우월한 지배종이라고 생각합니다.

진흙 메피트 Mud Mephit

느리고 어리숙한 존재인 진흙 메피트는 대지와 물의 결합물입니다. 이들은 들어주는 사람이라면 누구에게든 불평불만을 하소연하고, 신경 써달라거나 보물을 달라고 떼를 씁니다.

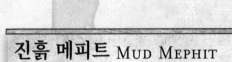

증기 메피트

변형: 메피트 소환

몇몇 메피트는 다른 메피트를 소환할 수 있는 행동 선택지를 지니고 있습니다.

메피트 소환(1회/일). 메피트는 25%의 확률로 같은 종의 메피트를 1d4마리 소환할 수 있습니다. 소환된 메피트는 60ft 이내의 빈 공간에 나타나며, 소환자의 동료로서 행동하고, 다른 메피트를 소환할 수 없습니다. 소환된 메피트는 1분간 유지되며, 그 전에도 소환자가 죽거나, 소환자가 행동을 사용해 돌려보내면 돌아갑니다.

증기 메피트 Steam Mephit

소형 원소, 중립 악

방어도 10
히트 포인트 21 (6d6)
이동속도 30ft, 비행 30ft

근력	민첩	건강	지능	지혜	매력
5 (-3)	11 (+0)	10 (+0)	11 (+0)	10 (+0)	12 (+1)

피해 면역 화염, 독성
상태 면역 중독
감각능력 암시야 60ft, 상시 감지 10
언어 수중어, 화염어
도전지수 1/4 (50 xp)

죽음의 폭발. 메피트가 죽으면, 증기 구름이 되어 폭발합니다. 메피트로부터 5ft 내에 있는 모든 크리쳐는 DC 10의 민첩 내성에 실패할 경우 4(1d8)점의 화염 피해를 받습니다.

선천적 주문시전(1회/일). 메피트는 물질 구성요소를 사용하지 않고 선천적으로 흐려짐*Blur* 주문을 시전할 수 있습니다. 메피트의 선천적 주문시전 능력치는 매력입니다.

행동

할퀴기. 근접 무기 공격: 명중 +2, 간격 5ft, 크리쳐 하나. 명중시: 2(1d4)점의 참격 피해. 추가로 2(1d4)점의 화염 피해.

증기 브레스(재충전 6). 메피트는 15ft 길이의 원뿔 범위에 뜨거운 증기를 뿜어냅니다. 해당 범위 내의 모든 크리쳐는 DC 10의 민첩 내성에 실패할 경우 4(1d8)점의 화염 피해를 받습니다. 내성에 성공하면 피해는 절반으로 줄어듭니다.

진흙 메피트 Mud Mephit

소형 원소, 중립 악

방어도 11
히트 포인트 27 (6d6+6)
이동속도 20ft, 비행 20ft, 수영 20ft

근력	민첩	건강	지능	지혜	매력
8 (-1)	12 (+1)	12 (+1)	9 (-1)	11 (+0)	7 (-2)

기술 은신 +3
피해 면역 독성
상태 면역 중독
감각능력 암시야 60ft, 상시 감지 10
언어 수중어, 대지어
도전지수 1/4 (50 xp)

죽음의 폭발. 메피트가 죽으면 끈적한 진흙 덩어리가 되어 폭발합니다. 메피트로부터 5ft 내에 있는 모든 크리쳐는 DC 11의 민첩 내성에 실패할 시 자신의 다음 턴이 끝날 때까지 포박 상태가 됩니다.

거짓 외관. 메피트가 움직이지 않고 있으면, 보통의 진흙 덩어리와 구분할 수 없습니다.

행동

주먹. 근접 무기 공격: 명중 +3, 간격 5ft, 크리쳐 하나. 명중시: 4(1d6+1)점의 타격 피해.

진흙 브레스(재충전 6). 메피트는 주변 5ft 내의 크리쳐 하나에게 오물 진흙을 토해냅니다. 만약 목표가 중형 이하 크기의 크리쳐라면 목표는 DC 11의 민첩 내성에 실패할 시 1분간 포박 상태가 됩니다. 포박 상태의 크리쳐는 매번 자신의 턴이 끝날 때 다시 내성을 굴리며, 성공하면 효과를 끝낼 수 있습니다.

모드론 MODRONS

모드론은 군체와 같은 위계를 지닌 절대적인 질서의 존재입니다. 이들은 외부 이계 중 하나인 메카너스에서 살아가며, 그곳의 영원히 작동하는 톱니바퀴들을 관리합니다. 이들의 생활은 마치 시계 태엽처럼 철저한 질서에 따라 규칙적으로 이루어집니다.

절대적인 법과 질서. 모드론은 그들의 지도자 프리머스(Primus)의 뜻에 따라 멀티버스 전체에 더 많은 질서를 가져오고 필멸자들의 마음을 법에 더 가까이하기 위해 활동하고 있습니다. 이들 자신의 정신은 철저한 위계 서열에 따라 조직되어 있으며, 각 모드론은 상급자의 명령을 받아 그것을 하급자들에게 분배 전달합니다. 모드론은 명령에 완전히 복종하며, 철저한 효율에 따라 움직이고, 어떠한 도덕이나 자아도 지니고 있지 않습니다.

모드론은 자신에 대한 감각이 없으며, 오로지 의무를 수행하기 위해 살아갑니다. 이들은 연합된 군체 의식으로 존재하며, 계급에 따라 나뉘지만, 여전히 자신들을 전체로서 판단합니다. 모드론에게 있어서 "나"라는 것은 존재하지 않으며, 오로지 "우리"만 있을 뿐입니다.

절대적인 위계. 모드론은 오직 자신과 같거나 바로 하나 위 혹은 아래 계급의 모드론과만 대화합니다. 두 계급 이상의 차이가 나는 모드론은 서로 이해를 하지 못할 정도로 복잡하게 느끼거나, 너무 단순하게 느껴집니다.

위대한 기계의 톱니. 만약 모드론 하나가 파괴된다면, 그 잔해는 즉시 분해되어 사라집니다. 그리고 바로 아래 계급의 모드론 중 하나가 번쩍이는 빛에 감싸이더니 새로운 계급으로 승급합니다. 승급한 모드론은 방금 전 파괴된 것과 같은 임무를 지니고 마찬가지로 하급자들을 관리하게 됩니다. 승급한 모드론의 빈자리 역시 마찬가지로 채워집니다. 가장 하층의 모드론은 항상 프리머스가 만들어 내며, 따라서 메카너스에 있는 모드론 대성당에서는 항상 새로 만들어진 모노드론의 행렬이 끊이지 않습니다.

대 모드론 행진. 메카너스의 톱니바퀴는 289년마다 한 번씩, 17개의 과정이 완료됩니다. 모드론의 지도자 프리머스는 이때마다 표면상으로는 정찰 임무인 것처럼 거대한 모드론 군대를 외부 이계 전역에 보냅니다. 이 행진은 길고 위험하며, 떠나던 모드론 중 아주 일부만 다시 메카너스에 돌아오곤 합니다.

모노드론 MONODRONE

모노드론은 동시에 한 가지 간단한 임무를 할 수 있으며, 48단어까지의 짧은 내용을 전달할 수 있습니다.

듀오드론 DUODRONE

벽돌 같은 모양의 듀오드론은 모노드론의 집단을 관리하며, 동시에 두 가지 임무를 수행할 수 있습니다.

트라이드론 TRIDRONE

트라이드론은 뒤집힌 피라미드처럼 생겼습니다. 이들은 전투 시에 하급 모드론들을 지휘합니다.

쿼드론 QUADRONE

뛰어난 전투능력을 지닌 쿼드론은 모드론 군대에서 현장 장교나 포병대로서의 역할을 수행합니다.

펜타드론 PENTADRONE

펜타드론은 메카너스의 작업 인구를 관리하며, 새로운 상황이 발생했을 때 임기응변으로 대처할 수 있는 능력을 지녔습니다.

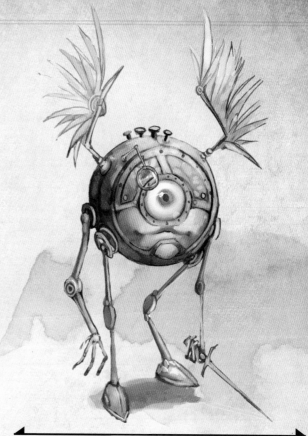

변형: 불량 모드론

모드론은 때로 자연적인 부식이나 혼돈의 힘에 노출되었을 때 변질될 수 있습니다. 이 불량 모드론은 프리머스의 뜻과 지시에 따르지 않으며, 법을 깨고 질서를 어기며 때로는 폭력을 휘두르기도 합니다. 다른 모드론들은 이 불량 모드론을 사냥하곤 합니다.

불량 모드론은 질서적 정신 특징을 잃어버리며, 질서 중립 외의 다른 성향을 지닙니다. 그 점을 제외하면 불량 모드론은 원래 계급의 다른 모드론들과 같은 게임 자료를 사용합니다.

모노드론 MONODRONE

중형 구조물, 질서 중립

방어도 15 (자연 갑옷)
히트 포인트 5 (1d8+1)
이동속도 30ft, 비행 30ft

근력	민첩	건강	지능	지혜	매력
10 (+0)	13 (+1)	12 (+1)	4 (-3)	10 (+0)	5 (-3)

감각능력 진시야 120ft, 상시 감지 10
언어 모드론어
도전지수 1/8 (25 xp)

질서적 정신. 모노드론은 자신의 본성이나 자신이 받은 지시에 어긋나는 행동을 하도록 하는 효과를 무시합니다.

분해. 만약 모노드론이 죽으면, 그 몸은 즉시 먼지로 분해되며, 무기와 기타 소지품들만이 그 자리에 남습니다.

행동

단검. 근접 무기 공격: 명중 +3, 간격 5ft, 목표 하나. 명중시: 3(1d4+1)점의 관통 피해.

투창. 근접 또는 장거리 무기 공격: 명중 +2, 간격 5ft 또는 장거리 30/120ft, 목표 하나. 명중시: 3(1d6)점의 관통 피해.

> "매번 289년이 지날 때마다, 멀티버스 전체가
> 미쳐 나가지. 시계처럼 정확하다니까."
> — 퀸트 스톰벨로우, 바위 노움 모험자.

듀오드론 DUODRONE

중형 구조물, 질서 중립

방어도 15 (자연 갑옷)
히트 포인트 11 (2d8+2)
이동속도 30ft

근력	민첩	건강	지능	지혜	매력
11 (+0)	13 (+1)	12 (+1)	6 (-2)	10 (+0)	7 (-2)

감각능력 진시야 120ft, 상시 감지 10
언어 모드론어
도전지수 1/4 (50 xp)

질서적 정신. 듀오드론은 자신의 본성이나 자신이 받은 지시에 어긋나는 행동을 하도록 하는 효과를 무시합니다.

분해. 만약 듀오드론이 죽으면, 그 몸은 즉시 먼지로 분해되며, 무기와 기타 소지품들만이 그 자리에 남습니다.

행동

다중공격. 듀오드론은 주먹 공격 또는 투창 공격을 2회 가합니다.

주먹. 근접 무기 공격: 명중 +2, 간격 5ft, 목표 하나. 명중시: 2(1d4)점의 타격 피해.

투창. 근접 또는 장거리 무기 공격: 명중 +3, 간격 5ft 또는 장거리 30/120ft, 목표 하나. 명중시: 4(1d6+1)점의 관통 피해.

트라이드론 TRIDRONE

중형 구조물, 질서 중립

방어도 15 (자연 갑옷)
히트 포인트 16 (3d8+3)
이동속도 30ft

근력	민첩	건강	지능	지혜	매력
12 (+1)	13 (+1)	12 (+1)	9 (-1)	10 (+0)	9 (-1)

감각능력 진시야 120ft, 상시 감지 10
언어 모드론어
도전지수 1/2 (100 xp)

질서적 정신. 트라이드론은 자신의 본성이나 자신이 받은 지시에 어긋나는 행동을 하도록 하는 효과를 무시합니다.

분해. 만약 트라이드론이 죽으면, 그 몸은 즉시 먼지로 분해되며, 무기와 기타 소지품들만이 그 자리에 남습니다.

행동

다중공격. 트라이드론은 주먹 또는 투창 공격을 3회 가합니다.

주먹. 근접 무기 공격: 명중 +3, 간격 5ft, 목표 하나. 명중시: 3(1d4+1)점의 타격 피해.

투창. 근접 또는 장거리 무기 공격: 명중 +3, 간격 5ft 또는 장거리 30/120ft, 목표 하나. 명중시: 4(1d6+1)점의 관통 피해.

쿼드론 QUADRONE

중형 구조물, 질서 중립

방어도 16 (자연 갑옷)
히트 포인트 22 (4d8+4)
이동속도 30ft, 비행 30ft

근력	민첩	건강	지능	지혜	매력
12 (+1)	14 (+2)	12 (+1)	10 (+0)	10 (+0)	11 (+0)

기술 감지 +2
감각능력 진시야 120ft, 상시 감지 12
언어 모드론어
도전지수 1 (200 xp)

질서적 정신. 쿼드론은 자신의 본성이나 자신이 받은 지시에 어긋나는 행동을 하도록 하는 효과를 무시합니다.

분해. 만약 쿼드론이 죽으면, 그 몸은 즉시 먼지로 분해되며, 무기와 기타 소지품들만이 그 자리에 남습니다.

행동

다중공격. 쿼드론은 주먹 공격을 2회 가하거나, 단궁 공격을 4회 가할 수 있습니다.

주먹. 근접 무기 공격: 명중 +3, 간격 5ft, 목표 하나. 명중시: 3(1d4+1)점의 타격 피해.

단궁. 장거리 무기 공격: 명중 +4, 장거리 80/320ft, 목표 하나. 명중시: 5(1d6+2)점의 관통 피해.

펜타드론 PENTADRONE

대형 구조물, 질서 중립

방어도 16 (자연 갑옷)
히트 포인트 32 (5d10+5)
이동속도 40ft

근력	민첩	건강	지능	지혜	매력
15 (+2)	14 (+2)	12 (+1)	10 (+0)	10 (+0)	13 (+1)

기술 감지 +4
감각능력 진시야 120ft, 상시 감지 14
언어 모드론어
도전지수 2 (450 xp)

질서적 정신. 펜타드론은 자신의 본성이나 자신이 받은 지시에 어긋나는 행동을 하도록 하는 효과를 무시합니다.

분해. 만약 펜타드론이 죽으면, 그 몸은 즉시 먼지로 분해되며, 무기와 기타 소지품들만이 그 자리에 남습니다.

행동

다중공격. 펜타드론은 팔 공격을 5회 가합니다.

팔. 근접 무기 공격: 명중 +4, 간격 5ft, 목표 하나. 명중시: 5(1d6+2)점의 타격 피해.

마비 가스 (재충전 5-6). 펜타드론은 30ft 길이의 원뿔 범위에 가스를 뿜어냅니다. 해당 범위 내의 모든 크리쳐는 DC 11의 건강 내성 굴림에 실패할 경우 1분간 마비됩니다. 마비된 크리쳐는 매번 자신의 턴이 끝날 때 다시 내성 굴림을 할 수 있으며, 성공하면 마비 효과는 종료됩니다.

미노타우르스 Minotaur

미노타우르스의 야만스러운 전투 함성은 문명화된 종족 대부분을 공포에 떨게 만듭니다. 필멸자의 세계에서 데몬의 의식을 거쳐 태어나는 미노타우르스는 야만스러운 정복자이며 사냥과 동시에 먹이를 먹어 치우는 육식 괴물입니다. 그들은 갈색 또는 검은색 털가죽에 쓰러진 적의 피로 그림을 그리며, 항상 죽음의 악취를 풍기고 다닙니다.

내면의 야수. 대부분의 미노타우르스는 홀로 다니는 육식성 괴물로, 미로 같은 던전이나 비틀린 동굴, 원시림, 혹은 거의 미로처럼 생긴 거리나 멀리 떨어진 황량한 폐허에 살고 있습니다. 미노타우르스는 자신이 다녔던 모든 길을 기억하며, 먹이와의 거리도 완벽하게 계산할 수 있습니다.

피 냄새와 살점을 찢는 감각, 그리고 뼈를 부러트릴 때의 쾌감이 미노타우르스에게 있어서는 지고의 쾌락입니다. 이들은 모든 생각과 이성을 접어놓고 살육에 빠지며, 마치 공성추처럼 적들을 들이받고 짓밟으며 쓰러진 자를 토막 냅니다.

미로를 헤매는 먹이를 기습하기 위해 매복할 때를 제외하면, 미노타우르스는 전술이나 전략에 대해서는 별로 신경을 쓰지 않습니다. 미노타우르스는 조직화되지도 않으며, 권위나 위계를 존중하지도 않습니다. 이들은 지독히도 노예로 삼기 어려우며, 결코 통제에 따르지 않는 것으로도 유명합니다.

뿔난 왕의 교단. 미노타우르스는 자연으로 돌아가 권위의 압제를 거부하려던 인간 교단이 행한 어두운 의식의 산물입니다. 이 의식의 입회자들은 이 교단을 드루이드 회합이나 토템 종교와 착각하기도 하지만, 이 교단에서는 의식용 동물 가면을 쓰고 미궁에 들어가 의식을 거행하곤 합니다.

미궁이라는 제한된 환경 내에서 사교도들은 야생 동물을 사냥하고 죽여서 잡아먹었고, 그러는 와중에 내면의 원시적 욕구가 점점 더 강해졌습니다. 하지만 결국 동물을 희생하는 의식은 곧 인간형 종족을 희생하는 의식으로 바뀌고 말았으며, 만약 입회자가 이 끔찍한 의식의 전모를 알고 탈출하려 든다면 비밀을 입막음하기 위해 사냥하여 제물로 바치는 경우도 많았습니다. 이 미로는 피에 젖은 살육의 현장이 되었고, 사교도들의 야만적인 소리만이 메아리쳤습니다.

이 교단이 데몬 군주인 뿔난 왕 바포멧을 섬기기 위해 만들어졌다는 사실은 교단의 가장 높은 지도자들만이 알고 있었습니다. 바포멧은 어비스 내 자기 층을 거대한 미로처럼 만들어 놓았습니다. 그의 추종자 중 일부는 힘과 권력을 위해 제물을 바쳤고, 다른 이들은 권위의 압제에서 벗어나 자유로이 살기 위해 교단에 들어왔습니다. 하지만 바포멧은 그들이 원하는 자유를 주는 대신, 미노타우르스로 바꾸어 영원히 인간의 굴레에서 벗어나 야만적인 모습으로 살아가게 했습니다.

비록 최초의 미노타우르스는 뿔난 왕의 피조물이었으나, 이들은 자기들끼리 짝짓기를 한 끝에 독립적인 부족이 되었습니다. 이제 바포멧의 야만적인 아이들이 전 세계로 퍼져 나간 것입니다.

미노타우르스 Minotaur

대형 괴물류, 혼돈 악

방어도 14 (자연 갑옷)
히트 포인트 76 (9d10+27)
이동속도 40ft

근력	민첩	건강	지능	지혜	매력
18 (+4)	11 (+0)	16 (+3)	6 (-2)	16 (+3)	9 (-1)

기술 감지 +7
감각능력 암시야 60ft, 상시 감지 17
언어 심연어
도전지수 3 (700 xp)

돌격. 미노타우르스가 한 턴에 최소 10ft 이상 직선으로 이동한 직후 적에게 들이받기 공격을 가해 명중시켰다면, 목표는 추가로 9(2d8)점의 관통 피해를 받습니다. 목표가 크리쳐라면, DC 14의 근력 내성에 실패한 경우 10ft 멀리 밀려나고 넘어집니다.

미궁 기억력. 미노타우르스는 자신이 지나온 길을 완벽하게 기억할 수 있습니다.

무모함. 미노타우르스는 자기 턴이 시작될 때 이번 턴 동안 모든 근접 명중 굴림에 이점을 받으려 할 수 있습니다. 단, 그렇게 하면 자신의 다음 턴이 시작될 때까지 미노타우르스를 목표로 하는 모든 명중 굴림도 이점을 받게 됩니다.

행동

대도끼. 근접 무기 공격: 명중 +6, 간격 5ft, 목표 하나. 명중시: 17(2d12+4)점의 참격 피해.

들이받기. 근접 무기 공격: 명중 +6, 간격 5ft, 목표 하나. 명중시: 13(2d8+4)점의 관통 피해.

미믹 MIMIC

미믹은 여러가지 무생물의 모습을 취해 다가오는 먹잇감을 잡아먹는 변신 포식자입니다. 이 교활한 생물은 던전에서 문이나 상자의 모습을 취하고 나타납니다. 그런 모습을 하고 있으면 먹이를 꾀기 가장 좋다는 것을 알고 있기 때문입니다.

흉내 내는 포식자. 미믹은 자신의 외부 질감을 나무나 돌, 혹은 다른 기초적 물질처럼 바꿀 수 있으며, 접근하는 자들이 만져볼 수 있도록 꼭 닮게 변하는 법을 익혔습니다. 변신한 형태의 미믹은 먹잇감이 아주 가까이 가더라도 실물과 차이를 알아보기 어려울 정도이며, 완전히 자신의 간격에 들어왔다 싶으면 위족을 내어 공격합니다.

미믹이 형태를 바꿀 때면, 접착성 액체를 내어 먹이와 먹이가 휘두르는 무기를 사로잡습니다. 접착성 액체는 미믹이 부정형 형태를 취하면 다시 흡수되어 자신이 움직이는 데 사용합니다.

교활한 사냥꾼들. 미믹은 홀로 살아가며 사냥하지만, 자신의 사냥터를 다른 크리쳐들과 공유하는 경우도 종종 있습니다. 비록 대부분의 미믹은 오로지 포식자로서의 지능만을 갖추고 있지만, 아주 희귀한 몇몇은 훨씬 더 교활해서 공용어나 지하공용어로 간단한 회화까지 나누기도 한다고 합니다. 이러한 미믹들은 음식을 주기만 한다면 안전한 통로를 제공해주고 자신이 알고 있는 몇 가지 정보와 교환해 주기도 합니다.

> "때로는 상자가 그냥 상자일 수도 있지만,
> 너무 과신하지는 않는 게 좋다."
> — 신비술사 X의 던전 생존 규칙 3번째.

미믹 MIMIC

중형 괴물류(변신자), 중립

방어도 12 (자연 갑옷)
히트 포인트 58 (9d8+18)
이동속도 15 ft

근력	민첩	건강	지능	지혜	매력
17 (+3)	12 (+1)	15 (+2)	5 (-3)	13 (+1)	8 (-1)

기술 은신 +5
피해 면역 산성
상태 면역 넘어짐
감각능력 암시야 60ft, 상시 감지 11
언어 —
도전지수 2 (450 xp)

변신자. 미믹은 행동을 사용해 본래의 부정형 모습에서 다른 물체 모습으로 변신하거나, 원래 모습으로 돌아올 수 있습니다. 미믹의 게임 자료는 어떤 형태에서도 동일하빈다. 미믹이 장비하거나 들고 있는 물건은 같이 변신되지 않습니다. 미믹이 사망할 경우 본래 모습으로 돌아옵니다.

접착성 (물체 형태일 때만). 미믹은 자신이 접촉한 모든 것에 달라붙습니다. 거대형 이하 크기의 크리쳐라면 미믹에 접촉할 경우 붙잡힌 상태가 됩니다. (탈출 DC 13) 이렇게 붙잡힌 상태에서 탈출하려는 능력 판정에는 불리점이 가해집니다.

거짓 외관 (물체 형태일 때만). 미믹이 움직이지 않고 있으면, 보통의 움직이지 않는 물체와 구분할 수 없습니다.

붙잡는 자. 미믹은 자신이 붙잡고 있는 목표에 대한 명중 굴림에 이점을 얻습니다.

행동

위족. *근접 무기 공격:* 명중 +5, 간격 5ft, 목표 하나. *명중시:* 7(1d8+3)점의 타격 피해. 만약 미믹이 물체 형태였다면 목표는 또한 접촉성 효과의 영향도 받습니다.

물기. *근접 무기 공격:* 명중 +5, 간격 5ft, 목표 하나. *명중시:* 7(1d8+3)점의 관통 피해와 4(1d8)점의 산성 피해.

미이라 Mummies

암흑의 매장 의식에 의해 되살아난 미이라는 꿈틀거리며 시간 속에 잊혀진 무덤이나 사원 속에 도사리고 있습니다. 영원한 잠에서 깨어난 이들은 불경한 저주의 힘으로 침입자들을 벌합니다.

잠들어 있던 격노. 오래된 매장 의식을 통해 만들어진 미이라는 육신이 완전히 부패하지 않고 매장되어 있습니다. 방부 과정에서 아직 부패하지 않은 내장은 제거되어 특별한 항아리에 담기며, 시신은 보존용 기름과 약초로 전신을 처리합니다. 일단 몸이 준비되고 나면, 시체는 주로 리넨 붕대를 이용해 감싸곤 합니다.

암흑신의 의지. 언데드인 미이라는 죽음의 신을 섬기는 사제나 다른 암흑신의 의식을 통해 보존된 시체에 사령술 마법을 걸었을 때 만들어집니다. 미이라의 리넨 붕대에는 사령술 마법의 각인이 새겨지며, 매장 의식의 마지막은 암흑의 주문으로 끝납니다. 미이라가 불사의 힘을 견뎌내면, 이제 의식에서 지정된 경우가 찾아왔을 때 자동으로 일어나 행동할 수 있게 됩니다. 대개는 무덤에 침입자가 들어왔을 때가 발동 조건이 되며, 그 외에도 보물에 누군가가 손을 댔을 때, 혹은 자신의 영토나 이전 사랑하던 자가 공격받았을 때 미이라로 일어나기도 합니다.

징벌받은 자. 일단 죽고 나면, 자신의 몸이 미이라가 되든 아니든 죽은 자는 말이 없습니다. 몇몇 미이라는 생전에 대사제나 파라오의 진노를 산 강력한 인물의 시체로 만들어지기도 하며, 반역이나 간통, 혹은 살인의 죄를 저지른 자가 미이라가 되기도 합니다. 이들은 죄에 대한 처벌로 죽고 나서도 방부처리되어 감금당한 채 영원히 불사의 운명을 지니게 된 것입니다. 하지만 때로는 징벌이 아니라 노예를 이용해 만든 미이라를 무덤의 수호자로 사용하거나, 더 큰 목적을 위해 일부러 미이라가 되기도 합니다.

의식의 피조물. 미이라는 제작 의식에서 정해진 조건과 상태에 따라 깨어나고 움직이며, 침입자를 처벌하려는 목적만을 생각합니다. 미이라가 덤벼오는 무시무시한 광경은 보는 사람을 공포에 질리게 해 마비시킬 수 있습니다. 미이라가 손을 대기만 해도 희생자의 몸은 겉부터 썩어들어가며, 얼마 되지 않아 오직 먼지만 남게 됩니다.

미이라의 저주 끝내기. 아주 희귀한 마법을 사용하면 미이라를 만들어 낸 마법 의식을 무효화하거나 취소할 수 있으며, 이렇게 하면 미이라는 영원한 안식을 맞이하게 됩니다. 사실 미이라가 성공적으로 침입자를 격퇴하고 자신의 의무를 완수하면 저주에서 해방되어 영원한 휴식을 얻는 경우도 꽤 있습니다. 성스러운 우상을 원래 자리에 놓거나, 훔친 보물을 다시 보물고에 가져다 놓거나, 사원 바닥에 흘린 피를 모조리 깨끗이 닦는 등의 활동을 하면 미이라가 원래대로 돌아갈 수도 있습니다.

미이라가 지키고자 한 비밀을 들춰낸다거나 미이라가 사랑했던 사람을 죽이는 등 매우 심각하거나 영원히 영향이 남을만한 사건을 일으킨 경우, 미이라는 쉽게 다시 잠들지 않습니다. 이런 경우, 미이라는 관련된 모든 이들을 죽여버리고 나서도 분노가 가라앉지 않아 주변을 떠돌지도 모릅니다.

불사의 기록관. 미이라는 잘 입을 열지 않지만, 기본적으로는 대화할 수 있습니다. 따라서, 몇몇 미이라는 잃어버린 전승을 전하는 불사의 기록관으로서 자신들을 만들어낸 자의 후손에게 지식을 전하기도 합니다. 강력한 인물들은 때때로 조언을 얻기 위해 미이라들을 깨워 이야기하기도 합니다.

언데드의 천성. 미이라는 호흡할 필요가 없으며, 먹고 마시거나 잠잘 필요도 없습니다.

미이라 군주 Mummy Lord

고대의 무덤 속에는 폭정을 펼친 왕이나 암흑신의 대사제가 꿈조차 꾸지 않고 영원한 휴식을 취하며, 언젠가 다시 일어나 자신들의 왕좌를 되찾고 고대의 왕국을 다시 세울 때를 기다리기도 합니다. 리넨으로 감싸인 이 끔찍한 지배자들의 시신 위에는 과거 왕조의 문양이 여전히 남아 있으며, 곰팡이가 핀 로브에는 악의 상징이 수놓아져 있거나 수천 년 전 존재했던 왕조의 기술로 만들어진 청동 갑옷을 위에 덧입고 있기도 합니다.

가장 강력한 사제들의 지시에 따라 이루어진 의식은 미이라에게 더욱 강력한 힘을 부여할 수 있습니다. 미이라 군주는 생전의 기억과 개성을 그대로 갖출 수 있도록 강화된 의식으로 만들어지며, 이에 더해 초자연적 내구성을 갖추게 됩니다. 죽은 황제가 지금까지도 전설에서 전해지는 악명높은 룬이 새겨진 검을 들고 누워 있을 수도 있습니다. 소서러 군주는 백성들을 공포에 빠트렸던 금지된 마법을 아직도 지니고 있을지도 모릅니다. 또한 암흑신들은 자신의 사제왕이 바치는 영원한 기도에 신성 주문의 힘으로 보답할 수도 있습니다.

미이라 군주의 심장. 미이라 군주를 만들어 내는 의식 과정에서, 시체의 심장과 내장은 제거되어 특별한 항아리에 보관됩니다. 이 항아리는 석회암을 깎아 만들거나 점토로 만들어지기도 하며, 겉에는 빼곡하게 종교적 문양이 그려지거나 새겨져 있습니다.

이렇게 분리된 심장이 안전하게 있는 한, 미이라 군주는 결코 진정으로 파괴되지 않습니다. 미이라 군주의 hp가 0으로 떨어지면, 군주는 먼지로 변해 흩어진 다음 24시간이 지나면 다시 완전한 힘을 되찾아 심장 항아리 근처에서 일어나게 됩니다. 미이라 군주를 완전히 파괴하기 위해서는 그 심장을 태워 재로 만들어야 합니다. 바로 이러한 이유로 미이라 군주는 자신의 심장과 내장이 담긴 항아리를 비밀 무덤이나 금고 안에 안전히 보관해 둡니다.

미이라 군주의 심장은 AC 5에 25hp를 지니고 있으며, 화염을 제외한 모든 피해에 면역입니다.

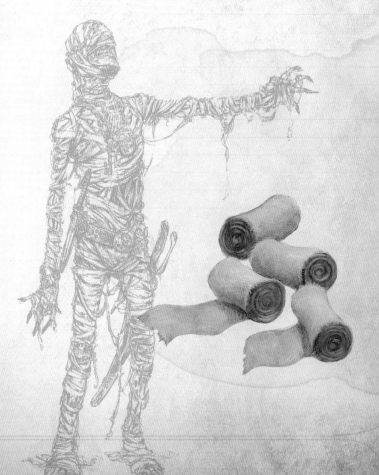

미이라 군주의 본거지

미이라 군주는 고대의 사원이나 무덤을 통치하며, 이런 곳들은 하급 언데드들과 함정으로 지켜지고 있습니다. 거대한 사원 속 깊은 곳 어딘가에 가장 큰 보물들과 함께 미이라 군주가 잠자는 석관이 있을지도 모릅니다.

 본거지에서 마주한 미이라 군주는 도전 지수 16(15,000 XP)으로 취급합니다.

본거지 행동

미이라 군주는 우선권 순서 20(비길 경우 항상 지는 것으로 취급)에서 아래 효과 중 하나를 본거지 행동으로 사용합니다. 미이라 군주는 한 효과를 2라운드 연속으로 사용할 수 없습니다.

* 본거지에 있는 모든 언데드 크리쳐는 다음 라운드의 우선권 순서 20때까지 자기 주변 120ft 내에 있는 살아있는 크리쳐의 위치를 정확하게 파악할 수 있습니다.

미이라 Mummy

중형 언데드, 질서 악

방어도 11 (자연 갑옷)
히트 포인트 58 (9d8+18)
이동속도 20ft

근력	민첩	건강	지능	지혜	매력
16 (+3)	8 (-1)	15 (+2)	6 (-2)	10 (+0)	12 (+1)

내성 굴림 지혜 +2
피해 취약성 화염
피해 저항 비마법적 무기에 의한 타격/관통/참격 피해
피해 면역 사령, 독성
상태 면역 매혹, 탈진, 공포, 마비, 중독
감각능력 암시야 60ft, 상시 감지 10
언어 생전에 알았던 언어 전부
도전지수 3 (700 xp)

행동

다중공격. 미이라는 공포의 시선을 사용하고, 부패의 주먹으로 1회 공격합니다.

부패의 주먹. 근접 무기 공격: 명중 +5, 간격 5ft, 목표 하나. 명중시: 10(2d6+3)점의 타격 피해. 추가로 10(3d6)점의 사령 피해. 목표가 크리쳐라면 DC 12의 건강 내성에 실패할 시 미이라 부패의 저주를 받습니다. 저주받은 목표는 hp를 회복할 수 없으며, 매번 24시간이 지날 때마다 최대hp가 10(3d6)점씩 줄어듭니다. 만약 이 저주로 인해 목표의 최대hp가 0 이하로 떨어졌다면 목표는 사망하며, 시체는 먼지가 되어 흩어집니다. 이 저주는 저주 해제Remove Curse 주문이나 유사한 마법으로 해소할 때까지 유지됩니다.

공포의 시선. 미이라는 60ft 내에서 자신이 볼 수 있는 크리쳐 하나를 목표로 정합니다. 만약 목표 역시 미이라를 볼 수 있다면, 목표는 이 마법에 대해 DC 11의 지혜 내성을 굴려 실패할 시 미이라의 다음 턴이 끝날 때까지 공포 상태가 됩니다. 만약 목표가 이 내성에 5 이상의 차이로 실패했다면, 목표는 또한 같은 지속시간 동안 마비 상태에도 걸립니다. 목표가 내성에 성공했다면 이후 24시간 동안 모든 미이라가 사용하는 공포의 시선에 대해 면역을 얻습니다. (미이라 군주의 시선은 예외입니다)

"석관을 열기 전에는, 횃불을 켜 둬라."
— 신비술사 X의 던전 생존 규칙 7번째.

- 본거지 내의 모든 언데드 크리쳐는 다음 라운드의 우선권 순서 20때까지 언데드를 퇴치하는 효과에 대한 내성에 이점을 받습니다.
- 다음 라운드의 우선권 순서 20때까지, 본거지 안에서 언데드가 아닌 크리쳐가 4레벨 이하의 주문을 시전하려 할 경우 고통으로 몸부림치게 됩니다. 주문을 시전하려는 크리쳐는 대신 다른 행동을 할 수도 있으나, 억지로 주문을 시전하려 할 경우 DC 16의 건강 내성을 굴려 성공해야 합니다. 내성에 실패할 경우 시전자의 주문은 실패하고 슬롯은 사라지며, 시전자는 주문 레벨 당 1d6점의 사령 피해를 받게 됩니다.

지역 효과

미이라 군주가 거하는 사원이나 무덤은 그 암흑의 영향력으로 인해 아래와 같은 효과를 일으키며 변하게 됩니다.

- 본거지 내의 음식은 계속 곰팡이가 피고, 물은 본거지 내로 들어오는 순간 바로 증발해 버립니다. 기타 비마법적인 음료는 상합니다. 예를 들어, 와인은 바로 식초가 되어버립니다.
- 미이라 군주를 제외한 다른 이가 본거지 내에서 예지계 주문을 사용할 경우, 25%의 확률로 거짓 결과를 얻게 됩니다. 이 거짓 결과는 DM이 결정합니다. 만약 예지계 주문에 이미 실패 확률이 있거나 여러 번 사용할 경우 불확실해지는 것이라면, 그 확률이 25% 증가합니다.
- 본거지 내의 보물을 들고 나가는 크리쳐는 보물을 원래대로 돌려놓을 때까지 저주를 받습니다. 저주받은 목표는 모든 내성 굴림에 불리점을 받습니다. 이 저주는 저주 해제Remove Curse 주문이나 기타 유사한 마법으로 해소할 때까지 지속됩니다.

미이라 군주가 파괴되면 이 지역효과들은 즉시 종료됩니다.

미이라 군주 Mummy Lord

중형 언데드, 질서 악

방어도 17 (자연 갑옷)
히트 포인트 97 (13d8+39)
이동속도 20ft

근력	민첩	건강	지능	지혜	매력
18 (+4)	10 (+0)	17 (+3)	11 (+0)	18 (+4)	16 (+3)

내성 굴림 건강 +8, 지능 +5, 지혜 +9, 매력 +8
기술 역사학 +5, 종교학 +5
피해 취약성 화염
피해 면역 사령, 독성, 비마법적 무기에 의한 타격/관통/참격 피해.
상태 면역 매혹, 탈진, 공포, 마비, 중독
감각능력 암시야 60ft, 상시 감지 14
언어 생전에 알았던 언어 전부
도전지수 15 (13,000 xp)

마법 저항. 미이라 군주는 주문과 기타 마법적 효과에 대한 내성 굴림에 이점을 받습니다.

회생. 미이라 군주는 심장이 안전하게 남아 있는 경우, 파괴되어도 24시간 뒤에 새로운 몸을 만들어 최대hp를 회복하고 다시 움직일 수 있습니다. 새 몸은 미이라 군주의 심장 근처 5ft 내에 나타날 것입니다.

주문시전. 미이라 군주는 10레벨 주문시전자입니다. 미이라 군주의 주문시전 능력치는 지혜입니다. (주문 내성 DC 17, 주문 명중 +9). 미이라 군주는 아래 클레릭 주문을 준비하고 있습니다.

소마법(자유시전): *신성한 불길Sacred Flame, 단순마술Thaumaturgy*
1레벨(슬롯 4개): *명령Command, 유도 화살Guiding Bolt, 신앙의 방패Shield of Faith*
2레벨(슬롯 3개): *인간형 포박Hold Person, 침묵Silence, 영체 무기Spiritual Weapon*
3레벨(슬롯 3개): *사체 조종Animate Dead, 마법 무효화Dispel Magic*
4레벨(슬롯 3개): *예지Divination, 신앙의 수호자Guardian of Faith*
5레벨(슬롯 2개): *감염Contagion, 곤충 무리Insect Plague*
6레벨(슬롯 1개): *가해Harm*

행동

다중공격. 미이라는 공포의 시선을 1회 사용하고 부패의 주먹으로 1회 공격합니다.

부패의 주먹. 근접 무기 공격: 명중 +9, 간격 5ft, 목표 하나. 명중시: 14(3d6+4)점의 타격 피해. 추가로 21(6d6)점의 사령 피해. 목표가 크리쳐라면 DC 16의 건강 내성에 실패할 시 미이라 부패의 저주를 받습니다. 저주받은 목표는 hp를 회복할 수 없으며, 매번 24시간이 지날 때마다 최대hp가 10(3d6)점씩 줄어듭니다. 만약 이 저주로 인해 목표의 최대hp가 0 이하로 떨어졌다면 목표는 사망하며, 시체는 먼지가 되어 흩어집니다. 이 저주는 저주 해제Remove Curse 주문이나 유사한 마법으로 해소할 때까지 유지됩니다.

공포의 시선. 미이라는 60ft 내에서 자신이 볼 수 있는 크리쳐 하나를 목표로 정합니다. 만약 목표 역시 미이라를 볼 수 있다면, 목표는 이 마법에 대해 DC 16의 지혜 내성을 굴려 실패할 시 미이라의 다음 턴이 끝날 때까지 공포 상태가 됩니다. 만약 목표가 이 내성에 5 이상의 차이로 실패했다면, 목표는 또한 같은 지속시간 동안 마비 상태에도 걸립니다. 목표가 내성에 성공했다면 이후 24시간 동안 모든 미이라가 사용하는 공포의 시선에 대해 면역을 얻습니다.

전설적 행동

미이라 군주는 아래의 선택지 중에서 3회의 전설적 행동을 할 수 있습니다. 전설적 행동은 한 번에 하나만 사용할 수 있으며, 오직 다른 크리쳐의 턴이 끝날 때만 사용할 수 있습니다. 미이라 군주는 자신의 턴이 시작할 때 소비한 전설적 행동을 모두 회복합니다.

공격. 미이라 군주는 부패의 주먹이나 공포의 시선으로 1회 공격을 가합니다.
실명의 먼지. 눈이 멀게 만드는 먼지와 모래가 미이라 군주 주변을 마법적으로 소용돌이칩니다. 미이라 군주 주변 5ft 내의 모든 크리쳐는 DC 16의 건강 내성에 실패할 시 자신의 다음 턴이 끝날 때까지 장님 상태가 됩니다.
불경한 단어(행동 2회 소모). 미이라 군주는 불경한 단어를 외칩니다. 미이라 군주 주변 10ft 내의 언데드가 아닌 모든 크리쳐는 이 마법적인 외침을 들었다면 DC 16의 건강 내성을 굴려 실패할 시 미이라 군주의 다음 턴이 끝날 때까지 충격 상태가 됩니다.
부정력 변환(행동 2회 소모). 미이라 군주는 마법적으로 부정한 힘을 퍼트립니다. 미이라 군주 주변 60ft 내의 모든 크리쳐는 미이라 군주의 다음 턴이 끝날 때까지 hp를 회복할 수 없습니다. 이 힘은 모서리를 돌아 퍼지며 장벽을 투과합니다.
모래의 소용돌이(행동 2회 소모). 미이라 군주는 마법적으로 모래 소용돌이 형태가 되어 60ft까지 이동한 다음 원래 모습으로 돌아올 수 있습니다. 소용돌이 형태일 때 미이라 군주는 모든 피해에 면역이며, 붙잡힘, 석화, 넘어짐, 포박, 충격 상태에 면역을 얻습니다. 미이라 군주가 장비하거나 들고 있던 물건들 역시 같이 변화했다 돌아옵니다.

바실리스크 Basilisk

중형 괴물류, 성향 없음

방어도 15 (자연 갑옷)
히트 포인트 52 (8d8+16)
이동속도 20ft

근력	민첩	건강	지능	지혜	매력
16 (+3)	8 (-1)	15 (+2)	2 (-4)	8 (-1)	7 (-2)

감각능력 암시야 60ft, 상시 감지 9
언어 —
도전지수 3 (700 xp)

석화의 응시. 바실리스크는 자기 주변 30ft 내에서 턴을 시작하는 크리쳐가 있을 경우, 자신이 행동불능 상태가 아니고 서로를 볼 수 있다면 그 크리쳐를 석화하려 시도할 수 있습니다. 목표는 DC 12의 건강 내성에 실패할 시 포박 상태가 되어 마법적으로 석화하기 시작합니다. 이렇게 포박 상태가 된 크리쳐는 자기 턴이 끝날 때 다시 내성 굴림을 굴려야 하며, 이때 성공하면 효과는 종료됩니다. 그러나 두 번째 내성에도 실패하면 완전히 석화하여 *상급 회복Greater Restoration* 주문 등으로 해소할 때까지 석화된 채로 있게 됩니다.

크리쳐는 기습당한 것이 아닌 한 자기 턴이 시작할 때 눈길을 돌리겠다고 선언하여 내성 굴림을 피할 수 있습니다. 그렇게 눈길을 돌린다면 해당 크리쳐는 자신의 다음 턴이 끝날 때까지 바실리스크를 볼 수 없습니다. 만약 해당 크리쳐가 잠깐이라도 바실리스크와 마주본다면 즉시 내성 굴림을 굴려야 합니다.

만약 바실리스크가 밝은 빛 환경에 있을 때 30ft 내에 반사되는 표면이 있다면 바실리스크 역시 자신의 모습을 비쳐보고 스스로에게 석화의 응시를 사용하게 됩니다.

행동

물기. 근접 무기 공격: 명중 +5, 간격 5ft, 목표 하나. 명중시: 10(2d6+3)점의 관통 피해. 추가로 7(2d6)점의 독성 피해.

바실리스크 Basilisk

여행자들은 때때로 진짜 살아있는 것과 꼭 닮은 야생 동물들의 돌 조각이 늘어서 있는 것을 발견하곤 합니다. 이 동물들의 조각은 산산이 흩어져 있을 때도 있고 물어뜯긴 채로 남아 있기도 합니다. 숙련된 탐험가들은 그런 흔적이 위험 신호라는 것을 바로 알아챌 수 있습니다. 이 조각들을 만든 바실리스크가 근처 어딘가에 있다는 뜻이기 때문입니다.

적응력 있는 포식자. 바실리스크는 한대나 온대, 혹은 열대 기후에 살고 있습니다. 그들은 동굴이나 기타 천장이 있는 장소에 둥지를 틀곤 합니다. 대개 바실리스크를 마주치는 환경은 지하일 때가 많습니다.

어린 시절에 사로잡아 기른 바실리스크는 길들이고 훈련시킬 수 있습니다. 이렇게 훈련된 바실리스크는 주인이 원하지 않을 때 눈을 돌리는 방법을 배우고 주인과 눈을 마주치지 않는 훈련을 받습니다. 하지만 일단 훈련만 마치고 나면 바실리스크는 뛰어난 수호 야수가 됩니다. 이러한 이유로 인해 바실리스크의 알은 매우 비싼 가격에 거래되곤 합니다.

돌의 응시. 바실리스크는 다른 것들을 사냥하길 좋아하지만, 먹이를 추격하지 않습니다. 바실리스크의 초자연적 응시를 마주하기만 하면 먹잇감은 급격히 돌로 변해버리기 때문입니다. 돌을 소화시킬 수 있는 바실리스크는 단단한 턱을 이용해 바위로 변한 먹잇감을 씹어 삼키며, 먹이는 바실리스크의 내장 속에서 다시 살아있는 상태로 변합니다.

몇몇 연금술사는 바실리스크의 위장이 작동하는 방식과 그 소화액의 속성을 연구하곤 합니다. 제대로 다루기만 한다면 바실리스크의 위장을 이용해 석화된 상태를 다시 육신으로 돌릴 수 있는 기름을 얻어낼 수 있습니다. 바위로 변한 희생양들에게는 불행한 일이지만, 바위로 변했을 때 잃어버린 몸은 원래 상태로 돌아온다 해도 여전히 잃어버린 상태입니다. 만약 석화된 존재가 머리나 심장 등 생존에 필수적인 장기를 잃어버린 상태라면, 기름을 사용해도 다시 원래 모습으로 되돌릴 수 없을 것입니다.

방패 수호자 SHIELD GUARDIAN

위저드와 다른 주문시전자들은 스스로를 보호하기 위해 방패 수호자를 만들곤 합니다. 방패 수호자는 주인 옆을 지키며, 주인의 생명을 보호하기 위해 다가오는 위험을 몸소 막아섭니다.

주인의 부적. 모든 방패 수호자에게는 마법적으로 연결된 저마다의 부적이 있습니다. 하나의 방패 수호자에게는 하나의 부적만이 연결되어 있으며, 만약 이 부적이 파괴된다면 방패 수호자는 다시 대체하는 부적을 만들 때까지 행동불능 상태에 빠집니다. 누군가 착용하거나 장비하고 있지 않은 방패 수호자의 부적에는 공격을 가해 피해를 입힐 수 있으며, 부적은, AC 10에 10점의 hp를 지니고 독성과 정신 피해에 면역입니다. 이 부적을 만드는 데는 1주일의 시간과 더불어 재료값으로 최소 1,000gp가 소모됩니다.

방패 수호자의 유일한 목적은 부적의 소유자를 지키는 것입니다. 부적의 소유자는 수호자에게 명령을 내려 적을 공격하게 하거나, 소유자를 공격으로부터 보호하게 할 수 있습니다. 만약 공격이 부적 소유자를 위협할 경우, 이 구조물은 먼 거리에 있더라도 마법적으로 수호자가 받은 피해를 자신의 몸에 옮겨 받을 수 있습니다.

주문시전자는 주문 하나를 방패 수호자 안에 저장해 둘 수 있으며, 명령어를 말하거나 특별한 상황이 되었을 때 해당 주문이 시전되도록 할 수 있습니다. 많은 위저드는 적들에 의해 곤경에 빠졌을 때 방패 수호자에 담아 놓은 강력한 마법의 힘을 이용해 적들을 놀라게 하고 위기에서 벗어나곤 합니다.

장엄한 보물. 방패 수호자의 소유권은 부적을 양도하는 것으로 쉽게 양도할 수 있기 때문에, 몇몇 위저드는 이 수호자를 귀족이나 대공, 범죄 두목들에게 비싼 값을 주고 팔아치우거나 직접 만들어 주기도 합니다. 동시에, 그 주인을 죽이고 부적을 차지할 수 있다면 방패 수호자 역시 비싼 전리품이 될 수도 있습니다.

구조물의 천성. 방패 수호자는 호흡할 필요가 없으며, 먹고 마시거나 잠잘 필요도 없습니다.

방패 수호자 SHIELD GUARDIAN

대형 구조물, 성향 없음

방어도 17 (자연 갑옷)
히트 포인트 142 (15d10+60)
이동속도 30ft

근력	민첩	건강	지능	지혜	매력
18 (+4)	8 (-1)	18 (+4)	7 (-2)	10 (+0)	3 (-4)

피해 면역 독성
상태 면역 매혹, 탈진, 공포, 마비, 중독
감각능력 맹안시야 10ft 암시야 60ft, 상시 감지 10
언어 어떤 언어로 된 명령이든 이해하지만 말할 수는 없음
도전지수 7 (2,900 xp)

결속. 수호자는 부적에 마법적으로 결속되어 있습니다. 수호자와 부적이 같은 세계에 있는 한, 부적의 소유자는 정신적으로 수호자를 호출할 수 있으며, 수호자는 부적이 있는 방향과 거리를 항상 파악하여 부르는 곳으로 향합니다. 만약 수호자가 부적으로부터 60ft 내에 있다면, 부적의 소유자가 받는 피해의 50%(나머지 올림)는 수호자에게로 이전됩니다.

재생. 방패 수호자는 최소 1hp라도 남아 있으면 매번 자기 턴이 시작할 때 10점의 hp를 회복합니다.

주문 저장. 주문 수호자의 부적을 착용하고 있는 주문시전자는 수호자에 4레벨 이하의 주문 하나를 저장해 둘 수 있습니다. 주문을 저장시키려면 착용자는 우선 수호자에게 주문을 시전해야 합니다. 이 주문은 효력을 발휘하는 대신 수호자에게 저장됩니다. 부적 소유자가 명령을 내리거나 미리 지정해 둔 상황이 발생하면 방패 수호자는 저장된 주문을 본래 시전자가 지정해 둔 형태로 시전합니다. 이 시전에는 구성요소가 필요하지 않습니다. 일단 저장된 주문이 시전되거나 새로운 주문이 저장되면 기존의 주문은 사라져 버립니다.

행동

다중공격. 방패 수호자는 주먹 공격을 2회 가합니다.

주먹. *근접 무기 공격:* 명중 +7, 간격 5ft, 목표 하나. *명중시:* 11(2d6+4) 점의 타격 피해.

반응행동

방패. 이떤 크리처가 방패 수호자의 부적을 들고 있는 자에게 공격을 가한 경우, 수호자가 부적 주변 5ft 내에 있다면 부적 소유자의 AC에 +2 보너스를 줄 수 있습니다.

밴시 Banshee

밤이 저물면, 불행한 여행자들은 잊혀진 망자들의 희미한 울음소리를 듣곤 합니다. 이 슬픔에 찬 영혼들이 바로 죽은 엘프 여성들의 혼이 변해 만들어진 밴시입니다.

밴시는 은은하게 빛나는 유령 같은 형체를 띠고 있으며, 생전 모습과 유사한 흐릿한 모습으로 나타납니다. 밴시의 얼굴은 헝클어진 머리카락으로 가려져 있고, 몸 주변은 생전의 넝마가 펄럭입니다.

신의 격노. 밴시는 한때 위대한 아름다움을 가졌으나, 그들의 재능으로 세상에 기쁨을 가져오지 못한 엘프들의 잔재입니다. 그녀들은 자신들의 아름다움으로 다른 이들을 타락시키고 조종하기만 했습니다. 밴시의 저주를 받은 엘프들은 모든 기쁨을 잊어버렸고, 살아 있는 자들의 존재를 느끼면 고통만 받게 되었습니다. 저주받은 그들의 몸과 마음은 썩어 사라져 버렸고, 죽음은 결국 그들을 불사의 괴물로 바꾸어 버리고 말았습니다.

슬픔에 묶인 자들. 밴시는 자신이 죽은 장소에 영원히 묶이며, 그 주변 5마일 이상을 벗어날 수 없습니다. 그들은 자신이 살아 있던 순간을 완벽하게 기억할 수 있지만, 한사코 자신들이 가져온 파멸에 대한 책임만은 지지 않으려 합니다.

아름다움을 탐하는 자들. 밴시의 저주를 가져온 허영심은 죽음 뒤에도 그대로 남아 있습니다. 밴시는 아름다운 것에 집착합니다. 밴시는 화려한 장신구, 그림, 석상, 다른 예술품들을 모으곤 합니다. 하지만 밴시는 거울같이 비치는 표면을 싫어하는데, 자신의 끔찍한 모습이 비치는 것을 참을 수 없기 때문입니다. 자신의 모습을 흘긋 보기만 해도 밴시는 격노에 빠져버리곤 합니다.

언데드의 천성. 밴시는 호흡할 필요가 없으며, 먹고 마시거나 잠잘 필요도 없습니다.

밴시 Banshee

중형 언데드, 혼돈 악

방어도 12
히트 포인트 58 (13d8)
이동속도 0ft, 비행 40ft (부양)

근력	민첩	건강	지능	지혜	매력
1 (-5)	14 (+2)	10 (+0)	12 (+1)	11 (+0)	17 (+3)

내성 굴림 지혜 +2, 매력 +5
피해 저항 산성, 화염, 번개, 천둥, 비마법적 무기에 의한 타격/관통/참격
피해 면역 냉기, 사령, 독성
상태 면역 매혹, 탈진, 공포, 붙잡기, 마비, 석화, 중독, 넘어짐, 포박
감각능력 암시야 60ft, 상시 감지 10
언어 공용어, 엘프어
도전지수 4 (1,100 xp)

생명 탐지. 밴시는 5마일 이내에 있는 언데드나 구조물을 제외한 크리쳐들의 존재를 마법적으로 감지할 수 있습니다. 밴시는 이러한 생명체들의 방향을 알 수 있지만, 정확한 위치까지는 바로 파악할 수 없습니다.

비실체 이동. 밴시는 다른 크리쳐나 물체가 점유한 공간을 어려운 지형처럼 취급해 이동할 수 있습니다. 물체가 점유한 칸에서 자기 턴을 종료하는 경우, 밴시는 5(1d10)점의 역장 피해를 받습니다.

행동

부패의 접촉. *근접 주문 공격:* 명중 +4, 간격 5ft, 목표 하나. *명중시:* 12(3d6+2)점의 사령 피해.

공포스러운 형상. 밴시 주변 60ft 내의 언데드가 아닌 크리쳐는 모두 밴시의 모습을 볼 때 DC 13의 지혜 내성을 굴리며, 실패하면 1분간 공포 상태가 됩니다. 이 공포 상태의 크리쳐는 매번 자기 턴이 끝날 때 다시 내성을 굴릴 수 있지만, 시야에 밴시가 있을 때에는 내성에 불리점이 가해집니다. 만약 목표가 내성에 성공하면 효과는 종료되며, 목표는 이후 24시간 동안 밴시의 공포스러운 형상에 면역을 얻습니다.

통곡(1회/일). 밴시는 통한에 찬 통곡을 터트립니다. 이 통곡은 햇빛이 닿지 않는 곳에서만 터트릴 수 있습니다. 통곡은 구조물과 언데드에게는 아무 영향도 없습니다. 밴시 주변 30ft 내에서 통곡을 들은 모든 크리쳐는 DC 13의 건강 내성에 실패할 시 hp가 0으로 떨어집니다. 내성에 성공한 크리쳐는 10(3d6)점의 정신 피해를 받습니다.

뱀파이어 Vampires

영원한 밤에 깨어난 뱀파이어는 잃어버린 생명에 굶주려 있으며, 산 자들의 피를 마셔 그 굶주림을 달래곤 합니다. 뱀파이어는 자신들을 불태우는 햇빛을 증오합니다. 이들은 그림자를 드리우거나 거울에 비치지 않으며, 따라서 자신의 정체를 숨기려는 뱀파이어는 어둠 속을 벗어나려 하지 않고 비치는 표면에 다가가지도 않을 것입니다.

어두운 욕망. 뱀파이어가 생전의 기억을 지니고 있든 아니든, 살아 있었을 때 느꼈던 순수한 감정들은 불사의 힘으로 인해 뒤틀려 사라져 버리고 맙니다. 사랑은 굶주린 집착으로 변하고, 우정은 쓰디쓴 질투로 변합니다. 뱀파이어에게는 뒤틀려 변질된 감정보다 물질적인 증거가 더 중요합니다. 그래서 사랑을 갈구하는 뱀파이어가 그처럼 젊음과 아름다움에 집착하는 것입니다. 젊음과 가능성에 집착하는 뱀파이어에게는 아이들 역시 매혹의 대상이 될 수 있습니다. 다른 뱀파이어들의 경우 미술품이나 책, 혹은 고문 도구나 사냥의 전리품처럼 무시무시한 물건에 둘러싸여 있을 수도 있습니다.

죽음으로 태어남. 뱀파이어의 희생자 대부분은 뱀파이어 스폰 (Spawn: 졸개)이 됩니다. 뱀파이어처럼 피에 굶주리고 게걸스러운 괴물인 스폰들은 자신을 만들어 낸 뱀파이어의 명령에 복종합니다. 만약 참된 뱀파이어가 스폰에게 자기 자신의 피를 마시게 하면, 스폰은 주인의 통제에서 벗어나 참된 뱀파이어가 됩니다. 하지만 이렇게 몸소 지배권을 풀어주는 뱀파이어는 거의 없습니다. 또한 뱀파이어 스폰은 주인이 되는 뱀파이어가 죽었을 때 자신의 의지를 되찾게 됩니다.

무덤에 속박됨. 모든 뱀파이어는 자신의 관이나 묘지, 혹은 무덤 자리에 속박되어 있습니다. 이들은 낮에 이곳에서 쉬어야만 합니다. 만약 뱀파이어가 매장 의식을 받지 않았다면, 이들은 자신이 불사의 존재로 변한 곳 근처의 흙을 파고 들어가 잠을 청할 것입니다. 뱀파이어는 관을 옮기거나 주변의 무덤 흙 상당량을 다른 곳에 옮겨서 쉬는 장소를 바꿀 수 있습니다. 어떤 뱀파이어들은 이 방법을 통해 여러 곳에 쉼터를 만들어 놓기도 합니다.

언데드의 천성. 뱀파이어나 뱀파이어 스폰들은 호흡할 필요가 없습니다.

스트라드 폰 자로비치

생전에 영민한 지식인에 뛰어난 전사였던 스트라드 폰 자로비치는 그의 백성을 위해 수많은 전투를 싸워 이겨 왔습니다. 전쟁과 살인의 삶이 그의 젊음과 힘을 모두 앗아간 다음, 그는 멀리 떨어진 바로비아 계곡에 자리를 잡고 자신의 영지를 내려다볼 수 있는 높다란 성을 세웠습니다. 그의 동생 세르게이가 이 레이븐로프트 성에 찾아와 그의 조언자이자 동료가 되어 주었습니다.

스트라드는 동생을 보았을 때 자신이 잃어버린 모든 것을 보는 듯했습니다. 세르게이는 젊고 잘생겼으나, 스트라드는 나이 들고 상처 투성이였습니다. 후회가 형제간의 우애를 무너트렸고, 결국 증오로 변하고 말았습니다. 스트라드가 사랑하던 타티아나가 그를 버리고 세르게이와 결혼하게 되면서 증오는 더욱더 깊어졌습니다.

타티아나의 마음을 되찾으려는 절망적인 시도를 위해, 스트라드는 자신을 불멸의 존재로 만들어 주겠다는 암흑의 권세와 계약을 맺었습니다. 세르게이와 타티아나가 결혼하던 날, 그는 자신의 동생과 맞싸워 살해하고 말았습니다. 타티아나는 그에게서 도망치다 레이븐로프트의 벽 아래로 뛰어내렸습니다. 스트라드의 경비병들은 괴물이 된 그에게 화살을 쏘아댔습니다. 그러나 그는 죽지 않았습니다. 그는 뱀파이어가 된 것입니다. 많은 학자에 의하면 그가 바로 최초의 뱀파이어라고도 합니다.

변화를 거치고 수많은 세월이 흐르는 동안, 자신이 한때 누렸던 생명과 젊음에 대한 스트라드의 욕망은 더욱 커졌습니다. 그는 자신의 어두운 성에 도사리고 자신이 잃어버린 것을 앗아간 살아 있는 자들을 저주하고 있으며, 그 모든 비극이 자신의 손에 의해 일어났음을 영원토록 인정하지 않고 있습니다.

뱀파이어의 본거지

뱀파이어는 고성이나 요새화된 저택, 혹은 장벽이 세워진 수도원 같은 고색창연하고 수비에 용이한 지역을 본거지로 삼곤 합니다. 이들은 자신의 관을 본거지 내 어딘가의 지하 묘지나 금고에 숨겨놓고, 뱀파이어 스폰이나 밤을 떠돌아다니는 다른 괴물들이 그 자리를 지키게 합니다.

지역효과

뱀파이어의 본거지가 있는 지역은 뱀파이어의 부자연스러운 존재로 인해 뒤틀리며, 아래 효과들이 일어나게 됩니다.

- 해당 지역에는 박쥐나 쥐, 늑대가 눈에 띄게 늘어납니다.
- 본거지 주변 500ft 이내의 식물들은 시들어 버리며, 가지나 줄기는 뒤틀리고 가시가 돋아납니다.
- 본거지 주변 500ft 이내의 그림자는 더욱더 짙어지고, 때로는 마치 그 자신이 살아있는 것처럼 움직이기도 합니다.
- 본거지 주변 500ft 내에는 숨 막히는 안개가 감돌고 있습니다. 이 안개는 때로 으시시한 형태를 취하며, 할퀴는 손톱이나 똬리를 트는 뱀처럼 보였다 사라지기도 합니다.

만약 뱀파이어가 완전히 파괴되면, 이 효과들은 2d6일 이내에 사라집니다.

> "나는 고대의 존재이다. 나는 대지이다. 나는 전사내 시작은 과거의 어둠 속에 잊혀졌노라. 나는 정의로운 신의 격이었으며, 선하고 공정했도다. 나는 정의로운 신의 격노가 되어 수많은 땅을 내달렸으나, 전쟁을 벌이며 적을 죽이는 기나긴 세월은 바람이 바위를 모래로 만드는 것처럼 내 영혼을 무너뜨렸노라."
>
> — 스트라드 폰 자로비치 백작.

뱀파이어 Vampire

중형 언데드(변신자), 질서 악

방어도 16 (자연 갑옷)
히트 포인트 144 (17d8+68)
이동속도 30ft

근력	민첩	건강	지능	지혜	매력
18 (+4)	18 (+4)	18 (+4)	17 (+3)	15 (+2)	18 (+4)

내성 굴림 민첩 +9, 지혜 +7, 매력 +9
기술 감지 +7, 은신 +9
피해 저항 사령, 비마법적 무기로 인한 타격/관통/참격 피해
감각능력 암시야 120ft, 상시 감지 17
언어 생전에 알았던 언어 전부
도전지수 13 (10,000 xp)

변신자. 뱀파이어가 햇빛을 받거나 흐르는 물에 있는 상태가 아닐 때, 행동을 사용해 초소형 박쥐나 중형 안개 구름으로 변하거나 원래 모습으로 돌아올 수 있습니다.

박쥐 형태일 때 뱀파이어는 말할 수 없으며, 보행 이동 속도 5ft, 비행 이동 속도 30ft가 됩니다. 크기와 속도를 제외한 다른 게임 자료는 어떤 형태에서든 동일합니다. 뱀파이어가 장비하거나 착용한 물건은 같이 변신되지만, 들고 있던 것은 같이 변하지 않습니다. 뱀파이어가 사망할 경우 본래 모습으로 돌아옵니다.

안개 형태일 때, 뱀파이어는 행동을 취하거나, 말하거나, 물건을 조작할 수 없습니다. 뱀파이어의 무게는 사라지며, 비행 이동 속도 20ft(부양)을 얻습니다. 또한 이 상태의 뱀파이어는 적대적 크리쳐가 점유한 공간에 들어갈 수 있으며 그 자리에서 정지할 수 있습니다. 또한 만약 밀봉된 곳이 아니라면 안개는 끼이지 않고 지나칠 수 있습니다. 하지만 흐르는 물을 뚫고 지나갈 수는 없습니다. 안개가 된 뱀파이어는 근력, 민첩, 건강 내성에 이점을 받으며, 모든 비마법적 피해에 면역입니다. 그러나 햇빛에는 정상적으로 피해를 받습니다.

전설적 저항력(3회/일). 뱀파이어가 내성에 실패한 경우, 이 능력을 1회 소비하고 대신 성공한 것으로 할 수 있습니다.

안개 도주. 뱀파이어는 자신의 안식처 밖에서 hp가 0 이하로 떨어졌을 때 무의식 상태로 쓰러지는 대신 안개 형태로 변합니다. (위의 변신자 특징과 동일합니다.) 단, 햇빛 아래 있거나 흐르는 물에 있다면 이렇게 변할 수 없습니다. 변신할 수 없는 상태에서 hp가 0 이하로 떨어지면 뱀파이어는 파괴됩니다.

hp가 0이하로 떨어져 안개가 된 경우 2시간 내에 자신의 안식처로 돌아가야 하며, 2시간 내에 돌아가지 못하면 파괴됩니다. 안식처에 도착한 뱀파이어는 원래 모습을 돌아올 수 있으며, 최소 1hp를 회복하기 전까지는 마비 상태로 취급합니다. hp가 0인 뱀파이어는 휴식처에서 1시간 휴식을 취하면 hp 1로 회복합니다.

재생. 뱀파이어는 햇빛을 받지 않고 흐르는 물 속에 있지 않을 때, 최소 1점의 hp라도 남아 있다면 매번 자기 턴이 시작할 때 20점의 hp를 회복합니다. 만약 뱀파이어가 광휘 피해를 받았거나 성수로 피해를 받았다면, 다음 번 턴이 시작할 때에는 hp를 회복할 수 없습니다.

거미 등반. 뱀파이어는 능력 판정 없이 어려운 표면을 포함해 벽이나 천장을 등반할 수 있습니다.

뱀파이어의 약점. 뱀파이어는 아래와 같은 약점들을 지닙니다.

금제. 뱀파이어는 거주자 중 하나의 초대가 없다면 다른 이의 집에 들어갈 수 없습니다.

흐르는 물에 피해. 뱀파이어는 흐르는 물 속에서 자기 턴을 마칠 경우 20점의 산성 피해를 받습니다.

심장에 말뚝. 나무로 만들어진 관통 피해 무기를 사용해 휴식처에서 행동불능 상태에 빠진 뱀파이어를 공격했다면 심장에 말뚝을 박을 수 있습니다. 말뚝이 박힌 뱀파이어는 말뚝이 제거되기 전까지는 계속 마비 상태가 됩니다.

태양광 초민감성. 뱀파이어는 햇빛을 받으며 자기 턴을 시작할 때 매번 20점의 광휘 피해를 받습니다. 뱀파이어는 햇빛을 받을 때 모든 명중 굴림과 능력 판정에 불리점을 받습니다.

행동

다중공격 (뱀파이어 형태에서만). 뱀파이어는 공격을 2회 가합니다. 물기는 그중 1회만 가능합니다.

비무장 공격 (뱀파이어 형태에서만). 근접 무기 공격: 명중 +9, 간격 5ft, 크리쳐 하나. 명중시: 8(1d8+4)점의 타격 피해. 뱀파이어는 피해를 가하는 대신 목표를 붙잡을 수 있습니다. (탈출 DC 18)

물기 (박쥐 또는 뱀파이어 형태에서만). 근접 무기 공격: 명중 +9, 간격 5ft 자발적이거나 행동불능, 포박, 혹은 뱀파이어에게 붙잡힌 크리쳐 하나. 명중시: 명중시: 7(1d6+4)점의 관통 피해. 추가로 10(3d6)점의 사령 피해. 목표의 최대hp도 이 사령 피해만큼 감소하며, 뱀파이어는 이렇게 가한 사령 피해만큼 자신의 hp를 회복합니다. 이렇게 감소된 최대 hp는 긴 휴식을 마칠 때 모두 회복됩니다. 만약 이 피해로 최대 hp가 0 이하로 떨어진다면 목표는 사망합니다. 인간형 크리쳐가 이렇게 사망해서 땅에 매장된 경우, 다음날 밤에 뱀파이어의 조종을 받는 뱀파이어 스폰으로 깨어납니다.

매혹. 뱀파이어는 주변 30ft 내의 자신이 볼 수 있는 인간형 크리쳐 하나를 목표로 정합니다. 목표 역시 뱀파이어를 볼 수 있다면, 목표는 DC 17의 지혜 내성을 굴려 실패할 시 뱀파이어에게 마법적으로 매혹됩니다. 매혹된 목표는 뱀파이어를 신뢰할 수 있는 친구로 생각하며, 지켜주고 뜻에 따라야 한다고 생각합니다. 비록 목표가 완전히 뱀파이어의 통제를 받는 것은 아니지만, 뱀파이어의 요청이나 행동을 최대한 호의적으로 해석하려 하며 뱀파이어의 물기 공격에 자발적으로 맞을 것입니다.

뱀파이어나 뱀파이어의 동료가 목표에게 해로운 행동을 할 때마다, 목표는 다시 내성을 굴릴 수 있으며 이때 성공하면 매혹은 종료됩니다. 그렇지 않을 경우 24시간이 지나거나 뱀파이어가 파괴되어도 매혹은 종료됩니다. 또한 뱀파이어가 다른 세계로 가거나, 추가 행동을 사용해 효과를 중단시켜도 매혹은 종료됩니다.

밤의 아이들(1회/일). 뱀파이어는 해가 진 시간일 때 마법적으로 박쥐 혹은 쥐 2d4 무리를 소환할 수 있습니다. 야외에서라면 그 대신 늑대를 3d6 마리 소환할 수도 있습니다. 소환된 크리쳐들은 1d4 라운드 안에 도착하며, 뱀파이어의 동료로서 명령에 충실하게 복종합니다. 이 야수들은 1시간 동안 같이 활동하며, 뱀파이어가 죽거나 추가 행동으로 돌려보낼 경우 그 전에도 사라질 수 있습니다.

전설적 행동

뱀파이어는 아래 선택지 중에서 3회의 전설적 행동을 취할 수 있습니다. 한번에 오직 하나의 전설적 행동만 할 수 있으며, 다른 크리쳐의 턴이 끝날 때만 전설적 행동을 취할 수 있습니다. 뱀파이어는 자기 턴이 시작할 때 소비한 전설적 행동을 모두 회복합니다.

이동. 뱀파이어는 기회 공격을 유발하지 않고 자신의 이동 속도만큼 이동합니다.
비무장 공격. 뱀파이어는 비무장 공격을 1회 가합니다.
물기(행동 2회 소모). 뱀파이어는 물기 공격을 1회 가합니다.

뱀파이어 스폰 Vampire Spawn

중형 언데드, 중립 악

방어도 15 (자연 갑옷)
히트 포인트 82 (11d8+33)
이동속도 30ft

근력	민첩	건강	지능	지혜	매력
16 (+3)	16 (+3)	16 (+3)	11 (+0)	10 (+0)	12 (+1)

내성 굴림 민첩 +6, 지혜 +3
기술 감지 +3, 은신 +6
피해 저항 사령, 비마법적 무기로 인한 타격/관통/참격 피해
감각능력 암시야 60ft, 상시 감지 13
언어 생전에 알았던 언어 전부
도전지수 5 (1,800 xp)

재생. 뱀파이어는 햇빛을 받지 않고 흐르는 물 속에 있지 않을 때, 최소 1점의 hp라도 남아 있다면 매번 자기 턴이 시작할 때 10점의 hp를 회복합니다. 만약 뱀파이어가 광휘 피해를 받았거나 성수로 피해를 받았다면, 다음 번 턴이 시작할 때에는 hp를 회복할 수 없습니다.

거미 등반. 뱀파이어는 능력 판정 없이 어려운 표면을 포함해 벽이나 천장을 등반할 수 있습니다.

뱀파이어의 약점. 뱀파이어는 아래와 같은 약점들을 지닙니다.

금제. 뱀파이어는 거주자 중 하나의 초대가 없다면 다른 이의 집에 들어갈 수 없습니다.

흐르는 물에 피해. 뱀파이어는 흐르는 물 속에서 자기 턴을 마칠 경우 20점의 산성 피해를 받습니다.

심장에 말뚝. 나무로 만들어진 관통 피해 무기를 사용해 휴식처에서 행동불능 상태에 빠진 뱀파이어를 공격했다면 심장에 말뚝을 박을 수 있습니다. 말뚝이 박힌 뱀파이어는 말뚝이 제거되기 전까지는 계속 마비 상태가 됩니다.

태양광 초민감성. 뱀파이어는 햇빛을 받으며 자기 턴을 시작할 때 매번 20점의 광휘 피해를 받습니다. 뱀파이어는 햇빛을 받을 때 모든 명중 굴림과 능력 판정에 불리점을 받습니다.

행동

다중공격. 뱀파이어는 공격을 2회 가합니다. 물기는 그중 1회만 가능합니다.

할퀴기. 근접 무기 공격: 명중 +6, 간격 5ft, 크리쳐 하나. 명중시: 8(2d4+3)점의 참격 피해. 뱀파이어는 피해를 주는 대신 목표를 붙잡을 수 있습니다. (탈출 DC 13)

물기. 근접 무기 공격: 명중 +6, 간격 5ft, 자발적이거나 행동불능, 포박, 혹은 뱀파이어에게 붙잡힌 크리쳐 하나. 명중시: 6(1d6+3)점의 관통 피해. 추가로 7(2d6)점의 사령 피해. 목표의 최대hp도 이 사령 피해만큼 감소하며, 뱀파이어는 이렇게 가한 사령 피해만큼 자신의 hp를 회복합니다. 이렇게 감소된 최대 hp는 긴 휴식을 마칠 때 모두 회복됩니다. 만약 이 피해로 최대 hp가 0 이하로 떨어진다면 목표는 사망합니다.

버그베어 BUGBEARS

버그베어는 전투와 학살을 위해 태어났습니다. 이들은 약탈과 사냥으로 살아가며 평소부터 약자를 괴롭히고 윽박지르며 지내곤 하지만, 폭력을 너무나 사랑하기 때문에 충분한 피와 살육이 주어지고 보물을 얻을 수 있다면 강력한 주인을 위해 봉사하는 일도 서슴지 않습니다.

고블리노이드. 버그베어는 대개 사촌 격인 홉고블린이나 고블린과 함께 발견되곤 합니다. 버그베어는 일반적으로 마주치는 고블린들을 노예로 삼고, 홉고블린들을 얼러서 금과 식량을 얻어내는 대신 척후병이나 돌격대로 활동하곤 합니다. 값을 치렀더라도 버그베어는 믿을 수 없는 동료이지만, 고블린이나 홉고블린 등은 버그베어에게 부족의 재산을 빼앗기더라도 이들이 강력한 원군이 되어줄 수 있다는 점을 이해하고 있습니다.

흐루게크의 추종자. 버그베어는 하계 중 하나인 아케론에 거하는 하급 신인 흐루게크(Hruggek)를 숭배합니다. 다른 고블리노이드들이 함께 있는 경우가 아니라면 버그베어는 느슨한 전쟁 집단을 만들고, 그중 가장 사나운 자가 지도자가 되곤 합니다. 버그베어는 자기들이 죽고 나면 영혼이 흐루게크의 옆에서 싸울 기회를 얻는다고 믿습니다. 그들은 가능한 한 많은 적을 쓰러뜨려 그 영광을 얻을 자격을 증명하려고 합니다.

탐욕스러운 매복자. 버그베어는 위협적인 체구를 지니고 있긴 하지만, 그 체구에 비하면 놀랍도록 은신에 능합니다. 그들은 매복하는 것을 좋아하며 적이 너무 강하다 싶으면 주저 없이 도망칩니다. 그들은 적당한 음식과 술, 보물을 주면 쓸만한 용병이 되지만, 위기에 처하면 어떤 유대관계든 주저없이 버릴 것입니다. 버그베어 일당이 도망칠 때면 부상당한 자는 버리고 가버립니다. 그렇게 버려진 버그베어가 목숨을 구원받는다면 자신을 버리고 간 일당을 뒤쫓는 데 도움을 줄지도 모릅니다.

버그베어 BUGBEAR

중형 인간형(고블리노이드), 혼돈 악

방어도 16 (통가죽 갑옷, 방패)
히트 포인트 27 (5d8+5)
이동속도 30ft

근력	민첩	건강	지능	지혜	매력
15 (+2)	14 (+2)	13 (+1)	8 (-1)	11 (+0)	9 (-1)

기술 은신 +6, 생존 +2
감각능력 암시야 60ft, 상시 감지 10
언어 공용어, 고블린어
도전지수 1 (200 xp)

야만스러움. 버그베어가 가하는 근접 공격은 명중시 피해에 추가로 주사위 하나가 늘어납니다. (이미 적용됨.)

기습 공격. 만약 버그베어가 어떤 크리쳐를 기습해 전투 첫 라운드에 공격을 명중시켰다면, 목표는 추가로 7(2d6)점의 피해를 더 받습니다.

행동

모닝스타. 근접 무기 공격: 명중 +4, 간격 5ft, 목표 하나. 명중시: 11(2d8+2)점의 관통 피해.

투창. 근접 또는 장거리 무기 공격: 명중 +4, 간격 5ft 또는 장거리 30/120ft, 목표 하나. 명중시: 근접 공격 시에는 9(2d6+2)점의 관통 피해, 원거리 공격 시에는 5(1d6+2)점의 관통 피해.

버그베어 족장 BUGBEAR CHIEF

중형 인간형(고블리노이드), 혼돈 악

방어도 17 (체인 셔츠, 방패)
히트 포인트 65 (10d8+20)
이동속도 30ft

근력	민첩	건강	지능	지혜	매력
17 (+3)	14 (+2)	14 (+2)	11 (+0)	12 (+1)	11 (+0)

기술 위협 +2, 은신 +6, 생존 +3
감각능력 암시야 60ft, 상시 감지 11
언어 공용어, 고블린어
도전지수 3 (700 xp)

야만스러움. 버그베어가 가하는 근접 공격은 명중시 피해에 추가로 주사위 하나가 늘어납니다. (이미 적용됨.)

흐루게크의 심장. 버그베어는 매혹, 공포, 마비, 중독, 충격 상태나 잠들게 하는 효과에 대한 내성에 이점을 받습니다.

기습 공격. 만약 버그베어가 어떤 크리쳐를 기습해 전투 첫 라운드에 공격을 명중시켰다면, 목표는 추가로 7(2d6)점의 피해를 더 받습니다.

행동

다중공격. 버그베어는 근접 공격을 2회 가합니다.

모닝스타. 근접 무기 공격: 명중 +5, 간격 5ft, 목표 하나. 명중시: 12(2d8+3)점의 관통 피해.

투창. 근접 또는 장거리 무기 공격: 명중 +5, 간격 5ft 또는 장거리 30/120ft, 목표 하나. 명중시: 근접 공격 시에는 10(2d6+3)점의 관통 피해, 원거리 공격 시에는 6(1d6+3)점의 관통 피해.

버섯류 FUNGI

뾰족뾰족한 돌이 천장에 가득하고 영원한 밤이 지속되는 언더다크는 온갖 종류의 버섯이 자라는 곳입니다. 이 지하세계의 생태계에서 버섯은 많은 종족에게 없어서는 안 되는 식물 자원이며, 무자비한 어둠 속에서 양분과 보호처를 제공해줍니다.

버섯은 유기체 위에서 자라나며, 양분을 분해하여 사용합니다. 버섯은 주로 오물이나 시체를 양분으로 사용합니다. 버섯이 숙성하면 포자를 뿌리며, 이 포자는 다른 양분에 붙어 다시 자라납니다.

자라는 데 햇빛이나 온기가 필요하지 않기 때문에, 버섯은 언더다크의 모든 구석과 균열 속에서 자라납니다. 마법에 의해 변형된 버섯이 지하세계를 가득 채우고 있습니다. 언더다크의 버섯은 때로 다른 크리처를 흉내내거나 자체적으로 공격하는 수단 등의 방어 능력을 갖추기도 합니다. 가장 큰 버섯종은 지하에서 거대한 숲을 이루고, 이 숲에서 다른 수많은 존재가 버섯을 먹고 살아갑니다.

가스 포자 GAS SPORE

최초의 가스 포자는 죽은 비홀더를 양분으로 자라났고, 기이한 마법에서 힘을 얻은 기생 버섯이었습니다. 이후 적응을 거쳐 독특한 식물 크리처가 된 가스 포자는 시체라면 어디에서나 자라며, 일단 다 자라면 언더다크 속에서도 가장 무시무시한 존재 중 하나인 비홀더와 흡사한 모습이 됩니다.

눈알 폭군의 모습. 가스 포자는 구체형에 풍선 같은 모습을 한 버섯으로, 가까이서 보면 차이점을 알 수 있지만, 멀리서 보면 비홀더랑 구분이 되지 않습니다. 이 괴물은 가운데에 가짜 "눈알"을 만들어내며, 구체 위쪽에는 비홀더의 눈 줄기와 닮은 버섯 줄기가 자라납니다.

사망시 폭발. 가스 포자는 빈 껍질 안에 공기보다 가벼운 기체가 가득 차 있어서 비홀더처럼 허공에 떠 있습니다. 이 껍질에 아주 약한 공격이라도 가한다면 껍질이 깨지며 안에서 치명적인 포자 구름이 터져 나옵니다. 이 포자를 들이마신 크리처는 포자의 숙주가 되며, 대개는 하루 안에 죽어버립니다. 그리고 이 시체 위에서는 다시 가스 포자가 자라날 것입니다.

비홀더의 기억. 비홀더의 시체 위에서 자라난 가스 포자는 때때로 죽은 비홀더의 기억을 지니게 됩니다. 가스 포자가 폭발할 때, 이 치명적인 포자는 비홀더의 기억 역시 널리 퍼트립니다. 포자를 들이마시고 살아남은 크리처는 비홀더의 기억 파편 중 일부를 지니게 되며, 과거 비홀더의 둥지나 기타 흥미로운 장소에 대한 유용한 지식을 얻을 수도 있습니다.

보라 버섯 VIOLET FUNGUS

이 보라색 버섯은 뿌리처럼 생긴 하체를 이용해 동굴 바닥을 천천히 기어 다닙니다. 보라 버섯의 몸통에서는 4개의 줄기가 돋아나 먹이를 사로잡으며, 이 줄기에 가볍게 닿기만 해도 살점이 썩어들어갑니다. 보라 버섯에 의해 죽은 크리처는 급격하게 부패합니다. 그리고 2d6일이 지나면 사체 위에서는 새 보라 버섯이 자라납니다.

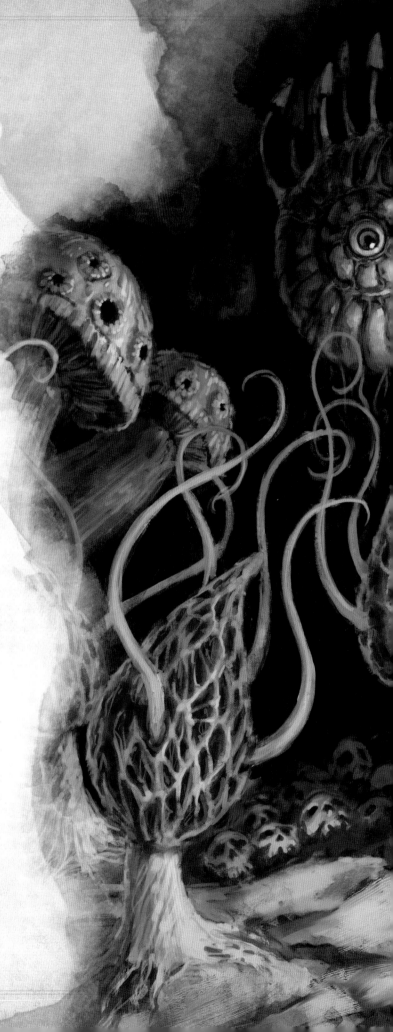

보라 버섯 Violet Fungus

중형 식물, 성향 없음

방어도 5
히트 포인트 18 (4d8)
이동속도 5 ft

근력	민첩	건강	지능	지혜	매력
3 (-4)	1 (-5)	10 (+0)	1 (-5)	3 (-4)	1 (-5))

상태 면역 장님, 귀머거리, 공포
감각능력 맹안시야 30ft(너머는 장님으로 취급), 상시 감지 6
언어 —
도전지수 1/4 (50 xp)

거짓 외관. 보라 버섯이 움직이지 않고 있으면, 보통의 움직이지 않는 버섯과 구분할 수 없습니다.

행동

다중공격. 보라 버섯은 부패의 접촉 공격을 1d4회 가합니다.

부패의 접촉. *근접 무기 공격:* 명중 +2, 간격 10ft, 크리쳐 하나. *명중시:* 4(1d8)점의 사령 피해.

가스 포자 Gas Spore

대형 식물, 성향 없음

방어도 5
히트 포인트 1 (1d10-4)
이동속도 0ft, 비행 10ft (부양)

근력	민첩	건강	지능	지혜	매력
5 (-3)	1 (-5)	3 (-4)	1 (-5)	1 (-5)	1 (-5)

피해 면역 독성
상태 면역 장님, 귀머거리, 공포, 마비, 중독, 넘어짐
감각능력 맹안시야 30ft(너머는 장님으로 취급), 상시 감지 5
언어 —
도전지수 1/2 (100 xp)

죽음의 폭발. 가스 포자는 hp가 0이 되면 폭발합니다. 폭발 때 주변 20ft 내의 모든 크리쳐는 DC 15의 건강 내성에 실패할 시 10(3d6)점의 독성 피해를 받고 질병에 감염됩니다. 중독 상태에 면역을 지닌 크리쳐는 이 질병에도 면역입니다.

포자는 감염된 크리쳐의 면역 체계를 공격하며, 1d12 + 크리쳐의 건강 점수만큼의 시간 내에 질병을 치유하지 않으면 죽음에 이르게 됩니다. 절반의 시간이 흐르면 그때부터는 중독 상태로 취급합니다. 감염된 크리쳐가 죽고 나면 7일 후 초소형 가스 포자 2d4마리가 시체에서 자라납니다.

섬뜩한 유사성. 가스 포자는 비홀더와 유사하게 생겼습니다. 멀리서 가스 포자를 본 크리쳐는 DC 15의 지능(자연학) 판정에 성공해야 가스 포자의 정체를 파악할 수 있습니다.

행동

접촉. *근접 무기 공격:* 명중 +0, 간격 5ft, 크리쳐 하나. *명중시:* 1점의 독성 피해. 그리고 목표는 DC 10의 건강 내성에 실패할 경우 사망 폭발 특징과 마찬가지로 질병에 감염됩니다.

비명버섯 Shrieker

비명버섯은 인간형 크기의 버섯으로, 누군가 방해하거나 건드리면 날카로운 비명을 냅니다. 언더다크의 다른 크리쳐들은 경보 체계로서 주변에 먹이가 다가온다는 사실을 알기 위해 이 버섯을 이용하기도 합니다. 따라서 언더다크의 지능적인 종족 다수는 자신들의 영역 외곽에 일부러 비명버섯을 기르기도 합니다.

비명 버섯 Shrieker

중형 식물, 성향 없음

방어도 5
히트 포인트 13 (3d8)
이동속도 0ft

근력	민첩	건강	지능	지혜	매력
1 (-5)	1 (-5)	10 (+0)	1 (-5)	3 (-4)	1 (-5)

상태 면역 장님, 귀머거리, 공포
감각능력 맹안시야 30ft(너머는 장님으로 취급), 상시 감지 6
언어 —
도전지수 0 (10 xp)

거짓 외관. 비명 버섯이 움직이지 않고 있으면, 보통의 움직이지 않는 버섯과 구분할 수 없습니다.

행동

비명. 비명버섯은 밝은 빛에 노출되거나 30ft 내에 크리쳐가 다가오면 300ft까지 들리는 끔찍한 비명을 지릅니다. 이 비명은 원인이 되는 빛이 사라지거나 크리쳐가 범위 내에 있는 한, 1d4턴이 지날 때까지 계속됩니다.

베히르 Behir

거대형 괴물류, 중립 악

방어도 17 (자연 갑옷)
히트 포인트 168 (16d12+64)
이동속도 50ft, 등반 40ft

근력	민첩	건강	지능	지혜	매력
23 (+6)	16 (+3)	18 (+4)	7 (-2)	14 (+2)	12 (+1)

기술 감지 +6, 은신 +7
피해 면역 번개
감각능력 암시야 90ft, 상시 감지 16
언어 용언
도전지수 11 (7,200 xp)

행동

다중공격. 베히르는 물기 1회, 휘감기 1회로 총 2회 공격합니다.

물기. 근접 무기 공격: 명중 +10, 간격 10ft, 목표 하나. 명중시: 22(3d10+6)점의 관통 피해.

조이기. 근접 무기 공격: 명중 +10, 간격 5ft, 대형 이하 크기의 크리쳐 하나. 명중시: 17(2d10+6)점의 타격 피해. 추가로 17(2d10+6)점의 참격 피해. 베히르가 이미 다른 크리쳐를 조이는 중이 아니었다면 목표는 붙잡힙니다.(탈출 DC 16) 목표는 붙잡힌 동안 포박 상태이기도 합니다.

번개 브레스(재충전 5-6). 베히르는 20ft 길이, 5ft 폭의 직선 범위에 번개를 뿜어냅니다. 범위 내의 모든 크리쳐는 DC 16의 민첩 내성에 실패할 시 66(12d10)점의 번개 피해를 받습니다. 내성에 성공하면 피해는 절반으로 줄어듭니다.

삼키기. 베히르는 자신이 붙잡고 있는 중형 이하 크기의 크리쳐에게 물기 공격을 1회 가합니다. 이 공격이 명중할 경우 목표는 물기 피해를 받고 삼켜지며, 붙잡은 상태는 종료됩니다. 삼켜진 크리쳐는 장님에 포박 상태이며, 외부에서의 모든 공격과 효과에 완전 엄폐를 받습니다. 또한 이 크리쳐는 매번 베히르의 턴이 시작할 때 21(6d6)점의 산성 피해를 받습니다.
만약 베히르가 내부의 적에게서 한 턴에 30점 이상의 피해를 받은 경우, 그 턴 마지막에 DC 14의 건강 내성을 굴려 실패할 시 삼킨 크리쳐를 모두 토해냅니다. 토해진 크리쳐는 베히르 근처 10ft 내의 빈 공간에 넘어진 상태로 나타납니다. 베히르가 사망하면 삼켜진 크리쳐는 포박 상태에서 벗어나며, 이동력 15ft를 소모하여 넘어진 상태로 밖에 나올 수 있습니다.

> "오늘은 이미 거대 박쥐 세 마리, 트로글로다이트 여섯 마리에 마인드 플레이어 한 마리도 먹었지만, 뭐 그래도 괜찮아. 아직 너와 네 친구들을 위한 자리는 뱃속에 넉넉히 있으니까."
> — 베히르 루드, 쏘즈칸스의 잃어버린 동굴에서 모험자들을 마주하며.

베히르 Behir

뱀처럼 긴 형태의 베히르는 복도와 방의 벽을 기어와 먹이를 덮치곤 합니다. 베히르가 내뿜는 번개 브레스는 대부분의 적을 산 채로 태워버리며, 가장 강력한 적일지라도 몸통으로 휘감아 조여 산 채로 먹어 치웁니다.

베히르의 괴물 같은 모습은 지네와 악어를 섞어놓은 것 같습니다. 베히르의 비늘은 군청색에서 암청색을 띠고 있으며, 배 쪽은 청백색으로 연해집니다.

동굴의 포식자. 베히르는 다른 크리쳐들이 쉽게 닿을 수 없는 곳에 둥지를 틉니다. 침입자들이 감히 기어오를 생각도 하지 못하는 장소가 이들이 가장 좋아하는 곳입니다. 깊은 구덩이나 절벽에 자리 잡은 높은 곳의 동굴, 깊고 비틀린 굴이 아니면 갈 수 없는 자연굴 등이 베히르가 매복하는 장소입니다. 12개에 이르는 베히르의 다리는 둥지로 가는 절벽을 쉽게 기어오르게 해 줍니다. 벽을 기고 있지 않을 때면 베히르는 그 많은 다리를 이용해 뱀처럼 미끄러지며 재빨리 움직이곤 합니다.

베히르는 먹잇감을 통째로 삼키고, 먹이가 뱃속에서 소화되는 동안 몸을 숨기곤 합니다. 베히르가 그렇게 숨어 있을 때는 침입자들이 찾기 어려운 둥지 속의 은신처로 향합니다.

드래곤의 적들. 지금은 잊혀져 버린 오래전 옛날, 거인과 드래곤들은 끝없는 전쟁을 벌였습니다. 폭풍거인이 드래곤에 맞설 무기로 최초의 베히르를 창조했기에, 베히르들은 여전히 드래곤에 대한 본능적 증오심을 품고 있습니다.

베히르는 드래곤의 거주지 주변에 둥지를 트는 법이 없습니다. 만약 드래곤이 베히르의 둥지 주변 몇 마일 안에 보금자리를 만들고 있다는 사실을 알게 되면, 베히르는 드래곤을 죽이거나 쫓아내려 들 것입니다. 만약 자리를 잡은 드래곤이 베히르보다 월등히 강력하다면, 베히르는 물러나서 머나먼 거리에 새 둥지를 틀 것입니다.

보라 벌레 Purple Worm

보라 벌레는 땅을 파고 다니는 거대한 괴물로, 언더다크의 거주자들을 공포에 질리게 하며, 먹이를 쫓아 단단한 바위를 씹어먹고 지나갑니다. 그리 영리하진 않은 이 게걸스러운 자연의 난폭자는 마주치는 모든 것을 먹을거리로 여깁니다.

게걸스러운 사냥꾼. 큰 소리는 보라 벌레를 끌어들입니다. 지하에서 전투가 벌어질 때 보라 벌레가 난입하기도 하며, 먹이를 찾아 지저 도시에 뛰어들기도 합니다. 드로우나 두에르가, 마인드 플레이어 같은 지하 문명은 이 괴물을 내쫓기 위한 특별한 방어책을 세웁니다.

언더다크에서 가장 흔하게 발견되곤 하지만, 보라 벌레는 지상의 바위 언덕이나 산악 지형에도 가끔 나타납니다. 보라 벌레의 주둥이는 말 한 마리를 통째로 삼킬 정도로 거대하며, 보라 벌레의 굶주림에서 안전한 존재는 그리 많지 않습니다. 보라 벌레는 규칙적으로 몸을 수축시켰다 펴면서 이동하며, 언더다크 거주자들은 보라 벌레의 속도가 생각보다 빠른 것을 보며 놀라곤 합니다.

벌레의 축복. 보라 벌레가 땅을 파고 이동하면, 벌레는 계속해서 흙과 땅을 먹으며, 다시 배출하는 것을 반복합니다. 그래서 벌레의 몸속에서는 귀금속이나 보석이 발견되곤 하며, 용감하거나 과감한 보물 사냥꾼들은 이런 것들을 노리고 보라 벌레를 사냥하곤 합니다.

땅을 파고 다니는 보라 벌레는 끊임없이 언더다크에 새 터널을 만듭니다. 이 터널은 곧 다른 존재들이 통로나 복도로 사용할 수 있습니다. 보라 벌레가 자기가 파 놓은 굴로 다시 돌아오는 경우는 드물기 때문에, 이렇게 만들어진 통로는 비교적 안전한 공간이 됩니다. 먹이가 풍부한 지역은 곧 여러 마리의 보라 벌레들이 복잡하게 파놓은 동굴이 얽히고설킨 지역이 됩니다.

보라 벌레 Purple Worm

초대형 괴물류, 성향 없음

방어도 18 (자연 갑옷)
히트 포인트 247 (15d20+90)
이동속도 50ft 굴착 30ft

근력	민첩	건강	지능	지혜	매력
28 (+9)	7 (-2)	22 (+6)	1 (-5)	8 (-1)	4 (-3)

내성 굴림 건강 +11, 지혜 +4
감각능력 맹안시야 30ft 진동감지 60ft, 상시 감지 9
언어 —
도전지수 15 (13,000 xp)

굴착자. 보라 벌레는 굴착 이동 속도의 절반까지 단단한 암반을 파헤치고 이동할 수 있으며, 지나간 길에 지름 10ft의 터널을 만듭니다.

행동

다중공격. 벌레는 물기 1회, 독침 1회로 총 2회 공격합니다.

물기. 근접 무기 공격: 명중 +14, 간격 10ft, 목표 하나. *명중시:* 22(3d8+9)점의 관통 피해. 목표가 대형 이하 크기 크리쳐라면 목표는 DC 19의 민첩 내성에 실패할 시 벌레에 삼켜집니다. 삼켜진 크리쳐는 장님에 포박 상태이며, 외부의 공격과 효과에 완전 엄폐를 받습니다. 삼켜진 크리쳐는 벌레의 턴이 시작할 때마다 21(6d6)점의 산성 피해를 받습니다. 만약 벌레가 삼켜진 적에게서 한 턴에 30점 이상의 피해를 받으면, 벌레는 DC 21의 건강 내성에 실패할 시 그 턴이 끝날 때 삼킨 크리쳐를 모두 토해냅니다. 토해진 크리쳐는 벌레 주변 10ft 내의 빈 공간에 넘어진 상태로 나타납니다. 벌레가 죽었다면 삼켜진 크리쳐들은 포박 상태에서 벗어나며 이동력 20ft를 소모해 넘어진 상태로 밖에 나올 수 있습니다.

꼬리 독침. 근접 무기 공격: 명중 +14, 간격 10ft, 크리쳐 하나. *명중시:* 19(3d6+9)점의 관통 피해. 또한 목표는 DC 19의 건강 내성에 실패할 시 42(12d6)점의 독성 피해를 받습니다. 내성에 성공하면 피해는 절반으로 줄어듭니다.

불리워그 Bullywug

불리워그의 삶은 지저분하고 야만적이며 축축합니다. 이 개구리 머리의 인간형 양서류는 항상 축축한 우림지대나 습지, 혹은 젖은 동굴에 살고 있습니다. 언제나 굶주려 있으며 사악한 불리워그는 가능한 압도적인 숫자로 상대를 에워싸고 공격하지만, 심각한 위협에 처하면 도망가고 대신 손쉬운 먹이를 찾으려 듭니다.

불리워그는 녹색, 회색, 혹은 점박이 노란색 피부를 지니고 있으며 회색, 녹색, 갈색 음영이 져 있습니다. 이러한 외견 때문에 이들은 주변 환경에 쉽게 녹아들 수 있습니다. 이들은 엉성한 갑옷을 만들어 입고 단순한 무기들을 사용하며, 적들이 너무 가까이 왔을 때는 강력한 턱으로 적을 물어뜯습니다.

악랄한 족벌체계. 불리워그는 자신들이 늪지의 정당하고 합당한 지배자라고 생각합니다. 그들은 외지인이나 서로를 대할 때 일종의 예의범절에 따라 움직이며, 그들의 지도자인 자칭 "늪의 군주"의 뜻에 따라 행동합니다. 불리워그는 서로를 거창한 작위로 부르며, 서로에게 화려하게 절을 하고 상급자 앞에서는 아부하며 끊임없이 비위를 맞추려 듭니다.

불리워그 족속 내에서 높은 자리에 오르는 데에는 두 가지 방법이 있습니다. 먼저 비밀리에 경쟁자를 죽이는 방법이 있으며, 이때는 자신의 범죄가 들켜서는 안 됩니다. 그게 아니라면 보물이나 마법 물건을 공물로써 군주에게 바치는 방법도 있습니다. 교활함이 부족한 불리워그가 섣불리 경쟁자를 죽였다가 처형당하는 경우도 많기에 대개는 군주에게 바칠 공물을 얻으려 주변의 상인이나 정착지를 습격하는 길로 나서게 됩니다. 하지만 아무리 좋은 물건이라도 불리워그의 손에서는 태만과 남용 때문에 금방 줄어들기 마련입니다. 일단 선물에 흥미를 잃어버리면 불리워그 군주는 부하들에게 더 많은 보물을 공물로 바치라고 요구하기 시작할 것입니다.

괴상한 외교술. 불리워그들은 자기들 영역을 지나치는 자들 위에 군림하는 것을 무엇보다 좋아합니다. 불리워그 전사들은 침입자들을 죽이기보다 포로로 사로잡으려 듭니다.

포로들은 괴상하게 거대한 크기를 지닌 불리워그의 왕 또는 여왕 앞에 끌려가며 자비를 구걸하게 됩니다. 뇌물과 보물, 아첨을 퍼부으면 불리워그 지배자는 포로를 풀어주기도 하지만, 먼저 "손님"들에게 자신의 위엄을 보이기 위해 자기 보물과 왕국을 자랑하는 과정을 거칩니다. 깊은 열등감에 사로잡힌 불리워그 군주들은 스스로를 왕과 여왕으로 자처하지만, 외지인들의 공포와 존경에 늘 굶주려 있습니다.

양서류 동료. 불리워그는 개구리처럼 넓은 지역에 울리는 언어로 의사소통을 합니다. 침입자를 발견했다거나 다른 사건이 벌어진다면 이 소식은 그들의 엉성한 의사소통 체계를 통해 몇 분 안에 늪지 전체에 퍼집니다.

이 언어의 단순한 몇몇 표현은 개구리나 두꺼비도 알아들을 수 있습니다. 불리워그는 이 능력을 이용해 거대 개구리들과 강한 유대를 맺었으며, 이들을 훈련시켜 수호자나 사냥꾼으로 쓰곤 합니다. 또한 큰 개구리라면 탈것으로 쓰는 경우도 있습니다. 다른 것들을 통째로 삼키는 개구리의 능력은 불리워그 사냥꾼 일행이 먹이를 쉽게 마을로 운반할 수 있게 해 줍니다.

불리워그 Bullywug

중형 인간형(불리워그), 중립 악

방어도 15 (통가죽 갑옷, 방패)
히트 포인트 11 (2d8+2)
이동속도 20ft, 수영 40ft

근력	민첩	건강	지능	지혜	매력
12 (+1)	12 (+1)	13 (+1)	7 (-2)	10 (+0)	7 (-2)

기술 은신 +3
감각능력 상시 감지 10
언어 불리워그어
도전지수 1/4 (50 xp)

수륙양용. 불리워그는 공기와 수중 양쪽에서 호흡할 수 있습니다.

개구리나 두꺼비와의 대화. 불리워그는 자신들의 언어로 개구리나 두꺼비들에게 간단한 개념을 전달할 수 있습니다.

늪지 위장. 불리워그는 늪지 지형에서 민첩(은신) 판정에 이점을 받습니다.

제자리 뛰기. 불리워그는 도움닫기를 하지 않고도 20ft 너비, 10ft 높이까지 도약할 수 있습니다.

행동

다중공격. 불리워그는 물기 1회, 창 1회로 2회의 근접 공격을 가합니다.

물기. 근접 무기 공격: 명중 +3, 간격 5ft, 목표 하나. 명중시: 3(1d4+1)점의 타격 피해.

창. 근접 또는 장거리 무기 공격: 명중 +3, 간격 5ft 또는 장거리 20/60ft, 목표 하나. 명중시: 4(1d6+1)점의 관통 피해. 양손으로 근접 공격을 가했을 때는 5(1d8+1)점의 관통 피해.

뷸레트 BULETTE

뷸레트는 나타난 지역의 거주민들을 공포에 빠트리는 거대한 포식자입니다. 흔히 "땅 상어"라는 별명으로 부르는 뷸레트는 오직 먹어 치우기 위해 살아갑니다. 섭게 흥분하고 탐욕스러운 뷸레트는 다른 것들을 겁내는 법이 없으며, 적이 숫적으로 우세하든 힘이 강하든 아랑곳하지 않고 덤벼들곤 합니다.

지하의 사냥꾼. 뷸레트는 사냥할 때 강력한 발톱의 힘으로 굴을 파헤치며 접근합니다. 이들은 어떤 방해도 신경 쓰지 않고 나무들을 쓰러트리며, 경사를 무너트리고 떠난 뒤에는 큰 구멍만을 남겨 놓습니다. 땅이 진동하고 바위가 갈라지는 것은 뷸레트가 움직이고 있다는 신호이며, 지상에 솟아오른 다음에는 거대한 턱을 벌리며 적을 공격합니다.

떠돌아다니는 괴물. 뷸레트는 온대 기후의 넓은 지역을 떠돌아다니며, 마주치는 동물이나 인간형 생명체는 뭐든지 먹어 치웁니다. 이것들은 드워프나 엘프의 살점을 좋아하지 않지만, 대개 상대가 무엇인지 알아채기도 전에 죽여버리는 경우가 많습니다. 뷸레트는 하플링 고기를 가장 좋아하며, 널찍한 들판에서 하플링들을 뒤쫓을 때야말로 뷸레트가 가장 행복을 느끼는 순간입니다.

뷸레트는 둥지를 틀지 않으며, 30마일에 달하는 넓은 사냥 지역을 떠돌아다닙니다. 뷸레트가 지역을 만드는 이유는 오로지 먹을 것 때문이며, 그 지역의 모든 것을 다 먹어 치우고 난 다음에는 다른 곳으로 떠납니다. 이것들은 때때로 인간형 거주지 주변에 자리를 잡고는 퇴치될 때까지 겁에 질려 달아나는 거주민들을 잡아먹습니다.

뷸레트는 모든 것을 먹을 것으로만 보기 때문에 심지어 다른 포식자들이나 같은 뷸레트조차 서로 기피합니다. 뷸레트는 오로지 짝짓기할 때만 함께하며, 할퀴고 물어뜯는 피투성이의 짝짓기 과정은 대개 수컷이 죽어서 먹이가 되는 것으로 끝나곤 합니다.

비전의 창조물. 몇몇 학자는 어떤 미친 마법사가 거북이와 아르마딜로를 혼합하고 데몬의 체액을 섞어서 만들어낸 창조물이 바로 뷸레트라고 생각합니다. 뷸레트는 여러 번 멸종된 것처럼 보였지만, 한동안 보이지 않던 시기가 지나고 나면 반드시 다시 나타났습니다. 뷸레트의 새끼는 거의 눈에 띄는 적이 없기 때문에, 이 학자들은 지하 어딘가에 뷸레트의 숨겨진 둥지가 있으며 오직 다 큰 성체만이 지상 가까이 나오는 게 아닐까 하고 의심하고 있습니다.

뷸레트 BULETTE

대형 괴물류, 성향 없음

방어도 17 (자연 갑옷)
히트 포인트 94 (9d10+45)
이동속도 40ft, 굴착 40ft

근력	민첩	건강	지능	지혜	매력
19 (+4)	11 (+0)	21 (+5)	2 (-4)	10 (+0)	5 (-3)

기술 감지 +6
감각능력 암시야 60ft 진동감지 60ft, 상시 감지 16
언어 —
도전지수 5 (1,800 xp)

제자리 뛰기. 뷸레트는 도움닫기를 하지 않고도 30ft 너비, 15ft 높이까지 도약할 수 있습니다.

행동

물기. *근접 무기 공격:* 명중 +7, 간격 5ft, 목표 하나. *명중시:* 30(4d12+4)점의 관통 피해.

치명적 도약. 뷸레트가 이동중 최소 15ft 이상의 거리를 도약하였다면, 착지 지점의 모든 크리쳐에게 이 행동을 사용할 수 있습니다. 착지 지점의 모든 크리쳐는 DC 16의 근력 또는 민첩 내성을 굴립니다. (굴리는 내성은 목표가 선택합니다.) 내성에 실패한 크리쳐는 넘어지며 14(3d6+4)점의 타격 피해와 14(3d6+4)점의 참격 피해를 받습니다. 내성에 성공하면 피해는 절반으로 줄어들고 넘어지지 않습니다. 그러나 내성에 성공한 크리쳐도 뷸레트가 점유한 공간 밖으로 5ft 멀리 밀려납니다. 이때 방향은 밀려나는 크리쳐가 정합니다. 해당 범위 내에 점유되지 않은 공간이 없다면, 크리쳐는 뷸레트가 점유한 공간 아래에 넘어진 상태가 됩니다.

비홀더 BEHOLDERS

비홀더를 한번 보기만 해도, 그 외계 존재의 본성과 악랄한 심성을 알아차릴 수 있을 것입니다. 공격적이고 증오에 차 있으며 탐욕스러운 이 기괴체는 다른 모든 존재를 저급한 것으로 취급하며, 자기들 마음대로 장난감삼아 가지고 놀거나 파괴할 수 있다고 생각합니다.

비홀더의 구체형 몸은 언제나 허공에 떠 있으며, 중앙에는 거대한 눈알과 넓게 열린 이빨로 가득한 주둥이가 나 있습니다. 또한 작은 눈자루들이 왕관처럼 몸통의 윗부분에 돋아나 적들을 주시합니다. 비홀더가 잠이 들 때면 중앙의 큰 눈은 감기지만, 작은 눈들은 여전히 뜨여 있는 상태로 주변을 감시합니다.

배척하는 고립주의자. 모든 비홀더는 주변이 온통 적뿐이라고 생각합니다. 비홀더는 자신들의 명석함과 마법적인 힘 때문에 다른 모든 존재가 그들을 질투한다고 믿으며, 그런 하급한 것들은 모두 엉성하고 구역질 나는 것들이라고 생각합니다. 비홀더는 언제나 다른 자들이 자기에 대항하여 모략을 짜고 있다고 믿습니다. 심지어 주변에 아무도 없는 상태라 해도 마찬가지입니다.

오로지 자신만이 최고라고 생각하는 비홀더의 교만은 심지어 다른 비홀더에게까지 적용됩니다. 모든 비홀더는 저마다 자신이야말로 이상적인 형태를 지닌 비홀더이며, 그 형태에서 조금이라도 벗어나는 것은 종의 순수성에 흠이 된다고 생각합니다. 비홀더는 신체의 형태가 매우 다양하므로 서로 간의 대립은 피할 수 없습니다. 어떤 비홀더는 키틴질 껍질로 몸통을 보호하는 때가 있는가 하면, 또 다른 비홀더는 마치 갑각류의 관절처럼 생긴 눈자루가 돋아나기도 합니다. 촉수처럼 생긴 부드러운 눈자루가 자라나는 것들도 있습니다. 심지어 서로 진짜 비슷하게 생겼지만, 가죽 색깔이 다르기 때문에 평생의 원수가 된 비홀더들도 있습니다.

눈알 폭군. 몇몇 비홀더는 배척 성향을 통해 무시무시한 폭정을 펼치기도 합니다. 홀로 떨어져 살기보다 다른 것들을 노예로 삼고 군림하기를 선택한 이 눈알 폭군은 방대한 제국을 세우고 다스리곤 합니다. 눈알 폭군은 때로 거대한 도시 지하에 자기 영역을 만들거나, 지배자인 자신의 명령에 절대 복종하는 요원들로 이루어진 정보망을 움직이기도 합니다.

기괴한 보금자리. 비홀더는 자기 영역을 공유하지 않기 때문에, 대개는 외딴 언덕이나 버려진 폐허, 혹은 깊은 동굴에 숨어서 모략을 짜곤 합니다. 비홀더의 본거지는 자신이 사용하는 분해 광선으로 깎아 만들어지며, 서로 겹겹이 쌓아 올려진 수직 층 구조로 만들곤 합니다. 이런 환경하에서 비홀더는 자유로이 움직일 수 있지만, 침입자는 쉽사리 기어 올라오기 힘들기 때문입니다. 침입자가 쳐들어오면, 비홀더는 높은 천장에 뜬 상태로 바닥에서 움직이는 적들을 공격하기 시작합니다.

비홀더의 본거지는 그 창조주만큼이나 기이하며, 방 구조는 비홀더의 오만함을 그대로 드러내고 있습니다. 비홀더는 자기가 전투에 승리하고 얻은 전리품으로 방을 장식하며, 최후를 맞이해 공포에 질린 그 모습 그대로 굳어버린 석화된 모험자나 다른 비홀더의 몸 조각 일부, 혹은 강력한 적에게서 빼앗은 마법 물건 따위를 늘어놓습니다. 비홀더는 그 소유물로 서로를 평가하기 때문에, 비홀더들은 절대 자신의 보물을 내어주지 않습니다.

비홀더의 본거지

비홀더의 중앙 본거지는 대개 높은 천장을 지닌 거대한 동굴이며, 이곳에서 비홀더는 근접 공격을 받을 염려 없이 자기 자신은 마음껏 공격을 가할 수 있습니다. 본거지에서 상대하게 되는 경우 비홀더의 도전지수는 14로 취급합니다(경험치 11,500점).

본거지 행동

본거지 안에서 싸울 때, 비홀더는 공명하는 마법의 힘으로 본거지 행동을 사용할 수 있습니다. 우선권 순서 20에서 비홀더는 아래 효과 중 하나를 본거지 행동으로 사용합니다.(비길 경우 항상 지는 것으로 취급)

- 120ft 이내에 있는 50 × 50ft의 땅이 끈적하게 변합니다. 이 지역은 다음 라운드의 우선권 순서 20까지 어려운 지형이 됩니다.
- 비홀더로부터 120ft 내에 있는 벽에서 손발이 돋아납니다. 이 손발은 다음 라운드의 우선권 순서 20까지 존재합니다. 벽 주변 10ft 이내에 있는 크리쳐 중 비홀더가 선택한 모든 크리쳐는 DC 15의 민첩 내성에 실패할 경우 벽에 붙잡히게 됩니다. 탈출하기 위해서는 DC 15의 근력(운동) 판정이나 민첩(곡예) 판정에 성공해야 합니다.
- 비홀더로부터 60ft 이내에 있는 단단한 표면에서 눈이 열립니다. 비홀더는 이 눈을 통해 자신이 고른 목표에게 무작위 눈 광선 하나를 발사합니다. 표면의 눈은 광선을 발사한 다음 감기고 사라집니다.

비홀더는 모든 효과를 한 번씩 사용하고 나서야 다시 사용했던 효과를 쓸 수 있으며, 같은 효과를 두 라운드 연속으로 사용할 수 없습니다.

지역 효과

비홀더의 본거지 주변 지역은 비홀더의 부자연스러운 존재 때문에 왜곡되며, 아래 효과들 중 일부 혹은 전부가 나타납니다.

- 비홀더의 본거지 주변 1마일 이내의 크리쳐는 가끔 무언가 자신을 지켜보는 느낌을 받습니다.
- 비홀더가 잠이 들 때면, 본거지 주변 1마일 이내에서 가벼운 현실 왜곡이 나타나며 24시간 뒤에 원래대로 돌아옵니다. 동굴의 벽에 새겨진 문양이 기이하게 변하거나, 아무것도 없던 곳에 잡동사니가 나타나거나, 무해한 점액이 석상을 뒤덮고 있는 등이 이러한 현실 왜곡 효과입니다. 이러한 효과들은 오직 자연적인 표면이나 비마법적인 물체에만 나타나며, 다른 누군가의 소지품에는 일어나지 않습니다.

비홀더가 죽게 되면 이러한 효과들은 1d10일 안에 사라집니다.

데스 타일런트 Death Tyrant

가끔씩은 비홀더의 정신이 광기의 한계를 넘어 죽음 너머에도 현실이 이어진다는 상상에 빠지게 될 때가 있습니다. 비홀더가 그러한 꿈에 사로잡히게 되면 변화를 겪게 됩니다. 생전의 살점이 모두 사라져버리고 데스 타일런트(죽음의 폭군)로 변하게 되는 것입니다. 이 괴물들은 살아생전에 지녔던 교활함과 마법 능력 대부분을 지니고 있지만, 불사의 힘을 통해 움직이는 점이 다릅니다.

데스 타일런트는 거대한 해골 모습으로 나타나며, 중앙의 텅 빈 커다란 눈구멍에는 붉은빛이 한 점으로 타오르고 있습니다. 모든 눈자루는 이미 썩어 사라졌지만, 10여 개의 유령 눈이 허공에 떠서 사방을 살펴보고 있습니다.

죽음의 폭군. 비홀더일 때 그랬던 것처럼, 데스 타일런트 역시 하수인들을 지배할 수 있는 권력을 사랑합니다. 게다가 비홀더의 능력은 기괴한 변이를 거치며, 마법의 힘을 억누르던 중앙의 큰 눈은 이제 노예와 적들을 죽이고 언데드 하인으로 부리는 힘을 발휘하게 됩니다.

데스 타일런트가 만들어 낸 좀비들은 자신이 원할 때면 언제나 쓰고 버릴 수 있는 것들입니다. 데스 타일런트는 본거지 주변 경비용이나 보물 창고를 지키는 용도로 좀비들을 부립니다. 데스 타일린트에게 있어 좀비들은 일회용 수단입니다. 전투시에는 미끼

가 되기도 하며, 강적들이 나타났다면 데스 타일런트가 원하는 위치에 도착할 때까지 주의를 돌리는 용도로도 쓰입니다.

죽은 자의 군대. 데스 타일런트는 파괴의 원동력으로서 불사의 힘을 받아들였습니다. 권력과 안전에 대한 욕구로 움직이는 데스 타일런트는 인간형 존재들의 정착지로 나아가 눈 광선으로 보이는 모든 것을 파괴하여 언데드의 군대를 만들어 냅니다. 방해를 받지 않는다고 생각하면 데스 타일런트 하나만으로도 몇 주일 안에 도시 전체의 인구를 쓸어버리기에 충분하며, 그렇게 군대를 만들고 나면 그 불사의 눈은 더 큰 정복을 향해 돌아갈 것입니다. 정착지 하나가 무너질 때마다 데스 타일런트의 좀비 군단은 점점 더 압도적인 숫자로 불어나게 될 것입니다.

언데드의 천성. 데스 타일런트는 호흡할 필요가 없으며, 먹고 마시거나 잠잘 필요도 없습니다.

데스 타일런트의 본거지

데스 타일런트의 본거지는 대개 비홀더의 것과 유사한 위치나 형태를 지닙니다. 하지만 그 안에는 더 많은 죽음과 부패의 함정이 있습니다. 본거지에서 상대하게 되는 경우, 데스 타일런트의 도전지수는 15로 취급합니다. (경험치 13,000점)

본거지 행동

본거지 안에서 싸울 때, 데스 타일런트는 공명하는 마법의 힘으로 본거지 행동을 사용할 수 있습니다. 우선권 순서 20에서 데스 타일런트는 본거지 행동으로 아래 효과 중 하나를 일으킬 수 있습니다. (비길 경우 항상 지는 것으로 취급)

- 주변 120ft 내에서 50 × 50 × 50ft의 입방체 지역은 유령 같은 눈과 촉수로 가득 차게 됩니다. 해당 지역은 데스 타일런트를 제외한 다른 크리쳐들에게 가볍게 가려진 지역으로 취급합니다. 이 효과는 다음 라운드의 우선권 순서 20에 사라집니다.
- 데스 타일런트 주변 120ft 내에 있는 벽에서 손발이 돋아납니다. 이 손발은 다음 라운드의 우선권 순서 20까지 존재합니다. 벽 주변 10ft 이내에 있는 크리쳐 중 데스 타일런트가 선택한 모든 크리쳐는 DC 17의 민첩 내성에 실패할 경우 벽에 붙잡히게 됩니다. (에테르계에 있는 크리쳐들 역시 포함됩니다.) 탈출하기 위해서는 DC 17의 근력(운동) 판정이나 민첩(곡예) 판정에 성공해야 합니다.
- 데스 타일런트 주변 50ft 이내의 한 지점에 유령 같은 눈이 열리고는 지정한 목표에 대해 무작위 눈 광선을 발사합니다. 이 눈은 에테르계의 물체로 취급합니다. 눈은 광선을 발사한 다음 감겨서 사라집니다.

데스 타일런트는 모든 효과를 한 번씩 사용하고 나서야 다시 사용했던 효과를 쓸 수 있으며, 같은 효과를 두 라운드 연속으로 사용할 수 없습니다.

지역 효과

데스 타일런트의 본거지 주변 지역은 그들의 부자연스러운 존재로 인해 뒤틀리며, 아래 효과 중 일부 혹은 전부가 나타납니다.

- 데스 타일런트의 본거지 주변 1마일 이내의 크리쳐들은 때때로 누군가 자신을 지켜본다는 느낌을 받습니다.
- 데스 타일런트에게 적대적이며 그 존재를 알고 있는 크리쳐가 본거지 주변 1마일 이내에서 긴 휴식을 마칠 경우, d20을 굴립니다. 주사위에서 10 이하가 나온 경우, 해당 크리쳐는 데스 타일런트의 눈 광선 중 하나를 무작위로 맞게 됩니다.

만약 데스 타일런트가 죽는다면, 이 효과들은 1d10일 내에 사라집니다.

"모든 비홀더는 자신이 비홀더 종의 정점이라 생각하며, 그들이 두려워하는 것은 오직 자기 생각이 틀렸을지도 모른다는 걱정 뿐이다."

— 발카라 아이언펠, 드워프 학자.

비홀더 BEHOLDER

대형 기괴체, 질서 악

방어도 18 (자연 갑옷)
히트 포인트 180 (19d10+76)
이동속도 0ft, 비행 20ft (부양)

근력	민첩	건강	지능	지혜	매력
10 (+0)	14 (+2)	18 (+4)	17 (+3)	15 (+2)	17 (+3)

내성 굴림 지능 +8, 지혜 +7, 매력 +8
기술 감지 +12
상태 면역 넘어짐
감각능력 암시야 120ft, 상시 감지 22
언어 지저어, 지하 공용어
도전지수 13 (10,000 xp)

반마법 영역. 비홀더의 중앙 눈은 길이 150ft의 원뿔 범위에 *반마법장Antimagic Field* 주문처럼 반마법 지역을 만들어 냅니다. 비홀더는 매번 자기 턴이 시작할 때 눈을 뜨고 있는지, 어느 방향을 향하는지 정해야 합니다. 이 지역은 비홀더 자신이 사용하는 눈 광선도 무효화합니다.

행동

물기. 근접 무기 공격: 명중 +5, 간격 5ft, 목표 하나. 명중시: 14(4d6)점의 관통 피해.

눈 광선. 비홀더는 아래의 마법 눈 광선 중 3발을 무작위로 골라 발사합니다. (같은 것이 나올 경우 다시 굴립니다) 비홀더는 120ft 이내에서 목표 셋을 고를 수 있습니다.

1. 매혹 광선. 목표는 DC 16의 지혜 내성에 실패하면 1시간 동안 비홀더에게 매혹됩니다. 이 효과는 비홀더가 해당 대상에게 해를 입힐 경우 해제됩니다.

2. 마비 광선. 목표는 DC 16의 건강 내성에 실패하면 1분간 마비됩니다. 목표는 매번 자기 턴이 끝날 때 내성을 다시 굴릴 수 있으며, 성공하면 효과는 종료됩니다.

3. 공포 광선. 목표는 DC 16의 지혜 내성에 실패하면 1분간 공포 상태가 됩니다. 목표는 매번 자기 턴이 끝날 때 내성을 다시 굴릴 수 있으며, 성공하면 효과는 종료됩니다.

4. 저속 광선. 목표는 DC 16의 민첩 내성에 실패할 경우 1분간 이동속도가 절반이 됩니다. 또한 해당 크리쳐는 반응행동을 할 수 없으며, 매

번 자기 턴에 행동 또는 추가 행동 중 하나만 취할 수 있습니다. 목표는 매번 자기 턴이 끝날 때 다시 내성을 굴릴 수 있으며, 성공하면 효과는 종료됩니다.

5. 탈력 광선. 목표는 DC 16의 건강 내성에 실패할 경우 36(8d8)점의 사령 피해를 받습니다. 내성에 성공하면 피해는 절반으로 줄어듭니다.

6. 염동 광선. 만약 목표가 크리쳐라면, 목표는 DC 16의 근력 내성에 실패할 경우 비홀더가 보내고자 하는 방향으로 30ft 이동합니다. 목표는 비홀더의 다음 턴이 시작되거나 비홀더가 행동불능 상태가 될 때까지 비홀더의 염동력 손아귀에 의해 포박 상태로 취급됩니다.

만약 목표가 300lbs 이하 무게이며 다른 누군가가 장비하거나 들고 있지 않은 물체라면, 비홀더는 해당 물체를 원하는 방향으로 30ft 이동시킬 수 있습니다. 비홀더는 또한 이 광선으로 세밀한 조작을 행할 수 있으며, 간단한 도구를 다루거나 문 또는 용기를 열고 닫을 수 있습니다.

7. 수면 광선. 목표는 DC 16의 지혜 내성에 실패하면 1분간 무의식 상태가 됩니다. 목표는 피해를 받거나 다른 누군가가 행동을 사용해 깨울 경우 깨어날 수 있습니다. 이 광선은 구조물이나 언데드에게는 효과가 없습니다.

8. 석화 광선. 목표는 DC 16의 민첩 내성에 실패하면 포박 상태가 되고, 돌로 변하기 시작합니다. 목표는 다음번 자기 턴이 끝날 때 다시 내성을 굴려야 합니다. 이때 성공하면 효과는 종료됩니다. 이때에도 실패한다면 목표는 완전히 석화되며, *상급 회복Greater Restoration* 주문 등으로 해제할 때까지 그대로 석화 상태가 됩니다.

9. 분해 광선. 목표가 크리쳐라면, 목표는 DC 16의 민첩 내성에 실패할 경우 45(10d8)점의 역장 피해를 받습니다. 만약 이 피해로 목표의 hp가 0 이하가 되었다면, 목표는 고운 회색 가루로 분해되어 버립니다.

만약 목표가 대형 이하 크기의 비마법적 물체 혹은 마법 역장으로 이루어진 물체라면, 이 광선은 내성을 굴리지 않고 해당 물체를 분해해 버립니다. 만약 목표가 거대형 이상 크기의 비마법적 물체 혹은 마법 역장으로 이루어진 물체라면, 이 광선은 물체에서 10 × 10 × 10ft 만큼의 부분을 분해해 버립니다.

10. 즉사 광선. 목표는 DC 16의 민첩 내성에 실패할 경우 55(10d10)점의 사령 피해를 받습니다. 이 광선으로 인해 목표의 hp가 0 이하로 떨어지면 목표는 사망합니다.

전설적 행동

비홀더는 눈 광선을 사용해 3회의 전설적 행동을 취할 수 있습니다. 전설적 행동은 동시에 한 가지만 취할 수 있으며, 오로지 다른 크리쳐의 턴이 끝날 때만 사용할 수 있습니다. 비홀더는 자기 턴이 시작할 때 사용한 전설적 행동 횟수를 모두 회복합니다.

눈 광선. 비홀더는 눈 광선 한 가지를 무작위로 발사합니다.

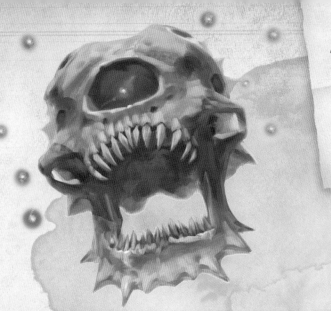

데스 타일런트 DEATH TYRANT

대형 언데드, 질서 악

방어도 19 (자연 갑옷)
히트 포인트 187 (25d10+50)
이동속도 0ft, 비행 20ft (부양)

근력	민첩	건강	지능	지혜	매력
10 (+0)	14 (+2)	14 (+2)	19 (+4)	15 (+2)	19 (+4)

내성 굴림 근력 +5, 건강 +7, 지능 +9, 지혜 +7, 매력 +9
기술 감지 +12
피해 면역 독성
상태 면역 매혹, 탈진, 마비, 석화, 중독, 넘어짐
감각능력 암시야 120ft, 상시 감지 22
언어 지저어, 지하 공용어
도전지수 14 (11,500 xp)

부정력 영역. 데스 타일런트의 중앙 눈은 150ft 길이의 원뿔형 영역에 보이지 않는 마법적 부정력을 내뿜고 있습니다. 데스 타일런트는 매번 자기 턴이 시작할 때 눈을 사용하고 있는지, 어느 방향으로 향하고 있는지를 결정합니다.

해당 범위 내의 모든 크리쳐는 hp를 회복할 수 없습니다. 해당 범위 내에서 사망한 인간형 크리쳐는 데스 타일런트의 명령을 받는 좀비로 되살아납니다. 죽은 인간형 크리쳐는 몸이 완전히 파괴되지 않은 한 자신의 우선권 순서를 그대로 유지하며 다음 자기 턴이 시작할 때 움직이기 시작합니다.

행동

물기. 근접 무기 공격: 명중 +5, 간격 5ft, 목표 하나. 명중시: 14(4d6)점의 관통 피해.

눈 광선. 데스 타일런트는 아래의 마법 눈 광선 중 3발을 무작위로 골라 발사합니다. (같은 것이 나올 경우 다시 굴립니다) 데스 타일런트는 120ft 이내에서 목표 셋을 고를 수 있습니다.

1. 매혹 광선. 목표는 DC 17의 지혜 내성에 실패하면 1시간 동안 데스 타일런트에게 매혹됩니다. 이 효과는 데스 타일런트가 해당 대상에게 해를 입힐 경우 해제됩니다.

2. 마비 광선. 목표는 DC 17의 건강 내성에 실패하면 1분간 마비됩니다. 목표는 매번 자기 턴이 끝날 때 내성을 다시 굴릴 수 있으며, 성공하면 효과는 종료됩니다.

3. 공포 광선. 목표는 DC 17의 지혜 내성에 실패하면 1분간 공포 상태가 됩니다. 목표는 매번 자기 턴이 끝날 때 내성을 다시 굴릴 수 있으며, 성공하면 효과는 종료됩니다.

4. 저속 광선. 목표는 DC 17의 민첩 내성에 실패할 경우 1분간 이동속도가 절반이 됩니다. 또한 해당 크리쳐는 반응행동을 할 수 없으며, 매번 자기 턴에 행동 또는 추가 행동 중 하나만 취할 수 있습니다. 목표는 매번 자기 턴이 끝날 때 다시 내성을 굴릴 수 있으며, 성공하면 효과는 종료됩니다.

5. 탈력 광선. 목표는 DC 17의 건강 내성에 실패할 경우 36(8d8)점의 사령 피해를 받습니다. 내성에 성공하면 피해는 절반으로 줄어듭니다.

6. 염동 광선. 만약 목표가 크리쳐라면, 목표는 DC 17의 근력 내성에 실패할 경우 데스 타일런트가 보내고자 하는 방향으로 30ft 이동합니다. 목표는 데스 타일런트의 다음 턴이 시작하거나 데스 타일런트가 행동불능 상태가 될 때까지 데스 타일런트의 염동력 손아귀에 의해 포박 상태로 취급합니다.

만약 목표가 300lbs 이하 무게이며 다른 누군가가 장비하거나 들고 있지 않은 물체라면, 데스 타일런트는 해당 물체를 원하는 방향으로 30ft 이동시킬 수 있습니다. 데스 타일런트는 또한 이 광선으로 세밀한 조작을 행할 수 있으며, 간단한 도구를 다루거나 문 또는 용기를 열고 닫을 수 있습니다.

7. 수면 광선. 목표는 DC 17의 지혜 내성에 실패하면 1분간 무의식 상태가 됩니다. 목표는 피해를 받거나 다른 누군가가 행동을 사용해 깨울 경우 깨어날 수 있습니다. 이 광선은 구조물이나 언데드에게는 효과가 없습니다.

8. 석화 광선. 목표는 DC 17의 민첩 내성에 실패하면 포박 상태가 되고, 돌로 변하기 시작합니다. 목표는 다음번 자기 턴이 끝날 때 다시 내성을 굴려야 합니다. 이때 성공하면 효과는 종료됩니다. 이때에도 실패한다면 목표는 완전히 석화되며, *상급 회복Greater Restoration* 주문 등으로 해제할 때까지 그대로 석화 상태가 됩니다.

9. 분해 광선. 목표가 크리쳐라면, 목표는 DC 17의 민첩 내성에 실패할 경우 45(10d8)점의 역장 피해를 받습니다. 만약 이 피해로 목표의 hp가 0 이하가 되었다면, 목표는 고운 회색 가루로 분해되어 버립니다.

만약 목표가 대형 이하 크기의 비마법적 물체 혹은 마법 역장으로 이루어진 물체라면, 이 광선은 내성을 굴리지 않고 해당 물체를 분해해 버립니다. 만약 목표가 거대형 이상 크기의 비마법적 물체 혹은 마법 역장으로 이루어진 물체라면, 이 광선은 물체에서 10 × 10 × 10ft 만큼의 부분을 분해해 버립니다.

10. 즉사 광선. 목표는 DC 17의 민첩 내성에 실패할 경우 55(10d10)점의 사령 피해를 받습니다. 이 광선으로 인해 목표의 hp가 0 이하로 떨어지면 목표는 사망합니다.

전설적 행동

데스 타일런트는 눈 광선을 사용해 3회의 전설적 행동을 취할 수 있습니다. 전설적 행동은 동시에 한 가지만 취할 수 있으며, 오로지 다른 크리쳐의 턴이 끝날 때만 사용할 수 있습니다. 데스 타일런트는 자기 턴이 시작할 때 사용한 전설적 행동 횟수를 모두 회복합니다.

눈 광선. 데스 타일런트는 눈 광선 한 가지를 무작위로 발사합니다.

스펙테이터 Spectator

스펙테이터는 마법적 의식을 통해 다른 이계에서 소환한 하급 비홀더로, 이 의식을 시전하기 위해서는 비홀더의 눈줄기 4개를 사용해야 합니다. 따라서 스펙테이터는 4개의 눈줄기를 가졌으며, 양옆에 각각 2개씩의 눈줄기가 달렸고 4ft 정도의 원형 몸통 한가운데에는 널찍한 눈이 있습니다.

마법의 수호자. 소환된 스펙테이터는 소환자가 지정한 장소나 보물을 이후 101년 동안 지키게 되며, 소환자가 허락하지 않는 한 그 누구도 자신이 지키는 장소나 물건에 접하지 못하게 합니다. 만약 약속된 세월이 다 지나기 전 지키기로 한 물건이 망가지거나 도둑 맞게 되면 소환된 스펙테이터는 사라집니다. 그렇지 않은 경우라면 스펙테이터는 결코 자신의 위치를 벗어나지 않습니다.

광기의 흔적. 스펙테이터는 말을 할 수 있지만. 대개 정신감응을 통해 의사소통을 합니다. 경비를 서고 있을 때 스펙테이터의 생각은 정상적이며, 소환자와 의견을 주고받고 명령에 의문을 제기할 수도 있습니다. 하지만 스펙테이터와 아주 잠깐만 이야기를 나누어 보아도 기나긴 고립의 세월 때문에 생긴 성격의 기괴한 변화를 알아차리기엔 충분합니다. 스펙테이터는 아무것도 없는 와중에 상상 속에서 적들을 마구 만들어 내며, 자신을 3인칭으로 지칭하거나, 소환자의 목소리를 흉내 내기도 합니다.

다른 비홀더들처럼 스펙테이터 역시 스스로를 자기 종의 정점으로 생각하며, 다른 스펙테이터에 대한 격한 증오심을 품고 있습니다. 만약 두 스펙테이터가 서로 마주하게 된다면, 둘 중 하나가 죽을 때까지 싸움을 벌일 가능성이 높습니다.

봉사에서 해방될 때. 스펙테이터가 수호의 기간을 완수하면, 무엇이든 원하는 대로 할 수 있는 자유를 얻게 됩니다. 하지만 이들 다수는 원래 자신이 지키던 곳에 자리를 잡으며, 특히 원래 소환했던 자가 이미 죽어버린 경우일수록 그런 경우가 많습니다. 스펙테이터가 목적을 잃어버리고 나면, 원활하게 임무를 수행하던 때와 달리 광기의 번뜩임이 정신을 차지하게 됩니다.

스펙테이터 Spectator

중형 기괴체, 질서 중립

방어도 14 (자연 갑옷)
히트 포인트 39 (6d8+12)
이동속도 0ft, 비행 30ft (부양)

근력	민첩	건강	지능	지혜	매력
8 (-1)	14 (+2)	14 (+2)	13 (+1)	14 (+2)	11 (+0)

기술 감지 +6
상태 면역 넘어짐
감각능력 암시야 120ft, 상시 감지 16
언어 지저어, 지하 공용어, 정신감응 120ft
도전지수 3 (700 xp)

행동

물기. *근접 무기 공격:* 명중 +1, 간격 5ft, 목표 하나. *명중시:* 2(1d6-1)점의 관통 피해.

눈 광선. 스펙테이터는 90ft 이내의 목표 중에서 둘을 골라 아래의 눈 광선 중 2개를 발사합니다. 각 광선은 턴 당 오직 한 번만 발사할 수 있습니다.

1. 혼란 광선. 목표는 DC 13의 지혜 내성에 실패할 경우 자신의 다음 턴이 끝날 때까지 반응행동을 사용할 수 없습니다. 목표는 자신의 다음 턴에 이동할 수 없으며, 행동을 사용해 사거리 내의 무작위 대상을 향해 근접 또는 장거리 공격을 가해야 합니다. 만약 목표가 공격할 수 없는 상태라면 자기 턴에 아무 행동도 하지 않을 것입니다.

2. 마비 광선. 목표는 DC 13의 건강 내성에 실패하면 1분간 마비됩니다. 목표는 매번 자기 턴이 끝날 때 내성을 다시 굴릴 수 있으며, 성공하면 효과는 종료됩니다.

3. 공포 광선. 목표는 DC 13의 지혜 내성에 실패할 경우 1분간 공포 상태가 됩니다. 목표는 매번 자기 턴이 끝날 때 내성을 다시 굴릴 수 있으나, 시선 내에 스펙테이터가 보일 경우 이 내성에는 불리점을 받습니다. 내성에 성공하면 효과는 종료됩니다.

4. 부상 광선. 목표는 DC 13의 건강 내성에 실패할 경우 16(3d10)점의 사령 피해를 받습니다. 내성에 성공하면 피해는 절반으로 줄어듭니다.

음식과 물 창조. 스펙테이터는 24시간 동안 스스로 먹고 마시기에 충분한 음식과 물을 창조할 수 있습니다.

반응행동

주문 반사. 스펙테이터가 주문에 대한 내성에 성공하였거나, 스펙테이터를 목표로 한 주문 공격이 빗나갔다면, 스펙테이터는 주변 30ft 내에서 자신이 볼 수 있는 크리쳐 하나를 지정해 방금 자신이 받았던 주문의 목표가 되도록 할 수 있습니다. 해당 주문이 내성을 굴리는 것이라면 지정된 목표는 내성 굴림을 굴려야 합니다. 주문이 명중을 굴리는 것이라면 지정된 목표를 상대로 다시 명중 굴림을 합니다.

사이클롭스 CYCLOPS

사이클롭스는 야생의 땅에서 근근이 살아가는 외눈의 거인 종족입니다. 선천적으로 고립되어 살아가는 이들은 다른 종족들과의 접촉을 최대한 피하며, 이방인이 자신들의 영역에 들어오면 내쫓아 버리려고 합니다.

비종교적. 전설에 따르면 사이클롭스는 거인의 신 중 하나의 자손이라고 하지만, 이들은 어떤 신에게도 신앙을 바치지 않습니다. 이들은 기도에 큰 의미를 두지 않고 의식을 싫어하며, 그런 것들이 복잡하고 이상하다고 여깁니다. 하지만 사이클롭스가 어떤 신성한 힘에 도움을 받았거나, 초자연적 힘이나 그런 힘을 부리는 존재에게 위협을 받았다면, 그러한 도움이나 위협이 존재하는 한은 그 힘에 대해서 존중을 보일 것입니다.

무지렁이. 사이클롭스들은 그럭저럭 지성을 갖추고 있긴 하지만, 먹이로 쓸 동물 무리 정도나 돌보는 단순하고 고립된 삶을 살아갑니다. 그들은 홀로 살거나 작은 가족을 이루며, 동굴이나 폐허, 혹은 건조한 바위 지대에 자신들의 보금자리를 차립니다. 사이클롭스는 밤이 되면 자기 가축 무리를 지켜보며, 바위로 집의 입구를 막아 헛간으로도 쓸 수 있게 합니다.

사이클롭스의 보금자리는 다른 사이클롭스의 거처와 하루 정도 거리에 만들어지며, 때때로 서로 만나 물건을 교환하거나 짝짓기 상대를 찾기도 합니다. 이들은 나무와 돌로 무기를 만들며, 금속을 사용하는 경우는 거의 없습니다. 사이클롭스들은 거인어를 이해할 수 있지만, 읽고 쓰는 능력은 거의 없으며 말도 잘 하지 않고 투덜거림과 몸짓으로 서로 의사소통을 합니다.

사이클롭스는 거래할 때 돈을 사용하지 않지만, 금이나 껍질, 장신구들처럼 반짝거리고 빛나는 것들의 가치는 알고 있습니다. 사이클롭스는 깃털과 은화를 꿰어 만든 목걸이를 차고 있는 경우도 있으며, 잔이나 식기 등으로 쓰는 깨진 금속을 지닐 때도 있습니다.

어리석음. 사이클롭스는 대단한 생각을 하거나 전략을 짜는 자들이 아닙니다. 그들은 느리게 배우며 자신들의 전통적인 방식을 고집하기 때문에 새로운 방법을 찾기가 매우 어렵습니다. 거대한 몸집과 힘 때문에 전투시에는 무시무시한 적이 되지만, 이들은 영리한 적들에게 쉽사리 속아 넘어가곤 합니다.

사이클롭스는 마법의 힘에 쉽게 현혹되며 큰 영향을 받습니다. 순박하고 마법이 생소한 사이클롭스들은 워락이나 클레릭 같은 주문시전자를 강력한 신적 존재로 쉽게 착각하곤 합니다. 하지만 자신들이 속아 넘어가 한낱 필멸자를 "신"으로 여겼다는 사실을 알게 되면 자존심이 상해 피가 난무하는 무시무시한 복수를 하게 될 것입니다.

사이클롭스 CYCLOPS

거대형 거인, 혼돈 중립

방어도 14 (자연 갑옷)
히트 포인트 138 (12d12+60)
이동속도 30ft

근력	민첩	건강	지능	지혜	매력
22 (+6)	11 (+0)	20 (+5)	8 (-1)	6 (-2)	10 (+0)

감각능력 상시 감지 8
언어 거인어
도전지수 6 (2,300 xp)

원근감 미약. 사이클롭스는 30ft보다 멀리 떨어진 목표에 대한 명중 굴림에 불리점을 받습니다.

행동

다중공격. 사이클롭스는 대곤봉 공격을 2회 가합니다.

대곤봉. 근접 무기 공격: 명중 +9, 간격 10ft, 목표 하나. 명중시: 19(3d8+6)점의 타격 피해.

바위. 상거리 무기 공격: 명중 +9, 장거리 30/120ft, 목표 하나. 명중시: 28(4d10+6)점의 타격 피해.

사티로스 SATYR

사티로스는 야생의 숲에서 보이는 방탕한 요정들로, 호기심과 쾌락주의로 살아갑니다.

사티로스는 건장한 인간 남성의 상체에 털이 수북한 염소의 하체가 달린 모습으로 나타납니다. 이마에는 뿔이 돋아나 있으며, 이 뿔은 자그마한 것에서 휘어진 산양의 뿔처럼 큰 것까지 다양합니다. 이들은 대개 얼굴에 수염이 자라 있습니다.

쾌락주의적 선동자. 사티로스는 가장 독한 술에 가장 강한 향신료를 즐기며, 가장 정신없는 춤을 춥니다. 사티로스는 취해 있지 않으면 굶주린 기분을 느끼며, 자신의 욕망이 이끄는 대로 방탕하게 놀아 재낍니다. 사티로스는 훌륭한 시인을 납치해 사랑스러운 노래를 듣거나 삼엄한 경비를 뚫고 침입하여 아름다운 남녀를 훔쳐보고, 궁전에 들어가 최고급 음식을 배터지게 먹어 치우기도 합니다. 사티로스는 축제를 그냥 지나치는 법이 없습니다. 이들은 휴일이라면 언제든 끼어듭니다. 세상의 여러 문명에는 이들이 매일매일 즐길 만한 다양한 축제와 휴일이 있기에 이들은 언제나 축제 기분으로 지냅니다.

술과 즐거움에 빠진 사티로스는 자신들이 전파하는 쾌락주의가 주변에 어떤 영향을 주는지는 전혀 상관하지 않습니다. 사티로스들은 자신들에게 놀아난 사람들을 내버려 두고 떠납니다. 이 버려진 사람들은 자신들이 왜 그런 정신 나간 행동을 했는지 진땀을 흘리며 부모나 고용주, 가족이나 친구들에게 해명해야 할 것입니다.

변형: 사티로스 파이프

사티로스는 마법적인 효과를 불러일으키는 팬파이프를 들고 다닐 때가 있습니다. 대개 집단 중에서 오직 하나의 사티로스만이 파이프를 가지고 다닙니다. 만약 사티로스가 파이프를 지닌 경우, 아래와 같은 추가적 행동 선택지를 지닙니다.

팬파이프. 사티로스는 파이프를 불어 아래 매혹의 멜로디, 공포의 선율, 부드러운 자장가 중 하나를 마법적 효과로 발동합니다. 사티로스 주변 60ft 내에서 파이프의 소리를 들을 수 있는 크리쳐는 모두 DC 13의 지혜 내성 굴림을 굴려 실패할 경우 아래 설명된 효과를 받습니다. 사티로스와 매혹에 면역인 크리쳐들은 효과를 받지 않습니다.

일단 영향을 받은 크리쳐는 자신의 턴이 끝날 때마다 다시 내성 굴림을 굴릴 수 있으며, 성공하면 효과는 종료됩니다. 만약 목표의 내성 굴림이 성공하여 효과가 끝났다면 해당 목표는 이후 24시간 동안 사티로스의 팬파이프에 면역을 얻게 됩니다.

매혹의 멜로디. 목표는 사티로스에게 1분간 매혹됩니다. 만약 사티로스나 동료가 목표에게 해를 입히면 효과는 즉시 종료됩니다.

공포의 선율. 목표는 1분간 공포에 빠집니다.

부드러운 자장가. 목표는 잠에 빠지며 1분간 무의식 상태가 됩니다. 이 효과는 목표가 피해를 받거나 다른 누군가가 행동을 사용해 목표를 깨우면 종료됩니다.

사티로스 SATYR

중형 요정, 혼돈 중립

방어도 14 (가죽 갑옷)
히트 포인트 31 (7d8)
이동속도 40ft

근력	민첩	건강	지능	지혜	매력
12 (+1)	16 (+3)	11 (+0)	12 (+1)	10 (+0)	14 (+2)

기술 감지 +2, 공연 +6, 은신 +5
감각능력 상시 감지 12
언어 공용어, 엘프어, 삼림어
도전지수 1/2 (100 xp)

마법 저항. 사티로스는 주문과 기타 마법적 효과에 대한 내성에 이점을 받습니다.

행동

들이받기. 근접 무기 공격: 명중 +3, 간격 5ft, 목표 하나. 명중시: 6(2d4+1)점의 타격 피해.

소검. 근접 무기 공격: 명중 +5, 간격 5ft, 목표 하나. 명중시: 6(1d6+3)점의 관통 피해.

단궁. 장거리 무기 공격: 명중 +3, 장거리 80/320ft, 목표 하나. 명중시: 6(1d6+3)점의 관통 피해.

해와 달이 지고 술기운이 얼큰 올랐네.
온 마음이 순수했을 때에서 세월이 많이 흘렀네.
그 모든 이성이 이제는 흐릿해져 버렸네.
그들은 웃고 소리치며 내 귓가에서 노래했네.
내 잔은 한 번도 두 번도 아니라 세 번 채워졌네.
내 목젖이 춤추자 술잔은 텅 비워졌네.
보이지 않는 픽시들이 옷을 벗어 던졌네.
나, 육욕의 왕은 내 악덕을 널리 보였네.
허리를 굽혀 절을 하며 트린트들은 자리를 떠났네.
흥겨운 숙녀들의 코르셋은 슬슬 끈이 풀렸네.
내 노래는 여름 바람처럼 그들 사이를 휘저었네.
그들은 내 잔이 비우자마자 채웠네.
해가 달이 되고 달이 해가 되었네.
내가 즐겁게 춤추고 노는 시간이 그토록 흘렀네.

　　　　　　　　　　　　　　　 — 짓궂은 사티로스의 소네트.

> "마을이 텅 비었고, 갈매기들은 기이하게 조용했다. 우리가 들을 수 있었던 건 바다의 파도소리 뿐이었다."
>
> — 사후아긴 습격이 지나간 뒤의 모습을 바라보며.

사후아긴 SAHUAGIN

안개로 뒤덮인 해안이나 끝없이 넓은 바다의 저편에서부터, 듣는 이의 피가 차갑게 식게 만드는 소라 뿔피리 소리가 불길하게 울려 퍼집니다. 이것은 바로 사후아긴의 사냥 뿔피리 소리입니다. 습격과 전쟁을 준비하는 소리인 것입니다. 해안 정착자들은 사후아긴을 "바다의 악마"라고 부릅니다. 이들에게는 어떠한 자비심도 없으며, 배의 선원들이나 바닷가 어촌의 어부들을 무심하게 학살합니다.

심해의 악마. 사후아긴은 육식성 물고기 종족으로, 바다의 검은 심연에서 올라와 연안의 생물들을 사냥하곤 합니다. 비록 이들은 바다의 가장 깊은 곳에서 살아가곤 하지만, 사후아긴은 바다 전체를 자신들의 왕국이라고 생각하며, 그 안에 사는 모든 것은 자신들의 사냥 집단이 가지고 노는 피투성이 놀잇감이라고 생각합니다.

사후아긴의 자칭 지배자들은 거대하게 변이한 남성으로 팔이 한 쌍 더 돋아나 있습니다. 이들은 전투에서 무시무시한 적이 되며, 모든 사후아긴들은 이 강력한 남작 앞에서 머리를 조아립니다.

상어의 길. 사후아긴은 상어 신 세콜라(Sekolah)를 섬깁니다. 오직 여성 사후아긴만이 신의 힘을 받을 수 있다고 여겨지며, 이 여사제들은 사후아긴 공동체에서 무시무시한 명성을 떨칩니다.

사후아긴은 신선한 피 냄새를 맡으면 광란에 빠져 날뜁니다. 세콜라의 충실한 신도로서, 이들은 상어들과 특별한 친분이 있으며 상어를 길들여 탈 것이나 공격용 짐승으로 씁니다. 심지어 길들여지지 않은 상어라 할지라도 사후아긴을 동료로 취급하며, 절대 사후아긴을 먹이로 삼지 않습니다.

엘프들과의 원한. 사후아긴은 그들의 천적인 바다 엘프들이 없었다면 바다 전체를 지배할 수도 있었을 것입니다. 이 두 종족 간의 전쟁은 수 세기간 지속되었으며, 전 세계의 바다와 해안에서 벌어졌습니다. 이들의 전쟁은 해상 무역을 마비시켰고, 그리하여 다른 종족들까지 이 피투성이 분쟁에 끼어들게 되었습니다.

바다 엘프들에 대한 사후아긴의 증오는 너무나 강해서, 바다의 악마들은 이 고대의 적을 상대하기 위해 따로 적응하고 진화했을 정도입니다. 바다 엘프 공동체 근처에서 태어난 사후아긴은 말렌티(Malenti)로 태어나기도 합니다. 말렌티는 어느 모로 보나 바다 엘프들과 똑같이 생겼지만, 여전히 사후아긴인 기형체 들입니다. 사후아긴은 변이에 취약하지만, 이 희귀한 현상이 사후아긴과 바다 엘프 간에 벌어진 전쟁의 결과에 의한 것인지, 아니면 바로 이러한 변이 때문에 전쟁이 벌어진 것인지는 이제 누구도 기억하지 못하는 과거 속에 파묻힌 비밀이 되고 말았습니다.

사후아긴은 말렌티를 첩자나 암살자로 바다 엘프 도시나 사후아긴에 위협이 될 만한 다른 종족의 공동체에 잠입시킵니다. 말렌티가 존재한다는 낌새만으로도 바다 엘프 공동체 전체가 의심과 편집증에 빠질 수 있으며, 그 결과 공동체의 저항은 약해지고 곧 진짜 사후아긴 침략이 개시되곤 합니다.

사후아긴 SAHUAGIN

중형 인간형(사후아긴), 질서 악

방어도 12 (자연 갑옷)
히트 포인트 22 (4d8+4)
이동속도 30ft, 수영 40ft

근력	민첩	건강	지능	지혜	매력
13 (+1)	11 (+0)	12 (+1)	12 (+1)	13 (+1)	9 (-1)

기술 감지 +5
감각능력 암시야 120ft, 상시 감지 15
언어 사후아긴어
도전지수 1/2 (100 xp)

피의 격분. 사후아긴은 최대hp가 아닌 크리쳐를 근접 공격할 때 명중 굴림에 이점을 받습니다.

제한된 수륙양용. 사후아긴은 공기와 수중 양쪽에서 호흡할 수 있지만, 질식하지 않으려면 최소 4시간에 한 번 씩은 물에 잠겨야만 합니다.

상어 정신감응. 사후아긴은 제한된 정신감응을 사용해 120ft 내의 상어에게 마법적으로 명령을 내릴 수 있습니다.

행동

다중공격. 사후아긴은 물기 1회, 할퀴기나 창으로 1회씩 총 2회의 공격을 가할 수 있습니다.

물기. 근접 무기 공격: 명중 +3, 간격 5ft, 목표 하나. 명중시: 3(1d4+1)점의 관통 피해.

할퀴기. 근접 무기 공격: 명중 +3, 간격 5ft, 목표 하나. 명중시: 3(1d4+1)점의 참격 피해.

창. 근접 또는 장거리 무기 공격: 명중 +3, 간격 5ft 또는 장거리 20/60ft, 목표 하나. 명중시: 4(1d6+1)점의 관통 피해. 만약 양손으로 근접 공격을 가했다면 5(1d8+1)점의 관통 피해.

사후아긴 여사제
SAHUAGIN PRIESTESS
중형 인간형(사후아긴), 질서 악

방어도 12 (자연 갑옷)
히트 포인트 33 (6d8+6)
이동속도 30ft, 수영 40ft

근력	민첩	건강	지능	지혜	매력
13 (+1)	11 (+0)	12 (+1)	12 (+1)	14 (+2)	13 (+1)

기술 감지 +6, 종교학 +3
감각능력 암시야 120ft, 상시 감지 16
언어 사후아긴어
도전지수 2 (450 xp)

피의 격분. 사후아긴은 최대hp가 아닌 크리쳐를 근접 공격할 때 명중 굴림에 이점을 받습니다.

제한된 수륙양용. 사후아긴은 공기와 수중 양쪽에서 호흡할 수 있지만, 질식하지 않으려면 최소 4시간에 한 번 씩은 물에 잠겨야만 합니다.

상어 정신감응. 사후아긴은 제한된 정신감응을 사용해 120ft 내의 상어에게 마법적으로 명령을 내릴 수 있습니다.

주문시전. 사후아긴은 6레벨 주문시전자입니다. 사후아긴의 주문시전 능력치는 지혜입니다. (주문 내성 DC 12, 주문 명중 +4). 사후아긴은 아래 클레릭 주문을 준비하고 있습니다.

소마법(자유시전): 안내Guidance, 단순마술Thaumaturgy
1레벨(슬롯 4개): 축복Bless, 마법 탐지Detect Magic, 유도 화살 Guiding Bolt
2레벨(슬롯 3개): 인간형 포박Hold Person, 영체 무기Spiritual Weapon (삼지창)
3레벨(슬롯 3개): 다중 치유의 단어Mass Healing Word, 언어구사 Tongues

행동

다중공격. 사후아긴은 물기 1회, 할퀴기 1회로 총 2회의 공격을 가할 수 있습니다.

물기. 근접 무기 공격: 명중 +3, 간격 5ft, 목표 하나. 명중시: 3(1d4+1)점의 관통 피해.

할퀴기. 근접 무기 공격: 명중 +3, 간격 5ft, 목표 하나. 명중시: 3(1d4+1)점의 참격 피해.

사후아긴 남작 SAHUAGIN BARON
대형 인간형(사후아긴), 질서 악

방어도 16 (브레스트플레이트)
히트 포인트 76 (9d10+27)
이동속도 30ft, 수영 50ft

근력	민첩	건강	지능	지혜	매력
19 (+4)	15 (+2)	16 (+3)	14 (+2)	13 (+1)	17 (+3)

내성 굴림 민첩 +5, 건강 +6, 지능 +5, 지혜 +4
기술 감지 +7
감각능력 암시야 120ft, 상시 감지 17
언어 사후아긴어
도전지수 5 (1,800 xp)

피의 격분. 사후아긴은 최대hp가 아닌 크리쳐를 근접 공격할 때 명중 굴림에 이점을 받습니다.

제한된 수륙양용. 사후아긴은 공기와 수중 양쪽에서 호흡할 수 있지만, 질식하지 않으려면 최소 4시간에 한 번 씩은 물에 잠겨야만 합니다.

상어 정신감응. 사후아긴은 제한된 성신감응을 사용해 120ft 내의 상어에게 마법적으로 명령을 내릴 수 있습니다.

행동

다중공격. 사후아긴은 물기 1회, 할퀴기나 삼지창으로 2회씩 총 3회의 공격을 가할 수 있습니다.

물기. 근접 무기 공격: 명중 +7, 간격 5ft, 목표 하나. 명중시: 9(2d4+4)점의 관통 피해.

할퀴기. 근접 무기 공격: 명중 +7, 간격 5ft, 목표 하나. 명중시: 11(2d6+4)점의 참격 피해.

삼지창. 근접 또는 장거리 무기 공격: 명중 +7, 간격 5ft 또는 장거리 20/60ft, 목표 하나. 명중시: 11(2d6+4)점의 관통 피해. 만약 양손으로 근접 공격을 가했다면 13(2d8+4)점의 관통 피해.

샐러맨더 SALAMANDERS

샐러맨더는 화염계에 존재하는 재의 바다를 미끄러지며 헤엄칩니다. 이들은 구불구불한 몸통에 등에는 뾰족한 등가시가 돋아나 있습니다. 몸 전체에서 뜨거운 열을 발산하는 샐러맨더의 눈은 매처럼 날카롭게 생긴 얼굴 속에서 노랗게 빛나곤 합니다.

샐러맨더는 힘을 숭배하며, 무엇이든 불을 붙이길 좋아합니다. 자신들의 고향 세계를 떠날 때면, 이들은 숲에 불을 질러 숯덩이가 된 나무 주변으로 불길이 날뛰는 모습을 보며 놀곤 합니다. 아니면 불구덩이와 마그마가 들끓는 화산의 용암 속을 헤엄치기도 합니다.

불뱀. 샐러맨더는 달아오른 흑요석처럼 보이는 직경 2ft 정도 크기의 알을 낳습니다. 샐러맨더가 부화할 준비가 되면, 알의 두꺼운 껍질이 녹아내리며 그 안에서 불뱀이 태어납니다. 불뱀은 1년 정도 안에 완전한 샐러맨더로 성숙합니다.

이프리트의 노예. 아주 오래전, 아제르들을 고용한 이프리트는 전설적인 황동 도시를 세웠습니다. 하지만 이들은 일이 끝나고 난 후 아제르 종족 전체를 노예화하지는 못했습니다. 대신, 이프리트는 샐러맨더를 습격했습니다. 이번에는 이프리트에게 운이 따랐고, 이들은 종족 전체를 노예화하여 이계를 떠돌아다니며 전쟁을 벌이는데 부릴 수 있게 되었습니다.

샐러맨더는 아제르를 혐오하며, 이프리트가 이 원소 공예가 종족들을 지배하는 데 성공했다면 자신들은 여전히 자유로울 수 있었다고 믿습니다. 이프리트는 이 증오심을 부추기고 이용하며, 샐러맨더를 부려 과거의 하인들을 공격하게 하곤 합니다.

이프리트는 자신들 외에 다른 주인을 섬기는 샐러맨더를 용납하지 않습니다. 만약 이프리트가 원소 악의 교단에 헌신하는 샐러맨더와 마주친 경우, 도로 노예로 삼지 않고 바로 죽여버릴 것입니다.

압제하는 귀족. 대부분의 샐러맨더가 그들의 파괴적인 충동에 따르며 살아가긴 하지만, 이프리트의 노예로 살아가는 생활은 자유로운 샐러맨더 문화에 큰 충격을 주었습니다. 이들은 이프리트를 본받아 자신들의 사회를 재구성하였고, 더 강하고 교활한 샐러맨더가 하등한 동족들을 다스리는 구조를 만들었습니다.

샐러맨더가 나이를 먹으면, 크기와 지위가 올라갑니다. 가장 큰 이들은 자신의 종족 중에서 잔혹한 귀족과 같은 권력과 지위를 얻게 됩니다. 귀족들은 샐러맨더 방랑 집단을 다스리며, 사막 유목민처럼 화염계를 떠돌면서 보물을 찾아 다른 공동체를 습격하곤 합니다.

살아있는 용광로. 샐러맨더는 몸에서 뜨거운 열을 발산하며, 싸움에 나설 때면 무기들조차 붉게 달아올라 닿는 적의 몸을 불태웁니다. 샐러맨더 주변에 접근하는 것도 매우 위험한 일입니다. 직접 노출되면 살점이 녹아내릴 정도로 뜨겁기 때문입니다.

이 내부의 열기 덕에 샐러맨더는 대장장이 기술을 쉽게 익힐 수 있으며, 쇠나 강철을 맨손으로 부드럽게 만들어 형체를 잡을 수 있습니다. 비록 아제르에 비하면 아직 좀 떨어지긴 하지만, 샐러맨더들 중에는 온 멀티버스에서 가장 뛰어난 대장장이가 여럿 있습니다. 강력한 존재들은 이들을 전사로 부리기도 하지만, 다른 이들은 샐러맨더의 제작 기술을 이용하기 위해 이들을 소환하거나 용광로나 오븐에 속박하여 무한의 열기를 얻기도 합니다.

불뱀 FIRE SNAKE

중형 원소, 중립 악

방어도 14 (자연 갑옷)
히트 포인트 22 (5d8)
이동속도 30ft

근력	민첩	건강	지능	지혜	매력
12 (+1)	14 (+2)	11 (+0)	7 (-2)	10 (+0)	8 (-1)

피해 취약성 냉기
피해 저항 비마법적 무기에 의한 타격/관통/참격 피해
피해 면역 화염
감각능력 암시야 60ft, 상시 감지 10
언어 화염어를 이해하지만 말할 수는 없음
도전지수 1 (200 xp)

가열된 몸. 불뱀에 접촉하거나 5ft 내에서 근접 공격을 명중시킨 크리쳐는 3(1d6)점의 화염 피해를 받습니다.

행동

다중공격. 불뱀은 물기 1회, 꼬리 1회로 2회 공격을 가합니다.

물기. 근접 무기 공격: 명중 +3, 간격 5ft, 목표 하나. 명중시: 3(1d4+1)점의 관통 피해. 추가로 3(1d6)점의 화염 피해.

꼬리. 근접 무기 공격: 명중 +3, 간격 5ft, 목표 하나. 명중시: 3(1d4+1)점의 타격 피해. 추가로 3(1d6)점의 화염 피해.

샐러맨더 Salamander

대형 원소, 중립 악

방어도 15 (자연 갑옷)
히트 포인트 90 (12d10+24)
이동속도 30ft

근력	민첩	건강	지능	지혜	매력
18 (+4)	14 (+2)	15 (+2)	11 (+0)	10 (+0)	12 (+1)

피해 취약성 냉기
피해 저항 비마법적 무기에 의한 타격/관통/참격 피해
피해 면역 화염
감각능력 암시야 60ft, 상시 감지 10
언어 화염어
도전지수 5 (1,800 xp)

가열된 몸. 샐러맨더에 접촉하거나 5ft 내에서 근접 공격을 명중시킨 크리쳐는 7(2d6)점의 화염 피해를 받습니다.

가열된 무기. 샐러맨더가 금속 근접 무기로 직을 명중시키면, 목표는 추가로 3(1d6)점의 화염 피해를 받습니다. (이미 적용되어 있음)

행동

다중공격. 샐러맨더는 창으로 1회, 꼬리로 1회씩 총 2회의 공격을 가합니다.

창. 근접 또는 장거리 무기 공격: 명중 +7, 간격 5ft 또는 장거리 20/60ft, 목표 하나. 명중시: 11(2d6+4)점의 관통 피해. 또는 양손으로 근접 공격을 가한 경우 13(2d8+4)점의 관통 피해. 추가로 3(1d6)점의 화염 피해.

꼬리. 근접 무기 공격: 명중 +7, 간격 10ft, 목표 하나. 명중시: 11(2d6+4)점의 타격 피해. 그리고 목표는 붙잡힙니다. (탈출 DC 14) 이렇게 잡혀 있는 동안, 목표는 포박 상태이며, 샐러맨더는 자동적으로 꼬리 공격을 명중시킬 수 있습니다. 샐러맨더는 이미 목표 하나를 붙잡고 있을 경우, 다른 목표에게 꼬리 공격을 가할 수 없습니다.

섀도우 Shadow

섀도우는 인간형 종족의 그림자와 똑같이 생긴 언데드 괴물입니다.

어둠의 형태. 섀도우는 어둠 속에서 흘러나와 살아있는 존재들의 생명력을 빨아먹고 살아갑니다. 이들은 살아있는 존재라면 무엇이든 먹을 수 있지만, 특히 악에 물들지 않은 이들을 빨아먹는 것을 가장 좋아합니다. 선하고 신실하게 살아온 이들은 가장 기초적인 충동과 가장 강력한 유혹을 어둠 속에 묻어두기에, 그곳에서 굶주린 그림자가 자라나는 것입니다. 그림자가 먹이의 힘과 신체적 형태를 흡수하면, 희생자의 그림자는 더 어두워지고 자신의 의지를 지닌 채로 움직이기 시작합니다. 먹이가 완전히 죽으면 그림자는 따로 독립하여 새로운 언데드 섀도우가 되어 더 많은 생명을 먹어 치우기 위해 움직이기 시작합니다.

만약 자신의 그림자가 섀도우로 변한 크리쳐가 어떤 방법으로든 다시 살아나게 되면, 언데드 섀도우 역시 바로 그 사실을 알아차릴 수 있습니다. 섀도우는 자신의 "부모"를 괴롭히거나 죽이고 싶어 합니다. 자신의 그림자가 떨어져 나간 부활자는, 자신을 끈질기게 추적해 오는 이 괴물을 쓰러트릴 때까지 빛을 비춰도 그림자를 드리우지 않습니다.

언데드의 천성. 섀도우는 호흡할 필요가 없으며, 먹고 마시거나 잠잘 필요도 없습니다.

섀도우 Shadow

중형 언데드, 혼돈 악

방어도 12
히트 포인트 16 (3d8+3)
이동속도 40ft

근력	민첩	건강	지능	지혜	매력
6 (-2)	14 (+2)	13 (+1)	6 (-2)	10 (+0)	8 (-1)

기술 은신 +4 (약한 빛이나 어둠 속에서는 +6)
피해 취약성 광휘
피해 저항 산성, 냉기, 화염, 번개, 천둥, 비마법적 무기로 인한 타격/관통/참격 피해
피해 면역 사령, 독성
상태 면역 탈진, 공포, 붙잡힘, 마비, 석화, 중독, 넘어짐, 포박
감각능력 암시야 60ft, 상시 감지 10
언어 ─
도전지수 1/2 (100 xp)

부정형. 섀도우는 1인치 정도의 틈만 있으면 좁은 곳도 끼이지 않고 이동 가능합니다.

그림자 은신. 섀도우는 약한 빛이나 어둠 속에 있을 때 추가 행동으로 은신 시도를 할 수 있습니다.

태양광 약점. 섀도우는 햇빛을 받을 때 모든 명중 굴림과 능력 판정, 내성 굴림에 불리점을 받습니다.

행동

근력 흡수. *근접 무기 공격:* 명중 +4, 간격 5ft, 크리쳐 하나. *명중시:* 9(2d6+2)점의 사령 피해. 또한 목표의 근력 점수가 1d4점 감소합니다. 만약 목표의 근력 점수가 0이 되면 목표는 죽습니다. 이렇게 감소한 근력 점수는 짧은 휴식이나 긴 휴식을 마치면 원래대로 회복합니다.

만약 악하지 않은 인간형 크리쳐가 이 공격으로 사망하면 1d4시간이 지나고 새로운 섀도우가 태어납니다.

샘블링 마운드
SHAMBLING MOUND

꿈틀대는 자라고도 부르는 샘블링 마운드(꿈틀대는 둔덕)는 음침한 늪지나 멀리 떨어진 습지와 우림에서 자라나며, 지나가는 길의 모든 유기체를 먹어 치우며 몸집을 키웁니다. 이 썩어가는 움직이는 식물 덩어리는 일어서면 인간 하나 반만 한 크기를 자랑하며, 그 꼭대기에는 얼굴 없는 "머리"가 달려 있습니다.

뭐든지 먹어 치우는 탐식자. 샘블링 마운드는 유기 물질이라면 무엇이든 먹어 치우며, 지나가는 길의 모든 식물과 채 도망치지 못한 동물들을 다 삼켜 버립니다. 이들이 그리 흔치 않다는 것과 비교적 느리기 때문에 도망치기가 어렵지 않다는 것 때문에, 이들이 생태계 전체를 차지하는 일은 벌어지지 않았습니다. 하지만 그렇다고 해도 샘블링 마운드의 존재는 주변의 자연스러운 동식물 환경에 큰 악영향을 끼칩니다. 항상 굶주려 있는 이 공포스러운 괴물이 도사린 숲이나 습지에는 부자연스러운 정적이 흐르곤 합니다.

보이지 않는 사냥꾼. 썩어가는 나뭇잎과 덩굴, 뿌리, 그리고 늪이나 숲의 구성물들로 만들어진 샘블링 마운드는 주변 자연환경에 자연스레 녹아들 수 있습니다. 이들은 매우 천천히 움직이기 때문에, 이들이 적을 추적하여 붙잡는 일은 거의 벌어지지 않습니다. 대신 이들은 한자리에 조용히 기다리면서 주변에 다가오는 것들을 잡아먹다가, 괜찮은 먹잇감이 가까이 오면 일어나며 부주의한 희생자를 덮쳐 그대로 삼켜 버립니다.

번개에 의해 태어남. 샘블링 마운드는 번개나 요정 마법이 평범한 늪 식물을 자극하여 만들어집니다. 번개를 맞은 늪 식물은 다시 태어나 새로운 삶을 살게 되며, 주변의 모든 식물과 동물을 집어삼켜 그 시체로 거대한 몸집을 이룹니다. 이렇게 자라는 식물의 뿌리는 토양에서 더는 양분을 빨지 못하고, 샘블링 마운드가 되어 먹이를 찾아서 움직이게 됩니다.

걸어 다니는 덩굴. 샘블링 마운드의 원초적인 본능은 그 중앙 뿌리에 있으며, 뿌리는 거대한 덩치 속 어딘가에 있습니다. 꿈틀대는 자를 이루고 있는 다른 부분들은 그저 썩어가는 동식물의 덩어리일 뿐이며, 이것들은 한데 뭉쳐 중앙 뿌리를 보호하고 다가오는 것은 무엇이든 후려쳐 때려 부순 다음 양분을 빨아들입니다.

샘블링 마운드는 두꺼운 몸집 덕에 냉기와 불의 효과를 거의 받지 않으며, 번개는 오히려 중앙 뿌리에 더 많은 힘을 줄 뿐입니다. 번개를 받으면 샘블링 마운드는 더욱 강력해져서 무엇이든 삼키고자 하는 욕구에 날뛰기 시작합니다.

괴물 같은 형태에도 불구하고, 샘블링 마운드는 살아있는 식물이며 공기와 양분이 필요합니다. 비록 다른 동물처럼 잠을 잘 필요는 없지만, 꿈틀대는 자가 충분히 먹었다면 다음 사냥에 나서기 전까지 며칠간을 조용히 쉬기도 합니다.

부활하는 위험. 만약 샘블링 마운드가 압도적인 적을 마주하면, 중앙 뿌리는 죽음을 위장하고 몸을 이루는 나머지 잔해는 뿔뿔이 흩어집니다. 만약 그 즉시 살해당하지 않는다면, 중앙 뿌리는 다시 주변의 잔해를 그러모아 몸을 생성하기 시작하며, 다시 몸을 이룬 다음에는 먹을 수 있는 것이라면 무엇이든 먹어 치우며 몸집을 불립니다. 샘블링 마운드는 바로 이러한 방법을 통해 오래전에 물리쳤다고 생각했어도 몇 번이고 다시금 나타나 주변을 괴롭히곤 합니다.

샘블링 마운드 SHAMBLING MOUND

대형 식물, 성향 없음

방어도 15 (자연 갑옷)
히트 포인트 136 (16d10+48)
이동속도 20 ft, 수영 20ft

근력	민첩	건강	지능	지혜	매력
18 (+4)	8 (-1)	16 (+3)	5 (-3)	10 (+0)	5 (-3)

기술 은신 +2
피해 저항 냉기, 화염
피해 면역 번개
상태 면역 장님, 귀머거리, 탈진
감각능력 맹안시야 60ft(너머는 장님으로 취급), 상시 감지 10
언어 —
도전지수 5 (1,800 xp)

번개 흡수. 샘블링 마운드가 번개 피해를 받은 경우 그 피해는 무시되며, 오히려 피해량 만큼 자신의 hp를 회복합니다.

행동

다중공격. 샘블링 마운드는 두 번의 후려치기 공격을 가합니다. 만약 중형 이하 크기의 목표에게 공격이 2번 다 명중한 경우, 목표는 붙잡힌 상태가 됩니다. (탈출 DC 14). 그리고 샘블링 마운드는 붙잡힌 상대에게 집어삼키기 공격을 가합니다.

후려치기. *근접 무기 공격:* 명중 +7, 간격 5ft, 목표 하나.
명중시: 13(2d8+4)점의 타격 피해.

집어삼키기. 샘블링 마운드는 자신이 붙잡고 있는 중형 이하 크기의 크리쳐를 집어 삼킬 수 있습니다. 삼킨 목표는 장님에 포박 상태가 되며, 숨을 쉴 수 없습니다. 삼켜진 크리쳐는 매번 샘블링 마운드의 턴이 시작할 때 DC 14의 건강 내성을 굴려 실패할 시 13(2d8+4)점의 타격 피해를 받습니다. 만약 샘블링 마운드가 이동한다면, 삼켜진 크리쳐도 같이 이동당합니다. 샘블링 마운드는 동시에 오직 하나의 목표만 삼킬 수 있습니다.

서큐버스/인큐버스
Succubus/Incubus

서큐버스와 인큐버스는 하계의 주민들로, 데빌이나 데몬, 나이트 해그, 락샤샤, 유골로스 등에게 복종하는 검은 날개가 달린 음탕한 악마들입니다. 구층지옥의 지배자인 아스모데우스는 이 악마들을 사용해 필멸자들을 유혹하여 악한 행동을 저지르게 합니다. 데몬 군주 그라즈트는 서큐버스와 인큐버스를 조언자이자 반려자로 활용하곤 합니다.

전설에 따르면 둘이 서로 구분되긴 하지만, 사실 서큐버스는 인큐버스로 변할 수 있으며 반대도 가능합니다. 이 악마들 대부분은 한 가지 형태를 더 선호하곤 합니다. 하지만 필멸자들이 서큐버스나 인큐버스의 참모습을 보기란 매우 어렵습니다. 이 악마들은 비밀스럽게 교활한 방법으로 필멸자들을 타락시키기 때문입니다.

아름다운 타락자. 서큐버스나 인큐버스는 먼저 에테르 형태로 나타나며, 유령처럼 벽을 통과하여 필멸자의 잠자리 옆에 도사리고 금지된 쾌락을 속삭이곤 합니다. 잠든 희생자들은 이렇게 자신의 가장 어두운 욕망에 굴복하고 금기를 어기게 되며, 금지된 취향에 탐닉하기 시작합니다. 악마가 희생자의 꿈을 음탕한 환상으로 가득 채우게 되면, 희생자는 깨어있는 상태에서도 유혹에 더 쉽게 굴복하게 됩니다.

결국 이 악마는 필멸자의 세계에 나타나 유혹하는 모습으로 목표의 행동에 영향을 미치기 시작합니다. 인간형 종족의 외양으로 나타난 이들은 희생자의 꿈에서 본 것 같은 외모로 희생자에게 가까이 다가가며, 모든 욕망을 풀어놓고 자의로 악한 행동을 저지르게끔 서서히 유혹하고 유도합니다.

필멸자들은 어떤 공식적인 계약으로 자신의 영혼을 이 악마들에게 바치는 것이 아닙니다. 그 대신, 서큐버스나 인큐버스가 누군가를 완전히 타락시키면, 희생자의 영혼이 이 악마에게 종속당하는 것입니다. 어떤 이들은 이 타락을 증명하기 위해 생각, 말, 행동의 세 가지 배신이 필요하다고 하기도 합니다. 악마의 먹잇감이 선량하면 선량할수록, 타락은 더 길게 이루어지며, 그 보답은 더욱 커집니다. 일단 희생자를 성공적으로 타락시키고 나면 서큐버스나 인큐버스는 희생자를 죽여버리며, 오염된 영혼을 하계로 끌고 갑니다.

서큐버스나 인큐버스는 불가피한 상황이 아니면 마법을 써서 먹잇감을 유혹하려 들지 않고, 대개는 자기방어를 위해서만 마법적인 유혹을 합니다. 매혹된 크리처는 자기 의지에 따라 행동하는 것이 아니기 때문에 자신의 행동에 따른 책임을 지지 않습니다. 따라서 악마가 마법적인 매혹으로 상대의 의지를 꺾어버리면, 악마 자신이 바라는 궁극적 보상인 상대의 영혼을 얻기가 어려워지기 때문입니다.

치명적인 입맞춤. 서큐버스나 인큐버스의 키스는 타락한 영혼을 바라는 악마의 공허한 여운이 남습니다. 이처럼 악마의 키스를 받은 사람은 어떠한 만족감도 얻지 못하며, 오직 고통과 함께 악마가 느끼는 공허함을 같이 느끼게 됩니다. 이 입맞춤은 공격으로 사용될 때가 더 많으며, 악마는 도망가기 전 마지막 작별로 키스를 남기기도 합니다.

악마의 혼혈. 서큐버스나 인큐버스는 자기들 종 외의 다른 종족과도 번식할 수 있습니다. 흔치 않은 경우이지만 이들이 인간형 종족과 번식하는 경우도 있습니다. 이 불경한 결합의 결과로 태어나는 아이는 캠비언이 됩니다. 대개 이 악마의 혼혈은 악마 쪽 부모만큼이나 사악하게 태어나곤 합니다.

서큐버스/인큐버스
Succubus/Incubus

중형 악마(변신자), 중립 악

방어도 15 (자연 갑옷)
히트 포인트 66 (12d8+12)
이동속도 30ft, 비행 60ft

근력	민첩	건강	지능	지혜	매력
8 (-1)	17 (+3)	13 (+1)	15 (+2)	12 (+1)	20 (+5)

기술 기만 +9, 통찰 +5, 감지 +5, 설득 +9, 은신 +7
피해 저항 냉기, 화염, 번개, 독성, 비마법적 무기에 의한 타격/관통/참격 피해
감각능력 암시야 60ft, 상시 감지 15
언어 심연어, 공용어, 하계어, 정신감응 60ft
도전지수 4 (1,100 xp)

정신감응 유대. 악마는 매혹당한 크리쳐와 정신감응할 때 거리제한을 무시할 수 있습니다. 둘은 같은 세계에 있지 않아도 서로 정신감응할 수 있습니다.

변신자. 악마는 행동을 사용해 소형이나 중형 인간형 크리쳐로 변신하거나 다시 원래 모습으로 돌아올 수 있습니다. 날개가 사라지면 악마는 비행 이동 속도를 잃어버립니다. 크기와 이동 속도를 제외하면 게임 수치는

모든 형태에서 동일합니다. 악마가 장비하거나 들고 있던 물건들은 같이 변화하지 않습니다. 악마가 사망하면 원래 모습으로 돌아옵니다.

행동

할퀴기(악마 형태에서만). 근접 무기 공격: 명중 +5, 간격 5ft, 목표 하나. 명중시: 6(1d6+3)점의 참격 피해.

매혹. 악마는 주변 30ft 내의 자신이 볼 수 있는 인간형 크리쳐 하나를 목표로 정합니다. 목표는 DC 15의 지혜 내성에 실패할 시 하루 동안 매혹됩니다. 매혹된 목표는 악마가 직접 말하거나 정신감응으로 내린 명령에 복종합니다. 만약 목표가 피해를 입거나 자살적인 명령을 듣게 되면 다시 내성을 굴릴 수 있으며, 이 내성에 성공하면 매혹은 종료됩니다. 목표가 내성에 성공했거나 효과에서 빠져나왔다면 이후 24시간 동안 악마의 매혹에 대한 면역을 얻습니다.

악마는 동시에 하나의 상대만을 매혹할 수 있으며, 다른 목표를 매혹하게 되면 이전 상대는 매혹에서 풀려납니다.

흡수의 입맞춤. 악마는 매혹된 크리쳐나 자발적으로 받으려는 크리쳐에게 키스합니다. 목표는 이 마법에 대해 DC 15의 건강 내성을 굴려 실패할 시 32(5d10+5)점의 정신 피해를 받습니다. 내성에 성공하면 피해는 절반으로 줄어듭니다. 목표의 최대hp 역시 받은 피해만큼 줄어듭니다. 이렇게 감소한 최대hp는 목표가 긴 휴식을 마치면 회복됩니다. 이 피해로 인해 목표의 최대hp가 0 이하로 줄어들면 목표는 사망합니다.

에테르화. 악마는 마법적으로 물질계에서 에테르계로 들어가거나, 에테르계에서 다시 물질계로 나올 수 있습니다.

"샘이나 분수에서 물을 마시기 전에, 동전 하나를 던져봐라. 목숨을 지키는 것 치고는 싼 값이 될 것이다."
— 신비술사 X의 던전 생존 규칙 2번째.

수괴 WATER WEIRD

수괴는 연못이나 분수 등 물로 채워진 특정 장소를 지키는 원소 수호자입니다. 물에 잠겨 있으면 눈에 보이지 않는 수괴는 공격을 위해 일어날 때만 그 뱀 같은 형태를 드러내며, 소환자나 소환자가 지정하지 않은 크리처가 접근할 경우 몸통으로 휘감아 으스러트립니다. 수괴가 죽으면, 다시 보통의 물로 돌아갑니다.

선하거나 악한 수괴. 수괴는 다른 원소들과 마찬가지로 선악의 개념이 없습니다. 하지만, 성스러운 물이나 사악한 물로 만들어진 수괴는 그 특성에 따라 중립 선 또는 중립 악 성향을 지닐 수도 있습니다. 중립 선 수괴는 침입자를 죽이기보다는 겁을 주어 쫓아 보내려고 하며, 중립 악 수괴는 단지 즐거움을 위해 희생자들을 죽이고 때로는 소환자의 명령을 배신하기도 합니다. 악한 수괴에게 음식과 물 정화*Purify Food and Water* 주문을 시전할 경우 자신의 성향을 잃어버릴 것입니다.

원소의 천성. 수괴는 호흡할 필요가 없으며, 먹고 마시거나 잠잘 필요도 없습니다.

수괴 WATER WEIRD

대형 원소, 중립

방어도 13
히트 포인트 58 (9d10+9)
이동속도 0ft, 수영 60ft

근력	민첩	건강	지능	지혜	매력
17 (+3)	16 (+3)	13 (+1)	11 (+0)	10 (+0)	10 (+0)

피해 저항 화염. 비마법적 무기로 인한 타격/관통/참격 피해
피해 면역 독성
상태 면역 탈진, 붙잡힘, 마비, 중독, 포박, 넘어짐, 무의식
감각능력 맹안시야 30ft, 상시 감지 10
언어 수중어를 이해하지만 말할 수는 없음
도전지수 3 (700 xp)

물에서 투명함. 수괴는 물속에 완전히 잠기면 투명해집니다.

물에 속박됨. 수괴는 만약 자신이 속박된 물에서 벗어나거나 물 자체가 사라질 경우 죽어버립니다.

행동

조이기. 근접 무기 공격: 명중 +5, 간격 10ft, 크리처 하나. 명중시: 13(3d6+3)점의 타격 피해. 중형 크기 이하의 크리처라면 목표는 붙잡힙니다. (탈출 DC 13) 목표는 수괴 쪽으로 5ft 끌려옵니다. 붙잡힌 크리처는 포박된 상태이며, 수괴는 목표를 익사시키려 시도할 수 있습니다. 크리처 하나를 붙잡고 있을 때는 다른 목표에게 조이기 공격을 가할 수 없습니다.

감정의 언어. 슈도드래곤은 말을 할 수 없지만, 제한된 형태의 정신감응을 이용해서 배고픔이나 호기심, 애정 같은 단순한 감정을 전달하곤 합니다. 동료와 유대를 맺게 되면, 슈도드래곤은 아주 먼 거리에서도 자신이 보고 듣는 것을 동료에게 전할 수 있습니다.

슈도드래곤은 동물의 소리를 흉내 낼 수 있습니다. 기쁨을 느끼면 목을 울리며, 불쾌하거나 놀라면 쉿쉿거립니다. 욕망을 느끼면 새처럼 지저귀며, 화가 나거나 불만이 있으면 으르렁거리기도 합니다.

> **변형: 슈도드래곤 패밀리어**
>
> 몇몇 슈도드래곤은 주문시전자를 위해 패밀리어가 되어주기도 합니다. 이런 슈도드래곤은 아래와 같은 특징을 지닙니다.
>
> **패밀리어.** 슈도드래곤은 마법적인 정신감응 유대를 맺어 자발적인 동료로서 패밀리어가 되기도 합니다. 둘이 유대를 맺으면, 동료는 서로 1마일 내에 있을 경우 슈도드래곤이 보고 듣는 것을 같이 느낄 수 있습니다. 슈도드래곤이 동료로부터 10ft 내에 있으면 동료는 슈도드래곤의 마법 저항 특징을 공유받을 수 있습니다. 슈도드래곤은 언제든 어떤 이유에서 패밀리어로서 자신의 봉사를 끝내고 정신감응 유대를 종료할 수 있습니다.

슈도드래곤 PSEUDODRAGON

기민한 슈도드래곤은 비어 있는 나무 등걸이나 작은 동굴처럼 세상 속의 조용한 장소에 자리를 잡고 살아갑니다. 적갈색 비늘에 작은 뿔이 달렸으며, 입에는 날카로운 이빨이 돋아 있습니다. 슈도드래곤은 겉으로 보기에 작은 레드 드래곤처럼 생겼지만, 더 즐거운 기질을 지니고 있습니다.

조용하고 방어적. 슈도드래곤은 다른 존재에게 별로 관심이 없으며, 가능한 한 접촉을 피합니다. 슈도드래곤이 공격을 받게 되면 꼬리 끝의 독침을 이용해 반격하며, 이 독침에 찔리면 최소한 몇 시간 동안은 의식 불명에 빠질 수도 있습니다.

드래곤 패밀리어. 편안한 성격에 정신 감응 능력을 지니고 마법에 대한 저항력을 가지고 있는 슈도드래곤은 훌륭한 패밀리어가 되기 때문에, 마법사들은 때때로 이들을 찾곤 합니다. 슈도드래곤은 동료를 고를 때 까다로운 편이지만, 음식이나 보물을 선물해 주면 쉽게 넘어오기도 합니다. 슈도드래곤이 괜찮은 동료를 찾으면, 성심껏 대해주는 한 그 유대를 계속 유지합니다. 슈도드래곤은 나쁜 대우를 참지 않으며, 동료가 학대하거나 악랄한 행동을 보이면 아무런 경고도 없이 떠나곤 합니다.

슈도드래곤 PSEUDODRAGON
초소형 용족, 중립 선

방어도 13 (자연 갑옷)
히트 포인트 7 (2d4+2)
이동속도 15 ft, 비행 60ft

근력	민첩	건강	지능	지혜	매력
6 (-2)	15 (+2)	13 (+1)	10 (+0)	12 (+1)	10 (+0)

기술 감지 +3, 은신 +4
감각능력 맹안시야 10ft, 암시야 60ft, 상시 감지 13
언어 공용어와 용언을 이해하지만 말할 수는 없음
도전지수 1/4 (50 xp)

예리한 감각. 슈도드래곤은 시각, 청각, 후각에 관계된 지혜(감지) 판정에 이점을 받습니다.

마법 저항. 슈도드래곤은 주문과 기타 마법적 효과에 대한 내성에 이점을 받습니다.

제한된 정신감응. 슈도드래곤은 자신의 단순한 생각이나 감정, 영상 등을 주변 100ft 내의 크리쳐 하나에게 마법적 정신감응으로 보낼 수 있습니다.

행동

물기. 근접 무기 공격: 명중 +4, 간격 5ft, 목표 하나. 명중시: 4(1d4+2)점의 관통 피해.

독침. 근접 무기 공격: 명중 +4, 간격 5ft, 크리쳐 하나. 명중시: 4(1d4+2)점의 관통 피해. 목표는 DC 11의 건강 내성에 실패할 시 1시간 동안 중독 상태가 됩니다. 목표가 이 내성 굴림에 5 이상의 차이로 실패했다면, 목표는 같은 시간 동안 무의식 상태에도 빠집니다. 이 상태는 피해를 받거나 다른 크리쳐가 행동을 사용해 깨우면 종료됩니다.

변형: 스리 크린 무기와 사이오닉

몇몇 스리 크린은 특별한 군용 무기를 사용하기도 합니다. 기스카 (Gythka)는 양쪽 끝에 칼날이 달린 장대 무기입니다. 또 차트카 (Chatkcha)는 삼각 틀에 3개의 톱니 칼날이 달려 있습니다. (경량 투척 무기로 취급합니다.)

기스카와 차트카로 무장한 스리 크린은 아래와 같은 행동 선택지를 지니고 있습니다.

다중공격. 스리 크린은 기스카나 차트카로 2회 공격합니다.

기스카. 근접 무기 공격: 명중 +3, 간격 5ft, 목표 하나. 명중시: 5(1d8+1)점의 참격 피해.

차트카. 장거리 무기 공격: 명중 +4, 장거리 30/120ft, 목표 하나. 명중시: 5(1d6+2)점의 참격 피해.

소수의 스리 크린은 사이오닉 능력을 지니고 있으며, 이 능력을 이용해 사냥을 돕거나 외부인과 더 쉽게 소통합니다.

사이오닉을 쓰는 스리 크린은 사거리 60ft의 **정신감응**을 지니고 있으며, 아래와 같은 추가적 특징을 지닙니다.

선천적 주문시전(사이오닉). 스리 크린의 선천적 주문시전 능력치는 지혜입니다. 스리 크린은 어떠한 구성요소도 사용하지 않고 아래와 같은 주문을 신천적으로 시전할 수 있습니다.

자유시전: 마법사의 손*Mage Hand* (손은 투명함)
각 2회/일: 흐려짐*Blur*, 마법 무기*Magic Weapon*
1회/일: 투명화*Invisibility* (자기에게만)

스리 크린 THRI-KREEN

스리 크린은 세상의 여러 사막이나 초원을 방랑하며, 다른 종족들을 피해 살아갑니다.

스리 크린 교류. 스리 크린은 말을 사용하지 않는 언어를 지니고 있습니다. 이들은 위턱을 딱딱거리고 더듬이를 휘저어 감정을 표현하고 반응하며, 이 모습을 본 다른 스리 크린들은 상대가 무슨 생각을 하고 어떤 감정을 느끼는지 알아차립니다. 하지만 다른 종족들은 이 방식의 의사소통을 이해하기 어려우며, 따라 하는 것은 완전히 불가능합니다.

다른 지성 종족과 반드시 교류해야 할 상황이 오면, 스리 크린은 모래에 그림을 그리거나 잔디 위에 가지를 놓는 등 다른 방식의 의사소통을 시도합니다.

제한된 감정. 스리 크린은 모든 종류의 감정을 경험할 수 있지만, 인간처럼 감정의 분출을 보이지는 않습니다. 사이오닉 능력을 지닌 스리 크린은 더 다양한 종류의 감정을 보이기도 하며, 특히 인간이나 다른 고도로 감정적인 종족 근처에서 살던 이들은 더욱 그러한 경향이 있습니다.

고립주의자에 방랑자. 스리 크린은 다른 모든 생명체를 잠정적 식량으로 보는 경향이 있고, 특히 엘프의 살점을 좋아합니다. 만약 상대가 음식 외에도 달리 유용한 부분이 있다면, 스리 크린은 보자마자 공격하지는 않을 것입니다. 스리 크린은 생존을 위해 사냥할 뿐, 절대 재미를 위해 죽이지는 않습니다.

잠이 없는 종족. 스리 크린은 잠을 잘 필요가 없으며, 경계를 유지하고 가벼운 일을 하면서도 설 수 있습니다. 이들에게 잠이 없는 것 때문에 스리 크린은 평균 수명이 짧은 게 아닌가 하는 사람들도 있습니다. 스리 크린의 평균 수명은 30세 정도입니다.

스리 크린 THRI-KREEN

중형 인간형(스리 크린), 혼돈 중립

방어도 15 (자연 갑옷)
히트 포인트 33 (6d8+6)
이동속도 40ft

근력	민첩	건강	지능	지혜	매력
12 (+1)	15 (+2)	13 (+1)	8 (-1)	12 (+1)	7 (-2)

기술 감지 +3, 은신 +4, 생존 +3
감각능력 암시야 60ft, 상시 감지 13
언어 스리 크린어
도전지수 1 (200 xp)

카멜레온 갑각. 스리 크린은 주변 환경의 색이나 질감에 맞추어 자신의 갑각 색을 변화시킬 수 있으며, 민첩(은신) 판정에 이점을 받습니다.

제자리 도약. 스리 크린은 도움닫기를 하지 않고도 30ft 너비, 15ft 높이까지 도약할 수 있습니다.

행동

다중공격. 스리 크린은 물기 1회, 할퀴기 1회로 총 2회 공격합니다.

물기. 근접 무기 공격: 명중 +3, 간격 5ft, 크리쳐 하나. 명중시: 4(1d6+1)점의 관통 피해. 목표는 DC 11의 건강 내성 굴림에 실패하면 1분간 중독 상태가 됩니다. 만약 이 내성에 5 이상 차이로 실패했다면 목표는 중독된 시간 동안 동시에 마비 상태에도 걸립니다. 목표는 매번 자기 턴이 끝날 때 다시 내성을 굴릴 수 있으며, 성공하면 효과는 종료됩니다.

할퀴기. 근접 무기 공격: 명중 +3, 간격 5ft, 크리쳐 하나. 명중시: 6(2d4+1)점의 참격 피해.

스켈레톤 Skeletons

스켈레톤은 흑마법으로 죽음에서 일어난 존재입니다. 이들은 주문 시전자의 소환을 받아 자신들의 무덤이나 고대의 전장에서 도로 일어나며, 사령술의 힘이 충만한 곳이나 타락하는 악이 존재하는 곳에서는 그 어떤 소환 없이도 자신이 죽어 쓰러진 곳에 나타납니다.

조종되는 사체. 악랄한 힘이 해골에 어둠의 생명력을 불어넣어 깨우면, 관절이 서로 들러붙고 떨어진 팔다리가 모여 스켈레톤의 형상으로 일어납니다. 이 힘은 스켈레톤에게 움직이고 생각할 수 있는 기초적인 인지 능력을 부여하지만, 살아생전 가졌던 능력의 희미한 복제본일 뿐입니다. 움직이는 스켈레톤은 과거와 아무런 연관이 없습니다. 스켈레톤에게 도로 영혼과 육신을 주어 완전히 부활시킬 경우, 해골을 움직이던 사악한 언데드 영혼은 사라져 버리고 맙니다.

대부분의 스켈레톤은 죽은 인간이나 다른 인간형 종족의 뼈로 만들어지긴 하지만, 어떤 동물의 해골이든 언데드로 만들 수 있습니다. 또한 여러 종의 해골을 결합하여 더욱 흉측하고 특이한 형태로 만들어 내는 것도 가능합니다.

복종하는 하인. 주문에 의해 일어난 스켈레톤은 창조자의 의지에 따릅니다. 이들은 명령에 절대복종하여 어떠한 의문도 품지 않으며, 그 결과에도 무신경합니다. 이들은 모든 명령을 문자 그대로 받아들이며 완전하게 복종하기 때문에, 상황 변화에 제대로 적응하질 못합니다. 스켈레톤은 읽고 쓰거나 말할 수 있는 능력이 없으며, 기껏해야 끄덕이거나 고개를 젓고 손가락으로 가리키는 등의 간단한 의사소통만 할 수 있을 뿐입니다. 하지만 스켈레톤에게 제대로 명령을 내리기만 한다면 비교적 복잡한 임무도 맡길 수 있습니다.

스켈레톤은 무기와 갑옷을 이용해 전투를 벌이며, 투석기나 트레뷰쳇을 장전할 수 있고, 공성 사다리를 세우거나 방패 벽을 만들 수 있으며, 끓는 기름을 부을 수 있습니다. 하지만 이렇게 임무를 수행하게 하려면 먼저 임무의 내용을 상세하게 명령해야 합니다.

살아있을 때의 지능을 지니고 있진 않지만, 스켈레톤에게 아무런 생각이 없는 것은 아닙니다. 강철 문을 열라고 명령을 내리면 자신들의 뼈를 문에 내리치는 것 대신 우선 손잡이를 당겨 볼 수 있을 정도의 지능은 지니고 있습니다. 만약 손잡이가 작동하지 않으면, 스켈레톤은 다른 방법을 찾거나 장애물을 우회하려 할 것입니다.

습관적인 행동. 일시적으로 독립적 행동을 할 수 있게 된 스켈레톤이나 조종자의 의지에서 완전히 벗어난 스켈레톤은 때때로 자신의 이전 삶의 때의 행동들을 반복하곤 합니다. 이들의 뼈는 살아 있던 시절 자신의 움직임을 그대로 흉내 내는 것입니다. 광부의 스켈레톤은 곡괭이를 들고 돌벽을 내려칠 수도 있습니다. 경비병의 스켈레톤은 아무 복도에서나 경비를 서고 있을 수 있습니다. 드래곤의 스켈레톤은 보물 더미 위에 앉아 있기도 하며, 말의 스켈레톤은 먹지도 못하는데 잔디를 뜯기도 합니다. 무도회장에 홀로 놓아두면, 귀족의 스켈레톤은 영원히 끝나지 않는 춤을 출 것입니다.

스켈레톤이 살아있는 존재와 마주치면, 이들을 움직이는 사령의 힘이 살아 있는 자를 죽이라고 충동질 합니다. 만약 주인이 제지하지 않는다면, 스켈레톤은 사령술의 힘이 이끄는대로 행동합니다. 이들은 무자비하게 공격하며, 자신들이 파괴될 때까지 싸웁니다. 스켈레톤은 자기 보전 개념이 없습니다.

언데드의 천성. 스켈레톤은 호흡할 필요가 없으며, 먹고 마시거나 잠잘 필요도 없습니다.

전투마 스켈레톤 Warhorse Skeleton

대형 언데드, 질서 악

방어도 13 (마갑 잔해)
히트 포인트 22 (3d10+6)
이동속도 60ft

근력	민첩	건강	지능	지혜	매력
18 (+4)	12 (+1)	15 (+2)	2 (-4)	8 (-1)	5 (-3)

피해 취약성 타격
피해 면역 독성
상태 면역 탈진, 중독
감각능력 암시야 60ft, 상시 감지 9
언어 —
도전지수 1/2 (100 xp)

행동

발굽. 근접 무기 공격: 명중 +6, 간격 5ft, 목표 하나. 명중시: 11(2d6+4)점의 타격 피해.

스켈레톤 Skeleton

중형 언데드, 질서 악

방어도 13 (갑옷 조각)
히트 포인트 13 (2d8+4)
이동속도 30ft

근력	민첩	건강	지능	지혜	매력
10 (+0)	14 (+2)	15 (+2)	6 (-2)	8 (-1)	5 (-3)

피해 취약성 타격
피해 면역 독성
상태 면역 탈진, 중독
감각능력 암시야 60ft, 상시 감지 9
언어 생전 알았던 언어를 모두 이해하지만 말할 수는 없음
도전지수 1/4 (50 xp)

행동

소검. 근접 무기 공격: 명중 +4, 간격 5ft, 목표 하나. 명중시: 5(1d6+2)점의 관통 피해

단궁. 장거리 무기 공격: 명중 +4, 장거리 80/320ft, 목표 하나. 명중시: 5(1d6+2) 관통 피해.

스터지 STIRGE

이 자그마한 날짐승은 큰 박쥐와 거대해진 모기를 합친 것처럼 생겼습니다. 다리 끝에는 날카로운 집게가 달려 있으며, 바늘처럼 길고 뾰족한 입은 공기를 가르며 다음 먹이를 찾아다닙니다.

스터지는 살아있는 생명체의 피를 마시고 살아가며, 희생자에 들러붙어 피를 천천히 빨아먹습니다. 작은 숫자로는 큰 위협이 되지 않지만, 많은 수가 모인 스터지 무리는 상당한 위협이 될 수 있으며, 약해진 먹이를 순식간에 빨아 마실 수 있습니다.

흡혈. 스터지는 희생자에 들러붙어 공격하며, 약점을 찾아서 주둥이를 살점에 꽂고 집게발도 단단히 고정합니다. 스터지는 배 불리 먹고 난 다음에야 떨어지며, 멀리 날아간 다음 먹은 것을 소화하기 시작합니다.

미노타우르스 스켈레톤
MINOTAUR SKELETON

대형 언데드, 질서 악

방어도 12 (자연 갑옷)
히트 포인트 67 (9d10+18)
이동속도 40ft

근력	민첩	건강	지능	지혜	매력
18 (+4)	11 (+0)	15 (+2)	6 (-2)	8 (-1)	5 (-3)

피해 취약성 타격
피해 면역 독성
상태 면역 탈진, 중독
감각능력 암시야 60ft, 상시 감지 9
언어 심연어를 이해하지만 말할 수는 없음
도전지수 2 (450 xp)

돌격. 스켈레톤이 한 턴에 최소 10ft 이상 직선으로 이동한 직후 적에게 들이받기 공격을 가해 명중시켰다면, 목표는 추가로 9(2d8)점의 관통 피해를 받습니다. 목표가 크리쳐라면, DC 14의 근력 내성에 실패한 경우 10ft 멀리 밀려나고 넘어집니다.

행동

대도끼. 근접 무기 공격: 명중 +6, 간격 5ft, 목표 하나. 명중시: 17(2d12+4)점의 참격 피해.

들이받기. 근접 무기 공격: 명중 +6, 간격 5ft, 목표 하나. 명중시: 13(2d8+4)점의 관통 피해.

스터지 STIRGE

초소형 야수, 성향 없음

방어도 14 (자연 갑옷)
히트 포인트 2 (1d4)
이동속도 10ft, 비행 40ft

근력	민첩	건강	지능	지혜	매력
4 (-3)	16 (+3)	11 (+0)	2 (-4)	8 (-1)	6 (-2)

감각능력 암시야 60ft, 상시 감지 9
언어 −
도전지수 1/8 (25 xp)

행동

흡혈. 근접 무기 공격: 명중 +5, 간격 5ft, 크리쳐 하나. 명중시: 5(1d4+3)점의 관통 피해. 스터지는 목표에 달라붙습니다. 스터지는 붙어 있는 동안 공격할 수 없으며, 대신 매번 스터지의 턴이 시작할 때 목표는 피가 빨리며 5(1d4+3)점의 hp를 잃게 됩니다.

스터지는 이동력 5ft를 소모해 떨어져 나올 수 있으며, 목표에게서 10점의 hp를 흡혈하거나 목표가 죽으면 떨어져 나옵니다. 붙어 있는 크리쳐를 포함, 스터지에 인접한 크리쳐는 행동을 사용해 스터지를 떼어낼 수 있습니다.

스프라이트 SPRITE

비밀의 숲과 그늘투성이 언덕 사이에는 잠자리 날개를 파닥이는 자그마한 스프라이트들이 있습니다. 스프라이트에게는 요정의 모든 미덕 가운데, 따뜻함과 연민이 부족합니다. 이들은 공격적이고 과감한 전사로, 이방인을 심하게 경계하며 자신들의 고향에서 멀리 떨어뜨리려 합니다. 너무 가까이 다가온 침입자가 있다면 이들의 도덕적 성향을 가늠해 본 다음, 잠을 재우거나 공포에 빠트려 멀리 도망가게 만들곤 합니다.

숲의 보호자. 스프라이트는 나뭇가지나 호의적인 트린트 위에 작은 마을을 꾸립니다. 신록의 숲은 이끼와 야생 들꽃, 개구리밥으로 반짝이며 빛납니다. 야생 자연을 사랑하는 스프라이트는 침입자를 쉽게 받아들이지 않습니다. 침입자가 눈에 띄면, 스프라이트는 불길하게 부스럭대는 소리를 내거나 멀리서 나뭇가지를 던져 다른 곳으로 유도하곤 합니다. 멍청한 침입자들은 스프라이트의 영토에 발을 들인 대가로 독화살을 맞고 잠에 빠지기도 합니다. 이들이 깊이 잠들면, 스프라이트는 멀리 도망가서 숲속의 더 잘 숨겨진 곳으로 이동하곤 합니다.

심장을 읽는 자. 스프라이트는 다른 생명체의 심장 소리를 듣고 그들이 선한지 악한지, 기분은 어떠한지 알 수 있습니다. 마주한 이의 과거 행동이 심장 박동에 무게를 싣게 되며, 스프라이트는 사랑에 빠진 이의 빨리 뛰는 박동과 슬퍼하는 이의 느릿한 심장 소리를 구별할 수 있으며, 증오나 탐욕을 품은 자들의 어두운 박동도 느낄 수 있습니다. 심장 소리를 듣는 스프라이트의 힘은 언제나 진실을 파악하는데, 심장은 거짓말을 하지 못하기 때문입니다.

독을 만드는 자. 스프라이트는 숲속의 자기들 영역에서 독소와 접착제, 해독제 등을 만듭니다. 이 독 중에서는 화살에 발라 적을 잠재우는 독도 포함되어 있습니다. 이들은 독을 만들기 위해 숲속 깊은 곳까지 여행해 희귀한 꽃이나 이끼, 버섯을 채취합니다. 때로는 이를 위해 위험한 곳에 들어가야 할 때도 있습니다. 절망적인 상황이 오면, 스프라이트는 마녀들의 정원에서 약초를 훔치기도 합니다.

선한 심성. 스프라이트는 심장 소리로 선한 이들을 구별할 수 있기 때문에 이들은 선한 사람들을 아끼며, 악한 요정들의 뜻을 거부하고 악한 대요정들의 계획을 가능한 한 방해하기로 맹세했습니다. 만약 자신들의 숲에서 악한 요정들이나 고블리노이드 종족의 위협을 제거하려는 모험자들과 마주치면, 이들은 기꺼이 자신의 도움을 제공하고 때로는 모험자들이 기대하지 않았던 부분에서까지 도움을 주려고 나서기도 합니다.

픽시와는 달리, 스프라이트는 즐거움과 재미에 빠지지 않습니다. 이들은 단호한 전사이자 수호자이며, 판관입니다. 이들의 엄격함 때문에 다른 요정들은 스프라이트가 너무 진지하고 지루하다고 여기곤 합니다. 하지만 요정들은 스프라이트의 영역을 존중하며, 동맹이 위험에 빠지면 이들을 찾곤 합니다.

> "나뭇가지 위에 마을 하나가 통째로 있었다니까. 정말이야. 근데 내가 그다음에 발견한 건 내가 진흙탕에 머리를 처박고 있었단 거지. 머리에는 별이 돌고 말이야. 다시 일어나서 그 자리를 찾아가 보니 나무 위 마을은 벌써 사라지고 없었어."
> — 하프오크 레인저의 이야기.

스프라이트 SPRITE
초소형 요정, 중립 선

방어도 15 (가죽 갑옷)
히트 포인트 2 (1d4)
이동속도 10ft, 비행 40ft

근력	민첩	건강	지능	지혜	매력
3 (-4)	18 (+4)	10 (+0)	14 (+2)	13 (+1)	11 (+0)

기술 감지 +3, 은신 +8
감각능력 상시 감지 13
언어 공용어, 엘프어, 삼림어
도전지수 1/4 (50 xp)

행동

장검. 근접 무기 공격: 명중 +2, 간격 5ft, 목표 하나. 명중시: 1점의 참격 피해.

단궁. 장거리 무기 공격: 명중 +6, 장거리 40/160ft, 목표 하나. 명중시: 1점의 관통 피해. 목표는 DC 10의 건강 내성을 굴려 실패할 시 1분간 중독됩니다. 만약 이 내성 굴림에 5 이상의 차이로 실패했다면, 목표는 중독되어 있는 동안 무의식 상태에도 빠집니다. 해당 크리쳐는 피해를 받거나 누군가 행동을 사용해 깨우면 일어날 수 있습니다.

심장 보기. 스프라이트는 크리쳐에 접촉해 마법적으로 목표의 현재 감정 상태를 알 수 있습니다. 목표는 DC 10의 매력 내성을 굴리며, 실패할 시 스프라이트는 목표의 성향을 파악할 수 있습니다. 천상체, 악마, 언데드는 자동적으로 내성에 실패합니다.

투명화. 스프라이트는 투명화합니다. 이 투명화는 공격하거나 주문을 시전할 때까지 집중하는 동안 유지됩니다. (주문에 대한 집중과 동일) 스프라이트가 장비하거나 들고 있던 물체 역시 같이 투명화합니다.

스핑크스 SPHINXES

성스러운 고독을 영위하는 스핑크스는 신들의 비밀과 보물을 수호합니다. 이들은 새로운 모험자들이 가까이 다가올 때까지 평온을 유지하며, 이들의 본거지에는 도전을 받고 실패한 자들과 탄원자들의 뼈가 가득합니다. 등에서 거대한 날개를 펴고 날아오르는 스핑크스는 탄탄한 사자 같은 몸에 인간을 순식간에 반으로 찢어버릴 만큼 강력한 발톱을 지니고 있습니다.

신성한 수호자. 스핑크스는 신들의 보물을 차지하려는 도전자들의 가치를 시험하곤 합니다. 이들은 강력한 주문이나 잊혀진 비밀을 수호하며, 유물이나 마법적 통로를 지킬 수도 있습니다. 스핑크스의 도전에 마주한 자들은 죽음을 각오하고 도전에 임해야 하며, 오직 가치를 입증한 자만이 살아남을 수 있습니다. 그러지 못한 자들은 스핑크스 앞에서 쓰러질 뿐입니다.

몇몇 스핑크스는 창조주인 신들의 대사제이기도 하지만, 대다수는 그저 영혼이 육신을 지닌 모습일 뿐입니다. 이들은 신실한 기도나 신의 직접적인 간섭을 통해 필멸의 세계에 내려옵니다. 스핑크스는 지치지 않고 자신의 임무를 수행하며, 잠을 자거나 먹을 필요가 없습니다. 스핑크스는 자신의 신성한 의무를 수행할 뿐, 다른 존재들의 일에 좀처럼 끼어들지 않습니다.

마법의 시험. 스핑크스가 수호하는 보물과 비밀들은 신성한 보호 아래 있으며, 스핑크스의 시험에서 실패할 경우 이 보물과 비밀로 가는 길은 사라져 버립니다. 스핑크스가 공격받고 결국 쓰러진다 해도, 도전자는 여전히 자신이 얻고자 하는 비밀을 얻을 수 없습니다. 그저 신들의 수호자를 쓰러트렸다는 이유로 신들의 적이 될 뿐입니다.

자애로운 신들은 때로 스핑크스에게 강력한 힘을 부여하여, 도전에 실패한 자들을 즉시 죽여버리는 대신 다른 곳으로 보내고 스핑크스와 만났다는 사실 자체를 잊어버리게 하기도 합니다. 하지만 스핑크스의 시험에 실패한 자들은 대개 그 무시무시한 발톱 아래 끔찍한 죽음을 맞이하곤 합니다.

외세계의 존재. 스핑크스와 마주한 필멸자들은 대개 고대의 무덤이나 폐허에서 이들을 마주치곤 하지만, 몇몇 스핑크스는 외세계에도 갈 수 있습니다. 때로는 쓰러진 돌벽 사이에서 스핑크스와 대화를 시작했는데, 갑자기 실물 크기의 게임판이나 울부짖는 폭풍 속에서만 기어 올라갈 수 있는 거대한 절벽처럼 기이한 장소로 순간이동해 이야기가 이어지기도 합니다. 도전자가 비어 있는 스핑크스의 둥지에 도착해 보니 기이한 이차원 장소로 소환되어 날아갈 때도 있습니다. 스핑크스는 자신의 가치를 입증한 도전자에게만 자신의 영역으로 가는 길을 열어줍니다.

타락한 스핑크스. 기나긴 세월의 무게에 짓눌리고, 무고한 도전자들의 살육에 후회를 거듭하며, 지식을 나누어 주길 바라는 도전자들의 숭배를 꿈꾸게 된 스핑크스는 신성한 명령에서 벗어나 타락하게 됩니다. 하지만 스핑크스의 성향이 변하고 충성이 사라졌다 해도, 스핑크스는 자신이 지키는 곳을 절대 떠나지 않으며 가치를 입증하지 못한 자에게 비밀을 밝히지 않습니다.

> 동그랗고 너른 판처럼 평평하니
> 늑대 군주들의 제단이라
> 검은 벨벳 위의 보석이며, 바다의 진주라
> 불변하면서도 항상 변하는 이것은 무엇인가.
> — 하얀 깃털 산의
> 자이노스핑크스가 내는 수수께끼.

안드로스핑크스 ANDROSPHINX

안드로스핑크스는 인간 남성의 머리에 사자의 몸을 지니고 있습니다. 거칠고 고압적인 안드로스핑크스는 때로 모욕이나 부정적인 언사로 대화를 시작하곤 합니다. 하지만 이 거친 외면 속에는 고귀한 심성이 자리하고 있습니다. 안드로스핑크스는 거짓을 말하거나 기만적이지 않지만, 절대 정보를 그냥 넘겨주지 않으며 자신의 비밀을 수호하기 위해 현명하게 말을 고릅니다.

안드로스핑크스는 도전자의 용기와 용맹함을 시험하며, 도전자들이 사명을 완수하게 할 뿐 아니라 몇 마일 밖까지 울려 퍼지며 주변을 공포에 떨게 하고 귀를 멀게 하는 무시무시한 울부짖음을 견디도록 합니다. 안드로스핑크스의 시험을 극복한 도전자들은 영웅들의 축연*Heroes' Feast*으로 보상을 받을 수 있습니다.

자이노스핑크스 GYNOSPHINX

자이노스핑크스는 인간 여성의 머리에 사자의 몸을 지니고 있습니다. 고귀한 여성과 같은 우아함을 지니고 있지만, 한편으로는 사나운 사자 같은 몸짓을 보이기도 합니다. 자이노스핑크스의 눈은 현재의 시간과 장소를 넘어 볼 수 있으며, 모든 투명과 마법의 베일을 관통할 수 있습니다. 그 눈을 깊이 들여다본 도전자는 마법적으로 이동되며, 어려운 시험이 기다리고 있는 머나먼 장소로 날아가 버립니다.

자이노스핑크스는 지식과 전승의 도서관이나 마찬가지입니다. 이들은 수수께끼와 퍼즐을 내어 도전자들의 재치를 시험하며, 그 시험에서 가치를 입증해야 비밀을 알려줍니다. 몇몇은 가치를 입증한 도전자에게 보물을 주거나 부탁을 들어주는 경우도 있습니다.

스핑크스의 본거지

스핑크스는 고대의 사원이나 왕묘, 혹은 금고에서 살아갑니다. 이들은 그곳에 숨겨진 신성한 비밀과 필멸자들의 손에 들어가서는 안 되는 보물들을 지키고 있습니다.

본거지 행동

스핑크스는 우선권 순서 20에서 (비길 경우 항상 지는 것으로 취급) 아래 마법적 효과 중 하나를 본거지 행동으로 사용할 수 있습니다. 스핑크스는 짧은 휴식이나 긴 휴식을 마치기 전까지 같은 효과를 다시 사용할 수 없습니다.

- 시간의 흐름이 변하며, 본거지 안의 모든 크리쳐는 우선권을 다시 굴려야 합니다. 스핑크스 자신은 우선권을 다시 굴리지 않을 수 있습니다.
- 시간의 효과가 변하여 본거지 내의 모든 크리쳐는 DC 15의 건강 내성 굴림에 실패할 경우 1d20년 젊어지거나 나이를 먹습니다. (변화는 스핑크스가 선택합니다.) 그러나 1살 미만으로 어려지지는 않습니다. 상급 회복*Greater Restoration* 주문을 사용하면 크리쳐의 나이를 원래대로 돌릴 수 있습니다.
- 본거지 내의 시간 흐름이 바뀌어 그 안의 모든 것이 10년 앞이나 뒤의 모습으로 변합니다. (변화는 스핑크스가 선택합니다.) 스핑크스만이 시간의 변화를 즉시 감지할 수 있습니다. 소원*Wish* 주문을 사용하면 시전자와 추가로 7명까지의 다른 크리쳐들을 원래 시간으로 되돌릴 수 있습니다.
- 스핑크스는 자기 자신을 포함하여 자신이 볼 수 있는 7체까지의 다른 크리쳐를 이세계로 날려 보낼 수 있습니다. 일단 본거지 밖으로 벗어나면 스핑크스는 본거지 행동을 사용할 수 없으나, 스핑크스 자신은 추가 행동을 사용해 자신의 본거지로 돌아올 수 있습니다. 돌아올 때 역시 추가로 7체까지의 크리쳐를 동반할 수 있습니다.

안드로스핑크스 Androsphinx

대형 괴물류, 질서 중립

방어도 17 (자연 갑옷)
히트 포인트 199 (19d10+95)
이동속도 40ft, 비행 60ft

근력	민첩	건강	지능	지혜	매력
22 (+6)	10 (+0)	20 (+5)	16 (+3)	18 (+4)	23 (+6)

내성 굴림 민첩 +6, 건강 +11, 지능 +9, 지혜 +10
기술 비전학 +9, 감지 +10, 종교학 +15
피해 면역 정신, 비마법적 무기에 의한 타격/관통/참격 피해
상태 면역 매혹, 공포
감각능력 진시야 120ft, 상시 감지 20
언어 공용어, 스핑크스어
도전지수 17 (18,000 xp)

파악불능. 스핑크스는 감정이나 생각을 읽는 모든 효과에 면역이며, 예지계 주문도 자신이 원치 않으면 효과를 받지 않습니다. 지혜(통찰) 판정으로 스핑크스의 의도를 알아내려 할 경우 판정에 불리점을 받습니다.

마법 무기. 스핑크스의 무기 공격은 마법적인 것으로 취급합니다.

주문시전. 스핑크스는 12레벨 주문시전자입니다. 스핑크스의 주문시전 능력치는 지혜입니다. (주문 내성 DC 18, 주문 명중 +10) 스핑크스는 물질 구성요소 없이 주문을 시전할 수 있습니다. 스핑크스는 아래의 클레릭 주문을 준비하고 있습니다.

소마법(자유시전): 신성한 불길*Sacred Flame*, 빈사 안정*Spare the Dying*, 단순마술*Thaumaturgy*
1레벨(슬롯 4개): 명령*Command*, 악과 선 탐지*Detect Evil and Good*, 마법 탐지*Detect Magic*
2레벨(슬롯 3개): 하급 회복*Lesser Restoration*, 진실의 공간*Zone of Truth*
3레벨(슬롯 3개): 마법 무효화*Dispel Magic*, 언어구사*Tongues*
4레벨(슬롯 3개): 추방*Banishment*, 이동의 자유*Freedom of Movement*
5레벨(슬롯 2개): 화염 직격*Flame Strike*, 상급 회복*Greater Restoration*
6레벨(슬롯 1개): 영웅들의 축연*Heroes' Feast*

행동

다중공격. 스핑크스는 할퀴기 공격을 2회 가합니다.

할퀴기. *근접 무기 공격:* 명중 +12, 간격 5ft, 목표 하나.
명중시: 17(2d10+6)점의 참격 피해.

포효(3회/일). 스핑크스는 마법적 표효를 내지릅니다. 표효는 사용할 때마다 점점 커지며, 순서에 따라 다른 효과를 발휘합니다. 스핑크스로부터 500ft 내에서 표효를 들을 수 있는 모든 크리쳐는 내성을 굴려야 합니다. 스핑크스가 긴 휴식을 취하면 다시 첫 번째 표효부터 시작됩니다.

첫번째 포효. DC 18의 지혜 내성에 실패한 모든 크리쳐는 1분간 공포 상태가 됩니다. 공포 상태의 크리쳐는 매번 자기 턴이 끝날 때 다시 내성을 굴릴 수 있으며, 성공하면 효과는 종료됩니다.
두 번째 포효. DC 18의 지혜 내성에 실패한 모든 크리쳐는 1분간 귀머거리에 공포 상태가 됩니다. 이렇게 공포 상태인 크리쳐는 동시에 마비 상태가 되며, 매번 자기 턴이 끝날 때 다시 내성을 굴릴 수 있습니다. 내성에 성공하면 효과는 종료됩니다.
세 번째 포효. DC 18의 건강 내성에 실패한 모든 크리쳐는 44(8d10)점의 천둥 피해를 받고 넘어집니다. 내성에 성공하면 피해는 절반으로 줄어들고 넘어지지 않습니다.

전설적 행동

스핑크스는 아래 선택지 중에서 3회의 전설적 행동을 취할 수 있습니다. 전설적 행동은 한 번에 오직 한 가지만 사용할 수 있으며, 다른 크리쳐의 턴이 끝날 때만 쓸 수 있습니다. 스핑크스는 자기 턴이 시작할 때 소비한 전설적 행동을 모두 회복합니다.

할퀴기 공격. 스핑크스는 할퀴기 공격을 1회 가합니다.
순간이동(행동 2회 소모). 스핑크스는 자신이 착용하거나 들고 있는 모든 장비와 함께 최대 120ft 내의 보이는 빈 공간으로 순간이동합니다.
주문시전(행동 3회 소모). 스핑크스는 준비된 주문 목록 중에서 하나를 정해 슬롯을 소모하여 시전합니다.

자이노스핑크스 GYNOSPHINX

대형 괴물류, 질서 중립

방어도 17 (자연 갑옷)
히트 포인트 136 (16d10+48)
이동속도 40ft, 비행 60ft

근력	민첩	건강	지능	지혜	매력
18 (+4)	15 (+2)	16 (+3)	18 (+4)	18 (+4)	18 (+4)

기술 비전학 +12, 역사학 +12, 감지 +8, 종교학 +8
피해 저항 비마법적 무기에 의한 타격/관통/참격 피해
피해 면역 정신
상태 면역 매혹, 공포
감각능력 진시야 120ft, 상시 감지 18
언어 공용어, 스핑크스어
도전지수 11 (7,200 xp)

파악불능. 스핑크스는 감정이나 생각을 읽는 모든 효과에 면역이며, 예지계 주문도 자신이 원치 않으면 효과를 받지 않습니다. 지혜(통찰) 판정으로 스핑크스의 의도를 알아내려 할 경우 판정에 불리점을 받습니다.

마법 무기. 스핑크스의 무기 공격은 마법적인 것으로 취급합니다.

주문시전. 스핑크스는 9레벨 주문시전자입니다. 스핑크스의 주문시전 능력치는 지능입니다. (주문 내성 DC 16, 주문 명중 +8) 스핑크스는 물질 구성요소 없이 주문을 시전할 수 있습니다. 스핑크스는 아래의 위저드 주문을 준비하고 있습니다.

소마법(자유시전): 마법사의 손*Mage Hand*, 요술*Prestidigitation*, 하급 환영*Minor Illusion*
1레벨(슬롯 4개): 마법 탐지*Detect Magic*, 식별*Identify*, 방패*Shield*
2레벨(슬롯 3개): 암흑*Darkness*, 물체 위치파악*Locate Object*, 암시*Suggestion*
3레벨(슬롯 3개): 마법 무효화*Dispel Magic*, 저주 해제*Remove Curse*, 언어구사*Tongues*
4레벨(슬롯 3개): 추방*Banishment*, 상급 투명화*Greater Invisibility*
5레벨(슬롯 1개): 전설 전승*Legend Lore*

행동

다중공격. 스핑크스는 할퀴기 공격을 2회 가합니다.

할퀴기. 근접 무기 공격: 명중 +8, 간격 5ft, 목표 하나. 명중시: 13(2d8+4)점의 참격 피해.

전설적 행동

스핑크스는 아래 선택지 중에서 3회의 전설적 행동을 취할 수 있습니다. 전설적 행동은 한 번에 오직 한 가지만 사용할 수 있으며, 다른 크리쳐의 턴이 끝날 때만 쓸 수 있습니다. 스핑크스는 자기 턴이 시작할 때 소비한 전설적 행동을 모두 회복합니다.

할퀴기 공격. 스핑크스는 할퀴기 공격을 1회 가합니다.
순간이동(행동 2회 소모). 스핑크스는 자신이 착용하거나 들고 있는 모든 장비와 함께 최대 120ft 내의 보이는 빈 공간으로 순간이동합니다.
주문시전(행동 3회 소모). 스핑크스는 준비된 주문 목록 중에서 하나를 정해 슬롯을 소모하여 시전합니다.

슬라드 Slaadi

끝없이 변화하는 림보의 혼돈 속에는 숲이나 초원, 부서진 성, 떠다니는 섬들이 영원히 휘몰아치는 불과 물, 대지와 바람 속에 조금씩 존재합니다. 아무도 살아갈 수 없을 것처럼 보이는 이 세계에서 가장 널리 퍼진 거주자들은 두꺼비처럼 생긴 슬라드라는 종족입니다. 슬라드는 규율이 없으며 어떠한 공식적 위계도 없습니다. 하지만 약한 슬라드들은 절멸의 위협 때문에 강한 슬라드에게 복종하는 편입니다.

생성석. 아주 오래전, 모드론의 절대군주인 프리머스는 질서의 권능을 담은 기하학적으로 복잡한 구조를 지닌 거대한 돌을 만들었습니다. 그는 이 돌을 림보에 던지며, 이 돌이 림보의 혼돈에 질서를 가져와 다른 세계에 혼돈을 퍼트리는 것을 멈춰 주길 바랐습니다. 이 돌의 권능이 점점 커지면 모드론이나 기스제라이처럼 질서 잡힌 마음을 지닌 종족들 역시 림보에 거주지를 만들 수 있지 않을까 하는 마음에서였습니다. 하지만 프리머스의 창조물은 예상치 못한 부작용을 가져왔습니다. 돌은 혼돈의 힘을 흡수하였고, 슬라드라 부르는 끔찍한 종족을 만들어 냈기 때문입니다. 학자들은 이런 이유에서, 프리머스의 이 거대한 창조물을 생성석(the Spawning Stone)이라 부릅니다.

슬라드는 림보에 존재하는 모든 모드론 거주지를 쓸어버렸습니다. 순수한 혼돈의 존재인 슬라드는 모드론을 혐오하며 이들이 눈에 보이자마자 공격을 퍼붓곤 합니다. 그런데도 프리머스는 자신의 창조물을 믿었으며, 슬라드를 위협이나 무시해야 할 대상으로 생각하지 않았습니다.

태생과 변이. 슬라드는 끔찍한 번식 과정을 거칩니다. 슬라드는 우선 인간형 숙주의 몸속에 알을 낳거나 흔히 혼돈 열병(Chaos Phage)이라 부르는 질병을 전염시킵니다. 슬라드들은 색에 따라 다른 번식이나 변이 방법을 사용합니다. 레드 슬라드는 청색이나 그린 슬라드를 낳고, 블루 슬라드는 적색이나 그린 슬라드를 낳습니다. 그린 슬라드들은 생애를 걸친 변이 과정을 통해 더 강력한 그레이 슬라드나 데스 슬라드가 되곤 합니다. 이렇게 변이하는 와중에도 슬라드는 전생의 기억을 모두 그대로 가지고 있습니다.

변신자. 몇몇 슬라드는 자신들이 유래한 인간형 종족의 형태로 변신할 수도 있습니다. 이 슬라드들은 물질계로 돌아간 다음 자신들의 과거 모습으로 위장하여 혼돈과 불화를 흩뿌립니다.

레드 슬라드 Red Slaad

레드 슬라드가 인간형 종족을 할퀴면, 이 손톱에 묻어 있는 작은 알들이 몸속에 주입될 수 있습니다. 이 알은 인간형 종족의 몸을 숙주로 하여 자라며, 결국 슬라드 올챙이가 되어 튀어나옵니다. 이 올챙이는 숙주의 몸을 모두 먹어 치운 다음, 더 많은 고기를 찾아 움직이기 시작합니다. 올챙이는 2d12시간 이후 완전히 자란 블루 슬라드가 되며, 만약 숙주가 3레벨 이상의 주문을 시전할 수 있었다면 그린 슬라드로 변이합니다.

블루 슬라드 Blue Slaad

블루 슬라드의 손등에는 뼈 갈고리가 튀어나와 있으며, 인간형 종족이 여기에 상처를 입으면 끔찍한 변이성 질병에 감염됩니다. 흔히 혼돈 열병이라 부르는 이 질병은 감염자를 완전히 성장한 레드 슬라드로 바꾸며, 만약 감염자가 3레벨 이상의 주문을 시전할 수 있었다면 그린 슬라드로 변이합니다.

그린 슬라드 Green Slaad

그린 슬라드는 놀랍도록 영리하며 선천적인 주문시전 능력을 지니고 있습니다. 그린 슬라드는 자신의 모습을 인간형 종족처럼 바꿀 수 있습니다. 만약 인간형 숙주에게서 태어났다면, 슬라드는 곧잘 자기 몸을 과거 자기 숙주처럼 변형시킵니다.

그린 슬라드는 살아가다 확실치 않은 어느 시점에 마법적인 의미를 깨달아 완전히 그레이 슬라드로 변이하곤 합니다. 이 변이에 대한 지식을 쌓아가는 과정은 몇 년에서 몇십 년이 걸립니다.

그레이 슬라드 Gray Slaad

림보 밖에서, 그린 슬라드는 자신들의 주인인 데스 슬라드의 명령을 충실히 따르는 수족으로 활동합니다. 그레이 슬라드는 파멸을 불러일으키기 위해 물질계를 여행하며, 그럴 때는 인간형 종족의 모습을 취하곤 합니다. 그레이 슬라드는 대검을 사용하는 법을 익히며, 여기에 자신들의 선천적 마법을 섞어 넣습니다.

그레이 슬라드가 죽은 데스 슬라드의 시신을 완전히 먹어 치울 경우, 데스 슬라드로 즉시 변이하게 됩니다.

데스 슬라드 Death Slaad

데스 슬라드는 부정력계의 힘으로 가득차 있으며, 악에 타락한 혼돈을 그대로 나타냅니다. 이들은 다른 이들에게 해를 가하며 가학적인 즐거움을 얻습니다. 데스 슬라드는 거대한 레드나 블루 슬라드의 무리를 이끌고 다른 세계를 침공하며 그들 종족을 늘리려 합니다. 이 침입에서 살아남은 인간형 종족들은 곧 새로운 슬라드를 만드는 숙주나 매개체가 될 뿐입니다.

변형: 슬라드 통제 보석

생성석에서 나온 슬라드들의 경우, 그 슬라드의 뇌 속에는 그 자신의 파편이 되는 작은 돌이 박혀 있습니다. 이 조각은 대략 인간 아이의 주먹만 한 크기의 보석으로 나타납니다. 이 보석은 자신이 들어 있던 슬라드와 같은 색을 지닙니다. 마법을 사용할 수 있는 크리쳐가 슬라드의 보석을 지니게 되면, 이를 이용해 슬라드를 통제할 수 있습니다. 슬라드는 보석을 지닌 자의 명령에 복종해야만 합니다. 만약 슬라드의 보석이 파괴되면, 더는 이 방법으로 슬라드를 통제할 수 없습니다.

생성석이 아니라 다른 방법으로 태어난 슬라드의 경우 머리에 보석이 없지만, 생성석과 접촉하게 되면 그 경우에도 뇌 속에 보석이 생겨납니다. 림보에 있는 슬라드는 생성석에 이끌리며, 결국 대부분은 뇌에 보석을 지니게 됩니다. 뇌 속에 조종 보석을 지닌 슬라드는 아래와 같은 추가적 특징을 지닙니다.

통제 보석. 슬라드의 뇌 속에는 마법적인 통제 보석이 들어 있습니다. 슬라드는 보석의 소유자에게 절대복종하며, 이렇게 조종되고 있을 때는 매혹할 수 없습니다. 보석을 얻기 위해서 몇몇 특정한 주문을 사용할 수 있습니다. 슬라드가 감금*Imprisonment* 주문에 대한 내성 굴림에 실패하면, 이 주문은 슬라드를 감금하지 않고 대신 보석을 즉시 시전자의 손에 가져다줍니다. 슬라드의 눈앞에서 소원*Wish* 주문을 시전할 경우, 마찬가지로 즉시 보석을 얻을 수 있습니다.

슬라드에게 상급 회복*Greater Restoration* 주문을 시전할 경우, 슬라드에게는 해를 입히지 않으면서 보석만 파괴할 수 있습니다.

행동불능 상태인 슬라드에게 지혜(의학) 숙련을 지닌 캐릭터가 수술할 경우, 보석을 빼낼 수 있습니다. 이렇게 시도하려면 1분간 방해받지 않고 작업해야 하며 DC 20의 지혜(의학) 판정에 성공해야 합니다. 이 판정에 실패할 때마다 슬라드에게는 22(4d10)점의 정신 피해가 가해집니다.

레드 슬라드

블루 슬라드

그린 슬라드

그레이 슬라드

슬라드 Slaadi

레드 슬라드 RED SLAAD

대형 기괴체, 혼돈 중립

방어도 14 (자연 갑옷)
히트 포인트 93 (11d10+33)
이동속도 30ft

근력	민첩	건강	지능	지혜	매력
16 (+3)	12 (+1)	16 (+3)	6 (-2)	6 (-2)	7 (-2)

기술 감지 +1
피해 저항 산성, 냉기, 화염, 번개, 천둥
감각능력 암시야 60ft, 상시 감지 11
언어 슬라드어, 정신감응 60ft
도전지수 5 (1,800 xp)

마법 저항. 슬라드는 주문과 기타 마법적 효과에 대한 내성 굴림에 이점을 받습니다.

재생. 슬라드는 최소 1hp라도 남아 있으면 매번 자신의 턴이 시작할 때 10점의 hp를 회복합니다.

행동

다중공격. 슬라드는 물기 1회, 할퀴기 2회로 총 3회 공격합니다.

물기. 근접 무기 공격: 명중 +6, 간격 5ft, 목표 하나. 명중시: 8(2d4+3)점의 관통 피해.

할퀴기. 근접 무기 공격: 명중 +6, 간격 5ft, 목표 하나. 명중시: 7(1d8+3)점의 참격 피해. 목표가 인간형 크리쳐인 경우, DC 14의 건강 내성에 실패할 시 질병에 감염됩니다. 슬라드 알이 몸속에 들어오는 것입니다.

인간형 숙주는 한 번에 하나씩의 알만 품을 수 있습니다. 이후 3개월 동안 알은 숙주의 가슴께로 이동하며 내부에서 자라 슬라드 올챙이가 됩니다. 슬라드 올챙이가 나오기 24시간 전쯤부터 숙주는 불편함을 느끼며, 이동 속도는 절반이 되고 모든 명중 굴림, 능력 판정, 내성 굴림에 불리점을 받게 됩니다. 슬라드 올챙이는 튀어 나올 때 숙주의 중요 내장을 다 뜯어먹으며 1라운드만에 가슴에서 튀어나와 즉시 숙주를 죽여버립니다.

만약 올챙이가 성숙하기 전에 질병이 치유되었다면 태어나지 못한 올챙이는 즉시 죽어버립니다.

슬라드 올챙이 SLAAD TADPOLE

초소형 기괴체, 혼돈 중립

방어도 12
히트 포인트 10 (4d4)
이동속도 30ft

근력	민첩	건강	지능	지혜	매력
7 (-2)	15 (+2)	10 (+0)	3 (-4)	5 (-3)	3 (-4)

기술 은신 +4
피해 저항 산성, 냉기, 화염, 번개, 천둥
감각능력 암시야 60ft, 상시 감지 7
언어 슬라드어를 이해하지만 말할 수는 없음
도전지수 1/8 (25 xp)

마법 저항. 슬라드는 주문과 기타 마법적 효과에 대한 내성 굴림에 이점을 받습니다.

행동

물기. 근접 무기 공격: 명중 +4, 간격 5ft, 목표 하나. 명중시: 4(1d4+2)점의 관통 피해.

블루 슬라드 BLUE SLAAD

대형 기괴체, 혼돈 중립

방어도 15 (자연 갑옷)
히트 포인트 123 (13d10+52)
이동속도 30ft

근력	민첩	건강	지능	지혜	매력
20 (+5)	15 (+2)	18 (+4)	7 (-2)	7 (-2)	9 (-1)

기술 감지 +1
피해 저항 산성, 냉기, 화염, 번개, 천둥
감각능력 암시야 60ft, 상시 감지 11
언어 슬라드어, 정신감응 60ft
도전지수 7 (2,900 xp)

마법 저항. 슬라드는 주문과 기타 마법적 효과에 대한 내성 굴림에 이점을 받습니다.

재생. 슬라드는 최소 1hp라도 남아 있으면 매번 자신의 턴이 시작할 때 10점의 hp를 회복합니다.

행동

다중공격. 슬라드는 물기 1회, 할퀴기 2회로 총 3회 공격합니다.

물기. 근접 무기 공격: 명중 +8, 간격 5ft, 목표 하나. 명중시: 12(2d6+5)점의 관통 피해.

할퀴기. 근접 무기 공격: 명중 +8, 간격 5ft, 목표 하나. 명중시: 12(2d6+5)점의 참격 피해. 목표가 인간형 크리쳐인 경우, DC 15의 건강 내성에 실패할 시 혼돈 열병이라는 질병에 감염됩니다. 질병에 걸린 크리쳐는 hp를 회복할 수 없고, 24시간마다 최대 hp가 10(3d6)점씩 감소합니다. 이 질병으로 인해 목표의 최대hp가 0 이하로 떨어지면 목표는 즉시 레드 슬라드로 변이합니다. 목표가 3레벨 이상의 주문을 시전할 수 있는 주문시전자였다면 그린 슬라드로 변이할 수도 있습니다. 오직 소원*Wish* 주문으로만 이 변이를 되돌릴 수 있습니다.

슬라드의 뇌 속에는 마법
보석이 박혀 있다.
그것을 얻는다면, 슬라드는
네 명령에 따르리라.

그린 슬라드 Green Slaad

대형 기괴체(변신자), 혼돈 중립

방어도 16 (자연 갑옷)
히트 포인트 127 (15d10+45)
이동속도 30ft

근력	민첩	건강	지능	지혜	매력
18 (+4)	15 (+2)	16 (+3)	11 (+0)	8 (-1)	12 (+1)

기술 비전학 +3, 감지 +2
피해 저항 산성, 냉기, 화염, 번개, 천둥
감각능력 맹안시야 30ft, 암시야 60ft, 상시 감지 12
언어 슬라드어, 정신감응 60ft
도전지수 8 (3,900 xp)

변신자. 슬라드는 행동을 사용해 소형 혹은 중형 인간형 크리쳐로 변신하거나, 다시 원래 모습으로 돌아올 수 있습니다. 크기를 제외하면 슬라드의 게임 자료는 어떤 형태이든 동일합니다. 슬라드가 착용하거나 장비하고 있던 물건은 같이 변하지 않습니다. 슬라드가 사망할 경우 원래 모습으로 돌아옵니다.

선천적 주문시전. 슬라드의 선천적 주문시전 능력치는 매력입니다. (주문 내성 DC 12) 슬라드는 물질 구성요소를 사용하지 않고 선천적으로 아래 주문들을 시전할 수 있습니다.

자유시전: 마법 탐지*Detect Magic*, 생각 탐지*Detect Thoughts*, 마법사의 손*Mage Hand*
각 2회/일: 공포*Fear*, 투명화*Invisibility* (자기만)
1회/일: 화염구*Fireball*

마법 저항. 슬라드는 주문과 기타 마법적 효과에 대한 내성 굴림에 이점을 받습니다.

재생. 슬라드는 최소 1hp라도 남아 있으면 매번 자신의 턴이 시작할 때 10점의 hp를 회복합니다.

행동

다중공격. 슬라드는 물기 1회, 할퀴기나 지팡이로 2회씩 총 3회 공격합니다. 혹은 불꽃 던지기를 2회 사용할 수도 있습니다.

물기(슬라드 형태일 때만). 근접 무기 공격: 명중 +7, 간격 5ft, 목표 하나. 명중시: 11(2d6+4)점의 관통 피해.

할퀴기(슬라드 형태일 때만). 근접 무기 공격: 명중 +7, 간격 5ft, 목표 하나. 명중시: 7(1d6+4)점의 참격 피해.

지팡이. 근접 무기 공격: 명중 +7, 간격 5ft, 목표 하나. 명중시: 11(2d6+4)점의 타격 피해.

불꽃 던지기. 장거리 주문 공격: 명중 +4, 장거리 60ft, 목표 하나. 명중시: 10(3d6)점의 화염 피해. 이 불꽃은 누군가 장비하거나 들고 있지 않은 가연성 물체에 불을 붙일 수 있습니다.

그레이 슬라드 Gray Slaad

중형 기괴체(변신자), 혼돈 중립

방어도 18 (자연 갑옷)
히트 포인트 127 (17d8+51)
이동속도 30ft

근력	민첩	건강	지능	지혜	매력
17 (+3)	17 (+3)	16 (+3)	13 (+1)	8 (-1)	14 (+2)

기술 비전학 +5, 감지 +7
피해 저항 산성, 냉기, 화염, 번개, 천둥
감각능력 맹안시야 60ft, 암시야 60ft, 상시 감지 16
언어 슬라드어, 정신감응 60ft
도전지수 9 (5,000 xp)

변신자. 슬라드는 행동을 사용해 소형 혹은 중형 인간형 크리쳐로 변신하거나, 다시 원래 모습으로 돌아올 수 있습니다. 크기를 제외하면 슬라드의 게임 자료는 어떤 형태이든 동일합니다. 슬라드가 착용하거나 장비하고 있던 물건은 같이 변하지 않습니다. 슬라드가 사망할 경우 원래 모습으로 돌아옵니다.

선천적 주문시전. 슬라드의 선천적 주문시전 능력치는 매력입니다. (주문 내성 DC 14) 슬라드는 물질 구성요소를 사용하지 않고 선천적으로 아래 주문들을 시전할 수 있습니다.

자유시전: 마법 탐지*Detect Magic*, 생각 탐지*Detect Thoughts*, 투명화*Invisibility* (자기만), 마법사의 손*Mage Hand*, 상급 영상*Major Image*
각 2회/일: 공포*Fear*, 비행*Fly*, 화염구*Fireball*, 언어구사*Tongues*
1회/일: 이계 전송*Plane Shift*(자기만)

마법 저항. 슬라드는 주문과 기타 마법적 효과에 대한 내성 굴림에 이점을 받습니다.

마법 무기. 슬라드의 무기 공격은 마법적인 것으로 취급합니다.

재생. 슬라드는 최소 1hp라도 남아 있으면 매번 자신의 턴이 시작할 때 10점의 hp를 회복합니다.

행동

다중공격. 슬라드는 물기 1회, 할퀴기나 대검으로 2회씩 총 3회 공격을 가합니다.

물기(슬라드 형태일 때만). 근접 무기 공격: 명중 +7, 간격 5ft, 목표 하나. 명중시: 6(1d6+3)점의 관통 피해.

할퀴기(슬라드 형태일 때만). 근접 무기 공격: 명중 +7, 간격 5ft, 목표 하나. 명중시: 8(1d10+3)점의 참격 피해.

대검. 근접 무기 공격: 명중 +7, 간격 5ft, 목표 하나. 명중시: 10(2d6+3)점의 참격 피해.

데스 슬라드 DEATH SLAAD

중형 기괴체(변신자), 혼돈 악

방어도 18 (자연 갑옷)
히트 포인트 170 (20d8+80)
이동속도 30ft

근력	민첩	건강	지능	지혜	매력
20 (+5)	15 (+2)	19 (+4)	15 (+2)	10 (+0)	16 (+3)

기술 비전학 +6, 감지 +8
피해 저항 산성, 냉기, 화염, 번개, 천둥
감각능력 맹안시야 60ft, 암시야 60ft, 상시 감지 18
언어 슬라드어, 정신감응 60ft
도전지수 10 (5,900 xp)

변신자. 슬라드는 행동을 사용해 소형 혹은 중형 인간형 크리쳐로 변신하거나, 다시 원래 모습으로 돌아올 수 있습니다. 크기를 제외하면 슬라드의 게임 자료는 어떤 형태이든 동일합니다. 슬라드가 착용하거나 장비하고 있던 물건은 같이 변하지 않습니다. 슬라드가 사망할 경우 원래 모습으로 돌아옵니다.

선천적 주문시전. 슬라드의 선천적 주문시전 능력치는 매력입니다. (주문 내성 DC 15, 주문 명중 +7) 슬라드는 물질 구성요소를 사용하지 않고 선천적으로 아래 주문들을 시전할 수 있습니다.

자유시전: 마법 탐지*Detect Magic*, 생각 탐지*Detect Thoughts*, 투명화 *Invisibility* (자기만), 마법사의 손*Mage Hand*, 상급 영상*Major Image*
각 2회/일: 공포*Fear*, 화염구*Fireball*, 비행*Fly*, 언어구사*Tongues*
1회/일: 이계 전송*Plane Shift*, 죽음구름*Cloudkill*

마법 저항. 슬라드는 주문과 기타 마법적 효과에 대한 내성 굴림에 이점을 받습니다.

마법 무기. 슬라드의 무기 공격은 마법적인 것으로 취급합니다.

재생. 슬라드는 최소 1hp라도 남아 있으면 매번 자신의 턴이 시작할 때 10점의 hp를 회복합니다.

행동

다중공격. 슬라드는 물기 1회, 할퀴기나 대검으로 2회씩 총 3회 공격을 가합니다.

물기(슬라드 형태일 때만). 근접 무기 공격: 명중 +9, 간격 5ft, 목표 하나. 명중시: 9(1d8+5)점의 관통 피해. 추가로 7(2d6)점의 사령 피해.

할퀴기(슬라드 형태일 때만). 근접 무기 공격: 명중 +9, 간격 5ft, 목표 하나. 명중시: 10(1d10+5)점의 참격 피해. 추가로 7(2d6)점의 사령 피해.

대검. 근접 무기 공격: 명중 +9, 간격 5ft, 목표 하나. 명중시: 12(2d6+5)점의 참격 피해. 추가로 7(2d6)점의 사령 피해.

쏘른 XORN

대지의 원소계에서 유래한 기괴한 존재인 쏘른은 보석이나 귀금
속을 먹고 살아가며, 흙과 바위를 파헤치며 먹이를 찾곤 합니다.
물질계에 있는 쏘른은 먹이를 찾기 위해서 언더다크의 곳곳을 깊
고 넓게 파헤치고 다니며, 자신들의 먹이를 빼앗는 광부나 보물
사냥꾼들을 마주치면 공격적으로 변하곤 합니다.

쏘른의 부자연스러운 기원은 그 괴상하게 생긴 큰 몸집과 머리
꼭대기에 나 있는 크고 강력한 입을 보면 잘 알 수 있습니다. 쏘른
의 기다란 세 팔 끝에는 날카로운 발톱이 돋아나 있으며, 모든 방
향을 볼 수 있는 세 개의 큰 눈이 뜨여 있습니다.

원소계의 여행자. 대지 원소의 힘을 지닌 쏘른은 마치 물고기
가 물을 헤엄치듯 바위와 흙 위를 흘러가며 움직일 수 있습니다.
쏘른은 자신이 이동하는 바위나 흙을 움직이지 않으며, 단지 녹아
들듯 움직일 뿐입니다. 쏘른이 지나가는 길에는 터널이나 구멍 등
이동의 흔적이 남지 않습니다.

쏘른은 쉽게 보석과 귀금속을 먹을 수 있는 자기 고향 세계를
떠나는 것을 좋아하지 않습니다. 쏘른이 물질계로 흘러들어 오는
것은 사고나 호기심 때문이며, 대개 어떻게든 고향으로 돌아가려
합니다.

거지와 도둑. 쏘른은 귀금속과 보석을 먹으려고 지하 깊은 곳
을 돌아다닙니다. 이들은 다른 유기 물질을 먹을 수가 없기 때문
에, 다른 크리쳐들은 대부분 무시해 버립니다. 하지만 쏘른은 귀
금속이나 보석의 냄새를 맡는 기가 막힌 감각을 지니고 있기에,
때로는 많은 동전이나 보석을 가지고 다니는 모험자들의 주의를
끌곤 합니다. 쏘른이 악하지는 않기 때문에, 쏘른에게 보물을 준
다고 하며 거래를 하면 나름대로의 정보를 전해주고 거래를 할 수
도 있습니다. 하지만 먹이를 달라는 요구가 무시당하면 쏘른은 위
협을 가하거나 약박지를 수도 있습니다. 만약 쏘른이 굶주리거나
화가 나면 폭력적인 수단에 의존하기도 합니다.

쏘른 XORN

중형 원소, 중립

방어도 19 (자연 갑옷)
히트 포인트 73 (7d8+42)
이동속도 20ft, 굴착 20ft

근력	민첩	건강	지능	지혜	매력
17 (+3)	10 (+0)	22 (+6)	11 (+0)	10 (+0)	11 (+0)

기술 감지 +6, 은신 +3
피해 저항 아다만틴이 아니며 비마법적 공격에 의한 참격/관통 피해
감각능력 암시야 60ft, 진동감지 60ft, 상시 감지 16
언어 대지어
도전지수 5 (1,800 xp)

대지 활주. 비마법적이고 비인공적인 땅이나 돌을 통해 흐르듯 이동할 수
있습니다. 이렇게 이동하는 동안, 쏘른은 바닥의 물질에 영향을 주지 않
습니다.

바위 위장. 쏘른은 바위 지형에서 민첩(은신) 판정에 이점을 받습니다.

보물 감각. 쏘른은 주변 60ft 내의 귀금속이나 보석, 동전 등의 냄새를 맡
아 정확한 위치를 파악할 수 있습니다.

행동

다중공격. 쏘른은 할퀴기 공격을 3회, 물기 공격을 1회 가합니다.

할퀴기. 근접 무기 공격: 명중 +6, 간격 5ft, 목표 하나. 명중시: 6(1d6+3)
점의 참격 피해.

물기. 근접 무기 공격: 명중 +6, 간격 5ft, 목표 하나. 명중시: 13(3d6+3)
점의 관통 피해.

아라코크라 Aarakocra

아라코크라들은 창공계 내의 고요한 지역인 아아콰(Aaqa)를 둘러싸고 몰아치는 거친 비바람 속, 울부짖는 나선(Howling Gyre)에서 살고 있습니다. 허공을 순찰하는 이 조류와 닮은 인간형 존재는 그들의 숙적인 가고일을 포함해 대지계에서 쳐들어오는 침략자에게서 고향을 지키기 위해 바람부는 변경을 충실히 지키고 있습니다.

원소 악의 적들. 아아콰의 바람 공작을 섬기는 아라코크라는 원소 악의 사원이 있는지 수색하며 창공계를 감시합니다. 이들은 사악한 원소의 존재들이 있는지 살피고, 맞서 싸우거나 바람 공작들에게 보고를 하곤 합니다.

물질계에서 아라코크라는 대개 가장 높은 산꼭대기에 자리를 잡습니다. 이들의 보금자리는 창공계와 특히 가까운 편입니다. 높은 자리에 자리 잡은 아라코크라는 고향 세계의 위협에 맞서는 것처럼 물질계에서 보이는 원소 변화의 징조를 살핍니다. 아라코크라는 바람처럼 사는 것을 좋아합니다. 어디에도 묶이지 않고 끊임없이 움직이며 살아가는 것입니다. 하지만 그들이 원소 악의 흔적을 발견하면, 몇 년간 그 지역을 살펴보며 악의 침범을 가로막기도 합니다.

아라코크라에게는 정치적 국경이나 부동산에 대한 개념이 없으며, 보석이나 금, 다른 귀중품 따위도 큰 의미를 두지 않습니다. 그들의 생각에 따르면 필요한 자가 필요한 만큼 쓰는 것은 당연하며, 나머지는 다른 사람이 쓸 수 있도록 바람에 맡겨야 한다는 것입니다.

일곱 조각을 찾아서. 아아콰의 바람 공작들은 한때 수많은 세계를 지배했던 바아티(Vaati)라는 원소 종족 출신입니다. 머나먼 옛날, 혼돈의 여왕이라는 존재가 일어나 바아티들이 지배하는 세계와 전쟁을 벌였습니다. 그 위협에 맞서기 위해, 바아티의 일곱 영웅은 그들의 힘을 모아 강대한 마법 물건인 질서의 막대(Rod of Law)를 만들었습니다. 여왕의 가장 강력한 장군이었던 늑대 거미 미스카(Miska the Wolf Spider)와 벌인 전투에서, 바아티 영웅 하나가 이 막대를 창처럼 미스카의 가슴에 찔러넣어 그를 쓰러트렸습니다. 그러나 그 순간 막대는 깨져버렸고, 일곱 개의 조각으로 멀티버스 전역에 흩어졌다고 합니다. 아라코크라는 이 조각들의 흔적을 찾아다니고 있습니다. 이제 그 물건은 일곱 조각의 막대(Rod of Seven Parts)라고 알려져 있습니다.

아라코크라 Aarakocra

중형 인간형(아라코크라), 중립 선

방어도 12
히트 포인트 13 (3d8)
이동속도 20 ft, 비행 50ft

근력	민첩	건강	지능	지혜	매력
10 (+0)	14 (+2)	10 (+0)	11 (+0)	12 (+1)	11 (+0)

기술 감지 +5
감각능력 상시 감지 15.
언어 아라코크라어, 창공어
도전지수 1/4 (50 xp)

급강하 공격. 비행중 최소 30ft 이상을 직선으로 급강하해 근접 무기 공격을 명중시켰다면, 해당 공격은 추가로 3(1d6)점의 피해를 더 가합니다.

행동

발톱. 근접 무기 공격: 명중 +4, 간격 5ft, 목표 하나. 명중시: 4(1d4+2)점의 참격 피해.

투창. 근접 또는 장거리 무기 공격: 명중 +4, 간격 5ft 또는 장거리 30/120ft, 목표 하나. 명중시: 5(1d6+2)점의 관통 피해.

대기 원소 소환하기

다섯 명의 아라코크라가 30ft 내에 모이면 마법적으로 대기 원소를 하나 소환할 수 있습니다. 이들 다섯은 반드시 3턴 연속으로 행동과 이동 전부를 사용하여 허공을 춤추며 집중을 유지해야 합니다. (주문에 집중하는 것과 같습니다.) 다섯 명 모두가 3턴 간 춤을 마치고 나면, 원소가 60ft 이내의 점유되지 않은 공간에 나타납니다. 원소는 아라코크라들에게 우호적이며 그들이 내린 명령을 듣습니다. 원소는 1시간 동안 머무르며, 그 전에 파괴되거나 소환자가 모두 죽어도 돌아갑니다. 소환자 중 하나가 추가 행동으로 그 전에 돌려보낼 수도 있습니다. 소환자들은 짧은 휴식을 취하기 전까지는 다시 춤을 출 수 없습니다. 원소가 창공계로 돌아갈 때, 원소 주변 5ft 이내에 있는 아라코크라 역시 같이 돌아갈 수 있습니다.

아볼레스 Aboleth

대형 기괴체, 질서 악

방어도 17 (자연 갑옷)
히트 포인트 135 (18d10+36)
이동속도 10ft, 수영 40ft

근력	민첩	건강	지능	지혜	매력
21 (+5)	9 (-1)	15 (+2)	18 (+4)	15 (+2)	18 (+4)

내성 굴림 건강 +6, 지능 +8, 지혜 +6
기술 역사학 +12, 감지 +10
감각능력 암시야 120ft, 상시 감지 20
언어 지저어, 정신감응 120ft
도전지수 10 (5,900 xp)

수륙양용. 아볼레스는 공기와 수중 양쪽에서 호흡할 수 있습니다.

점성 구름. 아볼레스는 물 속에 있을 때 기괴한 점액질에 둘러 싸여 있습니다. 아볼레스에 접촉하거나 5ft 내에서 근접 공격으로 명중시킨 크리쳐는 DC 14의 건강 내성을 굴려야 합니다. 내성에 실패할 시, 해당 크리쳐는 1d4시간 동안 질병에 걸립니다. 질병에 걸린 크리쳐는 물 속에서만 숨을 쉴 수 있습니다.

정신감응 염탐. 만약 아볼레스가 다른 크리쳐와 정신감응으로 의사소통을 나누었다면, 아볼레스는 그 크리쳐의 가장 큰 욕망을 알아낼 수 있습니다. 단, 이 능력을 사용하려면 아볼레스는 그 크리쳐를 볼 수 있어야 합니다.

행동

다중공격. 아볼레스는 3번의 촉수 공격을 가합니다.

촉수. *근접 무기 공격:* 명중 +9, 간격 10ft, 목표 하나. *명중시:* 12(2d6+5)점의 타격 피해. 목표가 크리쳐라면 DC 14의 건강 내성에 실패할 시 질병

에 걸립니다. 이 질병은 처음 1분간에는 아무 효과가 없으며, 이때는 질병을 치료하는 마법으로 제거할 수 있습니다. 1분이 지나면 질병에 걸린 크리쳐의 피부는 점차 투명하고 끈적해지며, 해당 크리쳐는 물 속에 있어야만 hp를 회복할 수 있습니다. 1분이 지나면 오로지 *치유Heal* 주문이나 6레벨 이상의 질병 치료 마법으로만 회복할 수 있습니다. 질병에 걸린 크리쳐가 물 밖에 나오게 되면 10분마다 6(1d12)점의 산성 피해를 받습니다. 10분이 지나기 전 피부에 습기를 제공하면 피해를 받지 않을 수 있습니다.

꼬리. *근접 무기 공격:* 명중 +9, 간격 10ft, 목표 하나. *명중시:* 15(3d6+5)점의 타격 피해.

노예화(3회/일). 아볼레스는 주변 30ft 내의 자신이 볼 수 있는 크리쳐 하나를 목표로 정합니다. 목표는 DC 14의 지혜 내성에 실패할 시 아볼레스가 죽거나 이계로 가기 전까지 아볼레스에게 마법적으로 매혹당한 상태가 됩니다. 매혹 상태의 목표는 아볼레스의 통제를 받으며, 반응행동을 할 수 없고 거리가 얼마나 떨어져 있든 아볼레스와 정신감응으로 의사소통할 수 있습니다.

매혹당한 크리쳐는 피해를 받을 때마다 다시 내성을 굴릴 수 있으며, 내성에 성공하면 효과는 종료됩니다. 매혹당한 크리쳐가 아볼레스로부터 1마일 이상 떨어져 있다면 피해 없이도 매일 1회 다시 내성을 굴릴 수 있습니다.

전설적 행동

아볼레스는 아래 선택지들을 통해 3회의 전설적 행동을 할 수 있습니다. 선택지는 한 번에 하나씩만 사용할 수 있으며, 다른 크리쳐의 턴이 끝날 때만 쓸 수 있습니다. 아볼레스는 자신의 턴이 시작할 때 사용한 전설적 행동을 모두 충전할 수 있습니다.

탐지. 아볼레스는 지혜(감지) 판정을 합니다.
꼬리 휩쓸기. 아볼레스는 꼬리 공격을 1회 가합니다.
정신 흡수(행동 2회 분량). 아볼레스는 매혹된 크리쳐 중 하나에게 10(3d6)점의 정신 피해를 가하며, 자신은 이렇게 가한 피해만큼 hp를 회복합니다.

아볼레스 ABOLETH

신들이 도래하기도 전, 아볼레스들은 원시의 바다와 지저호수에 도사리고 있었습니다. 그들은 자신의 정신력만으로 필멸 세계의 생명체들에게서 몸의 지배력을 빼앗고 자신들의 노예로 부리곤 했습니다. 그들의 지배력은 마치 신과 같았습니다. 그러나 진정한 신들이 나타났을 때, 신들은 아볼레스의 제국을 무너트리고 노예들을 해방시켰습니다.

아볼레스는 결코 이를 잊지 않습니다.

영원한 기억. 아볼레스는 완벽한 기억능력을 지니고 있습니다. 그들은 자신의 지식과 경험을 세대에 걸쳐 물려주곤 합니다. 그러므로 신들에게 패배한 그들의 상처는 아직도 그 기억 속에 완벽하게 보존되어 있습니다.

아볼레스의 정신은 고대 전승의 보고이며, 선사시대에 일어난 사건들조차 그 순간을 직접 보는 것처럼 완벽하게 기억해 낼 수 있습니다. 그들은 인내심을 가지고 계략을 짜며 수 세기에 걸쳐 발전시켜 갑니다. 아볼레스의 장대한 계략이 어떻게 흘러갈지 알아챌 수 있는 존재는 거의 존재하지 않습니다.

호수의 신들. 아볼레스는 주로 수중 환경에서 거주합니다. 바다의 심연이나 깊은 호수, 심지어는 수중계에 자리를 잡는 경우도 있습니다. 자신들의 영역과 주변 육지에서 아볼레스는 마치 신과 같은 숭배를 받고 종복들에게 절대적인 복종을 요구합니다. 아볼레스가 다른 크리쳐를 먹어 치울 때는 먹이의 지식과 경험마저 먹어 치워 자신들이 지닌 영원한 기억 속에 포함시킬 수 있습니다.

아볼레스는 정신감응 능력을 사용하여 다른 존재들의 마음을 읽을 수 있으며 다른 존재들이 무엇을 원하는지 알아챕니다. 아볼레스는 이 지식을 이용해 충성심을 얻고, 복종의 대가로 원하는 것을 들어주겠노라 제안합니다. 아볼레스의 본거지 속에서 이 능력은 더욱 강력해져 다른 존재들의 감각을 속이고 추종자들에게 원하는 보상이 이루어졌다는 환영을 보여주기도 합니다.

신들의 적. 아볼레스는 자신들이 어떻게 권력의 정점에서 굴러떨어졌는지 완벽하게 기억하고 있습니다. 또한, 아볼레스는 진정으로 죽는 법이 없습니다. 아볼레스의 몸이 파괴되면, 영혼은 수중계로 돌아가 몇 달에 걸쳐 새 몸을 만들어 냅니다.

아볼레스는 궁극적으로 신들을 쓰러트리고 다시 세상의 지배권을 되찾고 싶어 합니다. 아볼레스는 수천 년간 계략을 짜고 있으며 완벽한 준비를 거쳐 계획을 실행하기 위해 그것을 다듬고 있습니다.

아볼레스의 본거지

아볼레스의 본거지는 지저의 호수이거나 바닷속 바위투성이 심연에 자리하고 있습니다. 대개 본거지 주변에는 멸망한 고대 아볼레스 도시의 흔적이 있기도 합니다. 아볼레스는 대부분 수중에서 살아가며, 미쳐버린 숭배자나 방문자들을 가끔 맞이할 뿐입니다.

본거지 행동

본거지 내에서 싸울 때, 아볼레스는 본거지 행동으로 강력한 마법을 일으킬 수 있습니다. 우선권 순서 20에서 아볼레스는 본거지 행동으로 아래 효과 중 하나를 일으킬 수 있습니다. (비길 경우 항상 지는 것으로 취급)

- 아볼레스는 60ft 이내의 크리쳐들에게 환상력Phantasmal Force 주문을 사용할 수 있습니다. 이 주문은 구성요소를 사용하지 않으며 목표 숫자의 제한이 없습니다. 이 효과에 집중을 유지하는 동안, 아볼레스는 다른 본거지 행동을 취할 수 없습니다. 만약 목표 중 하나가 내성 굴림에 성공하거나 효과에서 벗어나게 되면, 해당 목표는 이후 24시간 동안 아볼레스의 환상력

본거지 행동에 면역을 얻게 됩니다. 하지만 면역 상태에서도 원한다면 효과를 자발적으로 받겠다고 선언할 수도 있습니다.

- 아볼레스 주변 90ft 이내의 물웅덩이가 솟구쳐 올라 휘감는 파도가 됩니다. 웅덩이로부터 20ft 이내에 있는 모든 크리쳐는 DC 14의 근력 내성에 실패할 경우 웅덩이 쪽으로 20ft 끌려가며 넘어진 상태가 됩니다. 이 본거지 능력은 연속으로 사용할 수 없으며, 한번 사용했다면 다른 본거지 능력을 한 번 사용해야 다시 이 능력을 쓸 수 있습니다.

- 아볼레스의 본거지 속에 있는 물이, 마법적으로 아볼레스의 격노를 전달하는 매개체가 됩니다. 아볼레스는 90ft 이내의 물속에 있는 크리쳐를 숫자 제한 없이 목표로 삼을 수 있습니다. 물속에 있는 목표들은 DC 14의 지혜 내성 굴림을 굴려야 하며, 실패할 시 7(2d6)점의 정신 피해를 받습니다. 이 본거지 능력은 연속으로 사용할 수 없으며, 한번 사용했다면 다른 본거지 능력을 한 번 사용해야 다시 이 능력을 쓸 수 있습니다.

지역 효과

아볼레스의 본거지가 있는 지역은 그 영향을 받아 뒤틀리며, 아래 효과 중 하나 이상이 나타날 수 있습니다.

- 아볼레스 본거지 주변 1마일의 지하 표면은 점액성으로 끈적하게 젖으면서 어려운 지형이 됩니다.

- 본거지 주변 1마일 이내의 물은 초자연적으로 오염됩니다. 아볼레스의 적들이 이 물을 마실 경우 몇 분 이내에 심한 구토를 겪습니다.

- 아볼레스는 행동을 사용하여 본거지 주변 1마일 이내에 환영 영상을 만들 수 있습니다. 이 환상은 아볼레스가 본 적 있는 다른 장소를 그대로 환영으로 만든 것이거나, 아볼레스에 매혹된 크리쳐가 현재 보고 있는 지역을 환영으로 비출 수도 있습니다. 이 환영들은 만질 수 없지만, 그래도 냄새나 소리 등은 진짜처럼 느껴지며 아볼레스처럼 움직일 수도 있습니다. 아볼레스는 환영의 위치에 있는 것처럼 주변을 보고 들을 수 있으며, 환영의 위치에서 말을 하거나 정신감응으로 의사소통 할 수 있습니다. 환영은 피해를 입으면 사라집니다. 일단 환영을 만들었다면, 아볼레스는 주문에 집중하는 것과 마찬가지로 환영에 집중해야 하며, 집중이 끝나면 환영은 사라집니다.

만약 아볼레스가 죽으면, 앞의 두 효과는 3d10일 이내에 서서히 사라질 것입니다.

> "아울베어에게 딱 한 가지 다행인 점이 있다면, 그걸 만든 마법사들은 이미 오래 전에 죽었을 거란 점뿐이다."
>
> — 자셀 레이븐섀도우,
> 모그레이브 대학의 노움 변형과학 교수.

아울베어 OWLBEAR

아울베어의 찢어지는 괴성은 어두운 골짜기와 해가 진 숲을 뒤흔듭니다. 곧 조용한 밤은 희생자가 죽어가는 소리로 가득 찰 것입니다. 두껍고 성긴 가죽에 깃털이 덮인 곰 같은 몸통을 지닌 이 괴물은 동그랗고 커다란 눈에 꽉 찬 동공을 지닌 부엉이 같은 머리를 지니고 있습니다.

치명적인 사나움. 아울베어는 그 무시무시한 사나움과 공격성, 고집, 그리고 야생의 모든 포식자 중에서도 가장 고약한 성질로 유명합니다. 배고픈 아울베어가 두려워하는 것은 거의 없습니다. 아울베어보다 훨씬 크고 강한 괴물들조차 아울베어와 얽히는 것은 피합니다. 이 짐승들은 적이 얼마나 강한지는 전혀 생각하지 않고, 아무런 경고도 없이 덤벼들기 때문입니다.

유능한 포식자. 아울베어는 해가 지면 둥지에서 기어 나와 밤중 가장 어두운 시간에 사냥합니다. 이들은 소리를 내거나 괴성을 질러서 자신의 영역을 표시하거나 짝을 찾고, 먹이를 사냥터에 몰아넣기도 합니다. 아울베어에게 익숙한 숲이라면, 빽빽해서 사냥감이 쉽게 도망갈 수 없기 마련입니다.

아울베어는 동굴이나 폐허에 둥지를 틀곤 하며, 둥지에는 먹이의 뼈로 가득합니다. 아울베어는 먹다 남긴 시체를 둥지로 가져와 조각을 내고는 바위나 덤불, 나무 뒤에 숨겨두고 먹습니다. 아울베어의 둥지 근처에는 피와 썩은 살점 냄새가 진동하며, 이 냄새를 맡고 온 청소부 동물들은 또 다른 먹이가 됩니다.

아울베어는 홀로 사냥하거나 짝을 이루어 둘이 다닙니다. 사냥감이 풍족하다면, 아울베어 가족이 새끼를 다 키운 다음에도 같이 지내기도 합니다. 그렇지 않다면, 새끼들이 홀로 사냥할 수 있을 만큼 크자마자 독립하는 게 일반적입니다.

야만적인 동료. 아울베어는 대부분의 동물보다 훨씬 영리하지만, 길들이기가 여간 어렵지 않습니다. 하지만 충분한 시간과 먹이가 주어지고 운이 따른다면, 지성체가 아울베어를 길들여 주인으로 인식하게끔 하고, 경비를 세우거나 탈것으로 쓸 수도 있습니다. 외딴 변두리의 거주자들은 심지어 아울베어 경주를 하기도 합니다. 하지만 아울베어의 성질을 건드린 사육사들이 먼저 공격받고 먹이가 되는 광경도 종종 벌어집니다.

엘프 공동체에서는 아울베어를 길들여 마을이 위치한 나무 아래에 둥지를 틀게 유도하고, 밤에 천연 경비병으로 쓰기도 합니다. 홉고블린들은 전투용 짐승으로 아울베어를 선호하며, 언덕 거인이나 서리 거인은 애완동물로 기르기도 합니다. 굶주린 아울베어를 투기장에 넣고 무자비하게 적을 학살하는 광경은 아무리 피에 굶주린 관객이라도 만족할만한 구경거리가 될 것입니다.

아울베어의 기원. 학자들은 아울베어의 기원에 대해 오랫동안 논쟁을 거듭해 왔습니다. 가장 일반적인 학설은 미친 마법사가 거대 부엉이와 곰을 혼합하는 과정에서 첫 아울베어가 나왔다는 것입니다. 하지만 나이 든 엘프들의 말에 따르면 이 짐승들은 수천 년 전에도 있었다고 하며, 몇몇 요정에 따르면 아울베어는 본래부터 페이와일드에 쭉 있었다고 합니다.

아울베어 OWLBEAR

대형 괴물류, 성향 없음

방어도 13 (자연 갑옷)
히트 포인트 59 (7d10+21)
이동속도 40ft

근력	민첩	건강	지능	지혜	매력
20 (+5)	12 (+1)	17 (+3)	3 (-4)	12 (+1)	7 (-2)

기술 감지 +3
감각능력 암시야 60ft, 상시 감지 13
언어 —
도전지수 3 (700 xp)

예리한 시각과 후각. 아울베어는 시각이나 후각에 관계된 지혜(감지) 판정에 이점을 받습니다.

행동

다중공격. 아울베어는 부리 1회, 할퀴기 1회, 총 2회 공격합니다.

부리. *근접 무기 공격:* 명중 +7, 간격 5ft, 크리쳐 하나. *명중시:* 10(1d10+5)점의 관통 피해.

할퀴기. *근접 무기 공격:* 명중 +7, 간격 5ft, 목표 하나. *명중시:* 14(2d8+5)점의 참격 피해.

아제르 AZER

화염계의 원주민인 아제르는 공예의 대가이며 숙련된 광부입니다. 이들은 이프리트의 숙적이기도 합니다. 아제르는 남자 드워프와 비슷한 모습을 지니고 있지만, 이는 위장일 뿐입니다. 금속성 피부 아래에 있는 아제르의 진짜 실체는 살아있는 불꽃 그 자체이며, 금속성 몸통의 머리카락과 수염은 새어 나오는 불길로 넘실댑니다.

태어난 것이 아니고 만들어진 자. 아제르는 생식을 하지 않습니다. 그들은 다른 아제르에 의해 청동으로 만들어지며, 창조자가지닌 내면의 불길을 불어넣어 움직입니다. 각각의 아제르는 독특한 특징을 지니도록 만들어집니다. 이러한 제작 과정 때문에 아제르의 인구는 극히 제한되며, 남아있는 수조차 매우 희귀합니다.

화산의 거주자들. 아제르는 대지계와 화염계의 경계선에서 살아갑니다. 이곳은 요새처럼 줄지어 늘어선 산맥과 화산들이 있는 곳입니다. 아제르는 산 꼭대기와 화산호 아래 용암의 강이 흐르는 곳에 자리를 잡고 녹아내린 금속을 추출하고 보석을 모으며 살아갑니다. 아제르 순찰대 무리는 이 영역의 굴속을 돌아다니며, 이프리트 지배자의 명령으로 공격해 오는 샐러맨더 습격자들에게서 아제르의 왕국을 보호합니다.

이프리트의 적. 오래전, 이프리트와 아제르는 서로 동맹이었습니다. 아제르는 오늘날 이프리트의 수도이자 모든 도시 중에서도 가장 기이한 곳 중 하나인 황동 도시를 만드는 일을 도와주었습니다. 아제르가 자기 일을 끝마쳤을 때, 이프리트는 그들을 배신했고, 도시의 비밀을 지키기 위해 아제르를 노예로 삼으려다 실패했습니다. 때때로 급습과 약탈이 벌어지긴 하지만, 양측은 아직 전면적인 분쟁을 일으키지 않고 있습니다. 아제르는 자신들이 황동 도시에 침입할 수 있는 비밀 통로를 알고 있다는 사실 때문에 이프리트가 함부로 준동하지 못한다고 믿고 있습니다.

금속과 보석의 대가. 아제르는 뛰어난 장인이며, 화산 속 보금자리에서 보석과 귀금속을 이용해 아름다운 것들을 만들어 내곤 합니다. 그들은 다른 것보다 이러한 보물들의 가치를 높게 치며, 때로는 일행을 꾸려 여러 세계를 돌아다니며 희귀한 금속이나 보석을 찾아다니곤 합니다.

아제르가 마법의 의해 물질계로 불려 올 때는 대개 기이한 마법 물건이나 예술품을 만드는 데 도움을 받기 위해서인 경우가 많습니다. 그러한 분야에 대한 아제르의 기술은 아무도 따라올 수 없는 것이기 때문입니다.

살아있는 불길. 아제르는 먹고 마시거나 잠잘 필요가 없습니다.

> "내게 아제르 노예 100명만 주어진다면, 신들조차 떨게 만들 제국을 세울 수 있으리라."
> — 아락세즈 알 사콰, 이프리트 파샤.

아제르 AZER

중형 원소, 질서 중립

방어도 17 (자연 갑옷, 방패)
히트 포인트 39 (6d8+12)
이동속도 30ft

근력	민첩	건강	지능	지혜	매력
17 (+3)	12 (+1)	15 (+2)	12 (+1)	13 (+1)	10 (+0)

내성 굴림 건강 +4
피해 면역 화염, 독성
상태 면역 중독
감각능력 상시 감지 11
언어 화염어
도전지수 2 (450 xp)

가열된 몸. 아제르와 접촉하거나 5ft 내에서 근접 공격을 명중시킨 크리쳐는 5(1d10)점의 화염 피해를 받습니다.

가열된 무기. 아제르가 금속 근접 무기로 적을 명중시키면, 목표는 추가로 3(1d6)점의 화염 피해를 받습니다. (이미 적용되어 있음)

광원. 아제르는 주변 10ft까지 밝은 빛으로, 추가로 10ft까지는 약한 빛으로 밝힙니다.

행동

워해머. 근접 무기 공격: 명중 +5, 간격 5ft, 목표 하나. 명중시: 7(1d8+3)점의 타격 피해. 양손으로 근접 공격을 가한 것이라면 8(1d10+3)점의 타격 피해. 추가로 3(1d6)점의 화염 피해.

악령 SPECTER

악령은 분노에 휩싸여 배회하는 영혼으로, 인간형 종족이 죽은 다음 사후세계로 가지 못할 때 만들어집니다. 악령은 생전의 기억과는 어떤 연관도 느끼지 못하며, 살아 있는 자들을 영원히 저주합니다. 이들은 암흑 마법에 의해 만들어지거나 망령(Wraith)이 살아 있는 몸에서 영혼을 뜯어내 만들어집니다.

회개를 넘어. 유령(Ghost)은 못다 한 일을 마치면 영원한 잠에 듭니다. 그러나 악령에게는 그러한 휴식이나 회개가 없습니다. 악령은 영원히 물질계를 떠돌아야 하며, 완전한 파괴로 영혼이 사라져야만 망각에 빠져듭니다. 악령은 완전한 파괴와 망각이 찾아오기 전까지, 세월의 무게로 모두에게 잊혀진 곳에서 외로이 지냅니다.

불사의 증오. 살아 있는 존재들을 보면 악령은 생명이 자신의 손에서 떠나가 버렸음을 다시 느낍니다. 단순히 생명을 보는 것만으로 악령은 슬픔과 격노에 빠지며, 말 그대로 생명을 파괴하려고 듭니다. 악령은 빠르고 무자비하게 죽이며, 다른 이들의 생명이 스러지는 것을 보며 미미한 만족을 느낍니다. 하지만 얼마나 많은 생명을 쓰러트리든, 악령의 슬픔과 증오가 나아지지는 않습니다.

어둠의 거주자들. 햇빛은 생명의 원천이며, 더는 생명을 지닐 수 없는 악령에게는 오로지 고통만을 안겨줄 뿐입니다. 밤이 저물고 나면 이들은 마지막 안식처에서 빠져나와 산 자를 죽이기 위해 돌아다닙니다. 이들은 자신들이 무기로 해를 입기 어렵다는 사실을 잘 알고 있습니다. 새벽의 빛이 비치기 시작하면 이들은 재빨리 자신들이 도사린 어둠으로 숨어 들어가 다시 밤이 돌아오길 기다립니다.

언데드의 천성. 악령은 호흡할 필요가 없으며, 먹고 마시거나 잠잘 필요도 없습니다.

변형: 폴터가이스트 POLTERGEIST

폴터가이스트는 특이한 형태의 악령입니다. 이들은 투명 상태의 혼란스러워하는 영혼으로, 자신이 어떻게 죽었는지를 알지 못합니다. 폴터가이스트는 망가진 정신의 힘을 이용해 다른 존재나 물건을 마구 집어던지며 분노를 표출합니다.

폴터가이스트는 도전지수 2(450 XP)로 취급하며, 아래와 같은 추가적 특징들을 지닙니다.

투명체. 폴터가이스트는 투명합니다.

폴터가이스트는 악령의 생명 흡수 대신 아래 행동 선택지들을 지니고 있습니다.

강력한 후려치기. 근접 무기 공격: 명중 +4, 간격 5ft, 크리쳐 하나. 명중시: 10(3d6)점의 역장 피해.

염동력 던지기. 폴터가이스트는 주변 30ft 내에서 중형 이하 크기의 크리쳐나 150lbs 이하 무게의 고정되어 있지 않은 물체 하나를 목표로 정합니다.

크리쳐를 목표로 한 경우, 폴터가이스트는 먼저 목표의 근력 판정과 자신의 매력 판정을 대결해야 합니다. 폴터가이스트가 승리한 경우, 해당 목표를 어느 방향으로나 30ft 던질 수 있습니다. (위로 던지는 것도 가능합니다) 만약 목표가 벽이나 단단한 표면, 혹은 물체 등에 충돌하면 날아간 거리 10ft당 1d6점의 피해를 받습니다.

만약 누군가 장비하거나 들고 있지 않은 물체를 목표로 한 경우, 폴터가이스트는 해당 물체를 원하는 방향으로 30ft 던질 수 있습니다. 폴터가이스트는 물체를 장거리 무기로 사용할 수 있으며, 이 경우 물체를 다른 크리쳐에 던지는 것입니다. (명중 +4) 크리쳐에 물체가 충돌하면 5(2d4)점의 타격 피해를 가합니다.

악령 SPECTER

중형 언데드, 혼돈 악

방어도 12
히트 포인트 22 (5d8)
이동속도 0 ft, 비행 50ft (부양)

	근력	민첩	건강	지능	지혜	매력
	1 (-5)	14 (+2)	11 (+0)	10 (+0)	10 (+0)	11 (+0)

피해 저항 산성, 냉기, 화염, 번개, 천둥, 비마법적 무기로 인한 타격/관통/참격
피해 면역 사령, 독성
상태 면역 매혹, 탈진, 붙잡힘, 마비, 석화, 중독, 넘어짐, 포박, 무의식
감각능력 암시야 60ft, 상시 감지 10
언어 생전에 알았던 언어를 이해하지만 말하지는 못함
도전지수 1 (200 xp)

비실체 이동. 악령은 다른 크리쳐나 물체가 점유한 공간을 어려운 지형처럼 취급해 이동할 수 있습니다. 물체가 점유한 칸에서 자기 턴을 종료하는 경우, 악령은 5(1d10)점의 역장 피해를 받습니다.

태양광 민감성. 악령은 햇빛을 받고 있을 때 시각에 관계된 지혜(감지) 판정과 모든 명중 굴림에 불리점을 받습니다.

행동

생명 흡수. 근접 주문 공격: 명중 +4, 간격 5ft, 크리쳐 하나. 명중시: 10(3d6)점의 사령 피해. 목표는 DC 10의 건강 내성에 실패할 시 최대hp도 같은 양만큼 감소합니다. 이렇게 감소한 최대hp는 긴 휴식을 마칠 때 회복됩니다. 만약 목표가 이 공격으로 인해 최대hp가 0 이하로 떨어질 경우 즉시 사망합니다.

앙크헤그 ANKHEG

앙크헤그는 여러 개의 다리가 달린 거대한 곤충과 비슷한 모습을 하고 있습니다. 긴 더듬이로 주변의 움직임을 감지하며, 다리 끝은 날카로운 갈고리가 달려 있어 땅을 파고 먹이를 붙잡을 수 있게 되어 있고, 거대한 아래턱은 작은 나무 정도는 두 동강으로 자를 수 있습니다.

땅속의 잠복자. 앙크헤그는 강력한 아래턱을 사용해 땅속 깊은 곳에 굴을 파고 살아갑니다. 앙크헤그가 사냥에 나설 때면 위로 굴을 파고 올라오며, 더듬이로 지상의 움직임을 감지해 먹이가 다가올 때를 기다립니다. 먹이가 오면 앙크헤그는 땅을 뚫고 나타나며 먹이를 아래턱으로 물고, 산성 소화액으로 녹여가면서 부수고 씹어댑니다. 이 소화액은 먹이를 쉽게 삼킬 수 있도록 도와주기도 하지만, 앙크헤그는 적들을 쓰러트리기 위해 산을 뱉기도 합니다.

들판과 숲의 적. 앙크헤그가 뚫고 지나간 곳의 흙은 공기가 잘 통해 영양이 많아진다고 하지만, 이들은 육식 식성을 지니고 있어 고기를 먹어 치워야만 합니다. 가축을 키우는 농장이나 사냥감이 사는 숲이야말로 앙크헤그가 가장 좋아하는 사냥터입니다. 그러므로 앙크헤그는 어디서든 농부나 레인저들이 가장 싫어하는 적 중 하나가 되곤 합니다.

땅속의 굴. 앙크헤그가 땅을 파고 지나가면, 그 자리에는 좁고 곳곳이 무너진 굴이 남습니다. 이 굴 속에서는 녹은 앙크헤그 껍질 조각이나 깨진 앙크헤그 알 등이 남아 있을 수도 있으며, 어쩌면 먹고 남은 앙크헤그의 희생자 시신에 동전이나 다른 보물들이 남아 있는 경우도 있습니다.

앙크헤그 ANKHEG

대형 괴물류, 성향 없음

방어도 14 (자연 갑옷), 넘어져 있을 때는 11
히트 포인트 39 (6d10+6)
이동속도 30ft 굴착 10ft

근력	민첩	건강	지능	지혜	매력
17 (+3)	11 (+0)	13 (+1)	1 (-5)	13 (+1)	6 (-2)

감각능력 암시야 60ft 진동감지 60ft, 상시 감지 11
언어 —
도전지수 2 (450 xp)

행동

물기. *근접 무기 공격:* 명중 +5, 간격 5ft, 목표 하나. *명중시:* 10(2d6+3)점의 참격 피해. 추가로 3(1d6)점의 산성 피해. 목표가 대형 이하 크기의 크리쳐라면 목표는 붙잡힙니다. (탈출 DC 13). 앙크헤그가 크리쳐를 물어서 붙잡고 있을 때에는 오직 붙잡힌 크리쳐에 대해서만 물기 공격을 가할 수 있으며, 이 물기 공격의 명중 굴림에는 이점을 받습니다.

산성 분사(재충전 6). 앙크헤그는 길이 30ft, 폭 5ft의 직선에 산을 뱉습니다. 이때, 앙크헤그는 아무도 물고 있지 않아야 합니다. 직선 범위 내의 모든 크리쳐는 DC 13의 민첩 내성을 굴려야 하며, 실패할 시 10(3d6)점의 산성 피해를 받습니다. 성공하면 피해는 절반으로 줄어듭니다.

에틴 ETTIN

에틴은 머리가 두 개 달린 험상궂은 거인으로, 오크와 유사한 성격을 지니고 있습니다. 에틴은 씻는 법이 없으며, 옷처럼 걸치고 있는 가죽 아래의 두꺼운 피부는 때와 진흙이 뭉쳐 만들어진 것입니다. 길고 헝클어진 머리카락은 얼굴에 얼기설기 붙어 있으며, 삐죽삐죽 튀어나온 송곳니로 가득 찬 입에서는 악취의 숨결이 흘러나옵니다.

이중인격. 에틴의 두 머리는 각자의 인격을 지니고 있으며, 이 둘이 하나의 야만적인 몸에 갇혀 있습니다. 두 머리는 자기만의 생각과 성격, 이름을 지니고 있으며, 별개의 특징과 버릇이 있습니다. 태어날 때부터 함께 묶인 이 둘은 사생활이나 고독이라는 것을 느껴본 적이 별로 없습니다. 이 친숙함으로 인해 경멸이 생겨나고, 에틴의 두 머리는 서로가 서로를 끝없이 위협하고 투덜거리며 말싸움을 하며 보냅니다.

다른 크리쳐가 에틴의 이름을 언급해야 할 때는 이들의 두 이름을 한데 엮어 하나의 이름처럼 만들곤 합니다. 예를 들어 에틴의 두 머리 중 하나의 이름이 하글이고 다른 하나의 이름이 바글이라면, 에틴의 이름은 하글바글이라고 부르게 될 것입니다.

홀로 지내는 삶. 에틴은 혼자 있어도 자신과 말싸움을 벌이기 때문에, 다른 에틴들과 함께 있는 것을 도저히 견디지 못합니다. 두 에틴 사이에 이루어지는 대화란 그저 네 개의 미개한 머리가 서로에게 질러대는 시끄러운 고함과 소란뿐입니다. 그 결과 대부분의 에틴은 홀로 지내는 편을 택하며, 오로지 번식할 때만 다른 에틴을 만납니다.

에틴의 두 머리는 항상 같은 성별이며, 몸의 성별을 따릅니다. 에틴 중에서는 여성이 더 지배적인 위치에 있으며, 짝짓기 의식을 시작하는 것도 여성입니다. 적당한 보금자리를 찾으면, 여성 에틴은 남자를 사냥해 정복하고는 자신이 임신해 있는 동안 먹이를 구해오게 합니다. 일단 아이가 태어나면 남자 에틴은 복종에서 벗어날 수 있습니다. 아이가 다 커서 홀로 사냥할 수 있게 되면 어미는 자식을 보내고 보금자리를 버립니다.

두 머리가 하나보다 낫다. 두 머리가 공통된 관심사를 가지거나 공동의 위협에 대처할 때면, 에틴은 개성의 충돌 문제를 뒤로하고 문제 해결에 함께 집중합니다. 에틴은 두 손에 각각 무기를 들고 싸우며, 두 머리가 각자 움직이며 공격을 가합니다. 에틴이 잠들 때면, 두 머리 중 하나는 항상 경계를 취하고 얼마 되지 않는 사생활을 만끽하며 그 귀중한 고독을 방해하는 것들은 무엇이든 몰아냅니다.

오크와의 연줄. 공용어의 오래된 방언에 의하면 "에틴"이라는 단어는 "못생긴 거인"이라는 뜻이라고 합니다. 전설에 따르면 오크 무리가 데모고르곤의 사원에 쳐들어간 적이 있는데, 이때 두 머리가 달린 데몬의 대공이 이들을 비웃기 위해 변화시켜 처음으로 에틴을 만들어 냈다고 합니다. 거의 미쳐버린 이들은 저주를 받자마자 사원에서 달아나 사라지고 말았습니다.

에틴의 진짜 기원이 어떤 것이든, 오크들은 에틴을 먼 친척 취급하며, 오크 부족들은 때때로 에틴을 끌어들여 경비나 척후, 혹은 습격자로 써먹곤 합니다. 에틴이 딱히 오크의 통제에 잘 따르는 것은 아니지만, 먹이와 보상을 잘 주기만 한다면 오크들의 통제를 굳이 무시하려 들지도 않습니다.

에틴 ETTIN

대형 거인, 혼돈 악

방어도 12 (자연 갑옷)
히트 포인트 85 (10d10+30)
이동속도 40ft

근력	민첩	건강	지능	지혜	매력
21 (+5)	8 (-1)	17 (+3)	6 (-2)	10 (+0)	8 (-1)

기술 감지 +4
감각능력 암시야 60ft, 상시 감지 14
언어 거인어, 오크어
도전지수 4 (1,100 xp)

두 머리. 에틴은 지혜(감지) 판정과 장님, 매혹, 귀머거리, 공포, 충격, 무의식 효과에 대한 내성에 이점을 받습니다.

깨어있음. 에틴의 머리 중 하나가 잠들어 있을 때에도 다른 머리는 깨어 있습니다.

행동

다중공격. 에틴은 전투도끼 1회, 모닝스타 1회, 총 2회 공격을 가합니다.

전투도끼. 근접 무기 공격: 명중 +7, 간격 5ft, 목표 하나. 명중시: 14(2d8+5)점의 참격 피해.

모닝스타. 근접 무기 공격: 명중 +7, 간격 5ft, 목표 하나. 명중시: 14(2d8+5)점의 관통 피해.

엘프: 드로우 ELVES: DROW

수만 년 전, 엘프 종족은 분열되었습니다. 보다 호의적이고 선의를 지닌 자들과 이기적이고 잔혹한 자들 사이의 대결이었습니다. 엘프족 사이에서의 전쟁은 선한 엘프들이 사악한 친족들을 지하 깊숙한 곳으로 추방하게 되며 끝을 맺었습니다. 그리고 여기, 빛 한 점 없는 동굴과 비틀린 통로들로 이어진 끝없는 황량함 속에서 다크 엘프, 즉 드로우가 자리를 잡게 되었습니다. 이들은 또한 자신들을 버리지 않은 유일한 엘프 여신의 인도를 받았습니다. 그녀의 명령에 따라, 다크 엘프들은 지하에 제국을 건설해 나갔습니다.

롤스의 아이들. 드로우는 어비스에 거하는 여신 롤스를 숭배합니다. 거미 여왕, 혹은 거미들의 데몬 여왕으로 알려진 롤스는 다크 엘프들이 지저에서 문명을 세울 수 있게 이끌어 주었습니다. 그 대가로 드로우들은 그녀가 요구하는 것은 무엇이든 수행하고 있습니다.

엘프 중에서도 가장 사악한 드로우는 지상 세계에 모습을 보이는 적이 거의 없습니다. 비록 그들은 자신들을 추방한 엘프들을 파괴할 계획을 꾸미고 있긴 하지만, 더는 자신들을 추방자나 망명자라고 생각하지 않습니다. 그들은 어둠을 지배할 운명을 타고났으며, 어느 날 롤스가 일어서라 명할 때 일어나 지상의 거주자들을 모조리 파괴하고 말 것입니다.

어둠의 피조물. 드로우는 지하에서 오래 살아왔기에 어둠 속에서 주변 환경을 분간할 수 있도록 시력이 발달했습니다. 그러나 그 대가로 그들은 햇빛을 견디지 못합니다. 언더다크에는 항상 노예가 부족하므로, 드로우는 습격대를 조직해 지상이 어두울 때를 틈타 인간형 종족들을 납치해 와서 고문하여 굴복시킵니다. 가끔 벌어지는 이런 상황을 제외하면 드로우는 주로 지하의 그들 왕국에 거주하며, 그곳에서 가장 안전함을 느낍니다.

언더다크의 도시들. 다크 엘프는 음식과 물이 풍부한 거대한 동굴에 환상적인 도시들을 세웠습니다. 돌을 깎아내는 그들의 능력은 가장 뛰어난 드워프 장인들과도 맞먹을 정도이지만, 이들의 건축물은 엘프다운 유려함마저 살아있습니다. 겉으로 보기에는 연약하고 섬세해 보이지만, 드로우의 건축물은 놀랍도록 튼튼하며 지하 환경을 잘 버텨 냅니다. 드로우들은 거대한 석순이나 종유석의 안을 파고 그것을 첨탑처럼 만들어 거주지로 사용하기도 합니다.

드로우 도시는 높은 벽이 세워진 번잡한 대도시들입니다. 드로우가 아닌 방문자들은 벽 밖에서 감시의 눈길을 받으며 자기 업무를 처리해야 합니다. 드로우는 거대 거미를 키워 자신들 도시의 방어 병력으로 사용하며, 이 거미줄로 아름다운 옷감을 짜거나 벽을 넘어 날아드는 적에 대한 대비책으로 거미줄을 사용하기도 합니다.

드로우 마법. 드로우는 지하 생활에 적응한 것처럼 마법에도 적응하게 되었습니다. 이들은 돌을 깎아 도시를 만들어 내는데 마법을 사용할 뿐 아니라, 마법을 통해 무기를 강화하고 위험한 새

변형: 드로우 마법 무기와 갑옷

드로우는 때때로 마법 무기나 갑옷을 이용하지만, 이것들은 햇빛을 1시간 이상 받으면 강화 보너스를 영구적으로 잃어버리게 됩니다.

+1 체인 셔츠(Chain Shirt)와 **+1 숏소드(Shortsword)**를 착용한 **드로우**는 AC 19이며 숏소드 공격의 명중과 피해에 +1 보너스를 받습니다.

+2 스터디드 레더(Studded Leather)와 **+2 숏소드**를 착용한 **드로우 정예 전사**는 AC 20이며 숏소드 공격의 명중과 피해에 +2 보너스를 받습니다.

+3 스케일 메일(Scale Mail)을 입은 **드로우, 롤스의 여사제**는 AC 19입니다.

"이 저열한 타락, 이토록 끔찍한 잔인함이라니. 이들이야말로 모든 엘프 종족 사이에 파고든 악랄한 독과 같다."

— 넬라 어텀웰, 코렐론 라레시안의 엘프 사제.

마법 물건을 창조하며, 어비스에서 데몬들을 소환하기도 합니다. 드로우 주문시전자들은 극도로 오만하며 가장 혐오스러운 방법으로 자신의 마법을 사용하는 것에도 거리낌이 없습니다.

무기와 갑옷. 드로우가 만들어낸 무기는 어두운색의 초자연적으로 단단한 금속인 아다만틴으로 만들어집니다. 드로우 장인들은 무기와 갑옷에 마치 거미줄과 같은 문양과 모티프를 새겨 넣고, 마법사들 역시 물건에 마법을 부여하여 유용성을 높이곤 합니다. 하지만, 이러한 마법의 힘은 햇빛을 받으면 사라져버립니다. 그래서 마법적인 드로우 무기나 갑옷들은 지상에 올라왔을 때 그 강화 보너스나 마법적 성능을 잃어버리게 됩니다.

살벌한 정치판. 드로우 간의 정치 세계는 모략과 음모로 인해 살벌하게 돌아갑니다. 드로우가 협력할 때는 주로 공통의 적을 파괴하고 서로의 생존을 도모하기 위해서이지만, 이러한 동맹마저도 짧게만 유지되며 쉽게 깨지고 맙니다.

드로우 사회는 귀족 가문들로 나뉘어 있으며, 각 가문은 대모의 지배를 받습니다. 이 대모들은 자기 가문의 힘과 지위를 상승시키기 위해 수단방법을 가리지 않습니다. 가문 내의 다른 고위 구성원은 혈족들이며, 중간 등급은 다른 약한 가문과의 혈연이거나 대가문에 충성을 맹세한 자들입니다. 가문 서열의 밑바닥은 노예입니다. 여기엔 미천한 태생의 드로우들과 때때로 들어오곤 하는 드로우에 속하지 않는 포로들이 자리하게 됩니다.

모계 통치. 롤스는 가장 충실한 여사제들을 통해 드로우 사회를 독재로 다스리고 있으며, 그녀의 명령과 계획이 차질없이 수행되도록 강제합니다. 롤스는 물질계에 현현하기도 하며 그녀의 명을 거부하는 자들에게 직접적으로 벌을 주는 경우도 많기에, 드로우는 여신의 말이나 여사제들의 명령에 절대복종하는 법을 배웠습니다.

드로우 사회에서 남성은 여성보다 열등한 대우를 받습니다. 남성 드로우는 언더다크 정찰대나 지상 습격대를 이끌 수 있지만, 반드시 상관인 여성 드로우, 주로 가문의 대모나 대모가 고른 심복에게 보고를 해야 합니다. 비록 남성 드로우 역시 드로우 사회에서 여러 역할을 수행할 수 있지만, 결코 사제만은 될 수 없으며, 가문을 이끌 수도 없습니다.

독에 익숙함. 드로우 사회에서는 거미의 독과 언더다크의 식물들에서 추출한 독을 흔히 사용합니다. 이 독은 드로우 문화와 정치에서 중요한 역할을 차지하고 있습니다. 드로우 마법사들은 점성 독액을 이용해 적들을 무의식 상태에 빠트립니다. 드로우 전사들은 검과 석궁 볼트에 독을 발라 사용하며, 전투가 끝나고 벌어지는 심문과 고문 과정에서도 독을 사용합니다.

드로우, 롤스의 여사제
DROW PRIESTESS OF LOLTH

귀족 가문에 속하는 여성 드로우는 훈련을 받아 롤스의 여사제가 될 수 있습니다. 거미 여왕은 결코 남성에게 그러한 지위를 허락하지 않습니다.

이 여사제들은 거미 여왕의 의지를 실행하며, 그 결과 드로우 사회에서 막대한 힘과 영향력을 지니게 됩니다. 드로우 가문을 지배하는 대모들은 모두 롤스의 가장 강력한 여사제들이지만, 이들은 거미 여왕에 대한 헌신과 가문에 대한 헌신 사이에서 균형을 찾아야만 합니다.

드로우, 롤스의 여사제
DROW PRIESTESS OF LOLTH

중형 인간형(엘프), 중립 악

방어도 16 (스케일 메일)
히트 포인트 71 (13d8+13)
이동속도 30ft

근력	민첩	건강	지능	지혜	매력
10 (+0)	14 (+2)	12 (+1)	13 (+1)	17 (+3)	18 (+4)

내성 굴림 건강 +4, 지혜 +6, 매력 +7
기술 통찰 +6, 감지 +6, 종교학 +4, 은신 +5
감각능력 암시야 120ft, 상시 감지 16
언어 엘프어, 지하 공용어
도전지수 8 (3,900 xp)

요정 선조. 드로우는 매혹에 대한 내성에 이점을 받으며, 마법적 수면에 빠지지 않습니다.

선천적 주문시전. 드로우의 주문시전 능력치는 매력입니다. (주문 내성 DC 15) 드로우는 물질 구성요소 없이 선천적으로 아래 주문들을 시전할 수 있습니다.

자유시전: 춤추는 빛Dancing Lights
각각 1회/일: 암흑Darkness, 요정 불꽃Faerie Fire, 부양Levitate(자신에게만)

주문시전. 드로우는 10레벨 주문시전자입니다. 드로우 마법사의 주문시전 능력치는 지혜입니다. (주문 내성 DC 14, 주문 공격 명중 +6), 드로우는 아래와 같은 클레릭 주문을 준비하고 있습니다.

소마법(자유시전): 안내Guidance, 독 분사Poison Spray, 저항Resistance, 빈사 안정Spare the Dying, 단순마술Thaumaturgy
1레벨(슬롯 4개): 동물 친밀화Animal Friendship, 상처 치료Cure Wounds, 독과 질병 탐지Detect Poison and Disease, 통증 광선 Ray of Sickness
2레벨(슬롯 3개): 하급 회복Lesser Restoration, 독으로부터의 보호 Protection from Poison, 거미줄Web
3레벨(슬롯 3개): 동물 소환Conjure Animal(거대 거미 2마리), 마법무효화Dispel Magic
4레벨(슬롯 3개): 예지Divination, 이동의 자유Freedom of Movement
5레벨(슬롯 2개): 곤충 무리Insect Plague, 다중 상처 치료Mass Cure Wounds

태양광 민감성. 드로우는 햇빛을 받고 있을 때 시각에 관계된 지혜(감지) 판정과 모든 명중 굴림에 불리점을 받습니다.

행동

다중공격. 드로우는 가시채찍 공격을 2회 가합니다.

가시채찍. 근접 무기 공격: 명중 +5, 간격 5ft, 목표 하나. 명중시: 5(1d6+2)점의 관통 피해. 추가로 17(5d6)점의 독성 피해.

데몬 소환(1회/일). 드로우는 30%의 확률로 요크롤을 소환합니다. 이 시도에 실패한 경우 드로우는 5(1d10)점의 정신 피해를 받습니다. 성공했다면 소환된 데몬은 60ft 내의 점유되지 않은 공간에 나타나 소환자의 동료로서 활동합니다. 소환된 데몬은 다른 데몬을 소환할 수 없습니다. 소환된 데몬은 10분간 존재하며, 자신이나 소환자가 죽을 경우, 혹은 소환자가 행동을 사용해 돌려보내는 경우 사라집니다.

드로우 DROW

중형 인간형(엘프), 중립 악

방어도 15 (체인 셔츠)
히트 포인트 13 (3d8)
이동속도 30ft

근력	민첩	건강	지능	지혜	매력
10 (+0)	14 (+2)	10 (+0)	11 (+0)	11 (+0)	12 (+1)

기술 감지 +2, 은신 +4
감각능력 암시야 120ft, 상시 감지 12
언어 엘프어, 지하 공용어
도전지수 1/4 (50 xp)

요정 선조. 드로우는 매혹에 대한 내성에 이점을 받으며, 마법적 수면에 빠지지 않습니다.

선천적 주문시전. 드로우의 주문시전 능력치는 매력입니다. (주문 내성 DC 11). 드로우는 물질 구성요소 없이 선천적으로 아래 주문들을 시전할 수 있습니다.

자유시전: 춤추는 빛Dancing Lights
각각 1회/일: 암흑Darkness, 요정 불꽃Faerie Fire

태양광 민감성. 드로우는 햇빛을 받고 있을 때 시각에 관계된 지혜(감지) 판정과 모든 명중 굴림에 불리점을 받습니다.

행동

소검. 근접 무기 공격: 명중 +4, 간격 5ft, 목표 하나. 명중시: 5(1d6+2)점의 관통 피해.

손 석궁. 장거리 무기 공격: 명중 +4, 장거리 30/120ft, 목표 하나. 명중시: 5(1d6+2)점의 관통 피해. 그리고 목표는 DC 13의 건강 내성에 실패할 시 1시간 동안 중독 상태가 됩니다. 만약 내성에 5 이상 차이로 실패한 경우, 목표는 중독과 동시에 무의식 상태가 됩니다. 목표는 피해를 받거나 다른 크리쳐가 행동을 사용해 깨워주면 깨어날 것입니다.

드로우 마법사 Drow Mage

힘과 전투 기술이 부족하지만 재능있는 드로우 남성은 마법의 길을 갈 수밖에 없습니다. 그들에게 있어 마법을 익힐 수 있느냐 없느냐는 생존의 문제입니다. 여성 드로우 중 마법에 선천적 재능이 있는 자들 역시 마법사가 되긴 하지만 그런 경우는 그리 흔치 않습니다.

드로우 마법사 Drow Mage

중형 인간형(엘프), 중립 악

방어도 12 (마법 갑주Mage Armor 시전시 15)
히트 포인트 45 (10d8)
이동속도 30ft

근력	민첩	건강	지능	지혜	매력
9 (-1)	14 (+2)	10 (+0)	17 (+3)	13 (+1)	12 (+1)

기술 비전학 +6, 기만 +5, 감지 +4, 은신 +5
감각능력 암시야 120ft, 상시 감지 14
언어 엘프어, 지하 공용어
도전지수 7 (2,900 xp)

요정 선조. 드로우는 매혹에 대한 내성에 이점을 받으며, 마법적 수면에 빠지지 않습니다.

선천적 주문시전. 드로우의 주문시전 능력치는 매력입니다. (주문 내성 DC 12). 드로우는 물질 구성요소 없이 선천적으로 아래 주문들을 시전할 수 있습니다.

자유시전: 춤추는 빛Dancing Lights
각각 1회/일: 암흑Darkness, 요정 불꽃Faeire Fire, 부양Levitate(자신에게만)

주문시전. 드로우는 10레벨 주문시전자입니다. 드로우 마법사의 주문시전 능력치는 지능입니다.(주문 내성 DC 14, 주문 공격 명중 +6), 드로우는 아래와 같은 위저드 주문을 준비하고 있습니다.

소마법(자유시전): 마법사의 손Mage Hand, 하급 환영Minor Illusion 독 분사Poison Spray, 서리 광선Ray of Frost
1레벨(슬롯 4개): 마법 갑주Mage Armor, 마법 화살Magic Missile, 방패Shield, 주술 화살Witch Bolt
2레벨(슬롯 3개): 자기 변형Alter Self, 안개 걸음Misty Step, 거미줄Web
3레벨(슬롯 3개): 비행Fly, 번개Lightning Bolt
4레벨(슬롯 3개): 에바드의 검은 촉수Evard's Black Tentacle, 상급 투명화Greater Invisibility
5레벨(슬롯 2개): 죽음구름Cloudkill

태양광 민감성. 드로우는 햇빛을 받고 있을 때 시각에 관계된 지혜(감지) 판정과 모든 명중 굴림에 불리점을 받습니다.

행동

지팡이. 근접 무기 공격: 명중 +2, 간격 5ft, 목표 하나. 명중시: 2(1d6-1)점의 타격 피해. 양손으로 사용했을 경우 3(1d8-1)점의 타격 피해. 추가로 3(1d6)점의 독성 피해.

데몬 소환(1회/일). 드로우는 콰짓을 소환하거나 50%의 확률로 그림자 데몬을 소환합니다. 소환된 데몬은 60ft 내의 점유되지 않은 공간에 나타나 소환자의 동료로서 활동합니다. 소환된 데몬은 다른 데몬을 소환할 수 없습니다. 소환된 데몬은 10분간 존재하며, 자신이나 소환자가 죽을 경우, 혹은 소환자가 행동을 사용해 돌려보내는 경우 사라집니다.

드로우 정예 전사 Drow Elite Warrior

드로우 정예 전사는 적으로부터 자기 가문과 상급자들을 수호하며, 주로 드워프, 노움, 다른 엘프들과 싸울 때 제 실력을 발휘합니다. 이들은 야음을 틈타 지상으로 빈번하게 습격을 나가 포로와 전리품들을 가지고 돌아옵니다.

정예 전사는 남녀 모두 될 수 있습니다.

드로우 정예 전사 Drow Elite Warrior

중형 인간형(엘프), 중립 악

방어도 18 (스터디드 레더, 방패)
히트 포인트 71 (11d8+22)
이동속도 30ft

근력	민첩	건강	지능	지혜	매력
13 (+1)	18 (+4)	14 (+2)	11 (+0)	13 (+1)	12 (+1)

내성 굴림 민첩 +7, 건강 +5, 지혜 +4
기술 감지 +4, 은신 +10
감각능력 암시야 120ft, 상시 감지 14
언어 엘프어, 지하 공용어
도전지수 5 (1,800 xp)

요정 선조. 드로우는 매혹에 대한 내성에 이점을 받으며, 마법적 수면에 빠지지 않습니다.

선천적 주문시전. 드로우의 주문시전 능력치는 매력입니다. (주문 내성 DC 12). 드로우는 물질 구성요소 없이 선천적으로 아래 주문들을 시전할 수 있습니다.

자유시전: 춤추는 빛Dancing Lights
각각 1회/일: 암흑Darkness, 요정 불꽃Faeire Fire, 부양Levitate(자신에게만)

태양광 민감성. 드로우는 햇빛을 받고 있을 때 시각에 관계된 지혜(감지) 판정과 모든 명중 굴림에 불리점을 받습니다.

행동

다중공격. 드로우는 소검 공격을 2회 가합니다.

소검. 근접 무기 공격: 명중 +7, 간격 5ft, 목표 하나. 명중시: 7(1d6+4)점의 관통 피해. 추가로 10(3d6)점의 독성 피해.

손 석궁. 장거리 무기 공격: 명중 +7, 장거리 30/120ft, 목표 하나. 명중시: 7(1d6+4)점의 관통 피해. 목표는 DC 13의 건강 내성에 실패할 시 1시간 동안 중독 상태가 됩니다. 만약 이 내성에 5 이상 차이로 실패한 경우, 목표는 중독과 동시에 무의식 상태에도 빠집니다. 목표가 피해를 받거나 다른 크리쳐가 행동을 사용해 깨우는 경우, 무의식 상태에서 깨어날 수 있습니다.

반응행동

받아넘기기. 드로우는 근접 공격에 명중당했을 때 1회에 한해 AC에 +3 보너스를 받아 그 공격을 빗나가게 할 수 있습니다. 이 반응행동을 사용하려면 공격자를 볼 수 있어야 하고, 근접 무기를 장비하고 있어야 합니다.

엠피리언 Empyrean

엠피리언은 천상계에 거하는 신들의 자손입니다. 이들은 초월적으로 아름답고, 훌륭한 체격을 지니고 있으며, 자기 확신에 차 있습니다.

감정의 권화. 엠피리언은 신과 같은 고요함이나 격노에 빠질 수 있습니다. 이 감정은 주변 환경에까지 영향을 미칩니다. 엠피리언이 불행을 느낄 때면 구름이 모여들고 소금물의 비가 흘러내립니다. 주변 들판의 들꽃들은 시들어버리고, 호수와 강에는 죽은 물고기가 떠오르며, 근처 숲의 나뭇잎들이 모두 떨어지고 말 것입니다. 반면 엠피리언이 즐거울 때면 태양은 어딜가든 그 뒤를 따르고, 작은 동물들이 가벼운 발걸음으로 뛰노며, 새들이 하늘을 채우고 즐거운 노래를 부를 것입니다.

악한 엠피리언. 엠피리언 중 일부는 하계로 길을 떠나 타락한 끝에 사악하게 변하고 말았습니다. 악신에게 저주를 받는 경우도 있긴 합니다. 악한 엠피리언은 천상계에서 오래 살아남을 수 없으며, 대개 물질계로 도피하곤 합니다. 물질계에서 이들은 필멸자들의 왕국을 차지하고 절대적인 폭군으로 군림합니다.

불멸의 타이탄. 엠피리언은 나이를 먹지 않지만, 살해당할 수는 있습니다. 엠피리언 중 자신이 패할 가능성을 생각하는 자는 많지 않기에, 그들은 두려움 없이 전투에 임하며 죽음의 문턱까지 다가가서도 그 사실을 믿지 않습니다. 엠피리언이 죽으면 그 영혼은 고향 세계에 돌아갑니다. 특별한 사정이 없는 한, 그곳에서 엠피리언의 부모인 신 중 하나가 엠피리언을 부활시킬 것입니다.

엠피리언 Empyrean

거대형 천상체(타이탄), 혼돈 선(75%), 또는 중립 악(25%)

방어도 22 (자연 갑옷)
히트 포인트 313 (19d12+190)
이동속도 50ft, 비행 50ft, 수영 50ft

근력	민첩	건강	지능	지혜	매력
30 (+10)	21 (+5)	30 (+10)	21 (+5)	22 (+6)	27 (+8)

내성 굴림 근력 +17, 지능 +12, 지혜 +13, 매력 +15
기술 통찰 +13, 설득 +15
피해 면역 비마법적 무기에 의한 타격/관통/참격 피해
감각능력 진시야 120ft, 상시 감지 16
언어 모든 언어
도전지수 23 (50,000 xp)

선천적 주문시전. 엠피리언의 선천적 주문시전 능력치는 매력입니다. (주문 내성 DC 23, 주문 명중 +15). 엠피리언은 물질 구성요소를 사용하지 않고 아래 주문들을 시전할 수 있습니다.

자유시전: 상급 회복*Greater Restoration*, 흔적없는 이동*Pass Without Trace*, 수중 호흡*Water Breathing*, 수면 보행*Water Walk*
각각 1회/일: 회화*Commune*, 악과 선 퇴치*Dispel Evil and Good*, 지진 *Earthquake*, 화염 폭풍*Fire Storm*, 이계 전송*Plane Shift* (자기만)

전설적 저항력(3/일). 엠피리언이 내성에 실패한 경우, 이 능력을 1회 소비하고 대신 성공한 것으로 할 수 있습니다.

마법 저항. 엠피리언은 주문과 기타 마법적 효과에 대한 내성에 이점을 받습니다.

마법 무기. 엠피리언의 무기 공격은 마법적인 것으로 칩니다.

행동

철퇴. *근접 무기 공격:* 명중 +17, 간격 10ft, 목표 하나. *명중시:* 31(6d6+10)점의 타격 피해. 목표가 크리쳐라면 DC 15의 건강 내성에 실패할 시 엠피리언의 다음 턴이 끝날 때까지 충격 상태가 됩니다.

힘의 화살. *장거리 주문 공격:* 명중 +15, 장거리 600ft, 목표 하나. *명중시:* 24(7d6)점의 피해. 피해 종류는 산성, 냉기, 화염, 역장, 번개, 광휘, 천둥 중 원하는 것을 엠피리언이 선택합니다.

전설적 행동

엠피리언은 아래의 선택지 중에서 3회의 전설적 행동을 취할 수 있습니다. 전설적 행동은 동시에 한 가지만 취할 수 있으며, 오로지 다른 크리쳐의 턴이 끝날 때만 사용할 수 있습니다. 엠피리언은 자기 턴이 시작할 때 사용한 전설적 행동 횟수를 모두 회복합니다.

공격. 엠피리언은 공격을 1회 가합니다.
강화. 엠피리언은 자신의 다음 턴이 끝날 때까지 주변 120ft 내의 적대적이지 않은 크리쳐 전부를 강화합니다. 강화된 크리쳐들은 엠피리언의 다음 턴이 끝날 때까지 매혹이나 공포 상태에 면역을 얻고, 모든 능력 판정과 내성 굴림에 이점을 받습니다.
진동하는 일격(행동 2회 소모). 엠피리언은 철퇴로 대지를 내리쳐 진동하게 합니다. 엠피리언 주변 60ft 내에서 지상에 서 있는 모든 크리쳐는 DC 25의 근력 내성에 실패할 시 넘어집니다.

"무기를 들어라!
이건 그냥 바람 소리가 아니다!"
— 에메랄드 엔클레이브의 켈레스타 호크.

예티 YETI

대형 괴물류, 혼돈 악

방어도 12 (자연 갑옷)
히트 포인트 51 (6d10+18)
이동속도 40ft, 등반 40ft

근력	민첩	건강	지능	지혜	매력
18 (+4)	13 (+1)	16 (+3)	8 (-1)	12 (+1)	7 (-2)

기술 감지 +3, 은신 +3
피해 면역 냉기
감각능력 암시야 60ft, 상시 감지 13
언어 예티어
도전지수 3 (700 xp)

불 공포증. 예티가 화염 피해를 받으면, 자신의 다음 턴이 끝날 때까지 명중 굴림과 능력 판정에 불리점을 받습니다.

예리한 후각. 예티는 후각에 관계된 지혜(감지) 판정에 이점을 받습니다.

눈 위장. 예티는 눈덮힌 지형에서 민첩(은신) 판정에 이점을 받습니다.

행동

다중공격. 예티는 혹한의 응시를 사용하고 할퀴기 공격을 2회 가할 수 있습니다.

할퀴기. *근접 무기 공격:* 명중 +6, 간격 5ft, 목표 하나. *명중시:* 7(1d6+4)점의 참격 피해. 추가로 3(1d6)점의 냉기 피해.

혹한의 응시. 예티는 주변 30ft 내에서 자신이 볼 수 있는 크리쳐 하나를 응시합니다. 목표 역시 예티를 볼 수 있다면 목표는 이 마법에 대해 DC 13의 건강 내성을 굴려 실패할 시 10(3d6)점의 냉기 피해를 받고 1분간 마비 상태가 됩니다. 목표가 냉기 피해에 면역인 경우 이 효과에도 면역입니다. 마비된 목표는 매번 자기 턴이 끝날 때 다시 내성을 굴릴 수 있으며, 성공하면 효과는 종료됩니다. 만약 목표가 내성에 성공했거나 효과가 종료되어 마비에서 풀려났다면 이후 1시간 동안 모든 예티의 응시에 면역을 얻습니다. (흉물 예티는 제외)

예티 YETI

예티의 바람 소리 같은 괴성은 머나먼 산 너머까지 울려 퍼지며, 산에서 살아가는 광부와 양치기들의 심장을 공포에 떨게 합니다. 이 거대한 괴물는 눈 덮인 산봉우리를 떠돌며 먹을 것을 찾아 끝없이 배회하곤 합니다. 이들은 자신의 눈처럼 하얀 털가죽 때문에, 얼어붙은 곳에서는 마치 유령처럼 흔적 없이 움직이곤 합니다. 예티의 얼음처럼 차가운 눈은 먹이를 바로 얼려버릴 수도 있습니다.

예리한 사냥꾼들. 높은 산에 사는 사람들은 수 마일 밖에서도 예티가 산 자들의 냄새를 맡을 수 있다는 것을 알기 때문에 무장을 갖추고 집단으로 여행하곤 합니다. 예티가 먹잇감을 찾게 되면 얼음과 바위투성이 산자락을 재빨리 움직이며, 괴성을 지르고 사냥의 스릴을 만끽합니다. 예티는 눈보라의 냉기와 눈발 속에서도 사냥감의 냄새를 찾아낼 수 있습니다.

예티는 홀로 사냥하거나 작은 가족 집단을 구성하곤 합니다. 예티에게서 먹이가 도망치거나 싸움을 벌이려고 하면, 피 냄새를 맡은 다른 예티들이 어느새 다가와 끼어들곤 합니다. 배타적인 예티들은 싸움의 전리품을 놓고 서로 싸우기도 하며, 이 싸움에서 죽은 예티 역시 다른 예티들의 먹이가 되기도 합니다.

공포의 괴성. 산사태나 눈보라, 혹은 끔찍한 한기가 서리기 전에는 예티의 괴성이 얼음 바람에 실려 산을 울리곤 합니다. 높은 산 정상에서 살아가는 몇몇 사람은 산사태나 눈보라로 죽은 사랑하는 이들의 비탄이 예티의 괴성에 섞여 들린다고도 합니다. 더 현실적인 사람들은 아무리 문명이 위대한 성취를 이루었어도 결국 야생의 영역에서 문명은 사냥당하는 처지임을 상징하는 것이 바로 예티의 괴성이라고 이야기합니다.

야만적인 광란. 산에 짐승이 풍부할 때면, 예티는 인간형 종족들이 사는 곳까지 잘 내려오지 않습니다. 하지만 굶주림이 길어지면 이들은 인간 정착지까지 내려와 문과 장벽을 허물고 잡히는 것은 무엇이든 먹어 치웁니다.

교활한 산 사람들은 때로 예티를 무기로 써먹기도 합니다. 전쟁 군주는 도살당한 양이나 염소를 이용해 예티를 적의 야영지로 유도하고, 전투 직전에 혼돈과 피해를 야기하기도 합니다. 산의 씨족 족장이 영토를 넓히고 싶을 때면 야생 동물의 씨를 말려 예티가 먹을 것이 부족해지게 한 다음, 주변의 인간 종족 정착지로 공격을 유도해 생존자들을 병합시키곤 합니다.

흉물 예티. 흉물 예티는 보통 예티보다 훨씬 덩치가 크며, 일어서면 인간의 세 배 크기 정도 됩니다. 이들은 대개 홀로 살고 사냥하지만, 때로는 흉물 예티 둘이서 어린 새끼를 키우기도 합니다. 이 거대한 예티는 지독하게 영역주의적이며 사나운 성질을 지니고 있고, 마주치는 따뜻한 피의 동물이면 무엇이든 먹어 치웁니다. 이들은 자기가 먹어 치운 것들의 뼈를 얼음과 눈 위에 뿌려둡니다.

흉물 예티 ABOMINABLE YETI

거대형 괴물류, 혼돈 악

방어도 15 (자연 갑옷)
히트 포인트 137 (11d12+66)
이동속도 40ft, 등반 40ft

근력	민첩	건강	지능	지혜	매력
24 (+7)	10 (+0)	22 (+6)	9 (-1)	13 (+1)	9 (-1)

기술 감지 +5, 은신 +4
피해 면역 냉기
감각능력 암시야 60ft, 상시 감지 15
언어 예티어
도전지수 9 (5,000 xp)

불 공포증. 예티가 화염 피해를 받으면, 자신의 다음 턴이 끝날 때까지 명중 굴림과 능력 판정에 불리점을 받습니다.

예리한 후각. 예티는 후각에 관계된 지혜(감지) 판정에 이점을 받습니다.

눈 위장. 예티는 눈덮힌 지형에서 민첩(은신) 판정에 이점을 받습니다.

행동

다중공격. 예티는 혹한의 응시를 사용하고 할퀴기 공격을 2회 가할 수 있습니다.

할퀴기. 근접 무기 공격: 명중 +11, 간격 5ft, 목표 하나. 명중시: 14(2d6+7)점의 참격 피해. 추가로 7(2d6)점의 냉기 피해.

혹한의 응시. 예티는 주변 30ft 내에서 자신이 볼 수 있는 크리쳐 하나를 응시합니다. 목표 역시 예티를 볼 수 있다면 목표는 이 마법에 대해 DC 18의 건강 내성을 굴려 실패할 시 21(6d6)점의 냉기 피해를 받고 1분간 마비 상태가 됩니다. 목표가 냉기 피해에 면역인 경우 이 효과에도 면역입니다. 마비된 목표는 매번 자기 턴이 끝날 때 다시 내성을 굴릴 수 있으며, 성공하면 효과는 종료됩니다. 만약 목표가 내성에 성공했거나 효과가 종료되어 마비에서 풀려났다면 이후 1시간 동안 모든 예티의 응시에 면역을 얻습니다.

냉기 브레스 (재충전 6). 예티는 30ft 길이의 원뿔형 범위에 냉기를 뿜어냅니다. 범위 내의 모든 크리쳐는 DC 18의 건강 내성에 실패할 시 45(10d8)점의 냉기 피해를 받습니다. 내성에 성공하면 피해는 절반으로 줄어듭니다.

오니 Oni

동화 속에 나오는 오니는 아이와 어른의 악몽 속에나 등장하는 무시무시한 괴물이지만, 이들은 실제로 존재하며 언제나 굶주려 있습니다. 이들은 인간의 아기들을 진정한 미식으로 여깁니다. 오니는 청색이나 녹색 피부에 검은 머리카락, 그리고 한 쌍의 상아 뿔이 이마에 돋아 있는 괴물 오우거처럼 보입니다. 이들의 눈은 놀랍도록 하얀 눈동자가 있는 검은 색 자위이며, 이빨과 손톱은 모두 완전히 검은색입니다.

밤의 배회자. 오니들은 대낮에 밖을 다닐 때면 본모습을 마법으로 숨긴 채 사람들의 신뢰를 얻은 다음 어둠이 내리기 시작할 때 그 믿음을 배신합니다. 이 괴물들은 자신들의 크기와 모양을 자유자재로 바꿀 수 있으며, 원한다면 어떤 인간형 종족으로도 위장하여 마을에 숨어들 수 있습니다. 이들은 여행자나 나무꾼, 혹은 개척자인 척 변장해 믿음을 얻습니다. 오니는 평범한 모습으로 먹잇감을 물색한 다음, 적당한 때가 오면 끌어내 유괴해서 잡아먹습니다.

마법 오우거. 오니는 선천적인 마법 능력을 지니고 있기 때문에 때때로 오우거 마법사라 부르기도 합니다. 이들은 진짜 오우거와 아주 먼 연관 관계가 있을 뿐이지만, 이들은 오우거처럼 다른 악한 존재들과 연합하길 좋아합니다. 오니는 충분한 능력이 있고 자신들에게 적절한 거처를 제공해 주기만 한다면 주인을 섬기기도 합니다. 오니는 마법에 탐닉하며, 사악한 마법사나 해그들과 협력하는 대신 유용한 마법 물건을 얻기도 합니다.

> "문 닫아 걸고 불을 끄렴
> 굶주린 오니가 밤에 오니
> 숨어서 떨거라 귀여운 것
> 오니는 놀고 싶으니
>
> 문 긁는 저 소리를 들으렴
> 바닥 그림자를 볼 수 있으니
> 이제 막 떨어진 해를 보니
> 오니의 입에 웃음 서리네"
>
> ― 아이들의 동요.

오니 Oni

대형 거인, 질서 악

방어도 16 (체인 메일)
히트 포인트 110 (13d10+39)
이동속도 30ft, 비행 30ft

근력	민첩	건강	지능	지혜	매력
19 (+4)	11 (+0)	16 (+3)	14 (+2)	12 (+1)	15 (+2)

내성 굴림 민첩 +3, 건강 +6, 지혜 +4, 매력 +5
기술 비전학 +5, 기만 +8, 감지 +4
감각능력 암시야 60ft, 상시 감지 14
언어 공용어, 거인어
도전지수 7 (2,900 xp)

선천적 주문시전. 오니의 선천적 주문시전 능력치는 매력입니다. (주문 내성 DC 13). 오니는 물질 구성요소를 사용하지 않고 선천적으로 아래 주문들을 시전할 수 있습니다.

자유시전: 암흑*Darkness*, 투명화*Invisibility*
각 1회/일: 인간형 매혹*Charm Person*, 냉기 분사*Cone of Cold*, 가스 형상*Gaseous Form*, 수면*Sleep*

마법 무기. 오니의 무기 공격은 마법적인 것으로 취급합니다.

재생. 오니는 최소 1hp라도 남아 있으면 매번 자기 턴이 시작할 때 10점의 hp를 회복합니다.

행동

다중공격. 오니는 할퀴기나 글레이브로 2회 공격합니다.

할퀴기 (오니 형태에서만). 근접 무기 공격: 명중 +7, 간격 5ft, 목표 하나. 명중시: 8(1d8+4)점의 참격 피해.

글레이브. 근접 무기 공격: 명중 +7, 간격 10ft, 목표 하나. 명중시: 15(2d10+4)점의 참격 피해. 소형 혹은 중형 크기로 변하여 사용했다면 9(1d10+4)점의 참격 피해.

형태 변신. 오니는 마법적으로 소형 또는 중형 크기의 인간형 크리쳐 혹은 대형 크기의 거인 크리쳐로 변하거나 자신의 원래 형태로 돌아올 수 있습니다. 오니의 게임 자료는 크기를 제외하면 어떤 형태에서든 동일합니다. 오니의 장비들은 같이 변하지 않지만, 글레이브만은 변신한 크기에 맞추어 커지거나 줄어듭니다. 오니가 사망하면 원래 형태로 돌아가며 글레이브 역시 원래 크기로 변합니다.

오우거 OGRES

오우거는 강력한 몸을 지닌 게으른 괴물입니다. 이들은 먹이와 놀 잇감을 구하기 위해 무엇이든 습격하고 약탈하며 죽이고 살아갑 니다. 다 자란 오우거는 9-10ft의 키에 1,000lbs 정도의 몸무게를 지니고 있습니다.

치솟는 성질머리. 오우거는 순식간에 열이 오르는 더러운 성질 로 유명하며, 아주 작은 모욕에도 쉽게 화를 냅니다. 욕이나 삿대 질만 오가도 오우거는 즉시 화내며 날뛰기 시작할 것입니다. 오우 거에게서 무언가 훔치거나, 살짝 부딪치거나, 자극하거나, 웃거나, 찡그려도 마찬가지입니다. 때로는 그냥 쳐다보기만 해도 화를 냅 니다. 일단 화가 솟구치면, 오우거는 뭔가 때려 부수거나 죽여서 으깨 버리기 전까지는 계속 날뛰며 난리를 칠 것입니다.

역겨운 식탐꾼들. 오우거는 무엇이든 먹어 치우지만, 특히 드 워프나 하플링, 엘프의 살점을 좋아합니다. 그래서 그런 진수성찬 을 먹을 수 있는 기회만 찾아오면 즐거워하며 희생자들을 쳐죽인 다음 기쁘게 날것 그대로 먹어 치울 것입니다. 오우거가 실컷 먹 고도 여전히 희생자의 몸이 남아 있다면, 오우거는 사냥감의 가죽 으로 속옷을 만들어 입거나 뼈로 목걸이를 만들곤 합니다. 이 살 육의 제작 기술은 오우거 문화의 정점이라 부를 만 합니다.

탐욕스러운 수집가. 오우거의 눈은 다른 이들의 소지품을 보면 탐욕으로 빛납니다. 오우거는 약탈하러 다닐 때 큼지막한 자루를 지고 다니며, 희생자들에서 빼앗은 화려한 "보물"들을 무엇이든 자루 속에 집어넣습니다. 이 보물이란 들이받은 투구일 수도 있 고, 곰팡이가 슨 치즈 덩어리일 수도 있으며, 망토처럼 얼기설기 엮은 동물의 가죽이나 꿀꿀대는 진흙투성이 돼지일 수도 있습니 다. 오우거는 또한 번쩍이는 금이나 은도 좋아하며, 동전 몇 개 때 문에 서로 치고받고 싸우기도 합니다. 영리한 종족들은 금이나 오 우거 크기에 맞게 만들어진 무기를 가지고 오우거의 신뢰를 얻기 도 합니다.

전설적인 멍청함. 손가락을 10개 지니고 있음에도 불구하고, 숫자 10까지 셀 수 있는 오우거는 거의 없습니다. 오우거 대부분 은 거인어로 몇마디 웅얼거리며, 공용어 단어를 몇 개 알아들을 뿐입니다. 오우거는 들은 이야기를 곧이곧대로 믿으며, 쉽게 속 거나 혼란에 빠지지만, 이들은 자신이 이해하지 못하는 것을 때려 부수는 나쁜 버릇이 있습니다. 화려한 언변을 지닌 재간꾼들이 이 난폭자들을 속여서 자기 재능을 시험해 보려는 경우가 종종 있긴 하지만, 대개는 말뿐 아니라 자기 자신도 오우거의 뱃속으로 들어 가는 결말을 맞이하곤 합니다.

원시적인 방랑자. 오우거는 동물의 가죽을 옷으로 삼고 나무 뿌리로 엉성한 도구나 무기를 만들어 씁니다. 이들은 사냥할 때 돌촉이 달린 투창을 던집니다. 이들이 둥지를 차릴 때면, 문명 지 대의 외곽에 자리를 잡고는 대체로 무방비한 가축을 훔치고 지하 창고를 약탈하며, 그 과정에서 마주친 불운한 농부들을 잡아먹 기도 합니다.

오우거는 동굴이나 짐승 우리, 혹은 나무 아래에서 잠을 자며, 오두막이나 외따로 떨어진 농장을 찾으면 바로 들어가 거주자를 죽여버리고 차지하기도 합니다. 오우거가 심심하거나 배고파지 면 둥지를 나와 무엇이든 마주치는 것을 공격해 잡아먹습니다. 오 우거는 자리를 잡은 곳의 먹을 것이 다 떨어지면 다른 곳으로 옮 겨갑니다.

오우거 Ogre

대형 거인, 혼돈 악

방어도 11 (통가죽 갑옷)
히트 포인트 59 (7d10+21)
이동속도 40ft

근력	민첩	건강	지능	지혜	매력
19 (+4)	8 (-1)	16 (+3)	5 (-3)	7 (-2)	7 (-2)

감각능력 암시야 60ft, 상시 감지 8
언어 공용어, 거인어
도전지수 2 (450 xp)

행동

대곤봉. *근접 무기 공격:* 명중 +6, 간격 5ft, 목표 하나. *명중시:* 13(2d8+4)점의 타격 피해.

투창. *근접 또는 장거리 무기 공격:* 명중 +6, 간격 5ft 또는 장거리 30/120ft, 목표 하나. *명중시:* 11(2d6+4)점의 관통 피해.

"진짜, 최악의, 춤꾼이야."
— 사티로스 리들피들, 오우거에 대해서 말하며.

오우거 무리. 오우거는 때로 작은 유목 집단으로 무리를 만들곤 하지만, 지능과 감각이 모자라 부족을 꾸리지는 못합니다. 두 오우거 무리가 마주치면, 한쪽에서는 반대편 집단의 일원을 납치해 자기들 숫자를 늘리려 할 수도 있습니다. 하지만 오우거 무리는 서로 자유로이 구성원을 교환할 수도 있으며, 특히 새로 오는 구성원이 먹이와 무기를 지니고 있다면 환영받습니다.

오우거들은 기회가 있을 때마다 자기들이 괴롭히거나 먹이로 삼을 수 있는 약한 종족들과 같이 다니곤 합니다. 이들은 주로 고블리노이드 종족들이나 오크, 트롤 등과 같이 다니며, 특히 거인을 숭배합니다. (흔히 오드닝으로 알려진) 거인의 복잡한 사회 구조 속에서, 오우거는 가장 밑바닥에 위치한 족속입니다. 따라서, 오우거는 거인이 요청하는 것은 무엇이든 들어주어야 하는 경우가 많습니다.

하프 오우거(오그릴론)

오우거가 인간이나 홉고블린, 버그베어, 오크 등과 번식을 하게 되면, 그 결과는 항상 하프 오우거라는 혼혈이 됩니다. (오우거는 드워프, 하플링, 엘프와는 번식하지 않습니다. 그것들은 먹을거리일 뿐입니다.) 인간 모체의 경우, 하프 오우거를 낳다가 죽는 경우가 훨씬 많습니다.

오크와 오우거의 하프 오우거 혼혈은 흔히 오그릴론이라고 부릅니다. 성인 하프 오우거나 오그릴론은 8ft 정도의 키에, 450lbs 정도의 몸무게를 지니고 있습니다.

하프 오우거 HALF-OGRE
대형 거인, 혼돈 성향이면 무관

방어도 12 (통가죽 갑옷)
히트 포인트 30 (4d10+8)
이동속도 30ft

근력	민첩	건강	지능	지혜	매력
17 (+3)	10 (+0)	14 (+2)	7 (-2)	9 (-1)	10 (+0)

감각능력 암시야 60ft, 상시 감지 9
언어 공용어, 거인어
도전지수 1 (200 xp)

행동

전투도끼. *근접 무기 공격:* 명중 +5, 간격 5ft, 목표 하나. *명중시:* 12(2d8+3)점의 참격 피해. 양손으로 사용할 경우 14(2d10+3)점의 참격 피해.

투창. *근접 또는 장거리 무기 공격:* 명중 +5, 간격 5ft 또는 장거리 30/120ft, 목표 하나. *명중시:* 10(2d6+3)점의 관통 피해.

오크 ORCS

오크는 야만적인 습격자이자 약탈자로, 구부정한 자세에 낮은 이마, 돼지같이 들린 코에 인상적인 송곳니를 지니고 있습니다.

외눈의 그럼쉬. 오크는 오크 신족 중 가장 강대한 신이자 창조주인 그럼쉬(Gruumsh)를 섬깁니다. 오크는 머나먼 고대에 신들이 자신의 선민들이 거할 곳을 나누었다고 믿습니다. 그럼쉬가 산을 선택하려 하자, 산은 이미 드워프가 차지했음을 알았습니다. 그럼쉬가 숲을 선택하려 하자, 숲은 엘프가 이미 자리를 튼 상태였습니다. 그럼쉬가 고르는 곳마다, 이미 주인이 있었습니다. 다른 신들은 그럼쉬를 비웃었고, 그럼쉬는 사나운 복수로 응대해 주었습니다. 그는 자신의 강대한 창을 움켜쥐고 산을 쪼개고 숲을 잿더미로 만들었으며, 들판을 온통 찢어 놓았습니다. 오크는 바로 이러한 것이 자신들의 역할이라고 믿습니다. 이들은 차지하려는 것은 무엇이든 차지하며, 앞길을 가로막는 것은 무엇이든 없애버립니다. 오크는 오늘날까지도 인간, 엘프, 드워프 다른 종족들에 맞서 영원한 전쟁을 벌이고 있습니다.

오크는 엘프를 특히 증오합니다. 엘프 신 코렐론 라레시안은 오크 신의 눈에 화살을 날려 반 장님으로 만들었기 때문입니다. 그날 이후 오크는 엘프를 살육하는데 특히 더 즐거움을 느끼게 되었습니다. 그러나 그럼쉬에게 있어 눈의 부상은 곧 사악한 선물이 되었으니, 오늘날까지도 그럼쉬는 자신을 섬기는 용사가 한쪽 눈을 자발적으로 뽑아내면 그에게 신성한 힘을 내려주곤 합니다.

역병 같은 부족. 오크는 부족 단위로 모여 살며, 자신들을 사로잡는 피의 갈증을 풀기 위해 주변 마을을 약탈하고, 가축 무리를 잡아먹으며, 마주치는 인간형 종족은 무엇이든 학살합니다. 오크가 일단 주변 정착지를 모두 털고 나면, 쓸만한 것은 무엇이든 쓸어 담고 떠납니다. 이들은 마을이나 야영지의 폐허에 불을 질러버리고 피의 갈증에 해소되어 만족하며 돌아갑니다.

배회하는 약탈자들. 오크들은 정말 놀랄 만큼 먼 거리까지 돌아다니며 살육에 대한 욕망을 채워줄 새로운 표적을 찾아다니곤 합니다. 또한 이들은 영구적인 정착지를 만드는 경우가 거의 없으며, 쓰러진 적의 마을을 요새화해 야영지나 요새로 삼곤 합니다. 오크가 지을 줄 아는 것이라고는 오로지 방어용 설비들 뿐입니다. 오크들은 쓰러트린 적의 팔다리로 장식하거나 못이 삐죽 솟아난 장애물로 벽을 만들고 꼬챙이를 박은 해자를 파는 것 외에는 별다른 장식이나 혁신을 할 줄 모릅니다.

자신들이 차지한 지역에서 먹을 것이 바닥나면, 오크 부족은 다시 먼 땅을 떠돌아다니며 척후병을 보내 새로운 사냥터를 알아봅니다. 이 척후병 무리가 돌아오면, 이들은 새로운 목표에서 빼앗은 전리품을 가져오고 공격 위치를 정하게 됩니다. 그러면 부족 전체가 새로운 영역을 찾아 나서며 피로 얼룩진 행군을 개시합니다.

정말 희귀한 경우이긴 하지만, 부족의 지도자가 수십 년 넘게 버틸만한 본거지를 세울 때도 있습니다. 이런 본거지를 지닌 부족은 약탈의 열망 때문에 먼 거리까지 배회하며 약탈을 해야 합니다.

지도력과 힘. 오크 부족은 대개 가부장적이며, 화려하거나 기괴한 이름들을 짓습니다. 매니 애로우즈(Many-Arrows, 많은 화살), 스크리밍 아이(Screaming Eye, 비명 지르는 눈), 엘프 리퍼(Elf Ripper, 엘프 학살자) 따위가 부족 이름입니다. 때로는 강력한 전쟁 족장 하나가 흩어진 부족들을 통합해 날뛰는 거대한 무리를 형성하곤 합니다. 이들은 다른 오크 부족들이나 인간 정착지를 무너트리며 압도적인 힘을 과시할 것입니다.

힘과 권력은 오크 미덕 중 으뜸가는 것이며, 오크는 강한 존재라면 무엇이든 부족에 받아들입니다. 종족의 순수함 따위는 이들에게 중요하지 않으며, 따라서 오우거나 트롤, 하프 오크, 오로그

따위도 부족에 자연스레 섞여 들어가서 자리를 차지합니다. 한편, 오크는 약한 거인의 힘과 크기를 두려워하고 존경하며, 때로는 거인들 아래에서 경비병이나 병사로 일하곤 합니다.

오크 혼혈. 풍요의 오크 여신이자 그럼쉬의 아내인 루씩(Luthic)은 오크에게 가리지 말고 자주 번식하라고 가르치며, 그래서 오크 무리는 세대가 거듭될수록 점점 커집니다. 오크의 번식에 대한 욕구는 다른 어떤 인간형 종족보다 강력하며, 이들은 다른 종족과의 혼혈도 서슴지 않습니다. 오크가 같은 오크를 제외한 다른 인간형 종족과 번식하면, 자식은 반드시 오크이거나 하프 오크가 됩니다. 오크가 오우거와 번식할 경우, 자식은 끔찍한 힘과 야만적인 특징을 지닌 하프 오우거가 되며, 이들은 오그릴론이라고 부릅니다.

오크 전쟁 족장 ORC WAR CHIEF

전쟁 족장은 오크 부족 중에서 가장 강하고 교활한 자입니다. 전쟁 족장은 자신이 다른 부족원들에게 두려움과 존경을 살 수 있을 동안만 지배합니다. 또한 이들은 부족원들이 느끼는 피의 갈증을 해소해 줄 수 있어야 하며, 그렇게 하지 못하면 약자로 여겨집니다.

살육의 후손. 그럼쉬는 전쟁 족장들에게 특별한 축복을 내려 이들이 전장에서 살육을 벌이며 자기 가치를 증명하게 합니다. 전쟁 족장들의 축복은 무기가 적의 몸속으로 더 깊이 파고들게 하며, 더 큰 상처를 가합니다.

오크, 그럼쉬의 눈 ORC EYE OF GRUUMSH

오크가 그럼쉬의 이름 아래 엘프를 죽이고 그 시체를 살육의 신에게 제물로 바치면, 신의 형상이 나타납니다. 이 형상은 자기 앞의 오크에게, 눈 하나를 더 희생할 것을 요구합니다. 이 희생은 그럼쉬가 자신의 가장 강대한 적, 코렐론 라레시안에게 한쪽 눈을 잃었음을 상징하기 위함입니다.

만약 그 오크가 진정으로 자신의 눈 하나를 희생하면, 그럼쉬는 오크에게 주문을 시전할 수 있는 능력과 특별한 축복을 부여하며, 이때부터 이 오크는 그럼쉬의 눈이라 부르게 됩니다. 이들은 주로 점을 치며 전쟁 족장들을 보좌하지만, 그러지 않을 때면 살육의 신을 섬기는 충실한 신봉자로서 전투에 뛰어들어 자기 무기를 적들의 피로 흠뻑 적시곤 합니다.

오로그 OROG

오로그는 놀랍도록 영리한 지능으로 축복받은 오크로, 많은 오크는 이 지성이 오크 여신 루씩의 축복이라고 생각합니다. 오로그는 루씩처럼 지하에 자리잡고 살기를 좋아하지만, 식량이 부족하면 지상으로 올라와 사냥하기도 합니다. 오크는 오로그의 힘과 교활함을 존중하며, 때로는 오크 전쟁 집단을 오로그가 이끌기도 합니다.

더 강하고 더 현명한 자. 오로그는 자신의 힘을 이용해 다른 오크를 괴롭히며, 지성을 이용해 전장에서 적들을 기습하곤 합니다. 자만심이 지나친 인간이나 엘프, 드워프 지휘관은 "단순한" 오크 전쟁군주가 영리한 책략을 발휘해 자신들을 포위하고 대적 세력을 괴멸시키는 것을 보고 놀라게 되는데, 이 경우 이 지휘관은 오크가 아니라 오로그라는 사실을 깨닫지 못하는 경우가 많습니다.

많은 수의 적과 마주하면, 오로그는 휘하 부대를 더 큰 오크 무리에 합류시키며, 자신들은 언제나 공격의 최전방에 섭니다. 이들은 뛰어난 힘과 전술적 통찰력이 있어 자신들의 앞길을 가로막는 것은 무엇이든 해치울 수 있습니다.

오로그를 적극적으로 영입하려는 오크 부족은 그리 흔치 않습니다. 오로그는 천성적인 우월함 덕에 뛰어난 지도자가 될 수 있지만, 그와 동시에 전쟁 족장들의 경쟁자가 될 수 있기 때문입니다. 전쟁 종족들은 항상 오로그의 배신을 두려워하며 경계합니다.

무정한 살인광. 오로그는 적들을 토막 내는 것 외에는 아무것도 바라지 않으며, 그래서 전장에서 무시무시한 존재감을 과시합니다. 이들은 자기 부모나 형제에게도 아무런 애착을 느끼지 않으며, 사랑이나 헌신이라는 개념 자체를 모릅니다. 이들은 그럼쉬와 루씩을 비롯한 오크 만신전의 신들을 섬기는 것은 신들이 이성을 넘어서는 권능을 지니고 있기 때문이며, 이들에게는 힘이 곧 모든 것입니다.

암흑의 하인. 오크에게 불신을 산 몇몇 오로그는 독립적인 용병 전쟁 집단을 결성하여 가장 비싼 값을 부르는 자를 위해 일하곤 합니다. 이들이 제대로 포상을 받는 한, 오로그 용병대는 악한 마법사나 타락한 거인, 다른 악당들이 부리는 정예 전사이자 공격대로서 활약할 것입니다.

오불드 매니 애로우즈 대왕

매니 애로우즈 부족의 오불드 대왕(King Obould)은 포가튼 렐름즈의 오크 전쟁 족장 사이에서 전설적인 존재이며, 아마도 D&D 게임 전체를 통틀어 가장 유명한 오크일 것입니다.

다른 동족보다 훨씬 영리하고 직감이 강했던 오불드는 부족의 통치권을 얻기 위해 이전 족장을 살해했습니다. 전략 전술에 통달했고 격렬한 성미로 유명했던 오불드는 매번 전투가 벌어질 때마다 자신이 강력한 상대임을 입증하였고, 곧 수천의 대군을 거느리게 되었습니다.

오불드는 자신의 힘과 영향력을 이용해 세계의 등뼈(Spine of the World) 산맥에 자신의 왕국을 세웠습니다. 이 산맥은 수없이 많은 드워프와 엘프, 인간들의 요새가 있는 곳이었음에도 불구하고 말입니다.

오불드는 주변의 문명 세력들과 수십 년간 피튀기는 분쟁을 벌인 다음, 놀랍게도 아무도 예상하지 못했던 평화 협상을 맺었습니다. 이 조약은 오불드의 통치를 받던 많은 오크에게 혼란을 가져다주었습니다. 왜냐면 이 조약은 오불드가 자신의 군세를 강화시켜 야만의 변경지대를 휩쓸 마지막 일격을 준비하려는 교활한 책략처럼 보이기도 했지만, 한편으로 보면 오불드가 더는 그럼쉬의 길을 따르지 않기로 해서 쓰러트려야 할 대상이 된 것처럼 보이기도 했기 때문입니다.

"그는 자신의 기다란 톱니모양 나이프를 야만스럽게 휘저으며, 왕의 목을 베고 자신의 군단에 승리의 함성을 내질렀다. 사나운 오크는 거기서 끝나지 않았다. 그는 드워프 왕의 몸통에서 머리가 떨어져 나갈 때까지 칼날을 휘둘러 시체를 썰어댔다."
— 냉기 골짜기의 전투 이후 벌어진 전쟁 족장 하터스크의 야만성을 회상하며.

전형적인 오크

오크 전쟁 족장 Orc War Chief

중형 인간형(오크), 혼돈 악

방어도 16 (체인 메일)
히트 포인트 93 (11d8+44)
이동속도 30ft

근력	민첩	건강	지능	지혜	매력
18 (+4)	12 (+1)	18 (+4)	11 (+0)	11 (+0)	16 (+3)

내성 굴림 근력 +6, 건강 +6, 지혜 +2
기술 위협 +5
감각능력 암시야 60ft, 상시 감지 10
언어 공용어, 오크어
도전지수 4 (1,100 xp)

공격성. 오크는 추가 행동으로 자신의 이동속도만큼 움직여 자신이 볼 수 있는 적대적인 크리쳐에게로 접근할 수 있습니다.

그럼쉬의 격노. 오크는 무기 공격을 명중시키면 추가로 4(1d8)점의 피해를 더 가합니다. (이미 적용되어 있음)

행동

다중공격. 오크는 대도끼나 창으로 공격을 2회 가합니다.

대도끼. 근접 무기 공격: 명중 +6, 간격 5ft, 목표 하나.
명중시: 15(1d12+1d8+4)점의 참격 피해.

창. 근접 또는 장거리 무기 공격: 명중 +6 간격 5ft 또는 장거리 20/60ft, 목표 하나. 명중시: 12(1d6+1d8+4)점의 관통 피해. 양손으로 근접 공격을 가했다면 13(2d8+4)점의 관통 피해.

전투 함성(1회/일). 전쟁 족장 주변 30ft 내에서 전쟁 족장이 선택한 모든 크리쳐는 함성을 들으면 전쟁 족장의 다음 턴이 시작하기 전까지 모든 명중 굴림에 이점을 받습니다. (단 이미 전투 함성의 효과를 받은 크리쳐는 제외됩니다.) 전쟁 족장은 함성을 지르고 추가 행동으로 공격을 1회 가할 수 있습니다.

오크 Orc

중형 인간형(오크), 혼돈 악

방어도 13 (통가죽 갑옷)
히트 포인트 15 (2d8+6)
이동속도 30ft

근력	민첩	건강	지능	지혜	매력
16 (+3)	12 (+1)	16 (+3)	7 (-2)	11 (+0)	10 (+0)

기술 위협 +2
감각능력 암시야 60ft, 상시 감지 10
언어 공용어, 오크어
도전지수 1/2 (100 xp)

공격성. 오크는 추가 행동으로 자신의 이동속도만큼 움직여 자신이 볼 수 있는 적대적인 크리쳐에게로 접근할 수 있습니다.

행동

대도끼. 근접 무기 공격: 명중 +5, 간격 5ft, 목표 하나. 명중시: 9(1d12+3)점의 참격 피해.

투창. 근접 또는 장거리 무기 공격: 명중 +5 간격 5ft 또는 장거리 30/120ft, 목표 하나. 명중시: 6(1d6+3)점의 관통 피해.

전형적인 오로그

오크, 그럼쉬의 눈
ORC EYE OF GRUUMSH

중형 인간형(오크), 혼돈 악

방어도 16 (링 메일, 방패)
히트 포인트 45 (6d8+18)
이동속도 30ft

근력	민첩	건강	지능	지혜	매력
16 (+3)	12 (+1)	16 (+3)	9 (-1)	13 (+1)	12 (+1)

기술 위협 +3, 종교학 +1
감각능력 암시야 60ft, 상시 감지 11
언어 공용어, 오크어
도전지수 2 (450 xp)

공격성. 오크는 추가 행동으로 자신의 이동속도만큼 움직여 자신이 볼 수 있는 적대적인 크리쳐에게로 접근할 수 있습니다.

그럼쉬의 격노. 오크는 무기 공격을 명중시키면 추가로 4(1d8)점의 피해를 더 가합니다. (이미 적용되어 있음)

주문시전. 오크는 3레벨 주문시전자입니다. 오크의 주문시전 능력치는 지혜입니다. (주문 내성 DC 11, 주문 명중 +3). 오크는 아래와 같은 클레릭 주문을 준비하고 있습니다.

소마법(자유시전): 안내*Guidance*, 저항*Resistance*, 단순마술*Thaumaturgy*
1레벨(슬롯 4개): 축복*Bless*, 명령*Command*
2레벨(슬롯 2개): 점술*Augury*, 영체 무기*Spiritual Weapon*(창)

행동

창. *근접 또는 장거리 무기 공격:* 명중 +5 간격 5ft 또는 장거리 20/60ft, 목표 하나. *명중시:* 11(1d6+1d8+3)점의 관통 피해. 양손으로 근접 공격을 가했다면 12(2d8+3)점의 관통 피해.

오로그 OROG

중형 인간형(오크), 혼돈 악

방어도 18 (플레이트)
히트 포인트 42 (5d8+20)
이동속도 30ft

근력	민첩	건강	지능	지혜	매력
18 (+4)	12 (+1)	18 (+4)	12 (+1)	11 (+0)	12 (+1)

기술 위협 +2, 생존 +2
감각능력 암시야 60ft, 상시 감지 10
언어 공용어, 오크어
도전지수 2 (450 xp)

공격성. 오크는 추가 행동으로 자신의 이동속도만큼 움직여 자신이 볼 수 있는 적대적인 크리쳐에게로 접근할 수 있습니다.

행동

다중공격. 오로그는 대도끼 공격을 2회 가합니다.

대도끼. *근접 무기 공격:* 명중 +6, 간격 5ft, 목표 하나. *명중시:* 10(1d12+4)점의 참격 피해.

투창. *근접 또는 장거리 무기 공격:* 명중 +6 간격 5ft 또는 장거리 30/120ft, 목표 하나. *명중시:* 7(1d6+4)점의 관통 피해.

오티유 OTYUGH

대형 기괴체, 중립

방어도 14 (자연 갑옷)
히트 포인트 114 (12d10+48)
이동속도 30ft

근력	민첩	건강	지능	지혜	매력
16 (+3)	11 (+0)	19 (+4)	6 (-2)	13 (+1)	6 (-2)

내성 굴림 건강 +7
감각능력 암시야 120ft, 상시 감지 11
언어 오티유어
도전지수 5 (1,800 xp)

제한된 정신감응. 오티유는 주변 120ft 내에서 언어를 이해하는 크리쳐 하나를 선택해 간단한 문구나 영상을 정신감응으로 보낼 수 있습니다. 이러한 정신감응은 일방적으로 이루어지며, 감응을 받은 크리쳐가 자기 생각을 오티유에게 전할 수는 없습니다.

행동

다중공격. 오티유는 물기 1회, 촉수 2회로 총 3회 공격합니다.

물기. 근접 무기 공격: 명중 +6, 간격 5ft, 목표 하나. 명중시: 12(2d8+3)점의 관통 피해. 만약 목표가 크리쳐라면 DC 15의 건강 내성에 실패할 시 질병에 걸립니다. 이 질병은 중독 상태를 일으키며, 24시간이 지날 때마다 다시 내성을 굴릴 수 있습니다. 내성에 실패할 때마다 해당 크리쳐의 최대hp는 5(1d10)점씩 감소합니다. 이렇게 최대hp가 감소하여 0 이하로 떨어지면 크리쳐는 사망합니다. 질병을 치료하면 잃어버린 최대hp는 모두 회복됩니다.

촉수. 근접 무기 공격: 명중 +6, 간격 10ft, 목표 하나. 명중시: 7(1d8+3)점의 타격 피해. 추가로 4(1d8)점의 관통 피해. 목표가 중형 이하 크기의 크리쳐라면 목표는 붙잡힙니다. (탈출 DC 13) 붙잡힌 상대는 포박 상태가 됩니다. 오티유에게는 2개의 촉수가 있으며, 각각 하나씩의 크리쳐를 붙잡을 수 있습니다.

촉수 후려치기. 오티유는 붙잡은 크리쳐들을 서로 충돌시키거나 땅에 내려칩니다. 붙잡힌 크리쳐들은 각각 DC 14의 건강 내성에 실패할 시 10(2d6+3)점의 타격 피해를 받고 오티유의 다음 턴이 끝날 때까지 충격 상태가 됩니다. 내성에 성공하면 피해는 절반으로 줄어들고, 충격 상태도 되지 않습니다.

오티유 OTYUGH

오티유는 괴악하게 생긴 덩치 큰 괴물로, 3개의 뭉툭한 다리를 지니고 있으며 눈과 코는 불어터진 몸뚱이 위에 달린 뱀 같은 줄기 위에 달려 있습니다. 고무질의 촉수 두 개 끝에는 뾰족한 가시가 달린 잎새 모양의 사지가 달려 있으며, 오티유는 이 촉수를 이용해서 먹을 것을 집어 벌어진 입으로 가져갑니다.

오티유는 오물과 시체 더미 속에 자신의 몸을 파묻어 숨기고, 감각 줄기만을 밖에 꺼내 놓습니다. 먹을만한 것이 가까이 오면, 오티유는 오물에서 촉수를 드러내며 먹이를 붙잡습니다.

오티유는 매복하여 기다리며 먹이를 잡아먹을 기회를 노리곤 합니다. 오티유는 제한된 형태의 정신감응을 이용해 지성체들을 둥지로 끌어들이며, 때로는 자기가 아닌 다른 존재인 것처럼 위장하기도 합니다.

어둠의 거주자. 오티유는 근처에 숨을만한 시체 더미나 쓰레기가 있어야만 밝은 빛을 그나마 견딜 수 있습니다. 야생에서 오티유는 썩어가는 늪이나 오물로 가득한 구덩이, 혹은 축축한 숲 둔덕에 서식하고 있습니다. 묘지나 도시의 하수구, 마을의 폐기물, 혹은 분변으로 가득한 동물 우리의 냄새 때문에 오티유가 문명 지역까지 들어오는 일도 종종 있습니다.

오티유는 먹을 것 외에는 아무것도 신경 쓰지 않기 때문에, 이들의 둥지는 때로 희생자들이 남기고 간 다양한 보물들이 여기저기 널브러져 있기도 합니다.

공생하는 수호자. 지하의 지성체는 오티유와 공존하며, 이들에게 쓰레기 처리를 맡기곤 합니다. 풍족한 영양만 주어진다면 오티유는 매우 빠르게 자라며, 먹을 수만 있다면 다른 욕구도 없고 어디로 가지도 않습니다. 오티유의 강력한 식탐 덕에 이들은 수호자로서도 유용하게 쓰이곤 합니다. 잘 먹여주는 한, 오티유는 다른 크리쳐를 공격하지 않습니다. 하지만 오티유의 주인이 되려는 자들 상당수는 필요한 오물이나 시체, 고기 등 먹이의 양을 너무 얕잡아 보는 경향이 있습니다. 오티유는 먹을 것이 부족하면 떠나버리기 때문입니다. "훈련받았다는" 오티유가 쓰레기를 모두 먹어치운 다음에도 배가 고파서 조련사를 잡아먹었다는 이야기는 그리 드물지 않습니다.

와이번 Wyvern

야생을 방랑하는 여행자들은 가끔 하늘을 볼 때 검은 날개를 펼친 와이번이 먹이를 채어 날아가는 모습을 보기도 합니다. 위대한 드래곤의 사촌 격인 이 괴물은 사촌들과 마찬가지로 깊이 얽힌 숲이나 동굴을 집으로 삼고 사냥하며 살아갑니다. 이들이 눈에 띈다는 것은 문명의 변경이 위험한 곳에 닿았다는 경고이기도 합니다.

와이번은 두 개의 비늘투성이 다리에 가죽 날개를 지니고 끝에 독침이 달린 채찍 같은 꼬리를 가장 강력한 무기로 사용합니다. 와이번의 독침에 있는 독은 몇 초 만에 상대를 죽일 정도로 지독합니다. 이 강력한 와이번 독은 상대의 혈류를 태워버리며, 혈관을 뭉개고 심장을 터트려 버립니다. 하지만 와이번의 이 지독한 독 때문에 사냥꾼이나 모험자들은 독을 얻기 위해 와이번을 추적하며, 독을 무기로 사용하거나 연금술 재료로 쓰기도 합니다.

하늘의 사냥꾼. 와이번은 도저히 다른 방법이 없을 때가 아니면 지상에서 싸우려 들지 않습니다. 와이번을 속여 하늘에서 싸울 수 없다고 생각하게 만들면, 지상으로 내려와 싸우는 예도 있습니다. 만약 지상에서 적과 마주하게 되면, 와이번은 몸을 낮게 숙이고 독침 꼬리를 머리 위로 쳐들고는 쉿쉿거리며 적을 위협합니다.

공격성과 끈질김. 와이번은 심각한 부상을 당했거나, 먹이가 너무 오래 도망 다녀서 차라리 다른 먹잇감을 찾는 게 낫겠다는 생각이 들 정도가 아니면 결코 점찍은 먹이를 포기하지 않습니다. 만약 와이번이 들어가기에는 너무 좁은 곳으로 먹이가 도망쳐 들어갔다면, 와이번은 먹잇감이 숨은 곳 앞을 지키며 독침 꼬리를 휘둘러 공격할 기회를 엿볼 것입니다.

와이번은 다른 대부분의 짐승보다는 영리하지만, 참된 드래곤들보다는 훨씬 떨어지는 지능을 지니고 있습니다. 따라서 하늘을 날아다니는 와이번을 사냥하는 방법은 종종 속임수가 뒤따르곤 합니다. 와이번이 먹이를 쫓을 때면, 매복의 가능성은 전혀 생각하지도 않고 직선으로 따라 뒤쫓아오기 때문입니다.

길들인 와이번. 와이번은 탈 것으로 쓰기 위해 길들일 수 있지만, 이는 몹시 어렵고 위험한 일입니다. 아주 어린 새끼일 때부터 길러야만 가장 좋은 결과를 얻을 수 있습니다. 하지만, 와이번의 폭력적인 성질 때문에 주인이 되려는 자들이 목숨을 잃는 일 또한 자주 벌어지곤 합니다.

와이번 Wyvern

대형 용족, 성향 없음

방어도 13 (자연 갑옷)
히트 포인트 110 (13d10+39)
이동속도 20ft, 비행 80ft

근력	민첩	건강	지능	지혜	매력
19 (+4)	10 (+0)	16 (+3)	5 (-3)	12 (+1)	6 (-2)

기술 감지 +4
감각능력 암시야 60ft, 상시 감지 14
언어 —
도전지수 6 (2,300 xp)

행동

다중공격. 와이번은 물기 1회, 독침 1회로 총 2회의 공격을 가합니다. 하늘을 날고 있을 때는 다른 공격을 대신해 할퀴기 공격을 사용할 수도 있습니다.

물기. 근접 무기 공격: 명중 +7, 간격 10ft, 크리쳐 하나. 명중시: 11(2d6+4)점의 관통 피해.

할퀴기. 근접 무기 공격: 명중 +7, 간격 5ft, 목표 하나. 명중시: 13(2d8+4)점의 참격 피해.

독침. 근접 무기 공격: 명중 +7, 간격 10ft, 크리쳐 하나. 명중시: 11(2d6+4)점의 관통 피해. 목표는 DC 15의 건강 내성에 실패할 시 24(7d6)점의 독성 피해를 받습니다. 내성에 성공하면 피해는 절반으로 줄어듭니다.

가 그 어두운 눈 속에서 백열처럼 타오르며, 와이트의 차가운 손 길은 닿은 살점과 옷, 갑옷을 넘어 산 자의 생기를 빨아들입니다.

무덤의 그림자. 와이트는 낮에 자신들이 증오하는 햇빛을 피해 세상에서 도망쳐 숨어 지냅니다. 이들은 얕은 둔덕이나 무덤, 자신들이 살고 있는 묘지 속에 숨어 있습니다. 이들의 둥지는 조용하고 외딴곳으로, 눈에 띄게 어두워진 죽은 식물들에 둘러싸여 있으며 새나 짐승들이 피하곤 합니다.

와이트에 살해당한 인간형 종족은 와이트의 명령을 받는 좀비로 되살아납니다. 살아있는 영혼에 대한 굶주림은 불사의 종복을 늘리려는 권력욕과도 뿌리를 같이합니다. 와이트들은 망령 등의 사악한 지도자 아래에서 돌격대로 활동하기도 합니다. 와이트는 병사로서 전술 계획을 짤 정도의 지능이 있지만, 그러는 경우보다는 자신들을 압도하는 파괴 욕구대로 움직일 때가 훨씬 많습니다.

언데드의 천성. 호흡할 필요가 없으며, 먹고 마시거나 잠잘 필요도 없습니다.

와이트 Wight

고어에서 "와이트"라는 단어는 "사람"이라는 뜻이었지만, 오늘날 와이트는 한때 필멸자였던 존재가 어두운 욕망과 거대한 허영에 빠져 변화한 사악한 언데드를 칭하는 말일 뿐입니다. 죽음이 사악한 자의 심장을 멈추고 마지막 호흡을 앗아갈 때, 그 영혼은 데몬 군주 오르커스나 다른 사악한 저승의 신에게 비명을 지르며 탄원하곤 합니다. 언데드가 되어 산 자들과 영원히 전쟁을 벌이겠다고 하는 것입니다. 만약 어둠의 힘이 이 부름에 응답하면, 영혼은 불사의 힘을 받고 그 자신의 사악한 계획을 위해 언데드가 됩니다.

와이트는 생전 자신의 기억과 욕망을 모두 가지고 있습니다. 그들은 자신을 언데드로 만든 어둠의 힘이 요구하는 모든 것에 복종하며, 자신들을 움직이게 해 주는 새 군주에게 충성을 맹세합니다. 와이트는 절대 지치지 않으며, 어떠한 한눈도 팔지 않고 자신의 목적을 끈질기게 추구합니다.

생명의 탐식자. 산 것도 죽은 것도 아닌 와이트는 두 세계 사이의 미묘한 지점에 존재합니다. 살아 있을 때 지녔던 생명의 불꽃은 사라졌고, 그 자리는 산 자들의 생기를 먹어 치우려는 끝없는 탐욕만이 채우게 됩니다. 와이트가 공격을 가할 때면 생명의 정수

와이트 Wight
중형 언데드, 중립 악

방어도 14 (스터디드 레더)
히트 포인트 45 (6d8+18)
이동속도 30ft

근력	민첩	건강	지능	지혜	매력
15 (+2)	14 (+2)	16 (+3)	10 (+0)	13 (+1)	15 (+2)

기술 감지 +3, 은신 +4
피해 저항 사령. 비마법적이고 은제가 아닌 무기에 의한 타격/관통/참격 피해
피해 면역 독성
상태 면역 탈진, 중독
감각능력 암시야 60ft, 상시 감지 13
언어 생전에 알았던 언어 전부
도전지수 3 (700 xp)

태양광 민감성. 와이트는 햇빛을 받고 있을 때 시각에 관계된 지혜(감지) 판정과 모든 명중 굴림에 불리점을 받습니다.

행동

다중공격. 와이트는 장검이나 장궁 공격을 2회 가합니다. 와이트는 장검 공격 1회 대신 생명 흡수를 사용할 수도 있습니다.

생명 흡수. *근접 무기 공격:* 명중 +4, 간격 5ft, 크리쳐 하나. *명중시:* 5(1d6+2)점의 사령 피해. 목표는 DC 13의 건강 내성에 실패할 시 최대hp도 같은 양만큼 감소합니다. 이렇게 감소한 최대hp는 긴 휴식을 마칠 때 회복됩니다. 만약 목표가 이 공격으로 인해 최대hp가 0 이하로 떨어질 경우 즉시 사망합니다.

몸이 완전히 파괴되지 않은 인간형 크리쳐가 이렇게 사망한 경우, 24시간이 지난 다음 와이트의 명령을 받는 좀비로서 되살아납니다. 와이트는 최대 12체까지의 좀비를 움직일 수 있습니다.

장검. *근접 무기 공격:* 명중 +4, 간격 5ft, 목표 하나. *명중시:* 6(1d8+2)점의 참격 피해. 양 손으로 사용한 경우 7(1d10+2)점의 참격 피해.

장궁. *장거리 무기 공격:* 명중 +4, 장거리 150/600ft, 목표 하나. *명중시:* 6(1d8+2)점의 관통 피해.

"벽이 갑자기 무너졌어. 기억
나는 건 그것 뿐이야."
— 움버 헐크의 습격에서
살아남은 생존자의 진술.

움버 헐크 Umber Hulk

지하 깊은 곳에 살고 있는 공포스러운 괴물인 움버 헐크는 먹잇감을 찾아 복잡한 동굴이나 던전, 혹은 언더다크의 정착지 주변을 배회하곤 합니다. 정신을 혼란스럽게 만드는 움버 헐크의 시선 때문에, 이들의 공격에서 살아남을 만큼 운이 좋았던 이들도 당시에 대해서는 거의 기억하지 못합니다.

열성적인 굴착자. 움버 헐크는 단단한 바위를 파고 나아갈 수 있으며, 지나간 자리에는 새 터널이 생겨납니다. 강철처럼 단단한 키틴질 껍질 덕에 움버 헐크는 터널이나 동굴이 무너지는 사고를 견딜 수 있으며, 바위가 떨어지는 것 정도는 아무렇지도 않습니다.

동굴이나 통로의 벽을 파고 들어가며, 움버 헐크는 반대편에서 누군가 지나가길 기다립니다. 털같이 가느다란 감각 기관 덕에, 이들은 주변의 움직임을 모두 감지할 수 있습니다. 흙이나 돌과 함께 벽이 무너지며 움버 헐크가 갑작스레 등장하면, 사냥감들은 예상하지 못한 위험에 마주해야 합니다. 그리고 이들은 움버 헐크의 기괴한 시선을 받으면 아무것도 하지 못하고 명한 상태가 되어 괴물의 위턱이 닫히는 것을 바라보게 됩니다.

마음을 휘젓는 자. 움버 헐크와 마주치고서도 생존한 자들은 그때를 제대로 기억하지 못하는데, 이것은 괴물이 사용하는 착란의 시선이 사건의 기억을 지워버리기 때문입니다. 움버 헐크와 싸워서 쓰러트린 사람들은 그 징조를 알아봅니다. 언더다크의 거주자들 사이에는 알 수 없는 적의 습격을 받고 벽이 무너지며 실종된 탐험가들에 대한 이야기가 자주 돌아다닙니다. 움버 헐크는 이 무서운 이야기들 속에서 초자연적 지위를 차지하고 있습니다. 이 이야기들은 모두 한 가지 공통된 교훈을 담고 있습니다. 일단 움버 헐크가 보였다면, 도망치기엔 너무 늦었다는 것 말입니다.

움버 헐크 Umber Hulk

대형 괴물류, 혼돈 악

방어도 18 (자연 갑옷)
히트 포인트 93 (11d10+33)
이동속도 30ft 굴착 20ft

근력	민첩	건강	지능	지혜	매력
20 (+5)	13 (+1)	16 (+3)	9 (-1)	10 (+0)	10 (+0)

감각능력 암시야 120ft 진동감지 60ft, 상시 감지 10
언어 움버 헐크어
도전지수 5 (1,800 xp)

착란의 시선. 움버헐크는 자기 주변 30ft 내에서 턴을 시작하는 크리쳐가 있을 경우, 자신이 행동불능 상태가 아니고 서로를 볼 수 있다면 그 크리쳐에게 DC 15의 매력 내성을 굴리게 할 수 있습니다.

크리쳐는 내성에 실패할 시 자신의 다음 턴이 시작할 때까지 반응행동을 할 수 없고 d8을 굴려 이번 턴에 어떤 행동을 할지 정하게 됩니다. 1-4 가 나온 경우 해당 크리쳐는 아무런 행동도 하지 못합니다. 5-6이 나온 경우 해당 크리쳐는 아무런 행동도 하지 않고 무작위 방향으로 자신의 이동속도만큼 이동합니다. 7-8이 나온 경우 해당 크리쳐는 자신의 간격 내에 있는 무작위 크리쳐에게 근접 공격을 1회 가하며, 간격 내에 아무도 없을 경우 아무 행동도 하지 않습니다.

크리쳐들은 기습당한 것이 아닌 한 자기 턴이 시작할 때 눈길을 피해 내성 굴림을 굴리지 않으려 할 수 있습니다. 이런 경우 해당 크리쳐는 자신의 다음 턴이 시작할 때까지 움버 헐크를 볼 수 없고, 다음 턴에 다시 눈을 돌릴지 결정해야 합니다. 만약 해당 크리쳐가 잠깐이라도 움버 헐크와 마주본다면 즉시 내성을 굴려야 합니다.

굴착자. 움버 헐크는 굴착 이동 속도의 절반까지 단단한 암반을 파헤치고 이동할 수 있으며, 지나간 길에 폭 5ft, 높이 8ft의 터널을 만듭니다.

행동

다중공격. 움버 헐크는 할퀴기 2회, 위턱 1회로 총 3회 공격을 가할 수 있습니다.

할퀴기. *근접 무기 공격:* 명중 +8, 간격 5ft, 목표 하나. *명중시:* 9(1d8+5) 점의 참격 피해.

위턱. *근접 무기 공격:* 명중 +8, 간격 5ft, 목표 하나. *명중시:* 14(2d8+5) 점의 참격 피해.

움직이는 물체
ANIMATED OBJECTS

움직이는 물체는 강력한 마법의 힘을 주입받아 창조자의 명령에 따라 만들어진 것들입니다. 창조자의 명령이 없다면, 그들은 최선을 다해 마지막으로 받은 명령에 따라 움직입니다. 또한 이러한 물체는 독립적으로 간단한 일을 처리할 능력도 지니고 있습니다. 이들은 대개 명령에 따라 움직이는 단순한 물체에 불과하지만, 페이와일드에서 만들어진 것들 등의 일부는 화려하거나 독특한 개성을 지니기도 합니다.

구조물의 천성. 움직이는 물체는 호흡할 필요가 없으며, 먹고 마시거나 잠잘 필요도 없습니다.

물체를 움직이는 마법은 hp가 0이 되면 해제됩니다. 만약 움직이는 물체의 hp가 0으로 떨어지면 이들은 움직이지 않게 되지만, 대개는 너무 많이 손상되어 다른 이들이 사용할 수 없는 상태로 변해 버렸을 것입니다.

날아다니는 검 FLYING SWORD

날아다니는 검은 허공에서 춤추며, 부상당하지 않는 전사의 자신감을 가지고 적과 싸웁니다. 대개 마법이 부여되는 무기는 검 종류들이 많지만, 도끼, 곤봉, 단검, 철퇴, 창 등에 마법이 부여되는 경우도 있으며 심지어는 마법의 힘으로 스스로 장전하는 석궁 역시 발견된 적이 있습니다.

움직이는 갑옷 ANIMATED ARMOR

이 텅 빈 강철 껍질은 쩔그렁대며 움직이고, 두꺼운 철판들은 마치 쓰러진 기사의 복수심이 담겨 있기라도 한 것처럼 보입니다. 마법으로 만들어진 이 수호자들은 느리지만 끈질기며, 한 벌의 철판 갑옷처럼 튼튼합니다.

때로는 공포감을 더하기 위해 움직이는 갑옷에 미리 설정해 둔 대사를 읊는 마법을 부여할 때도 있으며, 이러한 갑옷들은 침입자에게 경고를 읊거나, 암호를 요구하거나, 수수께끼를 내기도 합니다. 하지만 실제 대화 능력을 지닌 경우는 거의 없습니다.

질식시키는 깔개 RUG OF SMOTHERING

되다만 도적들이나 부주의한 영웅들이 적의 근거지 입구에 도착하면 눈과 귀 모두 함정의 위험에 곤두서 있습니다. 그러나 이들 역시 갑자기 발아래의 깔개가 살아 움직이며 그들을 휘감아 질식사로 몰고 가는 경우는 쉽게 예상하지 못합니다.

질식시키는 깔개는 다양한 형태로 발견되곤 합니다. 여왕의 거실에나 어울릴 법한 아주 잘 짜인 카펫 형태도 있으며, 농부의 오두막에나 있을 것 같은 거친 발판도 있습니다. 마법을 감지할 수 있는 능력을 지닌 크리처는 깔개의 희미한 마법적 오오라를 읽을 수 있을지도 모릅니다.

때때로 질식시키는 깔개는 비행 융단(Carpet of Flying)이나 그와 유사한 이로운 마법 물체처럼 위장되어 있기도 합니다. 하지만 누군가 그 깔개 위에 서거나 앉게 되면, 혹은 명령어를 말하게 되면, 깔개는 즉시 움직여 휘생자를 휘감고 돌면서 질식시키려 들 것입니다.

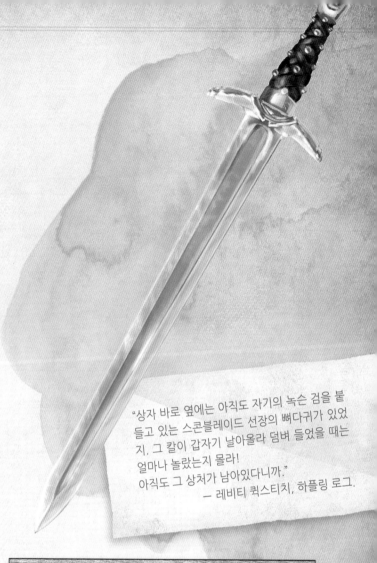

"상자 바로 옆에는 아직도 자기의 녹슨 검을 붙들고 있는 스콘블레이드 선장의 뼈다귀가 있었지. 그 칼이 갑자기 날아올라 덤벼 들었을 때는 얼마나 놀랐는지 몰라! 아직도 그 상처가 남아있다니까."
— 레비티 퀵스티치, 하플링 로그.

날아다니는 검 FLYING SWORD

소형 구조물, 성향 없음

방어도 17 (자연 갑옷)
히트 포인트 17 (5d6)
이동속도 0ft, 비행 50ft (부양)

근력	민첩	건강	지능	지혜	매력
12 (+1)	15 (+2)	11 (+0)	1 (-5)	5 (-3)	1 (-5)

내성 굴림 민첩 +4
피해 면역 독성, 정신
상태 면역 장님, 매혹, 귀머거리, 탈진, 공포, 마비, 석화, 중독
감각능력 맹안시야 60ft(너머는 장님으로 취급), 상시 감지 7
언어 ―
도전지수 1/4 (50 xp)

반마법 영향. 검은 ***반마법장**Antimagic Field*의 영향 하에 들어가면 행동불능 상태가 됩니다. 만약 검이 ***마법 무효화**Dispel Magic* 주문의 목표가 되면 시전자의 주문 내성 DC를 목표로 건강 내성을 굴려 실패할 시 1분간 무의식 상태가 됩니다.

거짓 외관. 이 검이 움직이지 않고 있으면, 보통 검과 구분할 수 없습니다.

행동

장검. 근접 무기 공격: 명중 +3, 간격 5ft, 목표 하나. 명중시: 5(1d8+1) 점의 참격 피해.

움직이는 갑옷 ANIMATED ARMOR

중형 구조물, 성향 없음

방어도 18 (자연 갑옷)
히트 포인트 33 (6d8+6)
이동속도 25ft

근력	민첩	건강	지능	지혜	매력
14 (+2)	11 (+0)	13 (+1)	1 (-5)	3 (-4)	1 (-5)

피해 면역 독성, 정신
상태 면역 장님, 매혹, 귀머거리, 탈진, 공포, 마비, 석화, 중독
감각능력 맹안시야 60ft(너머는 장님으로 취급), 상시 감지 6
언어 −
도전지수 1 (200 xp)

반마법 영향. 이 갑옷은 *반마법장Antimagic Field*의 영향 하에 들어가면 행동불능 상태가 됩니다. 만약 갑옷이 *마법 무효화Dispel Magic* 주문의 목표가 되면 시전자의 주문 내성 DC를 목표로 건강 내성을 굴려 실패할 시 1분간 무의식 상태가 됩니다.

거짓 외관. 이 갑옷이 움직이지 않고 있으면, 보통 갑옷과 구분할 수 없습니다.

행동

다중공격. 갑옷은 근접 공격을 2회 가합니다.

후려치기. 근접 무기 공격: 명중 +4, 간격 5ft, 목표 하나. 명중시: 5 (1d6+2)점의 타격 피해.

질식시키는 깔개 RUG OF SMOTHERING

대형 구조물, 성향 없음

방어도 12
히트 포인트 33 (6d10)
이동속도 10ft

근력	민첩	건강	지능	지혜	매력
17 (+3)	14 (+2)	10 (+0)	1 (-5)	3 (-4)	1 (-5)

피해 면역 독성, 정신
상태 면역 장님, 매혹, 귀머거리, 탈진, 공포, 마비, 석화, 중독
감각능력 맹안시야 60ft(너머는 장님으로 취급), 상시 감지 6
언어 −
도전지수 2 (450 xp)

반마법 영향. 이 깔개는 *반마법장Antimagic Field*의 영향 하에 들어가면 행동불능 상태가 됩니다. 만약 깔개가 *마법 무효화Dispel Magic* 주문의 목표가 되면 시전자의 주문 내성 DC를 목표로 건강 내성을 굴려 실패할 시 1분간 무의식 상태가 됩니다.

피해 이전. 깔개가 크리쳐에 달라붙어 있다면, 깔개는 모든 공격에 절반의 피해만 받습니다. (나머지 버림) 나머지 절반의 피해는 깔개가 달라붙어 있는 크리쳐가 받게 됩니다.

거짓 외관. 이 깔개가 움직이지 않고 있으면, 보통 깔개와 구분할 수 없습니다.

행동

질식시키기. 근접 무기 공격: 명중 +5, 간격 5ft, 중형 크기 이하의 크리쳐 하나. 명중시: 크리쳐는 붙잡힙니다. (탈출 DC 13) 붙잡힌 크리쳐는 포박에 장님 상태로 취급하며, 질식의 위험이 있습니다. 깔개는 목표 하나를 붙잡고 있는 동안 다른 목표에게 질식시키기 공격을 가할 수 없습니다. 목표는 자기 턴이 시작할 때마다 10(2d6+3)점의 타격 피해를 받습니다.

원소류 ELEMENTALS

원소는 우주를 구성하는 기본 요소인 공기, 땅, 불, 물의 화신이자 구현입니다. 이들은 본래 자신들이 기거하는 존재의 세계에서는 그저 움직이는 힘에 지나지 않지만, 주문시전자나 강력한 존재가 이들을 소환하여 형태를 부여하고 임무를 맡기곤 합니다.

살아있는 원소. 원소는 원래 세계에서 형태를 갖지 못하는 생명력에 불과한 존재입니다. 원소의 의식은 마법의 힘에 의해 소환되고 집중되어 물리적 형체를 갖추게 되었을 때 비로소 형성됩니다. 원소력으로 이루어진 야생 정령은 자신의 고향 세계로 돌아가고자 하는 것 외에는 어떠한 욕망도 없습니다. 마치 물질계의 야수들처럼 이 원소 정령들에게는 어떠한 사회나 문화도 없으며, 의식도 거의 없습니다.

마법에 의해 소환됨. 몇 가지 주문이나 마법 물건을 사용하면 원소를 소환할 수 있으며, 내부 이계에서 물질계로 불러내 형체를 줄 수 있습니다. 원소는 자신의 본래 세계에서 끌려 나오는 것을 본능적으로 거부하지만, 주문에 의해 속박되어 명령에 따르게 됩니다. 원소를 소환한 존재는 의지를 집중하여 이를 통제해야만 합니다.

속박되어 형태가 주어진 존재. 강력한 마법을 이용하면 원소 정령을 속박해서 물질에 묶어 형태를 주고, 이를 통해 원소에게 특정한 용도와 기능을 부여할 수 있습니다. 투명 추적자 (Invisible Stalker)는 대기 원소에 특정한 형태를 부여한 것이며, 수괴(Water Weird) 역시 물의 원소에 형태를 부여하는 마법을 건 것입니다.

마법의 힘과 이용되는 물질에 따라 그 원소가 주어진 기능을 얼마나 잘 수행하는지가 달라집니다. 골렘은 물질 형태에 묶인 원소 정령이지만, 살점이나 점토같이 약한 물질에 묶이면 원소의 힘을 원활하게 사용할 수 없습니다. 바위나 강철처럼 단단한 물질은 더 강력한 마법을 요구하지만, 원소의 힘을 더 안정적으로 묶어 놓을 수 있습니다.

원소의 천성. 원소는 호흡할 필요가 없으며, 먹고 마시거나 잠잘 필요도 없습니다.

대기 원소 AIR ELEMENTAL

대기 원소는 휘몰아치는 구름 형상에 희미하게 얼굴 모습을 띠고 있습니다. 대기 원소는 땅을 스쳐 지나가며 먼지와 바람을 일으키는 것을 좋아하긴 하지만, 하늘을 날 수 있으며 하늘에서부터 공격해 올 수 있습니다.

대기 원소는 스스로를 강력한 회오리로 바꿀 수 있으며, 소용돌이를 일으켜 길을 막고 있는 자들을 날려버릴 수 있습니다.

대지 원소 EARTH ELEMENTAL

대지 원소는 걸어 다니는 언덕과 같이 묵직하며, 곤봉 같은 팔에는 날카로운 바위들이 솟아나 있습니다. 원소의 머리와 몸통은 흙과 돌로 이루어져 있으며, 때로 금속이나 보석, 혹은 밝은 광물 덩어리들이 들어가기도 합니다.

대지 원소는 바위와 흙 위를 미끄러지듯 이동합니다. 땅에 묶인 크리쳐들은 대지 원소에게 큰 두려움을 품고 있는데, 이 원소는 자기 근처에서라면 적들이 어디 서 있는지 정확하게 파악해 낼 수 있기 때문입니다.

물의 원소 WATER ELEMENTAL

물의 원소는 땅 위로 밀려오는 파도 같은 모습을 하고 있으며, 큰 물속에 들어가면 거의 투명해져 보이지 않습니다. 물의 원소는 마주친 상대를 집어삼키고 입과 폐 속에 물을 집어넣어 마치 불을 끄는 것처럼 상대를 쉽게 질식시킬 수 있습니다.

불의 원소 FIRE ELEMENTAL

불의 원소는 희미한 인간형 모습을 띠고 있는 거친 불길로 이루어져 있습니다. 불의 원소는 변덕스러운 파괴의 힘 그 자체입니다. 불의 원소가 지나가는 곳마다 주변은 불타오르고 세상은 잿더미와 연기, 숯으로 변합니다. 물은 이 파괴의 진행을 멈출 수 있기에, 물을 마주하면 불의 원소는 뒤로 물러서 쉿쉿거리며 고통과 분노에 차 연기를 뿜어댑니다.

대기 원소 Air Elemental

대형 원소, 중립

방어도 15
히트 포인트 90 (12d10+24)
이동속도 0ft, 비행 90ft (부양)

근력	민첩	건강	지능	지혜	매력
14 (+2)	20 (+5)	14 (+2)	6 (-2)	10 (+0)	6 (-2)

피해 저항 번개, 천둥. 비마법적 무기에 의한 참격/관통/타격 피해
피해 면역 독성
상태 면역 탈진, 붙잡힘, 마비, 석화, 중독, 넘어짐, 포박, 무의식
감각능력 암시야 60ft, 상시 감지 10
언어 창공어
도전지수 5 (1,800 xp)

대기 형태. 원소는 적대적 크리쳐가 점유한 공간에 들어가서 멈출 수 있습니다. 또한 원소는 1인치 정도의 틈이 있다면 끼이지 않고 그 틈을 통해 이동할 수 있습니다.

행동

다중공격. 원소는 후려치기 공격을 2회 가합니다.

후려치기. 근접 무기 공격: 명중 +8, 간격 5ft, 목표 하나. 명중시: 14(2d8+5)점의 타격 피해.

회오리바람(재충전 4-6). 원소가 점유한 공간에 있는 모든 크리쳐는 DC 13의 근력 내성에 실패할 시 15(3d8+2)점의 타격 피해를 받고 무작위 방향으로 20ft 날아가서 넘어집니다. 던져진 목표가 벽이나 바닥 등 단단한 물체에 충돌했다면 목표는 날아간 거리 10ft당 3(1d6)점의 타격 피해를 받습니다. 만약 목표가 다른 크리쳐가 있는 위치로 날아갔다면 해당 지점의 크리쳐는 DC 13의 민첩 내성에 실패할 시 충돌하여 같은 피해를 받고 넘어집니다.
  내성 굴림에 성공하면 피해는 절반으로 줄어들고, 날아가거나 넘어지지 않습니다.

대지 원소 Earth Elemental

대형 원소, 중립

방어도 17 (자연 갑옷)
히트 포인트 126 (12d10+60)
이동속도 30ft, 굴착 30ft

근력	민첩	건강	지능	지혜	매력
20 (+5)	8 (-1)	20 (+5)	5 (-3)	10 (+0)	5 (-3)

피해 취약성 천둥
피해 저항 비마법적 무기로 인한 타격/관통/참격 피해
피해 면역 독성
상태 면역 탈진, 마비, 석화, 중독, 무의식
감각능력 암시야 60ft, 진동감지 60ft, 상시 감지 10
언어 대지어
도전지수 5 (1,800 xp)

대지 활주. 비마법적이고 비인공적인 땅이나 돌을 통해 흐르듯 이동할 수 있습니다. 이렇게 이동하는 동안, 원소는 바닥의 물질에 영향을 주지 않습니다.

공성 괴물. 원소는 물체나 건축물에 2배의 피해를 가합니다.

행동

다중공격. 원소는 후려치기 공격을 2회 가합니다.

후려치기. 근접 무기 공격: 명중 +8, 간격 10ft, 목표 하나.
명중시: 14(2d8+5)점의 타격 피해.

물의 원소 WATER ELEMENTAL

대형 원소, 중립

방어도 14 (자연 갑옷)
히트 포인트 114 (12d10+48)
이동속도 30ft, 수영 90ft

근력	민첩	건강	지능	지혜	매력
18 (+4)	14 (+2)	18 (+4)	5 (-3)	10 (+0)	8 (-1)

피해 저항 산성, 비마법적 무기에 의한 타격/관통/참격 피해
피해 면역 독성
상태 면역 탈진, 붙잡힘, 마비, 석화, 중독, 넘어짐, 포박, 무의식
감각능력 암시야 60ft, 상시 감지 10
언어 수중어
도전지수 5 (1,800 xp)

물 형태. 원소는 적대적 크리쳐가 점유한 공간에 들어가서 멈출 수 있습니다. 또한 원소는 1인치 정도의 틈이 있다면 끼이지 않고 그 틈을 통해 이동할 수 있습니다.

얼어붙음. 원소는 냉기 피해를 받으면 부분적으로 얼어붙게 됩니다. 이 경우, 원소는 자신의 다음 턴이 끝날 때까지 이동 속도가 20ft 감소합니다.

행동

다중공격. 원소는 후려치기 공격을 2회 가합니다.

후려치기. 근접 무기 공격: 명중 +7, 간격 5ft, 목표 하나. 명중시: 13(2d8+4)점의 타격 피해.

휩쓸기 (재충전 4-6). 원소가 점유한 공간에 있는 모든 크리쳐는 DC 15의 근력 내성에 실패 시 13(2d8+4)점의 타격 피해를 받습니다. 또한 대형 크기 이하의 크리쳐는 붙잡힌 상태가 됩니다. (탈출 DC 14) 이렇게 붙잡힌 크리쳐는 포박 상태이며 물 속에서 호흡할 수 없는 한, 숨을 쉴 수 없습니다.

원소는 대형 크리쳐 하나 또는 중형 이하 크기 크리쳐 둘 까지를 동시에 휩쓸 수 있습니다. 원소 주변 5ft 내의 크리쳐는 행동을 사용해 DC 14의 근력 판정에 성공할 시 휩쓸린 크리쳐를 무사히 밖으로 끌어낼 수 있습니다.

불의 원소 FIRE ELEMENTAL

대형 원소, 중립

방어도 13
히트 포인트 102 (12d10+36)
이동속도 50ft

근력	민첩	건강	지능	지혜	매력
10 (+0)	17 (+3)	16 (+3)	6 (-2)	10 (+0)	7 (-2)

피해 저항 비마법적 무기에 의한 타격/관통/참격 피해
피해 면역 독성
상태 면역 탈진, 붙잡힘, 마비, 석화, 중독, 넘어짐, 포박, 무의식
감각능력 암시야 60ft, 상시 감지 10
언어 화염어
도전지수 5 (1,800 xp)

화염 형태. 원소는 1인치 정도의 틈이 있다면 끼이지 않고 이동할 수 있습니다. 원소에 접촉하거나 주변 5ft 내에서 근접 공격을 명중시킨 크리쳐는 매번 5(1d10)점의 화염 피해를 받으며 불이 붙습니다. 다른 누군가가 행동을 사용해 불을 꺼 주기 전까지, 불이 붙은 크리쳐는 매번 자기 턴이 시작할 때 5(1d10)점의 화염 피해를 받게 됩니다. 또한 원소는 적대적 크리쳐의 공간에 들어가 턴을 마칠 수 있습니다.

광원. 원소는 주변 30ft까지 밝은 빛, 추가 30ft까지는 약한 빛으로 밝힙니다.

물에 민감함. 원소가 물 속에서 5ft 이동할 때마다, 혹은 원소에 물 1갤런을 부을 때마다 원소는 1점씩 냉기 피해를 받습니다.

행동

다중공격. 원소는 접촉 공격을 2회 가합니다.

접촉. 근접 무기 공격: 명중 +6, 간격 5ft, 목표 하나. 명중시: 10(2d6+3)점의 화염 피해. 목표가 크리쳐라거나 가연성 물체라면 불이 붙습니다. 행동을 사용해 불을 끄기 전까지, 목표는 매번 자기 턴이 시작할 때 5(1d10)점의 화염 피해를 받습니다.

윌 오 위스프 Will-O'-Wisp

초소형 언데드, 혼돈 악

방어도 19
히트 포인트 22 (9d4)
이동속도 0ft, 비행 50ft (부양)

근력	민첩	건강	지능	지혜	매력
1 (-5)	28 (+9)	10 (+0)	13 (+1)	14 (+2)	11 (+0)

피해 면역 번개, 독성
피해 저항 산성, 냉기, 화염, 사령, 천둥, 비마법적 무기로 인한 타격/관통/참격 피해
상태 면역 탈진, 붙잡힘, 마비, 중독, 넘어짐, 포박, 무의식
감각능력 암시야 120ft, 상시 감지 12
언어 생전에 알았던 언어 전부
도전지수 2 (450 xp)

생명 섭취. 윌 오 위스프는 추가 행동을 사용해 주변 5ft 내에서 hp가 0이지만 아직 살아 있는 크리쳐 하나의 생명을 마법적으로 먹어치울 수 있습니다. 목표는 DC 10의 건강 내성을 굴려 실패할 시 사망합니다. 만약 목표가 사망했다면 윌 오 위스프는 10(3d6)점의 hp를 회복합니다.

덧없음. 윌 오 위스프는 물체를 장비하거나 들 수 없습니다.

비실체 이동. 윌 오 위스프는 다른 크리쳐나 물체가 점유한 공간을 어려운 지형처럼 취급해 이동할 수 있습니다. 물체가 점유한 칸에서 자기 턴을 종료하는 경우, 위스프는 5(1d10)점의 역장 피해를 받습니다.

변화하는 광원. 윌 오 위스프는 5ft에서 20ft까지 밝은 빛을, 추가로 같은 거리만큼 약한 빛을 내며 밝힙니다. 윌 오 위스프는 추가 행동을 사용해 빛의 반경을 바꿀 수 있습니다.

행동

전격. 근접 주문 공격: 명중 +4, 간격 5ft, 크리쳐 하나. 명중시: 9(2d8)점의 번개 피해.

투명화. 윌 오 위스프와 위스프가 발하는 빛은 마법적으로 투명화합니다. 이 투명화는 공격하거나 생명 섭취를 하기 전까지 집중하는 동안 유지됩니다. (주문에 대한 집중과 동일)

윌 오 위스프 Will-O'-Wisp

윌 오 위스프는 악의에 가득 찬 도깨비불의 빛 덩어리로, 외로운 장소나 과거의 전장이었던 곳을 떠돌아다니며 어두운 숙명과 암흑 마법에 묶여 공포와 절망을 먹어 치웁니다.

희망과 파멸. 윌 오 위스프는 멀리서 보면 마치 랜턴의 빛이 빛나는 것처럼 보이지만, 누군가 가까이 다가가면 색을 바꾸거나 완전히 사라져 버리기도 합니다. 이들이 멀리서 빛을 비출 때면 마치 안전한 장소나 동료가 있는 것처럼 희망을 주어 희생자를 끌어들입니다.

윌 오 위스프는 이렇게 끌어들인 목표를 유사나 괴물의 둥지처럼 위험한 곳으로 유도해 고통받게 하고, 죽음의 단말마를 들으며 배를 채웁니다. 윌 오 위스프가 사악한 존재의 생명을 먹어 치우면, 먹이가 된 존재 역시 위스프가 됩니다. 이 한탄에 찬 영혼들은 생명이 사라진 자신의 시체 위에서 깜빡이며 빛나곤 합니다.

절망에 삼켜짐. 윌 오 위스프는 강력한 마법으로 오염된 버려진 땅을 떠돌다 격렬한 분노나 절망으로 인해 죽은 사악한 존재의 영혼들입니다. 이들은 습지의 늪이나 뼈가 흩어져 있는 전장을 좋아하며, 낮게 깔린 안개보다 슬픔과 절망의 무게가 짙은 곳에 자리를 잡곤 합니다. 잃어버린 희망과 기억이 가득한 이 버려진 장소에 사로잡힌 윌 오 위스프는 다른 존재들을 끌어들여 그들의 버려진 절망과 죽음에서 먹이를 얻곤 합니다.

악의 수하. 윌 오 위스프는 거의 말을 하지 않지만, 말을 할 때면 마치 멀리서 들려오는 낮은 속삭임 같은 소리를 냅니다. 윌 오 위스프는 때로 자신들이 거하는 무시무시한 장소에서 악랄한 이웃들과 공생 관계를 맺기도 합니다. 해그나 오니, 블랙 드래곤이나 악신을 섬기는 사교도들은 다른 이들을 끌어들여 윌 오 위스프와 함께 매복하기도 합니다. 이 사악한 동료들이 희생자들을 끌어들여 살육할 때, 윌 오 위스프는 허공을 떠돌며 이들의 눈에서 마지막 생명의 불빛이 사라질 때의 감각과 마지막 숨결이 떠날 때의 고뇌를 실컷 들이마십니다.

언데드의 천성. 호흡할 필요가 없으며, 먹고 마시거나 잠잘 필요도 없습니다.

유골로스 YUGOLOTHS

유골로스는 아케론, 게헨나, 하데스, 카르케리 등의 하계에 거주하는 교활한 악마들입니다. 이들은 항상 충성을 바꾸는 것으로 악명 높은 용병이며, 탐욕의 화신입니다. 다른 누군가의 깃발 아래 서기 전에, 유골로스는 오직 한 가지 질문만을 던집니다. 나한테는 뭐가 돌아오는데?

게헨나의 자식들. 최초의 유골로스는 게헨나의 나이트 해그 자매회에 의하여 만들어졌다고 합니다. 많은 이는 이 과정에서 구층지옥의 군주 아스모데우스가 관여했다고 하며, 아스모데우스는 이를 통해 구층지옥에 얽매이지 않고 부릴 수 있는 악마 군대를 만들고자 한 것으로 여겨지고 있습니다. 이렇게 새 군대를 만들면서, 해그들은 네 권의 마법서에 자신들이 창조한 모든 유골로스의 진명을 기록했습니다. 그러나 그중 단 하나, 게헨나의 장군(General of Gehenna)의 이름만은 마법서에 없었습니다. 이 마법서들은 이후 *유지의 서(Books of Keeping)*라고 부르게 됩니다. 악마의 진명을 알고 있다면 그 악마를 지배할 수 있기에, 해그들은 이 마법서들을 사용해 유골로스의 충성을 얻으려 했습니다. 또한 그들은 자신들이 마주한 다른 악마들의 진명 역시 책에 기록해 두었습니다. 전설에 따르면 *유지의 서*에는 데몬 군주들이나 아크데빌들 몇몇의 진명 역시 들어 있다고 합니다.

사소한 질투와 끝없는 견제 때문에 자매회가 붕괴하게 되고, 권력을 잡으려는 지속적인 시도 속에서 *유지의 서*는 모두 빼앗기고 사라져 버렸습니다. 이제 누구에게도 종속하지 않게 된 유골로스는 독립을 얻었고, 이제 가장 비싼 값을 부르는 이들에게 봉사하는 악마들이 되었습니다.

악마 용병. 소환된 유골로스는 자신들의 시간과 충성의 대가를 요구합니다. 유골로스와 맺은 약속은 그들에게 더 좋은 기회가 올 경우 쉽게 깨지고 맙니다. 데몬과는 달리 유골로스는 나름대로 이성적인 판단을 하지만, 데빌과는 달리 이들이 자기 말을 지키는 경우는 거의 없습니다.

유골로스는 어디서든 찾을 수 있지만, 유골로스의 군대를 유지하는데 들어가는 막대한 비용 때문에 물질계의 군주들이 이들을 부리는 경우는 거의 없습니다.

지독하게 이기적인 유골로스는 끝없이 자기들 사이에서도 다툼을 벌이곤 합니다. 유골로스 군대는 데몬의 무리보다는 훨씬 더 잘 조직되어 있지만, 데빌 군단보다는 규율이 덜 엄격하며 체계가 있는 것도 아닙니다. 이들을 휘어잡을 강력한 지도자가 없다면, 유골로스는 그저 폭력적인 본성에 맞춰 단순하게 싸울 뿐이며, 그나마도 자기들에게 이익이 돌아올 때만 앞에 나섭니다.

게헨나로 돌아가기. 유골로스가 죽게 되면, 몸은 악취나는 웅덩이로 녹아버리고 대신 게헨나의 음울한 영원 속에서 다시 모든 힘을 되찾아 깨어납니다. 오직 고향 세계에서 파괴당할 때만 유골로스를 영원히 파괴할 수 있습니다. 유골로스 역시 이 사실을 알고 있으며, 그에 맞게 움직입니다. 다른 세계에서 소환되면 유골로스는 자신들의 안위를 돌보지 않고 싸움을 벌입니다. 하지만 게헨나에서 이들은 더 쉽게 후퇴하는 편이며, 상황이 급박하게 돌아갈 경우 자비를 구걸하기도 합니다.

유골로스가 영원히 파괴되면, 그 이름은 *유지의 서*에서 영원히 지워지게 됩니다. 만약 유골로스가 영혼을 소비하는 사악한 의식을 통해 다시 만들어지면, 유지의 서에 그 이름이 다시 나타날 것입니다.

유지의 서. 유지의 서 네 권이 모두 사라져 버렸을 때, 아스모데우스와 나이트 해그들은 자신들이 만든 유골로스의 통제권을 잃어버리고 말았습니다. 이 유지의 서들은 아직도 존재하며 온갖 세계에 흩어져 있다고 합니다. 그리고 아주 용감하거나 어리석은 자들이 이 책을 얻기 위해 몸부림치기도 합니다. *유지의 서*에 쓰여 있는 진명을 이용하여 소환된 유골로스는 소환자의 명령에 절대복종해야 합니다. 유골로스는 이렇게 통제되는 것을 증오하며, 자신들이 불쾌하다는 사실을 드러내는데도 거리낌이 없습니다. 이들은 마치 떼쓰는 아이들처럼 모든 명령을 받아들일 때 어떻게든 곡해하며 훼방을 놓으려 들 것입니다.

게헨나의 장군. 게헨나의 유황 폐허 속 어딘가에는 너무나 강력하여 아무도 감히 도전하지 못하는 울트롤로스 한 명이 배회하고 있습니다. 이 자가 바로 게헨나의 장군입니다. 많은 유골로스는 이 위대한 장군을 섬기기 위해 게헨나를 찾아다니곤 합니다. 이들은 게헨나의 장군을 섬기면 위대한 힘을 얻고, 하계의 악마들 사이에서 더 높은 지위를 얻을 수 있을 거라고 믿습니다.

이유가 어쨌든, 장군 본인이 원치 않는다면 그 어떤 악마도 그를 발견하지 못한다고 합니다. 그의 이름 역시 비밀에 부쳐져 있으며, 심지어 유지의 서에도 이 강력하고 사악한 존재의 진명은 실려 있지 않다고 합니다.

나이칼로스 NYCALOTH

유골로스 사이에서 정예 공수부대로 활약하는 나이칼로스는 근육질 가고일처럼 보입니다. 강력한 박쥐 날개 덕에 이들은 전투에서 빠르게 날아다닐 수 있으며 면도날처럼 날카로운 손톱은 적들의 살점과 뼈를 쉽게 찢어버릴 수 있습니다. 악몽 같은 적이 될 수 있는 나이칼로스는 아무런 경고 없이 빠르고 강력한 일격을 가한 다음, 순간이동으로 달아날 수 있습니다. 이들은 선천적인 마법 능력으로 투명해지거나 자신의 환상 분신을 만들어 낼 수 있으며, 이런 힘을 통해 적들에 맞서곤 합니다.

나이칼로스는 모든 유골로스 중에서 가장 충성스러운 편입니다. 자신들을 잘 대해주는 사악한 주인을 만나게 되면, 이들은 극단적으로 더 큰 보상을 받지 않는 한 쉽게 계약을 깨지 않습니다.

변형: 유골로스 소환

몇몇 유골로스들은 다른 유골로스를 소호나할 수 있는 행동 선택지를 지니고 있기도 합니다.

유골로스 소환(1회/일). 유골로스는 무엇을 소환할지 정하여 마법적으로 소환을 시도할 수 있습니다.

- **아카날로스**는 40%의 확률로 다른 아카날로스 하나를 소환할 수 있습니다.
- **메졸로스**는 30%의 확률로 다른 메졸로스 하나를 소환할 수 있습니다.
- **나이칼로스**는 50%의 확률로 1d4마리의 메졸로스나 다른 나이칼로스 하나를 소환할 수 있습니다.
- **울트롤로스**는 50%의 확률로 1d6마리의 메졸로스나 1d4마리의 나이칼로스, 혹은 다른 울트롤로스 하나를 소환할 수 있습니다.

소환된 유골로스는 자신이 원한다면 소환자로부터 60ft 내의 비어 있는 공간에 나타납니다. (소환자가 울트롤로스라면 무조건 소환자의 동료로서 소환됩니다.) 소환된 유골로스는 다른 유골로스를 소환할 수 없습니다. 소환된 유골로스는 1분간 남아 있을 수 있으며, 그전에도 소환자가 죽거나 추가 행동으로 소환을 취소하면 다시 돌아갈 수 있습니다.

메졸로스 MEZZOLOTH

유골로스의 인구 대부분을 차지하는 메졸로스는 인간 크기의 곤충 크리쳐로, 단단한 키틴 껍질로 감싸여 있습니다. 메졸로스는 유골로스 군대에서 보병 역할을 수행하며 넓게 열린 눈은 적에 맞서 싸울 때 붉게 빛나곤 합니다.

폭력과 보상이 메졸로스의 기본 욕구이며, 강력한 존재는 이러한 대가를 지불하는 대신 쉽게 메졸로스를 끌어들여 봉사를 받을 수 있습니다. 네 개의 팔에 각각 치명적인 손톱이 달려 있긴 하지만, 이들은 대개 두 개의 삼지창을 들고 다닙니다. 만약 적들에 둘러싸인다면 메졸로스는 독성 악취를 분비하여 적 집단 전체를 죽이려 할 것입니다.

아카날로스 ARCANALOTH

인간형 몸에 재칼의 머리를 지닌 교활한 아카날로스는 그 몸으로 마법의 힘을 다루곤 합니다. 이들은 협상할 때 상대의 신뢰를 얻기 위해 마법을 부리며, 재칼의 으르렁거림을 그럴듯한 미소처럼 보이게 만들 수 있습니다.

어떤 형태로 변하든 간에, 아카날로스는 잘 차려입고 멋진 로브를 걸치곤 합니다. 지식과 권력을 얻고자 하는 높은 지능의 주문시전자인 아카날로스는 하급 유골로스를 부리며 동족들과 연락하고 기록을 남기며 거래를 하곤 합니다.

아카날로스는 모든 언어를 말하고 쓸 수 있으며, 그래서 교활한 협상가이자 외교가가 될 수 있습니다. 적절한 보수를 받은 아카날로스는 조약을 체결하거나 미묘하고 교묘한 동맹을 맺는 역할을 맡을 수 있지만, 너무나 쉽게 편을 바꾸기에 더 많은 보수를 받을 수만 있다면 평화 협정 자리를 전쟁 선포식으로 만들기도 합니다. 이들이 자신의 시간과 재능을 제공하는 대신 바라는 대가는 주로 정보입니다. 또한 이들은 강력한 마법 물건을 받는 대신 자신들의 정보를 제공하기도 합니다.

울트롤로스 ULTROLOTH

울트롤로스는 피의 전쟁에서 유골로스의 대군을 지휘합니다. 울트롤로스는 비쩍 마른 회색 피부의 인간형 종족처럼 보이며, 타원형 머리를 지니고 있습니다. 울트롤로스의 얼굴에는 두 개의 공허한 눈을 제외하면 어떠한 특징도 없습니다. 이 눈은 다른 적들을 발견하면 번쩍이며 빛나고, 상대를 최면에 빠뜨려 무력하게 만들곤 합니다.

끝없이 서로의 뒤통수를 노리는 울트롤로스는 언제나 자신의 힘을 더 늘릴 계략을 세우고 있습니다. 피의 전쟁에서 군대를 이끌고 있지 않을 때면, 울트롤로스는 여러 유골로스 병력을 이끌고 다른 세계를 침공하거나, 우주적 규모의 범죄 두목이나 사악한 용병단의 지휘관처럼 활동하곤 합니다.

잔혹함으로 명성이 높은 울트롤로스는 직접 전투에 참여하기보다는 하수인들을 부려 싸우게 합니다. 하급 유골로스들은 울트롤로스 앞에 나설 때면 자신의 분수를 알고 어떠한 대가도 요구하지 않은 채 소환에 응하게 됩니다.

아카날로스

울트롤로스

나이칼로스

"힘이라. 모두가 갈망하는 것이지. 우리 중 그에 합당한 자는 그리 많지 않지만."
— 난폭자 세메스카,
시길의 아카날로스.

나이칼로스 Nycaloth

대형 악마(유골로스), 중립 악

방어도 18 (자연 갑옷)
히트 포인트 123 (13d10+52)
이동속도 40ft, 비행 60ft

근력	민첩	건강	지능	지혜	매력
20 (+5)	11 (+0)	19 (+4)	12 (+1)	10 (+0)	15 (+2)

기술 위협 +6, 감지 +4, 은신 +4
피해 저항 냉기, 화염, 번개, 비마법적 무기로 인한 타격/관통/참격 피해
피해 면역 산성, 독성
상태 면역 중독
감각능력 맹안시야 60ft, 암시야 60ft, 상시 감지 14
언어 심연어, 하계어, 정신감응 60ft
도전지수 9 (5,000 xp)

선천적 주문시전. 나이칼로스의 선천적 주문시전 능력치는 매력입니다. 나이칼로스는 물질 구성요소 없이 선천적으로 아래 주문들을 시전할 수 있습니다.

자유시전: 암흑*Darkness*, 마법 탐지*Detect Magic*, 마법 무효화*Dispel Magic*, 투명화*Invisibility* (자기만), 거울 분신*Mirror Image*

마법 저항. 나이칼로스는 주문과 기타 마법적 효과에 대한 내성에 이점을 받습니다.

마법 무기. 나이칼로스의 무기는 마법적인 것으로 취급합니다.

행동

다중공격. 나이칼로스는 근접 공격을 2회 가하거나, 근접 공격을 1회 가하고 공격을 가하기 전이나 후 순간이동을 합니다.

할퀴기. 근접 무기 공격: 명중 +9, 간격 5ft, 목표 하나. 명중시: 12(2d6+5)점의 참격 피해. 목표가 크리쳐인 경우, DC 16의 건강 내성에 실패할 시 악마적 상처를 입어 매번 자기 턴이 시작할 때 5(2d4)점의 참격 피해를 받게 됩니다. 나이칼로스가 부상당한 적을 명중시킬 때마다 부상으로 반복되는 피해 역시 계속 5(2d4)점씩 증가합니다. 다른 크리쳐가 행동을 사용해 DC 13의 지혜(의학) 판정에 성공하면 상처를 봉합할 수 있습니다. 또한 마법적 치유를 해도 상처를 아물게 할 수 있습니다.

대도끼. 근접 무기 공격: 명중 +9, 간격 5ft, 목표 하나. 명중시: 18(2d12+5)점의 참격 피해.

순간이동. 나이칼로스는 자신이 장비하거나 들고 있는 모든 것과 함께, 자신이 볼 수 있는 60ft 이내의 빈 공간에 마법적으로 순간이동합니다.

메졸로스 Mezzoloth

중형 악마(유골로스), 중립 악

방어도 18 (자연 갑옷)
히트 포인트 75 (10d8+30)
이동속도 40ft

근력	민첩	건강	지능	지혜	매력
18 (+4)	11 (+0)	16 (+3)	7 (-2)	10 (+0)	11 (+0)

기술 감지 +3
피해 저항 냉기, 화염, 번개, 비마법적 무기로 인한 타격/관통/참격 피해
피해 면역 산성, 독성
상태 면역 중독
감각능력 맹안시야 60ft, 암시야 60ft, 상시 감지 13
언어 심연어, 하계어, 정신감응 60ft
도전지수 5 (1,800 xp)

선천적 주문시전. 메졸로스의 선천적 주문시전 능력치는 매력입니다. (주문 내성 DC 11). 메졸로스는 물질 구성요소 없이 선천적으로 아래 주문들을 시전할 수 있습니다.

자유시전: 암흑*Darkness*, 마법 무효화*Dispel Magic*
1회/일: 죽음구름*Cloudkill*

마법 저항. 메졸로스는 주문과 기타 마법적 효과에 대한 내성에 이점을 받습니다.

마법 무기. 메졸로스의 무기는 마법적인 것으로 취급합니다.

행동

다중공격. 메졸로스는 할퀴기 1회, 삼지창 1회로 2회 공격합니다.

할퀴기. 근접 무기 공격: 명중 +7, 간격 5ft, 목표 하나. 명중시: 9(2d4+4)점의 참격 피해.

삼지창. 근접 또는 장거리 무기 공격: 명중 +7, 간격 5ft 또는 장거리 20/60ft, 목표 하나. 명중시: 7(1d6+4)점의 관통 피해. 양손으로 근접 공격을 가할 경우 8(1d8+4)점의 관통 피해.

순간이동. 메졸로스는 자신이 장비하거나 들고 있는 모든 것과 함께, 자신이 볼 수 있는 60ft 이내의 빈 공간에 마법적으로 순간이동합니다.

아카날로스 ARCANALOTH

중형 악마(유골로스), 중립 악

방어도 17 (자연 갑옷)
히트 포인트 104 (16d8+32)
이동속도 30ft, 비행 30ft

근력	민첩	건강	지능	지혜	매력
17 (+3)	12 (+1)	14 (+2)	20 (+5)	16 (+3)	17 (+3)

내성 굴림 민첩 +5, 지능 +9, 지혜 +7, 매력 +7
기술 비전학 +13, 기만 +9, 통찰 +9, 감지 +7
피해 저항 냉기, 화염, 번개, 비마법적 무기로 인한 타격/관통/참격 피해
피해 면역 산성, 독성
상태 면역 매혹, 중독
감각능력 진시야 120ft, 상시 감지 17
언어 모든 언어, 정신감응 120ft
도전지수 12 (8,400 xp)

선천적 주문시전. 아카날로스의 선천적 주문시전 능력치는 매력입니다. (주문 내성 DC 15). 아카날로스는 물질 구성요소 없이 선천적으로 아래 주문들을 시전할 수 있습니다.

자유시전: 자기 변형*Alter Self*, 암흑*Darkness*, 금속 가열*Heat Metal*, 투명화*Invisibility* (자기만), 마법 화살*Magic Missile*

마법 저항. 아카날로스는 주문과 기타 마법적 효과에 대한 내성에 이점을 받습니다.

마법 무기. 아카날로스의 무기는 마법적인 것으로 취급합니다.

주문시전. 아카날로스는 16레벨 주문시전자입니다. 아카날로스의 주문시전 능력치는 지능입니다. (주문 내성 DC 17, 주문 명중 +9) 아카날로스는 아래 위저드 주문을 준비하고 있습니다.

소마법(자유시전): 불꽃 화살*Fire Bolt*, 마법사의 손*Mage Hand*, 하급 환영*Minor Illusion*, 요술*Prestidigitation*
1레벨(슬롯 4개): 마법 탐지*Detect Magic*, 식별*Identify*, 방패*Shield*, 텐서의 부유 원반*Tenser's Floating Disk*
2레벨(슬롯 3개): 생각 탐지*Detect Thoughts*, 거울 분신*Mirror Image*, 환상력*Phantasmal Force*, 암시*Suggestion*
3레벨(슬롯 3개): 주문반사*Counterspell*, 공포*Fear*, 화염구*Fireball*
4레벨(슬롯 3개): 추방*Banishment*, 차원문*Dimension Door*
5레벨(슬롯 2개): 이계와의 접촉*Contact other Plane*, 괴물형 포박 *Hold Monster*
6레벨(슬롯 1개): 연쇄 번개*Chain Lightning*
7레벨(슬롯 1개): 죽음의 손가락*Finger of Death*
8레벨(슬롯 1개): 무심화*Mind Blank*

행동

할퀴기. 근접 무기 공격: 명중 +7, 간격 5ft, 목표 하나. 명중시: 8(2d4+3)점의 참격 피해. 목표는 DC 14의 건강 내성에 실패할 시 10(3d6)점의 독성 피해를 받습니다. 내성에 성공하면 피해는 절반으로 줄어듭니다.

순간이동. 아카날로스는 자신이 장비하거나 들고 있는 모든 것과 함께, 자신이 볼 수 있는 60ft 이내의 빈 공간에 마법적으로 순간이동합니다.

울트롤로스 ULTROLOTH

중형 악마(유골로스), 중립 악

방어도 19 (자연 갑옷)
히트 포인트 153 (18d8+72)
이동속도 30ft, 비행 60ft

근력	민첩	건강	지능	지혜	매력
16 (+3)	16 (+3)	18 (+4)	18 (+4)	15 (+2)	19 (+4)

기술 위협 +9, 감지 +7, 은신 +8
피해 저항 냉기, 화염, 번개, 비마법적 무기로 인한 타격/관통/참격 피해
피해 면역 산성, 독성
상태 면역 매혹, 공포, 중독
감각능력 진시야 120ft, 상시 감지 17
언어 심연어, 하계어, 정신감응 120ft
도전지수 13 (10,000 xp)

선천적 주문시전. 울트롤로스의 선천적 주문시전 능력치는 매력입니다. (주문 내성 DC 17). 울트롤로스는 물질 구성요소 없이 선천적으로 아래 주문들을 시전할 수 있습니다.

자유시전: 자기 변형*Alter Self*, 투시*Clairvoyance*, 암흑*Darkness*, 마법 탐지*Detect Magic*, 생각 탐지*Detect Thoughts*, 마법 무효화*Dispel Magic*, 투명화*Invisibility* (자기만), 암시*Suggestion*
3회/일: 차원문*Dimension Door*, 공포*Fear*, 불꽃의 벽*Wall of Fire*
1회/일: 화염 폭풍*Fire Storm*, 다중 암시*Mass Suggestion*

마법 저항. 울트롤로스는 주문과 기타 마법적 효과에 대한 내성에 이점을 받습니다.

마법 무기. 울트롤로스의 무기는 마법적인 것으로 취급합니다.

행동

다중공격. 울트롤로스는 최면 응시를 사용하고 근접 공격을 3회 가합니다.

장검. 근접 무기 공격: 명중 +8, 간격 5ft, 목표 하나. 명중시: 7(1d8+3)점의 참격 피해. 양손으로 사용한 경우 8(1d10+3)점의 참격 피해.

최면 응시. 울트롤로스의 눈은 유백색으로 빛나며, 주변 30ft 내에서 자신이 볼 수 있는 크리쳐 하나를 목표로 정합니다. 목표 역시 울트롤로스를 볼 수 있다면 이 마법에 대해 DC 17의 지혜 내성을 굴려야 하며, 실패할 시 울트롤로스의 다음 턴이 끝날 때까지 울트롤로스에게 매혹 상태가 됩니다. 매혹된 크리쳐는 동시에 충격 상태에도 빠집니다. 내성에 성공한 크리쳐는 이후 24시간 동안 울트롤로스의 최면 응시에 면역을 얻습니다.

순간이동. 울트롤로스는 자신이 장비하거나 들고 있는 모든 것과 함께, 자신이 볼 수 있는 60ft 이내의 빈 공간에 마법적으로 순간이동합니다.

유니콘 UNICORN

유니콘은 마법의 숲속에서 살아갑니다. 겉으로 보이는 것과 달리 유니콘은 말과 큰 관계가 없으며, 숲속 세계를 거니는 천상의 존재입니다. 유니콘의 하얀 몸은 마치 별빛처럼 빛납니다.

유니콘의 눈썹 사이에는 상아처럼 새하얀 나선형 뿔이 하나 돋아나 있습니다. 이 뿔은 마법의 힘이 있어 닿게 되면 아픔을 낫게 하고 부상을 치유한다고 합니다. 유니콘의 귀는 자신의 영역 속에 있는 모든 이의 말을 들을 수 있으며, 이들은 엘프와 숲속 존재들의 말을 알아들을 수 있습니다. 유니콘은 선한 심성을 지닌 이들이 자신의 숲에서 사냥하거나 먹을거리를 구하도록 허락하지만, 악은 철저하게 몰아냅니다. 악한 심성을 지닌 자들은 살아서 유니콘의 영역을 떠날 수 없을 것입니다.

신성한 수호자들. 선한 신들은 악을 몰아내고 신성한 장소를 지키기 위해 물질계에 유니콘을 보내곤 합니다. 대부분의 유니콘은 마법의 숲처럼 자신이 결속된 장소를 지키기 위해 존재합니다. 하지만, 때로 신들은 성스러운 유물을 보호하거나 특정한 존재를 보호하기 위해 유니콘을 보내기도 합니다. 암흑의 권세가 신이 보호하려는 이를 공격해 올 때, 신들은 이 사람을 유니콘의 숲으로 보내 악한 자들이 더는 뒤쫓지 못하게 하기도 합니다.

유니콘은 대개 숲과 야생의 신들을 섬기며, 때로는 자애로운 요정의 신들을 모실 때도 있습니다. 유니콘은 모두 자연적인 치유력을 지니고 있지만, 신을 섬기는 유니콘은 대사제들이나 가능할 법한 강력한 치유의 기적을 불러오기도 합니다.

숲의 군주. 유니콘의 숲은 햇빛에 반짝이는 마법의 공간으로, 그 어떤 것도 유니콘의 감각에서 벗어날 수 없습니다. 유니콘은 나무 위에서 숨 쉬는 엘프 하나하나의 숨소리가 만들어 내는 음악을 들을 수 있습니다. 유니콘은 번데기를 만들어 내는 애벌레 하나하나의 움직임을 느낍니다. 아름다운 나비가 나뭇잎에 내려앉아 지친 날개를 쉬는 그 순간마저도 유니콘은 바로 느낄 수 있습니다.

유니콘의 숲에서는 고요한 분위기가 감돌곤 합니다. 유니콘의 영역 내에서는 늑대나 여우에서부터 새나 다람쥐, 작은 곤충들까지도 마치 길들여진 짐승처럼 행동합니다. 픽시나 스프라이트, 사티로스, 드라이어드나 다른 변덕스러운 요정들 역시 유니콘의 영역 내에서는 충실하게 유니콘을 섬기곤 합니다. 유니콘의 보호 아래에 있는 숲속의 존재들은 문명의 침입이나 악의 음험한 손길에서 더 안전하다고 느끼곤 합니다.

유니콘은 자신의 영역을 계속 거닐곤 하지만, 같이 지내는 이들이 불편함을 느끼지 않도록 조심스레 움직입니다. 잠깐 유니콘이 눈에 띄었다가도, 다시 돌아보면 어느새 사라지고 나뭇잎이 흩날리는 모습만 보일 때도 있습니다.

성스러운 뿔. 유니콘의 뿔은 그 능력의 정점이며, 나선을 이룬 상아 속에는 신성 마법의 힘이 깃들어 있습니다. 유니콘의 뿔로 만들어진 마법 막대는 강력한 마법을 다룰 수 있으며, 유니콘의 뿔로 만들어진 무기는 신성한 힘의 일격을 가할 수 있습니다. 마법사들은 유니콘의 뿔 가루를 이용해 강력한 물약이나 두루마리용 잉크를 만들고, 기괴한 의식을 위한 구성요소로 사용하기도 합니다. 하지만, 유니콘을 죽이는데 아주 작은 힘이라도 보탠 자는 그게 누구든 신성한 보복의 대상이 될 각오를 해야 할 것입니다.

축복받은 탈 것. 어둠과 악이 필멸의 세계를 뒤덮을 때, 신들은 자신의 용사에게 탈 것으로 유니콘을 보내기도 합니다. 유니콘을 타고 있는 팔라딘은 신들이 필멸의 세계에 직접 간섭하기로 했다는 가장 뚜렷한 증거입니다. 이 신성한 동맹은 데몬의 머리를 베어내고 구층지옥의 데빌을 원래 자리로 돌려보낼 것입니다.

어둠이 활개 치는 시간이 길어지면, 유니콘은 자신의 용사와 함께 머물게 됩니다. 유니콘의 뿔에서는 밤의 어둠을 쫓아내는 환한 빛이 비칩니다. 하지만 신들의 용사가 타락하거나 대의와 정의, 선의 의지에서 멀어지면, 유니콘은 그 용사를 떠나서 다시는 돌아오지 않을 것입니다.

유니콘의 본거지

유니콘의 본거지는 덩굴로 뒤덮여 있는 고대의 폐허이거나, 거대한 떡갈나무들로 둘러싸인 안개 낀 공터, 혹은 꽃으로 가득하고 나비들이 날아다니는 언덕일 수도 있습니다. 숲속의 고요한 곳이면 어디나 본거지가 될 수 있습니다.

지역 효과

유니콘의 신성한 영향력으로 인해, 유니콘이 지내는 영역은 아래의 마법적 효과들이 나타날 수 있습니다.

- 유니콘의 영역에서 비마법적 불꽃은 바로 꺼집니다. 횃불이나 화톳불은 불이 붙지 않습니다. 그러나 불을 잘 통제하는 랜턴은 여전히 빛을 밝힐 수 있습니다.
- 유니콘의 영역에서 나고 자란 이들은 그곳에서 더 쉽게 숨을 수 있습니다. 이들은 민첩(은신) 판정에 이점을 받습니다.
- 선한 성향의 크리쳐가 주문을 시전하거나 다른 마법적 효과를 이용해 다른 선한 성향의 크리쳐를 회복시키려 하는 경우, 목표는 주사위에서 최대값이 나온 것처럼 hp를 회복합니다.
- 선한 성향의 크리쳐에게 영향을 가하는 저주들은 유니콘의 영역 내에 있을 때 억제됩니다.

만약 유니콘이 죽는다면, 이 효과들은 즉시 사라집니다.

유니콘 Unicorn

대형 천상체, 질서 선

방어도 12
히트 포인트 67 (9d10+18)
이동속도 50ft

	근력	민첩	건강	지능	지혜	매력
	18 (+4)	14 (+2)	15 (+2)	11 (+0)	17 (+3)	16 (+3)

피해 면역 독성
상태 면역 매혹, 마비, 중독
감각능력 암시야 60ft, 상시 감지 13
언어 천상어, 엘프어, 삼림어, 정신감응 60ft
도전지수 5 (1,800 xp)

돌격. 유니콘이 한 턴에 최소 20ft 이상 직선으로 이동한 직후 적에게 뿔 공격을 가해 명중시켰다면, 목표는 추가로 9(2d8)점의 관통 피해를 받습니다. 목표가 크리쳐라면, DC 15의 근력 내성에 실패한 경우 넘어집니다.

선천적 주문시전. 유니콘의 선천적 주문시전 능력치는 매력입니다. (주문 내성 DC 14). 유니콘은 어떠한 구성요소도 사용하지 않고 아래 주문들을 선천적으로 시전할 수 있습니다.

자유시전: 악과 선 탐지*Detect Evil and Good*, 드루이드술*Druidcraft*, 흔적없는 이동*Pass without Trace*
1회/일: 감정 진정화*Calm Emotions*, 악과 선 퇴치*Dispel Evil and Good*, 얽혀듦*Entangle*

마법 저항. 유니콘은 주문과 기타 마법적 효과에 대한 내성에 이점을 받습니다.

마법 무기. 유니콘의 무기 공격은 마법적인 것으로 칩니다.

행동

다중공격. 유니콘은 발굽 1회, 뿔 1회로 총 2회 공격합니다.

발굽. 근접 무기 공격: 명중 +7, 간격 5ft, 목표 하나. 명중시: 11(2d6+4)점의 타격 피해.

뿔. 근접 무기 공격: 명중 +7, 간격 5ft, 목표 하나. 명중시: 8(1d8+4)점의 관통 피해.

치유의 손길(3회/일). 유니콘은 뿔로 다른 크리쳐에 접촉합니다. 목표는 마법적으로 11(2d8+2)점의 hp를 회복합니다. 또한 목표에게 걸린 모든 질병과 독이 해소됩니다.

순간이동(1회/일). 유니콘은 자신과 주변 5ft 내에서 자신이 볼 수 있는 크리쳐 중 자발적으로 동행하려는 크리쳐 3체까지를 최대 1마일까지 순간이동시킬 수 있습니다. 목표 지점은 유니콘에게 익숙한 곳이어야 하며, 이동하는 자들의 장비나 들고 있는 물건 역시 같이 순간이동됩니다.

전설적 행동

유니콘은 아래 선택지 중에서 3회의 전설적 행동을 취할 수 있습니다. 전설적 행동은 한 번에 하나씩만 할 수 있으며, 다른 크리쳐의 턴이 끝날 때만 사용할 수 있습니다. 유니콘은 자기 턴이 시작할 때 소비한 전설적 행동을 모두 회복합니다.

발굽. 유니콘은 발굽으로 1회 공격합니다.
빛나는 방패(행동 2회 소모). 유니콘은 자신이나 주변 60ft 내에서 자신이 볼 수 있는 다른 크리쳐 주변에 빛나는 마법적 장벽을 만듭니다. 목표는 유니콘의 다음 턴이 끝날 때까지 AC에 +2 보너스를 받습니다.
자기 치유(행동 3회 소모). 유니콘은 마법적으로 11(2d8+2)점의 hp를 회복합니다.

유령 GHOST

유령은 한때 생명을 지니고 살았던 존재의 영혼으로, 특정한 장소나 크리쳐, 혹은 물체에 묶여 생전의 모습과 비슷한 영체로 움직이고 있습니다.

끝나지 않은 일. 유령은 생전에 있었던 어떤 사건을 완수하고자 필멸의 세계에 붙어 있습니다. 이들은 자기 죽음의 복수를 하려 하거나, 생전의 맹세를 지키려 하거나, 사랑하는 이에게 전할 말이 있어 영겁의 망각을 피하는 것입니다. 유령 중 일부는 자신이 죽었다는 사실을 인지하지 못하고 생전의 일과를 그대로 되풀이하기도 합니다. 다른 것들은 원한이나 악의에 의해 움직이기도 하며, 이런 유령은 자신이 괴롭히고자 하는 가문이나 조직의 모든 구성원이 죽음을 맞이할 때까지 사라지길 거부합니다.

유령이 출몰하는 장소에서 유령을 제거하는 가장 확실한 방법은 유령이 집착하는 일을 완전히 종결짓는 것입니다. 유령은 생전의 일에 관계된 약점을 이용하면 쉽게 파괴할 수 있습니다. 고문당해 죽은 사람의 유령은 그 고문에 사용했던 도구들을 이용하면 쉽게 다시 죽여버릴 수 있습니다. 정원사의 유령은 강렬한 꽃향기에 노출되면 쉽게 약화될 것입니다.

유령 출몰의 현상. 강한 슬픔이나 외로움, 이루지 못한 열망 등이 남은 장소는 유령이 출몰하기 쉬워집니다. 이런 장소에서는 기이한 소리가 들리거나 부자연스러운 정적이 감도는 등 불편한 상황이 벌어지며, 불꽃이 활활 타오르는 방 안에서 갑작스럽게 냉기가 감돌기도 합니다. 지역 전체에 숨 막히는 악취가 떠돌거나, 움직이지 않는 가구나 물체들이 미묘하게 자리를 옮기기도 하고, 시체가 무덤에서 일어나기도 합니다. 유령들이 이런 상황을 뜻대로 일으키는 것은 아닙니다. 다만 그들의 존재와 함께 이런 현상이 일어나는 것뿐입니다.

언데드의 천성. 유령은 호흡할 필요가 없으며, 먹고 마시거나 잠잘 필요도 없습니다.

유령 GHOST

중형 언데드, 성향 무관

방어도 11
히트 포인트 45 (10d8)
이동속도 0ft, 비행 40ft (부양)

근력	민첩	건강	지능	지혜	매력
7 (-2)	13 (+1)	10 (+0)	10 (+0)	12 (+1)	17 (+3)

피해 저항 산성, 화염, 번개, 천둥, 비마법적 무기로 가해진 타격/관통/참격 피해
피해 면역 냉기, 사령, 독성
상태 면역 매혹, 탈진, 공포, 붙잡기, 마비, 석화, 중독, 넘어짐, 포박
감각능력 암시야 60ft, 상시 감지 11
언어 생전에 알았던 언어 전부
도전지수 4 (1,100 xp)

에테르 시야. 유령은 물질계에서도 주변 60ft까지의 에테르계를 볼 수 있으며, 에테르계에서도 주변 60ft까지의 물질계를 볼 수 있습니다.

비실체 이동. 유령은 다른 크리쳐나 물체가 점유한 공간을 어려운 지형처럼 취급해 이동할 수 있습니다. 물체가 점유한 칸에서 자기 턴을 종료하는 경우, 유령은 5(1d10)점의 역장 피해를 받습니다.

행동

쇠퇴의 접촉. *근접 무기 공격:* 명중 +5, 간격 5ft, 목표 하나. *명중시:* 17(4d6+3)점의 사령 피해.

에테르화. 유령은 마법적으로 물질계에서 에테르계로 들어가거나, 에테르계에서 다시 물질계로 나올 수 있습니다. 유령이 변경 에테르계에 있을 경우, 물질계에서도 그 모습을 볼 수 있으며, 물질계에 있어도 변경 에테르계에서 보입니다. 그러나 유령에게 직접적 영향을 주려면 같은 세계에 있어야 합니다.

공포스러운 형상. 유령 주변 60ft 내의 언데드가 아닌 크리쳐는 모두 DC 13의 지혜 내성을 굴리며, 실패하면 1분간 공포 상태가 됩니다. 만약 이 내성에 5 이상의 차이로 실패한 경우, 목표는 순간적으로 1d4×10살의 나이를 먹습니다. 공포 상태의 목표는 매번 자기 턴이 끝날 때 다시 내성을 굴릴 수 있으며, 내성에 성공하면 효과는 종료됩니다. 목표가 공포에서 벗어났다면 이후 24시간 동안 해당 유령의 공포스러운 형상에 대한 면역을 얻습니다. 늙는 효과는 상급 회복*Greater Restoration* 주문을 사용하면 회복할 수 있으나, 효과를 받은지 24시간이 지나면 완전히 고정됩니다.

빙의(재충전 6). 유령은 주변 5ft 내에서 자신이 볼 수 있는 인간형 크리쳐 하나에 빙의를 시도합니다. 목표는 DC 13의 매력 내성에 실패할 시 빙의됩니다. 빙의한 유령은 목표의 몸속으로 사라지며, 목표는 행동불능 상태가 되고 몸의 통제권을 잃어버립니다. 빙의 중에는 유령이 그 몸을 통제하지만, 목표는 여전히 감각을 통해 보고 들을 수 있습니다. 빙의한 유령은 다른 공격이나 주문 등 효과의 목표가 되지 않지만 언데드 퇴치 효과만은 받습니다. 또한 유령은 빙의 상태에서도 자신의 성향과 지능, 지혜, 매력 점수를 유지하며, 매혹과 공포 상태에 면역이 됩니다. 그 외 게임 자료는 빙의된 몸의 것을 사용할 수 있지만, 목표가 지닌 지식이나 클래스 요소, 숙련을 사용할 수는 없습니다.

빙의는 몸의 hp가 0으로 떨어지면 종료되며, 그전에도 유령 스스로 추가 행동을 사용해 빠져나올 수 있습니다. 또한 유령은 퇴치되거나 *악과 선 퇴치Dispel Evil and Good* 주문 등을 당해도 몸에서 빠져나옵니다. 빙의가 끝나면 유령은 신체 주변 5ft 내의 점유되지 않은 칸에 나타납니다. 한번 빙의되었던 목표는 이후 24시간 동안 해당 유령의 빙의에 면역을 지니게 됩니다.

유안티 YUAN-TI

유안티는 어떠한 자비심도 없는 교활한 뱀 종족입니다. 이들은 머나먼 정글이나 늪, 사막 속 사원에서 살아갑니다. 유안티는 다른 모든 종족을 통치하고 지배하며 자신들 스스로 신이 되려 합니다.

포기한 인간성. 유안티는 문명의 초창기 시절 뱀을 토템으로 숭배하던 인간 부족이었습니다. 이들은 뱀의 교활한 유연성과 계산적인 움직임, 치명적인 공격성을 숭배했습니다. 이들의 철학은 점차 발전되어가며 목표를 위해서는 모든 감정을 버리고 냉정하게 생각하는 것을 미덕으로 여기도록 변모해 갔습니다.

유안티 문화는 필멸 세계에서 가장 화려한 것 중 하나였습니다. 이들의 전사들은 전설적이고, 이들의 제국은 항상 팽창하고 있었습니다. 유안티의 사원은 고대의 대도시 중앙에 세워졌으며, 그들 자신이 흉내 내고자 하는 신에게 가까이 가려는 기도로 가득했습니다. 세월이 지나자, 이들의 신은 신도들의 기도를 들어주었습니다. 어둠 속에서 들려오는 차가운 목소리는 유안티가 따라야 할 것들을 이야기해 주었습니다. 유안티의 종교는 점점 광신적으로 변해가며 더 많은 헌신을 요구했습니다. 교단은 뱀신들에 대한 숭배에 종속되었고, 인신 공양과 식인을 시작했습니다. 유안티들은 사악한 주술을 통해 뱀들과 교배하기 시작했고, 자신들의 인간성 그 자체를 희생하여 뱀신의 모습을 얻고 뱀신의 생각과 감정을 지니게 되었습니다.

쓰러진 제국의 뱀 왕. 유안티는 자신들의 신체적 변화를 종족 전체가 겪은 승천의 순간이라 보았습니다. 이들은 뱀이 허물을 벗듯 연약한 인간성을 버렸습니다. 변화를 겪지 못한 이들은 결국 노예가 되거나 뱀신의 축복을 받은 자들의 먹이가 되었습니다. 유안티 제국은 식인과 노예 제도로 인해 비틀리고 붕괴되어가기 시작했습니다. 그리고 뱀 종족은 다른 모든 종족으로부터 멀어져, 한때 위대했던 자신들의 수도가 남긴 폐허 속에서 살아가고 있습니다.

냉혹한 심장. 인간의 감정은 유안티 대부분에게 낯선 것이며, 단지 찌를 수 있는 약점처럼 여겨질 뿐입니다. 유안티는 세상 전체와 그 자신의 삶에서 벌어지는 모든 사건을 지극히 실용적인 관점에서 바라보며, 비마법적인 수단으로는 이들의 생각에 영향을 미치거나 조종하는 것이 거의 불가능합니다. 이들은 항상 공포와 쾌락, 경외감을 이용해 다른 크리처들을 통제하려 듭니다.

유안티는 단순히 폭력적인 힘으로만 지배할 경우 세계를 오래 차지할 수 없음을 잘 알고 있으며, 많은 종족이 복종하지 않을 것도 알고 있습니다. 그 결과, 유안티는 먼저 다른 이들에게 부와 권력을 약속하여 영향력을 얻습니다. 이렇게 여러 차례 시간이 흐르고 나면, 인간형 종족의 문화는 유안티를 신뢰한다는 치명적인 실수를 저지르고 맙니다. 이들은 명예롭게 행동하거나 어려운 시절에 도움을 주는 유안티의 행동 모두가 거대한 계획의 일부라는 사실을 잊어버립니다.

유안티 지도자들은 교활하고 무자비한 전술가들이며, 승리를 거둘 수 있다면 하급자들을 희생하는 것 역시 얼마든지 정당화될 수 있다고 믿습니다. 이들에게는 명예로운 전투라는 개념이 없으며, 가능한 한 처절한 매복으로 선제 공격을 가하려 듭니다.

잘못된 숭배. 유안티의 삶은 신전과 사원을 중심으로 이루어지지만, 이들은 자신들이 숭배하는 신을 사랑하지 않습니다. 이들이 신을 섬기는 이유는 그 신과 같은 힘을 얻기 위해서입니다. 유안티는 그들 중 하나가 충분한 힘을 얻으면 유안티 신들 중 하나를 잡아먹고 그 자리를 차지할 수 있다고 믿습니다. 승천을 갈구하는 유안티는 그러한 힘을 얻기 위해서라면 가장 사악한 학살이라도 서슴지 않고 저지를 것입니다.

유안티 순혈 YUAN-TI PUREBLOOD

순혈은 유안티 사회에서 가장 낮은 카스트에 속합니다. 이들은 인간에 아주 흡사하게 생겼지만, 언제나 진짜 정체를 나타내는 특징이 드러나기에 가까이서 관찰하면 그 차이를 알 수 있습니다. 피부에 비늘이 돋아 있다거나, 동공이 뱀의 것이라거나, 이빨이 뾰족하고 혀가 갈라져 있는 등이 이러한 특징입니다. 이들은 망토와 두건을 뒤집어쓰면 인간처럼 위장할 수 있으며, 이렇게 변장하고 문명 지역에 침투해 정보를 모으거나 포로를 납치하고 심문하거나, 희생 제물로 바치는 등의 활동을 벌입니다. 또한 이들은 자신들의 수많은 계획에 유용한 다른 종족들과 거래를 벌이기도 합니다.

유안티 순혈 YUAN-TI PUREBLOOD

중형 인간형(유안티), 중립 악

방어도 11
히트 포인트 40 (9d8)
이동속도 30ft

근력	민첩	건강	지능	지혜	매력
11 (+0)	12 (+1)	11 (+0)	13 (+1)	12 (+1)	14 (+2)

기술 기만 +6, 감지 +3, 은신 +3
피해 면역 독성
상태 면역 중독
감각능력 암시야 60ft, 상시 감지 13
언어 심연어, 공용어, 용언
도전지수 1 (200 xp)

선천적 주문시전(유안티 형태에서만). 유안티의 선천적 주문시전 능력치는 매력입니다. (주문 내성 DC 12). 유안티는 물질 구성요소 없이 선천적으로 아래 주문들을 시전할 수 있습니다:

자유시전: 동물 친밀화*Animal Friendship* (뱀에게만 가능)
3회/일: 암시*Suggestion*, 독 분사*Poison Spray*

마법 저항. 유안티는 주문과 기타 마법적 효과에 대한 내성에 이점을 받습니다.

행동

다중공격. 유안티는 근접 공격을 2회 가합니다.

시미터. *근접 무기 공격:* 명중 +3, 간격 5ft, 목표 하나. *명중시:* 4(1d6+1)점의 참격 피해.

단궁. *장거리 무기 공격:* 명중 +3, 장거리 80/320ft, 목표 하나. *명중시:* 4(1d6+1)점의 관통 피해. 추가로 7(2d6)점의 독성 피해.

유안티 저주자 Yuan-Ti Malison

저주자는 인간과 뱀의 특징을 섞어놓은 끔찍한 외모를 지니고 있습니다. 저주자에는 서로 다른 3가지 종류가 있다고 알려져 있으며, 다른 형태가 있을 수도 있습니다. 저주자는 유안티 사회에서 중급 카스트에 위치하며, 사냥할 때는 자신들의 독을 바른 화살을 사용합니다. 이들은 암시를 걸 수 있는 마법적 능력을 이용해 적들에게서 항복을 유도해 내기도 합니다.

유안티 저주자 Yuan-Ti Malison

중형 괴물류(변신자, 유안티), 중립 악

방어도 12
히트 포인트 66 (12d8+12)
이동속도 30ft

근력	민첩	건강	지능	지혜	매력
16 (+3)	14 (+2)	13 (+1)	14 (+2)	12 (+1)	16 (+3)

기술 기만 +5, 은신 +4
피해 면역 독성
상태 면역 중독
감각능력 암시야 60ft, 상시 감지 11
언어 심연어, 공용어, 용언
도전지수 3 (700 xp)

변신자. 유안티는 행동을 사용해 중형 크기 뱀으로 변신하거나 본래 형태로 돌아올 수 있습니다. 유안티는 어떤 형태에서든 동일한 게임 자료를 사용합니다. 유안티가 장비하거나 들고 있는 물건은 같이 변신되지 않습니다. 유안티는 죽어도 원래 형태로 돌아가지 않습니다.

선천적 주문시전(유안티 형태에서만). 유안티의 선천적 주문시전 능력치는 매력입니다. (주문 내성 DC 13). 유안티는 물질 구성요소 없이 선천적으로 아래 주문들을 시전할 수 있습니다.

자유시전: *동물 친밀화Animal Friendship* (뱀에게만 가능)
3회/일: *암시Suggestion*

마법 저항. 유안티는 주문과 기타 마법적 효과에 대한 내성에 이점을 받습니다.

저주자 형태. 유안티는 아래 형태 중 한 가지를 따릅니다:

형태 1: 인간 몸에 뱀 머리
형태 2: 인간 머리와 몸에 뱀 형태의 팔
형태 3: 인간 머리와 상체에 발 대신 뱀의 하체

형태 1의 행동

다중공격 (유안티 형태에서만). 유안티는 장거리 공격을 2회 가하거나 근접 공격을 2회 가합니다. 하지만 물기는 그 중 1회만 가능합니다.

물기. 근접 무기 공격: 명중 +5, 간격 5ft, 크리쳐 하나. 명중시: 5(1d4+3)점의 관통 피해. 추가로 7(2d6)점의 독성 피해.

시미터(유안티 형태에서만). 근접 무기 공격: 명중 +5, 간격 5ft, 목표 하나. 명중시: 6(1d6+3)점의 참격 피해.

장궁(유안티 형태에서만). 장거리 무기 공격: 명중 +4, 장거리 150/600ft, 목표 하나. 명중시: 6(1d8+2)점의 관통 피해. 추가로 7(2d6)점의 독성 피해.

형태 2의 행동

다중공격 (유안티 형태에서만). 유안티는 뱀 형태의 두 팔로 물기 공격을 2회 가합니다.

물기. 근접 무기 공격: 명중 +5, 간격 5ft, 크리쳐 하나. 명중시: 5(1d4+3)점의 관통 피해. 추가로 7(2d6)점의 독성 피해.

형태 3의 행동

다중공격 (유안티 형태에서만). 유안티는 장거리 공격을 2회 가하거나 근접 공격을 2회 가합니다. 하지만 조이기는 그 중 1회만 가능합니다.

물기(뱀 형태에서만). 근접 무기 공격: 명중 +5, 간격 5ft, 크리쳐 하나. 명중시: 5(1d4+3)점의 관통 피해. 추가로 7(2d6)점의 독성 피해.

조이기. 10(2d6+3)점의 타격 피해. 목표는 붙잡힙니다. (탈출 DC 13) 붙잡힌 크리쳐는 포박 상태이며, 이렇게 붙잡고 있는 동안 유안티는 다른 목표에게 조이기 공격을 가할 수 없습니다.

시미터(유안티 형태에서만). 근접 무기 공격: 명중 +5, 간격 5ft, 크리쳐 하나. 명중시: 6(1d6+3)점의 참격 피해.

장궁(유안티 형태에서만). 장거리 무기 공격: 명중 +4, 장거리 150/600ft, 목표 하나. 명중시: 6(1d8+2)점의 관통 피해.

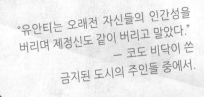

"유안티는 오래전 자신들의 인간성을 버리며 제정신도 같이 버리고 말았다."
— 코도 비닥이 쓴 금지된 도시의 주인들 중에서.

유안티 흉물 YUAN-TI ABOMINATION

대형 괴물류(변신자, 유안티), 중립 악

방어도 15 (자연 갑옷)
히트 포인트 127 (15d10+45)
이동속도 40ft

근력	민첩	건강	지능	지혜	매력
19 (+4)	16 (+3)	17 (+3)	17 (+3)	15 (+2)	18 (+4)

기술 감지 +5, 은신 +6
피해 면역 독성
상태 면역 중독
감각능력 암시야 60ft, 상시 감지 15
언어 심연어, 공용어, 용언
도전지수 7 (2,900 xp)

변신자. 유안티는 행동을 사용해 대형 크기 뱀으로 변신하거나 본래 형태로 돌아올 수 있습니다. 유안티는 어떤 형태에서든 동일한 게임 자료를 사용합니다. 유안티가 장비하거나 들고 있는 물건은 같이 변신되지 않습니다. 유안티는 죽어도 원래 형태로 돌아가지 않습니다.

선천적 주문시전(흉물 형태에서만). 유안티의 선천적 주문시전 능력치는 매력입니다. (주문 내성 DC 15). 유안티는 물질 구성요소 없이 아래와 같은 주문을 선천적으로 시전할 수 있습니다:

자유시전: 동물 친밀화*Animal Friendship* (뱀에게만 가능)
3회/일: 암시*Suggestion*
1회/일: 공포*Fear*

마법 저항. 유안티는 주문과 기타 마법적 효과에 대한 내성에 이점을 받습니다.

행동

다중공격 (흉물 형태에서만). 유안티는 장거리 공격을 2회 가하거나 근접 공격을 3회 가할 수 있습니다. 하지만 물기나 조이기 공격은 각각 1번씩만 사용할 수 있습니다.

물기. 근접 무기 공격: *명중* +7, 간격 5ft, 크리쳐 하나. *명중시:* 7(1d6+4)점의 관통 피해. 추가로 10(3d6)점의 독성 피해.

조이기. 근접 무기 공격: *명중* +7, 간격 10ft, 목표 하나. *명중시:* 11(2d6+4)점의 타격 피해. 목표는 붙잡힙니다. (탈출 DC 14) 붙잡힌 크리쳐는 포박 상태이며, 이렇게 붙잡고 있는 동안 유안티는 다른 목표에게 조이기 공격을 가할 수 없습니다.

시미터(흉물 형태에서만). 근접 무기 공격: *명중* +7, 간격 5ft, 크리쳐 하나. *명중시:* 11(2d6+4)점의 참격 피해.

장궁(흉물 형태에서만). 장거리 무기 공격: *명중* +6, 장거리 150/600ft, 목표 하나. *명중시:* 12(2d8+3)점의 관통 피해. 추가로 10(3d6)점의 독성 피해.

유안티 흉물 YUAN-TI ABOMINATION

인간형 종족의 상체와 팔에 괴물 뱀의 하체를 지닌 흉물은 유안티의 카스트 중에서도 최상층에 위치하며, 이들이 믿는 뱀신의 자리에 가장 가까이 간 이들이라고 여겨집니다. 이들은 복잡한 계획을 짜며 어둠의 의식을 벌여 언젠가 세상을 지배할 날을 준비하고 있습니다.

이터캡 Ettercap

중형 괴물류, 중립 악

방어도 13 (자연 갑옷)
히트 포인트 44 (8d8+8)
이동속도 30ft, 등반 30ft

근력	민첩	건강	지능	지혜	매력
14 (+2)	15 (+2)	13 (+1)	7 (-2)	12 (+1)	8 (-1)

기술 감지 +3, 은신 +4, 생존 +3
감각능력 암시야 60ft, 상시 감지 13
언어 —
도전지수 2 (450 xp)

거미 등반. 이터캡은 능력 판정 없이 어려운 표면을 포함해 벽이나 천장
을 등반할 수 있습니다.

거미줄 감각. 이터캡은 거미줄에 접촉해 있을 때, 그 거미줄에 접촉해 있
는 다른 크리쳐들의 위치를 정확히 알 수 있습니다.

거미줄 걷기. 이터캡은 거미줄로 인한 이동 제한을 무시합니다.

행동

다중공격. 이터캡은 물기 1회, 할퀴기 1회로 2회 공격합니다.

물기. 근접 무기 공격: 명중 +4, 간격 5ft, 크리쳐 하나. *명중시:* 6(1d8+2)
점의 관통 피해. 추가로 4(1d8)점의 독성 피해. 목표는 DC 11의 건강 내
성에 실패할 시 1분간 중독 상태가 됩니다. 목표는 매번 자기 턴이 끝날 때
다시 내성을 굴릴 수 있으며, 성공하면 효과는 종료됩니다.

할퀴기. 근접 무기 공격: 명중 +4, 간격 5ft, 목표 하나. *명중시:* 7(2d4+2)
점의 참격 피해.

거미줄(재충전 5-6). 장거리 무기 공격: 명중 +4 장거리 30/60ft, 대형
이하의 크리쳐 하나. *명중시:* 목표는 거미줄로 포박 상태가 됩니다. 포박
된 크리쳐는 행동을 사용해 DC 11의 근력 판정에 성공하면 거미줄에서
탈출할 수 있습니다. 또한 거미줄을 공격해 파괴하는 것도 가능합니다. 거미
줄은 AC 10에 hp 5를 지니고 있으며 화염 피해에 취약합니다. 거미
줄은 타격, 독성, 정신 피해에 면역입니다.

이터캡 Ettercap

이터캡은 마치 양치기가 양을 돌보듯 거미들을 돌보고 먹이며 기
르는 인간형 거미입니다. 이들은 멀리 떨어진 숲속 깊은 곳에 둥
지를 틀곤 합니다.

이터캡의 복부에 있는 기관에서는 곱고 가느다란 비단실이 뽑
혀 나옵니다. 이터캡은 이것을 이용해 거미줄을 엮고, 함정을 만
들며, 희생자들을 옭아맵니다. 또한 이터캡은 이 실을 이용해 화
려한 덫이나 그물을 만들어 둥지를 장식하기도 합니다.

조용한 살인자. 여행자나 탐험가들이 이터캡의 영역에 들어오
면, 이터캡은 조용히 그 뒤를 추적합니다. 이들 중 일부는 아무 생
각 없이 이터캡이 설치해 둔 함정에 빠지거나 거미줄에 걸리곤 합
니다. 다른 이들의 경우, 이터캡은 조용히 접근해 실로 그물을 만
들어 던지거나 독이 담긴 이빨로 물어버립니다.

숲속의 약탈자. 비록 야생 속에서 살아가긴 하지만, 이터캡은
주변 자연환경과 조화를 이루려는 생각이 전혀 없습니다. 이터캡
이 있는 숲은 금방 음침한 곳으로 변하며, 곳곳에 거미줄이 쳐지
고 거대 거미와 거대한 곤충들, 다른 악랄한 포식자들이 돌아다니
는 곳이 됩니다. 이런 숲으로 너무 깊게 들어간 크리쳐들은 곧 이
터캡의 희생자들이 남긴 뼈와 보물들이 있는 거미줄 미로 속에 빠
지게 됩니다.

요정들의 적. 이터캡은 요정 종족의 천적입니다. 이 악랄한 크
리쳐는 거미줄 덫을 만들어 픽시나 스프라이트를 사로잡은 다음
게걸스럽게 먹어치우고, 드라이어드의 나무를 거미줄로 포박해
드라이어드를 사로잡으려 듭니다. 소심한 요정들은 자신들의 힘
만으로 도저히 이터캡 사태에 대처할 수 없을 것 같을 때 외부인
을 끌어들이기도 합니다.

인어 MERFOLK

상체는 인간형에 하체는 물고기의 모습을 한 수중 인간형 종족인 인어들은 자신의 피부와 비늘을 다양한 조개껍질로 장식합니다.

인어 부족과 왕국은 세계 곳곳에 퍼져 있으며, 지상의 인류만큼이나 다양한 피부색과 문화, 외관을 지니고 있습니다. 지상인과 인어는 거의 만날 기회가 없지만, 몽상에 찬 뱃사람들이 머나먼 섬의 해안에서 이 종족과 사랑에 빠진다는 이야기는 널리 퍼져 있습니다.

인어는 물속에서 살아가기에 무기를 만들 수 있는 자원이나 수단이 제한되어 있으며, 책을 쓰거나 전승을 전하기 어렵고, 돌을 깎아 건물이나 도시를 짓지 않습니다. 그 결과 이들은 대부분 사냥-채집으로 생활하는 부족 단위로 살아가며, 각 부족은 나름대로 독특한 가치와 규칙을 따릅니다. 아주 가끔 많은 인어가 단일한 지도자의 기치 아래 모일 때가 있습니다. 이것은 어떤 공통된 위협에 맞서거나 정복을 완수하기 위할 때입니다. 이러한 연합이 이루어지면 해저의 왕국이 세워져 수백 년을 이어가기도 합니다.

인어 정착지. 인어는 광활한 해저의 동굴이나 산호 미로, 가라앉은 도시의 폐허에 정착지를 세웁니다. 또한 이들은 해저의 바위를 깎아 건축하기도 합니다. 이들은 해수면을 통해 햇빛이 들어올 수 있는 그리 깊지 않은 바다에서 살아가며, 햇빛을 통해 하루하루 지나는 것을 알곤 합니다. 이들은 정착지 주변의 산호초나 해안에서 산호를 수확하고 해초를 모으며, 지상인들이 양 떼를 기르듯 여러 물고기 떼를 기릅니다. 인어 중 아주 일부만이 바다 깊숙한 곳으로 모험을 나갑니다. 이들은 해저 동굴의 심연을 탐험하며, 그럴 때면 일부 해파리처럼 자체적으로 발광하는 해저의 동식물을 이용합니다. 이 신비로운 광경 덕에 인어들의 정착지는 더 환상적으로 보입니다.

인어는 주변의 침몰한 배나 죽은 수중 생물, 아니면 해안에서 휩쓸려 온 재료로 만든 창과 다른 무기들을 이용해 자신들의 공동체를 지킵니다.

인어 MERFOLK

중형 인간형(인어), 중립

방어도 11
히트 포인트 11 (2d8+2)
이동속도 10ft, 수영 40ft

근력	민첩	건강	지능	지혜	매력
10 (+0)	13 (+1)	12 (+1)	11 (+0)	11 (+0)	12 (+1)

기술 감지 +2
감각능력 상시 감지 12
언어 수중어, 공용어
도전지수 1/8 (25 xp)

수륙양용. 인어는 공기와 수중 양쪽에서 호흡할 수 있습니다.

행동

창. *근접 또는 장거리 무기 공격:* 명중 +2, 간격 5ft 또는 장거리 20/60ft, 목표 하나. *명중시:* 3(1d6)점의 관통 피해. 두 손으로 근접 공격을 가했을 경우는 4(1d8)점의 관통 피해.

재칼위어 Jackalwere

평범한 재칼이 데몬의 힘에 오염되어 변이한 재칼위어는 여행길과 도로에 출몰하며, 만나는 것은 무엇이든 기습하여 죽여버립니다.

재칼위어는 세 가지 신체 형태를 바꾸어 가며 가질 수 있습니다. 이들의 본래 형태는 보통 재칼과 구별할 수 없습니다. 인간 형태로 변하면 이들은 비쩍 마르고 굽실거리는 형상으로 변해 지나다니는 이방인에게 자비와 동행을 구걸하는 모습을 취합니다. 만약 여행자가 일행에 재칼위어를 받아들이면, 이 괴물은 그때 인간 크기의 변종 모습으로 변합니다. 이때는 재칼의 피부와 머리를 하고 있지만, 두 발로 일어나 인간처럼 걷고 공격할 수 있는 형태가 됩니다.

비굴한 거짓말쟁이. 데몬 군주 그라즈트는 자신에게 헌신적인 하인들인 라미아들을 위해 재칼위어를 창조했습니다. 어비스 밖으로 나온 그는 재칼들에게 말할 수 있는 힘을 주고 인간형으로 변할 수 있는 능력을 부여했습니다. 이렇게 태어난 최초의 재칼위어는, 날 때부터 거짓으로 점철된 피조물이 되었습니다. 재칼위어는 진실을 말할 때마다 조여오는 고통을 느끼는 것입니다.

재칼위어는 다른 동족이나 재칼들과 함께 싸우는 것을 좋아합니다. 재칼위어의 명령에 따르는 재칼들은 사납고 충성스러운 동료로서 함께 싸워줄 것입니다.

초자연적 하인. 재칼위어는 라미아 주인들을 위해 인간형 종족을 납치하고, 희생자를 노예로 삼거나 고통스러운 죽음으로 몰아넣습니다. 재칼위어의 마법적인 시선은 적을 무의식 상태로 쓰러트릴 수 있으며, 도망가거나 덤벼들기 전에 꽁꽁 묶어둘 수 있게 합니다. 또한, 재칼위어는 싸우기엔 너무 위험한 상대에게도 이 시선을 쓴 다음 도망가곤 합니다.

재칼위어 Jackalwere

중형 인간형(변신자), 혼돈 악

방어도 12
히트 포인트 18 (4d8)
이동속도 40ft

근력	민첩	건강	지능	지혜	매력
11 (+0)	15 (+2)	11 (+0)	13 (+1)	11 (+0)	10 (+0)

기술 기만 +4, 감지 +2, 은신 +4
피해 면역 비마법적이고 은제가 아닌 무기로 가해진 타격/관통/참격 피해
감각능력 상시 감지 12
언어 공용어 (재칼 형태에서는 말할 수 없음)
도전지수 1/2 (100 xp)

변신자. 재칼위어는 행동을 사용해 특정한 중형 인간형 크리쳐나 재칼과 인간의 변종, 혹은 본래 형태로 변할 수 있습니다. (본래 형태는 소형 재칼입니다.) 재칼위어의 게임 수치는 크기를 제외하면 모든 형태에서 동일합니다. 재칼위어가 장비하거나 들고 있는 물건은 같이 변신되지 않습니다. 재칼위어가 사망할 경우 본래 모습으로 돌아옵니다.

예리한 청각과 후각. 재칼위어는 청각이나 후각에 관계된 지혜(감지) 판정에 이점을 받습니다.

무리 전술. 재칼위어는 공격하려는 목표 주변 5ft 내에 행동불능 상태가 아닌 재칼위어의 동료가 있다면, 명중 굴림에 이점을 받을 수 있습니다.

행동

물기 (재칼 혹은 변종 형태 때만). 근접 무기 공격: 명중 +4, 간격 5ft, 목표 하나. 명중시: 4(1d4+2)점의 관통 피해.

시미터 (인간 혹은 변종 형태 때만). 근접 무기 공격: 명중 +4, 간격 5ft, 목표 하나. 명중시: 5(1d6+2)점의 참격 피해.

수면 시선. 재칼위어는 주변 30ft 내에서 자신이 볼 수 있는 크리쳐 하나를 정해 주십시오. 목표는 DC 10의 지혜 내성에 실패할 시 마법적 잠에 빠져 10분간 무의식 상태가 됩니다. 이 상태는 누군가 행동을 사용해 깨우면 종료됩니다. 내성에 성공한 크리쳐는 이후 24시간 동안 재칼위어의 수면 시선에 대해 면역을 얻습니다. 언데드나 매혹에 면역인 크리쳐들은 이 능력에도 면역입니다.

점액류 OOZES

점액류는 어둠 속에서 살아가며, 밝은 빛과 극도로 높거나 낮은 기온을 싫어합니다. 이들은 축축한 지하를 흐르듯 움직이며, 걸리는 생명체나 물체는 무엇이든 녹여 먹어 치웁니다. 이들은 땅속에 스며들기도 하고 벽이나 천장에서 흘러 떨어지며, 지하 웅덩이의 가장자리를 통해 퍼지거나 틈새로 비집고 들어오기도 합니다. 모험자가 점액류의 존재를 처음 알아채는 징조는 산성 접촉에 의한 타는 듯한 고통입니다.

점액류는 움직임과 온기에 이끌립니다. 이들은 유기체에서 양분을 얻으며, 먹잇감이 다 떨어졌다 싶으면 버섯이나 찌꺼기 따위도 먹어 치웁니다. 숙련된 탐험자들은 통로가 비정상적으로 깨끗할 경우 주변에 점액류의 둥지가 있음을 알아채곤 합니다.

느린 죽음. 점액류는 먹이를 천천히 죽입니다. 블랙 푸딩이나 젤라틴 큐브 같은 몇몇 변종은 먹이를 통째로 집어삼켜 탈출하지 못하게 합니다. 이 고통스러운 죽음에 있어 유일하게 나은 점이 있다면, 주변에 동료가 있을 때는 완전히 소화되기 전에 구해줄 수 있다는 것입니다.

모든 점액류가 모든 물질을 소화할 수 있는 것은 아니며, 몇몇은 동전이나 금속 장비, 뼈, 혹은 다른 찌꺼기들을 소화하지 못해 몸속에서 떠다니게 놔둡니다. 점액류를 죽이면 이들이 그동안 잡아먹은 자들의 장비나 재산을 풍족하게 얻을 수 있습니다.

본의 아닌 하인들. 점액류는 다른 크리쳐들과 동맹을 맺을만한 지능이 없긴 하지만, 어떤 이들은 점액류의 먹이 욕구를 이해하고 이들을 꾀어 자신들이 원하는 장소에서 써먹을 수 있도록 이끌기도 합니다. 영리한 괴물들은 점액류를 유도해 통로를 막게 하거나, 찌꺼기를 먹어 치우게 하기도 합니다. 이와 유사하게, 구덩이 함정에 점액류를 집어넣는 경우도 있으며, 이 경우 점액류를 나포한 자는 점액이 자신을 덮치지 않도록 가끔 먹이를 넣어주곤 합니다. 재주가 좋은 크리쳐들은 전략적인 위치에 횃불이나 불타는 화로를 두어 특정한 통로나 방에 점액류를 접근하지 못하게 합니다.

쥬이블렉스의 졸개. 이그윌브의 데모노미콘이나 다른 자료에 따르면, 점액류 괴물은 모두 데몬 군주 쥬이블렉스(Juiblex)의 자식이거나 파편이라고 합니다. 이것이 사실이든 아니든, 얼굴 없는 군주는 점액류를 조종하고 이들에게 약간의 지능을 부여할 수 있는 몇 안 되는 존재 중 하나입니다. 대부분의 경우, 점액류는 전술 개념이나 자기 보호 개념이 없습니다. 이들은 직선적이고 예측 가능하며, 아무런 꾀도 부리지 않고 공격해 먹어 치울 뿐입니다. 그러나 쥬이블렉스의 지배하에 있는 점액은 약간의 지성과 사악한 의도를 갖추게 됩니다.

점액류의 천성. 점액류는 잠을 잘 필요가 없습니다.

변형: 정신 그레이 우즈

아주 오래 살아온 그레이우즈는 약간의 지능을 지니게 되며 제한적인 사이오닉 능력을 쓰게 됩니다. 이러한 변화는 특히 마인드 플레이어 등의 사이오닉 크리쳐 근처에 오래 있다보면 더 흔히 발생하곤 하며, 이때 그레이 우즈는 이들의 사이오닉 능력을 따라 하는 경향이 있습니다.

정신 그레이우즈는 지능 6(-2)을 지니며, 아래의 추가적 행동 선택지를 사용할 수 있습니다.

정신 분쇄(재충전 5-6). 그레이 우즈는 60ft 내에서 자신이 볼 수 있는 크리쳐 하나를 목표로 지정합니다. 목표는 DC 10의 지능 내성을 굴려야 하며, 실패할 시 10(3d6)점의 정신 피해를 받습니다. 내성에 성공하면 피해는 절반으로 줄어듭니다.

블랙 푸딩 BLACK PUDDING

블랙 푸딩은 끈적하고 새까만 폐기물 웅덩이처럼 생겼습니다. 어두침침한 복도에서라면 그림자 속에 있는 블랙 푸딩을 알아차리기란 쉽지 않습니다.

블랙 푸딩은 살점, 나무, 금속, 뼈를 녹여 먹어 치울 수 있습니다. 그러나 이들은 돌을 소화하지 못하며, 나머지는 말끔히 먹어 치웁니다.

젤라틴 큐브 GELATINOUS CUBE

젤라틴 큐브는 던전의 복도를 조용히, 정해진 패턴으로 순회하며, 지나간 길을 깨끗이 청소합니다. 이들은 살아 있는 조직을 먹어 치울 수 있지만 뼈나 다른 물질은 소화하지 못하고 남겨둡니다.

젤라틴 큐브는 완전히 투명하기 때문에 공격을 가하기 전까지는 알아차리기 어렵습니다. 하지만 배불리 먹은 큐브의 경우 희생자의 뼈나 동전, 다른 물건이 떠 있는 것처럼 보이기 때문에 비교적 알아차리기 쉬운 편입니다.

그레이 우즈 GRAY OOZE

그레이 우즈는 혼돈에 의해 돌이 액화된 것입니다. 그레이 우즈는 마치 뱀처럼 꿈틀대며 움직이고, 공격을 가할 때는 튀어 오릅니다.

오커 젤리 OCHRE JELLY

오커 젤리는 문이나 다른 좁은 틈새에 스며들어 희생자를 잡아먹곤 하는 노란색 거품 덩어리입니다. 이들은 짐승 정도의 지능을 지니고 있어 큰 집단은 피하곤 합니다.

오커 젤리는 안전한 통로를 따라 먹잇감을 추적합니다. 젤리의 소화 효소는 살점을 빨리 녹일 수 있지만, 뼈나 나무, 혹은 금속 같은 다른 재질에 대해서는 아무 효력이 없습니다.

블랙 푸딩 BLACK PUDDING
대형 점액류, 성향 없음

방어도 7
히트 포인트 85 (10d10+30)
이동속도 20ft, 등반 20ft

근력	민첩	건강	지능	지혜	매력
16 (+3)	5 (-3)	16 (+3)	1 (-5)	6 (-2)	1 (-5)

피해 면역 산성, 냉기, 번개, 참격
상태 면역 장님, 매혹, 귀머거리, 탈진, 공포, 넘어짐
감각능력 맹안시야 60ft (너머는 장님으로 취급), 상시 감지 8
언어 −
도전지수 4 (1,100 xp)

부정형. 블랙 푸딩은 1인치 정도의 틈만 있으면 좁은 곳도 끼이지 않고 이동 가능합니다.

부식성 형태. 블랙 푸딩에 접촉했거나 5ft 이내에서 근접 무기 공격으로 푸딩을 명중시킨 크리쳐는 4(1d8)점의 산성 피해를 받습니다. 나무나 금속으로 이루어진 비마법적 무기는 푸딩을 명중시킬 때마다 부식합니다.

피해를 주고 나면 해당 무기는 영구적으로 피해 굴림에 -1 페널티를 받습니다. (이 페널티는 누적됩니다.) 만약 무기의 페널티가 -5까지 누적되면 그 무기는 파괴된 것입니다. 금속이나 나무로 된 비마법적 탄환이 푸딩에 명중한 경우, 해당 탄환은 피해를 가한 직후 파괴됩니다.

또한 푸딩은 1라운드에 2인치 두께의 비마법적 나무나 금속을 먹을 수 있습니다.

거미 등반. 푸딩은 능력 판정 없이 어려운 표면을 포함해 벽이나 천장을 등반할 수 있습니다.

행동

위족. *근접 무기 공격:* 명중 +5, 간격 5ft, 목표 하나. *명중시:* 6(1d6+3)점의 타격 피해.추가로 18(4d8)의 산성 피해. 명중당한 목표가 비마법적 갑옷을 입고 있었다면 해당 갑옷은 영구적으로 AC에 -1 페널티를 받습니다. (이 페널티는 누적됩니다.) 누적된 페널티로 목표의 AC가 10이 되었다면, 갑옷은 파괴된 것입니다.

반응행동

분열. 중형 이상 크기의 푸딩이 번개나 참격 피해를 받은 경우, 푸딩에게 10점 이상의 hp가 남아 있는 상태였다면 푸딩은 둘로 분열합니다. 분열된 새 푸딩들은 각각 기존 푸딩이 지녔던 hp의 절반을 지니고 있습니다. (나머지 내림) 새 푸딩은 기존 푸딩보다 한 단계 작은 크기입니다.

젤라틴 큐브 GELATINOUS CUBE

대형 점액류, 성향 없음

방어도 6
히트 포인트 84 (8d10+40)
이동속도 15 ft

근력	민첩	건강	지능	지혜	매력
14 (+2)	3 (-4)	20 (+5)	1 (-5)	6 (-2)	1 (-5)

상태 면역 장님, 매혹, 귀머거리, 탈진, 공포, 넘어짐
감각능력 맹안시야 60ft (너머는 장님으로 취급), 상시 감지 8
언어 —
도전지수 2 (450 xp)

점액 입방체. 큐브는 공간 전체를 차지하고 있습니다. 다른 크리쳐도 공간에 들어올 수 있지만, 그럴 경우 불리점을 받고 큐브의 집어삼키기 시도에 내성을 굴려야 합니다.

큐브 안의 크리쳐는 보이긴 하지만, 완전 엄폐를 받습니다.

큐브 주변 5ft 내의 크리쳐는 행동을 사용해 DC 12의 근력 판정에 성공할 시 큐브 내의 크리쳐나 물건을 꺼낼 수 있습니다. 시도한 크리쳐는 10(3d6)점의 산성 피해를 받습니다.

큐브는 동시에 대형 크리쳐 하나 또는 중형 이하의 크리쳐 4체까지를 내부에 품고 있을 수 있습니다.

투명함. 큐브는 직접 볼 수 있는 상태에서도 공격하거나 움직이지 않는 한 DC 15의 지혜(감지) 판정에 성공해야 발견할 수 있습니다. 눈치채지 못하고 큐브가 점유한 공간에 들어간 크리쳐는 큐브에게 기습을 당합니다.

행동

위족. 근접 무기 공격: 명중 +4, 간격 5ft, 목표 하나. 명중시: 10(3d6)점의 산성 피해.

집어삼키기. 큐브는 자신의 이동속도만큼 이동합니다. 이렇게 이동하며 대형 이하 크기의 크리쳐가 점유하고 있는 공간에 들어갈 수 있으며, 이때 점유하고 있던 크리쳐는 DC 12의 민첩 내성을 굴립니다.

내성에 성공하면 해당 크리쳐는 5ft 옆이나 뒤로 물러날 수 있습니다.(물러나는 방향은 크리쳐가 결정합니다.) 물러나지 않겠다고 정하면 내성에 실패한 것으로 취급합니다.

내성에 실패한 경우 큐브는 해당 크리쳐의 공간에 들어가며, 크리쳐는 10(3d6)점의 산성 피해를 받고 삼켜집니다. 삼켜진 크리쳐는 숨을 쉴 수 없으며 포박 상태이고, 매번 큐브의 턴이 시작할 때 21(6d6)점의 산성 피해를 받습니다. 큐브가 이동할 때 내부의 삼켜진 크리쳐들도 같이 이동당합니다.

삼켜진 크리쳐는 행동을 사용해 DC 12의 근력 판정에 성공하면 탈출할 수 있습니다. 탈출에 성공한 크리쳐는 큐브 주변 5ft 내에서 자신이 원하는 공간으로 빠져나올 수 있습니다.

그레이 우즈 Gray Ooze

중형 점액류, 성향 없음

방어도 8
히트 포인트 22 (3d8+9)
이동속도 10ft, 등반 10ft

근력	민첩	건강	지능	지혜	매력
12 (+1)	6 (+2)	16 (+3)	1 (-5)	6 (-2)	2 (-4)

기술 은신 +2
피해 저항 산성, 냉기, 화염
상태 면역 장님, 매혹, 귀머거리, 탈진, 공포, 넘어짐
감각능력 맹안시야 60ft(너머는 장님으로 취급), 상시 감지 8
언어 —
도전지수 1/2 (100 xp)

부정형. 우즈는 1인치 정도의 틈만 있으면 좁은 곳도 끼이지 않고 이동 가능합니다.

금속 침식. 우즈에 명중한 비마법적 금속 무기는 부식합니다. 해당 무기는 피해를 가하고 나서 영구적으로 피해 굴림에 -1 페널티를 받습니다. (이 페널티는 누적됩니다.) 만약 해당 무기에 페널티가 -5까지 누적되면, 그 무기는 파괴된 것입니다. 금속으로 만들어진 비마법적 탄환을 사용한 경우, 우즈에 피해를 가한 직후 파괴된 것으로 칩니다.

그레이 우즈는 매 라운드 2인치 두께의 비마법적 금속을 먹어 들어갈 수 있습니다.

거짓 외관. 그레이 우즈가 움직이지 않고 있으면, 보통 기름 웅덩이나 젖은 바위와 구분할 수 없습니다.

행동

위족. 근접 무기 공격: 명중 +3, 간격 5ft, 목표 하나. 명중시: 4(1d6+1)점의 타격 피해.추가로 7(2d6)의 산성 피해. 명중당한 목표가 비마법적 갑옷을 입고 있었다면 해당 갑옷은 영구적으로 AC에 -1 페널티를 받습니다. (이 페널티는 누적됩니다.) 누적된 페널티로 목표의 AC가 10이 되었다면, 갑옷은 파괴된 것입니다.

오커 젤리 Ochre Jelly

대형 점액류, 성향 없음

방어도 8
히트 포인트 45 (6d10+12)
이동속도 10ft, 등반 10ft

근력	민첩	건강	지능	지혜	매력
15 (+2)	6 (-2)	14 (+2)	2 (-4)	6 (-2)	1 (-5)

피해 저항 냉기
피해 면역 번개, 참격
상태 면역 장님, 매혹, 귀머거리, 탈진, 공포, 넘어짐
감각능력 맹안시야 60ft(너머는 장님으로 취급), 상시 감지 8
언어 —
도전지수 2 (450 xp)

부정형. 젤리는 1인치 정도의 틈만 있으면 좁은 곳도 끼이지 않고 이동 가능합니다.

거미 등반. 젤리는 능력 판정 없이 어려운 표면을 포함해 벽이나 천장을 등반할 수 있습니다.

행동

위족. 근접 무기 공격: 명중 +4, 간격 5ft, 목표 하나. 명중시: 9(2d6+2)점의 타격 피해. 추가로 3(1d6)점의 산성 피해.

반응행동

분열. 중형 이상 크기의 젤리가 번개나 참격 피해를 받은 경우, 젤리에게 10점 이상의 hp가 남아 있는 상태였다면 젤리는 둘로 분열합니다. 분열된 새 젤리들은 각각 기존 젤리가 지녔던 hp의 절반을 지니고 있습니다. (나머지 내림) 새 젤리는 기존 젤리보다 한 단계 작은 크기입니다.

좀비 ZOMBIES

어둠 속 어디에선가, 으르렁거리는 울부짖음이 들립니다. 한쪽 다리를 질질 끌고 불어터진 팔과 망가진 손의 흉측한 모습이 멀리서 눈에 들어옵니다. 좀비는 붙잡을 수 있는 희생자라면 누구든지 잡아 죽이려는 욕망으로 움직이고 있습니다.

어둠의 하인. 사악한 사령술 마법으로 시체에 힘을 부여하면, 이들은 좀비가 되어 제작자의 뜻에 따라 어떠한 두려움이나 망설임도 없이 명령을 수행합니다. 이들은 어색하고 엉성하게 움직이며, 죽었을 때 남아 있던 옷차림 그대로 부패의 악취를 풍기며 다가옵니다.

대부분의 좀비는 인간형 종족의 시체로 만들어지지만, 뼈와 살이 있는 살아 있던 존재라면 무엇이든 힘을 부여해 좀비로 만들 수 있습니다. 대개는 사령술 마법의 힘을 이용해 좀비를 만들곤 합니다. 어떤 좀비는 어둠의 마법이 퍼질 때 그 힘으로 바로 일어나기도 합니다. 일단 한번 좀비가 되고 나면, 부활 *Resurrection* 주문처럼 강력한 마법이 아니라면 다시 살아날 수 없습니다.

좀비는 생전의 기억이 전혀 남아 있지 않으며, 이들의 정신에는 아무런 생각이나 상상력도 남아 있지 않습니다. 명령을 받지 않고 남겨진 좀비는 그저 그 자리에 서서 죽일 수 있는 무언가가 다가올 때까지 썩어가기만 할 것입니다. 좀비를 만드는 데 쓰이는 마법은 악으로 가득 차 있으며, 그래서 아무런 목적 없이 남겨진다 해도 좀비는 살아 있는 것을 마주칠 때마다 죽이려 할 것입니다.

끔찍한 형상. 좀비는 생전의 모습과 유사하며 자신을 죽인 상처가 그대로 드러나 있습니다. 하지만 이 사악한 괴물을 만들어내는 마법은 때로 효과를 발휘하는 데 시간이 걸리곤 합니다. 죽은 전사들은 쓰러졌던 전장에서 다시 일어나며, 햇빛 아래에서 불어터지며 썩어갑니다. 농부의 진흙투성이 시체가 땅을 파헤치고 기어 나오면, 구더기와 벌레들이 몸에서 기어 나옵니다. 물이나 늪에 빠져 죽은 좀비는 익사한 것처럼 퉁퉁 불어터진 상태로 악취를 풍기기도 합니다.

생각 없는 병졸. 좀비는 가장 가까운 적에게 직선으로 접근하며, 장애물이나 전술, 혹은 위험한 지형에 대한 생각이 전혀 없습니다. 좀비는 반대편 강변에 있는 적에게 다가가려고 급류가 흐르는 강에 뛰어들기도 하며, 지상을 기어 움직이다 바위에 깔려 파괴되기도 합니다. 아래에 있는 적에게 다가가려고 창문에서 뛰어내리는 경우도 있습니다. 좀비는 불타는 화산이나, 산성 구덩이, 마름쇠가 가득 깔린 전장도 아무런 망설임 없이 다가갑니다.

좀비는 단순한 명령에 따를 수 있으며 적과 아군을 구별할 수 있지만, 이성적인 판단 능력은 제한되어 있고 가리키는 방향으로 꿈틀대며 기어가며 마주치는 적을 공격할 뿐입니다. 무기를 장비한 좀비는 무기로 공격할 수도 있지만, 명령을 내리지 않는 한 떨어트린 무기나 도구를 다시 주우려 들지는 않을 것입니다.

언데드의 천성. 좀비는 호흡할 필요가 없으며, 먹고 마시거나 잠잘 필요도 없습니다.

"비크가 죽고 난 다음, 우리는 그의 시체에 사체 조종 마법을 걸었다. 한동안은 재미있었지만 좀비 냄새는 점점 끔찍해졌고, 결국 우리는 기름을 부은 다음 불을 질러 버렸다. 나중에 다시 살아난 비크는 그리 재미있어 하지 않았다."

— 폰킨 호디피크, 우정에 대해 말하며.

좀비

오우거 좀비

비홀더 좀비

좀비 Zombie

중형 언데드, 중립 악

방어도 8
히트 포인트 22 (3d8+9)
이동속도 20ft

근력	민첩	건강	지능	지혜	매력
13 (+1)	6 (-2)	16 (+3)	3 (-4)	6 (-2)	5 (-3)

내성 굴림 지혜 +0
피해 면역 독성
상태 면역 중독
감각능력 암시야 60ft, 상시 감지 8
언어 생전 알았던 언어를 이해하지만 말할 수는 없음
도전지수 1/4 (50 xp)

언데드의 인내력. 좀비가 피해를 받아 hp가 0 이하가 되었다면, 5 + 받은 피해를 DC로 건강 내성을 굴립니다. 이 내성에 성공할 시 좀비는 hp 1을 남깁니다. 단 광휘 피해나 치명타로 받은 피해는 이렇게 견딜 수 없습니다.

행동

후려치기. 근접 무기 공격: 명중 +3, 간격 5ft, 목표 하나. 명중시: 4(1d6+1)점의 타격 피해.

비홀더 좀비 Beholder Zombie

대형 언데드, 중립 악

방어도 15 (자연 갑옷)
히트 포인트 93 (11d10+33)
이동속도 0ft, 비행 20ft (부양)

근력	민첩	건강	지능	지혜	매력
10 (+0)	8 (-1)	16 (+3)	3 (-4)	8 (-1)	5 (-3)

내성 굴림 지혜 +2
피해 면역 독성
상태 면역 중독, 넘어짐
감각능력 암시야 60ft, 상시 감지 9
언어 지저어와 지하공용어를 이해하지만 말할 수는 없음
도전지수 5 (1,800 xp)

언데드의 인내력. 좀비가 피해를 받아 hp가 0 이하가 되었다면, 5 + 받은 피해를 DC로 건강 내성을 굴립니다. 이 내성에 성공할 시 좀비는 hp 1을 남깁니다. 단 광휘 피해나 치명타로 받은 피해는 이렇게 견딜 수 없습니다.

행동

물기. 근접 무기 공격: 명중 +3, 간격 5ft, 목표 하나. 명중시: 14(4d6)점의 관통 피해.

눈 광선. 좀비는 60ft 내의 볼 수 있는 목표 하나에게 무작위 마법 눈 광선을 사용합니다.

  1. 마비 광선. 목표는 DC 14의 건강 내성에 실패할 시 1분간 마비됩니다. 목표는 매번 자기 턴이 끝날 때 내성을 다시 굴릴 수 있으며, 성공하면 효과는 종료됩니다.

  2. 공포 광선. 목표는 목표는 DC 14의 지혜 내성에 실패할 시 1분간 공포 상태가 됩니다. 목표는 매번 자기 턴이 끝날 때 내성을 다시 굴릴 수 있으며, 성공하면 효과는 종료됩니다.

  3. 탈력 광선. 목표는 DC 14의 건강 내성에 실패할 시 36(8d8)점의 사령 피해를 받습니다. 내성에 성공하면 피해는 절반으로 줄어듭니다.

  4. 분해 광선. 목표가 크리쳐라면, 목표는 DC 14의 민첩 내성에 실패할 시 45(10d8)점의 역장 피해를 받습니다. 이 피해로 목표의 hp가 0 이하가 되었다면, 목표는 고운 회색 가루로 분해되어 버립니다.
  목표가 대형 이하 크기의 비마법적 물체 혹은 마법 역장 물체라면, 이 광선은 내성없이 해당 물체를 분해시킵니다. 만약 목표가 거대형 이상 크기의 비마법적 물체 혹은 마법 역장 물체라면, 이 광선은 물체에서 10×10×10ft 만큼의 부분을 분해시킵니다.

오우거 좀비 Ogre Zombie

대형 언데드, 중립 악

방어도 8
히트 포인트 85 (9d10+36)
이동속도 30ft

근력	민첩	건강	지능	지혜	매력
19 (+4)	6 (-2)	18 (+4)	3 (-4)	6 (-2)	5 (-3)

내성 굴림 지혜 +0
피해 면역 독성
상태 면역 중독
감각능력 암시야 60ft, 상시 감지 8
언어 공용어와 거인어를 이해하지만 말할 수는 없음
도전지수 2 (450 xp)

언데드의 인내력. 좀비가 피해를 받아 hp가 0 이하가 되었다면, 5 + 받은 피해를 DC로 건강 내성을 굴립니다. 이 내성에 성공할 시 좀비는 hp1을 남깁니다. 단 광휘 피해나 치명타로 받은 피해는 이렇게 견딜 수 없습니다.

행동

모닝스타. 근접 무기 공격: 명중 +6, 간격 5ft, 목표 하나. 명중시: 13(2d8+4)점의 타격 피해.

지능 포식자
INTELLECT DEVOURER

지능 포식자는 두터운 각질로 보호받고 짐승같이 날카로운 발톱이 달린 네 발로 걸어 다니는 뇌처럼 생겼습니다. 이 추악한 기괴체는 지성체의 지능을 먹어 치우며, 자신의 마인드 플레이어 주인을 위해 희생자의 몸은 그대로 남겨둡니다.

일리시드의 피조물. 마인드 플레이어는 언더다크를 돌아다니는 사냥꾼으로 쓰기 위해 지능 포식자를 키워냈습니다. 이들은 끔찍한 의식을 통해 노예의 뇌를 꺼내서 지능 포식자를 만들어 냅니다. 뇌에서 다리가 돋아나고 나면 이 뇌는 완전히 지능 포식자가 되어 그 주인만큼이나 사악하고 비틀린 존재가 됩니다.

치명적인 꼭두각시 조종자. 지능 포식자가 어떤 대상의 정신과 기억을 먹어 치우고 나면, 마치 꼭두각시를 조종하는 것처럼 그 희생자의 몸을 조종할 수 있게 됩니다. 지능 포식자는 대개 이 꼭두각시를 사용해 다른 자들을 마인드 플레이어의 영역으로 꾀어들이고, 마인드 플레이어는 이들을 노예로 삼거나 잡아먹습니다.

> "울지 말게. 우린 자네 뇌를 먹을 생각이 전혀 없어. 사실, 자네의 뇌는 이제부터 놀라운 여행을 떠나게 될 거라네!"
> — 쿼릭 엘 슬루크, 마인드 플레이어.

지능 포식자 INTELLECT DEVOURER
초소형 기괴체, 질서 악

방어도 12
히트 포인트 21 (6d4+6)
이동속도 40ft

근력	민첩	건강	지능	지혜	매력
6 (-2)	14 (+2)	13 (+1)	12 (+1)	11 (+0)	10 (+0)

기술 감지 +2, 은신 +4
피해 저항 비마법적 무기에 의한 타격/관통/참격 피해
상태 면역 장님
감각능력 맹안시야 60ft (너머는 장님으로 취급) 상시 감지 12
언어 지저어를 이해하지만 말할 수는 없음. 정신감응 60ft
도전지수 2 (450 xp)

지성체 탐지. 지능 포식자는 주변 300ft 이내의 지능 3 이상 크리쳐가 존재하는지 여부를 감지할 수 있습니다. 이 감각은 방벽을 투과하지만, 무심화Mind Blank를 사용한 크리쳐는 감지할 수 없습니다.

행동

다중공격. 지능 포식자는 할퀴기 공격 1회와 지능 포식을 사용합니다

할퀴기. 근접 무기 공격: 명중 +4, 간격 5ft, 목표 하나. 명중시: 7(2d4+2)점의 참격 피해.

지능 포식. 지능 포식자는 주변 10ft 내의 뇌를 지닌 크리쳐 하나를 목표로 정합니다. 목표는 DC 12의 지능 내성에 실패할 시 11(2d10)점의 정신 피해를 받습니다. 또한 실패한 목표는 3d6을 굴려야 하며, 이 3d6의 결과가 자신의 지능 점수 이상이라면 목표의 지능은 0으로 떨어집니다. 지능이 0으로 떨어진 목표는 최소 1점의 지능을 회복할 때까지 충격 상태가 됩니다.

신체 강탈. 지능 포식자는 주변 5ft 내의 행동불능 상태인 인간형 크리쳐 하나와 지능 대결 판정을 벌입니다. 악과 선으로부터의 보호 Proetection from Evil and Good 등으로 보호받는 크리쳐는 목표로 삼을 수 없습니다. 지능 포식자가 이 대결 판정에서 승리했다면, 지능 포식자는 마법적으로 목표의 뇌를 먹어 치우고 두개골 속으로 순간이동해 몸을 조종합니다. 지능 포식자가 희생자의 두개골 속에 있을 때에는 외부의 모든 공격과 효과에 대해 완전 엄폐를 얻습니다. 지능 포식자는 자신의 지능, 지혜, 매력 점수를 유지하며, 지저어를 이해할 수 있는 능력과 정신감응 능력 등의 특징을 유지합니다. 한편, 지능 포식자는 희생자가 생전에 알았던 모든 것을 그대로 알 수 있습니다. 여기에는 희생자의 주문과 언어도 포함됩니다.

숙주의 몸이 사망하면 지능 포식자는 즉시 그 몸을 떠나야 합니다. 숙주의 몸에 악과 선으로부터의 보호 주문을 시전해도 강제로 지능 포식자를 쫓아낼 수 있습니다. 또한 소원Wish 주문등으로 희생자의 몸에 다시 뇌가 생겨나도 몸 밖으로 튕겨 나오게 됩니다. 지능 포식자는 이동력 5ft를 소모해 자발적으로 몸 밖으로 나올 수 있으며, 이 경우 몸 주변 5ft 내의 빈 공간에 순간이동하여 나타납니다. 지능 포식자가 두개골을 떠나 뇌가 비게 된 몸은 1라운드 안에 뇌를 회복하지 못하면 즉시 사망합니다.

지니 Genies

지니는 여러 이야기와 전설에 등장하는 희귀한 원소계의 존재입니다. 물질계에서는 오직 소수의 지니만이 존재한다고 알려져 있습니다. 이들은 대개 원소계에 거처를 두고 있으며, 그곳에서 화려한 궁전을 짓고 충실한 여러 노예를 부리곤 합니다.

지니는 영리하고 강력하며, 그만큼 자존심도 강하고 고압적입니다. 그들은 허영심이 강하고 퇴폐적이며, 신이나 그들의 권력에 도전할 수 있는 다른 지니같이 몇몇 상대를 제외하면 대부분의 다른 존재를 경멸하며 우습게 보곤 합니다.

원소의 존재들. 지니는 원소계에 존재하는 근원의 물질이 영혼에 뒤섞여 자아를 지니면서 태어납니다. 이처럼 원소와 영혼이 한데 섞여 지니로서의 형태를 지니게 되는 경우는 그리 흔치 않습니다.

지니에게는 대개 자신의 근원이 되는 영혼과의 연관이 남아 있지 않습니다. 하지만 영혼의 생명력이 지니의 형태와 성별을 결정짓는 요소가 되며, 이 두 가지는 지니의 개성 특징에서 핵심적인 부분입니다. 지니는 근본적으로 원소의 정령이 물질적 형태를 지닌 것뿐입니다. 이들은 다른 지니와 짝을 맺어 다른 지니를 만들 수 없으며, 영적인 활력 원소의 힘이 신비하게 융합될 때에만 새로운 지니가 만들어집니다. 필멸의 영혼과 강한 연결이 남아 있는 지니는 필멸자와 아이를 만들고자 할 수 있지만, 실제 이러한 혼혈이 태어나는 경우는 거의 없습니다.

지니가 죽고 나면, 그가 입고 있거나 들고 있던 물건만 그 자리에 남을 뿐, 지니의 몸은 완전히 사라지고 그 근본이 된 원소만이 약간 남게 됩니다. 먼지 한 줌이나 한 줄기 바람, 작은 불꽃과 연기나 약간의 물 정도만이 그 자리에 남고, 나머지는 홀연히 사라져 버릴 것입니다.

지배하거나 지배당하거나. 지니의 권력욕이나 높은 자만심을 충족시키기 위해 수많은 필멸자 노예가 봉사하고 있습니다. 수백 명의 아부하는 목소리는 지니의 귀에 음악처럼 아름답게 들리며, 또 다른 수백 명의 필멸자 노예가 지니의 발아래 엎드려 군주이자 주인으로서 숭배합니다. 지니는 노예를 살아있는 재산으로 여기며, 재산이 없는 지니는 동족의 수치입니다. 따라서, 많은 지니는 자신의 노예를 보물로 여기며, 자기 가문의 일원으로 여기기도 합니다. 악한 지니는 마음 내키는대로 노예를 괴롭히거나 협박하지만, 노예를 못 써먹을 때까지 부리지는 않습니다.

지니는 노예 만들기를 사랑하는 만큼, 다른 자에게 봉사하는 것을 혐오합니다. 지니는 뇌물로 매수되거나 마법에 의해 강제되지 않는 한 결코 다른 이의 뜻에 따르지 않습니다. 모든 지니는 선천적으로 권능을 지니고 있지만, 그중 희귀한 몇몇은 소원을 들어주는 힘을 타고나기도 합니다. 바로 이러한 이유로 필멸의 마법사는 지니의 힘을 부릴 수 있도록 이들을 속박할 방법을 찾곤 합니다.

퇴폐적인 귀족들. 귀족 지니는 지니 중에서도 가장 희귀한 부류입니다. 이들은 무엇이든 원하는 것을 차지하곤 하며, 소원을 들어주는 자신의 능력을 통해 자신의 욕망을 채우곤 합니다. 원하는 것은 무엇이든 얻을 수 있는 이 방종으로 인해 귀족 지니는 점차 퇴폐적으로 변하며, 그들의 우월한 권력으로 인해 더욱 오만하고 사치스러워지곤 합니다. 그들이 지닌 거대한 궁정은 여러 가지 신비한 것들과 상상을 넘어서는 기쁨을 주는 자극적인 즐길 거리로 가득 차 있습니다.

귀족 지니는 다른 지니의 질투와 질시를 즐기며, 기회가 있을 때마다 우월함을 드러내려고 합니다. 다른 지니는 자기 뜻대로 현실을 뒤바꿀 수 있는 존재의 뜻을 거스르는 것이 얼마나 어리석은 일인지 잘 알고 있기에 귀족의 영향력을 존중합니다. 하지만 지니들이 귀족 지니에게 절대복종하지는 않으며, 때로는 대가를 감수하고 귀족의 뜻을 거부하기도 합니다.

복종의 힘. 지니는 신들이 위대한 존재임을 잘 알고 있지만 신들을 숭배하거나 모시지 않습니다. 그들은 종교적인 헌신을 지루하고 하찮은 것으로 취급하며, 오로지 노예들이 자신들에게 보내는 숭배만을 즐깁니다.

환상적인 권능을 지녔으며 수많은 노예에게 숭배를 받고 또한 소원을 들어주는 힘이 있기에, 귀족 지니는 자신이 신과 같이 강대한 존재라고 믿는 경향이 있습니다. 이들 중 일부는 심지어 필멸의 세계에 내려가 필멸자들의 숭배를 요구하기도 하며, 그리하여 일국이나 심지어 대륙 전체에서 숭배를 받기도 합니다.

다오 Dao

다오는 탐욕에 가득 찬 악의적인 지니로 대지계에서 태어납니다. 이들은 값진 보석과 귀금속으로 만든 장신구를 치렁치렁 걸치고 있으며, 날아오를 때는 하반신이 소용돌이치는 모래로 변합니다. 다오는 다른 다오들의 질투를 받을 때에만 행복감을 느낍니다.

빛나는 모든 것들. 다오는 대지계 내부에 존재하는 비틀린 동굴들과 빛나는 광맥이 가득한 공동 속에서 살아갑니다. 다오가 길을 뚫을 때마다 이 미로는 더 넓어지고 복잡해집니다. 다오는 다른 이들의 가난이나 불행에는 일말의 관심도 없습니다. 다오는 자신이 찾아낸 보석과 금을 가루로 만들어 음식에 뿌려 먹기를 즐기며, 필멸자들이 값비싼 향신료를 즐기듯 재산을 먹어 치웁니다.

대지의 주인들. 다오는 자신이 뭔가 얻을 수 있어야만 필멸자를 도와주려 들고, 대개는 재산을 요구합니다. 다오는 다른 모든 지니 중에서 이프리트와 거래를 트고 있지만, 진이나 마리드는 경멸합니다. 대지계의 다른 존재는 다오를 피하며, 다오의 눈에 띄게 되면 노예가 되어 그들의 떠다니는 대지 속 미로를 파헤치는 일을 하게 된다는 사실을 잘 알고 있습니다.

자존심 높은 노예상인. 다오는 돈으로 살 수 있는 가장 고급스러운 노예들을 사고팔며, 지진으로 흔들리는 위험한 지저 왕국에서 이 노예들을 부립니다.

다오는 노예 부리기를 좋아하는 만큼, 자신들이 강제로 노예가 되는 것을 증오합니다. 강력한 마법사는 때때로 물질적 부를 미끼로 다오를 물질계로 꾀어낸 다음 마법의 보석이나 *쇠 플라스크 (Iron Flask)*에 가두어 사역하곤 합니다. 다오 역시 이런 위험을 알고 있지만, 부를 향한 다오의 탐욕이 너무 강하기에 미끼에 걸려들곤 합니다.

마리드 Marid

수중계에서 나타난 마리드는 모든 지니 종족 중 가장 경이로운 자들입니다. 비록 모든 지니가 전부 대단한 힘을 지니고 있긴 하지만, 가장 약한 마리드조차 가벼운 진이나 땅을 기는 다오, 혹은 시끄러운 이프리트들보다 스스로가 우월하다고 생각합니다.

거대한 물고기 모습을 한 마리드는 기괴하게 생겼지만, 아름다운 비단을 정교하게 재단한 조끼와 다양한 색으로 이루어진 판탈롱을 입고 나타납니다. 이들은 바다의 순풍처럼 부드러운 목소리로 말하거나 거친 폭풍의 파도처럼 커다란 소리로 말할 수 있습니다. 마리드가 하늘에 날아오를 때면 하반신이 부글대며 터지는 거품으로 변합니다.

물의 군주. 물은 마리드를 이루는 원소이며, 마리드는 자신이 원하는 대로 물을 다루는 힘을 지니고 있습니다. 마리드는 물 위를 걸어 다니고 공기에서처럼 물속에서 숨을 쉴 수 있습니다. 마리드는 허공에서 물을 창조하거나 안개 구름을 불러낼 수 있습니다. 이들은 심지어 자기 자신을 물안개로 바꾸거나, 물을 무기로 사용해 적들을 공격하기도 합니다.

마리드의 고향. 마리드는 물질계에 있는 법이 거의 없습니다. 그들은 수중계에 위치한 거대하고 장엄한 산호 요새에서 살아갑니다. 이들의 성채는 수중계 깊은 곳에 있으며, 노예나 손님들이 지내는 곳에는 공기가 가득찬 방으로 공기를 공급합니다.

마리드는 노예에게 많은 것을 기대하지 않으며, 그저 자신을 숭배하고 주인의 말을 잘 따라주기만을 바랍니다. 마리드는 기술에 숙련된 노예를 구하기 위해 떠돌아다니며, 필멸자 예술가나 예능인, 혹은 이야기꾼을 데려와 궁정에서 자신을 숭배하며 그 기술을 펼쳐 보이길 원합니다.

자기중심적 위계. 모든 마리드는 나름대로 귀족의 칭호를 지니고 있으며, 그래서 이 종족은 샤와 술탄, 무피 같은 칭호로 넘쳐납니다. 대체로 이런 칭호는 마리드의 허영심과 자기만족을 충족하는 용도 이상의 의미를 지니지 않습니다.

마리드는 다른 모든 종족 – 심지어 다른 지니조차 열등한 존재들로 여기며, 그저 그 열등함의 정도가 다르다고 생각할 뿐입니다. 다른 지니는 불쌍한 친척 정도로 생각하지만, 가장 열등한 것들은 하찮은 벌레 정도로 밖에 취급하지 않습니다. 이들은 진과는 잘 지내지만 다오를 싫어하며, 이프리트는 증오합니다.

필멸의 인간형 종족이 마리드가 참고 허용할 수 있는 열등함의 최저 기준입니다. 그러나 이들은 때때로 강력한 마법사나 위대한 지도자와는 비교적 동등한 입장에서 거래하기도 합니다. 또한 잘못된 판단으로 마법사의 소환에 응했다가 소라 껍데기나 플라스크, 유리병에 감금하는 등의 마법에 당해 긴 시간 봉인되기도 합니다. 마리드와 거래할 때는 뇌물과 아부가 가장 좋은 수단이 되며, 마리드는 이러한 아부를 받으면 하찮은 필멸자가 자신의 분수를 안다며 좋아합니다.

변덕스러운 이야기꾼. 마리드는 최고의 이야기꾼이며, 자신들의 힘과 권능을 돋보이게 하는 전설을 이야기하는 것을 가장 좋아합니다. 재능이 넘치는 마리드는 때때로 자기 이야기 속에 거짓과 창작을 섞어 넣습니다. 이들이 하는 거짓말이 언제나 악의에 찬 것은 아니지만, 자신들의 허영심을 돋보이게 하려는 생각에 강조하는 경우는 많이 있습니다. 마리드는 열등한 것들이 이야기를 방해하는 것을 큰 죄악으로 여기며, 마리드의 이야기를 끊는 것은 마리드의 화를 불러일으키는 가장 확실한 방법입니다.

이프리트 EFREETI

화염계에서 태어난 거대한 지니인 이프리트는 불꽃의 주인이며, 불의 피해에 면역이고 자기 뜻대로 불을 만들어냅니다. 이들은 고운 비단으로 된 옷을 두르고 용암처럼 붉거나 석탄처럼 검은 피부를 자랑합니다. 이들은 자신의 몸을 황동이나 금으로 된 사슬이나 장신구, 반지로 장식하며, 여기에는 수많은 보석이 박혀 있습니다. 이프리트가 날아갈 때면, 하반신은 연기와 불꽃으로 변해 타오릅니다.

거만하고 잔혹함. 이프리트는 교활하며 영리하고 잔혹한 존재로써, 무자비한 성미가 널리 알려져 있습니다. 이들은 강제로 봉사하게 되는 것을 그 무엇보다 싫어하며, 자신들을 거스른 자에게는 무슨 수를 써서라도 잔혹하게 복수합니다. 그러나 한편으로 이프리트는 자신들이야말로 가장 아름답고 올바른 존재라고 생각합니다.

악의에 찬 노예상. 이프리트는 다른 모든 존재를 적 혹은 잠재적 노예로 취급합니다. 이들은 물질계나 다른 원소계를 습격해 노예를 잡아 오고, 이들을 화염계로 끌고 와 자신의 집에서 부립니다. 이프리트는 강압적인 폭군으로서 지배하며, 노예 중 가장 잔혹한 이들만을 골라 관리자로 승급시킵니다. 이 관리자들은 주인의 뜻에 따라 채찍으로 낮은 지위의 노예들을 괴롭히곤 합니다.

이계의 습격자. 대부분의 이프리트는 화염계에서 살아가며 검은 유리와 화강암으로 이루어진 거대한 요새나 불의 호수에서 지냅니다. 한편 화염계에는 이들의 수도인 전설적인 황동 도시도 있습니다. 하지만 이프리트는 화염계 경계 지점에 군사 거점을 지어놓고, 이 거점을 통해 부하들을 부려 다른 세계에 흩어져 있는 노예를 잡아 오곤 합니다.

이프리트가 물질계에 오면 우선 화산같이 불길이 가득찬 지역이나 사막에 나타납니다. 이프리트는 사막을 사랑하며, 그것 때문에 모래바람을 타고 다니는 진이나 대지에 묶인 다오와 투쟁을 벌이기도 합니다. 특히 이프리트는 물의 주인인 마리드를 증오하며, 마리드와 이프리트 사이에는 이미 길고 긴 투쟁의 역사가 있습니다.

진 DJINNI

창공계에서 태어난 자존심 강하고 감각적인 지니인 진은 매력적이고 키가 크며 근육질인 인간형 모습으로 나타납니다. 이들은 푸른 피부에 검은 눈을 지니고 있습니다. 이들은 하늘하늘하게 빛나는 비단으로 만든 옷을 걸치고, 자신들의 육체미를 자랑합니다.

쾌활한 탐미주의자. 진은 구름으로 이루어진 창공계의 부유섬 위에서 커다란 천막이나 높다란 건물을 지어놓고, 그들만의 정원이나 분수, 궁정을 만들어 그 안에서 지냅니다. 진은 편안함과 안전을 사랑하며, 달콤한 과일과 포도주, 값비싼 향수와 아름다운 음악에 둘러싸여 살아가는 것을 즐깁니다.

진은 장난을 즐기는 성미와 필멸자에 대해 호기심과 호의를 보이는 것으로 유명합니다. 진은 다른 지니 중 이프리트와 마리드를 무시하며, 그들이 너무 거만하다고 여깁니다. 또한 다오에 대해서는 공개적으로 혐오하며, 둘 사이는 약간의 도발만 오가더라도 직접적인 분쟁으로 번지곤 합니다.

바람의 주인. 대기의 주인인 진은 자신들이 만들어낸 강력한 회오리바람을 타고 날아다니며, 이 바람을 이용해 다른 손님을 옮기기도 합니다. 진 앞을 막아서는 자들은 거친 바람과 천둥의 공격을 받게 되며, 전투에서 진이 밀리게 될 때면 바람을 타고 도망가기도 합니다. 진이 날아갈 때면 하반신은 소용돌이치는 연기로 변합니다.

수용적인 하인. 진은 봉사와 복종이 운명으로 정해지는 것이라 여기며, 운명의 손에서 벗어날 수 없다고 생각합니다. 그 결과 진은 모든 지니 중 유일하게 봉사를 받아들이곤 하지만, 남에게 봉사하는 것을 좋아하지는 않습니다. 한편 진은 자신들의 노예 역시 하찮은 하인이라기보다 친절과 보호를 베풀어 줄 대상으로 생각하며, 좀처럼 자신의 노예들과 떨어지려 하지 않습니다.

진의 봉사를 받고자 하는 필멸자는 화려한 선물을 제공하거나 아부를 떨어 진의 기분을 풀어줄 수 있습니다. 하지만 강력한 마법사들은 그런 과정을 모두 생략하고 진을 소환해 속박하여 봉사를 요구하거나 마법으로 진을 감금할 수도 있습니다. 진은 장기적인 봉사를 싫어하며, 감금당하는 것을 증오합니다. 진은 동족을 호리병이나 플라스크, 악기에 감금하는 잔혹한 마법사들을 미워합니다. 진에게 있어서 배신, 특히 신뢰하는 필멸자가 하는 배신은 특히 악랄한 짓으로 여겨지며, 오로지 죽음으로만 복수할 수 있다고 여깁니다.

"대공동에 온 곳을 환영한다. 내부 이계의 보석과 같은 곳이지. 너희들은 이제 강대하고 자비로우신 카흐툰 자파라 알 일 진 자라인님의 노예이다. 그분은 내부 지각의 여왕, 금강석 성당의 제사장, 공작석 왕홀의 수호자 등등의 직위를 지니셨지."

— 가고일 집사의 상투적인 첫인사

다오 Dao

대형 원소, 중립 악

방어도 18 (자연 갑옷)
히트 포인트 187 (15d10+105)
이동속도 30ft, 굴착 30ft, 비행 30ft

근력	민첩	건강	지능	지혜	매력
23 (+6)	12 (+1)	24 (+7)	12 (+1)	13 (+1)	14 (+2)

내성 굴림 지능 +5, 지혜 +5, 매력 +6
상태 면역 석화
감각능력 암시야 120ft, 상시 감지 11
언어 대지어
도전지수 11 (7,200 xp)

대지 활주. 다오는 비마법적이고 비인공적인 땅이나 돌을 통해 흐르듯 이동할 수 있습니다. 이렇게 이동하는 동안, 다오는 바닥의 물질에 영향을 주지 않습니다.

원소 사멸. 다오가 죽으면 몸은 분해되어 수정 가루가 되며, 다오가 장비하거나 들고 있던 물건들만 그 자리에 남습니다.

선천적 주문시전. 다오의 선천적 주문시전 능력치는 매력입니다. (주문 내성 DC 14, 주문 명중 +6). 다오는 물질 구성요소를 사용하지 않고 아래 주문들을 선천적으로 시전할 수 있습니다.

자유시전: 악과 선 탐지Detect Evil and Good, 마법 탐지Detect Magic, 바위 형상Stone Shape
3회/일: 벽통과Passwall, 대지 이동Move Earth, 언어구사Tongues
1회/일: 원소 소환Conjure Elemental(대지 원소만), 가스 형상Gaseous Form, 투명화Invisibility, 환영 살해자Phantasmal Killer, 이계 전송Plane Shift, 바위의 벽Wall of Stone

안정된 자세. 다오는 넘어지게 만드는 효과에 대한 근력과 민첩 내성에 이점을 받습니다.

행동

다중공격. 다오는 주먹 공격이나 망치 공격을 2회 가합니다.

주먹. 근접 무기 공격: 명중 +10, 간격 5ft, 목표 하나. 명중시: 15(2d8+6)점의 타격 피해.

망치. 근접 무기 공격: 명중 +10, 간격 5ft, 목표 하나. 명중시: 20(4d6+6)점의 타격 피해. 만약 목표가 거대형 크기 이하의 크리쳐라면, DC 18의 근력 내성에 실패할 경우 넘어집니다.

"마리드는 유리병 속에서 풀려나 흘러나오며 말 날뛰며 영원히 살기를 빌었어. 그러자 마리드는 그 하플링을 땅 위에서 펄쩍거리는 물고기로 바꿔버렸지. 물고기는 퍼덕거리다가 곧 잠잠해졌 어. 이 이야기의 교훈은 영원히 전해지게 되었 으니, 어쨌든 그 하플링의 일부는 영원히 살아 남은 것이라 할 수 있지."

— 시길의 서점인 찢어진 베일의
노움 관리인 케스토
브라이트아이의 이야기.

마리드 MARID
대형 원소, 혼돈 중립

방어도 17 (자연 갑옷)
히트 포인트 229 (17d10+136)
이동속도 30ft, 비행 60ft, 수영 90ft

근력	민첩	건강	지능	지혜	매력
22 (+6)	12 (+1)	26 (+8)	18 (+4)	17 (+3)	18 (+4)

내성 굴림 민첩 +5, 지혜 +7, 매력 +8
피해 저항 산성, 냉기, 번개
감각능력 맹안시야 30ft 암시야 120ft, 상시 감지 13
언어 수중어
도전지수 11 (7,200 xp)

수륙양용. 마리드는 공기와 수중 양쪽에서 호흡할 수 있습니다.

원소 사멸. 마리드가 죽으면 몸은 분해되어 물거품이 되며, 마리드가 장 비하거나 들고 있던 물건들만 그 자리에 남습니다.

선천적 주문시전. 마리드의 선천적 주문시전 능력치는 매력입니다. (주문 내성 DC 16, 주문 명중 +8). 마리드는 물질 구성요소 없이 아래 주문들을 선천적으로 시전할 수 있습니다.

자유시전: 물 창조 또는 파괴Create or Destroy Water, 악과 선 탐지 Detect Evil and Good, 마법 탐지Detect Magic, 안개 구름Fog Cloud, 음식과 물 정화Purify Food and Drink
3회/일: 언어구사Tongues, 수중 호흡Water Breathing, 수면 보행 Water Walk
1회/일: 원소 소환Conjure Elemental(물의 원소만), 물 조종Control Water, 가스 형상Gaseous Form, 투명화Invisibility, 이계 전송 Plane Shift

행동

다중공격. 마리드는 삼지창 공격을 2회 가합니다.

삼지창. 근접 무기 공격: 명중 +10, 간격 5ft 또는 장거리 20/60ft, 목표 하나. 명중시: 13(2d6+6)점의 관통 피해. 양손을 써서 근접 공격을 가한 경우 15(2d8+6)점의 관통 피해.

물살 분사. 마리드는 폭 5ft, 직선 60ft로 물살을 쏘아 보냅니다. 해당 범 위 내의 모든 크리쳐는 DC 16의 민첩 내성에 실패할 시 21(6d6)점의 타 격 피해를 입습니다. 또한 거대형 이하 크기의 크리쳐는 20ft 멀리 밀려 나 넘어집니다. 내성에 성공하면 피해는 절반으로 줄어들고, 밀려나거나 넘어지지 않습니다.

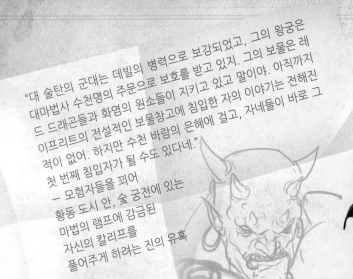

"대 술탄의 군대는 데빌의 병력으로 보강되었고, 그의 왕궁은
대마법사 수천명의 주문으로 보호받고 있지. 그의 보물은 레
드 드래곤들과 화염의 원소들이 지키고 있고 말이야. 아직까지
이프리트의 전설적인 보물창고에 침입한 자의 이야기는 전해진
적이 없어. 하지만 수천 바람의 은혜에 걸고, 자네들이 바로 그
첫 번째 침입자가 될 수도 있다네."

— 모험자들을 꾀어
황동 도시 안, 숯 궁전에 있는
마법의 램프에 감금된
자신의 칼리프를
풀어주게 하려는 진의 유혹

이프리트 Efreeti
대형 원소, 질서 악

방어도 17 (자연 갑옷)
히트 포인트 200 (16d10+112)
이동속도 40ft, 비행 60ft

근력	민첩	건강	지능	지혜	매력
22 (+6)	12 (+1)	24 (+7)	16 (+3)	15 (+2)	16 (+3)

내성 굴림 지능 +7, 지혜 +6, 매력 +7
피해 면역 화염
감각능력 암시야 120ft, 상시 감지 12
언어 화염어
도전지수 11 (7,200 xp)

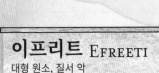

원소 사멸. 이프리트가 죽으면 몸은 분해되어 번쩍이는 불꽃과 연기 되
며, 이프리트가 장비하거나 들고 있던 물건들만 그 자리에 남습니다.

선천적 주문시전. 이프리트의 선천적 주문시전 능력치는 매력입니다. (주
문 내성 DC 15, 주문 명중 +7) 이프리트는 물질 구성요소 없이 아래 주문
들을 선천적으로 시전할 수 있습니다.

자유시전: 마법 탐지Detect Magic
각 3회/일: 거대화/축소화Enlarge/Reduce, 언어구사Tongues
1회/일: 원소 소환Conjure Elemental(불의 원소만), 가스 형상Gaseous
　　　 Form, 투명화Invisibility, 상급 영상Major Image, 이계 전송Plane
　　　 Shift, 불꽃의 벽Wall of Fire

행동

다중공격. 이프리트는 시미터 공격을 2회 가하거나 불꽃 던지기를 2회
가할 수 있습니다.

시미터. 근접 무기 공격: 명중 +10, 간격 5ft, 목표 하나. 명중시: 13(2d6+6)
점의 참격 피해. 추가로 7(2d6)점의 화염 피해.

불꽃 던지기. 장거리 주문 공격: 명중 +7, 장거리 120ft, 목표 하나. 명중
시: 17(5d6)점의 화염 피해.

변형: 지니의 권능

지니는 주문을 포함해 다양한 마법적 능력을 갖추고 있습니다. 그리고 이들 중 일부는 더욱 강력한 권능을 통해 자신의 모습을 바꾸거나 현실을 변형할 수 있기도 합니다.

변장. 몇몇 지니는 환영을 이용해 자신의 모습을 다른 크리쳐로 바꿀 수 있습니다. 이 지니들은 선천적으로 *자기 변장Disguise Self* 주문을 자유시전할 수 있습니다. 이 주문들은 일반적인 때보다 더 긴 지속시간을 지니고 있습니다. 더욱 강력한 지니들은 하루 3번 *진정한 변신True Polymorph*을 시전하기도 하며, 이 주문 역시 지속시간은 더 길어집니다. 이러한 지니는 오로지 자신의 모습만을 바꿀 수 있을 뿐이지만, 아주 희귀한 경우는 이 힘을 통해 다른 크리쳐의 모습을 바꿀 수 있다고도 합니다.

소원. 소원을 들어주는 지니의 권능은 필멸자들 사이에서 여러 전설로 남아 있습니다. 오로지 가장 강력한 지니, 귀족에 속하는 지니들만이 이러한 힘을 지니고 있습니다. 이러한 지니는 동족이 아닌 크리쳐 하나에게 3번의 소원을 이루어주는 힘을 지닙니다. 일단 지니가 소원을 들어주고 나면, 일정 기간(대개는 1년이라고 합니다.) 동안에는 다시 소원을 들어줄 수 없으며, 우주의 법칙에 따라 한번 소원을 받은 크리쳐는 두 번 다시 같은 지니에게서 소원을 받을 수 없습니다.

소원을 들어주려면, 지니로부터 60ft 이내에 있는 크리쳐가 분명히 자신의 원하는 바를 말해야 합니다. 지니는 이 말을 듣고 소원Wish 주문의 효과를 발동시켜 그 말을 이루어줍니다. 지니의 성격에 따라, 일부는 자신이 들은 말을 곡해하여 소원의 원래 의도와는 상관없는 결과를 만들어 내기도 합니다. 이 경우 이 결과는 소원을 들어준 지니에게 유리하게 나타날 때가 많습니다.

진 DJINNI
대형 원소, 혼돈 선

방어도 17 (자연 갑옷)
히트 포인트 161 (14d10+84)
이동속도 30ft, 비행 90ft

근력	민첩	건강	지능	지혜	매력
21 (+5)	15 (+2)	22 (+6)	15 (+2)	16 (+3)	20 (+5)

내성 굴림 민첩 +6, 지혜 +7, 매력 +9
피해 면역 번개, 천둥
감각능력 암시야 120ft, 상시 감지 13
언어 창공어
도전지수 11 (7,200 xp)

원소 사멸. 진이 죽으면 몸은 분해되어 산들바람이 되며, 진이 장비하거나 들고 있던 물건들만 그 자리에 남습니다.

선천적 주문시전. 진의 선천적 주문시전 능력치는 매력입니다. (주문 내성 DC 17, 주문 명중 +9). 진은 물질 구성요소를 사용하지 않고 아래 주문들을 선천적으로 시전할 수 있습니다.

자유시전: 악과 선 탐지Detect Evil and Good, 마법 탐지Detect Magic, 천둥파도Thunderwave

3회/일: 음식과 물 창조Create Food and Water(물 대신 와인이 창조됨), 언어구사Tongues, 바람 걷기Wind Walk

1회/일: 원소 소환Conjure Elemental(대기 원소만), 창조Creation, 가스 형상Gaseous Form, 투명화Invisibility, 상급 영상Major Image, 이계 전송Plane Shift

행동

다중공격. 진은 시미터 공격을 3회 가합니다.

시미터. 근접 무기 공격: 명중 +9, 간격 5ft, 목표 하나. 명중시: 12(2d6+5)점의 참격 피해. 추가로 3(1d6)점의 번개 혹은 천둥 피해. (피해 종류는 진이 선택함)

회오리바람 창조. 진은 주변 120ft 내에서 자신이 볼 수 있는 한 지점을 중심으로 5ft 반경, 30ft 높이의 원통형 회오리바람을 창조합니다. 이 회오리는 집중을 유지하는 한 지속됩니다. (주문 집중과 동일) 진을 제외하고 회오리바람의 범위 내에 있는 모든 크리쳐는 DC 18의 근력 내성에 실패할 시 회오리에 사로잡혀 포박 상태가 됩니다. 진은 행동을 사용해 회오리를 60ft까지 이동시킬 수 있습니다. 회오리가 이동할 때 내부의 크리쳐들도 함께 이동합니다. 회오리는 진의 시야에서 벗어나면 사라집니다.

회오리에 포박된 크리쳐 자신이나 그에 인접한 크리쳐는 행동을 사용해 DC 18의 근력 판정에 성공할 경우 포박 상태를 해제할 수 있습니다. 판정에 성공해 포박 상태에서 빠져나온 크리쳐는 회오리에 인접한 공간으로 이동합니다.

지하 노움 (스비프네블린)
GNOME, DEEP (SVIRFNEBLIN)

흔히 지하 노움이라고도 부르는 스비프네블린은 세계의 표면에서 한참 아래 떨어진 뒤틀린 동굴과 대공동에서 살아갑니다. 이들은 뛰어난 은신 기술과 영리함, 그리고 끈기 덕에 삶을 부지할 수 있었습니다. 이들은 회색 피부 덕에 주변의 바위에 잘 숨어들 수 있습니다. 또 이들은 그 작은 크기로는 놀라울 정도의 무게와 힘을 지니고 있습니다. 보통 성인 스비프네블린은 3ft 정도의 키에 100~120lbs 정도의 체격입니다.

일반적인 스비프네블린 공동체는 수백 명의 지하 노움이 소속되어 있으며 요새화된 거주지에서 살고 있습니다. 비밀 터널을 통해 거주지를 드나들 수 있으며, 공동체가 습격을 받을 경우 탈출로를 이용해 지하 노움들이 도망칠 수 있는 구조를 하고 있습니다.

확립된 성별 역할. 남성 스비프네블린은 대머리인 데 비해, 여성은 회색 곱슬머리를 지니고 있습니다. 전통적으로 여성은 공동체를 운영하며, 남성은 영역 외곽에서 적을 찾거나 귀중한 광맥과 보석을 탐색하는 역할을 맡습니다.

보석 수집가. 스비프네블린은 훌륭한 보석을 좋아하며, 그중에서도 특히 루비를 크게 선호하여 언더다크 깊숙한 곳에 있는 광산에서 이러한 보석을 채굴합니다. 보석 사냥 때문에 이들은 가끔 비홀더나 드로우, 쿠오 토아, 두에르가, 마인드 플레이어 등과 마주치기도 합니다. 이들 자연적 천적 중에서도 지하 노움은 잔인하며 데몬을 숭배하는 드로우를 가장 두려워하고 혐오합니다.

대지의 친구. 지하 노움은 때때로 대지계에서 온 원소의 존재와 마주치곤 합니다. 몇몇 스비프네블린은 그런 존재를 소환하는 능력을 얻기도 합니다. 대지의 존재는 스비프네블린의 정착지를 지켜주곤 하는데 특히 쏜은 보석을 먹여준다는 약속을 받고 자주 고용되는 편입니다.

지하 노움 (스비프네블린)
DEEP GNOME (SVIRFNEBLIN)
소형 인간형(노움), 중립 선

방어도 15 (체인 셔츠)
히트 포인트 16 (3d6+6)
이동속도 20ft

근력	민첩	건강	지능	지혜	매력
15 (+2)	14 (+2)	14 (+2)	12 (+1)	10 (+0)	9 (-1)

기술 수사 +3, 감지 +2, 은신 +4
감각능력 암시야 120ft, 상시 감지 12
언어 노움어, 대지어, 지하공용어
도전지수 1/2 (100 xp)

바위 위장. 노움은 바위 지형에서 민첩(은신) 판정에 이점을 받습니다.

노움의 교활함. 노움은 마법에 대한 지능, 지혜, 매력 내성에 이점을 받습니다.

선천적 주문시전. 노움의 선천적 주문시전 능력치는 지능입니다. (주문 내성 DC 11). 노움은 물질 구성요소를 사용하지 않고 선천적으로 아래 주문들을 시전할 수 있습니다.

자유시전: 탐지방어Nondetection (자기에게만)
1회/일: 장님화/귀머거리화Blindness/Deafness, 흐려짐Blur, 자기 위장Disguise Self

행동

워 픽. 근접 무기 공격: 명중 +4, 간격 5ft, 목표 하나. 명중시: 6(1d8+2)점의 관통 피해.

독 다트. 장거리 무기 공격: 명중 +4, 장거리 30/120ft, 크리쳐 하나. 명중시: 4(1d4+2)점의 관통 피해. 목표는 DC 12의 건강 내성에 실패할 경우 1분간 중독 상태가 됩니다. 목표는 매번 자기 턴이 끝날 때 다시 내성을 굴릴 수 있으며, 성공하면 효과는 종료됩니다.

천사 ANGELS

천사는 신들이 거하는 곳에서 살며 신들의 목적에 따라 세계를 넘나들며 활동하는 천상의 하수인들입니다. 평범한 이들은 천사의 아름다움과 존재감을 접하기만 해도 넋을 잃고 머리를 조아립니다. 천사는 신들의 뜻에 따라 희망의 전달자가 되는 동시에 파괴자의 역할도 수행합니다.

신성의 파편. 천사는 자애로운 신들의 영적 정수에서 만들어졌으며, 따라서 강대한 힘과 예지력을 지닌 신성한 존재가 되었습니다.

천사는 창조주인 신들의 의지에 지치지 않는 헌신을 바칩니다. 혼돈 선 성향의 신들 역시 질서 선 성향의 천사를 부리곤 하는데, 신성한 명령을 충족하기 위해서는 질서에 대한 천사의 순종이 필요하다는 사실을 알기 때문입니다. 천사는 오직 그 자신의 신이 부여한 목적에 의해서만 움직입니다. 하지만 천사는 질서와 선의 길을 벗어나는 명령을 따를 수 없습니다.

천사는 아무런 후회나 망설임도 없이 악한 것들을 살해합니다. 천사는 질서와 선 그 자체의 현현이기에 잘못된 판단을 내리는 경우가 거의 없습니다. 이런 특징 때문에 천사는 우월감을 가지며, 천사 자신의 임무와 하계에 거하는 존재들의 목적이 충돌할 때면 자신의 임무를 우선하게 됩니다. 천사는 양보하거나 물러서는 법이 없습니다. 천사는 필멸자를 도와주기 위해 파견된 것이라 하더라도, 봉사하기보다는 명령하는 위치에 섭니다. 그러므로 선한 신들은 정말로 위급에 처한 상황이 아니면 필멸자들에게 천사를 보내지 않으려 합니다.

타락 천사. 천사의 도덕적 기준이 지닌 완전무결함이 때로는 천사 자신의 존재를 위태롭게 만들기도 합니다. 천사는 단순한 속임수 따위에 당하지 않을 만큼 현명하지만, 가끔은 오만 때문에 악한 행동을 저지르게 될 수도 있습니다. 본인의 의도에 의한 것이든 사고에 의한 것이든, 악행을 저지른 천사는 영원히 영혼에 그 흔적이 남게 되며 추방당합니다.

타락 천사는 자신의 모든 힘을 그대로 유지할 수 있지만, 창조되었을 때부터 이어져 있던 신과의 연결이 끊어집니다. 대부분의 천사는 추방되었다는 사실에 분노하며, 자신이 섬기던 신에게 저항하고 어비스의 일부를 지배하거나 구층지옥처럼 다른 타락자들이 지배하는 곳을 찾아갑니다. 구층지옥의 제1층을 지배하는 자리엘이 바로 그러한 타락 천사의 일원이었습니다. 반항하는 길을 택하지 않은 타락 천사는 스스로 물질계의 구석에 유폐되어 단순한 은둔자처럼 위장한 채 살아가기도 합니다. 만약 그들이 회개한다면, 정의와 자애로움에 헌신하는 강력한 동료가 되어줄 수 있을 것입니다.

불멸의 천성. 천사는 먹고 마시거나 잠잘 필요가 없습니다.

데바 DEVA

데바는 물질계나 섀도펠, 페이와일드로 보내지는 신들의 전령이며, 자신들이 보내진 곳에 알맞은 형태를 취합니다.

전설에 따르면 이러한 천사는 오랫동안 필멸자의 모습으로 위장하고 선한 심성을 지닌 이들에게 도움을 주고 희망이 되어주며 용기를 심어준다고 합니다. 데바는 어떤 모습이든 취할 수 있지만, 대개 순진한 인간형 존재나 동물의 모습을 취하곤 합니다. 하지만 필요하다면 데바는 위장을 벗어던지고 은빛 피부에 날개가 달린 아름다운 인간형의 본 모습을 드러냅니다. 데바의 머리카락과 눈동자는 지상의 것 같지 않은 광채로 은은하게 빛나며, 깃털 달린 거대한 날개는 어깨에서 솟아 있습니다.

데바 Deva

중형 천상체, 질서 선

방어도 17 (자연 갑옷)
히트 포인트 136 (16d8+64)
이동속도 30ft, 비행 90ft

근력	민첩	건강	지능	지혜	매력
18 (+4)	18 (+4)	18 (+4)	17 (+3)	20 (+5)	20 (+5)

내성 굴림 지혜 +9, 매력 +9
기술 통찰 +9, 감지 +9
피해 저항 광휘, 비마법적 무기에 의한 타격/관통/참격
상태 면역 매혹, 탈진, 공포
감각능력 암시야 120ft, 상시 감지 19
언어 모든 언어, 정신감응 120ft
도전지수 10 (5,900 xp)

천사의 무기. 데바의 무기 공격은 마법적인 것으로 취급합니다. 데바가 사용하는 무기가 명중할 경우 추가로 4d8점의 광휘 피해를 가합니다. (이미 공격에 적용됨)

선천적 주문시전. 데바의 주문 시전 능력치는 매력입니다. (주문 내성 DC 17) 데바는 음성 구성요소만 사용하여 아래 주문들을 선천적으로 시전할 수 있습니다.

자유 시전: 악과 선 탐지*Detect Evil and Good*
각각 1회/일: 회화*Commune*, 사자 소생*Raise Dead*

마법 저항. 데바는 주문과 기타 마법적 효과에 대한 내성에 이점을 받습니다.

행동

다중공격. 데바는 근접 공격을 2회 가합니다.

철퇴. *근접 무기 공격:* 명중 +8, 간격 5ft, 목표 하나. *명중시:* 7(1d6+4)점의 타격 피해, 추가로 18(4d8)점의 광휘 피해.

치유의 손길(3회/일). 데바는 다른 크리쳐에 접촉합니다. 목표는 마법적으로 20(4d8+2)점의 hp를 회복합니다. 또한 목표에게 걸린 모든 저주와 질병, 독, 장님과 귀머거리 상태가 해소됩니다.

형태 변신. 데바는 마법적으로 자기 도전 지수 이하의 인간형이나 야수 크리쳐의 모습으로 변신하거나 원래 모습으로 돌아올 수 있습니다. 데바가 사망하면 원래 모습으로 돌아옵니다. 데바가 장비하거나 들고 있던 물건은 새 모습에 녹아들거나 새 모습에 알맞은 형태로 변합니다. (방식은 데바가 결정합니다.)

데바는 새로운 형태에서도 모든 게임 자료와 말하는 능력을 유지하지만, AC, 이동 형태, 근력, 민첩, 특수 감각능력은 새 형태의 것을 사용합니다. 데바는 본래 형태에서는 할 수 없었지만 새로운 형태로 사용할 수 있는 모든 게임 자료와 능력을 사용할 수 있습니다. (클래스 요소나 전설적 행동, 본거지 행동은 제외됩니다.)

솔라 SOLAR

솔라는 신에 버금가는 위상과 힘을 지닌 존재입니다. 솔라의 검은 전장에서 그 자신의 의지를 지니고 자유로이 날아다니며, 솔라의 활이 내쏜 화살 단 한 발만으로도 목표는 죽어 쓰러집니다. 솔라가 지닌 천상의 힘은 너무나 강대하기에 데몬의 대공들조차 솔라의 목소리가 울려 퍼지면 몸을 웅크립니다.

솔라는 오직 스물넷만이 존재한다는 이야기가 있습니다. 솔라 자체가 희귀하기에 특정한 신 하나만을 섬기는 솔라는 거의 없습니다. 대다수의 솔라는 깊은 명상에 잠겨 있으며, 선의 대의가 위협받는 우주적 위기에 자신들이 나설 차례를 기다리고 있습니다.

솔라 SOLAR

대형 천상체, 질서 선

방어도 21 (자연 갑옷)
히트 포인트 243 (18d10+144)
이동속도 50ft, 비행 150ft

근력	민첩	건강	지능	지혜	매력
26 (+8)	22 (+6)	26 (+8)	25 (+7)	25 (+7)	30 (+10)

내성 굴림 지능 +14, 지혜 +14, 매력 +17
기술 감지 +14
피해 저항 광휘, 비마법적 무기에 의한 타격/관통/참격
피해 면역 사령, 독성
상태 면역 매혹, 탈진, 공포, 중독
감각능력 진시야 120ft, 상시 감지 24
언어 모든 언어, 정신감응 120ft
도전지수 21 (33,000 xp)

천사의 무기. 솔라의 무기 공격은 마법적인 것으로 취급합니다. 솔라가 사용하는 무기가 명중할 경우 추가로 6d8점의 광휘 피해를 가합니다. (이미 공격에 적용됨)

신성한 간파. 솔라는 거짓말을 들으면 즉시 거짓을 간파합니다.

선천적 주문시전. 솔라의 주문시전 능력치는 매력입니다. (주문 내성 DC 25). 솔라는 물질 구성요소를 사용하지 않고 선천적으로 아래 주문들을 시전할 수 있습니다.

자유시전: 악과 선 탐지*Detect Evil and Good*, 투명화*Invisibility*(자신에게만)
각각 3회/일: 칼날 방벽*Blade Barrier*, 악과 선 퇴치*Dispel Evil and Good*, 부활*Resurrection*
각각 1회/일: 회화*Commune*, 기후 조종*Control Weather*

마법 저항. 솔라는 주문과 기타 마법적 효과에 대한 내성에 이점을 받습니다.

행동

다중공격. 솔라는 대검 공격을 2회 가합니다.

대검. *근접 무기 공격:* 명중 +15, 간격 5ft, 목표 하나. *명중시:* 22(4d6+8)점의 참격 피해. 추가로 27(6d8)점의 광휘 피해.

살해의 장궁. *장거리 무기 공격:* 명중 +13, 장거리 150/600ft. 목표 하나. *명중시:* 15(2d8+6)점의 관통 피해. 추가로 27(6d8)점의 광휘 피해. 목표가 크리쳐이며 hp 100점 이하만 남아 있었다면 DC 15의 건강 내성에 실패할 시 사망합니다.

날아다니는 검. 솔라는 주변 5ft 내의 점유되지 않은 공간에 자신의 대검을 놓아 마법적으로 날아다니게 합니다. 솔라는 자신의 검이 보이는 한 검에 정신적 명령을 내려 추가 행동으로 50ft까지 비행 이동시키고 목표 하나에 1회의 근접 공격을 가하게 하거나, 자신의 손에 돌아오게 할 수 있습니다. 만약 날아다니는 검의 다른 효과의 목표가 된다면, 솔라 자신이 그 검을 쥐고 있는 것으로 취급합니다. 솔라가 사망하면 날아다니는 검은 떨어집니다.

치유의 손길 (4회/일). 솔라는 다른 크리쳐에 접촉합니다. 목표는 마법적으로 40(8d8+4)점의 hp를 회복합니다. 또한 목표에게 걸린 모든 저주와 질병, 독, 장님과 귀머거리 상태가 해소됩니다.

전설적 행동

솔라는 아래의 선택지 중에서 3회의 전설적 행동을 취할 수 있습니다. 전설적 행동은 동시에 한 가지만 취할 수 있으며, 오로지 다른 크리쳐의 턴이 끝날 때만 사용할 수 있습니다. 솔라는 자기 턴이 시작할 때 사용한 전설적 행동 횟수를 모두 회복합니다.

순간이동. 솔라는 자신이 착용하거나 들고 있는 모든 장비와 함께 자신이 볼 수 있는 120ft 이내의 점유되지 않은 공간으로 순간이동합니다.

작열하는 폭발(행동 2회 소모). 솔라는 마법적으로 신성한 힘의 폭발을 일으킵니다. 주변 10ft 내에서 솔라가 선택한 모든 크리쳐는 DC 23의 민첩 내성에 실패할 시 14(4d6)점의 화염 피해와 14(4d6)점의 광휘 피해를 받습니다. 내성에 성공하면 피해는 절반으로 줄어듭니다.

실명의 주시(행동 3회 소모). 솔라는 주변 30ft 내에서 자신이 볼 수 있는 크리쳐 하나를 주시합니다. 목표 역시 솔라를 볼 수 있다면, DC 15의 건강 내성에 실패할 시 장님 상태가 됩니다. 이 장님 상태는 하급 회복 *Lesser Restoration* 주문 등으로 해소하지 않는한 계속 지속됩니다.

플라네타르 Planetar

플라네타르는 신들을 섬기는 무기이며, 신의 권위를 직접 보여주는 대변자입니다. 플라네타르는 가뭄을 해소하는 단비를 내려주거나, 모든 곡식을 먹어 치우는 메뚜기떼를 풀어놓을 수 있습니다. 플라네타르가 지닌 천상체의 청력은 모든 거짓말을 간파하며, 빛으로 불타는 눈은 모든 기만을 뚫어봅니다.

플라네타르는 근육질에 머리카락이 없고 은은하게 빛나는 녹색 피부를 지닌 인간형의 모습으로 나타나며, 하얀 깃털 날개가 솟아 있습니다. 그들은 다른 인간형 존재들보다 큰 키를 지니고 있으며, 거대한 검을 우아하게 들고 있습니다. 때로 필멸자들이 선을 위해 중대한 임무에 나서야 할 때 이를 도와주기 위해 플라네타르가 파견되기도 하며, 플라네타르는 특히 전장에서 활약할 수 있는 임무를 좋아하는 편입니다.

플라네타르 Planetar

대형 천상체, 질서 선

방어도 19 (자연 갑옷)
히트 포인트 200 (16d10+112)
이동속도 40ft, 비행 120ft

근력	민첩	건강	지능	지혜	매력
24 (+7)	20 (+5)	24 (+7)	19 (+4)	22 (+6)	25 (+7)

내성 굴림 건강 +12, 지혜 +11, 매력 +12
기술 감지 +11
피해 저항 광휘, 비마법적 무기에 의한 타격/관통/참격
상태 면역 매혹, 탈진, 공포
감각능력 진시야 120ft, 상시 감지 21
언어 모든 언어, 정신감응 120ft
도전지수 16 (15,000 xp)

천사의 무기. 플라네타르의 무기 공격은 마법적인 것으로 취급합니다. 플라네타르가 사용하는 무기가 명중할 경우 추가로 5d8점의 광휘 피해를 가합니다. (이미 공격에 적용됨)

신성한 간파. 플라네타르는 거짓말을 들으면 즉시 거짓을 간파합니다.

선천적 주문시전. 플라네타르의 주문시전 능력치는 매력입니다. (주문 내성 DC 20). 플라네타르는 물질 구성요소를 사용하지 않고 선천적으로 아래 주문들을 시전할 수 있습니다.

자유시전: 악과 선 탐지*Detect Evil and Good*, 투명화*Invisibility*(자신에게만)
각각 3회/일: 칼날 방벽*Blade Barrier*, 악과 선 퇴치*Dispel Evil and Good*, 화염 직격*Flame Strike*, 사자 소생*Raise Dead*
각각 1회/일: 회화*Commune*, 기후 조종*Control Weather*, 곤충 무리 *Insect Plague*

마법 저항. 플라네타르는 주문과 기타 마법적 효과에 대한 내성에 이점을 받습니다.

행동

다중공격. 플라네타르는 근접 공격을 2회 가합니다.

대검. *근접 무기 공격:* 명중 +12, 간격 5ft, 목표 하나. *명중시:* 21(4d6+7)점의 참격 피해. 추가로 22(5d8)점의 광휘 피해.

치유의 손길(4회/일). 플라네타르는 다른 크리쳐에 접촉합니다. 목표는 마법적으로 30(6d8+3)점의 hp를 회복합니다. 또한 목표에게 걸린 모든 저주와 질병, 독, 장님과 귀머거리 상태가 해소됩니다.

츄얼 CHUUL

고대 아볼레스 제국의 생존자인 츄얼은 아볼레스가 개조하고 의식을 불어넣어 만든 갑각류 괴물입니다. 이들은 시간의 여명 때부터 자신들의 창조자가 내린 명령을 충실히 받들고 있습니다.

원시의 유물. 아볼레스는 원시 시대 세계의 바닷속에서 방대한 제국을 다스렸습니다. 아볼레스는 그 시절 강력한 마법으로 필멸의 세계에 존재하던 원시적인 생명체들의 정신을 왜곡했습니다. 그러나 그들은 물에 묶여 있었고, 하인 없이는 대지 너머에 그들의 뜻을 펼칠 수 없었습니다. 그런 이유 때문에 아볼레스는 츄얼을 창조하기로 한 것입니다.

츄얼은 완벽한 복종을 바쳤고, 아볼레스의 명령에 따라 의식을 지닌 존재들과 마법을 찾아다녔습니다. 츄얼은 오랜 세월을 견디도록 창조되었고, 시간이 흐르면 점점 더 몸집과 힘이 커지도록 만들어졌습니다. 신들의 군림과 함께 아볼레스의 제국이 무너지게 되었을 때, 츄얼들은 그대로 남겨지게 되었습니다. 하지만 이 괴물들은 아볼레스가 내린 명령을 계속 수행하고 있습니다. 인간형 존재들을 수집하고, 보물을 모으며, 마법을 찾아다니고, 힘을 축적하는 것입니다.

지치지 않는 수호자. 츄얼은 여전히 고대 아볼레스 제국의 폐허들을 지키고 있습니다. 그들은 수많은 세월이 흐르기 전 받은 명령에 여전히 묵묵하게 복종합니다. 소문과 고대 지도들에 이끌린 보물 사냥꾼이 폐허에 도달하는 경우가 있지만, 츄얼 앞에서 그러한 용기는 죽음으로 보상받게 됩니다.

츄얼 CHUUL

대형 기괴체, 혼돈 악

방어도 16 (자연 갑옷)
히트 포인트 93 (11d10+33)
이동속도 30ft, 수영 30ft

근력	민첩	건강	지능	지혜	매력
19 (+4)	10 (+0)	16 (+3)	5 (-3)	11 (+0)	5 (-3)

기술 감지 +4
피해 면역 독성
상태 면역 중독
감각능력 암시야 60ft, 상시 감지 14
언어 지저어를 이해하지만 말할 수는 없음
도전지수 4 (1,100 xp)

수륙양용. 츄얼은 공기와 수중 양쪽에서 호흡할 수 있습니다.

마법 감지. 츄얼은 주변 120ft 내에서 마법을 항상 감지합니다. 이 특징은 그 자체로 마법적이지 않다는 것을 제외하면 *마법 탐지/Detect Magic* 주문과 동일하게 취급합니다.

행동

다중공격. 츄얼은 집게 공격을 2회 가합니다. 만약 츄얼이 목표를 붙잡은 상태라면, 츄얼은 촉수 공격도 1회 가할 수 있습니다.

집게. *근접 무기 공격:* 명중 +6, 간격 10ft, 목표 하나. *명중시:* 11(2d6+4)점의 타격 피해. 목표가 대형 이하 크기의 크리쳐라면 목표는 붙잡힙니다. (탈출 DC 14) 츄얼은 동시에 두 크리쳐까지를 붙잡고 있을 수 있습니다.

촉수. 츄얼에게 붙잡힌 크리쳐는 DC 13의 건강 내성에 실패할 시 1분간 중독 상태가 됩니다. 중독된 크리쳐는 동시에 마비 상태에도 빠집니다. 목표는 매번 자기 컨이 끝날 때마다 다시 내성을 굴릴 수 있으며, 성공하면 효과는 종료됩니다.

이러한 탐험가들이 가져온 물건 역시 츄얼이 지키는 보물에 더해질 것입니다. 츄얼은 멀리서도 마법을 감지할 수 있습니다. 이 감각으로 마법을 찾아내면 츄얼은 즉시 탐험가들을 살해해 그들의 장비를 챙기고, 아볼레스가 수천수만 년 전에 지시해 둔 장소에 그 장비들을 고이 보관해 둘 것입니다.

기다리는 하인. 비록 아볼레스의 제국은 오래전에 무너져 버렸지만, 그들을 만들어낸 창조주와 츄얼 사이의 정신적 연결은 여전히 남아 있습니다. 아볼레스와 접촉한 츄얼은 즉시 고대로부터 내려온 그들의 역할을 수행합니다. 이러한 츄얼은 아볼레스의 잔혹한 목적에 따라 행동하고자 하는 본능에 따르게 될 것입니다.

캐리온 크롤러
CARRION CRAWLER

캐리온 크롤러는 송장에서 썩은 살점을 뜯어먹고 끈적한 뼈만 남겨둡니다. 그들은 자기 영역을 침범당하거나 식사를 방해받은 경우 사납게 공격을 가해옵니다.

송장 탐식자. 캐리온 크롤러는 죽음의 냄새를 찾아 먹이를 찾아오지만, 다른 청소부들과는 경쟁하지 않으려고 합니다. 이 사악한 것들은 다른 시체 청소부가 접근하기 어렵지만 죽음이 넘쳐나는 곳에 도사리고 있습니다. 동굴이나 하수구, 던전, 숲속 늪지 등이 가장 좋아하는 둥지이지만. 전장이나 묘지에 캐리온 크롤러가 나타나는 경우도 가끔 있습니다.

캐리온 크롤러는 사냥에 나설 때 허공에 촉수를 휘저어 피와 부패의 냄새를 찾아냅니다. 이들은 굴이나 폐허 속을 이동할 때 먹이를 찾아 천장에 붙어 기어가기도 합니다. 캐리온 크롤러는 이런 방식으로 점액류나 오티유 등 어둠 속의 위험한 적수를 피할 수 있으며, 위를 올려다보지 않는 먹잇감을 기습할 기회를 얻기도 합니다.

인내하는 포식자. 지하의 어둠 속이든 야밤이든, 빛이 있다는 것은 먹잇감이 있다는 신호가 됩니다. 캐리온 크롤러는 피 냄새를 맡을 수 있기를 바라면서 몇 시간이 걸리더라도 빛의 원천을 찾아 이동합니다. 캐리온 크롤러는 커다란 크기에도 불구하고 쉽게 숨어들 수 있으며, 잘 보이지 않는 구석에 매복하고 먹이가 다가오기를 조용히 기다립니다.

캐리온 크롤러가 먹잇감이나 침입자와 마주하면, 독을 내뿜어 공격을 가합니다. 먹잇감이 마비되고 나면 촉수로 희생자를 휘감고 높은 난간이나 멀리 떨어진 복도로 가져가 안전한 곳에서 희생자의 숨통을 끊습니다. 그런 다음 이 괴물은 다시 자기 영역을 순찰하며 먹잇감을 찾아 나설 것입니다.

캐리온 크롤러 CARRION CRAWLER
대형 괴물류, 성향 없음

방어도 13 (자연 갑옷)
히트 포인트 51 (6d10+18)
이동속도 30ft, 등반 30ft

근력	민첩	건강	지능	지혜	매력
14 (+2)	13 (+1)	16 (+3)	1 (-5)	12 (+1)	5 (-3)

기술 감지 +3
감각능력 암시야 60ft, 상시 감지 13
언어 —
도전지수 2 (450 xp)

예리한 후각. 캐리온 크롤러는 후각에 관계된 지혜(감지) 판정에 이점을 받습니다.

거미 등반. 캐리온 크롤러는 능력 판정 없이 어려운 표면을 포함해 벽이나 천장을 등반할 수 있습니다.

행동

다중공격. 캐리온 크롤러는 촉수로 1회, 물기 1회로 총 2회의 공격을 가합니다.

촉수. 근접 무기 공격: 명중 +8, 간격 10ft, 크리쳐 하나. 명중시: 4(1d4+2)점의 독성 피해. 목표는 DC 13의 건강 내성에 실패할 시 1분간 중독 상태가 됩니다. 중독된 크리쳐는 동시에 마비 상태에도 빠집니다. 목표는 매번 자기 턴이 끝날 때 다시 내성을 굴릴 수 있으며, 성공하면 효과는 종료됩니다.

물기. 근접 무기 공격: 명중 +4, 간격 5ft, 목표 하나. 명중시: 7(2d4+2)점의 관통 피해.

> "그것들은 어미의 태내에서 기어나와 멀티버스 전체에 타락을 퍼트리지. 어찌 사랑스럽지 않겠는가?"
> — 바바 야가.

캠비언 CAMBION

캠비언은 악마(대개는 서큐버스나 인큐버스)와 인간형(대개는 인간)의 혼혈입니다. 캠비언은 부모 양쪽의 특성을 다 지니고 태어나지만, 그들의 뿔, 피막 날개, 그리고 돌돌 말린 꼬리는 이계의 부모가 지닌 혈통을 그대로 보여주고 있습니다.

악하게 태어난 자. 캠비언은 가장 신심 깊은 필멸자 부모 아래에서 자라더라도 어른이 되면 무자비하고 사악한 존재로 타락하게 됩니다. 캠비언은 어린 시절부터 자신을 필멸자들의 지배자로 여깁니다. 이들은 마을과 도시에서 반란을 획책하며, 자신들을 섬길 인간형 종족이나 하급 데빌들을 거느립니다.

강자의 졸개. 캠비언은 공포와 존경으로 악마 쪽 부모를 섬기게 되는 경우가 많지만, 언젠가는 자신이 위대한 지위에 오르리라는 야망을 품고 있습니다. 구층지옥에서 자란 캠비언은 병사나 사절이 되거나 강력한 데빌의 개인 수행원이 되곤 합니다. 어비스에서 자라는 경우, 강력한 힘과 의지력을 증명할 수만 있다면 캠비언이라도 더 높은 지위에 오를 수 있습니다.

그라즈트의 수하. 데몬 군주 그라즈트는 악마와 계약을 맺은 인간형 종족과 번식하는 것을 좋아하며, 멀티버스 전역에 걸쳐 혼돈의 씨앗을 뿌릴 수많은 캠비언 자식을 두고 있습니다. 이 캠비언들은 석탄같이 새까만 피부에 발굽, 손가락이 여섯 개 달린 손, 그리고 이 세상의 것 같지 않은 아름다움으로 쉽게 알아볼 수 있습니다.

캠비언 CAMBION

중형 악마, 악 성향 중 하나

방어도 19 (비늘 갑옷)
히트 포인트 82 (11d8+33)
이동속도 30ft, 비행 60ft

근력	민첩	건강	지능	지혜	매력
18 (+4)	18 (+4)	16 (+3)	14 (+2)	12 (+1)	16 (+3)

내성 굴림 근력 +7, 건강 +6, 지능 +5, 매력 +6
기술 기만 +6, 위협 +6, 감지 +4, 은신 +7
피해 저항 냉기, 화염, 번개, 독성, 비마법적 무기에 의한 타격/관통/참격
감각능력 암시야 60ft, 상시 감지 14
언어 심연어, 공용어, 하계어
도전지수 5 (1,800 xp)

악마의 축복. 캠비언은 AC에 자신의 매력 수정치를 보너스로 더합니다.

선천적 주문시전. 캠비언의 주문시전 능력치는 매력입니다.(주문 내성 DC 14). 캠비언은 물질 구성요소를 사용하지 않고 선천적으로 아래 주문들을 시전할 수 있습니다.

각각 3회/일: 자기 변형*Alter Self*, 명령*Command*, 마법 탐지*Detect Magic*
1회/일: 이계 전송*Plane Shift* (자신만 가능)

행동

다중공격. 캠비언은 근접 공격을 2회 가하거나 화염 광선을 2회 발사할 수 있습니다.

창. *근접 또는 장거리 무기 공격:* 명중 +7, 간격 5ft 또는 장거리 20/60ft, 목표 하나. *명중시:* 7(1d6+4)점의 관통 피해. 양손으로 근접 공격을 가한 경우 8(1d8+4)점의 관통 피해. 추가로 3(1d6)점의 화염 피해.

화염 광선. *장거리 주문 공격:* 명중 +7, 장거리 120ft, 목표 하나. *명중시:* 10(3d6)점의 화염 피해.

악마적 매혹. 캠비언은 주변 30ft 내에서 자신이 볼 수 있는 인간형 크리쳐 하나를 매혹합니다. 목표는 DC 14의 지혜 내성에 실패할 시 1일간 마법적으로 매혹 상태가 됩니다. 매혹된 크리쳐는 캠비언이 내린 명령에 복종합니다. 만약 목표가 캠비언 또는 다른 크리쳐로 인해 피해를 받았거나 캠비언에게 자살적인 명령을 받은 경우 다시 내성을 굴릴 수 있으며, 성공하면 효과는 종료됩니다. 매혹에서 벗어났다면 이후 24시간 동안 캠비언의 악마적 매혹에 면역을 얻게 됩니다.

켄쿠 Kenku

켄쿠는 깃털이 달린 인간형 종족이며, 탐욕에 따라 방랑자로 세계 곳곳을 방황하며 여행을 다닙니다. 이들은 자신이 한 번 들은 소리는 무엇이든 완벽하게 흉내 낼 수 있습니다.

떨어진 깃털. 켄쿠는 잘 맞지 않는 망토에 로브, 누더기를 걸치고 있습니다. 이 옷가지들은 부드럽고 미끈거리는 깃털을 덮어주며, 그들의 맨 팔과 다리를 감싸곤 합니다. 그들은 걸을 때 땅을 가볍게 밟고 지나가며, 다리의 발톱으로 나뭇가지에 매달리거나 하늘에서 먹이를 낚아채곤 합니다. 바람처럼 가볍게 움직이기에, 그들의 부끄러운 모습은 잘 드러나지 않는 편입니다.

한때, 켄쿠는 바람을 가르는 날개로 날아다니며 아름다운 새의 노래를 불렀습니다. 이제는 이름조차 잊혀진 주인을 섬기던 켄쿠는 보금자리를 장식하는 반짝이들을 갈구했고, 그래서 남들을 속이고 보물을 훔치기 위해 말하는 능력을 얻으려고 했습니다. 이들은 주인의 서고에서 말하는 능력의 비밀이 적힌 책을 훔쳐냈고, 누더기로 아름다운 날개를 위장한 채 반짝이를 구걸했습니다. 그들의 주인이 이들의 탐욕을 알아차렸을 때, 그는 죄의 대가로 켄쿠의 날개를 앗아가고, 영원히 반짝이를 구걸하는 신세로 만들었습니다.

몸짓으로 말하는 자. 켄쿠는 자신이 들은 소리면 무엇이든 흉내 낼 수 있습니다. 적선을 구걸하는 켄쿠는 동전이 짤랑대는 소리를 내며, 바쁘게 돌아가는 시장 구석에서 개가 짖어대고 양이 우는 소리, 도시의 말썽쟁이 고아들이 내는 소리를 흉내 낼 수 있습니다. 이들은 목소리를 흉내내며 자신이 들은 한두마디 말이나 어구를 따라 할 수 있지만, 스스로의 뜻으로 새로운 문장을 만들어내지는 못합니다.

켄쿠와 이야기를 하려면 우선 여러 흉내 내는 소리를 듣고 이 소리들로 이루어지는 기이한 문장을 이해해야 합니다. 켄쿠들이 서로 이야기할 때도 마찬가지 방법으로 대화가 이루어집니다. 켄쿠는 다른 이들의 몸짓이나 눈짓을 쉽게 따라 할 수 있기에, 이들이 서로 복잡한 생각이나 감정을 교환하고자 할 때는 오히려 간결한 소리만이 오가곤 합니다. 또한 켄쿠 집단은 일종의 비밀 암호를 만들기도 합니다. 예를 들어, 고양이의 야옹거리는 소리는 "공격할 준비를 해!"라거나 "목숨을 건지려면 도망쳐!"라는 뜻의 암호일 수도 있습니다.

소리를 흉내 내는 이들의 재능은 손글씨까지 이어지며, 범죄조직에서는 때때로 켄쿠를 고용해 문서를 위조하곤 합니다. 켄쿠가 범죄를 저지르면, 증거를 위조하여 다른 자가 한 것처럼 꾸미기도 합니다.

날개 잃은 후회. 켄쿠라면 누구나 날고자 하는 소망을 지니고 있습니다. 그래서 그들 사회에서의 형벌은 나무로 만들어진 무거운 가짜 날개를 달아 수치의 징표로 삼는 것입니다. 저지른 죄가 너무 크면, 이들은 자신들이 한때 가지고 있었던 날개의 비극을 되새기며 높은 건물이나 절벽에서 범죄자를 던져 처형합니다.

켄쿠 Kenku

중형 인간형(켄쿠), 혼돈 중립

방어도 13
히트 포인트 13 (3d8)
이동속도 30ft

근력	민첩	건강	지능	지혜	매력
10 (+0)	16 (+3)	10 (+0)	11 (+0)	10 (+0)	10 (+0)

기술 기만 +4, 감지 +2, 은신 +5
감각능력 상시 감지 12
언어 창공어와 공용어를 이해하지만 오직 흉내내기로만 말할 수 있음
도전지수 1/4 (50 xp)

매복자. 켄쿠는 전투 첫 라운드에 기습당한 목표를 공격할 때 명중 굴림에 이점을 받습니다.

흉내내기. 켄쿠는 목소리를 포함해 자신이 들었던 소리는 무엇이든 흉내 낼 수 있습니다. 켄쿠가 흉내 내는 소리를 들은 크리쳐는 DC 14의 지혜(통찰) 판정에 성공해야 가짜임을 알아차릴 수 있습니다.

행동

소검. 근접 무기 공격: 명중 +5, 간격 5ft, 목표 하나. 명중시: 6(1d6+3)점의 관통 피해.

단궁. 장거리 무기 공격: 명중 +5, 장거리 80/320ft, 목표 하나. 명중시: 6(1d6+3)점의 관통 피해.

"골목에서 아기 울음소리가 들렸다면 그냥 다른 골목으로 가는게 좋아. 선심에서 나온 충고라고."
—워더딥 도시 경비대 대장
엔드로스 크내그.

켄타우르스 CENTAUR

대형 괴물류, 중립 선

방어도 12
히트 포인트 45 (6d10+12)
이동속도 50ft

근력	민첩	건강	지능	지혜	매력
18 (+4)	14 (+2)	14 (+2)	9 (-1)	13 (+1)	11 (+0)

기술 운동 +6, 감지 +3, 생존 +3
감각능력 상시 감지 13
언어 엘프어, 삼림어
도전지수 2 (450 xp)

돌격. 켄타우르스가 한 턴에 최소 30ft 이상 직선으로 이동한 직후 적에게 장창 공격을 가해 명중시켰다면, 목표는 추가로 10(3d6)점의 관통 피해를 받습니다.

행동

다중공격. 켄타우르스는 장창 1회, 발굽 1회로 2회의 근접 공격을 가하거나, 장궁으로 2회의 장거리 공격을 가합니다.

장창. 근접 무기 공격: 명중 +6, 간격 10ft, 목표 하나. 명중시: 9(1d10+4)점의 관통 피해.

발굽. 근접 무기 공격: 명중 +6, 간격 5ft, 목표 하나. 명중시: 11(2d6+4)점의 타격 피해.

장궁. 장거리 무기 공격: 명중 +4, 장거리 150/600ft, 목표 하나. 명중시: 6(1d8+2)점의 관통 피해.

켄타우르스 CENTAUR

은둔하는 방랑자이자 야생에서 징조를 읽어내는 켄타우르스는 되도록 분쟁을 피하려 하지만 어쩔 수 없이 적과 마주칠 때는 맹렬하게 싸웁니다. 그들은 넓은 야생지대를 떠돌아다니며 국경이나 법률, 다른 존재로부터 거리를 유지합니다.

야생의 유목민들. 켄타우르스 부족은 온대에서 열대 기후에 걸쳐 퍼져 있으며, 가벼운 가죽이나 몸에 바를 기름만 있으면 그런 기후를 견뎌낼 수 있습니다. 그들은 사냥과 채집으로 살아가며, 지붕이 있는 안식처를 짓거나 천막을 치는 경우조차 거의 없습니다.

켄타우르스는 수십 년에 걸쳐 반복해서 대륙 곳곳으로 옮겨 다니므로, 한 세대가 같은 길을 여러 번 가는 경우는 많지 않습니다. 이 긴 시간의 패턴으로 인해, 전통적인 행로에 다른 종족의 정착지가 생겼을 경우 분쟁이 일어나기도 합니다.

은둔하는 정착자들. 부족이 떠날 때의 행보를 따라갈 수 없는 켄타우르스는 홀로 남겨집니다. 이들은 대개 야생 속으로 사라져 다시는 볼 수 없게 됩니다. 하지만 부족을 잃어버렸다는 상실감을 견딜 수 없는 이들은 때로 다른 종족들 사이에 섞여들기도 합니다. 개척 정착지에서는 켄타우르스가 지닌 방대한 자연 관련 지식이 큰 도움이 됩니다. 이러한 공동체 다수는 켄타우르스의 통찰과 직감에 의존해 어려움을 버텨 나갈 힘을 얻습니다.

은둔하는 본성에도 불구하고 켄타우르스는 엘프나 다른 선량한 인간형 종족들과 가끔 거래를 합니다. 무역상은 때로 부상을 입었거나 먼 거리를 여행하기에 너무 나이 먹은 켄타우르스를 일원으로 받아들여 남은 날들을 평화롭게 살아갈 수 있는 정착지를 발견할 때까지 동행하기도 합니다.

코볼드 KOBOLDS

코볼드는 사악한 드래곤을 반신으로 섬기곤 하는 겁쟁이 파충류 인간형 종족입니다. 이들은 드래곤의 졸개이자 아첨꾼으로서 가능하면 드래곤의 보금자리에 얹혀살곤 하지만, 드래곤이 없을 때면 주변의 던전이나 폐허에 자리를 잡고 나름대로 보물을 긁어모아 자기들만의 작은 보물더미를 만들곤 합니다.

숫자에서 나오는 힘. 코볼드는 알에서 깨어나는 생명체입니다. 이들은 빠르게 성장하며 백여 년 정도 살며 "고룡처럼" 오래 살았다고 생각합니다. 하지만, 수많은 코볼드가 첫 10년을 버티지 못하고 죽어버립니다. 신체적으로 약한 코볼드는 포식자들에게 쉬운 먹잇감이 되기 때문입니다. 이들은 많은 숫자로 밀어붙여 강력한 적과 싸워서 이기기도 하지만, 그럴 때도 반드시 많은 사상자를 내곤 합니다.

동굴을 파고 건설하는 종족. 코볼드는 자신들의 신체적 약함을 극복하기 위해 함정을 만들고 터널을 파는 꾀를 발휘했습니다. 이들의 둥지는 자신들만 쉽게 다닐 수 있는 낮은 터널들이 여기저기 이어져 있습니다. 더 큰 종족은 이런 통로로 다니기 어렵다는 점을 이용하는 것입니다. 코볼드는 또한 둥지 곳곳에 함정을 설치하기도 합니다. 가장 악랄한 코볼드 함정은 대개 자연재해나 다른 크리처를 이용하는 것입니다. 인계선이 용수철 함정에 연결되어 머리 위에서 살을 녹이는 녹색 점액이 떨어진다거나, 상자가 열려서 독을 가진 거대 지네가 튀어나오는 식입니다.

잃어버린 신. 드래곤을 숭배하기 전, 코볼드는 쿠툴막 (Kurtulmak)이라는 하급 신을 섬겼었습니다. 전설에 따르면, 쿠툴막은 구층지옥에서 티아마트를 섬기는 부관이었다고 합니다. 그러나 노움의 신 갈 글리터골드(Garl Glittergold)가 드래곤 여왕의 보물에서 잡동사니 하나를 훔쳤고, 티아마트는 쿠툴막을 보내 그 잡동사니를 찾아오라 하였습니다. 하지만 갈 글리터골드는 쿠툴막을 속여 넘겼고, 코볼드의 신은 무너지는 땅속에 빠져 영원히 지하 미로를 헤매게 되었습니다. 이러한 이유로 코볼드들은 노움의 장난질이라면 무엇이든 치를 떨고 싶어합니다. 쿠툴막의 가장 충성스러운 신도들은 깊은 지하까지 파 내려가며 그들의 신이 감금된 미로 감옥을 찾아내려 합니다.

날개 달린 코볼드. 몇몇 코볼드는 가죽 날개를 지닌 채로 태어나 하늘을 날 수 있습니다. 흔히 우르드(Urd)라고 부르는 이 날개 달린 코볼드는 높은 곳에 자리를 잡고 통행자에게 바위를 떨어트리는 걸 좋아합니다. 우르드의 날개는 용의 여왕 티아마트의 선물로 여겨지긴 하지만, 날개 없는 코볼드들은 이 날개를 진심으로 질투하기 때문에 우르드와 함께 지내려 하지 않습니다.

날개 달린 코볼드 WINGED KOBOLD

소형 인간형(코볼드), 질서 악

방어도 13
히트 포인트 7 (3d6-3)
이동속도 30ft, 비행 30ft

근력	민첩	건강	지능	지혜	매력
7 (-2)	16 (+3)	9 (-1)	8 (-1)	7 (-2)	8 (-1)

감각능력 암시야 60ft, 상시 감지 8
언어 공용어, 용언
도전지수 1/4 (50 xp)

태양광 민감성. 코볼드는 햇빛을 받고 있을 때 시각에 관계된 지혜(감지) 판정과 모든 명중 굴림에 불리점을 받습니다.

무리 전술. 코볼드는 공격하려는 목표 주변 5ft 내에 행동불능 상태가 아닌 코볼드의 동료가 있다면, 코볼드는 명중 굴림에 이점을 받습니다.

행동

단검. *근접 무기 공격:* 명중 +5, 간격 5ft, 목표 하나. *명중시:* 5(1d4+3)점의 관통 피해.

바위 떨구기. *장거리 무기 공격:* 명중 +5, 코볼드 바로 아래에 있는 목표 하나. *명중시:* 6(1d6+3)점의 타격 피해.

코볼드 KOBOLD

소형 인간형(코볼드), 질서 악

방어도 12
히트 포인트 5 (2d6-2)
이동속도 30ft

근력	민첩	건강	지능	지혜	매력
7 (-2)	15 (+2)	9 (-1)	8 (-1)	7 (-2)	8 (-1)

감각능력 암시야 60ft, 상시 감지 8
언어 공용어, 용언
도전지수 1/8 (25 xp)

태양광 민감성. 코볼드는 햇빛을 받고 있을 때 시각에 관계된 지혜(감지) 판정과 모든 명중 굴림에 불리점을 받습니다.

무리 전술. 코볼드는 공격하려는 목표 주변 5ft 내에 행동불능 상태가 아닌 코볼드의 동료가 있다면, 코볼드는 명중 굴림에 이점을 받습니다.

행동

단검. *근접 무기 공격:* 명중 +4, 간격 5ft, 목표 하나. *명중시:* 4(1d4+2)점의 관통 피해.

돌팔매. *근접 무기 공격:* 명중 +4, 장거리 30/120ft, 목표 하나. *명중시:* 4(1d4+2)점의 타격 피해.

코아틀 Couatl

중형 천상체, 질서 선

방어도 19 (자연 갑옷)
히트 포인트 97 (13d8+39)
이동속도 30ft, 비행 90ft

근력	민첩	건강	지능	지혜	매력
16 (+3)	20 (+5)	17 (+3)	18 (+4)	20 (+5)	18 (+4)

내성 굴림 건강 +5, 지혜 +7, 매력 +6
피해 저항 광휘
피해 면역 정신, 비마법적 무기에 의한 타격/관통/참격
감각능력 진시야 120ft, 상시 감지 15
언어 모든 언어, 정신감응 120ft
도전지수 4 (1,100 xp)

선천적 주문시전. 코아틀의 주문시전 능력치는 매력입니다.(주문 내성 DC 14). 코아틀은 음성 구성요소만을 사용하여 아래와 같은 주문들을 선천적으로 시전할 수 있습니다.

자유시전: 악과 선 탐지*Detect Evil and Good*, 마법 탐지*Detect Magic*, 생각 탐지*Detect Thoughts*
각각 3회/일: 축복*Bless*, 음식과 물 창조*Create Food and Water*, 상처 치료*Cure Wounds*, 하급 회복*Lesser Restoration*, 독으로부터의 보호*Protection from Poison*, 성역화*Sanctuary*, 방패*Shield*
각각 1회/일: 몽환*Dream*, 상급 회복*Greater Restoration*, 염탐*Scrying*

마법 무기. 코아틀의 무기 공격은 마법적인 것으로 취급합니다.

정신 방비. 코아틀은 마법적인 염탐에 면역이며, 감정이나 생각을 읽는 모든 효과와 위치를 파악하는 모든 효과에 면역입니다.

행동

물기. 근접 무기 공격: 명중 +8, 간격 5ft, 크리쳐 하나. 명중시: 8(1d8+5)점의 관통 피해. 목표는 DC 13의 건강 내성에 실패할 시 24시간 동안 중독 상태가 됩니다. 중독 상태의 크리쳐는 동시에 무의식 상태에도 빠집니다. 다른 크리쳐는 행동을 사용해 무의식 상태를 깨울 수 있습니다.

조이기. 근접 무기 공격: 명중 +6, 간격 10ft, 중형 이하 크기의 크리쳐 하나. 명중시: 10(2d6+3)점의 타격 피해. 목표는 붙잡힙니다. (탈출 DC 15) 붙잡힌 크리쳐는 포박 상태이며, 이렇게 크리쳐 하나를 붙잡고 있으면 코아틀은 다른 목표에게 조이기 공격을 할 수 없습니다.

형태 변신. 코아틀은 마법적으로 자기 도전 지수 이하의 인간형이나 야수 크리쳐 모습으로 변신하거나, 원래 모습으로 돌아올 수 있습니다. 코아틀이 장비하거나 들고 있는 모든 물건은 새로운 형태에 녹아들거나 장비한 채 변하게 됩니다. (코아틀이 방식을 선택합니다.) 코아틀이 죽으면 원래 모습으로 돌아옵니다.
새로운 형태일 때 코아틀은 본래 게임 자료와 말할 수 있는 능력을 유지하지만, AC, 이동 방식, 근력, 민첩, 기타 행동들은 새로운 형태의 것을 따르게 됩니다. 코아틀은 원래 모습에서는 사용할 수 없었지만 새 형태로 얻게 된 게임 자료와 능력을 모두 사용할 수 있습니다. (클래스 요소와 전설적 행동, 본거지 행동은 제외) 만약 새 형태가 물기 공격을 지니고 있다면, 코아틀은 새 형태에서도 본래의 물기 공격을 대신 사용할 수 있습니다.

코아틀 Couatl

코아틀은 뱀과 유사한 모습을 지닌 자애로운 존재로, 위대한 지성과 통찰력을 갖추고 있습니다. 화려하게 빛나는 날개와 점잖은 태도를 보면 이들이 천상에서 유래했음을 어렵지 않게 짐작할 수 있습니다.

신성한 관여자. 코아틀은 시간의 여명기에 어떤 자애로운 신의 뜻에 따라 수호자이자 보살피는 자로 창조되었습니다. 모두가 그 신의 이름을 잊어버렸지만, 코아틀만은 여전히 기억하고 있습니다. 코아틀이 받은 신성한 명령들은 이미 대부분 완수했거나 실패로 돌아갔습니다. 그러나 아직도 일부 코아틀은 지상에 남아 고대의 힘을 지니고 예언의 성취를 기다리거나, 그들이 인도하고 보살폈던 종족의 후예들을 지켜봅니다. 코아틀은 비밀리에 임무를 수행하며, 오직 가장 위급한 순간에만 모습을 드러냅니다.

진실을 말하는 자. 코아틀은 거짓말을 할 수 없지만, 무언가 지켜야 할 때라면 정보를 말하지 않을 수는 있으며, 애매하게 대답을 하거나 적당히 건너뛰어 잘못된 결론을 유도하게 할 수는 있습니다. 코아틀은 그들의 임무와 관련된 상황이거나 약속을 지켜야 할 때, 혹은 정체를 숨겨야 할 때만 이런 일을 행합니다.

소수만 남은 고대의 존재. 코아틀은 먹고 마실 필요 없이 긴 세월을 살아갈 수 있고 숨을 쉴 필요도 없지만, 질병이나 시간의 흐름 때문에 죽을 수 있습니다. 코아틀은 한 세기 전부터 자신의 죽음을 예감할 수 있지만, 어떤 방식으로 죽음이 다가올지는 알 수 없습니다.

만약 코아틀이 이미 자신의 임무를 완수했다면, 그들은 조용히 자신의 숙명을 기다립니다. 하지만 죽음으로 인해 임무의 달성이 어려워졌다면, 그들은 활동적으로 다른 코아틀을 찾아서 후손을 만들고자 할 것입니다.

코아틀의 짝짓기 의식은 마법과 빛으로 가득한 아름답고 장엄한 춤과 같습니다. 짝짓기가 끝나고 나면 보석같이 생긴 알을 낳으며, 여기서 어린 코아틀이 나옵니다. 부모는 새로 태어난 코아틀을 가르치며 그들의 의무와 임무를 알려주고, 그리하여 자식은 부모가 다 이루지 못한 임무를 완수하기 위해 살아가게 됩니다.

코카트리스 Cockatrice

소형 괴물류, 성향 없음

방어도 11
히트 포인트 27 (6d6+6)
이동속도 20ft, 비행 40ft

근력	민첩	건강	지능	지혜	매력
6 (-2)	12 (+1)	12 (+1)	2 (-4)	13 (+1)	5 (-3)

감각능력 암시야 60ft, 상시 감지 11
언어 —
도전지수 1/2 (100 xp)

행동

물기. *근접 무기 공격:* 명중 +3, 간격 5ft, 크리쳐 하나. *명중시:* 3(1d4+1)점의 관통 피해. 목표는 DC 11의 건강 내성에 실패할 시 마법적으로 석화하기 시작합니다. 처음 실패하면 포박 상태가 되며 돌로 변하기 시작합니다. 목표는 자기 턴이 끝날 때 다시 내성을 굴려야 하며, 이때 성공하면 효과는 종료됩니다. 그러나 두 번째도 실패하면 목표는 완전히 석화하며, 24시간이 지나면 석화에서 풀립니다.

코카트리스 Cockatrice

코카트리스는 도마뱀, 새, 박쥐를 징그럽게 합쳐놓은 것처럼 생겼고, 육신을 돌로 바꿀 수 있는 능력으로 악명이 높습니다. 이 잡식성 괴물은 다양한 열매나 밤, 꽃, 곤충이나 쥐 같은 작은 동물들을 먹고 살아갑니다. 코카트리스는 약간의 위험이라도 닥칠 것 같으면 미친 듯이 격렬하게 반응하지만, 그렇지 않다면 별다른 위협이 되지 않습니다. 코카트리스는 위협을 받는 즉시 도망치며, 꽥꽥거리면서 미친 듯이 날개를 퍼덕거리고 머리를 좌우로 휘저어 댑니다. 이때 코카트리스의 부리에 아주 작은 상처라도 입는다면 희생양은 서서히 몸이 돌로 변하는 파멸을 겪게 될지도 모릅니다.

콰고스 Quaggoth

사납고 배타적인 콰고스는 언더다크의 협곡을 기어 오르며 살아갑니다. 이들은 미쳐 날뛰며 적을 내리치고, 죽음의 위기에 봉착하면 더욱 살인적으로 변합니다.

콰고스의 기원. 콰고스가 영리했던 적은 없었지만, 그렇다고 맨 처음부터 지금처럼 야만적인 언더다크의 괴물이었던 것은 아닙니다. 콰고스 부족은 아주 오래전, 지상 세계에서 야행성 숲 사냥꾼 종족으로 살아왔습니다. 이들은 자신들만의 언어와 문화도 지니고 있었습니다. 필멸 세계에 엘프가 나타나자, 콰고스와 엘프 사이에서 충돌이 벌어졌고 결국 콰고스는 멸종할 정도로 수가 줄었습니다. 남은 콰고스는 언더다크 깊은 곳으로 도망쳤고, 오늘날까지 언더다크에서 살아가고 있습니다.

지하에서 살아간 세월이 너무나 길었기에, 콰고스의 털은 색을 잃고 하얗게 변했으며, 시력은 어둠에 적응하였습니다. 끝없는 굶주림과 언더다크의 기이한 마법 역시 이들을 변화시켰습니다. 이들은 점점 더 야만적이고 사납게 변해갔고, 먹을 수 있는 것은 무엇이든 먹어 치우게 되었습니다. 심지어 먹이를 찾을 수 없으면 동족상잔도 서슴지 않는 존재가 된 것입니다. 식인이 문화의 일부로 자리 잡는 지경에 이르자, 과거는 잊혀져 버렸습니다.

드로우의 하인들. 고대부터 내려온 콰고스와 지상 엘프 간의 원한은 다크 엘프에게 좋은 수단이 되어 주었습니다. 드로우는 얼마 지나지 않아 콰고스를 사육하는데 흥미를 보이기 시작했으며, 이들을 더 사납게 만들면서 복종시키려 하고 있습니다. 부유한 드로우 가문은 명령대로 부릴 수 있는 콰고스 군대를 갖추기도 합니다. 가장 최악인 점은 이들이 지상 엘프에 대한 콰고스의 증오를 부추겨, 지상의 엘프 거주지를 습격하는데 이용한다는 것입니다.

쏘노트. 몇몇 콰고스는 언더다크에서 지내는 동안 사이오닉의 힘을 흡수하기도 합니다. 콰고스 부족에서 이런 능력을 발현한 자를 발견하면 곧 부족의 무당, 혹은 쏘노트(Thonot)의 자리에 오르게 됩니다. 쏘노트는 부족의 전승을 수호하며, 부족이 적보다 우위에 서게 합니다. 부족을 실망시킨 쏘노트는 살해당하며, 식인 의식을 통해 부족 전체의 먹이가 됩니다. 이들은 이 의식을 통해 더 강하고 뛰어난 콰고스가 태어나길 바랍니다.

독성 면역. 지하의 맹독 생명체를 꾸준히 먹고 지저에서 자라는 곰팡이나 진균류에 계속 노출된 결과, 콰고스는 모든 종류의 독에 대해 면역을 얻게 되었습니다.

콰고스 Quaggoth

중형 인간형(콰고스), 혼돈 중립

방어도 13 (자연 갑옷)
히트 포인트 45 (6d8+18)
이동속도 30ft, 등반 30ft

근력	민첩	건강	지능	지혜	매력
17 (+3)	12 (+1)	16 (+3)	6 (-2)	12 (+1)	7 (-2)

기술 운동 +5
피해 면역 독성
상태 면역 중독
감각능력 암시야 120ft, 상시 감지 11
언어 지하공용어
도전지수 2 (450 xp)

상처입은 격노. 콰고스는 자신의 hp가 10점 이하로 떨어지면 명중 굴림에 이점을 받습니다. 또한 이 상태에서 근접 공격을 적에게 명중시키면 추가로 7(2d6)점의 피해를 더 가할 수 있습니다.

행동

다중공격. 콰고스는 할퀴기 공격을 2회 가합니다.

할퀴기. 근접 무기 공격: 명중 +5, 간격 5ft, 목표 하나. 명중시: 6(1d6+3)점의 참격 피해.

ㅋ

쿠오 토아 Kuo-Toa

쿠오 토아는 물고기를 닮은 쇠락한 인간형 종족으로, 한때 지상 세계의 해안이나 섬에 살았었습니다. 오래전 인간과 그 비슷한 자들이 쿠오 토아를 지하로 몰아냈고, 지하의 영원한 어둠 속에서 이들은 완전히 미쳐버렸습니다. 쿠오 토아는 이제 태양빛을 견디지 못합니다.

미친 노예들. 일리시드 제국의 최전성기에, 마인드 플레이어는 쿠오 토아 수천 명을 사로잡아 이들을 구속했습니다. 쿠오 토아는 단순한 자들이었기에, 일리시드가 자신들에게 가하는 강력한 정신적 공격을 견뎌낼 수 없었습니다. 마인드 플레이어가 쿠오 토아를 버리고 나자, 과거 겪었던 정신적인 압력이 이들을 완전히 미쳐버리게 했습니다.

쿠오 토아의 정신은 이미 회복될 여지 없이 망가져 버렸고, 종교적인 광기에 미쳐 자신들을 위협에서 지켜줄 신을 스스로 만들어 내기에 이르렀습니다. 이들이 두려워하던 위협 중에 가장 큰 것은 두 종족이 처음 마주쳤을 때부터 눈에 뜨이는 대로 쿠오 토아를 죽여버리던 드로우에 대한 것이었습니다.

신을 만든 자들. 쿠오 토아는 자신들의 광기 속에서 만들어낸 신들을 섬기지만, 그 신에 대한 믿음이 너무 강하기에 이들 자신의 집단 무의식이 뭉쳐 신의 실체를 만들어 내고야 말았습니다. 쿠오 토아가 만들어낸 신의 형체는 쿠오 토아가 그려낸 신성한 모습에 따라 달라지며, 무작위 형태를 가지거나 때에 따라서는 말로 표현할 수 없는 모습을 취하기도 합니다.

이들 신 중 가장 많은 숭배를 받는 것이 바다의 어머니인 블립둘풀프(Blibdoolpoolp)입니다. 이 신은 인간 여성의 몸에 새우의 머리와 집게를 지니고 있으며, 어깨에는 껍질이 돋아난 모양으로 여겨집니다. 블립둘풀프는 망가진 인간의 석상을 갑각류의 팔다리와 머리로 장식했던 어떤 쿠오 토아에 의해 만들어진 것입니다. 자기가 직접 만든 석상의 모습에 놀라고 겁먹은 쿠오 토아는 그 모습에 이름을 붙이고 신으로 섬기기 시작했습니다.

어쩌다가 아볼레스와 마주친 쿠오 토아는 대개 아볼레스를 신으로 섬기며, 맹목적인 광기 때문에 아볼레스가 그저 끔찍한 책략을 위해 그들을 이용하고 있다는 사실은 알지 못합니다.

종교적 지배자. 쿠오 토아 대사제는 광신도에게 둘러싸여 있습니다. 쿠오 토아 영역의 대사제는 모든 수하가 특정한 신을 섬길 것을 요구합니다. 자신의 신에 대한 대사제의 광기 어린 신앙 덕에, 이들은 강력한 사제의 권능을 사용할 수 있습니다. 또한 대사제는 흔히 채찍사제라고 부르는 열성적인 부하들에게 주문을 내려줄 수도 있습니다. 이 채찍사제 중 몇몇은 대사제의 자식인 경우도 있으며, 쿠오 토아 사회에서 이들의 가장 기본적인 역할은 대사제가 죽었을 때 그 자리를 놓고 피의 혈투를 벌이는 것입니다. 만약 채찍사제가 대사제를 실망시킨 경우, 대사제는 주문을 시전할 수 있는 능력이나 목숨을 빼앗기도 합니다.

변형: 쿠오 토아 감시자

쿠오 토아 감시자는 도전지수 3(700 XP)입니다. 감시자는 채찍사제와 같은 게임 자료를 사용하지만, 지혜 수정치가 AC에 더해진다는 점 (AC 13), 주문시전자 특징을 잃는다는 점, 그리고 채찍의 행동 선택지가 아래의 것으로 교체된다는 점이 다릅니다.

다중공격. 쿠오 토아 감시자는 물기 1회, 비무장 공격 2회로 총 3회의 공격을 가합니다.

물기. *근접 무기 공격:* 명중 +6, 간격 5ft, 목표 하나.
명중시: 4(1d4+2)점의 관통 피해.

비무장 공격. *근접 무기 공격:* 명중 +6, 간격 5ft, 목표 하나. *명중시:* 5(1d6+2)점의 타격 피해. 추가로 3(1d6)점의 번개 피해. 그리고 목표는 쿠오 토아의 다음 턴이 끝날 때까지 반응행동을 사용할 수 없습니다.

대사제의 규율은 감시자에 의해 강제됩니다. 이들은 신앙심이 깊은 쿠오 토아로. 대사제의 눈과 귀로 활동합니다. 감시자는 근접 전에서 치명적인 적수가 되며, 하급 쿠오 토아는 하나같이 감시자 들을 두려워합니다.

쿠오 토아 장비. 쿠오 토아가 사용하는 많은 무기는 죽이기보 다는 사로잡는 용도로 만들어진 것입니다. 그물이 널리 쓰이며, 몇몇은 집게 지팡이(사람잡이라고 부릅니다.)를 사용합니다. 또 한 이들은 적을 꼼짝 못 하게 하는 함정을 쓰기도 합니다. 쿠오 토아 전사는 방패에 끈적한 점액을 발라서 날아오는 무기를 잡아 냅니다.

대부분의 쿠오 토아는 무거운 갑옷을 좋아하지 않으며, 미끌미 끌한 몸에 타고난 고무질 피부로 스스로를 지킵니다. 하지만 이들 은 적에게서 빼앗은 장신구나 뼈 조각, 조개껍질, 산호나 각종 보 석으로 스스로를 장식하는 것을 좋아합니다.

"스스로 신을 만들어 내다니⋯. 이게 바로 광기가 아니면 무엇 이란 말인가."
— 멘조베란잔의 사발 미즈림.

쿠오 토아 Kuo-Toa

중형 인간형(쿠오 토아), 중립 악

방어도 13 (자연 갑옷, 방패)
히트 포인트 18 (4d8)
이동속도 30ft, 수영 30ft

근력	민첩	건강	지능	지혜	매력
13 (+1)	10 (+0)	11 (+0)	11 (+0)	10 (+0)	8 (-1)

기술 감지 +4
감각능력 암시야 120ft, 상시 감지 14
언어 지하공용어
도전지수 1/4 (50 xp)

수륙양용. 쿠오 토아는 공기와 수중 양쪽에서 호흡할 수 있습니다.

외계적 지각력. 쿠오 토아는 주변 30ft 이내의 투명체나 에테르계에 있는 존재 유무를 감지할 수 있습니다. 그러한 존재가 움직일 경우, 쿠오 토아 는 그 위치를 정확하게 파악할 수 있습니다.

미끄러움. 쿠오 토아는 붙잡힌 상태에서 탈출하려는 능력 판정이나 내성 굴림에 이점을 받습니다.

태양광 민감성. 햇빛 아래에 있을 때, 쿠오 토아는 시각과 관계된 지혜(감 지) 판정과 명중 굴림에 불리점을 받습니다.

행동

물기. 근접 무기 공격: 명중 +3, 간격 5ft, 목표 하나. 명중시: 3(1d4+1) 점의 관통 피해.

창. 근접 또는 장거리 무기 공격: 명중 +3, 간격 5ft 또는 장거리 20/60ft, 목표 하나. 명중시: 4(1d6+1)점의 관통 피해. 양손으로 근접 공격을 가했 다면 5(1d8+1)점의 관통 피해.

그물. 장거리 무기 공격: 명중 +3, 장거리 5/15ft 대형 이하 크기의 크리 쳐 하나. 명중시: 목표는 포박 상태가 됩니다. 포박된 크리쳐나 그에 인접 한 크리쳐는 행동을 사용해 DC 10의 근력 판정에 성공하면 그물에서 탈 출할 수 있습니다. 또한 그물(AC 10)에 5점의 참격 피해를 가해도 그물 을 파괴할 수 있습니다.

반응행동

끈적한 방패. 어떤 크리쳐가 쿠오 토아에게 근접 공격을 가했으나 빗나 간 경우, 쿠오 토아는 끈적한 방패를 이용해 그 적의 무기를 잡으려 할 수 있습니다. 공격자가 DC 11의 근력 내성에 실패할 시 무기가 쿠오 토아의 방패에 달라붙게 됩니다. 만약 무기의 소유자가 무기를 놓을 수 없거나 놓지 않으려 한다면, 소유자는 무기가 붙어 있는 동안 자신도 붙잡힌 상 태로 취급됩니다. 방패에 붙어 있는 무기는 사용할 수 없습니다. 무기의 소유자는 행동을 사용하여 DC 11의 근력 판정에 성공한 경우 무기를 방 패에서 떼어낼 수 있습니다.

쿠오 토아 대사제 Kuo-Toa Archpriest

중형 인간형(쿠오 토아), 중립 악

방어도 13 (자연 갑옷)
히트 포인트 97 (13d8+39)
이동속도 30ft, 수영 30ft

근력	민첩	건강	지능	지혜	매력
16 (+3)	14 (+2)	16 (+3)	13 (+1)	16 (+3)	14 (+2)

기술 감지 +9, 종교학 +6
감각능력 암시야 120ft, 상시 감지 19
언어 지하공용어
도전지수 6 (2,300 xp)

수륙양용. 쿠오 토아는 공기와 수중 양쪽에서 호흡할 수 있습니다.

외계적 지각력. 쿠오 토아는 주변 30ft 이내의 투명체나 에테르계에 있는 존재 유무를 감지할 수 있습니다. 그러한 존재가 움직일 경우, 쿠오 토아는 그 위치를 정확하게 파악할 수 있습니다.

미끄러움. 쿠오 토아는 붙잡힌 상태에서 탈출하려는 능력 판정이나 내성 굴림에 이점을 받습니다.

태양광 민감성. 쿠오 토아는 햇빛을 받고 있을 때 시각에 관계된 지혜(감지) 판정과 모든 명중 굴림에 불리점을 받습니다.

주문시전. 쿠오 토아는 10레벨 주문시전자입니다. 쿠오 토아의 주문 시전 능력치는 지혜입니다. (주문 내성 DC 14, 주문 명중 +6) 쿠오 토아는 아래 클레릭 주문들을 준비하고 있습니다.

소마법(자유시전): 안내Guidance, 신성한 불길Sacred Flame, 단순마술Thaumaturgy
1레벨(슬롯 4개): 마법 탐지Detect Magic, 성역화Sanctuary, 신앙의 방패Shield of Faith
2레벨(슬롯 3개): 인간형 포박Hold Person, 영체 무기Spiritual Weapon
3레벨(슬롯 3개): 영혼 수호자Spirit Guardian, 언어구사Tongues
4레벨(슬롯 3개): 물 조종Control Water, 예지Divination
5레벨(슬롯 2개): 다중 상처 치료Mass Cure Wounds, 염탐Scrying

행동

다중공격. 쿠오 토아는 근접 공격을 2회 가합니다.

왕홀. 근접 무기 공격: 명중 +6, 간격 5ft, 목표 하나. 명중시: 6(1d6+3)점의 타격 피해. 추가로 14(4d6)점의 번개 피해.

비무장 공격. 근접 무기 공격: 명중 +6, 간격 5ft, 목표 하나. 명중시: 5(1d4+3)점의 타격 피해.

쿠오 토아 채찍사제 Kuo-Toa Whip

중형 인간형(쿠오 토아), 중립 악

방어도 11 (자연 갑옷)
히트 포인트 65 (10d8+20)
이동속도 30ft, 수영 30ft

근력	민첩	건강	지능	지혜	매력
14 (+2)	10 (+0)	14 (+2)	12 (+1)	14 (+2)	11 (+0)

기술 감지 +6, 종교학 +4
감각능력 암시야 120ft, 상시 감지 16
언어 지하공용어
도전지수 1 (200 xp)

수륙양용. 쿠오 토아는 공기와 수중 양쪽에서 호흡할 수 있습니다.

외계적 지각력. 쿠오 토아는 주변 30ft 이내의 투명체나 에테르계에 있는 존재 유무를 감지할 수 있습니다. 그러한 존재가 움직일 경우, 쿠오 토아는 그 위치를 정확하게 파악할 수 있습니다.

미끄러움. 쿠오 토아는 붙잡힌 상태에서 탈출하려는 능력 판정이나 내성 굴림에 이점을 받습니다.

태양광 민감성. 쿠오 토아는 햇빛을 받고 있을 때 시각에 관계된 지혜(감지) 판정과 모든 명중 굴림에 불리점을 받습니다.

주문시전. 쿠오 토아는 2레벨 주문시전자입니다. 쿠오 토아의 주문 시전 능력치는 지혜입니다. (주문 내성 DC 12, 주문 명중 +4) 쿠오 토아는 아래 클레릭 주문들을 준비하고 있습니다.

소마법(자유시전): 신성한 불길Sacred Flame, 단순마술Thaumaturgy
1레벨(슬롯 3개): 억압Bane, 신앙의 방패Shield of Faith

행동

다중공격. 쿠오 토아는 물기 1회, 집게 지팡이 1회로 총 2회의 공격을 가합니다.

물기. 근접 무기 공격: 명중 +4, 간격 5ft, 목표 하나. 명중시: 4(1d4+2)점의 관통 피해.

집게 지팡이. 근접 무기 공격: 명중 +4, 간격 10ft, 목표 하나. 명중시: 5(1d6+2)점의 관통 피해. 목표가 중형 이하 크기의 크리쳐라면 목표는 붙잡힙니다. (탈출 DC 14) 쿠오 토아는 크리쳐 하나를 붙잡고 있는 동안 다른 목표에게 집게 지팡이를 사용할 수 없습니다.

ㅋ

크라켄 KRAKEN

파도 아래 깊숙한 곳에는 사악한 징조나 부름을 기다리는 크라켄이 헤아릴 수 없이 기나긴 세월 동안 잠들어 있습니다. 바다를 항해하는 지상의 필멸자들은 이제 왜 옛 선조들이 그토록 바다를 두려워했는지 잊어버리고 말았습니다. 심지어 심해의 종족들조차 수많은 촉수의 괴물이 나타날 때마다 그들 문명의 역사에 남은 기이한 공백을 무시하고 있습니다.

전설의 거수. 세상이 막 시작될 무렵, 크라켄은 맹렬한 투사로 신들을 섬겼습니다. 신들의 전쟁이 끝나자 크라켄은 봉사의 의무에서 풀려났고, 그 무엇에도 속박되지 않으려 했습니다.

크라켄이 심해 깊은 곳의 거처에서 올라올 때면 나라 전체가 흔들리며 공포에 떨었습니다. 크라켄은 깊은 바다 속에서 올라오며 자기 뜻대로 수많은 폭풍을 일으키고 바다를 뒤흔들곤 합니다. 크라켄은 문명의 가장 위대한 업적조차 모래성처럼 허물어버릴 수 있는 원시적인 힘 그 자체입니다. 크라켄의 파괴적인 공격은 대양 무역을 완전히 붕괴시키고 해안 도시들 사이의 연락을 끊기게 만들 수 있습니다.

크라켄이 공격에 나서기 전에는 어두운 징조들이 이어집니다. 독을 품은 짙은 먹구름이 물속에 떠오르며, 갈레온과 전함들은 심해에서 올라오는 촉수에 감겨 사라져 버리고 맙니다. 크라켄은 나뭇가지를 꺾어버리듯 돛대를 꺾고 배와 선원들을 집어삼켜 버립니다.

대지에 발을 붙이고 살아가는 이들이라도 크라켄의 격노에서 자유로운 것은 아닙니다. 크라켄은 물속에서처럼 공기중에서도 숨 쉴 수 있으며, 강을 거슬러 올라와 민물 호수에 자리를 잡고는 지나가는 곳에 있는 모든 도시와 마을을 파괴하기도 합니다. 모험자들은 호수 연안의 성채 폐허에 둥지를 튼 이 괴물들에 대한 이야기를 전하며, 이 괴물의 촉수가 성의 탑을 이루고 있던 돌을 가루로 만들었다고 말합니다.

필멸자의 적. 몇몇 크라켄은 신을 흉내 내며 바다와 육지에 걸쳐 많은 사교도와 졸개를 거느리고 있습니다. 어떤 크라켄은 사악한 물의 원소를 다스리는 대공인 올하이드라(Olhydra)와 동맹을 맺고, 그녀의 사교도들을 이용해 그들의 뜻을 이루고자 합니다. 크라켄은 숭배자들이 바다를 잠잠하게 하려 하거나 물고기 풍작을 거두기 위해 간원하는 것을 좋아합니다. 하지만 크라켄의 악랄한 마음은 고대에서부터 이어져 내려오는 것이고, 결국 크라켄은 모든 것의 파멸을 위해 움직일 것입니다.

크라켄의 본거지

크라켄은 깊은 심해의 심연에서 살아가며, 대개는 암설(Detritus)과 침몰한 배, 그리고 보물로 가득한 해저 동굴에 자리를 잡습니다.

본거지 행동

크라켄은 우선권 순서 20에 아래의 마법적 효과를 본거지 행동으로 사용합니다. (비길 경우 항상 지는 것으로 취급)

- 강한 해류가 크라켄의 본거지 안에 휘몰아칩니다. 크라켄으로부터 60ft 내에 있는 모든 크리쳐는 DC 23의 근력 내성 굴림에 실패하면 크라켄으로부터 60ft 밀려납니다. 내성에 성공한다면 밀려나는 거리는 10ft로 줄어듭니다.
- 크라켄에게서 60ft 내의 물속에 있는 크리쳐는 다음 라운드의 우선권 순서 20이 될 때까지 번개 피해에 취약성을 얻습니다.
- 크라켄의 본거지 내에 있는 물에는 전기가 충전됩니다. 크라켄으로부터 120ft 내에 있는 모든 크리쳐는 DC 23의 건강 내성 굴림에 실패할 경우 10(3d6)점의 번개 피해를 받으며, 내성에 성공하면 피해는 절반으로 줄어듭니다.

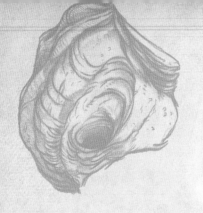

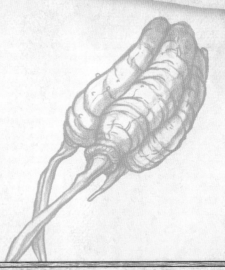

지역 효과

크라켄이 본거지를 둔 지역은 점차 이 크리쳐의 신성모독적 존재
그 자체에 오염되며, 아래와 같은 마법적 효과가 나타납니다.

- 크라켄은 본거지를 중심으로 6마일 내의 기후를 조종합니다.
  이 효과는 본질적으로 *기후 조종Control Weather* 주문과 동
  일하게 취급합니다.
- 본거지 근처 6마일 내에서 물의 원소들이 등장합니다. 이 원소
  들은 물을 떠날 수 없고, 지능과 매력 수치가 1(-5)입니다.
- 본거지 근처 6마일 내에 있는 지능 2 이하의 수중 크리쳐들은
  크라켄에 매혹되며, 침입자들에게 적대적으로 대합니다.

크라켄이 죽고 나면, 지역 효과는 모두 즉시 사라집니다.

크라켄 KRAKEN

초대형 괴물류(타이탄), 혼돈 악

방어도 18 (자연 갑옷)
히트 포인트 472 (27d20+189)
이동속도 20ft, 수영 60ft

근력	민첩	건강	지능	지혜	매력
30 (+10)	11 (+0)	25 (+7)	22 (+6)	18 (+4)	20 (+5)

내성 굴림 근력 +17, 민첩 +7, 건강 +14, 지능 +13, 지혜 +11
피해 면역 번개, 비마법적 무기에 의한 타격/관통/참격 피해
상태 면역 공포, 마비
감각능력 진시야 120ft, 상시 감지 14
언어 심연어, 천상어, 하계어, 원시어를 이해하지만 말할 수는 없음.
정신감응 120ft
도전지수 23 (50,000 xp)

수륙양용. 크라켄은 공기와 수중 양쪽에서 호흡할 수 있습니다.

이동의 자유. 크라켄은 어려운 지형을 무시하며, 이동 속도를 줄이거나
포박 상태로 만드는 모든 마법적 효과를 무시합니다. 또한 크라켄은 붙잡
힌 상태나 비마법적인 포박 상태가 되었을 때 5ft의 이동력만 소모하여
빠져나올 수 있습니다.

공성 괴물. 크라켄은 물체나 건축물에 2배의 피해를 가합니다.

행동

다중공격. 크라켄은 촉수 공격을 3회 가합니다. 또한 촉수 공격을 원하는
만큼 내던지기로 대체할 수도 있습니다.

물기. *근접 무기 공격:* 명중 +17, 간격 5ft, 목표 하나. *명중시:* 23(3d8+10) 점
의 관통 피해. 목표가 크라켄에 붙잡혀 있는 대형 이하 크기의 크리쳐라면 목
표는 크라켄에 삼켜지며 붙잡힌 상태가 종료됩니다. 삼켜진 크리쳐는 장님에
포박 상태이며, 외부의 공격과 효과에 완전 엄폐를 받습니다. 삼켜진 크리쳐
는 매번 크라켄의 턴이 시작할 때 42(12d6)점의 산성 피해를 받습니다.

　만약 크라켄이 삼켜진 적에게서 한 턴에 50점 이상의 피해를 받으면,
크라켄은 DC 25의 건강 내성에 실패할 시 그 턴이 끝날 때 삼킨 크리쳐

를 모두 토해냅니다. 토해진 크리쳐는 크라켄 주변 10ft 내의 빈 공간에
넘어진 상태로 나타납니다. 크라켄이 죽었다면 삼켜진 크리쳐들은 포박
상태에서 벗어나며 이동력 15ft를 소모하여 넘어진 상태로 밖에 나올 수
있습니다.

촉수. *근접 무기 공격:* 명중 +17, 간격 30ft, 목표 하나. *명중시:* 20(3d6+10)
점의 타격 피해. 목표는 붙잡힙니다. (탈출 DC 18) 붙잡힌 크리쳐는 포박 상
태가 됩니다. 크라켄은 10개의 촉수를 가지고 있으며, 촉수마다 각각 하나
씩의 목표를 붙잡을 수 있습니다.

내던지기. 크라켄은 대형 이하 크기의 크리쳐나 물체 하나를 무작위 방향
으로 60ft 내던집니다. 던져진 크리쳐는 넘어집니다. 만약 던져진 목표가
단단한 표면과 충돌한 경우, 목표는 날아간 거리 10ft당 3(1d6)점의 타
격 피해를 받습니다. 만약 목표가 다른 크리쳐와 충돌한 경우, 충돌점에
있는 크리쳐는 DC 18의 민첩 내성에 실패할 시 던져진 크리쳐와 같은 피
해를 받고 같이 넘어집니다.

번개 폭풍. 크라켄은 세 줄기의 마법적인 번개를 내쏩니다. 각각의 번개
는 주변 120ft 내에서 크라켄이 볼 수 있는 목표를 향해 날아갑니다. 번
개를 맞은 목표는 DC 23의 민첩 내성에 실패할 시 22(4d10)점의 번개
피해를 받으며, 성공하면 피해는 절반으로 줄어듭니다.

전설적 행동

크라켄은 3회의 전설적 행동을 지니며, 아래 선택지 중 하나를 선택해 사
용할 수 있습니다. 한 번에 하나의 전설적 행동만을 사용할 수 있으며, 이
는 각각 다른 크리쳐의 턴이 끝날 때만 사용할 수 있습니다. 크라켄은 자
기 턴이 시작할 때 소비한 전설적 행동 사용 횟수를 모두 회복합니다.

촉수 공격 또는 내던지기. 크라켄은 촉수 공격을 1회 가하거나 내던지기
를 사용합니다.

번개 폭풍(행동 2회 소모). 크라켄은 번개 폭풍을 사용합니다.

먹구름(행동 3회 소모). 크라켄은 수중에 있을 때 60ft 반경에 검은 먹구
름을 토해냅니다. 이 먹구름은 모서리를 돌아 퍼지며, 해당 지역은 크
라켄을 제외한 모든 크리쳐에게 심하게 가려진 지역으로 취급합니다.
크라켄을 제외한 다른 크리쳐가 먹구름 내에서 자기 턴을 마칠 경우
DC 23의 건강 내성에 실패할 시 16(3d10)점의 독성 피해를 받습니다.
내성에 성공하면 피해는 절반으로 줄어듭니다. 강한 해류는 먹구름을
흩어지게 하며, 이럴 경우 먹구름은 크라켄의 다음 턴이 끝날 때 사라
집니다.

클로커 Cloaker

대형 기괴체, 혼돈 중립

방어도 14 (자연 갑옷)
히트 포인트 78 (12d10+12)
이동속도 10ft, 비행 40ft

근력	민첩	건강	지능	지혜	매력
17 (+3)	15 (+2)	12 (+1)	13 (+1)	12 (+1)	14 (+2)

기술 은신 +5
감각능력 암시야 60ft, 상시 감지 11
언어 지저어, 지하 공용어
도전지수 8 (3,900 xp)

피해 이전. 클로커가 크리쳐에 달라붙어 있다면, 클로커는 모든 공격에 절반의 피해만 받습니다. (나머지 버림) 나머지 절반의 피해는 클로커가 달라붙어 있는 크리쳐가 받게 됩니다.

거짓 외관. 클로커가 배를 보이지 않고 가만히 있으면, 보통의 검은 가죽 망토와 구분할 수 없습니다.

빛 민감성. 클로커는 밝은 빛 환경에 있을 때 시각에 관계된 모든 지혜(감지) 판정과 명중 굴림에 불리점을 받습니다.

행동

다중공격. 클로커는 물기 1회, 꼬리 1회로 2회의 공격을 가합니다.

물기. *근접 무기 공격:* 명중 +6, 간격 5ft, 크리쳐 하나. *명중시:* 10(2d6+3)점의 관통 피해. 목표가 대형 이하 크기의 크리쳐라면 클로커는 목표에 달라붙습니다. 명중 굴림에 이점을 받은 상태였다면, 클로커는 목표의 머리를 덮은 것이며 목표는 클로커가 붙어 있는 동안 장님 상태가 되고 숨을 쉴 수 없습니다. 클로커는 크리쳐에 붙어 있을 때 오직 붙어 있는 크리쳐에게만 물기 공격을 할 수 있으며, 이때는 명중 굴림에 이점을 받습니다. 클로커는 스스로 이동력 5ft를 사용해 떨어져 나올 수 있습니다. 붙어 있는 상대를 포함해 클로커에 인접해 있는 크리쳐는 행동을 사용해 DC 16의 근력 판정에 성공하면 클로커를 떼어낼 수 있습니다.

꼬리. *근접 무기 공격:* 명중 +6, 간격 10ft, 크리쳐 하나. *명중시:* 7(1d8+3)점의 참격 피해.

흐느낌. 클로커 주변 60ft 내에서 흐느낌을 들을 수 있는 모든 크리쳐는 DC 13의 지혜 내성에 실패할 시 클로커의 다음 턴이 끝날 때까지 공포 상태가 됩니다. 기괴체는 이 효과에 면역입니다. 내성에 성공한 크리쳐는 이후 24시간 동안 클로커의 흐느낌에 면역을 얻습니다.

환상(짧은/긴 휴식 후 충전). 클로커는 마법적으로 자신의 환영 분신을 3개 만듭니다. 이 분신들은 본체와 똑같이 움직이며 그 행동을 따라 하고, 계속 자리를 바꾸어 어느 것이 본체인지 알기 어렵게 합니다. 클로커가 밝은 빛이 비치는 지역에 들어서면 이 환영 분신들은 즉시 사라집니다.

환영 분신이 있을 때, 다른 크리쳐가 클로커를 목표로 공격을 가하거나 해로운 주문을 시전하려 한다면 해당 크리쳐는 무작위로 주사위를 굴려 자신의 행동이 본체에 명중했는지 아닌지 판정해야 합니다. 시각에 의존하지 않는 이 효과에 영향을 받지 않습니다.

환영 분신은 클로커의 AC와 내성 굴림을 사용합니다. 만약 분신에 공격이 명중했거나 피해를 주는 효과에 대한 내성에 실패한 경우 그 분신은 즉시 사라집니다.

클로커 Cloaker

클로커는 어두운 가죽 망토와 비슷하게 생긴 생김새 덕에 그런 이름을 얻었습니다. 깊은 던전이나 동굴 속에 도사린 이 숨은 포식자들은 외로이 떨어져 있거나 부상당한 먹이가 어둠 속에 굴러떨어지길 조용히 기다립니다.

위장하는 잠복자. 클로커의 몸은 마치 가오리처럼 넓게 퍼진 근육질입니다. 꼬리와 지느러미를 넓게 편 클로커는 어둠 속을 조용히 날아다니며 마치 가오리가 해저에서 그렇게 하듯 동굴의 그림자 속에 숨어 미끄러지듯 날아다닙니다. 여러 쌍의 둥그렇고 검은 눈구멍이 마치 단추처럼 등에 돋아나 있으며, 상아색깔 발톱은 마치 망토를 걸어 잠그는 뼈 찜쇠처럼 보입니다.

클로커가 몸을 펴고 공격을 해 올 때면, 그것은 창백한 뱃가죽을 보이며 자신의 진짜 본성을 드러냅니다. 붉은 눈이 빛나며 상어처럼 날카로운 이빨을 벌리고, 길게 말려 있는 꼬리가 채찍처럼 후려칠 것입니다.

기회를 엿보는 포식자. 사냥에 나설 때면 클로커는 그림자 속을 미끄러지듯 날아다니며 언더다크를 여행하는 집단의 뒤를 조용히 뒤쫓습니다. 그들은 인간형 종족들의 일행 뒤를 따라다니며 전투 직후 이들이 부상했을 때를 노리거나, 아프거나 연약한 일행, 혹은 외따로 떨어진 자를 노립니다.

클로커는 빠르게 일격을 가하고 잽싸게 먹이를 쓰러뜨린 후, 먹잇감을 감싸고 포식을 시작합니다. 먹이를 먹는 도중에도 채찍 같이 생긴 꼬리를 이용해 멀리서도 빠른 공격을 가할 수 있지만, 위험한 적이나 여러 명이 모인 일행 앞에서는 도망치는 쪽을 택하는 편입니다. 또한 클로커는 자기와 똑같이 생긴 환영을 만들어 내서 목표의 공격을 분산시킵니다.

섬뜩한 흐느낌. 클로커의 정신은 다른 생명체가 이해하기 어려울 정도로 뒤틀려 있으며, 이들은 서로 초음파에 가까운 흐느낌을 통해 대화를 나눕니다. 전투가 매우 격렬해지면 이 섬뜩한 흐느낌은 귀에 들릴 정도로 커지며, 그 소리를 듣는 자는 파멸과 공포의 예감에 휩싸입니다.

클로커의 회합. 클로커는 고립된 생활을 좋아하지만, 가끔 새로운 위험 요소에 대한 정보를 교환하거나 방어를 의논하기 위해서 여러 클로커가 모일 때도 있습니다. 이들은 모임에서 사냥터를 나누고, 자신들의 거주지에 영향을 줄 요소들을 고려합니다. 이 회합이 끝나고 나면 각각의 클로커들은 다시 흩어져 자기 자리에 돌아갑니다.

키마이라 Chimera

키마이라는 필멸자들이 데몬의 대공인 데모고르곤을 소환한 다음 만들어졌습니다. 데모고르곤은 주변의 제물에 별다른 감흥을 받지 못했고, 그것들을 하나로 섞어 여러 개의 머리가 달린 끔찍한 괴물을 만들어 냈습니다. 바로 여기에서 첫 번째 키마이라가 만들어졌다고 전해집니다.

데몬의 잔혹함을 물려받은 키마이라는 데몬 대공을 물질계에 불러냈을 때 어떤 일이 벌어지는지 상기시켜주는 섬뜩한 예시입니다. 일반적인 키마이라는 거대한 산양의 하반신에 사자의 상반신, 여기에 드래곤의 날개를 지니고 있으며, 산양, 사자, 드래곤의 머리를 모두 지니고 있습니다. 이 괴물은 희생양을 기습하는 것을 좋아하며, 하늘로부터 날아들어 땅에 닿기 전 불꽃의 브레스를 토해내고 적을 덮칩니다.

분열된 존재. 키마이라는 그 자신을 이루는 세 부분이 지닌 최악의 면을 모아 놓았습니다. 드래곤 머리는 습격과 약탈을 좋아하며 보물에 대한 탐욕이 강하고, 사자 머리는 사냥에 집착하며 영토를 위협하는 강력한 적을 쓰러트리고자 하며, 산양 머리는 잔인하고 고집스러운 집념으로 죽을 때까지 싸우려 듭니다.

이 세 측면으로 인해 키마이라는 최대 10마일 반경의 영역에 집착하며, 더 강력한 존재를 경쟁자 삼아 모욕을 주고 물리치려 듭니다. 이들의 주된 경쟁자는 드래곤이나 그리폰, 맨티코어, 페리톤, 와이번 등이 됩니다.

키마이라가 사냥에 나설 때면 먼저 스스로 재미를 찾을 수 있는 쉬운 방법을 모색합니다. 키마이라는 약자의 공포와 고통을 즐깁니다. 이 괴물은 먹잇감을 희롱하며, 정비하지 못한 적들의 태세를 무너트린 다음 적들이 상처 입고 공포에 질릴 때까지 몰아붙인 후 다시 돌아와 숨통을 끊습니다.

악의 종복. 키마이라는 그리 교활하지 않지만, 내부의 드래곤이 지닌 자아 때문에 아부와 공물을 쉽게 받아들이는 편입니다. 키마이라에게 먹을 것과 보물을 준다면, 여행자를 그냥 놓아줄 때도 있습니다. 악당 역시 잘 먹여주고 보물을 잘 챙겨주기만 한다면 키마이라를 길들여 봉사를 받을 수도 있습니다.

키마이라 Chimera

대형 괴물류, 혼돈 악

방어도 14 (자연 갑옷)
히트 포인트 114 (12d10+48)
이동속도 30ft, 비행 60ft

근력	민첩	건강	지능	지혜	매력
19 (+4)	11 (+0)	19 (+4)	3 (-4)	14 (+2)	10 (+0)

기술 감지 +8
감각능력 암시야 60ft, 상시 감지 18
언어 용언을 알아듣지만 말할 수는 없음.
도전지수 6 (2,300 xp)

행동

다중공격. 키마이라는 3번의 공격을 가합니다. 이는 물기 1회, 뿔 1회, 할퀴기 1회로 이루어집니다. 화염 브레스가 충전되어 있을 때면 물기나 뿔 대신 브레스를 사용할 수 있습니다.

물기. *근접 무기 공격:* 명중 +7, 간격 5ft, 목표 하나. *명중시:* 11(2d6+4)점의 관통 피해.

뿔. *근접 무기 공격:* 명중 +7, 간격 5ft, 목표 하나. *명중시:* 10(1d12+4)점의 타격 피해.

할퀴기. *근접 무기 공격:* 명중 +7, 간격 5ft, 목표 하나. *명중시:* 11(2d6+4)점의 참격 피해.

화염 브레스(재충전 5-6). 키마이라의 드래곤 머리는 15ft 길이의 원뿔형 범위에 화염을 뿜어냅니다. 범위 내의 모든 크리쳐는 DC 15의 민첩 내성에 실패할 시 31(7d8)점의 화염 피해를 받습니다. 내성에 성공하면 피해는 절반으로 줄어듭니다.

타라스크 Tarrasque

전설적인 타라스크는 아마 물질계 전체에서 가장 공포스러운 괴물일 것입니다. 이 세상에는 오직 하나의 타라스크만 존재한다고 알려져 있지만, 누구도 이 사실을 증명하지는 못했습니다.

비늘이 달려 있고 두 발로 걸을 수 있는 타라스크는 일어섰을 때 50ft의 키에 수백 톤의 몸무게를 지니고 있습니다. 타라스크는 마치 육식 조류처럼 움직이며, 몸을 앞으로 숙이고 걸어 다니면서 강력한 꼬리를 휘저어 균형을 잡습니다. 타라스크의 탐욕스러운 입은 가장 거대한 짐승도 삼킬 수 있을 만큼 크게 벌어지며, 굶주렸을 때는 마을 전체의 인구를 잡아먹을 수도 있을 정도입니다.

전설적인 파괴. 타라스크의 파괴력은 너무 거대하여, 어떤 문화에서는 이 괴물을 종교적 교리의 일종으로 받아들여 신성한 심판이나 신의 격노를 증명하는 존재라고 생각하기도 합니다. 전설에 따르면 타라스크는 대지 깊은 곳의 비밀 안식처에서 깊은 잠에 빠져 있다고 하며, 수십수백 년 동안 잠들어 있다가 이해할 수 없는 우주의 부름이 들리면 깨어나 지상으로 올라와서 마주치는 모든 것을 파괴한다고 하기도 합니다.

타라스크 Tarrasque

초대형 괴물류(타이탄). 성향 없음

방어도 25 (자연 갑옷)
히트 포인트 676 (33d20+330)
이동속도 40ft

근력	민첩	건강	지능	지혜	매력
30 (+10)	11 (+0)	30 (+10)	3 (-4)	11 (+0)	11 (+0)

내성 굴림 지능 +5, 지혜 +9, 매력 +9
피해 면역 화염, 독성, 비마법적 공격에 의한 타격/관통/참격 피해
상태 면역 매혹, 공포, 마비, 중독
감각능력 맹안시야 120ft, 상시 감지 10
언어 —
도전지수 30 (155,000 xp)

전설적 저항력(3/일). 타라스크가 내성에 실패한 경우, 이 능력을 1회 소비하고 대신 성공한 것으로 할 수 있습니다.

마법 저항. 타라스크는 주문과 기타 마법적 효과에 대한 내성에 이점을 받습니다.

반사 갑각. 타라스크가 마법 화살Magic Missile 주문이나 직선 주문, 또는 장거리 명중 굴림을 요구하는 주문의 목표가 되면 d6을 굴립니다. 이 주사위에서 1-5가 나온 경우, 타라스크는 그 주문에 영향을 받지 않습니다. 6이 나오면 타라스크는 주문에 영향을 받지 않으며, 주문은 튕겨나 그대로 시전자에게 돌아갑니다.

공성 괴물. 타라스크는 물체나 건축물에 2배의 피해를 가합니다.

행동

다중공격. 타라스크는 공포스러운 존재감을 사용한 다음, 물기 1회, 할퀴기 2회, 뿔 1회, 꼬리 1회로 총 5회의 공격을 가합니다. 타라스크는 물기 대신 삼키기를 사용할 수도 있습니다.

물기. *근접 무기 공격:* 명중 +19, 간격 10ft, 목표 하나. *명중시:* 36(4d12+10) 점의 관통 피해. 목표가 크리쳐라면 목표는 붙잡힙니다. (탈출 DC 20) 이렇게 붙잡힌 크리쳐는 포박 상태가 되며, 타라스크가 크리쳐를 물고 있을 때 다른 목표에게 물기 공격을 할 수 없습니다.

할퀴기. *근접 무기 공격:* 명중 +19, 간격 15ft, 목표 하나. *명중시:* 28(4d8+10) 점의 참격 피해.

뿔. *근접 무기 공격:* 명중 +19, 간격 10ft, 목표 하나. *명중시:* 32(4d10+10) 점의 관통 피해.

꼬리. *근접 무기 공격:* 명중 +19, 간격 20ft, 목표 하나. *명중시:* 24(4d6+10) 점의 타격 피해. 목표가 크리쳐라면 DC 20의 근력 내성에 실패할 시 넘어집니다.

공포스러운 존재감. 타라스크 주변 120ft 내에서 타라스크가 선택한 크리쳐들 모두는 DC 17의 지혜 내성 굴림에 실패할 경우 1분간 공포 상태가 됩니다. 공포 상태의 크리쳐들은 매번 자기 턴이 끝날 때마다 다시 내성 굴림을 굴릴 수 있으나, 타라스크가 보일 때에는 내성에 불리점을 받습니다. 내성에 성공하면 공포 효과는 종료됩니다. 만약 크리쳐가 내성에 성공하거나 지속시간이 지나 공포에서 벗어났다면, 해당 크리쳐는 이후 24시간 동안 타라스크의 공포스러운 존재감에 면역을 얻게 됩니다.

삼키기. 타라스크는 자신이 붙잡고 있는 대형 이하 크기의 크리쳐에게 물기 공격을 1회 가합니다. 이 공격이 명중할 경우 목표는 물기 피해를 받고 삼켜지며, 붙잡은 상태는 종료됩니다. 삼켜진 크리쳐는 장님에 포박 상태이며, 외부에서의 모든 공격과 효과에 완전 엄폐를 받습니다. 또한 이 크리쳐는 매번 타라스크의 턴이 시작할 때 56(16d6)점의 산성 피해를 받습니다.

타라스크가 내부의 적에게서 한 턴에 60점 이상의 피해를 받은 경우, 그 턴 마지막에 DC 20의 건강 내성을 굴려 실패할 시 삼킨 크리쳐를 모두 토해냅니다. 토해진 크리쳐는 타라스크 근처 10ft 내의 빈 공간에 넘어진 상태로 나타납니다. 타라스크가 사망하면 삼켜진 크리쳐는 포박 상태에서 벗어나며, 이동력 30ft를 소모하여 넘어진 상태로 밖에 나올 수 있습니다.

전설적 행동

타라스크는 아래 선택지 중에서 3회의 전설적 행동을 취할 수 있습니다. 전설적 행동은 동시에 하나만 가능하며, 다른 크리쳐의 턴이 끝날 때만 쓸 수 있습니다. 타라스크는 자기 턴이 시작할 때 소모한 전설적 행동을 모두 회복합니다.

공격. 타라스크는 할퀴기나 꼬리 공격을 1회 사용합니다.
이동. 타라스크는 이동 속도의 절반만큼 이동합니다.
내리삼키기. (행동 2회 소모) 타라스크는 물기 공격을 가하거나 삼키기를 시도합니다.

타라스크 Tarrasque

투명 추적자 Invisible Stalker

투명 추적자는 강력한 마법에 의해 고향 세계인 창공계에서 소환되어 변형된 대기 원소입니다. 이것의 유일한 목적은 특정한 크리쳐를 추적해 살해하고 특정한 물건을 소환자에게 가져다주는 것뿐입니다. 패배하거나 구속하고 있는 마법의 효력이 다해버리면, 투명 추적자는 한 줄기 바람이 되어 사라집니다.

목적을 지닌 사냥꾼. 투명 추적자는 일단 만들어지고 나면 주어진 임무를 완수할 때까지 소환자의 편으로 남아 있습니다. 만약 주어진 임무가 특정한 크리쳐를 살해하는 것이거나 특정한 물건을 회수하는 게 아니라면, 투명 추적자를 만들어낸 마법은 깨지고 원소는 풀려나 버립니다. 임무가 위의 두 가지 중 하나에 해당하는 것이라면 투명 추적자는 맡은 임무를 수행하며, 임무를 완수하고 나면 소환자를 찾아와 다음 임무를 기다립니다. 속박하고 있는 마법의 효력이 남아 있는 동안에는 계속 투명 추적자를 부릴 수 있습니다. 만약 소환자가 그동안에 죽어버렸다면, 투명 추적자는 주어진 임무만 마치고 난 다음 사라져 버립니다.

투명 추적자는 아무리 잘해도 비협조적인 하인 이상이 될 수 없습니다. 투명 추적자는 기본적으로 명령받는 것을 좋아하지 않습니다. 상당히 긴 시간이 걸리는 임무를 받게 되면 투명 추적자는 일부러 명령의 의도를 곡해하려 들 수 있으므로, 소환자는 명령의 내용을 주의 깊게 생각해서 확실히 정해야 합니다.

보이지 않는 위협. 투명 추적자는 공기로 만들어졌기에 선천적으로 투명합니다. 어쩌면 투명 추적자가 지나가는 소리를 듣거나 느낌을 느낄 수는 있지만, 이 원소 크리쳐 자체는 공격을 가하고 난 다음에도 계속 투명한 상태입니다. 오로지 투명체를 감지할 수 있는 마법을 사용해야만 투명 추적자의 흐릿한 외곽 형체를 볼 수 있습니다.

원소의 천성. 투명 추적자는 호흡할 필요가 없으며, 먹고 마시거나 잠잘 필요도 없습니다.

투명 추적자 Invisible Stalker

중형 원소, 중립

방어도 14
히트 포인트 104 (16d8+32)
이동속도 50ft, 비행 50ft (부양)

근력	민첩	건강	지능	지혜	매력
16 (+3)	19 (+4)	14 (+2)	10 (+0)	15 (+2)	11 (+0)

기술 감지 +8, 은신 +10
피해 저항 비마법적 무기에 의한 타격/관통/참격 피해
피해 면역 독성
상태 면역 탈진, 붙잡힘, 마비, 석화, 중독, 넘어짐, 포박, 무의식
감각능력 암시야 60ft, 상시 감지 18
언어 창공어, 공용어를 이해하지만 말할 수는 없음
도전지수 6 (2,300 xp)

투명체. 추적자는 투명합니다.

실수없는 추적자. 투명 추적자는 소환자가 정해준 사냥감을 추격합니다. 추적자는 사냥감이 같은 세계에 있는 한 언제나 사냥감이 있는 방향과 거리를 파악할 수 있습니다. 또한 투명 추적자는 언제나 자신을 소환한 자의 위치도 파악할 수 있습니다.

행동

다중공격. 투명 추적자는 후려치기 공격을 2회 가합니다.

후려치기. 근접 무기 공격: 명중 +6, 간격 5ft, 목표 하나. 명중시: 10(2d6+3)점의 타격 피해.

자비도 보이지 않고 둥지로 끌고 가 잡아먹습니다. 가장 크고 사나운 트로글로다이트가 사냥을 이끌고 부족의 지도자가 됩니다. 하지만 지도자가 어떠한 약점이나 망설임이라도 보인다면, 다른 트로글로다이트가 광란에 빠져 공격해서 잡아먹을 것입니다.

트로글로다이트는 무언가 만들거나 짓는 일이 없으며, 먹잇감이 지닌 것들을 빼앗아 사용합니다. 이들은 금속 무기나 갑옷의 가치를 알고 있으며, 이런 전리품을 얻기 위해서라면 서로 목숨을 걸고 싸우기도 합니다. 트로글로다이트 부족은 장검 하나를 얻기 위해서 갈가리 찢어져 전투를 벌이기도 할 것입니다.

라오그제드의 신도들. 몇몇 트로글로다이트는 어비스에서 깊은 잠에 빠져 있는 라오그제드(Laogzed)를 섬기기도 합니다. 그는 거대한 두꺼비와 도마뱀의 모습을 한 존재입니다. 라오그제드는 트로글로다이트에게 아무것도 내려주지 않지만, 일종의 영감을 줍니다. 트로글로다이트는 언젠가 그들도 라오그제드처럼 배불리 먹어 뚱뚱하고 나태하게 살 수 있다는 꿈을 꾸는 것입니다.

트로글로다이트 TROGLODYTE

중형 인간형(트로글로다이트), 혼돈 악

방어도 11 (자연 갑옷)
히트 포인트 13 (2d8+4)
이동속도 30ft

근력	민첩	건강	지능	지혜	매력
14 (+2)	10 (+0)	14 (+2)	6 (-2)	10 (+0)	6 (-2)

기술 은신 +2
감각능력 암시야 60ft, 상시 감지 10
언어 트로글로다이트어
도전지수 1/4 (50 xp)

카멜레온 피부. 트로글로다이트는 은신 시도시 민첩(은신) 판정에 이점을 받습니다.

악취. 트로글로다이트로부터 5ft 내에서 자기 턴을 시작하는 크리쳐는 DC 12의 건강 내성에 실패할 시 자신의 다음 턴이 시작될 때까지 중독 상태가 됩니다. 내성에 성공한 크리쳐는 이후 1시간 동안 트로글로다이트의 악취에 대해 면역을 얻습니다.

태양광 민감성. 햇빛을 받고 있을 때 시각에 관계된 지혜(감지) 판정과 모든 명중 굴림에 불리점을 받습니다.

행동

다중공격. 트로글로다이트는 물기 1회, 할퀴기 2회로 총 3회의 공격을 가합니다.

물기. *근접 무기 공격:* 명중 +4, 간격 5ft, 목표 하나. *명중시:* 4(1d4+2)점의 관통 피해.

할퀴기. *근접 무기 공격:* 명중 +4, 간격 5ft, 목표 하나. *명중시:* 4(1d4+2)점의 참격 피해.

트로글로다이트 TROGLODYTE

야만스럽고 타락한 트로글로다이트는 언더다크의 낮은 지역에 눌러앉고는 주변 이웃이나 동족과 끝없는 전쟁을 벌이고 있습니다. 이들은 영역 외곽을 부러진 뼈와 해골로 장식하거나, 피나 배설물로 그림을 그려 자기 영역을 표시합니다.

모든 인간형 종족 중에서도 가장 역겨운 트로글로다이트는 소화할 수 있는 것이라면 무엇이든 먹습니다. 이들은 오물 속에서 살아갑니다. 이들이 둥지를 튼 동굴 벽은 역한 냄새가 나는 토사물에 기름진 분비물, 자신들이 벌인 역겨운 식사의 잔해로 가득합니다.

단순한 난폭자들. 트로글로다이트는 먹이를 조달하는 데에만 집중하는 단순한 문화를 지니고 있습니다. 이들은 너무 단순해서 며칠 이후의 미래까지를 계획하지 못하며, 살아남기 위해 남들을 습격하고 사냥해서 계속 먹이를 구합니다. 이들은 자신들보다 약한 지성체를 사냥할 때 기학적인 즐거움을 느끼며, 포로에게 어떤

트롤 Troll

끔찍한 식성을 지니고 태어나는 트롤은 잡아먹을 수 있는 것이라면 무엇이든 먹습니다. 이들은 사회라고 할 만한 것이 없긴 하지만, 오크나 오우거, 에틴, 해그, 거인들을 섬기며 용병으로 같이 지내기도 합니다. 이들은 같이 지내는 대가로 먹을 것과 보물을 요구합니다. 하지만 트롤을 통제하기란 지극히 어려우며, 더 강력한 존재와 같이 지내고 있더라도 언제든 자기들이 내키는 대로 행동하곤 합니다.

재생력. 트롤의 뼈를 깨트리고 고무질 피부를 베더라도, 트롤을 화나게만 할 뿐입니다. 트롤의 상처는 재빨리 아물어 버립니다. 만약 괴물이 팔이나 다리, 심지어 머리를 잃었다 하더라도 잘려 나간 사지는 자기 멋대로 움직이곤 합니다. 트롤은 심지어 잘려 나간 팔다리조차 손쉽게 다시 붙일 수 있습니다. 오직 산이나 불에 의해서만 트롤의 재생력을 억누를 수 있습니다. 하지만 트롤은 산이나 불을 쓰는 적을 만나면 미쳐 날뛰며 그런 적을 가장 먼저 공격할 것입니다.

괴악한 트롤들. 트롤은 그 강력한 재생 능력 때문에 아주 쉽게 변이를 일으키는 편입니다. 흔한 일은 아니지만, 트롤 자신이 저지른 짓이나 무언가 당했던 경험 때문에 변이가 일어나기도 합니다. 머리가 한 번 잘려 나갔던 트롤은 목에서 두 개의 머리가 자라기도 하며, 요정을 많이 먹은 트롤은 요정의 특징 중 한두 가지 정도를 가지게 되기도 합니다.

변형: 역겨운 사지

몇몇 트롤들은 아래의 추가적 특징을 지닙니다.

역겨운 사지. 만약 트롤이 한번에 15점 이상의 참격 피해를 받았다면, d20을 굴려 무슨 일이 벌어졌는지 확인합니다:

1-10: 아무 일도 일어나지 않습니다.
11-14: 다리가 남아 있다면 다리 한쪽이 잘려 나갑니다.
15-18: 팔이 남아 있다면 팔 한쪽이 잘려 나갑니다.
19-20: 트롤은 목이 잘려 나가지만, 죽지는 않습니다. 트롤의 본체가 죽으면 머리도 죽습니다.

만약 트롤이 잘려 나간 팔다리나 머리를 다시 붙이지 않고 짧은 휴식이나 긴 휴식을 취한다면, 잘려 나간 부분은 다시 자라납니다. 이렇게 다시 자라난 경우, 잘려나간 부분은 죽습니다. 재생되지 않은 동안, 잘려 나간 부분은 트롤의 우선권 순서에 그 자신의 행동과 이동력을 지니고 따로 행동합니다. 잘려 나간 부분은 AC 13에 hp 10점을 지니고 있으며, 트롤의 재생력 특징을 공유합니다.

잘려나간 다리는 공격을 할 수 없으며 이동력 5ft를 지닙니다.

잘려나간 팔은 이동력 5ft를 지니며 한 턴에 한 번 할퀴기 공격을 가할 수 있습니다. 그러나 트롤이 팔과 목표를 모두 볼 수 없는 상태라면 명중 굴림에 불리점을 받습니다. 트롤이 팔 한쪽을 잃게 되면, 할퀴기 공격 1회를 잃습니다.

만약 머리가 잘려 나갔다면 트롤은 물기 공격을 잃어버리며, 머리가 직접 몸을 볼 수 없다면 장님 상태로 취급합니다. **잘려 나간 머리**는 이동력 0ft에 트롤의 예리한 후각 특징을 지닙니다. 트롤의 머리는 물기 공격을 가할 수 있으나 같은 공간에 있는 상대에게만 공격할 수 있습니다.

트롤이 한쪽 다리를 잃은 경우 이동 속도는 절반이 됩니다. 만약 두 다리를 모두 잃었다면 넘어진 상태가 됩니다. 넘어진 상태에서도 팔이 남아 있다면 포복으로 기어갈 수는 있습니다. 팔이 하나만 남았어도 기어갈 수는 있지만, 이동 속도는 절반이 됩니다. 만약 모든 팔다리가 잘려 나갔다면 이동 속도는 0이 되며, 이동 속도에 어떠한 보너스도 받을 수 없습니다.

트롤 Troll
대형 거인, 혼돈 악

방어도 15 (자연 갑옷)
히트 포인트 84 (8d10+40)
이동속도 30ft

근력	민첩	건강	지능	지혜	매력
18 (+4)	13 (+1)	20 (+5)	7 (-2)	9 (-1)	7 (-2)

기술 감지 +2
감각능력 암시야 60ft, 상시 감지 12
언어 거인어
도전지수 5 (1,800 xp)

예리한 후각. 트롤은 후각에 관계된 지혜(감지) 판정에 이점을 받습니다.

재생. 트롤은 자기 턴이 시작할 때 10점의 hp를 회복합니다. 만약 트롤이 화염이나 산성 피해를 받았다면 그 다음 턴의 시작에는 hp를 회복할 수 없습니다. 트롤은 hp가 0 이하로 내려간 다음 턴에 재생이 불가능해지면 완전히 파괴됩니다.

행동

다중공격. 트롤은 물기 1회와 할퀴기 2회로 총 3회 공격합니다.

물기. *근접 무기 공격:* 명중 +7, 간격 5ft, 목표 하나. *명중시:* 7(1d6+4)점의 관통 피해.

할퀴기. *근접 무기 공격:* 명중 +7, 간격 5ft, 목표 하나. *명중시:* 11(2d6+4)점의 참격 피해.

트린트 TREANT

트린트는 고대의 숲에서 살아가는 깨어난 나무입니다. 이들은 몇 달 몇 년을 조용한 명상 속에서 살아가는 것을 좋아하지만 자신들의 숲속 영역이 외부의 위협에 침범당하면 분연히 일어나 격렬하게 싸우며 보호할 것입니다.

잠에서 깨어난 나무. 트린트가 될 나무는 기나긴 세월을 명상으로 보내며, 대개는 완전히 깨어나기까지 수십 년에서 수백 년이 걸립니다. 자연의 마법이 충만한 곳에서 자란 나무가 매우 특별한 상황에 처해야만 이렇게 깨어날 수 있습니다. 트린트와 강력한 드루이드들은 다른 나무에 생명의 불꽃을 불어넣을 수 있으며, 이러한 가능성을 지닌 나무들이 깨어날 때까지 비밀의 정원 속에서 세심한 보살핌을 받곤 합니다. 기나긴 각성의 과정 동안, 나무껍질에는 얼굴과 같은 모습이 나타나고, 아래 등걸은 다리처럼 갈라지며, 높은 가지는 팔처럼 아래로 휘어집니다. 깨어날 준비가 되면, 나무는 자신의 다리를 흙에서 드러내며, 동료들과 합류하여 숲속 고향을 지키게 됩니다.

전설적인 수호자들. 트린트는 각성하고 난 다음에도, 나무였을 때와 마찬가지로 자기 자리에서 계속 자라날 수 있습니다. 가장 강대한 나무에서 만들어진 트린트는 엄청난 크기를 지니며, 동물과 식물에 사용할 수 있는 선천적 마법 능력을 지니고 있습니다. 이러한 트린트는 식물을 움직여 침입자들을 함정에 빠뜨리거나 공격할 수 있습니다. 이들은 야생 동물들을 불러 자신을 돕게 하거나, 먼 거리를 오가는 전령으로 쓰기도 합니다.

야생의 보호자. 트린트는 깨어난 다음에도 긴 시간을 나무로 보내곤 합니다. 자리 자리에 뿌리를 박았을 때도 트린트는 주변 환경을 다 파악할 수 있으며, 몇 마일 떨어진 거리의 아주 자그마한 변화도 감지해 낼 수 있습니다.

건강한 나무를 마구잡이로 벌채하지 않는 나무꾼이나 자신에게 필요한 만큼만 짐승을 사냥하는 사냥꾼은 트린트의 분노를 살 일이 없습니다. 하지만 불을 함부로 다루는 자, 숲에 독을 뿌리는 자, 거대한 나무 ― 특히 트린트와 친했던 나무를 해치는 자는 곧 트린트의 격노를 마주하게 될 것입니다.

트린트 TREANT

거대형 식물, 혼돈 선

방어도 16 (자연 갑옷)
히트 포인트 138 (12d12+60)
이동속도 30ft

근력	민첩	건강	지능	지혜	매력
23 (+6)	8 (-1)	21 (+5)	12 (+1)	16 (+3)	12 (+1)

피해 저항 타격, 관통
피해 취약성 화염
감각능력 상시 감지 11
언어 공용어, 드루이드어, 엘프어, 삼림어
도전지수 9 (5,000 xp)

거짓 외관. 트린트가 움직이지 않고 있으면, 보통 나무와 구분할 수 없습니다.

공성 괴물. 트린트는 물체나 건축물에 2배의 피해를 가합니다.

행동

다중공격. 트린트는 후려치기 공격을 2회 가합니다.

후려치기. 근접 무기 공격: 명중 +10, 간격 5ft, 목표 하나.
명중시: 16(3d6+6)점의 타격 피해.

바위. 장거리 무기 공격: 명중 +10, 장거리 60/180ft, 목표 하나.
명중시: 28(4d10+6)점의 타격 피해.

나무 조종 (1회/일). 트린트는 60ft 내에서 자신이 볼 수 있는 나무 최대 두 그루를 마법적으로 움직일 수 있습니다. 이 나무들은 지능과 매력이 1이라는 점, 말을 할 수 없다는 점, 그리고 후려치기 행동만 할 수 있다는 점을 제외하면 트린트와 같은 게임 자료를 사용합니다. 움직이는 나무들은 트린트의 동료로 취급합니다. 나무는 죽거나 1일의 시간이 지날 때까지 움직일 수 있습니다. 트린트가 죽거나 나무로부터 120ft 이상 떨어지면 나무는 움직임을 멈춥니다. 또한 트린트는 추가 행동을 사용하여 나무들을 원래대로 되돌릴 수 있습니다. 나무는 원래대로 돌아갈 때 가능하다면 다시 뿌리를 땅 속으로 뻗습니다.

"보라. 페가서스다. 창공에서는 드래곤보다 빠르며, 우리 중에서 가장 뛰어난 이다. 우리만이 감히 타 보려 시도할 수 있다. 우리만이 감히 타 보려 시도할 수 있다. 우리 만이 감히 타 보려 시도할 수 있다. 위대한 가문에 이보다 어울리는 상징이 있겠는가?"

— 틸렌베인 드 오리엔, 오리엔 가문의 드래곤마크 후손. 가문의 상징을 유니콘에서 페가서스로 바꾸며.

페가서스 PEGASUS

페가서스라고 알려진 하얀 날개가 달린 말은 우아하고 장엄하게 하늘을 가로지릅니다. 이들은 산 정상이나 아름다운 호수의 물을 마실 때만 아주 잠깐 땅에 내려앉습니다. 무언가 다가오는 낌새가 느껴지면 이들은 다시 날아올라 구름 속으로 사라질 것입니다.

고귀한 탈 것. 페가서스는 빠르고 믿음직한 탈 것으로 높이 평가받으며, 그리폰이나 히포그리프, 와이번 등에 비해 더 빠르고 안정적으로 여겨집니다. 하지만 이 야생의 수줍음 많은 존재는 인간만큼이나 영리하며, 그래서 사로잡아 길들이기가 어려운 편입니다. 페가서스를 탈 것으로 쓰려면 선한 성향을 지닌 기수가 먼저 설득해야 하며, 일단 탈 것이 되기로 했다면 새로운 동료와 평생 가는 유대를 맺어줄 것입니다.

외계에서 태어남. 페가서스는 아보리아의 올림피아 동산에서 유래했다고 알려져 있습니다. 그곳에서 이들은 세계의 하늘을 높이 날아다니며, 엘프 만신전인 셀다린(Seldarine)의 충성스러운 탈 것으로 복종하곤 했습니다. 이 신들은 필요한 이들을 돕기 위해 페가서스를 가끔 물질계로 보낸다고 합니다.

페가서스 둥지. 페가서스는 평생 하나의 짝만 가지며, 오르기 힘들 정도로 높은 곳에 둥지를 짓고 어린 새끼를 키우며 같이 살아갑니다.

페가서스 PEGASUS

대형 천상체, 혼돈 선

방어도 12
히트 포인트 59 (7d10+21)
이동속도 60ft, 비행 90ft

근력	민첩	건강	지능	지혜	매력
18 (+4)	15 (+2)	16 (+3)	10 (+0)	15 (+2)	13 (+1)

내성 굴림 민첩 +4, 지혜 +4, 매력 +3
기술 감지 +6
감각능력 상시 감지 16
언어 천상어, 공용어, 엘프어, 삼림어를 이해하지만 말할 수 없음
도전지수 2 (450 xp)

행동

발굽. 근접 무기 공격: 명중 +6, 간격 5ft, 목표 하나. 명중시: 11(2d6+4)점의 타격 피해.

페리톤 Peryton

이 육식 괴물은 무엇이든 잘 먹지만, 인간형 종족, 특히 엘프나 하프 엘프, 그리고 인간의 살점을 제일 좋아합니다. 페리톤이 인간형 종족을 사냥할 때면, 이들은 사냥감의 심장을 떼어내 둥지로 가져가서 먹어 치웁니다.

페리톤은 육식 조류의 몸통과 날개에, 수사슴의 머리가 달린 기괴한 생명체입니다. 이들의 가장 특이한 점은 그림자인데, 페리톤의 그림자는 자기 모습이 아니라 인간형 종족의 그림자로 보입니다. 현자들은 이러한 사실을 바탕으로, 최초의 페리톤은 끔찍한 저주에 걸렸거나 마법적인 실험 때문에 변형된 인간이라고 추측합니다. 그러나 바드들 사이에는 다른 이야기가 전해집니다. 옛날 어떤 남자가 바람을 피웠고, 버림받은 그 아내는 더 젊고 아름다웠던 여자의 심장을 뜯어내 먹어 치워서 남편의 사랑을 다시 독차지하려는 의식을 치렀다고 합니다. 그녀의 의식은 성공했지만, 곧 악행이 들통나고 말았습니다. 그녀는 살인으로 인해 목이 매달렸지만, 사악한 주술 의식의 힘은 여전히 남아 그녀의 시체를 뜯어먹은 새들이 최초의 페리톤으로 변했다는 것입니다.

부자연스러운 굶주림. 페리톤의 번식 주기는 죽여서 잡아먹은 인간형 종족의 심장에 달려 있습니다. 암컷 페리톤이 번식하려면 먼저 심장을 먹어야 하기 때문입니다. 페리톤이 심장을 먹으면, 그 그림자는 잠시 동안 본래의 괴물 같은 모습을 비춥니다.

페리톤이 인간형 종족들을 공격할 때는 정말 집요하고 끈질깁니다. 페리톤은 자기나 먹이가 죽을 때까지 싸웁니다. 만약 페리톤이 쫓겨난다면, 페리톤은 멀리서 먹이를 계속 따라가며, 기회가 오는 즉시 다시 공격을 시작할 것입니다.

산사람의 숙적. 페리톤은 산꼭대기에서 살아가며, 높은 곳에 있는 동굴들에 둥지를 틉니다. 이들은 둥지 아래 계곡에 살거나 그곳을 배회하는 것들을 잡아먹으며, 외로운 산길을 여행하는 여행자들은 반드시 하늘을 조심스레 살펴야 합니다. 평범한 무기는 페리톤에게 별다른 효과가 없기 때문에, 산사람들은 어떤 대가를 치르더라도 이 괴물의 주의를 끌지 않으려 합니다.

산에 자리한 정착지는 페리톤에게 있어 먹을 것이 솟아나는 사냥터가 되곤 합니다. 이런 산 마을의 자치회나 지방 귀족은 때로 모험자를 고용해 페리톤 둥지를 사냥하곤 합니다.

페리톤 Peryton

중형 괴물류, 혼돈 악

방어도 13 (자연 갑옷)
히트 포인트 33 (6d8+6)
이동속도 20ft, 비행 60ft

근력	민첩	건강	지능	지혜	매력
16 (+3)	12 (+1)	13 (+1)	9 (-1)	12 (+1)	10 (+0)

기술 감지 +5
피해 저항 비마법적 무기에 의한 타격/관통/참격 피해
감각능력 상시 감지 15
언어 공용어와 엘프어를 이해하지만 말할 수는 없음
도전지수 2 (450 xp)

급강하 공격. 페리톤이 비행중 최소 30ft 이상을 직선으로 급강하해 근접 무기 공격을 명중시켰다면, 해당 공격은 추가로 9(2d8)점의 피해를 더 가합니다.

날아치기. 페리톤은 적의 간격에서 날아서 빠져나올 때 기회공격을 유발하지 않습니다.

예리한 시각과 후각. 페리톤은 시각이나 후각에 관계된 지혜(감지) 판정에 이점을 받습니다.

행동

다중공격. 페리톤은 들이받기 1회, 발톱 1회로 2회 공격합니다.

들이받기. 근접 무기 공격: 명중 +5, 간격 5ft, 목표 하나. 명중시: 7(1d8+3)점의 관통 피해.

발톱. 근접 무기 공격: 명중 +5, 간격 5ft, 목표 하나. 명중시: 8(2d4+3)점의 관통 피해.

페어리 드래곤 Faerie Dragon

페어리 드래곤은 나비 같은 날개가 달린 고양이 크기의 드래곤입니다. 이들은 날카로운 이빨을 드러내고 웃으며 꼬리를 휘저어 기쁨을 표시하고, 공격을 받을 때만 그 즐거움이 사라집니다.

투명한 장난꾼들. 페어리 드래곤이 있다는 유일한 경고는 키득대는 소리뿐입니다. 드래곤은 눈에 보이지 않는 곳에 숨어 투명한 상태로 장난을 걸 상대를 주시합니다. 장난이 끝나고 나면 드래곤은 자기 모습을 보이기도 하고 아니기도 한데, 주로 "장난친 상대"의 상태에 따라 모습을 보이는 게 위험할 수도 있기 때문입니다.

친근하고 밝음. 페어리 드래곤은 명석한 정신을 지니고 있으며, 보물과 좋은 친구, 그리고 별난 유머 감각을 좋아합니다. 여행자들은 달콤한 것이나 구운 음식, 혹은 빛나는 장난감 등으로 "보물"을 원하는 페어리 드래곤의 드래곤적 본성을 자극해 주변의 안전한 통로나 지형에 대한 정보를 얻어내곤 합니다.

나이에 따른 색. 페어리 드래곤의 비늘은 나이를 먹으면서 색이 점점 변하며, 이는 마치 무지개의 색 변화와 같습니다. 모든 페어리 드래곤은 선천적인 주문시전 능력을 지니고 있으며, 나이를 먹을수록 새로운 주문을 쓸 수 있게 됩니다.

드래곤의 색	나이대
붉은색	5살 미만
주황색	6-10살
노랑색	11-20살
녹색	21-30살
청색	31-40살
남색	41-50살
보라색	51살 이상

페어리 드래곤 Faerie Dragon

초소형 용족, 혼돈 선

방어도 15
히트 포인트 14 (4d4+4)
이동속도 10ft, 비행 60ft

근력	민첩	건강	지능	지혜	매력
3 (-4)	20 (+5)	13 (+1)	14 (+2)	12 (+1)	16 (+3)

기술 비전학 +4, 감지 +3, 은신 +7
감각능력 암시야 60ft, 상시 감지 13
언어 용언, 삼림어
도전지수 빨간색, 주황색, 노란색의 경우 1 (200 xp), 녹색, 청색, 남색, 보라색의 경우 2 (450 xp)

우월한 투명화. 페어리 드래곤은 추가 행동을 사용해 마법적으로 투명화합니다. 이 투명화는 집중하는 동안 유지됩니다. (주문에 대한 집중과 동일) 드래곤이 장비하거나 들고 있는 물체 역시 같이 투명화됩니다.

제한된 정신감응. 페어리 드래곤은 60ft 내의 다른 페어리 드래곤과 정신감응을 통해 마법적으로 의사소통을 할 수 있습니다.

마법 저항. 페어리 드래곤은 주문과 기타 마법적 효과에 대한 내성에 이점을 받습니다.

선천적 주문시전. 드래곤의 선천적 주문시전 능력치는 매력입니다. (주문 내성 DC 13). 드래곤은 물질 구성요소 없이 아래 주문들을 시전할 수 있습니다. 드래곤이 나이를 먹어 색이 변화하면 추가로 더 많은 주문들을 시전할 수 있게 됩니다.

붉은색, 각각 1회/일: 춤추는 빛*Dancing Lights*, 마법사의 손*Mage Hand*, 하급 환영*Minor Illusion*
주황색, 1회/일: 색 분사*Color Spray*
노랑색, 1회/일: 거울 분신*Mirror Image*
녹색, 1회/일: 암시*Suggestion*
청색, 1회/일: 상급 영상*Major Image*
남색, 1회/일: 환영 지형*Hallucinatory Terrain*
보라색, 1회/일: 변신*Polymorph*

행동

물기. 근접 무기 공격: 명중 +7, 간격 5ft, 크리쳐 하나. 명중시: 1점의 관통 피해.

행복감 브레스(재충전 5-6). 드래곤은 5ft내의 크리쳐 하나에게 행복감을 느끼게 하는 가스를 뱉습니다. 목표는 DC 11의 지혜 내성을 굴려 실패할 시 1분간 반응행동을 하지 못하며, 매번 자기 턴이 시작할 때 d6을 굴려 그 턴에 어떤 행동을 하게 될지 정합니다.

　1-4. 목표는 행동이나 추가 행동을 할 수 없으며, 모든 이동력을 소모해 무작위 방향으로 움직입니다.

　5-6. 목표는 이동할 수 없으며, 자기 턴이 끝날 때 다시 DC 11의 지혜 내성을 굴릴 수 있습니다. 내성에 성공하면 효과에서 벗어납니다.

포모리언 Fomorian

모든 거인종 중에서도 가장 끔찍하고 사악한 것들이 바로 신성모독적인 포모리언입니다. 이들의 비틀린 몸은 이들이 품은 사악한 심성을 그대로 드러내고 있습니다. 몇몇은 무작위적으로 뒤틀린 얼굴 특징을 지니고 있으며, 머리에는 종기가 가득 돋아나 있기도 합니다. 기괴한 크기나 형태의 사지를 지니고 있거나, 입이 비틀어져서 숨을 쉴 때마다 끔찍한 비명이 들리는 것들도 있습니다. 하지만 이 괴한 생김새로 인해 동정을 사는 경우는 많지 않습니다. 포모리언은 그들 자신의 악한 행동과 심성으로 인해 그러한 파멸의 저주를 받았기 때문입니다.

요정의 저주. 엘프들의 전설에 따르면 포모리언은 한때 가장 아름답고 잘생긴 존재였으며, 명석한 정신과 놀라운 마법적 능력을 지니고 있었다고 합니다. 하지만 이들은 신체적으로 완벽할지 몰라도 정신적으로는 그만큼 성숙하지 못했습니다. 이들은 끝없이 마법의 힘과 권력을 탐했던 것입니다.

포모리언은 페이와일드를 정복하고 그 거주자들을 모조리 노예로 삼은 다음 그 세계의 마법을 탈취하려 하였습니다. 요정이 그들의 세계를 지키기로 하였을 때, 포모리언은 끔찍한 저주에 걸리고 말았습니다.

거인은 하나씩 하나씩 쓰러져 자신들의 악한 심성에 걸맞도록 몸이 비틀리고 말았습니다. 그들의 우아한 겉모습과 마법의 힘이 사라지고 나자, 이 흉측한 것들은 밝은 세계에서 도망쳐 복수심과 증오를 품어주는 깊은 지하 세계로 숨어 들어갔습니다. 이들은 자신의 숙명을 저주하며, 자신들을 저주한 요정들에게 반드시 복수하고야 말겠다는 맹세를 남겼습니다.

언더다크의 거인들. 포모리언은 언더다크의 으스스하고 아름다운 동굴에 숨어들어서 좀처럼 지상으로 나오지 않습니다. 그들의 소굴은 물과 물고기, 버섯 숲 그리고 포모리언이 부리는 노예들이 풍부한 곳에 자리를 잡습니다. 노예가 더는 일하지 못할 것 같으면, 포모리언은 노예를 죽이고 잡아먹습니다. 사악함과 타락이 포모리언 사회의 기반을 이루고 있으며, 가장 강하고 잔혹한 거인이 그 사회를 지배합니다. 포모리언은 적들의 시체로 자신들의 영역을 표시하며, 동굴을 피로 칠하거나 자신들이 죽인 크리쳐의 신체 부위로 장식합니다.

파괴된 육신, 사악한 마음. 포모리언이 기형을 겪고 있다 해도, 이들 역시 다른 거인종처럼 바위를 던질 수 있으며, 옷을 걸쳐 몸을 보호할 수 있습니다. 하지만 이들의 얼굴 생김은 워낙 기괴하기에 눈과 귀, 코 같은 것이 제멋대로 붙어 있고, 그래서 매우 예민한 감지 능력을 지니고 있습니다. 따라서 포모리언을 기습하거나 매복하는 것은 매우 어려운 일입니다.

멸망을 불러일으킨 탐욕과 사악함은 아직도 포모리언 사이에 가득합니다. 포모리언은 그들이 필요로 할 때에만 동맹을 맺지만, 천성적으로 믿기 어려운 존재이며 별 고민 없이 동맹을 배반하곤 합니다.

사안의 저주. 포모리언은 자신이 받은 저주를 "사안(Evil Eye)"이라 부르는 힘을 통해 남에게 전달하는 법을 배웠습니다. 이는 한때 이들이 지니고 있던 강력한 주문시전 능력의 마지막 잔재입니다. 포모리언의 사안으로 저주받은 크리쳐는 마법적으로 비틀리고 기형이 되며, 이 사악한 존재가 받은 고통을 잠깐이나마 다시 느끼게 됩니다.

포모리언 Fomorian

거대형 거인, 혼돈 악

방어도 14 (자연 갑옷)
히트 포인트 149 (13d12+65)
이동속도 30ft

근력	민첩	건강	지능	지혜	매력
23 (+6)	10 (+0)	20 (+5)	9 (-1)	14 (+2)	6 (-2)

기술 감지 +8, 은신 +3
감각능력 암시야 120ft, 상시 감지 18
언어 거인어, 지하공용어
도전지수 8 (3,900 xp)

행동

다중공격. 포모리언은 대곤봉으로 2회 공격하거나, 대곤봉으로 1회 공격하고 사안을 1회 사용합니다.

대곤봉. *근접 무기 공격:* 명중 +9, 간격 15ft, 목표 하나. *명중시:* 19(3d8+6)점의 타격 피해.

사안. 포모리언은 주변 60ft 내에서 자신이 볼 수 있는 크리쳐 하나에게 사안을 겁니다. 목표는 DC 14의 매력 내성에 실패할 시 27(6d8)점의 정신 피해를 받으며, 내성에 성공하면 피해는 절반으로 줄어듭니다.

사안의 저주(짧은/긴 휴식 후 재충전). 포모리언은 사안을 사용할 때 내성에 실패한 크리쳐 하나에게 저주를 걸어 마법적인 기형을 부여할 수 있습니다. 기형에 걸린 크리쳐는 이동속도가 절반으로 줄어들고, 근력과 민첩에 기반한 모든 명중 굴림과 내성 굴림, 능력 판정에 불리점을 받습니다.

변형된 크리쳐는 긴 휴식을 끝낼 때마다 다시 내성 굴림을 굴릴 수 있으며, 성공하면 기형에서 풀려납니다.

플럼프 FLUMPH

신비한 플럼프는 언더다크를 부유하며, 자기들 이름의 어원이 되는 김빠진 공기 소리를 내며 날아다니는 족속입니다. 플럼프는 아주 약하게 빛이 나며, 기분에 따라 빛의 색이 달라집니다. 기쁠 때는 연한 분홍빛이 나며, 슬프면 깊은 푸른색이 나고, 궁금할 때는 녹색, 화가 나면 진홍색이 됩니다.

지능적이고 지혜로움. 플럼프는 정신감응으로 대화를 합니다. 이들은 해파리와 비슷하게 생기긴 했지만, 자아를 지닌 생명체로서 뛰어난 지성과 지혜를 지니고 있으며 종교나 철학, 수학 등 다양한 주제에 대해 광범위한 지식을 지니고 있습니다.

플럼프는 주변 존재의 감정 상태에 매우 예민합니다. 만약 주변 존재의 생각이 선하게 느껴진다면, 플럼프는 그 존재를 찾아 나섭니다. 주변 존재가 악한 마음을 품고 있다면, 플럼프는 도망칩니다.

사이오닉 흡수자. 플럼프는 사이오닉 능력을 사용하는 존재들에게서 흘러나오는 정신적 에너지를 먹으며 삽니다. 그래서 이들은 마인드 플레이어나 아볼레스, 기스양키, 기스제라이의 서식지 주변에서 잠복하여 살아갑니다. 수동적인 기생체로서 살기에 이들은 오직 생존에 필요한 양만큼의 정신 에너지만 흡수하고, 흡수당하는 쪽은 어떠한 불편함이나 모자람도 느끼지 않습니다.

정신에너지를 흡수하다 보면 흡수당한 쪽의 생각이나 감정 역시 알게 됩니다. 이들 사이오닉 능력 사용자 중에는 악한 크리쳐가 많기 때문에, 순수한 심성을 지닌 플럼프는 이들에게서 흘러나오는 생각이나 감정, 굶주림으로 인해 역겨움을 느끼곤 합니다. 플럼프가 선한 심성을 지닌 모험자들을 만나면, 이들은 자신들이 정신력을 흡수하는 과정에서 알게 된 주변 사악한 존재들의 어두운 비밀을 쉽게 공유해 줍니다. 그 결과 그 사악한 존재들이 퇴치되어 자기들이 새로운 먹이 공급원을 찾아야 하는 상황에 처하더라도, 플럼프들은 선한 이들을 돕는 것을 우선시합니다.

플럼프 사회. 플럼프는 흔히 수도회(Cloister)라고 부르는 복잡하고 정교한 사회 조직을 구성하여 살아갑니다. 수도회에 속하는 모든 플럼프는 저마다의 역할이 있습니다. 이 조화로운 집단에서는 굳이 지도자를 뽑을 필요가 없으며, 모든 플럼프가 평등하게 자기들의 일을 해나갑니다.

> "플럼프는 믿어도 된다."
> — 신비술사 X의 던전 생존 규칙 1번째.

플럼프 FLUMPH

소형 기괴체, 질서 선

방어도 12
히트 포인트 7 (2d6)
이동속도 5 ft, 비행 30ft

근력	민첩	건강	지능	지혜	매력
6 (-2)	15 (+2)	10 (+0)	14 (+2)	14 (+2)	11 (+0)

기술 비전학 +4, 역사학 +4, 종교학 +4
피해 취약성 정신
감각능력 암시야 60ft, 상시 감지 12
언어 지하공용어를 알지만 말할 수는 없음. 정신감응 60ft
도전지수 1/8 (25 xp)

발전된 정신감응. 플럼프는 주변 60ft 내에서 이루어지는 정신감응 대화를 엿들을 수 있으며, 정신감응을 사용하는 크리쳐에게서는 기습을 당하지 않습니다.

넘어짐 위험. 플럼프가 넘어지게 되면, 주사위를 굴립니다. 홀수가 나왔다면 플럼프는 완전히 뒤집힌 것이며 행동불능 상태에 빠집니다. 뒤집힌 플럼프는 자기 턴이 끝날 때마다 DC 10의 민첩 내성을 굴려 성공하면 행동불능 상태를 끝내고 바로 설 수 있습니다.

정신감응 장막. 플럼프는 감정이나 생각을 읽는 모든 효과에 면역이며, 모든 예지계 주문에도 면역입니다.

행동

촉수. *근접 무기 공격:* 명중 +4, 간격 5ft, 크리쳐 하나. *명중시:* 4(1d4+2)점의 관통 피해. 추가로 2(1d4)점의 산성 피해. 목표는 자기 턴이 끝날 때 DC 10의 건강 내성에 실패할 시 추가로 2(1d4)점의 산성 피해를 받습니다. 이 산성 피해는 내성에 성공할 때까지 매턴 주어집니다. 하급 회복 *Lesser Restoration* 주문 등으로 이 반복적 산성 피해를 중단시킬 수 있습니다.

악취 분사(1회/일). 플럼프는 15ft 길이의 원뿔형 범위 내의 모든 크리쳐에게 악취를 분사합니다. 범위 내의 모든 크리쳐는 DC 10의 민첩 내성에 실패할 시 고약한 냄새를 풍기는 액체에 뒤덮이게 됩니다. 이렇게 액체를 뒤집어 쓴 크리쳐는 1d4시간 동안 끔찍한 악취를 풍깁니다. 이 크리쳐들은 지속시간 동안 중독 상태로 취급하며, 주변 5ft에 있는 크리쳐들도 중독 상태로 취급합니다. 악취를 뒤집어 쓴 크리쳐는 짧은 휴식을 취하며 물이나 알코올, 식초로 몸을 씻어 악취를 제거할 수 있습니다.

피어서 Piercer

중형 괴물류, 성향 없음

방어도 15 (자연 갑옷)
히트 포인트 22 (3d8+9)
이동속도 5 ft, 등반 5ft

근력	민첩	건강	지능	지혜	매력
10 (+0)	13 (+1)	16 (+3)	1 (-5)	7 (-2)	3 (-4)

기술 은신 +5
감각능력 맹안시야 30ft 암시야 60ft, 상시 감지 8
언어 —
도전지수 1/2 (100 xp)

거짓 외관. 피어서가 움직이지 않고 있으면, 보통 종유석과 구분할 수 없습니다.

거미 등반. 피어서는 능력 판정 없이 어려운 표면을 포함해 벽이나 천장을 등반할 수 있습니다.

행동

낙하. 근접 무기 공격: 명중 +3, 피어서 바로 아래에 있는 크리쳐 하나. 명중시: 낙하한 거리 10ft마다 3(1d6)점의 관통 피해. 최대 21(7d6)점까지 가능. 빗나갔을 시: 피어서는 떨어진 거리에 의한 낙하 피해의 절반을 자기가 받게 됩니다.

피어서 Piercer

동굴이나 거대한 지하 통로의 천장에 매달려 있는 피어서는 겉으로 보면 자연적인 돌이랑 아무런 차이가 없습니다. 이들은 조용히 아래로 떨어지며 적이 눈치채기도 전에 꿰뚫어버립니다.

피어서는 로퍼의 유생 형태이며, 두 괴물은 때로 같이 공격하곤 합니다. 바위 같은 껍질은 피어서의 몸을 잘 보호해 주며, 종유석과 완전히 같은 질감을 자랑합니다. 이 껍질은 달팽이 같은 상체를 완전히 보호해주며, 피어서는 이 상체를 이용해 동굴 벽을 기어 올라 먹이를 덮칠 자리로 이동하곤 합니다. 눈과 입을 닫고 있으면, 피어서는 보통 바위와 전혀 다를 바 없습니다.

인내심 있는 사냥꾼. 피어서는 볼 수 있지만, 주로 소음과 열에 반응하며 살아있는 먹잇감이 아래를 지나치길 기다립니다. 한 번에 먹이를 죽이지 못한 피어서는 다시 천천히 천장으로 기어 올라가야 합니다. 그래서 떨어진 피어서는 악취가 가득한 점액을 내며, 대부분의 포식자는 피어서를 잘 먹으려 들지 않습니다.

피어서는 공격의 효율성을 극대화하기 위해 군집을 이루곤 합니다. 이들은 동시에 떨어져서 먹이를 확실하게 공격하려 합니다. 일단 피어서 하나가 무사히 먹이를 죽이고 나면, 다른 피어서도 시체에 몰려들어 같이 먹어 치웁니다.

픽시 Pixie

픽시는 일어서면 1ft 정도의 키에, 잠자리나 나비의 망사 날개가 달린 조그마한 엘프처럼 생겼습니다. 이들은 맑은 새벽처럼 밝고 만월의 달빛처럼 빛납니다. 고양이처럼 호기심이 많고 사슴처럼 부끄럼을 타는 픽시는 어디든 발길이 닿는 대로 다니길 좋아합니다. 이들은 몰래 다른 종족들의 뒤를 쫓아다니며 주변에서 놀곤 합니다. 픽시는 나서서 다른 이들과 친구가 되려는 마음으로 가득합니다. 다만 혹시라도 붙잡히거나 공격당할지도 모른다는 두려움 때문에 섣불리 나서지 못하는 것입니다. 픽시의 숲을 지나는 사람들에게는 보이지 않지만, 때때로 키득대는 소리나 헉하고 숨 삼키는 소리, 한숨 소리를 듣기도 합니다.

픽시는 자기들이 요정족 중에서도 왕자나 공주라고 생각하며, 하늘거리는 가운이나 비단으로 만든 옷을 입고 다닙니다. 이들의 옷은 개울에 비친 보름달처럼 반짝이며 빛납니다. 어떤 픽시는 도토리나 나뭇잎, 나무껍질, 혹은 작은 숲 짐승의 가죽으로 만들어진 옷을 입기도 합니다. 이들은 자신의 옷차림을 대단한 자랑거리로 생각하며, 옷차림으로 칭찬을 받으면 기쁨을 가누지 못합니다.

마법의 요정족. 선천적인 투명화 능력을 지닌 픽시는 자기들이 모습을 보이고 싶을 때가 아니면 잘 나타나지 않습니다. 픽시는 페이와일드나 물질계에서 겨울 연못에 아름다운 무늬를 그리거나 봄에는 꽃송이를 피우곤 합니다. 이들은 여름 이슬에 꽃들이 빛나도록 하며, 가을의 타는 햇빛 속에 나뭇잎이 물들게 합니다.

픽시 가루. 픽시가 눈에 보이는 상태에서 날아오르면, 그들이 날아간 자리에는 마치 유성처럼 빛나는 가루들이 떨어집니다. 픽시 가루는 아주 조금만으로도 날아다니는 힘을 얻을 수 있으며, 주변 다른 존재들에게 혼란을 겪게 하거나, 적들을 마법적 잠에 빠트릴 수 있습니다. 오직 픽시만이 픽시 가루의 잠재력을 최대한 끌어낼 수 있지만, 마법사나 괴물들은 픽시 가루의 힘을 얻기 위해 이들 요정을 계속 찾아다니곤 합니다.

조그마한 장난꾼. 방문자들 때문에 호기심이 자극받을 때도 픽시는 부끄러움 때문에 쉽게 모습을 드러내지 못합니다. 이들은 멀리서 방문자를 살펴보며 해가 가지 않는 장난을 쳐서 이들의 반응을 알아보고 성격을 짐작합니다. 예를 들어. 픽시는 드워프의 두 신발 끈을 같이 묶어놓거나, 기괴한 크리처나 보물의 환영을 만들거나, 침입자를 헤매게 하는 춤추는 빛을 풀어 놓곤 합니다. 만약 방문자가 적대적인 태도를 보이면. 픽시는 멀리 떨어집니다. 만약 방문자가 선한 본성을 지닌 것 같으면, 픽시는 용기를 내서 더 친근하게 다가갑니다. 심지어는 이 요정이 직접 "손님"들에게 더 안전한 길을 알려주거나, 자기들만의 작은 (하지만 만족스러운) 축제에 참석해 주길 요청하곤 합니다.

폭력에 반대함. 스프라이트나 다른 요정 친족과는 달리, 픽시는 무기를 싫어하며 적들과 물리적으로 싸우기보다는 차라리 도망가는 쪽을 선택합니다.

> "꽃잎 가운에 도토리 모자라니, 완전 작년 여름 유행이잖아요!"
> — 리버글림, 픽시 패션 스타.

픽시 Pixie
초소형 요정, 중립 선

방어도 15
히트 포인트 1 (1d4-1)
이동속도 10ft, 비행 30ft

근력	민첩	건강	지능	지혜	매력
2 (-4)	20 (+5)	8 (-1)	10 (+0)	14 (+2)	15 (+2)

기술 감지 +4, 은신 +7
감각능력 상시 감지 14
언어 삼림어
도전지수 1/4 (50 xp)

마법 저항. 픽시는 주문과 기타 마법적 효과에 대한 내성 굴림에 이점을 받습니다.

선천적 주문시전. 픽시의 선천적 주문시전 능력치는 매력입니다. (주문 내성 DC 12). 픽시는 픽시 가루를 구성요소로 사용하여 아래 주문들을 선천적으로 시전할 수 있습니다:

자유시전: 드루이드술*Druidcraft*
각 1회/일: 혼란*Confusion*, 춤추는 빛*Dancing Lights*, 악과 선 탐지*Detect Evil and Good*, 생각 탐지*Detect Thoughts*, 마법 무효화*Dispel Magic*, 얽혀듬*Entangle*, 비행*Fly*, 환상력*Phantasmal Force*, 변신*Polymorph*, 수면*Sleep*

행동

우월한 투명화. 픽시는 마법적으로 투명화합니다. 이 투명화는 집중하는 동안 유지됩니다. (주문에 대한 집중과 동일) 픽시가 장비하거나 들고 있는 물체 역시 같이 투명화합니다.

하프 드래곤
HALF-DRAGON

드래곤이 변신한 상태로 다른 종족과 짝짓기를 하면, 그 결과 하프 드래곤 혼혈이 태어나기도 합니다. 또한 미친 마법사의 주문이나 드래곤의 피로 목욕하는 의식을 통해 하프 드래곤으로 변화를 겪기도 합니다. 어떤 이유에서든 간에, 드래곤의 정수를 받아들인 존재는 원래의 종족에 드래곤의 영향을 받게 됩니다. 어떻게 변화한 것이든, 하프 드래곤은 모두 비슷한 외모와 특별 능력을 가집니다.

용의 본성. 하프 드래곤은 후손을 남기지 못합니다. 후손을 남기고자 한다면 마법의 도움을 통해야만 합니다. 그 대신, 하프 드래곤은 긴 삶의 축복을 받습니다. 일반적인 하프 드래곤은 드래곤의 영향이 없는 같은 종족에 비해 두 배의 삶을 살아갑니다. 그러므로 인간 하프 드래곤은 150년이 넘는 삶을 살 수 있습니다.

하프 드래곤은 드래곤 혈통에 가까운 인격 특성을 지니게 됩니다. 예를 들어, 하프 골드 드래곤은 부끄러움이 많고 비밀스러워지며, 하프 카퍼 드래곤은 충동적이고 즐거운 성격이고, 하프 그린 드래곤은 기만적이며, 하프 화이트 드래곤은 대개 멍청한 난폭자가 됩니다. 인격 특성들은 드래곤이 아닌 쪽의 혈통에서도 영향을 받습니다. 하지만 탐욕, 오만함, 편집증 등의 성격은 심지어 선한 하프 드래곤들에게도 꽤 자주 나타나는 편입니다.

하프 드래곤 템플릿

야수, 인간형, 거인, 괴물류 등은 하프 드래곤이 될 수 있습니다. 하프 드래곤은 자신의 게임 자료를 유지하지만, 아래와 같은 변화를 겪습니다.

도전 지수. 해당 크리쳐의 도전지수를 재계산하지 않으려면, 브레스 무기 표에 나와 있는 선결 조건에 맞는 크리쳐만을 변화시키는 게 좋습니다. 선결 조건을 무시할 경우, 던전 마스터즈 가이드(Dungeon Master's Guide)를 통해 도전 지수를 재계산하시기 바랍니다.

감각. 하프 드래곤은 10ft의 맹안시야와 60ft의 암시야를 얻습니다.

저항. 하프 드래곤은 자신의 색에 따른 피해 저항을 얻습니다.

색	피해 저항
블랙 또는 카퍼	산성
블루 또는 브론즈	번개
브라스, 골드, 레드	화염
그린	독성
실버 또는 화이트	냉기

언어. 하프 드래곤은 기존의 언어에 더해 용언을 구사합니다.

새 행동: 브레스 무기. 하프 드래곤은 드래곤 혈통에 따른 브레스 무기를 사용합니다. 하프 드래곤의 크기에 따라 이 행동의 기능이 결정될 것입니다.

크기	브레스 무기	선택 선결조건
대형 이하	드래곤 유생체와 동일	도전 지수 2 이상
거대형	드래곤 성채와 동일	도전 지수 7 이상
초대형	드래곤 원숙체와 동일	도전 지수 8 이상

예시 하프 드래곤

아래는 플레이트를 입은 인간 베테랑을 기본으로 하프 드래곤 템플릿을 적용한 예시입니다.

하프 레드 드래곤 베테랑
HALF-RED DRAGON VETERAN

중형 인간형(인간), 성향 무관

방어도 18 (플레이트)
히트 포인트 65 (10d8+20)
이동속도 30ft

근력	민첩	건강	지능	지혜	매력
16 (+3)	13 (+1)	14 (+2)	10 (+0)	11 (+0)	10 (+0)

기술 운동 +5, 감지 +2
피해 저항 화염
감각능력 맹안시야 10ft 암시야 60ft, 상시 감지 12
언어 공용어, 용언
도전지수 5 (1,800 xp)

행동

다중공격. 베테랑은 장검 공격을 2회 가합니다. 만약 소검을 뽑고 있다면, 소검 공격도 1회 가할 수 있습니다.

장검. 근접 무기 공격: 명중 +5, 간격 5ft, 목표 하나. 명중시: 7(1d8+3)점의 참격 피해. 양손으로 공격했을 경우 8(1d10+3)점의 참격 피해.

소검. 근접 무기 공격: 명중 +5, 간격 5ft, 목표 하나. 명중시: 6(1d6+3)점의 관통 피해.

중석궁. 장거리 무기 공격: 명중 +3, 장거리 100/400ft, 목표 하나. 명중시: 6(1d10+1)점의 관통 피해.

화염 브레스 (재충전 5-6). 베테랑은 15ft 길이의 원뿔형 범위에 화염을 뿜어냅니다. 범위 내의 모든 크리쳐는 DC 15의 민첩 내성에 실패할 시 24(7d6)점의 화염 피해를 받습니다. 내성에 성공하면 피해는 절반으로 줄어듭니다.

하피 Harpy

다른 존재의 고통과 죽음에서 기쁨을 느끼는 가학적인 하피는 언제나 먹이를 찾아다닙니다. 그들은 달콤한 노래로 수없이 많은 모험자들을 죽음으로 꾀어냈고, 희생자를 끌어들여 죽이고 잡아 먹었습니다.

하피는 시체를 먹는 새매의 몸과 다리, 날개에, 인간의 상체와 팔, 머리를 지니고 있습니다. 하피는 사악한 발톱과 뼈로 만든 곤봉으로 전투에서 무서운 적수가 되며, 하피의 눈은 그 절대적인 사악함으로 가득 찬 영혼을 비춰 보여줍니다.

신의 저주. 오래전, 한 엘프 여성이 숲을 거닐다가 너무 순수하고 완벽하여 눈물을 흘리게 만드는 새의 노래를 들었습니다. 그 노래를 따라가던 중, 그녀는 젊고 잘생긴 엘프 남성 한 명도 마찬가지로 새의 노래를 듣기 위해 멈춰 서 있는 넓은 장소에 도착했습니다. 이 남자는 사실 은둔한 엘프 신인 펀마렐 메스터린(Fenmarel Mestarine)이었습니다. 그의 신성한 존재감은 그녀의 마음을 훔쳐 갔지만, 그녀의 모습을 보자마자 그는 숲속으로 사라져 버렸습니다.

엘프 여성은 온 숲을 뒤지며 이방인을 찾아다녔지만, 어떤 흔적도 발견할 수 없었습니다. 절망에 가득 찬 그녀는 신들에게 자신을 도와달라고 빌었습니다. 하늘의 엘프 여신인 아에드리 파에냐(Aerdrie Faenya)는 그녀의 청원을 듣고 마음이 움직여 그녀를 돕기로 했습니다. 여신은 새의 모습으로 나타나 방랑의 신을 끌어들일 아름다운 유혹의 노래를 가르쳐 주었습니다

그러나 여신에게 배운 노래로도 펀마렐 메스터린을 끌어들이지 못하게 되자, 그녀는 신들을 저주하였습니다. 그러나 그 저주는 오히려 그녀에게 되돌아갔고, 그 끔찍한 힘으로 인해 첫 번째 하피로 변하고 말았습니다. 이 저주는 엘프의 영혼에도 마법을 얽어 몸과 마찬가지로 변화시켰습니다. 사랑에 대한 그녀의 욕망은 살점에 대한 탐욕으로 변해버렸지만, 여전히 아름다운 유혹의 노래를 불러 먹잇감을 죽음의 포옹으로 끌어들이게 되었습니다.

하피의 노래. 하피의 노래를 들으면 세상 그 무엇보다 아름다운 음악을 듣는 것 같습니다. 여행자는 이 노래의 유혹에 이기지 못해 노래가 들려오는 곳으로 향하게 됩니다. 하피는 때로 공격하기 전에 노래를 불러 희생자를 매혹시키지만, 더 효과적인 것은 노래로 유혹하여 절벽 아래로 먹이를 떨어트리거나 늪 혹은 유사, 아니면 치명적인 구덩이에 빠지게 하는 것입니다. 이렇게 함정에 빠지거나 무력화된 먹이는 하피의 분노에 쉬운 먹잇감이 됩니다.

가학적인 겁쟁이. 하피는 음울한 해안가 절벽 등 날지 못하는 존재에게는 위험한 곳에 둥지를 틀곤 합니다. 하피는 정정당당한 싸움에는 일말의 관심도 없으며, 확실하게 이길 수 있겠다 싶은 상황이 아니면 결코 싸움을 걸지 않습니다. 만약 싸움이 불리하게 돌아간다 싶으면, 하피는 싸움을 계속하는 위험을 감수하기보다는 제대로 대응하지 못하고 도망갈 것입니다.

공격을 가할 때면, 하피는 먹잇감으로 장난치는 걸 좋아합니다. 이들은 희생양이 내지르는 비명을 "음악"으로 즐깁니다. 하피는 천천히 꼼짝 못하는 적을 뜯어먹으며 며칠에 거쳐 고문하고 괴롭힌 끝에 죽음을 맞게 합니다.

괴악한 수집가. 하피는 빛나는 것들을 좋아하며, 가치 있는 물건이나 다른 전리품들을 희생양에게서 훔쳐냅니다. 때로는 가장 좋은 전리품을 가지겠답시고 하피끼리 싸우는 경우도 있습니다. 가치 있어 보이는 게 없으면, 하피는 먹이의 머리카락, 뼈, 기타 몸의 일부를 가지고 둥지로 돌아옵니다. 하피의 둥지는 멀리 떨어진 유적 등에 숨겨져 있는 경우가 많지만, 둥지를 찾아내면 그동안 희생당한 여러 사람의 귀중품이나 가치 있는 물건들이 오물과 썩은 살점 아래 깔려 있을 것입니다.

하피 Harpy

중형 괴물류, 혼돈 악

방어도 11
히트 포인트 38 (7d8+7)
이동속도 20ft, 비행 40ft

근력	민첩	건강	지능	지혜	매력
12 (+1)	13 (+1)	12 (+1)	7 (-2)	10 (+0)	13 (+1)

감각능력 상시 감지 10
언어 공용어
도전지수 1 (200 xp)

행동

다중공격. 하피는 할퀴기 1회, 곤봉 1회로 총 2회 공격합니다.

할퀴기. 근접 무기 공격: 명중 +3, 간격 5ft, 목표 하나. 명중시: 6(2d4+1) 점의 참격 피해.

곤봉. 근접 무기 공격: 명중 +3, 간격 5ft, 목표 하나. 명중시: 3(1d4+1) 점의 타격 피해.

유혹의 노래. 하피는 마법의 노래를 부릅니다. 하피 주변 300ft 내의 인간형 또는 거인 크리쳐는 노래를 들었을 때 DC 11의 지혜 내성을 굴려야 하며, 실패할 시 노래가 끝날 때까지 매혹 상태가 됩니다. 하피는 매턴 추가 행동을 사용해야만 노래를 계속할 수 있습니다. 하피는 언제든 원할 때 노래를 멈출 수 있으며, 하피가 행동불능 상태가 되어도 노래가 멈추게 됩니다.

하피에 매혹된 크리쳐는 행동불능 상태로 취급하며, 다른 하피들의 노래를 무시합니다. 만약 매혹된 크리쳐가 하피로부터 5ft 이상 떨어져 있다면 무조건 하피를 향해 가장 가까운 경로로 다가와 5ft 내로 접근하려 합니다. 목표는 기회공격을 피하지 않지만, 용암이나 구덩이처럼 위험한 지형에 들어가기 전이나 하피를 제외한 다른 이유로 피해를 받을 때마다 다시 내성을 굴릴 수 있습니다. 또한 매혹된 목표는 매번 자기 턴이 끝날 때에도 다시 내성을 굴릴 수 있습니다. 내성에 성공하면 매혹 효과는 종료됩니다.

매혹 효과에서 빠져나온 크리쳐는 이후 24시간 동안 하피의 노래에 대해 면역을 얻습니다.

해그 Hags

해그는 세상의 모든 사악함과 잔혹함을 나타내는 듯한 괴물입니다. 구부정한 할멈처럼 생기긴 했지만, 이 괴물들은 사실 필멸의 존재들과는 전혀 무관합니다. 오직 그 근본적인 사악한 심성이 이들의 추악한 모습에 그대로 나타날 뿐입니다.

악의 얼굴. 해그는 페이와일드에서 유래한 고대의 존재로, 필멸의 세계에 오랫동안 해악을 끼쳐왔습니다. 그들의 짓무른 얼굴은 길고 너저분한 머리카락으로 뒤덮여 있고, 피부에는 검버섯과 사마귀가 가득합니다. 길고 비쩍 마른 손가락 끝에는 날카로운 손톱이 나 있어 살점을 가볍게 찢어버릴 수 있습니다. 그들이 걸치는 단순한 옷가지는 언제나 엉망으로 더럽혀진 누더기입니다.

해그는 모두 마법의 힘을 지니고 있으며, 몇몇은 주문을 시전할 수 있는 능력을 지니기도 합니다. 그들은 자유자재로 모습을 바꾸거나 적들에게 저주를 내릴 수 있으며, 이런 능력 때문에 오만에 빠져 자신들의 마법만 믿고 신들의 권능에 도전할 수 있다고 여깁니다. 그리하여 해그는 기회가 닿을 때마다 신성을 모독하려 합니다.

검은 모르웬, 돼지주먹 페기, 버들가시 할멈, 팔꺾이 할멈, 썩은 에텔, 벌레이빨 아줌마 등으로 알려진 해그의 이름은 그 사악하고 비틀린 본성을 나타내는 것입니다.

해그의 집회

해그는 그 이기적인 본성에도 불구하고 같이 일해야만 할 때, 집회를 이루어 활동합니다. 집회는 모든 종류의 해그들이 만들곤 하며, 집단에 속한 해그는 모두 동등한 취급을 받습니다. 하지만 해그 각각은 더 많은 개인적 힘을 얻으려는 욕망을 지니고 있습니다.

집회는 3명의 해그로 이루어지며, 그래서 해그 둘 사이에서 분쟁이 일어나면 3번째가 중재를 합니다. 한편 세 명보다 많은 해그가 모이면 서로 분쟁이 일어나 대개는 결국 혼란에 빠지는 걸로 끝나게 됩니다.

공유된 주문시전. 해그 집회의 구성원 셋이 모두 30ft 이내에 모여 있으면, 이들은 위저드 주문 목록에서 아래 주문들을 사용할 수 있습니다. 그러나 주문 슬롯은 집회의 구성원들이 모두 공유하여 사용합니다.

1레벨 (4슬롯): 식별*Identify*, 통증 광선*Ray of Sickness*
2레벨 (3슬롯): 인간형 포박*Hold Person*, 물건 위치파악*Locate Object*
3레벨 (3슬롯): 저주 부여*Bestow Curse*, 주문반사*Counterspell*, 번개*Lightning Bolt*
4레벨 (3슬롯): 환영 살해자*Phantasmal Killer*, 변신*Polymorph*
5레벨 (2슬롯): 이계 접촉*Contact Other Plane*, 염탐*Scrying*
6레벨 (1슬롯): 깨무는 눈길*Eyebite*

이 주문들을 시전할 때, 해그 각각은 12레벨 주문시전자로 취급하며 주문시전 능력치는 지능이 됩니다. 이 주문들의 내성 DC는 12 + 해그의 지능 수정치이며, 주문의 명중 보너스는 4 + 해그의 지능 수정치가 됩니다.

해그 눈알. 해그 집회는 해그 눈알이라 부르는 마법 물건을 만들어 낼 수 있으며, 이는 실제 눈을 코팅하여 펜던트나 목걸이에 박아 넣은 것입니다. 해그 눈알은 해그가 가장 신뢰하는 하수인들에게 주어집니다. 해그 눈알과 같은 세계에 있기만 하다면, 집회에 속하는 해그는 행동을 사용해 해그 눈알을 통해 자신이 그 자리에 있는 것처럼 볼 수 있습니다. 해그 눈알은 AC 10에 hp 1점이며, 60ft 반경의 암시야를 지니고 있습니다. 만약 해그 눈알이 파괴되면, 집회의 구성원들은 각각 3d10점의 정신 피해를 받고 24시간동안 눈먼 상태가 됩니다.

해그 집회는 오직 한 번에 하나의 해그 눈알만을 만들 수 있으며, 새로운 눈알을 만들려면 집회 구성원 셋이 모여 의식을 행해야 합니다. 의식은 1시간 걸리며, 장님 상태에서는 의식을 행할 수 없습니다. 의식 도중 해그들은 다른 행동을 할 수 없으며, 방해를 받으면 처음부터 다시 의식을 행해야 합니다.

괴물 같은 모성. 해그는 인간의 아기를 납치해 잡아먹는 것으로 알려져 있습니다. 아이를 요람이나 어머니의 자궁에서 훔쳐낸 다음, 해그는 게걸스레 그 불쌍한 아이를 뜯어먹습니다. 그렇게 먹어 치우고 일주일 정도가 지나고 나면 해그는 열세 살이 될 때까지는 인간과 구별할 수 없는 딸을 낳을 수 있습니다. 열세 살이 되면, 그 아이는 해그 어머니와 닮은 생김새를 지니게 됩니다.

해그는 때로 자신이 낳은 아이를 직접 키우며 집회를 차립니다. 혹은 이 아이를 자신이 훔쳐 먹은 아이 대신 부모에게 키우게 할 수도 있습니다. 이렇게 아이를 맡긴 해그는 어둠 속에 숨어 아이가 공포스러운 본성을 드러낼 때까지 조심스레 지켜봅니다.

어둠의 거래. 해그는 지극히 오만하며, 자신들이 모든 존재 중 가장 교활하다고 생각해 다른 모든 것들을 열등하다고 여깁니다. 그렇기에 해그는 필멸자들이 적당한 존경과 복종을 보이면 필멸자들과 거래를 하기도 합니다. 해그는 오랫동안 살아오며 주변의 전승 지식과 어두운 비밀을 모았고, 사악한 괴물이나 마법에 대한 것도 잘 알고 있습니다. 해그와 거래를 하면 이런 지식을 얻을 수 있는 것입니다.

해그는 필멸자들이 몰락에 빠지는 걸 지켜보길 좋아하며, 그래서 해그와의 거래는 언제나 위험합니다. 그러한 거래는 대개 사람들이 지키는 원칙을 어기게 하거나, 무언가 소중한 것을 버리게 만들기 때문입니다. 때로는 이런 거래 조건 때문에, 원하는 것을 얻어도 그게 아무런 쓸모가 없어지기도 합니다.

사악한 본성. 해그는 살육과 고통을 좋아하며, 죽은 자들의 뼈나 살점, 그리고 오물로 자기 몸을 장식합니다. 그들은 타인의 결점을 키우고 상처를 후벼 파서 통곡하고 몸부림치는 육신을 만들어 냅니다. 해그들은 남의 몸을 비틀어 기형으로 만드는 것을 도와준다고 여기며, 다른 아름다운 종족들은 그 사실에 역겨움을 느낍니다.

불쾌하고 역겨운 것에 대한 이 포용력이 해그의 삶 전체에 걸쳐 나타납니다. 해그는 마법을 걸어 거인의 해골을 타고 날아다니며, 머리가 잘린 몸통처럼 보이도록 나무를 거대하게 키워냅니다. 다른 해그는 괴물과 노예들을 우리에 가둔채로 같이 여행하거나, 자기에게 환영을 걸어 다른 희생양들을 끌어들이기도 합니다. 해그는 숫돌로 희생양들의 이빨을 날카롭게 갈고, 그들의 내장으로 옷을 꿰매기도 합니다. 그리고 그 모든 공포와 고통 속에서 즐거워하며 춤추고 희생자들의 원성과 비명에 일일이 답해 줄 것입니다.

암흑의 자매회. 해그는 서로 긴밀하게 연락을 주고받으며 정보를 교환합니다. 해그라면 누구라도 이런 연줄을 통해 다른 해그들 모두와 연락을 주고받을 수 있습니다. 해그가 서로를 좋아하는 것은 아니지만, 이들 사이에는 일종의 규약이 있습니다. 해그가 다른 해그의 영역에 들어갈 때는 우선 스스로를 소개해야 하며, 영역의 주인에게 선물을 바쳐야 합니다. 또한 맹세할 때 손가락을 꼬아 먼저 거짓임을 표시하지 않은 이상, 다른 해그에게 한 맹세를 깨트려서는 안 됩니다. 어떤 이들은 해그 사이의 규약이 다른 종족에게도 적용된다고 착각하는 실수를 저지르기도 하지만, 사실은 그렇지 않습니다. 해그는 자기들 외의 다른 종족은 모두 태연히 속여 넘기며, 착각하는 상대를 만나면 기뻐하며 이들을 속여서 고통스러운 교훈을 줄 것입니다.

어두운 둥지. 해그는 어둡고 비틀린 숲속이나 음울한 늪지, 혹은 폭풍이 몰아치는 해안이나 습지대에 자리를 잡습니다. 시간이 지나면 해그의 둥지가 있는 곳 주변의 풍경은 해그의 사악하고 악랄한 성격에 영향을 받으며, 곧 대지 그 자체가 침입자들을 공격하고 죽이는데 일조할 것입니다. 어둠에 비틀린 나무는 통행자를 습격하며, 덩굴들은 뱀처럼 자라 목을 조르고 다리를 휘감아 옵니다. 악취가 나는 지독한 안개가 공기를 독으로 바꾸고, 유사 구덩이는 경솔한 방랑자를 빠트려 질식해 죽일 것입니다.

그린 해그 Green Hag

뒤틀리고 증오에 찬 그린 해그는 죽어가는 숲이나 외로운 늪, 혹은 안개 습지에 살아가며, 동굴을 집으로 삼곤 합니다. 그린 해그는 자신들의 의도를 몇 겹의 기만으로 숨기고 다른 이들을 마음대로 조작하는 것을 좋아합니다. 그들은 다른 사람의 목소리를 흉내내 도움을 요청해서 희생자들을 끌어들이거나, 사나운 짐승의 울음소리를 내서 원치 않는 방문객을 쫓아버립니다.

비극에 대한 집착. 그린 해그는 다른 존재들의 비극과 실패에 탐닉합니다. 그들은 사람들의 희망이 처참하게 무너지고 절망에 몸부림치는 것에서 기쁨을 느낍니다. 개인의 절망도, 국가 단위의 절망도 이들에게는 훌륭한 여흥이 됩니다.

집회. 집회를 이루고 있는 그린 해그("해그 집회"를 참조하십시오.)는 도전 지수 5로 취급합니다. (1,800 xp)

그린 해그 Green Hag

중형 요정, 중립 악

방어도 17 (자연 갑옷)
히트 포인트 82 (11d8+33)
이동속도 30ft

근력	민첩	건강	지능	지혜	매력
18 (+4)	12 (+1)	16 (+3)	13 (+1)	14 (+2)	14 (+2)

기술 비전학 +3, 기만 +4, 감지 +4, 은신 +3
감각능력 암시야 60ft, 상시 감지 14
언어 공용어, 용언, 삼림어
도전지수 3 (700 xp)

수륙양용. 해그는 공기와 수중 양쪽에서 호흡할 수 있습니다.

선천적 주문시전. 해그의 선천적 주문시전 능력치는 매력입니다. (주문 내성 DC 12). 해그는 물질 구성요소를 사용하지 않고 아래 주문들을 선천적으로 시전할 수 있습니다.

자유시전: 춤추는 빛*Dancing Light*, 하급 환영*Minor Illusion*, 잔혹한 모욕*Vicious Mockery*

흉내내기. 해그는 야수나 인간형 크리쳐의 목소리를 흉내낼 수 있습니다. 이 소리를 들은 크리쳐는 DC 14의 지혜(통찰) 판정에 성공해야 가짜임을 알아차릴 수 있습니다.

행동

할퀴기. 근접 무기 공격: 명중 +6, 간격 5ft, 목표 하나. 명중시: 13(2d8+4)점의 참격 피해.

환영 외모. 해그는 자신이 장비하거나 들고 있는 물건들을 포함해 마법적 환영으로 덮어 인간형 종족의 모습처럼 보이는 다른 크리쳐의 모습으로 보이도록 할 수 있습니다. 해그는 추가 행동을 사용해 이 환영을 종료할 수 있으며, 해그가 죽어도 환영은 사라집니다.

이 효과로 인해 나타난 변화는 물리적인 관찰까지 속일 수는 없습니다. 예를 들어 해그가 매끈한 피부로 변신하였다 해도 누군가 직접 그 피부를 만져본다면 거칠고 사마귀가 난 피부를 느낄 수 있을 것입니다. 접촉 없이 관찰만으로 파악하려면 관찰자는 DC 20의 지능(수사) 판정에 성공해야 위장을 간파할 수 있습니다.

보이지 않는 이동. 해그는 마법적으로 투명화합니다. 이 투명화는 공격하거나 주문을 시전할 때까지 집중하는 한 지속됩니다. (주문에 대한 집중과 동일) 이렇게 투명화한 동안 해그는 이동의 흔적을 전혀 남기지 않으며, 마법적인 수단으로만 추적할 수 있습니다. 해그가 장비하거나 들고 있던 물체 역시 같이 투명화합니다.

나이트 해그 NIGHT HAG

교활하고 치밀한 나이트 해그는 선이 악으로 변하는 걸 보고 싶어합니다. 사랑이 집착으로, 친절이 증오로, 헌신이 경멸로, 관대함이 이기심으로 변하는 걸 보는게 그들의 가장 큰 기쁨입니다. 그래서 나이트해그는 특히 필멸자들을 타락시키길 좋아합니다.

나이트해그는 한때 페이와일드의 존재였으나, 너무나 사악한 나머지 오래전에 하데스로 쫓겨나 버렸고, 그곳에서 악마가 되고 말았습니다. 나이트 해그는 이후 하계 전체에 널리 퍼졌습니다.

영혼강탈자. 인간형 종족들이 잠을 잘 때, 나이트 해그는 에테르화하여 사람의 꿈속에 침입해 들어갑니다. 진시야를 지니고 있다면 해그의 유령 형체가 먹잇감 위에 떠 있는 모습을 볼 수도 있습니다. 에테르화한 해그는 희생자의 머리를 의심과 공포로 가득 채우고, 깨어나면 사악한 행동을 저지르게끔 유도합니다. 해그는 계속 희생자의 꿈에 악몽을 심어 끝내 타락시키고 맙니다. 해그의 희생자가 이로 인해 사악한 행동을 저지르면, 나이트 해그는 그 타락한 영혼을 자신의 영혼 가방에 넣어 하데스로 가져갑니다. ("나이트 해그의 물건"을 참조하십시오.)

집회. 집회를 이루고 있는 나이트 해그는 도전지수 7로 취급합니다. (2,900 xp) ("해그 집회"를 참조하십시오.)

나이트 해그 NIGHT HAG

중형 악마, 중립 악

방어도 17 (자연 갑옷)
히트 포인트 112 (15d8+45)
이동속도 30ft

근력	민첩	건강	지능	지혜	매력
18 (+4)	15 (+2)	16 (+3)	16 (+3)	14 (+2)	16 (+3)

기술 기만 +7, 통찰 +6, 감지 +6, 은신 +6
피해 저항 냉기, 화염, 비마법적이고 은제가 아닌 무기로 가해지는 타격/참격/관통 피해
상태 면역 매혹
감각능력 암시야 120ft, 상시 감지 16
언어 심연어, 공용어, 하계어, 원시어
도전지수 5 (1,800 xp)

선천적 주문시전. 해그의 선천적 주문시전 능력치는 매력입니다. (주문 내성 DC 14, 주문 공격 명중 +6). 그녀는 물질 구성 요소 없이 아래 주문들을 시전할 수 있습니다.

자유 시전: 마법 탐지*Detect Magic*, 마법 화살*Magic Missile*
매일 2회: 이계 전송*Plane Shift*(자신만), 수면*Sleep*, 악화 광선*Ray of Enfeeblement*

마법 저항. 해그는 주문과 기타 마법적 효과에 대한 내성에 이점을 받습니다.

행동

할퀴기(해그 형태일 때만). 근접 무기 공격: 명중 +7, 간격 5ft, 목표 하나. 명중시: 13(2d8+4) 참격 피해.

형태 변신. 해그는 마법적으로 소형 혹은 중형 크기의 인간형 여성으로 변신할 수 있습니다. 해그의 게임 자료는 형태와 무관하게 동일합니다. 해그가 장비하거나 들고 있던 물건들은 변화하지 않습니다. 해그는 사망하면 원래 모습으로 돌아옵니다.

에테르화. 해그는 마법적으로 물질계에서 에테르계로 들어가거나, 에테르계에서 다시 물질계로 나올 수 있습니다. 이 능력을 쓰려면 해그는 심장돌을 지니고 있어야 합니다.

악몽 깃들기(1회/일). 해그는 에테르계에 있으면서 물질계에서 잠자고 있는 인간형 크리쳐 하나에게 마법적으로 접촉할 수 있습니다. 악과 선으로부터의 보호*Protection from Evil and Good* 주문으로 보호받는 크리쳐는 목표로 삼을 수 없으며, 마법의 원*Magic Circle* 주문 역시 마찬가지입니다. 이 접촉이 지속되는 동안, 잠자는 목표는 끔찍한 악몽을 꾸게됩니다. 만약 이렇게 1시간 이상 악몽을 꾸게 되면 목표는 휴식으로 인한 이익을 받을 수 없게 되며, 최대hp가 5(1d10)점 줄어듭니다. 만약 이 효과로 인해 목표의 최대hp가 0 이하로 떨어졌다면 목표는 사망하며, 목표가 악 성향을 지니고 있었다면 그 영혼은 해그의 영혼 가방(Soul Bag)에 들어갑니다. 감소된 최대hp는 상급 회복*Greater Restoration*이나 그와 유사한 주문으로만 회복할 수 있습니다.

나이트 해그는 스스로 만들어야 하는 매우 희귀한 마법 물건 두 가지를 가지고 다닙니다. 어느 쪽 물건이든 잃어버리게 되면, 나이트 해그는 긴 시간을 들여 그것을 되찾으려 들거나, 더는 찾을 수 없게 되었다면 다시 만들어내려 할 것입니다.

심장석. 나이트 해그는 이 번들거리는 검은 보석을 지니고 있어야 에테르화할 수 있습니다. 또한 심장석을 만지면 모든 질병을 치유할 수 있습니다. 심장석을 만드는데는 30일이 걸립니다.

영혼 가방. 사악한 인간형 종족이 나이트 해그의 악몽 깃들기로 죽게 되면, 해그는 살점을 꿰매어 만든 검은 자루에 그 영혼을 잡아넣습니다. 영혼 가방은 한 번에 하나의 영혼만을 넣을 수 있으며, 오로지 그 가방을 만든 나이트 해그만이 사용할 수 있습니다. 영혼 가방을 만드는데는 7일이 걸리며, 인간형 종족 하나를 희생시켜 그 살점으로 만들어야만 합니다.

시 해그 SEA HAG

시 해그는 음울하고 오염된 해저 둥지에 살아가며, 그 주위에는 메로우를 비롯해 다른 수중 괴물들이 많이 있습니다.

아름다운 것을 보면 시 해그는 분노를 느낍니다. 무언가 아름다운 것에 마주치게 되면, 해그는 그걸 공격하거나 망쳐버리려고 덤벼들게 될 것입니다. 만약 무언가 아름다운 것이 희망을 준다면, 시 해그는 그것을 절망으로 바꾸려고 듭니다. 아름다움으로 인해 용기를 얻게 된다면, 시 해그는 그것을 공포로 바꾸려고 듭니다.

내면과 외면의 추악함. 시 해그는 모든 해그 중에서도 가장 추악하게 생겼습니다. 끈적거리는 비늘이 창백한 피부에 돋아나 있으며, 머리카락은 해초처럼 달라붙어 뒤틀린 몸을 겨우 가립니다. 유리처럼 공허한 눈알은 마치 인형에서 떼어온 것 같습니다. 시 해그는 환영의 장막을 통해 자신의 추악한 모습을 감추려 합니다. 하지만 그들은 영원한 추악함으로 저주받았기 때문에, 아무리 숨겨보았자 수척하고 사나워 보이는 정도로만 가릴 수 있을 뿐입니다.

집회. 집회를 구성하고 있는 시 해그는 도전지수 4로 취급합니다. (1,100 xp). ("해그 집회"를 참조하십시오..)

시 해그 SEA HAG

중형 요정, 혼돈 악

방어도 14 (자연 갑옷)
히트 포인트 52 (7d8+21)
이동속도 30ft, 수영 40ft

근력	민첩	건강	지능	지혜	매력
16 (+3)	13 (+1)	16 (+3)	12 (+1)	12 (+1)	13 (+1)

감각능력 암시야 60ft, 상시 감지 11
언어 수중어, 공용어, 거인어
도전지수 2 (450 xp)

수륙양용. 해그는 공기와 수중 양쪽에서 호흡할 수 있습니다.

무시무시한 외모. 해그 주변 30ft 내에서 자기 턴을 시작할 때 해그의 모습을 볼 수 있는 인간형 크리쳐는 DC 11의 지혜 내성에 실패할 시 1분간 공포 상태가 됩니다. 공포 상태의 크리쳐는 매번 자기 턴이 끝날 때 내성을 다시 굴릴 수 있지만, 시야 내에 해그가 있는 경우 내성에 불리점을 받습니다. 내성에 성공하면 효과는 종료됩니다. 내성에 성공했거나 효과에서 벗어났다면 해당 크리쳐는 이후 24시간 동안 해그의 무시무시한 외모에 면역을 얻습니다.

기습을 당했거나 해그의 참 모습이 갑자기 드러난 것이 아니라면, 해그와 싸우면서 눈을 돌려 내성 굴림을 굴리지 않으려 할 수 있습니다. 그렇게 눈을 피하는 크리쳐는 자신의 다음 턴이 시작될 때까지 헤그에 대한 명중 굴림에 불리점을 받습니다.

행동

할퀴기. 근접 무기 공격: 명중 +5, 간격 5ft, 목표 하나. *명중시:* 10(2d6+3)점의 참격 피해.

죽음의 응시. 해그는 주변 30ft 내에 있는 공포 상태의 크리쳐 하나를 목표로 정합니다. 목표 역시 해그를 볼 수 있다면 DC 11의 지혜 내성에 실패할 시 hp가 0으로 떨어집니다.

환영 외모. 해그는 자신이 장비하거나 들고 있는 물건들을 포함해 마법적 환영으로 덮어 인간형 종족의 모습처럼 보이는 추한 크리쳐로 보이도록 할 수 있습니다. 해그는 추가 행동을 사용해 이 환영을 종료할 수 있으며, 해그가 죽어도 환영은 사라집니다.

이 효과로 인해 나타난 변화는 물리적인 관찰까지 속일 수는 없습니다. 해그가 짧은 손톱으로 변신하였다 해도 누군가 직접 그 손톱을 만져본다면 길고 날카로운 손톱을 느낄 수 있을 것입니다. 접촉 없이 관찰만으로 파악하려면 관찰자는 DC 16의 지능(수사) 판정에 성공해야 위장을 간파할 수 있습니다.

허수아비 Scarecrow

수확철이 되어 여름철 꽃의 열매가 고개를 숙이기 시작해 죽음이 다시 황혼의 세상을 찾아올 때, 섬뜩한 허수아비는 조용히 텅 빈 들판 위에서 자기 자리를 지키며 서 있습니다. 불사의 인내심을 지닌 이 과묵한 파수꾼들은 온갖 풍파와 홍수에도 자기 자리를 지키며 주인의 명령을 따릅니다. 그리고 이들의 먹이가 나타나면 자루를 뒤집어쓴 무시무시한 외양과 면도날처럼 날카로운 손톱으로 희생자들을 공포에 질리게 하며 갈가리 찢어버릴 것입니다.

영혼으로 움직이는 구조물. 허수아비는 살해당한 사악한 크리처의 영혼을 속박하여 만들어집니다. 이 영혼이 허수아비에게 목적과 움직일 힘을 주는 것입니다. 죽음을 넘어 돌아온 이 불가해한 힘으로 인해, 허수아비는 자신이 노려보는 자들에게 공포를 불어넣는 힘을 얻습니다. 해그와 마녀들은 데몬의 영혼으로 허수아비를 만드는 경우가 많지만, 악한 영혼이라면 무엇으로든 허수아비로 만들 수 있습니다. 옛 영혼의 개성이 가끔 드러날 때도 있지만, 허수아비는 대개 생전의 기억을 잃어버린 상태이며, 오로지 창조자에게 봉사하려는 목적만으로 움직입니다. 만약 창조자가 죽어버렸다면, 허수아비에 묶여 있는 영혼은 창조자의 마지막 명령을 지키거나, 창조자의 죽음을 복수하려 하거나, 스스로를 파괴하여 사라질 것입니다.

구조물의 천성. 허수아비는 호흡할 필요가 없으며, 먹고 마시거나 잠잘 필요도 없습니다.

허수아비 Scarecrow

중형 구조물, 혼돈 악

방어도 11
히트 포인트 36 (8d8)
이동속도 30ft

근력	민첩	건강	지능	지혜	매력
11 (+0)	13 (+1)	11 (+0)	10 (+0)	10 (+0)	13 (+1)

피해 취약성 화염
피해 저항 비마법적 무기로 가해지는 타격/참격/관통 피해
피해 면역 독성
상태 면역 매혹, 탈진, 공포, 마비, 중독, 무의식
감각능력 암시야 60ft, 상시 감지 10
언어 제작자의 말을 알아듣지만 스스로 말할 수는 없음
도전지수 1 (200 xp)

거짓 외관. 허수아비가 움직이지 않고 있으면, 보통 허수아비와 구분할 수 없습니다.

행동

다중공격. 허수아비는 할퀴기 공격을 2회 가합니다.

할퀴기. *근접 무기 공격:* 명중 +3, 간격 5ft, 목표 하나. *명중시:* 6(2d4+1) 점의 참격 피해. 목표가 크리쳐인 경우 DC 11의 지혜 내성에 실패할 시 허수아비의 다음 턴이 끝날 때까지 공포 상태가 됩니다.

공포스러운 주시. 허수아비는 주변 30ft 내에서 자신이 볼 수 있는 목표 하나를 주시합니다. 만약 목표도 허수아비를 볼 수 있다면, DC 11의 지혜 내성에 실패할 시 허수아비의 다음 턴이 끝날 때까지 공포 상태가 됩니다. 이 공포 상태의 목표는 동시에 마비 상태에도 걸립니다.

헬 하운드 HELL HOUND

불을 뿜는 괴물 같은 악마가 강력한 개의 형상을 취한 헬 하운드는 아케론의 전장과 하계 곳곳에서 발견할 수 있습니다. 물질계에서 헬 하운드는 대개 데빌이나 화염 거인이 부리는 짐승으로 발견되며, 다른 사악한 존재들도 경비용 짐승이나 동료로 부리곤 합니다.

불타는 굶주림. 헬 하운드는 무리를 이루어 사냥하며, 먹을 수 있는 것은 무엇이든 공격합니다. 그들은 잠재적으로 위험해 보이는 적은 피하며, 가장 약한 먹이를 노려 사납게 물어뜯고 불을 뿜어 표적으로 삼습니다. 이들은 무자비하고 끈질기게 먹이를 추적해 비참한 최후를 안겨줍니다.

헬 하운드가 먹이를 먹어 치울 때면, 먼저 지옥의 불꽃으로 먹이를 태워버립니다. 헬 하운드가 죽을 때면, 내면의 화염이 시체를 태워버리고, 한 줄기 연기와 타다 남은 잔불, 그리고 약간의 검은 가죽 만이 그 자리에 남습니다.

사악한 근원. 헬 하운드는 보통 짐승보다 훨씬 영리하며, 그들의 질서적 천성으로 인해 명령에 잘 따릅니다. 하지만 헬 하운드는 근본적으로 악하며 무자비한 살인 짐승으로만 키울 수 있습니다. 만약 헬 하운드가 그 악의에 찬 굶주림을 채우지 못한다면, 이들은 금방 주인을 배신하거나 도망갈 것입니다.

헬 하운드 HELL HOUND
중형 악마, 질서 악

방어도 15 (자연 갑옷)
히트 포인트 45 (7d8+14)
이동속도 50ft

근력	민첩	건강	지능	지혜	매력
17 (+3)	12 (+1)	14 (+2)	6 (-2)	13 (+1)	6 (-2)

기술 감지 +5
피해 면역 화염
감각능력 암시야 60ft, 상시 감지 15
언어 하계어를 이해하지만 말할 수는 없음
도전지수 3 (700 xp)

예리한 청각과 후각. 헬 하운드는 청각이나 후각에 관계된 지혜(감지) 판정에 이점을 받습니다.

무리 전술. 헬 하운드가 공격하려는 목표 주변 5ft 내에 행동불능 상태가 아닌 헬 하운드의 동료가 있다면, 명중 굴림에 이점을 받습니다.

행동

물기. 근접 무기 공격: 명중 +5, 간격 5ft, 목표 하나. 명중시: 7(1d8+3)점의 관통 피해. 추가로 7(2d6)점의 화염 피해.

화염 브레스(재충전 5-6). 15ft 길이의 원뿔형 범위에 화염을 뿜어냅니다. 범위 내의 모든 크리쳐는 DC 12의 민첩 내성에 실패할 시 21(6d6)점의 화염 피해를 받습니다. 내성에 성공하면 피해는 절반으로 줄어듭니다.

헬름드 호러 Helmed Horror

이 구조물은 지능을 지니고 이성적으로 판단하는 능력과 전술을 수정하는 기능을 지니고 있으며, 창조자를 향한 흔들리지 않는 헌신을 가지고 있어서 자신의 제작자가 죽고 나서도 영원토록 그 명령을 따르는 충성심을 품고 있습니다. 텅 빈 플레이트 아머처럼 보이는 이 움직이는 괴물은 어떠한 야망이나 감정도 없이 철저하게 명령에 따릅니다.

마법적 목적. 그저 단순한 움직이는 갑옷에 비해, 헬름드 호러를 만들어내기 위해서는 더 많은 마법적 자원이 필요합니다. 그 대신 헬름드 호러는 시시콜콜 명령을 내릴 필요가 없으며, 임무를 맡기고 나서도 사후 관리에 손이 아주 적게 들어갑니다. 헬름드 호러는 완벽한 충성심을 지니고 받은 명령을 수행하며, 다른 대부분의 구조물과 달리, 헬름드 호러는 명령의 의도와 실제 발언 사이의 차이를 이해하고 의도에 따를 수 있는 지능을 지니고 있습니다.

전술적 교활함. 헬름드 호러는 숙련된 전사의 교활함을 지니고 전투에 임하며, 약한 캐릭터나 주문사용자를 먼저 노리는 전술적 숙련도를 보여줍니다. 하지만 헬름드 호러에게는 통찰력이 부족하기 때문에, 주변 환경을 변화시키거나 보강하여 자신이 지켜야 하는 곳의 방어력을 향상시킬 생각은 하지 못합니다.

구조물의 천성. 헬름드 호러는 호흡할 필요가 없으며, 먹고 마시거나 잠잘 필요도 없습니다.

헬름드 호러 Helmed Horror

중형 구조물, 중립

방어도 20 (플레이트, 방패)
히트 포인트 60 (8d8+24)
이동속도 30ft, 비행 30ft

근력	민첩	건강	지능	지혜	매력
18 (+4)	13 (+1)	16 (+3)	10 (+0)	10 (+0)	10 (+0)

기술 감지 +4
피해 저항 아다만틴이 아니며 비마법적 공격에 의한 타격/참격/관통 피해
피해 면역 역장, 사령, 독성
상태 면역 장님, 매혹, 귀머거리, 공포, 마비, 석화, 중독, 충격
감각능력 맹안시야 60ft (너머는 장님으로 취급), 상시 감지 14
언어 창조자의 언어를 이해하지만 말할 수는 없음
도전지수 4 (1,100 xp)

마법 저항. 헬름드 호러는 주문과 기타 마법적 효과에 대한 내성에 이점을 받습니다.

주문 면역. 헬름드 호러의 창조자는 제작시 세 가지 주문을 골라 그에 대한 면역을 부여할 수 있습니다. 대개는 *화염구Fireball*, *금속 가열Heat Metal*, *번개Lightning Bolt*에 대한 면역을 선택합니다.

행동

다중공격. 헬름드 호러는 장검 공격을 2회 가합니다.

장검. *근접 무기 공격:* 명중 +6, 간격 5ft, 목표 하나. *명중시:* 8(1d8+4) 점의 참격 피해. 양손으로 공격했을 경우는 9(1d10+5)점의 참격 피해.

호문쿨루스 HOMUNCULUS

점토와 재, 만드레이크 뿌리, 피를 재료로 만들어 희귀한 마법 의식으로 생명을 불어넣은 호문쿨루스는 다람쥐 정도의 크기를 지닌 충실한 동료입니다.

호문쿨루스는 창조주의 손발처럼 일하게끔 만들어진 구조물이며, 만든 자의 생각, 감각, 언어를 신비한 연결로 공유합니다. 주인은 오로지 하나의 호문쿨루스만 지닐 수 있습니다. (다른 것을 만들려고 하면 항상 실패하게 됩니다.) 그리고 주인이 죽으면, 호문쿨루스 역시 죽음을 맞이합니다.

공유된 정신. 호문쿨루스는 창조자가 알고 있는 모든 것을 같이 알고 있으며, 여기에는 창조자가 구사할 수 있는 언어도 포함됩니다. 마찬가지로, 이 구조물이 느끼는 모든 것은 그대로 주인에게 전달되며, 아무리 먼 거리에 떨어져 있더라도 같은 세계에 있기만 하면 감각을 공유할 수 있습니다. 호문쿨루스는 첩자, 대사, 전령으로 유용합니다. 호문쿨루스는 주문사용자가 비밀 실험을 하거나 모험을 떠나려 할 때 귀중한 하인이 되어줄 것입니다.

호문쿨루스 HOMUNCULUS

초소형 구조물, 중립

방어도 13 (자연 갑옷)
히트 포인트 5 (2d4)
이동속도 20ft, 비행 40ft

근력	민첩	건강	지능	지혜	매력
4 (-3)	15 (+2)	11 (+0)	10 (+0)	10 (+0)	7 (-2)

피해 면역 독성
상태 면역 매혹, 중독
감각능력 암시야 60ft, 상시 감지 10
언어 제작자가 사용하는 모든 언어를 알지만 말할 수는 없음
도전지수 0 (10 xp)

정신감응 유대. 호문쿨루스와 제작자가 같은 세계에 있는 한, 둘은 마법적으로 감각을 공유하며 정신감응을 통해 의사소통을 할 수 있습니다.

행동

물기. *근접 무기 공격:* 명중 +4, 간격 5ft, 크리쳐 하나. *명중시:* 1점의 관통 피해. 목표는 DC 10의 건강 내성에 실패할 시 1분간 중독 상태가 됩니다. 이 내성 굴림에 5 이상의 차이로 실패했다면 목표는 5(1d10)분간 중독 상태가 되며, 그 시간 동안 동시에 무의식 상태에도 빠집니다.

홉고블린 Hobgoblins

전장의 뿔피리가 울리고, 투석기에서 바위가 날아가면, 대지를 가득 채운 홉고블린 군대가 구령에 맞추어 천둥 같은 발소리를 내며 진군을 개시합니다. 문명의 변경지대에서 정착지를 꾸린 사람들은 이 호전적인 인간형 종족과의 충돌을 피할 수 없습니다. 홉고블린은 언제나 정복에 대한 끝없는 갈망을 품고 있기 때문입니다.

홉고블린은 어두운 오렌지색에서 붉은 오렌지색 피부를 지니고 있으며, 어두운 적황색에서 암회색 머리카락이 자라 있습니다. 눈동자는 노란색에서 흑갈색까지 다양하며, 짙은 눈썹을 지니고 있습니다. 그들의 넓은 입에는 노란 이빨이 뾰족하게 돌아나 있습니다. 남성 홉고블린은 푸른색 혹은 붉은색을 띠는 큰 코가 있으며, 이 코는 고블린 친족 사이에서의 지위와 힘을 상징합니다. 홉고블린의 수명은 인간과 비슷하지만, 전쟁과 전투를 너무나 사랑하기에 그처럼 오래 목숨을 부지하는 경우는 많지 않습니다.

고블리노이드. 홉고블린은 고블리노이드라 부르는 인간형 종족 집단에 속해 있습니다. 이들은 때로 더 작은 친족인 고블린이나 사나운 버그베어들을 지배하는 위치에 서곤 합니다.

군사적 힘. 홉고블린은 신체적 힘과 무예 실력으로 모든 가치를 판단합니다. 그러므로 자신의 전투 기술과 교활함을 보일 수 있는 기회가 오면 결코 피하지 않습니다. 군대에서 높은 위치에 있는 홉고블린은 자신의 지위를 힘으로 얻은 것이며, 가혹한 방법을 동원하여 자신의 권위를 내세울 것입니다.

홉고블린은 다양한 무기에 대한 사용법을 훈련받으며, 무기와 갑옷, 공성병기, 기타 군사적 도구를 만드는 기술도 익히게 됩니다. 조직적이고 규율 잡힌 홉고블린 군대는 무기와 갑옷, 개인 소지품을 철저히 관리합니다. 이들은 자신의 부족을 나타내는 대담한 색으로 장비를 칠하며, 전체적으로 간혹 우아해 보이기까지 하는 제복을 피와 같은 붉은 색 천과 검게 물들인 가죽으로 장식합니다.

군사적 군단. 홉고블린은 부족 단위 병력을 군단으로 조직합니다. 그들의 군대 사회에서, 모든 홉고블린은 나름의 계급이 있으며 이는 가장 높은 지휘관이나 용사에서, 말단 보병에 이르기까지 다양합니다. 말단 중에서도 말단인 고블린은 억지로 등 떠밀려 최전선에 창을 들고 서 있으면 그나마 다행인 것으로 취급받습니다. 군단은 전쟁군주에 의해 지배되며, 여러 대장이 그의 명령을 따라 군단을 통솔합니다. 홉고블린 전쟁군주는 무자비한 폭군으로, 전투에서 실제 군대를 이끄는 것보다는 전략, 승리, 영광, 명성, 지배에 더 많은 관심을 쏟는 자들입니다.

충성스럽고 규율 잡힌 홉고블린은 자신의 군단에 절대복종하며, 명성과 지위를 두고 라이벌 군단들과 끝없이 경쟁합니다. 군단끼리 마주친 경우, 부대가 충분히 통제되지 않으면 간혹 폭력 사태도 일어나곤 합니다. 오로지 가장 강력한 지도자만이 전장에서 여러 군단을 서로 협력하게 할 수 있습니다.

전략적 사고. 홉고블린은 전술과 규율에 강하게 얽매여 있으며, 전략적 사고를 하는 지도자의 지휘 아래 일사불란하게 움직여 세련된 전투 계획을 짭니다. 하지만, 그들은 엘프들을 증오하며 전투에서 마주칠 경우 전술적으로는 손해라 할지라도 다른 상대보다 맨 먼저 공격합니다.

군단은 때로 신뢰하기 어렵지만 쉽게 쓰고 버릴 수 있는 병력으로 충원을 진행하곤 합니다. 이러한 병력으로는 고블린, 버그베어, 오크, 사악한 인간, 오우거, 거인 등이 있습니다.

짐승 사육자. 홉고블린은 짐승을 훈련시켜 따르게 하는 기술을 오랫동안 갈고 닦았습니다. 더 문명화된 다른 종족들처럼 이들 역시 소와 말을 이용해 물자와 무기를 장거리 운송하곤 합니다. 그들은 훈련된 까마귀를 이용해 먼 거리에서도 연락을 주고받으며, 잔혹한 늑대들을 부려 포로를 지키고 홉고블린 야영지를 보호합니다. 홉고블린 기병대는 워그를 훈련시켜 탈 것으로 쓰기도 하며, 이는 고블린들이 늑대를 부리는 것과 마찬가지입니다. 몇몇 부족들은 심지어 육식 유인원을 전투 야수로 써먹기도 합니다.

정복과 통제. 홉고블린은 자원이 풍족한 땅을 차지하려 합니다. 이들은 주로 숲과 산을 노리며, 근처에 광산이나 인간형 종족

의 정착지가 있고 목재와 금속, 그리고 잠재적 노예가 많은 곳을 노려 침략합니다. 이들은 전략적 요충지에 요새를 짓거나 정복하고, 그 지점을 거점으로 삼아 영토를 확대해 나갑니다.

홉고블린 전쟁군주는 전투에 질리는 법이 없지만, 그렇다고 무턱대고 싸움을 걸지도 않습니다. 이들은 공격에 나서기 전 홉고블린의 규약에 따라 적의 강점과 약점을 잘 분석합니다. 요새를 공격해야 할 때면, 이들은 우선 요새 전체를 포위한 다음 탈출로와 보급선을 절단하고 요새 안의 적을 굶겨 죽이려 듭니다.

홉고블린은 자신들의 영토를 요새화하며, 기존의 방어를 강화하고 자신만의 새로운 방법을 적용해 나갑니다. 이들은 복잡한 구조의 동굴이나 던전, 폐허, 숲에 자리를 잡고 덤불이나 펜스, 문, 경비탑, 구덩이 함정, 그리고 엉성한 투석기나 발리스타를 설치해 자신들의 요새를 방어합니다.

마글루비에트의 군단. 홉고블린은 고블리노이드의 주신인 강대한 자 마글루비에트를 섬깁니다. 홉고블린은 전투 중에 목숨을 잃으면, 자신의 영혼은 아케론에 있는 마글루비에트의 군대에 합류하여 영예로운 계급으로 승격할 것이라 믿습니다. 그래서 홉고블린은 아무런 두려움 없이 전투에 임하곤 합니다.

> "저들은 우리 방패 앞에 무너지리
> 저들은 우리 검 아래 쓰러지리
> 저들의 고향은 우리가 정복하리
> 저들의 아이는 우리의 노예가 되리.
> 아케론! 아케론!
> 승리는 우리의 것!"
> — 홉고블린 전쟁 찬가의 번역.

홉고블린 HOBGOBLIN

중형 인간형(고블리노이드), 질서 악

방어도 18 (체인 메일, 방패)
히트 포인트 11 (2d8+2)
이동속도 30ft

근력	민첩	건강	지능	지혜	매력
13 (+1)	12 (+1)	12 (+1)	10 (+0)	10 (+0)	9 (-1)

감각능력 암시야 60ft, 상시 감지 10
언어 공용어, 고블린어
도전지수 1/2 (100 xp)

군사적 이점. 턴 당 한 번, 홉고블린은 주변 5ft 내에 행동불능 상태가 아닌 다른 동료가 있는 적에게 공격을 명중시켰을 경우, 해당 공격에 7(2d6)점의 추가 피해를 가할 수 있습니다.

행동

장검. *근접 무기 공격:* 명중 +3, 간격 5ft, 목표 하나. *명중시:* 5(1d8+1)점의 참격 피해. 양손으로 공격했을 경우 6(1d10+1)점의 참격 피해.

장궁. *장거리 무기 공격:* 명중 +3, 장거리 150/600ft, 목표 하나. *명중시:* 5(1d8+1)점의 관통 피해.

홉고블린 대장 HOBGOBLIN CAPTAIN

중형 인간형(고블리노이드), 질서 악

방어도 17 (하프 플레이트)
히트 포인트 39 (6d8+12)
이동속도 30ft

근력	민첩	건강	지능	지혜	매력
15 (+2)	14 (+2)	14 (+2)	12 (+1)	10 (+0)	13 (+1)

감각능력 암시야 60ft, 상시 감지 10
언어 공용어, 고블린어
도전지수 3 (700 xp)

군사적 이점. 턴 당 한 번, 홉고블린은 주변 5ft 내에 행동불능 상태가 아닌 다른 동료가 있는 적에게 공격을 명중시켰을 경우, 해당 공격에 10(3d6)점의 추가 피해를 가할 수 있습니다.

행동

다중공격. 홉고블린은 대검 공격을 2회 가합니다.

대검. *근접 무기 공격:* 명중 +4, 간격 5ft, 목표 하나. *명중시:* 9(2d6+2)점의 관통 피해.

투창. *근접 또는 장거리 무기 공격:* 명중 +4, 간격 5ft 또는 장거리 30/120ft, 목표 하나. *명중시:* 5(1d6+2)점의 관통 피해.

지도력(짧은/긴 휴식 후 충전). 1분 동안 특별한 명령이나 경고를 외쳐 30ft 내에서 자신이 볼 수 있는 적대적이지 않은 크리쳐들이 명중 굴림이나 내성 굴림을 하려 할 때 도움을 줄 수 있습니다. 단, 홉고블린의 말을 이해할 수 있는 크리쳐만이 효과를 받을 수 있습니다. 효과를 받은 크리쳐는 d20을 굴릴 때 추가로 d4를 굴려 그 결과를 더할 수 있습니다. 지도력으로 얻은 보너스 주사위는 오직 한 개만 가지고 있을 수 있습니다. 이 효과는 홉고블린 대장이 행동불능 상태가 되면 종료됩니다.

홉고블린 전쟁군주
HOBGOBLIN WARLORD

중형 인간형(고블리노이드), 질서 악

방어도 20 (플레이트, 방패)
히트 포인트 97 (13d8+39)
이동속도 30ft

근력	민첩	건강	지능	지혜	매력
16 (+3)	14 (+2)	16 (+3)	14 (+2)	11 (+0)	15 (+2)

내성 굴림 지능 +5, 지혜 +3, 매력 +5
감각능력 암시야 60ft, 상시 감지 10
언어 공용어, 고블린어
도전지수 6 (2,300 xp)

군사적 이점. 턴 당 한 번, 홉고블린은 주변 5ft 내에 행동불능 상태가 아닌 다른 동료가 있는 적에게 공격을 명중시켰을 경우, 해당 공격에 14(4d6)점의 추가 피해를 가할 수 있습니다.

행동

다중공격. 홉고블린은 근접 공격을 3회 가합니다. 혹은 투창으로 장거리 공격을 2회 가할 수도 있습니다.

장검. 근접 무기 공격: 명중 +9, 간격 5ft, 목표 하나. 명중시: 7(1d8+3)점의 참격 피해. 양손으로 공격했을 경우 8(1d10+3)점의 참격 피해.

방패 타격. 근접 무기 공격: 명중 +9, 간격 5ft, 크리쳐 하나.
명중시: 5(1d4+3)점의 타격 피해. 만약 목표가 대형 이하 크기의 크리쳐라면 DC 14의 근력 내성에 실패할 시 넘어집니다.

투창. 근접 또는 장거리 무기 공격: 명중 +9, 간격 5ft 또는 장거리 30/120ft, 목표 하나. 명중시: 6(1d6+3)점의 관통 피해.

지도력 (짧은/긴 휴식 후 충전). 홉고블린은 1분 동안 특별한 명령이나 경고를 외쳐 30ft 내에서 자신이 볼 수 있는 적대적이지 않은 크리쳐들이 명중 굴림이나 내성 굴림을 하려 할 때 도움을 줄 수 있습니다. 단, 홉고블린의 말을 이해할 수 있는 크리쳐만이 효과를 받을 수 있습니다. 효과를 받은 크리쳐는 d20을 굴릴 때 추가로 d4를 굴려 그 결과를 더할 수 있습니다. 지도력으로 얻은 보너스 주사위는 오직 한 개만 가지고 있을 수 있습니다. 이 효과는 홉고블린 전쟁군주가 행동불능 상태가 되면 종료됩니다.

반응행동

받아넘기기. 근접 공격에 명중당했을 때 1회에 한하여 AC에 +3 보너스를 받아 그 공격을 빗나가게 할 수 있습니다. 이 반응행동을 사용하려면 공격자를 볼 수 있어야 하고, 근접 무기를 장비하고 있어야 합니다.

화염해골 Flameskull

이글거리는 초록 불꽃이 타오르며, 웅웅대며 울리는 미친 웃음소리가 날아다니는 해골에서 퍼져 나옵니다. 침입자를 발견한 언데드 화염해골은 눈에서 불타는 광선을 쏘고 과거 살았을 때 사용했던 강력한 주문들을 시전하며 이들을 격퇴할 것입니다.

암흑의 힘을 사용하는 주문시전자들은 죽은 위저드의 유해를 이용해 화염해골을 만듭니다. 의식이 끝나고 나면, 해골에서 초록 불꽃이 타오르며 모골을 송연하게 하는 변화가 끝났음을 알려줍니다.

생의 유산. 화염해골은 살았을 때의 기억을 아주 어렴풋이만 간직하고 있습니다. 화염해골은 살았을 때의 목소리로 말할 수 있으며 그때의 주된 사건들을 기억할 수 있지만, 이는 그저 살아 있었을 적 자아의 희미한 메아리일 뿐입니다. 하지만 화염해골은 언데드로의 변화를 겪었다 해도 여전히 생전의 마법을 전부 사용할 수 있으며, 그에 더해 이제는 물질이나 동작 구성요소를 사용하지 않아도 됩니다.

영원한 속박. 화염해골은 지능도 가지고 있으며 영원히 경계를 설 수 있기 때문에, 창조자는 주로 숨겨진 보물창고나 비밀의 방, 혹은 특정 개인을 보호하기 위해 화염해골을 사용하는 편입니다. 화염해골은 창조자가 내린 명령을 따르며, 글로 이루어진 명령도 독해할 수 있습니다. 화염해골의 주인은 명령을 내릴 때 잘 생각해서 화염해골이 이를 오해하는 일이 없도록 해야 합니다.

불꽃에 감싸인 해골. 화염해골에서 타오르는 불꽃은 영원히 지속되며, 움직이는 한 주변에 밝은 빛을 냅니다. 화염해골은 이 불꽃을 무기로 사용하여 눈구멍에서 타오르는 광선을 쏠 수 있습니다.

섬뜩한 재생력. 화염해골의 깨진 파편은 성수를 뿌리거나 *마법 무효화Dispel Magic* 또는 *저주 해제Remove Curse* 따위를 시전하지 않았다면 도로 합쳐 재생됩니다. 내려진 명령을 더는 수행할 수 없는 상황에 처했다면, 화염해골은 누구의 명령도 따르지 않고 독자적으로 움직이기 시작합니다.

언데드의 천성. 화염해골은 호흡할 필요가 없으며, 먹고 마시거나 잠잘 필요도 없습니다.

화염해골 Flameskull

초소형 언데드, 중립 악

방어도 13
히트 포인트 40 (9d4+18)
이동속도 0ft, 비행 40ft (부양)

근력	민첩	건강	지능	지혜	매력
1 (-5)	17 (+3)	14 (+2)	16 (+3)	10 (+0)	11 (+0)

기술 비전학 +5, 감지 +2
피해 저항 번개, 사령, 관통
피해 면역 냉기, 화염, 독성
상태 면역 매혹, 공포, 마비, 중독, 넘어짐
감각능력 암시야 60ft, 상시 감지 12
언어 공용어
도전지수 4 (1,100 xp)

광원. 화염해골은 15ft 반경에 약한 빛을 내거나, 15ft 반경에 밝은 빛, 추가로 15ft까지 약한 빛을 낼 수 있습니다. 밝기는 행동을 사용해 변경 가능합니다.

마법 저항. 화염해골은 주문과 기타 마법적 효과에 대한 내성에 이점을 받습니다.

회생. 화염해골은 파괴되어도 성수를 뿌리거나 *마법 무효화Dispel Magic* 또는 *저주 해제Remove Curse*를 걸지 않은 상태로 1시간 이상 방치한 경우 다시 최대hp로 부활합니다.

주문시전. 화염해골은 5레벨 주문시전자입니다. 화염해골의 주문시전 능력치는 지능입니다. (주문 내성 DC 13, 주문 명중 +5). 화염해골은 물질 또는 동작 구성요소를 사용하지 않습니다. 화염해골은 아래 위저드 주문을 준비하고 있습니다.

소마법(자유시전): *마법사의 손Mage Hand*
1레벨(3슬롯): *마법 화살Magic Missile*, *방패Shield*
2레벨(2슬롯): *흐려짐Blur*, *화염 구체Flaming Sphere*
3레벨(1슬롯): *화염구Fireball*

행동

다중공격. 화염해골은 화염 광선을 2회 사용합니다.

화염 광선. 장거리 주문 공격: 명중 +5, 장거리 30ft, 목표 하나. 명중시: 10(3d6)점의 화염 피해.

황폐자 BLIGHTS

스스로 움직일 힘과 지능을 받아 깨어난 식물인 황폐자들은 어둠에 오염되어 대지를 더럽히고 다닙니다. 흙을 통해 어둠을 들이마신 황폐자는 고대로부터 뿌리내린 악의 의지를 지니고 가능한 많은 곳에 그 악을 퍼트립니다.

굴티아스 나무의 뿌리. 전설에 따르면 굴티아스(Gulthias)라는 뱀파이어가 끔찍한 마법을 이용해 밤송곳니 첨탑(Nightfang Spire)이라는 요새를 만들었다고 합니다. 굴티아스는 그 심장에 말뚝을 박은 영웅들에 의해 무너졌지만, 뱀파이어의 피가 그 말뚝에 스며들어 무시무시한 힘을 지니게 되었습니다. 그 이후, 말뚝에서 새로운 가지가 자라났고, 곧 뱀파이어의 악한 정수가 스며든 묘목이 되었다고 합니다. 전설에 따르면 미친 드루이드가 묘목을 발견하고 그것을 지하의 공동으로 가져가 옮겨 심었다는 이야기도 있습니다. 바로 이 굴티아스 나무에서 최초의 황폐자가 되는 씨앗들이 자라났습니다.

어둠의 정복. 어디든지 나무나 식물이 사악한 정신과 힘에 오염되기 시작한 곳이면, 굴티아스 나무가 자라나 주변의 숲을 더럽히기 시작합니다. 그 악은 뿌리를 통해 다른 식물들에 퍼져 나가며, 이 식물들은 시들면서 황폐자로 변합니다. 이 황폐자는 널리 퍼지며 주변의 건강한 식물에 독을 주입하고 파괴하며, 이것들을 자기 동족의 덤불과 독성 잡초 등으로 바꿔치기합니다. 결국 시간이 지나면 황폐자의 오염은 주변의 대지나 숲을 완전히 오염된 장소로 바꾸어 버립니다.

황폐자에 의해 더럽혀진 숲은 나무와 식물이 비정상적인 속도로 자라나기 시작합니다. 덩굴과 덤불은 급속히 자라나 주변의 건물과 도로를 덮어버립니다. 황폐자가 원래 거주하던 사람들을 모두 죽이거나 쫓아내 버리고 나면, 마을은 며칠 안에 모습을 감추고 황폐자의 보금자리가 되고 맙니다.

악에 의해 조종받는 존재. 황폐자는 독립적인 존재이지만, 대부분은 굴티아스 나무의 조종으로 움직이며 원래의 식물이었던 때와 유사한 습성과 생명력을 지니고 있습니다. 그들을 만들어낸 창조자의 옛적들을 공격하고, 창조자가 원하는 보물을 찾아다니는 황폐자는 오래전 사라진 악의 유산을 품고 있다고 할 수 있습니다.

가시 황폐자 NEEDLE BLIGHT

숲의 그림자 속에서, 가시 황폐자는 멀리 자리 잡고 혼란에 빠진 인간형 존재들을 공격합니다. 가까이서 보면 이 크리쳐들은 침엽수처럼 생긴 가시들이 몸 전체에 돋아난 무시무시한 식물처럼 생겼다는 사실을 알 수 있습니다. 가시 황폐자는 몸에 돋아난 가시를 날려 갑옷과 살점을 꿰뚫어서 공격을 가합니다.

가시 황폐자들이 위협을 발견하면, 그들은 바람에 꽃가루를 날려 숲속에 있는 다른 가시 황폐자에게 이를 알립니다. 적들의 위치를 경고받은 가시 황폐자는 뿌리를 피에 적시기 위해 모든 방향에서 모여들 것입니다.

뱀파이어 굴티아스의 유산을 보라:
피를 탐하는 식물이라니.

가지 황폐자 Twig Blight

가지 황폐자는 흙에 뿌리를 내리고, 살아있는 먹이가 다가왔을 때 움직이기 시작합니다. 뿌리를 내리고 있으면 이들은 보통 나무 덤불과 구분할 수 없습니다. 흙에서 뿌리를 뽑아 움직이기 시작하면, 가지 황폐자는 마치 얼기설기 가지로 만들어진 머리와 손발이 달린 인간형과 유사하게 보입니다.

가지 황폐자는 야영지와 물이 새어 나오는 곳을 찾아다니며, 그 근처에 뿌리를 내려 물을 마시거나 쉬러 다가올 희생자들을 기다립니다. 집단으로 움직이는 가지 황폐자는 주변 지역의 자연스러운 식물 환경에 섞여들거나 떨어진 나뭇조각 또는 땔감으로 위장하기도 합니다.

주변 환경이 건조하거나 습한 것에 관계 없이 모든 가지 황폐자는 불에 취약합니다.

덩굴 황폐자 Vine Blight

미끄러지며 기어 오는 덩어리처럼 보이는 덩굴 황폐자는 덤불 속에 숨어서 먹잇감이 가까이 다가오길 기다립니다. 주변의 식물을 움직일 수 있는 덩굴 황폐자는 공격을 가하기 전 식물들이 먹이를 휘감고 움직이지 못하게 만듭니다.

덩굴 황폐자는 황폐자 중 유일하게 말할 수 있는 능력이 있습니다. 그들이 섬기는 굴티아스 나무에 깃든 악한 영혼과의 연결을 통해, 덩굴 황폐자는 죽은 주인의 목소리를 소름끼치게 흉내 내며 희생자들을 도발하거나 강력한 적들과 흥정을 벌입니다.

가시 황폐자 Needle Blight

중형 식물, 중립 악

방어도 12 (자연 갑옷)
히트 포인트 11 (2d8+2)
이동속도 30ft

근력	민첩	건강	지능	지혜	매력
12 (+1)	12 (+1)	13 (+1)	4 (-3)	8 (-1)	3 (-4)

상태 면역 장님, 귀머거리
감각능력 맹안시야 60ft(너머는 장님으로 취급), 상시 감지 9
언어 공용어를 이해하지만 말할 수는 없음
도전지수 1/4 (50 xp)

행동

할퀴기. *근접 무기 공격:* 명중 +3, 간격 5ft, 목표 하나. *명중시:* 6(2d4+1) 점의 관통 피해.

바늘. *장거리 무기 공격:* 명중 +3, 장거리 30/60ft, 목표 하나. *명중시:* 8(2d6+1) 점의 관통 피해.

가지 황폐자 Twig Blight

소형 식물, 중립 악

방어도 13 (자연 갑옷)
히트 포인트 4 (1d6+1)
이동속도 20ft

근력	민첩	건강	지능	지혜	매력
6 (-2)	13 (+1)	12 (+1)	4 (-3)	8 (-1)	3 (-4)

기술 은신 +3
피해 취약성 화염
상태 면역 장님, 귀머거리
감각능력 맹안시야 60ft(너머는 장님으로 취급), 상시 감지 9
언어 공용어를 이해하지만 말할 수는 없음
도전지수 1/8 (25 xp)

거짓 외관. 황폐자가 움직이지 않고 있으면, 보통의 죽은 덤불과 구분할 수 없습니다.

행동

할퀴기. *근접 무기 공격:* 명중 +3, 간격 5ft, 목표 하나. *명중시:* 3(1d4+1) 점의 관통 피해.

덩굴 황폐자 Vine Blight

중형 식물, 중립 악

방어도 12 (자연 갑옷)
히트 포인트 26 (4d8+8)
이동속도 10ft

근력	민첩	건강	지능	지혜	매력
15 (+2)	8 (-1)	14 (+2)	5 (-3)	10 (+0)	3 (-4)

기술 은신 +1
상태 면역 장님, 귀머거리
감각능력 맹안시야 60ft(너머는 장님으로 취급), 상시 감지 10
언어 공용어
도전지수 1/2 (100 xp)

거짓 외관. 황폐자가 움직이지 않고 있으면, 보통의 덩굴 더미와 구분할 수 없습니다.

행동

조이기. *근접 무기 공격:* 명중 +4, 간격 10ft, 목표 하나. *명중시:* 9(2d6+2) 점의 타격 피해. 목표가 대형 크기 이하의 크리쳐라면 붙잡힙니다. (탈출 DC 12) 붙잡힌 크리쳐는 포박 상태이며, 이렇게 붙잡고 있는 동안 황폐자는 다른 목표에게 조이기 공격을 가할 수 없습니다.

휘감는 식물(재충전 5-6). 휘감는 뿌리와 덩굴들이 황폐자 주변 15ft 반경으로 퍼져 나가며, 1분 뒤에 시들게 됩니다. 퍼져 있는 동안 해당 지역은 식물이 아닌 크리쳐들에게 어려운 지형으로 취급합니다. 해당 지역에서 황폐자가 선택한 크리쳐들은 식물이 퍼질 때 DC 12의 근력 내성에 실패할 시 포박 상태가 됩니다. 포박된 크리쳐는 행동을 사용하여 DC 12의 근력 판정에 성공하면 풀려날 수 있으며, 인접한 크리쳐가 행동을 사용해 같은 판정으로 풀어줄 수도 있습니다.

후크 호러 Hook Horror

언더다크의 맹렬한 포식자인 후크 호러는 자신의 사냥터를 지키기 위해 필사적으로 덤벼듭니다. 이 괴물들이 사는 지하의 거대한 동굴은 괴물들이 자신의 갈고리를 갈고 서로 부딪히는 소리의 메아리가 동굴 벽에 울려 멀리까지 퍼져 나갑니다.

괴물 같은 후크 호러는 마치 대머리독수리 같은 머리에 거대한 딱정벌레의 몸통을 하고 있으며, 외골격 뼈로 만들어진 날카로운 돌기가 몸 여기저기 솟아나 있습니다. 그리고 길고 강인한 두 팔과 다리에는 이름의 기원이 된 커다란 갈고리 손톱이 자라 있습니다.

어둠 속의 메아리. 후크 호러는 갈고리를 외골격 몸이나 동굴의 바위에 딱딱 내리치는 것으로 서로 의사소통을 합니다. 이 소리는 아무렇게나 내는 것 같지만, 실은 후크 호러끼리만 알아들을 수 있는 매우 복잡한 언어이며, 언더다크 속을 메아리치면서 몇 마일까지 전해집니다.

무리 지은 포식자. 잡식성인 후크 호러는 온갖 이끼나 버섯, 식물도 먹지만, 눈에 띄고 잡을 수 있는 거라면 뭐든지 먹어 치웁니다. 후크 호러는 갈고리 손발을 써서 바위 표면을 효율적으로 타고 올라갈 수 있습니다. 이 괴물들은 등반 능력을 이용해 높은 곳에서 매복해 먹잇감을 노립니다. 이들은 무리를 지어 사냥하며, 힘을 합쳐 가장 크고 위험한 상대를 쓰러트립니다. 만약 전투가 불리하게 돌아간다 싶으면, 후크 호러는 재빨리 동굴 벽에 갈고리를 걸고 도망가기 시작할 것입니다.

씨족에의 헌신. 후크 호러는 대가족이나 씨족을 이루고 살아갑니다. 각각의 씨족은 가장 나이가 많은 암컷이 지배하며, 씨족의 사냥꾼으로서 자신의 짝을 내세우곤 합니다. 후크 호러는 알을 낳으며, 이 알은 씨족의 둥지 중앙에 있는 방비가 튼튼한 장소에서 안전하게 보관됩니다.

후크 호러 Hook Horror

대형 괴물류, 중립

방어도 15 (자연 갑옷)
히트 포인트 75 (10d10+20)
이동속도 30ft, 등반 30ft

근력	민첩	건강	지능	지혜	매력
18 (+4)	10 (+0)	15 (+2)	6 (-2)	12 (+1)	7 (-2)

기술 감지 +3
감각능력 맹안시야 60ft, 암시야 120ft, 상시 감지 13
언어 후크 호러어
도전지수 3 (700 xp)

반향감지. 후크 호러는 귀머거리 상태가 되면 맹안시야를 잃어버립니다.

예리한 청각. 후크 호러는 청각에 관계된 지혜(감지) 판정에 이점을 받습니다.

행동

다중공격. 후크 호러는 갈고리 공격을 2회 가합니다.

갈고리. 근접 무기 공격: 명중 +6, 간격 10ft, 목표 하나. 명중시: 11(2d6+4)점의 관통 피해.

히드라 HYDRA

히드라는 악어 같은 몸통에 뱀과 같은 여러 개의 머리가 달린 파충류 괴물입니다. 이 머리들을 잘라낼 수 있긴 하지만, 히드라는 얼마 지나지 않아 마법적으로 머리를 재생하기 시작할 것입니다. 일반적인 히드라는 다섯 개의 머리를 지니고 있습니다.

과거 시간의 여명기에. 악한 용의 여왕 티아마트는 경쟁자였던 드래곤 여신 레나에아(Lernaea)를 살해했고 그녀의 피를 멀티버스 곳곳에 뿌렸습니다. 이렇게 떨어진 핏방울에서 최초의 히드라가 나타나 그 여러 개의 머리로 쓰러진 신의 증오를 먹고 그 증오만큼이나 강대하게 자라났습니다. 위대한 용사들은 이 무시무시한 괴물에 맞서 싸움으로서 자신의 가치를 입증한다고도 합니다.

영원한 굶주림. 게걸스럽고 탐욕이 많은 히드라는 먹이를 먹어 치울 때 미쳐 날뛰며 먹잇감을 갈가리 찢어 집어삼킵니다. 히드라의 영역 내에 먹이가 다 떨어지고, 도망갈 만큼 영리한 자들도 모두 사라지고 나면, 히드라는 먹이를 찾기 위해 다른 곳으로 향합니다. 히드라의 굶주림은 너무나 강력하기에. 오랫동안 먹이를 찾지 못할 경우 머리들끼리 다툼을 벌이며 산 채로 자기 머리 중 몇 개를 뜯어먹기도 합니다.

강력한 수중생물. 히드라는 선천적인 수영 능력을 갖추고 있으며 강이나 호수 연안, 얕은 바다나 짙은 습지에서 살아갑니다. 히드라는 기후로부터 보호해야 할 쉼터가 필요하지 않기에, 둥지를 트는 법이 거의 없습니다. 오로지 날씨가 추워질 때가 되면 히드라는 바람을 피할 수 있는 동굴이나 폐허를 찾아 몸을 피합니다.

히드라는 잠들어 있을 때에도 머리 중 최소한 한 개는 여전히 깨어서 주변을 경계하며, 따라서 히드라를 기습한다는 것은 매우 어려운 일입니다.

히드라 HYDRA

거대형 괴물류, 성향 없음

방어도 15 (자연 갑옷)
히트 포인트 172 (15d12+75)
이동속도 30ft, 수영 30ft

근력	민첩	건강	지능	지혜	매력
20 (+5)	12 (+1)	20 (+5)	2 (-4)	10 (+0)	7 (-2)

기술 감지 +6
감각능력 암시야 60ft, 상시 감지 16
언어 —
도전지수 8 (3,900 xp)

숨 참기. 히드라는 1시간 동안 숨을 참을 수 있습니다.

여러 개의 머리. 히드라는 5개의 머리를 지닙니다. 머리가 둘 이상 남아 있다면, 히드라는 장님, 매혹, 귀머거리, 공포, 충격, 무의식 효과에 대한 내성에 이점을 받습니다.

히드라가 한 턴에 25점 이상의 피해를 받게 되면, 머리 중 하나를 잃습니다. 만약 모든 머리가 제거되면 히드라 역시 사망합니다.

히드라는 자기 턴이 끝날 때 지난 번 자기 턴 이후 죽은 머리 하나당 두 개씩의 머리를 재생시키며, 재생된 머리 하나마다 10점씩의 hp를 회복합니다. 단, 지난번 자기 턴 이후 화염 피해를 받았다면 턴이 끝날 때 머리를 재생하지 못합니다.

반응하는 머리. 히드라의 머리가 2개 이상 남았다면, 각각의 머리는 기회 공격으로만 사용할 수 있는 반응행동을 하나씩 가집니다.

깨어있음. 히드라가 머리 중 하나가 잠들어 있을 때에도 다른 머리는 깨어 있습니다.

행동

다중공격. 히드라는 머리 개수만큼의 물기 공격을 가합니다.

물기. 근접 무기 공격: 명중 +8, 간격 10ft, 목표 하나. 명중시: 10(1d10+5)점의 관통 피해.

히포그리프 HIPPOGRIFF

그 기원이 역사 속에 잊혀진 마법의 짐승인 히포그리프는 독수리의 날개와 앞발에 말의 하반신이 있으며, 두 짐승의 특징이 섞인 머리를 지니고 있습니다.

은둔하는 속성이 있고 잡식성인 히포그리프는 평생 자신의 짝이랑만 살아가며 자신들의 둥지 주변 몇 마일을 벗어나지 않습니다. 자신의 짝이나 새끼를 지키려는 히포그리프는 죽을 때까지 싸움을 포기하지 않습니다. 히포그리프는 알을 낳지 않으며, 살아 있는 새끼를 낳습니다.

드래곤이나 그리폰, 와이번 등은 히포그리프 고기를 정말 좋아하며, 가끔 이 짐승들을 사냥하기도 합니다.

비행 탈 것. 사로잡혀 길러진 히포그리프는 충실한 동료이자 탈 것이 될 수 있습니다. 비행할 수 있는 여러 탈 것 중에서도 히포그리프는 훈련시키기 가장 쉬운 쪽에 속하며, 일단 적절히 훈련시키고 나면 충성스러운 탈 것이 되어줍니다.

히포그리프 HIPPOGRIFF
대형 괴물류, 성향 없음

방어도 11
히트 포인트 19 (3d10+3)
이동속도 40ft, 비행 60ft

근력	민첩	건강	지능	지혜	매력
17 (+3)	13 (+1)	13 (+1)	2 (-4)	12 (+1)	8 (-1)

기술 감지 +5
감각능력 상시 감지 15
언어 —
도전지수 1 (200 xp)

예리한 시각. 히포그리프는 시각에 관계된 지혜(감지) 판정에 이점을 받습니다.

행동

다중공격. 히포그리프는 부리 1회, 할퀴기 1회로 총 2회 공격합니다.

부리. 근접 무기 공격: 명중 +5, 간격 5ft, 목표 하나. 명중시: 8(1d10+3)점의 관통 피해.

할퀴기. 근접 무기 공격: 명중 +5, 간격 5ft, 목표 하나. 명중시: 10(2d6+3)점의 참격 피해.

부록 A: 기타 크리쳐

이 부록은 다양한 동물과 벌레, 기타 잡다한 크리쳐의 게임 자료를 모아놓은 것입니다. 이 자료 상자는 가나다순으로 정리되어 있습니다.

갈색 곰 BROWN BEAR

대형 야수, 성향 없음

방어도 11 (자연 갑옷)
히트 포인트 34 (4d10+12)
이동속도 40ft, 등반 30ft

근력	민첩	건강	지능	지혜	매력
19 (+4)	10 (+0)	16 (+3)	2 (-4)	13 (+1)	7 (-2)

기술 감지 +3
감각능력 상시 감지 13
언어 –
도전지수 1 (200 xp)

예리한 후각. 곰은 후각에 관계된 지혜(감지) 판정에 이점을 받습니다.

행동

다중공격. 곰은 물기 1회, 할퀴기 1회씩 2번의 공격을 가합니다.

물기. 근접 무기 공격: 명중 +6, 간격 5ft, 목표 하나. 명중시: 8(1d8+4)점의 관통 피해.

할퀴기. 근접 무기 공격: 명중 +6, 간격 5ft, 목표 하나. 명중시: 11(2d6+4)점의 참격 피해.

개구리 FROG

초소형 야수, 성향 없음

방어도 11
히트 포인트 1 (1d4-1)
이동속도 20ft, 수영 20ft

근력	민첩	건강	지능	지혜	매력
1 (-5)	13 (+1)	8 (-1)	1 (-5)	8 (-1)	3 (-4)

기술 감지 +1, 은신 +3
감각능력 암시야 30ft, 상시 감지 11
언어 –
도전지수 0 (0 xp)

수륙양용. 개구리는 공기와 수중 양쪽에서 호흡할 수 있습니다.

제자리 뛰기. 개구리는 도움닫기를 하지 않고도 10ft 너비, 5ft 높이까지 도약할 수 있습니다.

개구리에게는 공격능력이 없습니다. 개구리는 작은 곤충들을 먹고 살아가며, 대개 물가나 나무, 지하에서 살아갑니다. 개구리의 게임 자료는 그대로 두꺼비로 사용될 수도 있습니다.

> **다른 동물들**
>
> 이 책은 D&D 캠페인 세계에 존재하는 모든 동물의 자료를 담을만한 여유가 없습니다. 하지만, 이 책에 있는 동물의 게임 자료를 이용하기만 하면 다른 동물의 자료도 만들어 낼 수 있을 것입니다. 예를 들어, 당신은 재규어를 만들 때 표범의 자료를 이용할 수 있을 것이며, 거대 염소를 만들 때는 버팔로를, 솔개를 만들 때는 매의 자료를 이용할 수 있을 것입니다.

거대 개구리 GIANT FROG

중형 야수, 성향 없음

방어도 11
히트 포인트 18 (4d8)
이동속도 30ft, 수영 30ft

근력	민첩	건강	지능	지혜	매력
12 (+1)	13 (+1)	11 (+0)	2 (-4)	10 (+0)	3 (-4)

기술 감지 +2, 은신 +3
감각능력 암시야 30ft, 상시 감지 12
언어 –
도전지수 1/4 (50 xp)

수륙양용. 개구리는 공기와 수중 양쪽에서 호흡할 수 있습니다.

제자리 뛰기. 개구리는 도움닫기를 하지 않고도 20ft 너비, 10ft 높이까지 도약할 수 있습니다.

행동

물기. 근접 무기 공격: 명중 +3, 간격 5ft, 목표 하나. 명중시: 4(1d6+1)점의 관통 피해. 목표가 크리쳐라면 목표는 붙잡힙니다. (탈출 DC 11) 이렇게 붙잡힌 크리쳐는 포박 상태가 되며, 개구리는 크리쳐를 물고 있을 때 다른 목표에게 물기 공격을 할 수 없습니다.

삼키기. 개구리는 붙잡고 있는 소형 이하 크기 크리쳐에 물기 공격을 가합니다. 명중하면 목표는 물기 피해를 받고 삼켜지며, 붙잡은 상태는 종료됩니다. 삼켜진 크리쳐는 장님에 포박 상태가 되며, 외부의 모든 공격과 효과에 완전 엄폐를 받습니다. 삼켜진 크리쳐는 매번 개구리의 턴이 시작될 때 5(2d4)점의 산성 피해를 받습니다. 개구리는 한 번에 하나의 목표만 삼킬 수 있습니다.
    개구리가 사망하면 삼켜진 목표는 포박 상태에서 벗어나며, 이동력 5ft를 소모하여 넘어진 상태로 밖에 나올 수 있습니다.

거대 거미 GIANT SPIDER

대형 야수, 성향 없음

방어도 14 (자연 갑옷)
히트 포인트 26 (4d10+4)
이동속도 30ft, 등반 30ft

근력	민첩	건강	지능	지혜	매력
14 (+2)	16 (+3)	12 (+1)	2 (-4)	11 (+0)	4 (-3)

기술 은신 +7
감각능력 맹안시야 10ft, 암시야 60ft, 상시 감지 10
언어 –
도전지수 1 (200 xp)

거미 등반. 거미는 능력 판정 없이 어려운 표면을 포함해 벽이나 천장을 등반할 수 있습니다.

거미줄 감각. 거미는 거미줄에 접촉해 있을 때, 그 거미줄에 접촉해 있는 다른 크리쳐들의 위치를 정확히 알 수 있습니다.

거미줄 걷기. 거미는 거미줄로 인한 이동 제한을 무시합니다.

행동

물기. 근접 무기 공격: 명중 +5, 간격 5ft, 크리쳐 하나. 명중시: 7(1d8+3)점의 관통 피해. 목표는 DC 11의 건강 내성에 실패할 시 9(2d8)점의 독성 피해를 받습니다. 내성에 성공하면 피해는 절반으로 줄어듭니다. 만약 이

거대 거미

독성 피해로 목표의 hp가 0 이하가 되었다면 목표는 즉시 안정화되지만, 이후 1시간 동안 중독 상태가 됩니다. 이 중독 상태는 hp를 회복했어도 유지됩니다. 이렇게 중독되어 있는 동안에는 마비 상태이기도 합니다.

거미줄(재충전 5-6). *장거리 무기 공격:* 명중 +5, 장거리 30/60ft, 크리쳐 하나. *명중시:* 목표는 거미줄로 포박 상태가 됩니다. 포박된 크리쳐는 행동을 사용해 DC 12의 근력 판정에 성공하면 거미줄에서 탈출할 수 있습니다. 또한 거미줄을 공격해 파괴하는 것도 가능합니다. 거미줄은 AC 10에 hp 5를 지니고 있으며 화염 피해에 취약합니다. 거미줄은 타격, 독성, 정신 피해에 면역입니다.

거대 거미는 먹이를 꾀기 위해 유려한 거미줄을 짜거나 복부의 기관에서 끈적한 거미줄을 쏘아냅니다. 거대 거미들은 주로 지하에서 많이 발견되며, 어두운 곳이나 천장, 협곡 등에 거미줄로 둥지를 짓습니다. 이 둥지들에는 때로 과거 희생양들이 거미줄로 둘러싸인 고치가 있기도 합니다.

거대 게 GIANT CRAB

중형 야수, 성향 없음

방어도 15 (자연 갑옷)
히트 포인트 13 (3d8)
이동속도 30ft, 수영 30ft

근력	민첩	건강	지능	지혜	매력
13 (+1)	15 (+2)	11 (+0)	1 (-5)	9 (-1)	3 (-4)

기술 은신 +4
감각능력 맹안시야 30ft, 상시 감지 9
언어 —
도전지수 1/8 (25 xp)

수륙양용. 게는 공기와 수중 양쪽에서 호흡할 수 있습니다.

행동

할퀴기. *근접 무기 공격:* 명중 +3, 간격 5ft, 목표 하나. *명중시:* 4(1d6+1)점의 타격 피해. 목표는 붙잡힙니다. (탈출 DC 11) 게는 2개의 앞발을 지니고 있으며, 각각 하나씩의 크리쳐를 붙잡을 수 있습니다.

거대 구렁이류 뱀
GIANT CONSTRICTOR SNAKE

거대형 야수, 성향 없음

방어도 12
히트 포인트 60 (8d12+8)
이동속도 30ft, 수영 30ft

근력	민첩	건강	지능	지혜	매력
19 (+4)	14 (+2)	12 (+1)	1 (-5)	10 (+0)	3 (-4)

기술 감지 +2
감각능력 맹안시야 10ft, 상시 감지 12
언어 —
도전지수 2 (450 xp)

행동

물기. *근접 무기 공격:* 명중 +6, 간격 10ft, 목표 하나. *명중시:* 11(2d6+4)점의 관통 피해.

조이기. *근접 무기 공격:* 명중 +6, 간격 5ft, 목표 하나. *명중시:* 13(2d8+4)점의 타격 피해. 또한 대상은 붙잡힌 상태가 됩니다. (탈출 DC 16) 이 붙잡힌 상태가 지속되는 동안 목표는 포박되어 이동할 수 없게 되며, 뱀은 다른 목표에게 조이기 공격을 가할 수 없습니다.

거대 늑대 거미 GIANT WOLF SPIDER

중형 야수, 성향 없음

방어도 13
히트 포인트 11 (2d8+2)
이동속도 40ft, 등반 40ft

근력	민첩	건강	지능	지혜	매력
12 (+1)	16 (+3)	13 (+1)	3 (-4)	12 (+1)	4 (-3)

기술 감지 +3, 은신 +7
감각능력 맹안시야 10ft, 암시야 60ft, 상시 감지 13
언어 —
도전지수 1/4 (50 xp)

거미 등반. 거미는 능력 판정 없이 어려운 표면을 포함해 벽이나 천장을 등반할 수 있습니다.

거미줄 감각. 거미는 거미줄에 접촉해 있을 때, 그 거미줄에 접촉해 있는 다른 크리쳐들의 위치를 정확히 알 수 있습니다.

거미줄 걷기. 거미는 거미줄로 인한 이동 제한을 무시합니다.

행동

물기. *근접 무기 공격:* 명중 +3, 간격 5ft, 크리쳐 하나. *명중시:* 4(1d6+1)점의 관통 피해. 목표는 DC 11의 건강 내성에 실패할 시 7(2d6)점의 독성 피해를 받습니다. 내성에 성공하면 피해는 절반으로 줄어듭니다. 만약 이 독성 피해로 목표의 hp가 0 이하가 되었다면 목표는 즉시 안정화되지만, 이후 1시간 동안 중독 상태가 됩니다. 이 중독 상태는 hp를 회복했어도 유지됩니다. 이렇게 중독된 동안에는 마비 상태이기도 합니다.

거대 거미보다는 작은 크기의 **거대 늑대 거미**는 협곡이나 구덩이에 숨어 있거나 잔해 더미 속에 숨어 있다가 먹잇감을 기습하곤 합니다.

거대 대머리수리 GIANT VULTURE

대형 야수, 중립 악

방어도 10
히트 포인트 22 (3d10+6)
이동속도 10ft, 비행 60ft

근력	민첩	건강	지능	지혜	매력
15 (+2)	10 (+0)	15 (+2)	6 (-2)	12 (+1)	7 (-2)

기술 감지 +3
감각능력 상시 감지 13
언어 공용어를 이해하지만 말할 수는 없음
도전지수 1 (200 xp)

예리한 시각과 후각. 대머리수리는 시각이나 후각에 관계된 지혜(감지) 판정에 이점을 받습니다.

무리 전술. 대머리수리가 공격하려는 목표 주변 5ft 내에 행동불능 상태가 아닌 대머리수리의 동료가 있다면 명중 굴림에 이점을 받습니다.

행동

다중공격. 대머리수리는 부리 1회, 발톱 1회로 총 2회의 공격을 가합니다.

부리. *근접 무기 공격:* 명중 +4, 간격 5ft, 목표 하나. *명중시:* 7(2d4+2)점의 관통 피해.

발톱. *근접 무기 공격:* 명중 +4, 간격 5ft, 목표 하나. *명중시:* 9(2d6+2)점의 참격 피해.

거대 **대머리수리**는 더 뛰어난 지능과 악한 습성을 지니고 있습니다. 더 작은 대머리수리와는 달리, 거대 대머리수리는 상처입은 크리쳐들에게 공격을 가해 숨통을 끊으려 하기도 합니다. 거대 대머리수리는 목마르고 굶주린 먹잇감을 며칠에 걸쳐 따라다니며 그들의 고통을 즐기는 것으로 악명이 높습니다.

거대 도마뱀 GIANT LIZARD

대형 야수, 성향 없음

방어도 12 (자연 갑옷)
히트 포인트 19 (3d10+3)
이동속도 30ft, 등반 30ft

근력	민첩	건강	지능	지혜	매력
15 (+2)	12 (+1)	13 (+1)	2 (-4)	10 (+0)	5 (-3)

감각능력 암시야 30ft, 상시 감지 10ft
언어 —
도전지수 1/4 (50 xp)

행동

물기. *근접 무기 공격:* 명중 +4, 간격 5ft, 목표 하나. *명중시:* 6(1d8+2)점의 관통 피해.

거대 **도마뱀**은 길들여 타고 다니는 경우도 있으며 짐끄는 짐승으로 쓰이기도 합니다. 리저드포크는 이들을 애완동물로 기르기도 하며, 지저 거대 도마뱀은 드로우나 두에르가, 기타 언더다크의 종족들에게서 탈것이나 마차 끄는 짐승으로도 흔히 이용됩니다.

> **변형: 거대 도마뱀 특성**
> 몇몇 거대 도마뱀은 아래 특징 중 몇 가지를 가집니다.
> ***숨 참기.*** 도마뱀은 15분간 숨을 참을 수 있습니다. (이 특성을 가진 거대 도마뱀은 수영 이동 속도 30ft도 지닙니다.)
> ***거미 등반.*** 도마뱀은 어려운 표면이나 벽면, 천장에 올라갈 때도 능력 판정이 필요 없습니다.

거대 독사 GIANT POISONOUS SNAKE

중형 야수, 성향 없음

방어도 14
히트 포인트 11 (2d8+2)
이동속도 30ft, 수영 30ft

근력	민첩	건강	지능	지혜	매력
10 (+0)	18 (+4)	13 (+1)	2 (-4)	10 (+0)	3 (-4)

기술 감지 +2
감각능력 맹안시야 10ft, 상시 감지 12
언어 —
도전지수 1/4 (50 xp)

행동

물기. *근접 무기 공격:* 명중 +6, 간격 10ft, 목표 하나. *명중시:* 6(1d4+4)점의 관통 피해. 그리고 목표는 DC 11의 건강 내성 굴림에 실패할 시 10(3d6)점의 독성 피해를 받습니다. 내성에 성공하면 피해는 절반으로 줄어듭니다.

거대 독수리 GIANT EAGLE

대형 야수, 중립 선

방어도 13
히트 포인트 26 (4d10+4)
이동속도 10ft, 비행 80ft

근력	민첩	건강	지능	지혜	매력
16 (+3)	17 (+3)	13 (+1)	8 (-1)	14 (+2)	10 (+0)

기술 감지 +4
감각능력 상시 감지 14
언어 거대 독수리어. 공용어와 창공어를 이해하지만 말할 수 없음.
도전지수 1 (200 xp)

예리한 시각. 독수리는 시각에 관계된 지혜(감지) 판정에 이점을 받습니다.

행동

다중공격. 독수리는 부리 1회와 발톱 1회로 2회의 공격을 가합니다.

부리. *근접 무기 공격:* 명중 +5, 간격 5ft, 목표 하나. *명중시:* 6(1d6+3)점의 관통 피해.

발톱. 근접 무기 공격: 명중 +5, 간격 5ft, 목표 하나. 명중시: 10(2d6+3)점의 참격 피해.

거대 독수리는 그들만의 언어를 가지고 공용어를 이해하는 고귀한 짐승입니다. 거대 독수리 한 쌍은 대개 둥지에 4개의 알이나 어린 새끼를 데리고 있습니다. (새끼들은 보통 독수리로 취급합니다.)

거대 두꺼비 GIANT TOAD
대형 야수, 성향 없음

방어도 11
히트 포인트 39 (6d10+6)
이동속도 20ft, 수영 40ft

근력	민첩	건강	지능	지혜	매력
15 (+2)	13 (+1)	13 (+1)	2 (-4)	10 (+0)	3 (-4)

감각능력 암시야 30ft, 상시 감지 10
언어 —
도전지수 1 (200 xp)

수륙양용. 두꺼비는 공기와 수중 양쪽에서 호흡할 수 있습니다.

제자리 뛰기. 두꺼비는 도움닫기를 하지 않고도 20ft 너비, 10ft 높이까지 도약할 수 있습니다.

행동

물기. 근접 무기 공격: 명중 +4, 간격 5ft, 목표 하나. 명중시: 7(1d10+2)점의 관통 피해. 추가 5(1d10)점의 독성 피해. 목표가 크리쳐라면 목표는 붙잡힙니다. (탈출 DC 13) 이렇게 붙잡힌 크리쳐는 포박 상태가 되며, 두꺼비는 크리쳐를 물고 있을 때 다른 목표에게 물기 공격을 할 수 없습니다.

삼키기. 두꺼비는 붙잡고 있는 중형 이하의 크리쳐에게 물기 공격을 1회 가합니다. 이 공격이 명중하면 목표는 물기 피해를 받고 삼켜지며, 붙잡은 상태는 종료됩니다. 삼켜진 크리쳐는 장님에 포박 상태가 되며, 외부의 모든 효과에 완전 엄폐를 받습니다. 삼켜진 크리쳐는 매번 두꺼비의 턴이 시작할 때마다 10(3d6)점의 산성 피해를 받습니다. 두꺼비는 오직 하나의 목표만 삼킬 수 있습니다. 두꺼비가 사망하면 삼켜진 목표는 포박 상태에서 벗어나며, 이동력 5ft를 소모하여 넘어진 상태로 밖에 나올 수 있습니다.

거대 말벌 GIANT WASP
중형 야수, 성향 없음

방어도 12
히트 포인트 13 (3d8)
이동속도 10ft, 비행 50ft

근력	민첩	건강	지능	지혜	매력
10 (+0)	14 (+2)	10 (+0)	1 (-5)	10 (+0)	3 (-4)

감각능력 상시 감지 10
언어 —
도전지수 1/2 (100 xp)

행동

독침. 근접 무기 공격: 명중 +4, 간격 5ft, 크리쳐 하나. 명중시: 5(1d6+2)점의 관통 피해. 목표는 DC 11의 건강 내성에 실패할 시 10(3d6)점의 독성 피해를 받습니다. 내성에 성공하면 피해는 절반으로 줄어듭니다. 만약 이 독성 피해에 의해 목표의 hp가 0 이하로 떨어졌다면, 목표는 안정화되지만 1시간 동안 중독 상태가 됩니다. hp를 회복해도 중독 상태는 유지되며, 이렇게 중독된 상태일 때에는 동시에 마비 상태이기도 합니다.

거대 멧돼지 GIANT BOAR
대형 야수, 성향 없음

방어도 12 (자연 갑옷)
히트 포인트 42 (5d10+15)
이동속도 40ft

근력	민첩	건강	지능	지혜	매력
17 (+3)	10 (+0)	16 (+3)	2 (-4)	7 (-2)	5 (-3)

감각능력 상시 감지 8
언어 —
도전지수 2 (450 xp)

돌격. 멧돼지가 한 턴에 최소 20ft 이상 직선으로 이동한 직후 적에게 엄니 공격을 가해 명중시켰다면, 목표는 추가로 7(2d6)점의 참격 피해를 받습니다. 목표가 크리쳐라면, DC 13의 근력 내성에 실패한 경우 넘어집니다.

끈질김(짧은/긴 휴식 후 충전됨). 멧돼지가 피해를 받아 hp가 0으로 떨어졌다면, 한 번에 11점 이상의 피해를 받은 것이 아닌 한 hp 1점은 남게 됩니다.

행동

엄니. 근접 무기 공격: 명중 +5, 간격 5ft, 목표 하나. 명중시: 10(2d6+3)점의 참격 피해

거대 문어 GIANT OCTOPUS
대형 야수, 성향 없음

방어도 11
히트 포인트 52 (8d10+8)
이동속도 10ft, 수영 60ft

근력	민첩	건강	지능	지혜	매력
17 (+3)	13 (+1)	13 (+1)	4 (-3)	10 (+0)	4 (-3)

기술 감지 +4, 은신 +5
감각능력 암시야 60ft, 상시 감지 14
언어 —
도전지수 1 (200 xp)

숨 참기. 문어는 물 밖에 나와도 1시간 동안 숨을 참을 수 있습니다.

수중 은폐. 문어는 물속에 있을 때 민첩(은신) 판정에 이점을 받습니다.

수중 호흡. 문어는 수중에서만 호흡할 수 있습니다.

행동

촉수. 근접 무기 공격: 명중 +5, 간격 15ft, 목표 하나. 명중시: 10(2d6+3)점의 타격 피해. 목표가 크리쳐라면 붙잡힙니다. (탈출 DC 16) 붙잡힌 크리쳐는 포박 상태이며, 문어가 크리쳐 하나를 붙잡고 있을 때는 다른 목표에게 촉수 공격을 가할 수 없습니다.

먹구름(짧은/긴 휴식 이후 충전됨). 문어는 수중에 있을 때 주변 20ft 반경으로 먹물 구름을 퍼트립니다. 이 지역은 1분간 심하게 가려진 지역이 되며, 그 이전에도 물살이 급하다면 흩어질 수 있습니다. 먹물을 퍼트린 다음 문어는 추가 행동을 사용해 질주 행동을 취할 수 있습니다.

문어 촉수

부록 A: 기타 크리쳐

거대 박쥐 Giant Bat

대형 야수. 성향 없음

방어도 13
히트 포인트 22 (4d10)
이동속도 10ft, 비행 60ft

근력	민첩	건강	지능	지혜	매력
15 (+2)	16 (+3)	11 (+0)	2 (-4)	12 (+1)	6 (-2)

감각능력 맹안시야 60ft, 상시 감지 11
언어 —
도전지수 1/4 (50 xp)

반향감지. 박쥐는 귀머거리 상태가 되면 맹안시야를 잃어버립니다.

예리한 청각. 박쥐는 청각에 관계된 지혜(감지) 판정에 이점을 받습니다.

행동

물기. 근접 무기 공격: 명중 +4, 간격 5ft, 크리쳐 하나. 명중시: 5(1d6+2)점의 관통 피해.

거대 부엉이 Giant Owl

대형 야수, 중립

방어도 12
히트 포인트 19 (3d10+3)
이동속도 5ft, 비행 60ft

근력	민첩	건강	지능	지혜	매력
13 (+1)	15 (+2)	12 (+1)	8 (-1)	13 (+1)	10 (+0)

기술 감지 +5, 은신 +4
감각능력 암시야 120ft, 상시 감지 15
언어 거대 부엉이어, 공용어와 엘프어, 삼림어를 이해하지만 말할 수는 없음
도전지수 1/4 (50 xp)

날아치기. 부엉이는 적의 간격에서 날아서 빠져나올 때 기회공격을 유발하지 않습니다.

예리한 청각과 시각. 부엉이는 청각이나 시각에 관계된 지혜(감지) 판정에 이점을 받습니다.

행동

발톱. 근접 무기 공격: 명중 +3, 간격 5ft, 목표 하나. 명중시: 8(2d6+1)점의 참격 피해.

거대 부엉이는 요정이나 다른 숲속 존재들의 친구이며, 숲속 세계의 파수꾼이 되곤 합니다.

거대 불딱정벌레 Giant Fire Beetle

소형 야수, 성향 없음

방어도 13 (자연 갑옷)
히트 포인트 4 (1d6+1)
이동속도 30ft

근력	민첩	건강	지능	지혜	매력
8 (-1)	10 (+0)	12 (+1)	1 (-5)	7 (-2)	3 (-4)

감각능력 맹안시야 30ft, 상시 감지 8
언어 —
도전지수 0 (10 xp)

광원. 딱정벌레는 주변 10ft까지 밝은 빛으로, 추가로 10ft까지는 약한 빛으로 밝힙니다.

행동

물기. 근접 무기 공격: 명중 +1, 간격 5ft, 목표 하나. 명중시: 2(1d6-1)점의 참격 피해.

거대 불딱정벌레는 빛을 발하는 두 쌍의 발광선 때문에 그런 이름을 갖게 된 야행성 벌레입니다. 광부와 모험자들은 이 크리쳐들을 생포하고 싶어 하는데, 거대 불딱정벌레의 발광선은 벌레를 죽인 다음에도 1d6일간 빛을 내기 때문입니다. 거대 불딱정벌레는 대개 어두운 숲이나 지하에서 가장 흔히 발견됩니다.

거대 상어 Giant Shark

거대형 야수, 성향 없음

방어도 13 (자연 갑옷)
히트 포인트 126 (11d12+55)
이동속도 0ft, 수영 50ft

근력	민첩	건강	지능	지혜	매력
23 (+6)	11 (+0)	21 (+5)	1 (-5)	10 (+0)	5 (-3)

기술 감지 +3
감각능력 맹안시야 60ft, 상시 감지 13
언어 —
도전지수 5 (1,800 xp)

피의 격분. 상어는 최대hp가 아닌 크리쳐를 근접 공격할 때 명중 굴림에 이점을 받습니다.

수중 호흡. 상어는 수중에서만 호흡할 수 있습니다.

행동

물기. 근접 무기 공격: 명중 +9, 간격 5ft, 목표 하나. 명중시: 22(3d10+6)점의 관통 피해.

거대 상어는 30ft 길이에 주로 깊은 바닷속에서만 나타나는 짐승입니다. 이들은 말 그대로 겁이 없으며, 고래나 배를 포함해 가로막는 모든 것을 먹어 치우며 살아갑니다.

거대 불딱정벌레

거대 악어 GIANT CROCODILE

거대형 야수, 성향 없음

방어도 14 (자연 갑옷)
히트 포인트 85 (9d12+27)
이동속도 30ft, 수영 50ft

근력	민첩	건강	지능	지혜	매력
21 (+5)	9 (-1)	17 (+3)	2 (-4)	10 (+0)	7 (-2)

기술 은신 +5
감각능력 상시 감지 10
언어 —
도전지수 5 (1,800 xp)

숨 참기. 악어는 30분 동안 숨을 참을 수 있습니다.

행동

다중공격. 거대 악어는 물기 1회와 꼬리 1회로 2회의 근접 공격을 가합니다.

물기. *근접 무기 공격:* 명중 +8, 간격 5ft, 목표 하나. *명중시:* 21(3d10+5)점의 관통 피해. 목표가 크리쳐라면 목표는 붙잡힙니다. (탈출 DC 16) 이렇게 붙잡힌 크리쳐는 포박 상태가 되며, 악어는 크리쳐를 물고 있을 때 다른 목표에게 물기 공격을 할 수 없습니다.

꼬리. *근접 무기 공격:* 명중 +8, 간격 10ft. 악어에 붙잡히지 않은 목표 하나. *명중시:* 14(2d8+5)점의 타격 피해. 목표가 크리쳐라면 DC 16의 근력 내성에 실패할 시 넘어집니다.

거대 엘크 GIANT ELK

거대형 야수, 성향 없음

방어도 14 (자연 갑옷)
히트 포인트 42 (5d12+10)
이동속도 60ft

근력	민첩	건강	지능	지혜	매력
19 (+4)	16 (+3)	14 (+2)	7 (-2)	14 (+2)	10 (+0)

기술 감지 +4
감각능력 상시 감지 14
언어 거대 엘크어. 공용어와 엘프어, 삼림어를 이해하지만 말할 수는 없음
도전지수 2 (450 xp)

돌격. 엘크가 한 턴에 최소 20ft 이상 직선으로 이동한 직후 적에게 엄니 공격을 가해 명중시켰다면, 목표는 추가로 7(2d6)점의 참격 피해를 받습니다. 목표가 크리쳐라면, DC 14 근력 내성에 실패한 경우 넘어집니다.

행동

들이받기. *근접 무기 공격:* 명중 +6, 간격 10ft, 목표 하나. *명중시:* 11(2d6+4) 점의 타격 피해.

발굽. *근접 무기 공격:* 명중 +6, 간격 5ft, 넘어진 크리쳐 하나. *명중시:* 22(4d8+4)점의 타격 피해.

장엄한 **거대 엘크**는 왕의 탄생 같은 중요한 사건이 일어나기 전에 전조로 그 모습을 드러낸다고 합니다. 전설에 따르면 가끔 신들이 물질계에 내려올 때 거대 엘크의 모습을 취한다는 이야기도 있습니다. 많은 문화권에서 이 짐승을 사냥하는 것은 신의 분노를 불러온다고 믿고 있습니다.

거대 염소 GIANT GOAT

대형 야수, 성향 없음

방어도 11 (자연 갑옷)
히트 포인트 19 (3d10+3)
이동속도 40ft

근력	민첩	건강	지능	지혜	매력
17 (+3)	11 (+0)	12 (+1)	3 (-4)	12 (+1)	6 (-2)

감각능력 상시 감지 11
언어 —
도전지수 1/2 (100 xp)

돌격. 염소가 한 턴에 최소 20ft 이상 직선으로 이동한 직후 적에게 엄니 공격을 가해 명중시켰다면, 목표는 추가로 5(2d4)점의 타격 피해를 받습니다. 목표가 크리쳐라면, DC 13 근력 내성에 실패한 경우 넘어집니다.

안정된 자세. 염소는 넘어지게 만드는 효과에 대한 근력과 민첩 내성에 이점을 받습니다.

행동

들이받기. *근접 무기 공격:* 명중 +5, 간격 5ft, 목표 하나. *명중시:* 8(2d4+3)점의 타격 피해.

거대 오소리 GIANT BADGER

중형 야수, 성향 없음

방어도 10
히트 포인트 13 (2d8+4)
이동속도 30ft, 굴착 10ft

근력	민첩	건강	지능	지혜	매력
13 (+1)	10 (+0)	15 (+2)	2 (-4)	12 (+1)	5 (-3)

감각능력 암시야 30ft, 상시 감지 11
언어 —
도전지수 1/4 (50 xp)

예리한 후각. 오소리는 후각에 관계된 지혜(감지) 판정에 이점을 받습니다.

행동

다중공격. 오소리는 물기 1회와 할퀴기 1회로 2회의 근접 공격을 가합니다.

물기. *근접 무기 공격:* 명중 +3, 간격 5ft, 목표 하나. *명중시:* 4(1d6+1)점의 관통 피해.

할퀴기. *근접 무기 공격:* 명중 +3, 간격 5ft, 목표 하나. *명중시:* 6(2d4+1)점의 참격 피해.

거대 유인원 GIANT APE

거대형 야수, 성향 없음

방어도 12
히트 포인트 157 (15d12+60)
이동속도 40ft, 등반 40ft

근력	민첩	건강	지능	지혜	매력
23 (+6)	14 (+2)	18 (+4)	7 (-2)	12 (+1)	7 (-2)

기술 운동 +9, 감지 +4
감각능력 상시 감지 14
언어 —
도전지수 7 (2,900 xp)

행동

다중공격. 유인원은 주먹 공격을 2번 가합니다.

주먹. 근접 무기 공격: 명중 +9, 간격 10ft, 목표 하나. 명중시: 22(3d10+6) 점의 타격 피해.

바위. 장거리 무기 공격: 명중 +9, 장거리 50/100ft, 목표 하나. 명중시: 30(7d6+6) 점의 타격 피해.

거대 전갈 GIANT SCORPION

대형 야수, 성향 없음

방어도 15 (자연 갑옷)
히트 포인트 52 (7d10+14)
이동속도 40ft

근력	민첩	건강	지능	지혜	매력
15 (+2)	13 (+1)	15 (+2)	1 (-5)	9 (-1)	3 (-4)

감각능력 맹안시야 60ft, 상시 감지 9
언어 —
도전지수 3 (700 xp)

행동

다중공격. 거대 전갈은 할퀴기 2회와 독침 1회로 총 3회의 공격을 가합니다.

할퀴기. 근접 무기 공격: 명중 +4, 간격 5ft, 목표 하나. 명중시: 6(1d8+2) 점의 타격 피해. 목표는 붙잡힙니다. (탈출 DC 12) 전갈에게는 2개의 집게발이 있으며, 각각 하나씩의 크리쳐를 붙잡을 수 있습니다.

독침. 근접 무기 공격: 명중 +4, 간격 5ft, 크리쳐 하나. 명중시: 7(1d10+2) 점의 관통 피해. 목표는 DC 12의 건강 내성에 실패할 시 22(4d10)점의 독성 피해를 받습니다. 내성에 성공하면 피해는 절반으로 줄어듭니다.

거대 족제비 GIANT WEASEL

중형 야수, 성향 없음

방어도 13
히트 포인트 9 (2d8)
이동속도 40ft

근력	민첩	건강	지능	지혜	매력
11 (+0)	16 (+3)	10 (+0)	4 (-3)	12 (+1)	5 (-3)

기술 감지 +3, 은신 +5
감각능력 암시야 60ft, 상시 감지 13
언어 —
도전지수 1/8 (25 xp)

예리한 청각과 후각. 족제비는 청각이나 후각에 관계된 지혜(감지) 판정에 이점을 받습니다.

행동

물기. 근접 무기 공격: 명중 +5, 간격 5ft, 목표 하나. 명중시: 5(1d4+3) 점의 관통 피해.

거대 쥐 GIANT RAT

소형 야수, 성향 없음

방어도 12
히트 포인트 7 (2d6)
이동속도 30ft

근력	민첩	건강	지능	지혜	매력
7 (-2)	15 (+2)	11 (+0)	2 (-4)	10 (+0)	4 (-3)

감각능력 암시야 60ft, 상시 감지 10
언어 —
도전지수 1/8 (25 xp)

예리한 후각. 쥐는 후각에 관계된 지혜(감지) 판정에 이점을 받습니다.

무리 전술. 쥐가 공격하려는 목표 근처 5ft 이내에 행동불능 상태가 아닌 쥐의 동료가 있을 경우, 쥐는 명중 굴림에 이점을 받습니다.

행동

물기. 근접 무기 공격: 명중 +4, 간격 5ft, 목표 하나. 명중시: 4(1d4+2) 점의 관통 피해.

> **변형: 질병 걸린 거대 쥐**
>
> 몇몇 거대 쥐는 지독한 질병을 옮기며, 물린 상대에게 전염시킵니다. 질병 걸린 거대 쥐의 도전지수는 1/8 (25 xp)입니다. 또한 이들은 일반 물기 공격 대신 아래와 같은 물기 공격을 지닙니다.
>
> **물기.** 근접 무기 공격: 명중 +4, 간격 5ft, 목표 하나. 명중시: 4(1d4+2) 점의 관통 피해. 목표가 크리쳐라면 DC 10의 건강 내성에 실패할 시 질병에 걸립니다. 질병에 걸린 크리쳐는 마법적인 수단을 제외하면 hp를 회복할 수 없으며, 24시간마다 최대hp가 3(1d6)점씩 감소합니다. 이렇게 최대hp가 감소하여 0 이하로 떨어진 경우 해당 크리쳐는 사망합니다.

공지사항

거대 쥐들이 도시 내에 출몰하기 시작했습니다. 거대 쥐에 물린 시민은 근처 신전으로 찾아가 관리와 기도를 받으십시오.

시 당국은 거대 쥐에 포상금을 걸었습니다. 도시 성벽 내에서 거대 쥐 한 마리를 잡을 때마다 은화 한 닢을 드립니다. 포상금을 받으려면 증거물을 가지고 정오에서 황혼 사이 시간에 경비대장에게 가시기 바랍니다.

거대 지네 Giant Centipede

소형 야수, 성향 없음

방어도 13 (자연 갑옷)
히트 포인트 4 (1d6+1)
이동속도 30ft, 등반 30ft

근력	민첩	건강	지능	지혜	매력
5 (-3)	14 (+2)	12 (+1)	1 (-5)	7 (-2)	3 (-4)

감각능력 맹안시야 30ft, 상시 감지 8
언어 —
도전지수 1/4 (50 xp)

행동

물기. *근접 무기 공격:* 명중 +4, 간격 5ft, 크리쳐 하나. *명중시:* 4(1d4+2)점의 관통 피해. 목표는 DC 11의 건강 내성에 실패할 시 10(3d6)점의 독성 피해를 받습니다. 내성에 성공하면 피해는 절반으로 줄어듭니다. 만약 이 독성 피해로 목표의 hp가 0 이하가 되었다면 목표는 즉시 안정화되지만, 이후 1시간 동안 중독 상태가 됩니다. 이 중독 상태는 hp를 회복했어도 유지됩니다. 이렇게 중독되어 있는 동안에는 마비 상태이기도 합니다

거대 해마 Giant Sea Horse

대형 야수, 성향 없음

방어도 13 (자연 갑옷)
히트 포인트 16 (3d10)
이동속도 0ft, 수영 40ft

근력	민첩	건강	지능	지혜	매력
12 (+1)	15 (+2)	11 (+0)	2 (-4)	12 (+1)	5 (-3)

감각능력 상시 감지 11
언어 —
도전지수 1/2 (100 xp)

돌격. 해마가 한 턴에 최소 20ft 이상 직선으로 이동한 직후 적에게 엄니 공격을 가해 명중시켰다면, 목표는 추가로 7(2d6)점의 타격 피해를 받습니다. 목표가 크리쳐라면, DC 11 근력 내성에 실패한 경우 넘어집니다.

수중 호흡. 해마는 수중에서만 호흡할 수 있습니다.

행동

들이받기. *근접 무기 공격:* 명중 +3, 간격 5ft, 목표 하나. *명중시:* 4(1d6+1)점의 타격 피해.

일반적인 크기의 해마와 마찬가지로 **거대 해마** 역시 수줍음 많고 화려한 색의 물고기이며, 곧게 선 몸과 구불구불한 꼬리를 지니고 있습니다. 수중 엘프는 이들을 훈련시켜 탈것으로 이용합니다.

거대 하이에나 Giant Hyena

대형 야수, 성향 없음

방어도 12
히트 포인트 45 (6d10+12)
이동속도 50ft

근력	민첩	건강	지능	지혜	매력
16 (+3)	14 (+2)	14 (+2)	2 (-4)	12 (+1)	7 (-2)

기술 감지 +3
감각능력 상시 감지 13
언어 —
도전지수 1 (200 xp)

광란. 하이에나가 자기 턴에 근접 공격으로 어떤 크리쳐의 hp를 0으로 떨어트렸다면, 하이에나는 추가 행동을 써서 이동 속도의 절반까지 이동하고 물기 공격을 1회 가할 수 있습니다.

행동

물기. *근접 무기 공격:* 명중 +5, 간격 5ft, 목표 하나. *명중시:* 10(2d6+3)점의 관통 피해.

거미 Spider

초소형 야수, 성향 없음

방어도 12
히트 포인트 1(1d4-1)
이동속도 20ft, 등반 20ft

근력	민첩	건강	지능	지혜	매력
2 (-4)	14 (+2)	8 (-1)	1 (-5)	10 (+0)	2 (-4)

기술 은신 +4
감각능력 암시야 30ft, 상시 감지 10
언어 —
도전지수 0 (10 xp)

거미 등반. 거미는 능력 판정 없이 어려운 표면을 포함해 벽이나 천장을 등반할 수 있습니다.

거미줄 감각. 거미는 거미줄에 접촉해 있을 때, 그 거미줄에 접촉해 있는 다른 크리쳐들의 위치를 정확히 알 수 있습니다.

거미줄 걷기. 거미는 거미줄로 인한 이동 제한을 무시합니다.

행동

물기. *근접 무기 공격:* 명중 +4, 간격 5ft, 크리쳐 하나. *명중시:* 1점의 관통 피해. 목표는 DC 9의 건강 내성에 실패할 시 2(1d4)점의 독성 피해를 받습니다.

검은 곰 Black Bear

중형 야수, 성향 없음

방어도 11 (자연 갑옷)
히트 포인트 19 (3d8+6)
이동속도 40ft, 등반 30ft

근력	민첩	건강	지능	지혜	매력
15 (+2)	10 (+0)	14 (+2)	2 (-4)	12 (+1)	7 (-2)

기술 감지 +3
감각능력 상시 감지 13
언어 —
도전지수 1/2 (100 xp)

예리한 후각. 곰은 후각에 관계된 지혜(감지) 판정에 이점을 받습니다.

행동

다중공격. 곰은 물기 1회, 할퀴기 1회로 2번의 공격을 가합니다.

물기. *근접 무기 공격:* 명중 +4, 간격 5ft, 목표 하나. *명중시:* 5(1d6+2) 점의 관통 피해.

할퀴기. *근접 무기 공격:* 명중 +4, 간격 5ft, 목표 하나. *명중시:* 7(2d4+2) 점의 참격 피해.

검치호 SABER-TOOTHED TIGER

대형 야수, 성향 없음

방어도 12
히트 포인트 52 (7d10+14)
이동속도 40ft

근력	민첩	건강	지능	지혜	매력
18 (+4)	14 (+2)	15 (+2)	3 (-4)	12 (+1)	8 (-1)

기술 감지 +3, 은신 +6
감각능력 상시 감지 13
언어 —
도전지수 2 (450 xp)

예리한 후각. 호랑이는 후각에 관계된 지혜(감지) 판정에 이점을 받습니다.

급습. 검치호가 최소 20ft 이상 직선으로 이동한 후 그 턴에 적을 할퀴기 공격으로 명중시켰다면, 목표는 DC 14의 근력 내성에 실패할 시 넘어집니다. 만약 목표가 넘어졌다면 검치호는 추가 행동으로 같은 목표에 물기 공격을 1회 가할 수 있습니다.

겨울 늑대

행동

물기. *근접 무기 공격:* 명중 +6, 간격 5ft, 목표 하나. *명중시:* 10(1d10+5) 점의 관통 피해.

할퀴기. *근접 무기 공격:* 명중 +6, 간격 5ft, 목표 하나. *명중시:* 12(2d6+5) 점의 참격 피해.

게 CRAB

초소형 야수, 성향 없음

방어도 11 (자연 갑옷)
히트 포인트 2 (1d4)
이동속도 20ft, 수영 20ft

근력	민첩	건강	지능	지혜	매력
2 (-4)	11 (+0)	10 (+0)	1 (-5)	8 (-1)	2 (-4)

기술 은신 +2
감각능력 맹안시야 30ft, 상시 감지 9
언어 —
도전지수 0 (10 xp)

수륙양용. 게는 공기와 수중 양쪽에서 호흡할 수 있습니다.

행동

할퀴기. *근접 무기 공격:* 명중 +0, 간격 5ft, 목표 하나. *명중시:* 1점의 타격 피해.

겨울 늑대 WINTER WOLF

대형 괴물류, 중립 악

방어도 13 (자연 갑옷)
히트 포인트 75 (10d10+20)
이동속도 50ft

근력	민첩	건강	지능	지혜	매력
18 (+4)	13 (+1)	14 (+2)	7 (-2)	12 (+1)	8 (-1)

기술 감지 +5, 은신 +3
피해 면역 냉기
감각능력 상시 감지 15
언어 공용어, 거인어, 겨울 늑대어
도전지수 3 (700 xp)

예리한 청각과 후각. 늑대는 청각이나 후각에 관계된 지혜(감지) 판정에 이점을 받습니다.

무리 전술. 늑대가 공격하려는 목표 주변 5ft 내에 행동불능 상태가 아닌 늑대의 동료가 있다면 명중 굴림에 이점을 받습니다.

눈 위장. 늑대는 눈덮힌 지형에서 민첩(은신) 판정에 이점을 받습니다.

행동

물기. *근접 무기 공격:* 명중 +6, 간격 5ft, 목표 하나. *명중시:* 11(2d6+4) 점의 관통 피해. 목표가 크리쳐라면 DC 14의 근력 내성에 실패할 시 넘어집니다.

냉기 브레스 (재충전 5-6). 늑대는 15ft 길이의 원뿔형 범위에 냉기를 뿜어냅니다. 범위 내의 모든 크리쳐는 DC 12의 민첩 내성에 실패할 시 18(4d8)점의 냉기 피해를 받습니다. 내성에 성공하면 피해는 절반으로 줄어듭니다.

극지에서 살아가는 **겨울 늑대**는 거의 다이어 울프만큼이나 크지만, 눈처럼 하얀 가죽에 창백한 청색 눈동자를 지니고 있습니다. 서리 거인들은 이 사악한 짐승을 경비용이나 사냥용으로 부리며, 늑대의 치명적인 냉기 브레스를 적에게 쓰게 합니다. 겨울 늑대는 으르렁거리고 짖어대는 소리로 서로 의사소통할 수 있지만, 간단한 대화는 공용어나 거인어로도 나눌 수 있습니다.

곤충 무리 SWARM OF INSECTS
중형 무리(초소형 야수), 성향 없음

방어도 12 (자연 갑옷)
히트 포인트 22 (5d8)
이동속도 20ft, 등반 20ft

근력	민첩	건강	지능	지혜	매력
3 (-4)	13 (+1)	10 (+0)	1 (-5)	7 (-2)	1 (-5)

피해 저항 타격, 관통, 참격
상태 면역 매혹, 공포, 붙잡기, 마비, 석화, 넘어짐, 포박, 충격
감각능력 맹안시야 10ft, 상시 감지 8
언어 —
도전지수 1/2 (100 xp)

무리. 작은 곤충의 무리는 다른 크리쳐가 점유한 공간에 들어갈 수 있으며, 다른 크리쳐 역시 무리가 점유한 공간에 들어갈 수 있습니다. 무리는 초소형 곤충이 들어갈 수 있는 공간이라면 좁은 공간을 통해 이동할 수 있습니다. 무리는 hp를 회복하거나 임시 hp를 얻을 수 없습니다.

행동

물기. *근접 무기 공격:* 명중 +3, 간격 0ft, 무리의 공간에 있는 크리쳐 하나. *명중시:* 10(4d4)점의 관통 피해. 무리의 hp가 최대hp의 절반 이하라면 5(2d4)의 관통 피해.

변형: 곤충 무리
다양한 곤충이 무리를 이루고 나타날 수 있으며, 곤충에 따라 아래와 같은 특성들을 지니고 있습니다.
딱정벌레 무리. 딱정벌레 무리는 굴착 이동 속도 5ft를 지닙니다.
지네 무리. 지네 무리에 의해 hp가 0으로 떨어진 크리쳐는 안정화되지만 1시간 동안 중독 상태가 되며, 이렇게 중독상태가 되어 있는 동안은 마비됩니다. hp가 회복되어도 중독 상태가 자동으로 회복되지는 않습니다.
거미 무리. 거미 무리는 아래와 같은 추가 특성을 지닙니다.
거미 등반. 거미는 어려운 표면이나 벽면, 천장에 오를 때도 능력 판정을 굴릴 필요가 없습니다.
거미줄 감각. 거미줄에 닿아 있는 동안, 거미는 같은 거미줄에 닿아 있는 다른 크리쳐들의 위치를 정확히 알 수 있습니다.
거미줄 걷기. 거미는 거미줄로 인한 이동 제한을 무시합니다.
말벌 무리. 말벌 무리는 보행 이동속도 5ft, 비행 이동속도 30ft를 지니며, 등반 이동속도가 없습니다.

고양이 CAT
초소형 야수, 성향 없음

방어도 12
히트 포인트 2 (1d4)
이동속도 40ft, 등반 30ft

근력	민첩	건강	지능	지혜	매력
3 (-4)	15 (+2)	10 (+0)	3 (-4)	12 (+1)	7 (-2)

기술 감지 +3, 은신 +4
감각능력 상시 감지 13
언어 —
도전지수 0 (10 xp)

예리한 후각. 고양이는 후각에 관계된 지혜(감지) 판정에 이점을 받습니다.

행동

발톱. *근접 무기 공격:* +0 명중, 5ft 간격, 목표 하나. *명중시:* 1점의 참격 피해.

구렁이류 뱀 CONSTRICTOR SNAKE
대형 야수, 성향 없음

방어도 12
히트 포인트 13 (2d10+2)
이동속도 30ft, 수영 30ft

근력	민첩	건강	지능	지혜	매력
15 (+2)	14 (+2)	12 (+1)	1 (-5)	10 (+0)	3 (-4)

감각능력 맹안시야 10ft, 상시 감지 10
언어 —
도전지수 1/4 (50 xp)

행동

물기. *근접 무기 공격:* 명중 +4, 간격 5ft, 목표 하나. *명중시:* 5(1d6+2)점의 관통 피해.

조이기. *근접 무기 공격:* 명중 +4, 간격 5ft, 목표 하나. *명중시:* 6(1d8+2)점의 타격 피해. 목표는 붙잡힙니다. (탈출 DC 14) 붙잡힌 크리쳐는 포박 상태이며, 이렇게 붙잡고 있는 동안은 다른 목표에게 조이기 공격을 가할 수 없습니다.

까마귀 RAVEN
초소형 야수, 성향 없음

방어도 12
히트 포인트 1 (1d4-1)
이동속도 10ft, 비행 50ft

근력	민첩	건강	지능	지혜	매력
2 (-4)	14 (+2)	8 (-1)	2 (-4)	12 (+1)	6 (-2)

기술 감지 +3
감각능력 상시 감지 13
언어 —
도전지수 0 (10 xp)

흉내내기. 까마귀는 사람이 속삭이는 소리나 아기 울음소리, 동물 소리 등 자신이 들었던 간단한 소리를 흉내낼 수 있습니다. 이 소리를 들은 크리쳐는 DC 10의 지혜(통찰) 판정에 성공해야 가짜임을 알아차릴 수 있습니다.

행동

부리. *근접 무기 공격:* 명중 +4, 간격 5ft, 목표 하나. *명중시:* 1점의 관통 피해.

까마귀 무리 SWARM OF RAVENS

중형 무리(초소형 야수), 성향 없음

방어도 12
히트 포인트 24 (7d8-7)
이동속도 10ft, 비행 50ft

근력	민첩	건강	지능	지혜	매력
6 (-2)	14 (+2)	8 (-1)	3 (-4)	12 (+1)	6 (-2)

기술 감지 +5
피해 저항 타격, 관통, 참격
상태 면역 매혹, 공포, 붙잡기, 마비, 석화, 넘어짐, 포박, 충격
감각능력 상시 감지 15
언어 ―
도전지수 1/4 (50 xp)

무리. 작은 까마귀 무리는 다른 크리쳐가 점유한 공간에 들어갈 수 있으며, 다른 크리쳐 역시 무리가 점유한 공간에 들어갈 수 있습니다. 무리는 초소형 까마귀가 들어갈 수 있는 공간이라면 좁은 공간을 통해 이동할 수 있습니다. 무리는 hp를 회복하거나 임시 hp를 얻을 수 없습니다.

행동

부리. 근접 무기 공격: 명중 +4, 간격 5ft, 무리의 공간에 있는 크리쳐 하나. 명중시: 7(2d6)점의 관통 피해. 무리의 hp가 최대hp의 절반 이하라면 3(1d6)점의 관통 피해.

깨어난 나무 AWAKENED TREE

거대형 식물, 성향 없음

방어도 13 (자연 갑옷)
히트 포인트 59 (7d12+14)
이동속도 20ft

근력	민첩	건강	지능	지혜	매력
19 (+4)	6 (-2)	15 (+2)	10 (+0)	10 (+0)	7 (-2)

피해 취약성 화염
피해 저항 타격, 관통
감각능력 상시 감지 10
언어 창조자가 알고 있는 언어 한 가지
도전지수 2 (450 xp)

거짓 외관. 깨어난 나무가 움직이지 않고 있으면, 보통 나무와 구분할 수 없습니다.

행동

후려치기. 근접 무기 공격: 명중 +6, 간격 10ft, 목표 하나. 명중시: 14(3d6+4) 점의 타격 피해.

깨어난 나무는 보통 나무가 *깨어남Awaken* 주문이나 그 비슷한 마법으로 깨어나 움직이게 된 것입니다.

깨어난 덤불 AWAKENED SHRUB

소형 식물, 성향 없음

방어도 9
히트 포인트 10 (3d6)
이동속도 20ft

근력	민첩	건강	지능	지혜	매력
3 (-4)	8 (-1)	11 (+0)	10 (+0)	10 (+0)	6 (-2)

피해 취약성 화염
피해 저항 관통
감각능력 상시 감지 10
언어 창조자가 알고 있는 언어 한 가지
도전지수 0 (10 xp)

거짓 외관. 깨어난 덤불이 움직이지 않고 있으면, 보통 덤불과 구분할 수 없습니다.

행동

갈퀴. 근접 무기 공격: 명중 +1, 간격 5ft, 목표 하나. 명중시: 1(1d4-1)점의 참격 피해.

깨어난 덤불은 보통 덤불이 *깨어남Awaken* 주문이나 그 비슷한 마법으로 깨어나 움직이게 된 것입니다.

낙타 CAMEL

대형 야수, 성향 없음

방어도 9
히트 포인트 15 (2d10+4)
이동속도 50ft

근력	민첩	건강	지능	지혜	매력
16 (+3)	8 (-1)	14 (+2)	2 (-4)	8 (-1)	5 (-3)

감각능력 상시 감지 9
언어 ―
도전지수 1/8 (25 xp)

행동

물기. 근접 무기 공격: 명중 +5, 간격 5ft, 목표 하나. 명중시: 2(1d4)점의 타격 피해.

날뱀 FLYING SNAKE

초소형 야수, 성향 없음

방어도 14
히트 포인트 5 (2d4)
이동속도 30ft, 비행 60ft, 수영 30ft

근력	민첩	건강	지능	지혜	매력
4 (-3)	18 (+4)	11 (+0)	2 (-4)	12 (+1)	5 (-3)

감각능력 맹안시야 10ft, 상시 감지 11
언어 ―
도전지수 1/8 (25 xp)

날아치기. 날뱀은 적의 적의 간격에서 날아서 빠져나올 때 기회공격을 유발하지 않습니다.

행동

물기. *근접 무기 공격:* 명중 +6, 간격 5ft, 목표 하나. *명중시:* 1점의 관통 피해. 추가로 7(3d4)점의 독성 피해.

날뱀은 밝은색을 지닌 날개 달린 파충류로, 주로 머나먼 정글에서 발견됩니다. 부족 사람들과 사교도들은 때로 날뱀을 길들여 전령으로 쓰기도 하는데 꼬리에 두루마리를 말아 날려 보냅니다.

노새 MULE
중형 야수, 성향 없음

방어도 10
히트 포인트 11 (2d8+2)
이동속도 40ft

근력	민첩	건강	지능	지혜	매력
14 (+2)	10 (+0)	13 (+1)	2 (-4)	10 (+0)	5 (-3)

감각능력 상시 감지 10
언어 —
도전지수 1/8 (25 xp)

짐꾼 짐승. 노새는 적재량을 판정할 때 대형 동물로 취급합니다.

안정된 자세. 노새는 넘어지게 만드는 효과에 대한 근력과 민첩 내성에 이점을 받습니다.

행동

발굽. *근접 무기 공격:* 명중 +2, 간격 5ft, 목표 하나. *명중시:* 4(1d4+2) 타격 피해.

늑대 WOLF
중형 야수, 성향 없음

방어도 13 (자연 갑옷)
히트 포인트 11 (2d8+2)
이동속도 40ft

근력	민첩	건강	지능	지혜	매력
12 (+1)	15 (+2)	12 (+1)	3 (-4)	12 (+1)	6 (-2)

기술 감지 +3, 은신 +4
감각능력 상시 감지 13
언어 —
도전지수 1/4 (50 xp)

예리한 청각과 후각. 늑대는 청각이나 후각에 관계된 지혜(감지) 판정에 이점을 받습니다.

무리 전술. 늑대가 공격하려는 목표 근처 5ft 이내에 행동불능 상태가 아닌 동료가 있으면, 늑대는 명중 굴림에 이점을 받습니다.

행동

물기. *근접 무기 공격:* 명중 +4, 간격 5ft, 목표 하나. *명중시:* 7(2d4+2) 점의 관통 피해. 만약 목표가 크리쳐라면, DC 11의 근력 내성 굴림에 실패할 경우 넘어집니다.

다이어 울프 DIRE WOLF
대형 야수, 성향 없음

방어도 14 (자연 갑옷)
히트 포인트 37 (5d10+10)
이동속도 50ft

근력	민첩	건강	지능	지혜	매력
17 (+3)	15 (+2)	15 (+2)	3 (-4)	12 (+1)	7 (-2)

기술 감지 +3, 은신 +4
감각능력 상시 감지 13
언어 —
도전지수 1 (200 xp)

예리한 후각과 청각. 다이어 울프는 듣거나 후각에 관계된 지혜(감지) 판정에 이점을 받습니다.

무리 전술. 다이어 울프가 공격하려는 목표 근처 5ft 이내에 행동불능 상태가 아닌 동료가 있으면, 다이어 울프는 명중 굴림에 이점을 받습니다.

행동

물기. *근접 무기 공격:* 명중 +5, 간격 5ft, 크리쳐 하나. *명중시:* 10(2d6+3) 점의 관통 피해. 목표가 크리쳐라면 DC 13의 근력 내성에 실패할 시 넘어집니다.

대머리수리 VULTURE
중형 야수, 성향 없음

방어도 10
히트 포인트 5 (1d8+1)
이동속도 10ft, 비행 50ft

근력	민첩	건강	지능	지혜	매력
7 (-2)	10 (+0)	13 (+1)	2 (-4)	12 (+1)	4 (-3)

기술 감지 +3
감각능력 상시 감지 13
언어 —
도전지수 0 (10 xp)

예리한 시각과 후각. 대머리수리는 시각이나 후각에 관계된 지혜(감지) 판정에 이점을 받습니다.

무리 전술. 대머리수리가 공격하려는 목표 근처 5ft 이내에 행동불능 상태가 아닌 대머리수리의 동료가 있을 경우, 대머리수리는 명중 굴림에 이점을 받습니다.

행동

부리. *근접 무기 공격:* 명중 +2, 간격 5ft, 목표 하나. *명중시:* 2(1d4) 점의 관통 피해.

도끼 부리 AXE BEAK

대형 야수, 성향 없음

방어도 11
히트 포인트 19 (3d10+3)
이동속도 50ft

근력	민첩	건강	지능	지혜	매력
14 (+2)	12 (+1)	12 (+1)	2 (-4)	10 (+0)	5 (-3)

감각능력 상시 감지 10
언어 —
도전지수 1/4 (50 xp)

행동

부리. *근접 무기 공격:* 명중 +4, 간격 5ft, 목표 하나. *명중시:* 6(1d8+2)점의 참격 피해

도끼 부리는 날지 못하는 큰 새로, 튼튼한 다리와 무겁고 각진 부리를 지니고 있습니다. 이 새는 성질이 더러워서 주변에 잘 알지 못하는 크리쳐가 가까이 오면 공격하기 시작합니다.

도마뱀 LIZARD

초소형 야수, 성향 없음

방어도 10
히트 포인트 2 (1d4)
이동속도 20ft, 등반 20ft

근력	민첩	건강	지능	지혜	매력
2 (-4)	11 (+0)	10 (+0)	1 (-5)	8 (-1)	3 (-4)

감각능력 암시야 30ft, 상시 감지 9
언어 —
도전지수 0 (10 xp)

행동

물기. *근접 무기 공격:* 명중 +0, 간격 5ft, 목표 하나. *명중시:* 1점의 관통 피해.

독사 POISONOUS SNAKE

초소형 야수, 성향 없음

방어도 13
히트 포인트 2 (1d4)
이동속도 30ft, 수영 30ft

근력	민첩	건강	지능	지혜	매력
2 (-4)	16 (+3)	11 (+0)	1 (-5)	10 (+0)	3 (-4)

감각능력 맹안시야 10ft, 상시 감지 10
언어 —
도전지수 1/8 (25 xp)

행동

물기. *근접 무기 공격:* 명중 +5, 간격 5ft, 목표 하나. *명중시:* 1점의 관통 피해. 목표가 DC 10의 건강 내성에 실패할 시 5(2d4)점의 독성 피해를 받습니다. 내성에 성공하면 피해는 절반으로 줄어듭니다.

독사 무리 SWARM OF POISONOUS SNAKES

중형 무리(초소형 야수), 성향 없음

방어도 14
히트 포인트 36 (8d8)
이동속도 30ft, 수영 30ft

근력	민첩	건강	지능	지혜	매력
8 (-1)	18 (+4)	11 (+0)	1 (-5)	10 (+0)	3 (-4)

피해 저항 타격, 관통, 참격
상태 면역 매혹, 공포, 붙잡기, 마비, 석화, 넘어짐, 포박, 충격
감각능력 맹안시야 10ft, 상시 감지 10
언어 —
도전지수 2 (450 xp)

무리. 작은 야수들의 무리는 다른 크리쳐의 공간에 들어갈 수 있으며, 다른 크리쳐들 역시 무리가 점유한 공간에 들어갈 수 있습니다. 무리는 초소형 뱀이 들어갈 수 있는 공간이라면 좁은 공간에도 들어갈 수 있습니다. 무리는 hp를 회복하거나 임시 hp를 얻을 수 없습니다.

행동

물기. *근접 무기 공격:* 명중 +6, 간격 0ft, 무리의 공간에 들어간 크리쳐 하나. *명중시:* 7(2d6)점의 관통 피해. 무리의 hp가 절반 이하라면 3(1d6)점의 관통 피해. 목표는 DC 10의 건강 내성에 실패할 시 14(4d6)점의 독성 피해를 받습니다. 내성에 성공하면 피해는 절반으로 줄어듭니다.

> ### 무리의 특성
>
> 여기 소개된 무리를 이룬 짐승들은 일반적인 것들처럼 얌전하거나 평범하지 않습니다. 이들은 한데 모여 더 악랄하고 고약한 힘을 행사합니다. 뱀파이어는 밤의 어둠 속에서 박쥐나 쥐의 무리를 소환할 수 있으며, 머미 군주들은 무덤의 모래 속 깊은 곳에서 딱정벌레 무리를 불러냅니다. 한편 해그는 까마귀 무리를 불러 적들을 공격하게 할 수 있으며, 유안티 흉물은 깨어날 때 독사의 무리를 불러오기도 합니다. 드루이드조차 이러한 무리는 매혹시킬 수 없으며, 이 무리는 부자연스럽게 느껴질 정도로 공격적입니다.

독수리 EAGLE

소형 야수, 성향 없음

방어도 12
히트 포인트 3 (1d6)
이동속도 10ft, 비행 60ft

근력	민첩	건강	지능	지혜	매력
6 (-2)	15 (+2)	10 (+0)	2 (-4)	14 (+2)	7 (-2)

기술 감지 +4
감각능력 상시 감지 14
언어 —
도전지수 0 (10 xp)

예리한 시각. 독수리는 시각에 관계된 지혜(감지) 판정에 이점을 받습니다.

행동

발톱. *근접 무기 공격:* 명중 +4, 간격 5ft, 목표 하나. *명중시:* 4(1d4+2)점의 참격 피해.

마스티프 Mastiff

중형 야수, 성향 없음

방어도 12
히트 포인트 5 (1d8+1)
이동속도 40ft

근력	민첩	건강	지능	지혜	매력
13 (+1)	14 (+2)	12 (+1)	3 (-4)	12 (+1)	7 (-2)

기술 감지 +3
감각능력 상시 감지 13
언어 —
도전지수 1/8 (25 xp)

예리한 청각과 후각. 마스티프는 청각이나 후각에 관계된 지혜(감지) 판정에 이점을 받습니다.

행동

물기. 근접 무기 공격: 명중 +3, 간격 5ft, 목표 하나. 명중시: 4(1d6+1) 점의 관통 피해. 목표가 크리쳐라면, 목표는 DC 11의 근력 내성에 실패할 시 넘어지게 됩니다.

마스티프는 그 충성심과 예리한 감각 때문에 인간형 종족들이 사냥개로 키우곤 하는 개입니다. 마스티프는 경비견이나 사냥개, 혹은 전쟁견으로 쓰이곤 합니다. 하플링이나 다른 소형 종족들은 마스티프를 탈것으로 이용하기도 합니다.

매 Hawk

초소형 야수, 성향 없음

방어도 13
히트 포인트 1 (1d4-1)
이동속도 10ft, 비행 60ft

근력	민첩	건강	지능	지혜	매력
5 (-3)	16 (+3)	8 (-1)	2 (-4)	14 (+2)	6 (-2)

기술 감지 +4
감각능력 상시 감지 14
언어 —
도전지수 0 (10 xp)

예리한 시각. 매는 시각과 관계된 지혜(감지) 판정에 이점을 받습니다.

행동

발톱. 근접 무기 공격: 명중 +5, 간격 5ft, 목표 하나. 명중시: 1점의 참격 피해.

매머드 Mammoth

거대형 야수, 성향 없음

방어도 13 (자연 갑옷)
히트 포인트 126 (11d12+55)
이동속도 40ft

근력	민첩	건강	지능	지혜	매력
24 (+7)	9 (-1)	21 (+5)	3 (-4)	11 (+0)	6 (-2)

감각능력 상시 감지 10
언어 —
도전지수 6 (2,300 xp)

짓밟는 돌격. 매머드가 한 턴에 최소 20ft 이상을 직선으로 이동하여 목표에게 들이받기 공격을 명중시켰다면, 목표는 DC 18의 근력 내성에 실패할 시 넘어집니다. 목표가 넘어졌다면, 매머드는 추가 행동으로 짓밟기 공격을 1회 가할 수 있습니다.

매

마스티프

행동

들이받기. *근접 무기 공격:* 명중 +10, 간격 10ft, 목표 하나. 명중시: 25(4d8+7)점의 관통 피해.

짓밟기. *근접 무기 공격:* 명중 +10, 간격 5ft, 넘어진 크리쳐 하나. 명중시: 29(4d10+7)점의 타격 피해.

매머드는 두꺼운 가죽과 기다란 엄니를 지닌 코끼리 같은 짐승입니다. 이들은 보통 코끼리보다 더 사납고 난폭하며, 거의 극지에서 아열대에 이르기까지 다양한 기후에서 살아갑니다.

멧돼지 BOAR

중형 야수, 성향 없음

방어도 11 (자연 갑옷)
히트 포인트 11 (2d8+2)
이동속도 40ft

근력	민첩	건강	지능	지혜	매력
13 (+1)	11 (+0)	12 (+1)	2 (-4)	9 (-1)	5 (-3)

감각능력 상시 감지 9
언어 —
도전지수 1/4 (50 xp)

돌격. 멧돼지가 한 턴에 최소 20ft 이상 직선으로 이동한 직후 적에게 엄니 공격을 가해 명중시켰다면, 목표는 추가로 3(1d6)점의 참격 피해를 받습니다. 목표가 크리쳐라면, DC 11의 근력 내성에 실패할 시 넘어집니다.

끈질김(짧은/긴 휴식 후 재충전됨). 멧돼지가 피해를 받아 hp가 0으로 떨어졌다면, 한 번에 8점 이상의 피해를 받은 것이 아닌 한 hp 1점은 남게 됩니다.

행동

엄니. *근접 무기 공격:* +3 명중, 5ft 간격, 목표 하나. 명중시: 4(1d6+1) 참격 피해.

문어 OCTOPUS

소형 야수, 성향 없음

방어도 12
히트 포인트 3 (1d6)
이동속도 5ft, 수영 30ft

근력	민첩	건강	지능	지혜	매력
4 (-3)	15 (+2)	11 (+0)	3 (-4)	10 (+0)	4 (-3)

기술 감지 +2, 은신 +4
감각능력 암시야 30ft, 상시 감지 12
언어 —
도전지수 0 (10 xp)

숨 참기. 문어는 물 밖에 나와도 30분 동안 숨을 참을 수 있습니다.

수중 은폐. 문어는 물속에 있을 때 민첩(은신) 판정에 이점을 받습니다.

수중 호흡. 문어는 수중에서만 호흡할 수 있습니다.

행동

촉수. *근접 무기 공격:* 명중 +4, 간격 5ft, 목표 하나. 명중시: 1점의 타격 피해. 목표가 크리쳐라면 붙잡힙니다. (탈출 DC 10) 붙잡힌 크리쳐는 포박 상태이며, 문어가 크리쳐 하나를 붙잡고 있을 때는 다른 목표에게 촉수 공격을 가할 수 없습니다.

먹구름(짧은/긴 휴식 이후 충전됨). 문어는 수중에 있을 때 주변 5ft 반경으로 먹물 구름을 퍼트립니다. 이 지역은 1분간 심하게 가려진 지역이 되며, 그 이전에도 물살이 급하다면 흩어질 수 있습니다. 먹물을 퍼트린 다음 문어는 추가 행동을 사용해 질주 행동을 취할 수 있습니다.

박쥐 BAT

초소형 야수, 성향 없음

방어도 12
히트 포인트 1 (1d4-1)
이동속도 5ft, 비행 30ft

근력	민첩	건강	지능	지혜	매력
2 (-4)	15 (+2)	8 (-1)	2 (-4)	12 (+1)	4 (-3)

감각능력 맹안시야 60ft, 상시 감지 11
언어 —
도전지수 0 (10 xp)

반향감지. 박쥐는 귀머거리 상태가 되면 맹안시야를 잃어버립니다.

예리한 청각. 박쥐는 청각에 관계된 지혜(감지) 판정에 이점을 받습니다.

행동

물기. *근접 무기 공격:* 명중 +0, 간격 5ft, 크리쳐 하나. 명중시: 1점의 관통 피해.

박쥐 무리 SWARM OF BATS

중형 무리(초소형 야수), 성향 없음

방어도 12
히트 포인트 22 (5d8)
이동속도 0ft, 비행 30ft

근력	민첩	건강	지능	지혜	매력
5 (-3)	15 (+2)	10 (+0)	2 (-4)	12 (+1)	4 (-3)

피해 저항 타격, 관통, 참격
상태 면역 매혹, 공포, 붙잡기, 마비, 석화, 넘어짐, 포박, 충격
감각능력 맹안시야 60ft, 상시 감지 11
언어 —
도전지수 1/4 (50 xp)

반향감지. 박쥐 무리는 귀머거리 상태가 되면 맹안시야를 잃어버립니다.

예리한 청각. 박쥐 무리는 청각에 관계된 지혜(감지) 판정에 이점을 받습니다.

무리. 작은 박쥐들 무리는 다른 크리쳐가 점유한 공간에 들어갈 수 있으며, 다른 크리쳐 역시 무리가 점유한 공간에 들어갈 수 있습니다. 무리는 초소형 박쥐가 들어갈 수 있는 공간이라면 좁은 공간을 통해 이동할 수 있습니다. 무리는 hp를 회복하거나 임시 hp를 얻을 수 없습니다.

행동

물기. 근접 무기 공격: 명중 +4, 간격 0ft, 무리의 공간에 들어간 크리쳐 하나. 명중시: 5(2d4)점의 관통 피해. 무리의 hp가 최대hp의 절반 이하라면 2(1d4)의 관통 피해.

부엉이 Owl

초소형 야수, 성향 없음

방어도 11
히트 포인트 1 (1d4-1)
이동속도 5ft, 비행 60ft

근력	민첩	건강	지능	지혜	매력
3 (-4)	13 (+1)	8 (-1)	2 (-4)	12 (+1)	7 (-2)

기술 감지 +3, 은신 +3
감각능력 암시야 120ft, 상시 감지 13
언어 —.
도전지수 0 (10 xp)

날아치기. 부엉이는 적의 간격에서 날아서 빠져나올 때 기회공격을 유발하지 않습니다.

예리한 청각과 시각. 부엉이는 청각이나 시각에 관계된 지혜(감지) 판정에 이점을 받습니다.

행동

발톱. 근접 무기 공격: 명중 +3, 간격 5ft, 목표 하나. 명중시: 1점의 참격 피해.

북극곰 Polar Bear

대형 야수, 성향 없음

방어도 12 (자연 갑옷)
히트 포인트 42 (5d10+15)
이동속도 40ft, 수영 30ft

근력	민첩	건강	지능	지혜	매력
20 (+5)	10 (+0)	16 (+3)	2 (-4)	13 (+1)	7 (-2)

기술 감지 +3
감각능력 상시 감지 13
언어 —
도전지수 2 (450 xp)

예리한 후각. 곰은 후각과 관계된 지혜(감지) 판정에 이점을 받습니다.

행동

다중공격. 곰은 물기 1회, 할퀴기 1회씩 2번의 공격을 가합니다.

물기. 근접 무기 공격: +7 명중, 5ft 간격, 목표 하나. 명중시: 9(1d8+5)점의 관통 피해.

할퀴기. 근접 무기 공격: +7 명중, 5ft 간격, 목표 하나. 명중시: 12(2d6+5)섬의 참격 피해.

변형: 동굴 곰
몇몇 곰은 지저 생활에 적응하여 지하의 이끼나 눈먼 물고기를 먹고 살아갑니다. 이들은 동굴 곰으로 알려져 있으며, 어두운 털을 가진 성질이 더러운 거대 짐승이 되었습니다. 이들은 60ft 범위의 암시야를 지니고 있지만, 이를 제외하면 북극곰과 같은 게임 자료를 사용합니다.

비비 Baboon

소형 야수, 성향 없음

방어도 12
히트 포인트 3 (1d6)
이동속도 30ft, 등반 30ft

근력	민첩	건강	지능	지혜	매력
8 (-1)	14 (+2)	11 (+0)	4 (-3)	12 (+1)	6 (-2)

감각능력 상시 감지 11
언어 —
도전지수 0 (10 xp)

무리 전술. 비비가 공격하려는 목표 주변 5ft 내에 행동불능 상태가 아닌 비비의 동료가 있다면 명중 굴림에 이점을 받습니다.

행동

물기. 근접 무기 공격: 명중 +1, 간격 5ft, 목표 하나. 명중시: 1(1d4-1) 관통 피해.

사냥꾼 상어 Hunter Shark

대형 야수, 성향 없음

방어도 12 (자연 갑옷)
히트 포인트 45 (6d10+12)
이동속도 0ft, 수영 40ft

근력	민첩	건강	지능	지혜	매력
18 (+4)	13 (+1)	15 (+2)	1 (-5)	10 (+0)	4 (-3)

기술 감지 +2
감각능력 맹안시야 30ft, 상시 감지 12
언어 —
도전지수 2 (450 xp)

피의 격분. 상어는 최대hp가 아닌 크리쳐를 근접 공격할 때 명중 굴림에 이점을 받습니다.

수중 호흡. 상어는 수중에서만 호흡할 수 있습니다.

행동

물기. 근접 무기 공격: 명중 +6, 간격 5ft, 목표 하나. 명중시: 13(2d8+4)점의 관통 피해.

거대 상어보다는 작지만 여전히 산호 상어보다는 크고 사나운 **사냥꾼 상어**는 깊은 물에서 살아갑니다. 이들은 주로 홀로 사냥하지만, 같은 지역에 여러 마리의 사냥꾼 상어가 살 때도 있습니다. 완전히 자란 사냥꾼 상어는 15ft 정도의 몸길이를 지니고 있습니다.

사슴 DEER
중형 야수, 성향 없음

방어도 13
히트 포인트 4 (1d8)
이동속도 50ft

근력	민첩	건강	지능	지혜	매력
11 (+0)	16 (+3)	11 (+0)	2 (-4)	14 (+2)	5 (-3)

감각능력 상시 감지 12
언어 —
도전지수 0 (10 xp)

행동

물기. *근접 무기 공격:* 명중 +2, 간격 5ft, 크리쳐 하나. *명중시:* 2(1d4)점의 관통 피해.

사자 LION
대형 야수, 성향 없음

방어도 12
히트 포인트 26 (4d10+4)
이동속도 50ft

근력	민첩	건강	지능	지혜	매력
17 (+3)	15 (+2)	13 (+1)	3 (-4)	12 (+1)	8 (-1)

기술 감지 +3, 은신 +6
감각능력 상시 감지 13
언어 —
도전지수 1 (200 xp)

예리한 후각. 사자는 후각에 관계된 지혜(감지) 판정에 이점을 받습니다.

무리 전술. 사자가 공격하려는 목표 주변 5ft 내에 행동불능 상태가 아닌 사자의 동료가 있다면 명중 굴림에 이점을 받습니다.

급습. 사자가 최소 20ft 이상 직선으로 이동한 후 그 턴에 적을 할퀴기 공격으로 명중시켰다면, 목표는 DC 13의 근력 내성에 실패할 시 넘어집니다. 만약 목표가 넘어졌다면 사자는 추가 행동으로 같은 목표에 물기 공격을 1회 가할 수 있습니다.

달려 넘기. 10ft의 도움닫기만 하면, 사자는 최대 25ft까지를 멀리뛰기로 뛰어넘을 수 있습니다.

행동

물기. *근접 무기 공격:* 명중 +5, 간격 5ft, 목표 하나. *명중시:* 7(1d8+3)점의 관통 피해.

할퀴기. *근접 무기 공격:* 명중 +5, 간격 5ft, 목표 하나. *명중시:* 6(1d6+3)점의 참격 피해.

산호 상어 REEF SHARK
중형 야수, 성향 없음

방어도 12 (자연 갑옷)
히트 포인트 22 (4d8+4)
이동속도 0ft, 수영 40ft

근력	민첩	건강	지능	지혜	매력
14 (+2)	13 (+1)	13 (+1)	1 (-5)	10 (+0)	4 (-3)

기술 감지 +2
감각능력 맹안시야 30ft, 상시 감지 12
언어 —
도전지수 1/2 (100 xp)

무리 전술. 상어가 공격하려는 목표 주변 5ft 내에 행동불능 상태가 아닌 상어의 동료가 있다면 명중 굴림에 이점을 받습니다.

수중 호흡. 상어는 수중에서만 호흡할 수 있습니다.

행동

물기. *근접 무기 공격:* 명중 +4, 간격 5ft, 목표 하나. *명중시:* 6(1d8+2)점의 관통 피해.

거대 상어나 사냥꾼 상어보다는 작은 크기를 지닌 **산호 상어**는 얕은 물과 산호초에 살고 있으며, 작은 물고기들을 사냥해 먹어 치웁니다. 완전히 자란 산호 상어는 6~10ft 길이를 지닙니다.

범고래 KILLER WHALE
거대형 야수, 성향 없음

방어도 12 (자연 갑옷)
히트 포인트 90 (12d12+12)
이동속도 0ft, 수영 60ft

근력	민첩	건강	지능	지혜	매력
19 (+4)	10 (+0)	13 (+1)	3 (-4)	12 (+1)	7 (-2)

기술 감지 +3
감각능력 맹안시야 120ft, 상시 감지 13
언어 —
도전지수 3 (700 xp)

반향감지. 고래는 귀머거리 상태가 되면 맹안시야를 잃어버립니다.

숨 참기. 고래는 30분 동안 숨을 참을 수 있습니다.

예리한 청각. 고래는 청각에 관계된 지혜(감지) 판정에 이점을 받습니다.

행동

물기. *근접 무기 공격:* 명중 +6, 간격 5ft, 목표 하나. *명중시:* 21(5d6+4)점의 관통 피해.

승용마 RIDING HORSE

대형 야수, 성향 없음

방어도 10
히트 포인트 13 (2d10+2)
이동속도 60ft

근력	민첩	건강	지능	지혜	매력
16 (+3)	10 (+0)	12 (+1)	2 (-4)	11 (+0)	7 (-2)

감각능력 상시 감지 10
언어 –
도전지수 1/4 (50 xp)

행동

발굽. *근접 무기 공격:* 명중 +5, 간격 5ft, 목표 하나. *명중시:* 8(2d4+3)점의 타격 피해.

악어 CROCODILE

대형 야수, 성향 없음

방어도 12 (자연 갑옷)
히트 포인트 19 (3d10+3)
이동속도 20ft, 수영 30ft

근력	민첩	건강	지능	지혜	매력
15 (+2)	10 (+0)	13 (+1)	2 (-4)	10 (+0)	5 (-3)

기술 은신 +2
감각능력 상시 감지 10
언어 –
도전지수 1/2 (100 xp)

숨 참기. 악어는 15분 동안 숨을 참을 수 있습니다.

행동

물기. *근접 무기 공격:* 명중 +4, 간격 5ft, 크리쳐 하나. *명중시:* 7(1d10+2)점의 관통 피해. 목표가 크리쳐라면 목표는 붙잡힙니다. (탈출 DC 12) 이렇게 붙잡힌 크리쳐는 포박 상태가 되며, 크리쳐를 물고 있을 때 다른 목표에게 물기 공격을 할 수 없습니다.

엘크 ELK

대형 야수, 성향 없음

방어도 10
히트 포인트 13 (2d10+2)
이동속도 50ft

근력	민첩	건강	지능	지혜	매력
16 (+3)	10 (+0)	12 (+1)	2 (-4)	10 (+0)	6 (-2)

감각능력 상시 감지 10
언어 –
도전지수 1/4 (50 xp)

돌격. 엘크가 한 턴에 최소 20ft 이상 직선으로 이동한 직후 적에게 들이받기 공격을 가해 명중시켰다면, 목표는 추가로 7(2d6)점의 타격 피해를 받습니다. 목표가 크리쳐라면, DC 13의 근력 내성에 실패한 경우 넘어집니다.

행동

들이받기. *근접 무기 공격:* 명중 +5, 간격 5ft, 목표 하나. *명중시:* 6(1d6+3)점의 타격 피해.

발굽. *근접 무기 공격:* 명중 +5, 간격 5ft, 넘어진 크리쳐 하나. *명중시:* 8(2d4+3)점의 타격 피해.

염소 GOAT

중형 야수, 성향 없음

방어도 10
히트 포인트 4 (1d8)
이동속도 40ft

근력	민첩	건강	지능	지혜	매력
12 (+1)	10 (+0)	11 (+0)	2 (-4)	10 (+0)	5 (-3)

감각능력 상시 감지 10
언어 –
도전지수 0 (10 xp)

돌격. 염소가 한 턴에 최소 20ft 이상 직선으로 이동한 직후 적에게 들이받기 공격을 가해 명중시켰다면, 목표는 추가로 2(1d4)점의 타격 피해를 받습니다. 목표가 크리쳐라면, DC 10의 근력 내성에 실패한 경우 넘어집니다.

안정된 자세. 염소는 넘어지게 만드는 효과에 대한 근력과 민첩 내성 굴림에 이점을 받습니다.

행동

들이받기. *근접 무기 공격:* 명중 +3, 간격 5ft, 목표 하나. *명중시:* 3(1d4+1)점의 타격 피해.

오소리 BADGER

초소형 야수, 성향 없음

방어도 10
히트 포인트 3 (1d4+1)
이동속도 20ft, 굴착 5ft

근력	민첩	건강	지능	지혜	매력
4 (-3)	11 (+0)	12 (+1)	2 (-4)	12 (+1)	5 (-3)

감각능력 암시야 30ft, 상시 감지 11
언어 —
도전지수 0 (10 xp)

예리한 후각. 오소리는 후각에 관계된 지혜(감지)판정에 이점을 받습니다.

행동

물기. 근접 무기 공격: 명중 +2, 간격 5ft, 목표 하나. *명중시:* 1점의 관통 피해.

워그 WORG

대형 괴물류, 중립 악

방어도 13 (자연 갑옷)
히트 포인트 26 (4d10+4)
이동속도 50ft

근력	민첩	건강	지능	지혜	매력
16 (+3)	13 (+1)	13 (+1)	7 (-2)	11 (+0)	8 (-1)

기술 감지 +4
감각능력 암시야 60ft, 상시 감지 14
언어 고블린어, 워그어
도전지수 1/2 (100 xp)

예리한 청각과 후각. 워그는 청각과 후각에 관계된 지혜(감지) 판정에 이점을 받습니다.

행동

물기. 근접 무기 공격: 명중 +5, 간격 5ft, 목표 하나. *명중시:* 10(2d6+3)점의 관통 피해. 목표가 크리쳐라면 DC 13의 근력 내성에 실패할 시 넘어집니다.

워그는 자기보다 약한 크리쳐들을 사냥하고 포식하는데서 큰 즐거움을 얻는 사악한 포식자입니다. 교활하고 악랄한 워그는 멀리 떨어진 황야를 배회하거나 고블린 혹은 홉고블린에 의해 길들여지기도 합니다. 이들은 워그를 탈것으로 이용하지만, 워그는 탑승자가 거칠게 대하거나 잘못 다루면 배신하고 공격하기도 합니다. 워그들은 그 자신의 언어와 고블린어를 사용하며, 개중 일부는 공용어를 말하기도 합니다.

위상 거미 PHASE SPIDER

대형 괴물류, 성향 없음

방어도 13 (자연 갑옷)
히트 포인트 32 (5d10+5)
이동속도 30ft, 등반 30ft

근력	민첩	건강	지능	지혜	매력
15 (+2)	15 (+2)	12 (+1)	6 (-2)	10 (+0)	6 (-2)

기술 은신 +6
감각능력 암시야 60ft, 상시 감지 10
언어 —
도전지수 3 (700 xp)

에테르 도약. 위상 거미는 추가 행동을 사용해 마법적으로 물질계에서 에테르계로 들어가거나, 에테르계에서 물질계로 나올 수 있습니다.

거미 등반. 거미는 능력 판정 없이 어려운 표면을 포함해 벽이나 천장을 등반할 수 있습니다.

거미줄 걷기. 거미는 거미줄로 인한 이동 제한을 무시합니다.

워그

위상 거미

물기. *근접 무기 공격:* 명중 +4, 간격 5ft, 크리쳐 하나. *명중시:* 7(1d10+2) 점의 관통 피해. 목표는 DC 11의 건강 내성에 실패 시 18(4d8)점의 독성 피해를 받습니다. 내성에 성공하면 피해는 절반으로 줄어듭니다. 만약 이 독성 피해로 목표의 hp가 0 이하가 되었다면 목표는 즉시 안정화되지만, 이후 1시간 동안 중독 상태가 됩니다. 이 중독 상태는 hp를 회복했어도 유지됩니다. 이렇게 중독된 동안에는 마비 상태이기도 합니다.

위상 거미는 에테르계로 들어가거나 돌아올 수 있는 마법적 힘을 지니고 있습니다. 이들은 갑자기 허공에서 나타나거나 공격을 가한 뒤 감쪽같이 사라져 버립니다. 에테르계로 들어갔다가 물질계로 나오곤 하는 모습을 보면 마치 순간이동하는 것처럼 보이기도 합니다.

유인원 APE

중형 야수, 성향 없음

방어도 12
히트 포인트 19 (3d8+6)
이동속도 30ft, 등반 30ft

근력	민첩	건강	지능	지혜	매력
16 (+3)	14 (+2)	14 (+2)	6 (-2)	12 (+1)	7 (-2)

기술 운동 +5, 감지 +3
감각능력 상시 감지 13
언어 —
도전지수 1/2 (100 xp)

행동

다중공격. 유인원은 주먹 공격을 2번 가합니다.

주먹. *근접 무기 공격:* 명중 +5, 간격 5ft, 목표 하나. *명중시:* 6(1d6+3) 점의 타격 피해.

바위. *장거리 무기 공격:* 명중 +5, 장거리 25/50ft, 목표 하나. *명중시:* 6(1d6+3) 점의 타격 피해.

육식어 무리 SWARM OF QUIPPERS

중형 무리(초소형 야수), 성향 없음

방어도 13
히트 포인트 28 (8d8-8)
이동속도 0ft, 수영 40ft

근력	민첩	건강	지능	지혜	매력
13 (+1)	16 (+3)	9 (-1)	1 (-5)	7 (-2)	2 (-4)

피해 저항 타격, 관통, 참격
상태 면역 매혹, 공포, 붙잡기, 마비, 석화, 넘어짐, 포박, 충격
감각능력 암시야 60ft, 상시 감지 8
언어 —
도전지수 1 (200 xp)

육식어류

피의 격분. 육식어는 hp가 최대치가 아닌 크리쳐를 공격할 때, 근접 명중 굴림에 이점을 받습니다.

무리. 작은 육식어 무리는 다른 크리쳐가 점유한 공간에 들어갈 수 있으며, 다른 크리쳐 역시 무리가 점유한 공간에 들어갈 수 있습니다. 무리는 초소형 육식어가 들어갈 수 있는 공간이라면 좁은 공간을 통해 이동할 수 있습니다. 무리는 hp를 회복하거나 임시 hp를 얻을 수 없습니다.

수중 호흡. 육식어는 수중에서만 호흡할 수 있습니다.

행동

물기. *근접 무기 공격:* 명중 +5, 간격 0ft, 무리의 공간에 들어간 크리쳐 하나. *명중시:* 14(4d6) 점의 관통 피해, 무리의 hp가 절반 이하라면 7(2d6) 점의 관통 피해.

육식어류 QUIPPER

초소형 야수, 성향 없음

방어도 13
히트 포인트 1 (1d4-1)
이동속도 0ft, 수영 40ft

근력	민첩	건강	지능	지혜	매력
2 (-4)	16 (+3)	9 (-1)	1 (-5)	7 (-2)	2 (-4)

감각능력 암시야 60ft, 상시 감지 8
언어 —
도전지수 0 (10 xp)

피의 격분. 육식어는 최대hp가 아닌 크리쳐를 공격할 때 근접 명중 굴림에 이점을 받습니다.

수중 호흡. 육식어는 수중에서만 호흡할 수 있습니다.

행동

물기. *근접 무기 공격:* 명중 +5, 간격 5ft, 목표 하나. *명중시:* 1점의 관통 피해

육식어는 날카로운 이빨이 나 있는 육식성 물고기입니다. 육식어는 수중 환경이라면 어디든 적응할 수 있으며, 차가운 지저 호수에도 있습니다. 이들은 주로 무리 지어 살고 있으며, 육식어 무리에 대한 게임 자료는 앞에 따로 나와 있습니다.

재칼 JACKAL

소형 야수, 성향 없음

방어도 12
히트 포인트 3 (1d6)
이동속도 40ft

근력	민첩	건강	지능	지혜	매력
8 (-1)	15 (+2)	11 (+0)	3 (-4)	12 (+1)	6 (-2)

기술 감지 +3
감각능력 상시 감지 13
언어 —
도전지수 0 (10 xp)

예리한 청각과 후각. 재칼은 청각이나 후각과 관계된 지혜(감지) 판정에 이점을 받습니다.

무리 전술. 재칼이 공격하려는 목표 근처 5ft 이내에 행동불능 상태가 아닌 동료가 있으면, 재칼은 명중 굴림에 이점을 받습니다.

행동

물기. *근접 무기 공격:* 명중 +1, 간격 5ft, 목표 하나. *명중시:* 1(1d4-1)점의 관통 피해.

전갈 SCORPION

초소형 야수, 성향 없음

방어도 11 (자연 갑옷)
히트 포인트 1 (1d4-1)
이동속도 10ft

근력	민첩	건강	지능	지혜	매력
2 (-4)	11 (+0)	8 (-1)	1 (-5)	8 (-1)	2 (-4)

감각능력 맹안시야 10ft, 상시 감지 9
언어 —
도전지수 0 (10 xp)

행동

독침. *근접 무기 공격:* 명중 +2, 간격 5ft, 크리쳐 하나. *명중시:* 1점의 관통 피해. 목표는 DC 9의 건강 내성에 실패할 시 4(1d8)점의 독성 피해를 받습니다. 내성에 성공하면 피해는 절반으로 줄어듭니다.

전투마 WARHORSE

대형 야수, 성향 없음

방어도 11
히트 포인트 19 (3d10+3)
이동속도 60ft

근력	민첩	건강	지능	지혜	매력
18 (+4)	12 (+1)	13 (+1)	2 (-4)	12 (+1)	7 (-2)

감각능력 상시 감지 11
언어 —
도전지수 1/2 (100 xp)

짓밟는 돌격. 전투마가 한 턴에 최소 20ft 이상을 직선으로 이동하여 목표에게 발굽 공격을 명중시켰다면, 목표는 DC 14의 근력 내성에 실패할 시 넘어집니다. 목표가 넘어졌다면, 전투마는 추가 행동으로 발굽 공격을 1회 가할 수 있습니다.

행동

발굽. *근접 무기 공격:* 명중 +6, 간격 5ft, 목표 하나. *명중시:* 11(2d6+4)점의 타격 피해.

> ### 변형: 전투마 마갑
> 갑옷을 입은 전투마는 마갑의 종류에 따라 다른 AC를 지니고 있습니다. (마갑에 대한 자세한 정보는 플레이어즈 핸드북(*Player's Handbook*)을 참조하십시오.) 말의 AC에는 적용 가능한 경우 민첩 수정치가 포함됩니다. 마갑은 말의 도전 지수를 바꾸지 않습니다.
>
> | AC | 마갑 | AC | 마갑 |
> |---|---|---|---|
> | 12 | 레더 | 16 | 체인 메일 |
> | 13 | 스터디드 레더 | 17 | 스플린트 |
> | 14 | 링 메일 | 18 | 플레이트 |
> | 15 | 스케일 메일 | | |

점멸견 BLINK DOG

중형 요정, 질서 선

방어도 13
히트 포인트 22 (4d8+4)
이동속도 40ft

근력	민첩	건강	지능	지혜	매력
12 (+1)	17 (+3)	12 (+1)	10 (+0)	13 (+1)	11 (+0)

기술 감지 +3, 은신 +5
감각능력 상시 감지 13
언어 점멸견어, 삼림어를 이해하지만 말할 수는 없음.
도전지수 1/4 (50 xp)

예리한 청각과 후각. 점멸견은 청각이나 후각에 관계된 지혜(감지) 판정에 이점을 받습니다.

행동

물기. 근접 무기 공격: 명중 +3, 간격 5ft, 목표 하나. 명중시: 4(1d6+1) 관통 피해.

순간이동. (재충전 4-6). 점멸견은 자신이 장비하거나 싣고 있는 모든 것과 함께, 자신이 볼 수 있는 40ft 내의 빈 공간에 마법적으로 순간이동합니다. 점멸견은 이렇게 순간이동하기 전이나 하고 난 후 물기 공격을 1회 가할 수 있습니다.

점멸견은 순간적으로 나타났다 사라지며 위험을 피하고 공격을 가하는 능력에서 유래한 이름입니다. 점멸견은 굴절 야수들과 오래 묵은 원한이 쌓여 있으며, 이들이 보이자마자 공격합니다.

조랑말 PONY

중형 야수, 성향 없음

방어도 10
히트 포인트 11 (2d8+2)
이동속도 40ft

근력	민첩	건강	지능	지혜	매력
15 (+2)	10 (+0)	13 (+1)	2 (-4)	11 (+0)	7 (-2)

감각능력 상시 감지 10
언어 —
도전지수 1/8 (25 xp)

행동

발굽. 근접 무기 공격: 명중 +4, 간격 5ft, 목표 하나. 명중시: 7(2d4+2)점의 타격 피해.

족제비 WEASEL

초소형 야수, 성향 없음

방어도 13
히트 포인트 1 (1d4-1)
이동속도 30ft

근력	민첩	건강	지능	지혜	매력
3 (-4)	16 (+3)	8 (-1)	2 (-4)	12 (+1)	3 (-4)

기술 감지 +3, 은신 +5
감각능력 상시 감지 13
언어 —
도전지수 0 (10 xp)

예리한 청각과 후각. 족제비는 청각과 후각에 관계된 지혜(감지) 판정에 이점을 받습니다.

행동

물기. 근접 무기 공격: 명중 +5, 간격 5ft, 목표 하나. 명중시: 1점의 관통 피해.

죽음의 개 DEATH DOG

중형 괴물류, 중립 악

방어도 12
히트 포인트 39 (6d8+12)
이동속도 40ft

근력	민첩	건강	지능	지혜	매력
15 (+2)	14 (+2)	14 (+2)	3 (-4)	13 (+1)	6 (-2)

기술 감지 +5, 은신 +4
감각능력 암시야 120ft, 상시 감지 15
언어 —
도전지수 1 (200 xp)

두 머리. 죽음의 개는 지혜(감지) 판정과 장님, 매혹, 귀머거리, 공포, 충격, 무의식 효과에 대한 내성에 이점을 받습니다.

점멸견

부록 A: 기타 크리쳐

행동

다중공격. 죽음의 개는 물기 공격을 2회 가합니다.

물기. *근접 무기 공격:* 명중 +4, 간격 5ft, 목표 하나. *명중시:* 5(1d6+2)점의 관통 피해. 목표가 크리쳐라면 DC 12의 건강 내성에 실패할 시 질병에 걸립니다. 이 질병은 중독 상태를 일으키며, 24시간이 지날 때마다 다시 내성을 굴릴 수 있습니다. 내성에 실패할 때마다 해당 크리쳐의 최대hp는 5(1d10)점씩 감소합니다. 이렇게 최대hp가 감소하여 0 이하로 떨어지면 크리쳐는 사망합니다. 질병을 치료하면 잃어버린 최대hp는 모두 회복됩니다.

죽음의 개는 추악하게 생긴 두 머리 사냥개로, 평원이나 사막, 언더다크를 배회합니다. 죽음의 개가 지닌 심장 속에는 증오가 불타고 있으며, 인간의 고기에 탐닉하기 때문에 여행자나 탐험가들을 습격하곤 합니다. 죽음의 개가 흘리는 타액에는 추악한 질병이 있으며, 이 질병에 걸리면 살이 천천히 썩어들어가 뼈만 남게 됩니다.

쥐 RAT

초소형 야수, 성향 없음

방어도 10
히트 포인트 1 (1d4-1)
이동속도 20ft

근력	민첩	건강	지능	지혜	매력
2 (-4)	11 (+0)	9 (-1)	2 (-4)	10 (+0)	4 (-3)

감각능력 암시야 30ft, 상시 감지 10
언어 —
도전지수 0 (10 xp)

예리한 후각. 쥐는 후각과 관계된 지혜(감지) 판정에 이점을 받습니다.

행동

물기. *근접 무기 공격:* 명중 +0, 간격 5ft, 목표 하나. *명중시:* 1점의 관통 피해.

죽음의 개

쥐 무리 SWARM OF RATS

중형 무리(초소형 야수), 성향 없음

방어도 10
히트 포인트 24 (7d8-7)
이동속도 30ft

근력	민첩	건강	지능	지혜	매력
9 (-1)	11 (+0)	9 (-1)	2 (-4)	10 (+0)	3 (-4)

피해 저항 타격, 관통, 참격
상태 면역 매혹, 공포, 붙잡기, 마비, 석화, 넘어짐, 포박, 충격
감각능력 암시야 30ft, 상시 감지 10
언어 —
도전지수 1/4 (50 xp)

예리한 후각. 쥐 무리는 후각에 관계된 지혜(감지) 판정에 이점을 받습니다.

무리. 작은 쥐 무리는 다른 크리쳐가 점유한 공간에 들어갈 수 있으며, 다른 크리쳐 역시 무리가 점유한 공간에 들어갈 수 있습니다. 무리는 초소형 쥐가 들어갈 수 있는 공간이라면 좁은 공간을 통해 이동할 수 있습니다. 무리는 hp를 회복하거나 임시 hp를 얻을 수 없습니다.

행동

물기. *근접 무기 공격:* 명중 +2, 간격 0ft, 무리의 공간에 들어간 크리쳐 하나. *명중시:* 7(2d6) 점의 관통 피해, 무리의 hp가 절반 이하라면 3(1d6) 점의 관통 피해.

짐말 DRAFT HORSE

대형 야수, 성향 없음

방어도 10
히트 포인트 19 (3d10+3)
이동속도 40ft

근력	민첩	건강	지능	지혜	매력
18 (+4)	10 (+0)	12 (+1)	2 (-4)	11 (+0)	7 (-2)

감각능력 상시 감지 10
언어 —
도전지수 1/4 (50 xp)

행동

발굽. *근접 무기 공격:* 명중 +6, 간격 5ft, 목표 하나. *명중시:* 9(2d4+4)점의 타격 피해.

쥐

코끼리 ELEPHANT

거대형 야수, 성향 없음

방어도 12 (자연 갑옷)
히트 포인트 76 (8d12+24)
이동속도 40ft

근력	민첩	건강	지능	지혜	매력
22 (+6)	9 (-1)	17 (+3)	3 (-4)	11 (+0)	6 (-2)

감각능력 상시 감지 10
언어 —
도전지수 4 (1,100 xp)

짓밟는 돌격. 코끼리가 한 턴에 최소 20ft 이상을 직선으로 이동하여 목표에게 들이받기 공격을 명중시켰다면, 목표는 DC 12의 근력 내성에 실패할 시 넘어집니다. 목표가 넘어졌다면, 코끼리는 추가 행동으로 짓밟기 공격을 1회 가할 수 있습니다.

행동

들이받기. *근접 무기 공격:* 명중 +8, 간격 5ft, 목표 하나.
명중시: 19(3d8+6) 점의 관통 피해.

짓밟기. *근접 무기 공격:* 명중 +8, 간격 5ft, 넘어진 크리쳐 하나.
명중시: 22(3d10+6) 점의 타격 피해.

코뿔소 RHINOCEROS

대형 야수, 성향 없음

방어도 11 (자연 갑옷)
히트 포인트 45 (6d10+12)
이동속도 40ft

근력	민첩	건강	지능	지혜	매력
21 (+5)	8 (-1)	15 (+2)	2 (-4)	12 (+1)	6 (-2)

감각능력 상시 감지 11
언어 —
도전지수 2 (450 xp)

돌격. 코뿔소가 한 턴에 최소 20ft 이상 직선으로 이동한 직후 적에게 들이받기 공격을 가해 명중시켰다면, 목표는 추가로 9(2d8)점의 참격 피해를 받습니다. 목표가 크리쳐라면, DC 15의 근력 내성에 실패한 경우 넘어집니다.

행동

들이받기. *근접 무기 공격:* 명중 +7, 간격 5ft, 목표 하나. *명중시:* 14(2d8+5) 점의 타격 피해.

표범 PANTHER

중형 야수, 성향 없음

방어도 12
히트 포인트 13 (3d8)
이동속도 50ft, 등반 40ft

근력	민첩	건강	지능	지혜	매력
14 (+2)	15 (+2)	10 (+0)	3 (-4)	14 (+2)	7 (-2)

기술 감지 +4, 은신 +6
감각능력 상시 감지 14
언어 —
도전지수 1/4 (50 xp)

예리한 후각. 표범은 후각과 관계된 지혜(감지) 판정에 이점을 받습니다.

급습. 표범이 최소 20ft 이상 직선으로 이동한 후 그 턴에 적을 할퀴기 공격으로 명중시켰다면, 목표는 DC 12의 근력 내성에 실패할 시 넘어집니다. 목표가 넘어졌다면 표범은 추가 행동으로 같은 목표에 물기 공격을 1회 가할 수 있습니다.

행동

물기. *근접 무기 공격:* 명중 +4, 간격 5ft, 목표 하나. *명중시:* 5(1d6+2) 점의 관통 피해.

할퀴기. *근접 무기 공격:* 명중 +4, 간격 5ft, 목표 하나. *명중시:* 4(1d4+2) 점의 참격 피해.

피의 매 BLOOD HAWK

소형 야수, 성향 없음

방어도 12
히트 포인트 7 (2d6)
이동속도 10ft, 비행 60ft

근력	민첩	건강	지능	지혜	매력
6 (-2)	14 (+2)	10 (+0)	3 (-4)	14 (+2)	5 (-3)

기술 감지 +4
감각능력 상시 감지 14
언어 —
도전지수 1/8 (25 xp)

예리한 시각. 피의 매는 시각에 관계된 지혜(감지) 판정에 이점을 받습니다.

무리 전술. 피의 매가 공격하려는 목표 주변 5ft 내에 행동불능 상태가 아닌 매의 동료가 있다면 명중 굴림에 이점을 받습니다.

행동

부리. *근접 무기 공격:* 명중 +4, 간격 5ft, 목표 하나. *명중시:* 4(1d4+2) 점의 관통 피해.

선홍색 깃털과 사나운 습성에서 이름이 유래한 **피의 매**는 어떤 동물이든 눈에 띄면 사납게 공격하며, 단검처럼 날카로운 부리로 쪼아댑니다. 피의 매는 많은 숫자가 같이 날아다니며, 집단으로 덮쳐 먹잇감을 쓰러트립니다.

하이에나 Hyena

중형 야수, 성향 없음

방어도 11
히트 포인트 5 (1d8+1)
이동속도 50ft

근력	민첩	건강	지능	지혜	매력
11 (+0)	13 (+1)	12 (+1)	2 (-4)	12 (+1)	5 (-3)

기술 감지 +3
감각능력 상시 감지 13
언어 —
도전지수 0 (10 xp)

무리 전술. 하이에나가 공격하려는 목표 주변 5ft 내에 행동불능 상태가 아닌 하이에나의 동료가 있다면 명중 굴림에 이점을 받습니다.

행동

물기. 근접 무기 공격: 명중 +2, 간격 5ft, 목표 하나. 명중시: 3(1d6) 점의 관통 피해.

해마 Sea Horse

초소형 야수, 성향 없음

방어도 11
히트 포인트 1 (1d4-1)
이동속도 0ft, 수영 20ft

근력	민첩	건강	지능	지혜	매력
1 (-5)	12 (+1)	8 (-1)	1 (-5)	10 (+1)	2 (-4)

감각능력 상시 감지 10
언어 —
도전지수 0(0 xp)

수중 호흡. 해마는 수중에서만 호흡할 수 있습니다.

호랑이 Tiger

대형 야수, 성향 없음

방어도 12
히트 포인트 37 (5d10+10)
이동속도 40ft

근력	민첩	건강	지능	지혜	매력
17 (+3)	15 (+2)	14 (+2)	3 (-4)	12 (+1)	8 (-1)

기술 감지 +3, 은신 +6
감각능력 암시야 60ft, 상시 감지 13
언어 —
도전지수 1 (200 xp)

예리한 후각. 호랑이는 후각에 관련된 지혜(감지) 판정에 이점을 받습니다.

급습. 호랑이가 최소 20ft 이상 직선으로 이동한 후 그 턴에 적을 할퀴기 공격으로 명중시켰다면, 목표는 DC 13의 근력 내성에 실패할 시 넘어집니다. 목표가 넘어졌다면 호랑이는 추가 행동으로 같은 목표에 물기 공격을 1회 가할 수 있습니다.

행동

물기. 근접 무기 공격: 명중 +5, 간격 5ft, 목표 하나. 명중시: 8(1d10+3) 점의 관통 피해.

할퀴기. 근접 무기 공격: 명중 +5, 간격 5ft, 목표 하나. 명중시: 7(1d8+3) 점의 참격 피해.

하이에나

부록 B: 논플레이어 캐릭터

이 부록에서는 모험자들이 D&D 캠페인을 진행하는 동안 마주칠 수 있는 다양한 인간형 논플레이어 캐릭터(NPC)의 자료를 수록했습니다. 이 중에는 나약한 일반인에서 강력한 대마법사까지 다양한 이들이 있습니다. 이 자료 상자들은 인간이나 비인간 NPC들 모두 사용할 수 있습니다.

NPC 조정하기

여기 NPC의 자료를 당신의 캠페인이 잘 맞도록 조정하는 간단한 방법들이 있습니다.

종족 특징. 당신은 NPC에 종족 특징을 더할 수 있습니다. 예를 들어, 하플링 드루이드는 이동 속도가 25ft로 감소하는 대신 행운아 특징을 지닐 것입니다. 종족 특징을 NPC에게 더하는 것은 도전 지수를 변경시키지 않습니다. 종족 특징에 대한 더 자세한 정보는 플레이어즈 핸드북(Player's Handbook)을 참조하십시오.

주문 변경. NPC 주문시전자를 조정하는 방법 중 하나는 주문들을 다른 것으로 변경하는 것입니다. 당신은 NPC의 목록에 있는 주문을 얼마든지 같은 레벨의 다른 주문으로 교환할 수 있습니다. 이렇게 주문을 바꾸는 것은 NPC의 도전 지수를 변경시키지 않습니다.

갑옷과 무기 변경. 당신은 NPC의 갑옷을 상승 또는 약화시키거나, 무기를 바꾸거나 교체해 줄 수 있습니다. NPC의 AC나 피해를 변경시키는 것은 도전 지수에 영향을 줄 수 있으며, 이 조정에 대해서는 던전 마스터즈 가이드(Dungeon Master's Guide)를 참조하십시오.

마법 물건. NPC가 더 강력해질수록, 마법 물건을 지니고 있을 가능성도 높아집니다. 예를 들어 대마법사라면 마법 지팡이나 마법봉을 지니고 있을 수 있으며, 하나 이상의 물약이나 두루마리도 소지하고 있을 것입니다. NPC에게 피해를 가할 수 있는 강력한 마법 물건을 주게 되면 도전 지수를 변경시킬 수 있습니다. 도전 지수 조정에 대해서는 던전 마스터즈 가이드를 참조하십시오.

검투사 GLADIATOR

중형 인간형(종족 무관), 성향 무관

방어도 16 (스터디드 레더, 방패)
히트 포인트 112 (15d8+45)
이동속도 30ft

근력	민첩	건강	지능	지혜	매력
18 (+4)	15 (+2)	16 (+3)	10 (+0)	12 (+1)	15 (+2)

내성 굴림 근력 +7, 민첩 +5, 건강 +6
기술 운동 +10, 위협 +5
감각능력 상시 감지 11
언어 아무 언어나 한 가지 (대개 공용어)
도전지수 5 (1,800 xp)

용기. 검투사는 공포에 대한 내성에 이점을 받습니다.

야만스러움. 검투사가 가하는 근접 공격은 명중시 피해에 추가로 주사위 하나가 늘어납니다. (이미 적용됨.)

행동

다중공격. 검투사는 3번의 근접 공격을 하거나 2번의 장거리 공격을 가합니다.

창. 근접 또는 장거리 무기 공격: 명중 +7, 간격 5ft 또는 장거리 20/60ft, 목표 하나. 명중시: 11(2d6+4) 점의 관통 피해. 양손으로 근접 공격을 했을 때는 13(2d8+4) 점의 관통 피해.

방패 치기. 근접 무기 공격: 명중 +7, 간격 5ft, 크리쳐 하나. 명중시: 9(2d4+4)점의 타격 피해. 목표가 중형 이하의 크기의 크리쳐라면, DC 15의 근력 내성 굴림에 실패할 시 넘어집니다.

반응행동

받아넘기기. 검투사는 근접 공격에 명중당했을 때 1회에 한해 AC에 +3 보너스를 받아 그 공격을 빗나가게 할 수 있습니다. 이 반응행동을 사용하려면 공격자를 볼 수 있어야 하고, 근접 무기를 장비하고 있어야 합니다.

검투사는 흥분한 관중들 앞에서 공연으로서 전투를 벌입니다. 몇몇 검투사는 잔인하고 야만스러운 전사로 모든 싸움을 생사의 결전으로 여기지만, 나머지는 그저 결투의 전문가로 높은 보수를 받고 전투에 나서지만 죽을 때까지 싸우는 경우는 별로 없습니다.

경비병 GUARD

중형 인간형(종족 무관), 성향 무관

방어도 16 (체인 셔츠, 방패)
히트 포인트 11 (2d8+2)
이동속도 30ft

근력	민첩	건강	지능	지혜	매력
13 (+1)	12 (+1)	12 (+1)	10 (+0)	11 (+0)	10 (+0)

기술 감지 +2
감각능력 상시 감지 12
언어 아무 언어 하나 (대개는 공용어)
도전지수 1/8 (25 xp)

행동

창. 근접 또는 장거리 무기 공격: 명중 +3, 간격 5ft 또는 장거리 20/60ft, 목표 하나. 명중시: 4(1d6+1)점의 관통 피해.

경비병은 도시 경비대나 요새화된 마을의 수비병, 혹은 상인이나 귀족들의 경호원들을 포함합니다.

광전사 BERSERKER

중형 인간형(종족 무관), 혼돈 성향이면 무관

방어도 13 (하이드 아머)
히트 포인트 67 (9d8+27)
이동속도 30ft

근력	민첩	건강	지능	지혜	매력
16 (+3)	12 (+1)	17 (+3)	9 (-1)	11 (+0)	9 (-1)

감각능력 상시 감지 10
언어 아무 언어나 한 가지 (대개 공용어)
도전지수 2 (450 xp)

무모함. 광전사는 자기 턴이 시작할 때 이번 턴 동안 모든 근접 명중 굴림에 이점을 받으려 할 수 있습니다. 단, 그렇게 하면 자신의 다음 턴이 시작될 때까지 광전사를 목표로 하는 모든 명중 굴림도 이점을 받게 됩니다.

행동

대도끼. 근접 무기 공격: 명중 +5, 간격 5ft, 목표 하나. 명중시: 9(1d12+3)점의 참격 피해

문명의 손길이 닿지 않은 곳에 자리한 예측 불가능한 **광전사**는 전쟁 무리를 이루어 분쟁을 찾아다니며 싸움을 벌입니다.

귀족 NOBLE
중형 인간형(종족 무관), 성향 무관

방어도 15 (브레스트플레이트)
히트 포인트 9 (2d8)
이동속도 30ft

근력	민첩	건강	지능	지혜	매력
11 (+0)	12 (+1)	11 (+0)	12 (+1)	14 (+2)	16 (+3)

기술 기만 +5, 통찰 +4, 설득 +5
감각능력 상시 감지 12
언어 아무 언어나 두 가지
도전지수 1/8 (25 xp)

귀족

행동

레이피어. 근접 무기 공격: 명중 +3, 간격 5ft, 목표 하나. 명중시: 5(1d8+1)점의 관통 피해

반응행동

받아넘기기. 귀족은 근접 공격에 명중당했을 때 1회에 한해 AC에 +2 보너스를 받아 그 공격을 빗나가게 할 수 있습니다. 이 반응행동을 사용하려면 공격자를 볼 수 있어야 하고, 근접 무기를 장비하고 있어야 합니다.

귀족은 상류층 중에서도 특히 강한 권세와 영향력을 가진 이들로, 많은 재산을 지니고 왕족이나 장군들처럼 권력자들과의 연줄 역시 가진 이들입니다. 귀족은 때로 경비병들을 데리고 하인들을 대동하여 여행을 떠나곤 합니다. 이 하인들은 대개 일반인입니다.

　귀족의 게임 자료는 그대로 귀족 태생이 아닌 궁정 **가신** 용으로도 사용할 수 있습니다.

기사 KNIGHT
중형 인간형(종족 무관), 성향 무관

방어도 18 (플레이트)
히트 포인트 52 (8d8+16)
이동속도 30ft

근력	민첩	건강	지능	지혜	매력
16 (+3)	11 (+0)	14 (+2)	11 (+0)	11 (+0)	15 (+2)

내성 굴림 건강 +4, 지혜 +2
감각능력 상시 감지 10
언어 아무 언어 한 가지 (대개 공용어)
도전지수 3 (700 xp)

용기. 기사는 공포에 대한 내성에 이점을 받습니다.

행동

다중공격. 기사는 두 번의 근접 공격을 가합니다.

대검. 근접 무기 공격: 명중 +5, 간격 5ft, 목표 하나. 명중시: 10(2d6+3) 참격 피해.

중형 석궁. 장거리 무기 공격: 명중 +2, 장거리 100/400ft, 목표 하나. 명중시: 5(1d10)점의 관통 피해.

지도력(짧은/긴 휴식 후 충전됨). 기사는 1분 동안 특별한 명령이나 경고를 외쳐 30ft 내의 적대적이지 않은 크리쳐들이 명중 굴림이나 내성 굴림을 하려 할 때 도움을 줄 수 있습니다. 단, 기사의 말을 이해할 수 있는 크리쳐만이 효과를 받을 수 있습니다. 효과를 받은 크리쳐는 d20을 굴릴 때 추가로 d4를 굴려 그 결과를 더할 수 있습니다. 지도력으로 얻은 보너스 주사위는 오직 한 개만 가지고 있을 수 있습니다. 이 효과는 기사가 행동불능 상태가 되면 종료됩니다.

반응행동

받아넘기기. 기사는 근접 공격에 명중당했을 때 1회에 한해 AC에 +2 보너스를 받아 그 공격을 빗나가게 할 수 있습니다. 이 반응행동을 사용하려면 공격자를 볼 수 있어야 하고, 근접 무기를 장비하고 있어야 합니다.

기사는 국가의 지배자나 종교적 결사, 혹은 귀족적 이상에 맹세한 전사들입니다. 기사의 성향에 따라 어떤 맹세를 어떻게 지키고 있는가가 달라집니다. 사명을 수행하는 중이든, 국경 경비에 나선 것이든, 여행하는 기사들은 종자와 고용인들을 데리고 있는 경우가 많습니다. 이들 고용인은 대개 일반인입니다.

깡패 Thug

중형 인간형(종족 무관), 비 선 성향

방어도 11 (레더 아머)
히트 포인트 32 (5d8+10)
이동속도 30ft

근력	민첩	건강	지능	지혜	매력
15 (+2)	11 (+0)	14 (+2)	10 (+0)	10 (+0)	11 (+0)

기술 위협 +2
감각능력 상시 감지 10
언어 아무 언어나 한 가지 (대개 공용어)
도전지수 1/2 (100 xp)

무리 전술. 깡패가 공격하려는 목표 주변 5ft 내에 행동불능 상태가 아닌 깡패의 동료가 있다면 명중 굴림에 이점을 받습니다.

행동

다중공격. 깡패는 2회의 근접 공격을 가합니다.

철퇴. 근접 무기 공격: 명중 +4, 간격 5ft, 크리쳐 하나. 명중시: 5(1d6+2)점의 타격 피해.

중형 석궁. 장거리 무기 공격: 명중 +2, 장거리 100/400ft, 목표 하나. 명중시: 5(1d10)점의 관통 피해.

깡패는 피도 눈물도 없는 건달들로 위협과 폭력에 능숙합니다. 이들은 돈을 받고 일하며 망설임이 없습니다.

깡패

대마법사 Archmage

중형 인간형(종족 무관), 성향 무관

방어도 12 (마법 갑주Mage Armor 사용시 15)
히트 포인트 99 (18d8+18)
이동속도 30ft

근력	민첩	건강	지능	지혜	매력
10 (+0)	14 (+2)	12 (+1)	20 (+5)	15 (+2)	16 (+3)

내성 굴림 지능 +9, 지혜 +6
기술 비전학 +13, 역사학 +13
피해 저항. 주문에 의한 피해. 비마법적 무기로 가해지는 타격/관통/참격 피해 (바위피부Stoneskin 사용시)
감각능력 상시 감지 12
언어 아무 언어나 여섯 가지
도전지수 12 (8,400 xp)

마법 저항. 대마법사는 주문이나 다른 마법적 효과에 대한 내성 굴림에 이점을 받습니다.

주문시전. 대마법사는 18레벨 주문시전자입니다. 대마법사의 주문 시전 능력치는 지능입니다. (주문 내성 DC 17, 주문 명중 +9). 대마법사는 자기 위장Disguise Self과 투명화Invisibility 주문을 자유시전할 수 있으며, 아래 위저드 주문들을 준비하고 있습니다.

소마법(자유시전): 화염 화살Fire Bolt, 빛Light, 마법사의 손Mage Hand, 요술Prestidigitation, 전격의 손아귀Shocking Grasp
1레벨 주문(슬롯 4개): 마법 탐지Detect Magic, 식별Identify, 마법 갑주 Mage Armor*, 마법 화살Magic Missile
2레벨 주문(슬롯 3개): 생각 탐지Detect Thoughts, 거울 분신Mirror Image, 안개 걸음Misty Step
3레벨 주문(슬롯 3개): 주문반사Counterspell, 비행Fly, 번개Lightning Bolt
4레벨 주문(슬롯 3개): 추방Banishment, 화염 방패Fire Shield, 바위피부Stoneskin*
5레벨 주문(슬롯 3개): 냉기 분사Cone of Cold, 염탐Scrying, 역장의 벽Wall of Force
6레벨 주문(슬롯 1개): 무적의 구체Globe of Invulnerability
7레벨 주문(슬롯 1개): 순간이동Teleport
8레벨 주문(슬롯 1개): 무심화Mind Blank*
9레벨 주문(슬롯 1개): 시간 정지Time Stop

*대마법사는 전투 전에 이 주문들을 시전해 놓습니다.

행동

단검. 근접 또는 장거리 무기 공격: 명중 +6, 간격 5ft 또는 장거리 20/60ft, 목표 하나. 명중시: 4(1d4+2)점의 관통 피해.

대마법사는 강력한 (그리고 대개는 나이든) 주문시전자로, 평생을 비전 마법의 연구에 바친 자들입니다. 선량한 이들은 왕과 여왕에게 조언하는가 하면, 악한 자들은 폭군이 되거나 리치가 되기 위해 연구하기도 합니다. 선하지도 악하지도 않은 자들은 스스로 홀로 떨어진 탑에 격리되어 지내며 어떤 방해도 받지 않고 마법을 연구하는 경우도 있습니다.

대마법사는 대개 하나 이상의 수련생을 데리고 있으며, 대마법사의 안식처는 수많은 마법적 방어 체계와 수호자들이 있어서 침입자들을 물리치곤 합니다.

도적 BANDIT

중형 인간형, 비 질서 성향

방어도 12 (가죽 갑옷)
히트 포인트 11 (2d8+2)
이동속도 30ft

근력	민첩	건강	지능	지혜	매력
11 (+0)	12 (+1)	12 (+1)	10 (+0)	10 (+0)	10 (+0)

감각능력 상시 감지 10
언어 아무 언어나 한 가지 (대개 공용어)
도전지수 1/8 (25 xp)

행동

시미터. *근접 무기 공격:* 명중 +3, 간격 5ft, 목표 하나 *명중시:* 4(1d6+1)점의 참격 피해.

경량 크로스보우. *장거리 무기 공격:* 명중 +3, 장거리 80/320ft, 목표 하나. *명중시:* 5(1d8+1) 점의 관통 피해.

도적은 무리지어 다니는 강도로, 대개 깡패나 베테랑, 주문시전자들이 이들을 이끌곤 합니다. 모든 도적이 사악하지는 않습니다. 폭정이나 가뭄, 질병, 기아 등의 재난을 만나면, 평범한 사람도 도적질로 먹고살 수밖에 없는 경우도 있습니다.

　해적은 바다를 무대로 하는 도적입니다. 이들은 재물과 살인에만 관심이 있는 악당들일 수도 있고, 왕국에 인정받은 사략선으로서 적국의 선박을 공격해 약탈하는 중일 수도 있습니다.

도적 두목 BANDIT CAPTAIN

중형 인간형(종족 무관), 비 질서 성향

방어도 15 (스터디드 레더)
히트 포인트 65 (10d8+20)
이동속도 30ft

근력	민첩	건강	지능	지혜	매력
15 (+2)	16 (+3)	14 (+2)	14 (+2)	11 (+0)	14 (+2)

내성 굴림 근력 +4, 민첩 +5, 지혜 +2
기술 운동 +4, 기만 +4
감각능력 상시 감지 10
언어 아무 언어나 두 가지
도전지수 2 (450 xp)

행동

다중공격. 두목은 시미터로 2회, 단검으로 1회씩 총 3회의 근접 공격을 가합니다. 그게 아니면 단검으로 2회의 장거리 공격을 가할 수도 있습니다.

시미터. *근접 무기 공격:* 명중 +5, 간격 5ft, 목표 하나. *명중시:* 6(1d6+3)점의 참격 피해.

단검. *근접 또는 장거리 무기 공격:* 명중 +5, 간격 5ft 또는 장거리 20/60ft, 목표 하나. *명중시:* 5(1d4+3)점의 관통 피해.

대마법사

반응행동

받아넘기기. 두목은 근접 공격에 명중당했을 때 1회에 한해 AC에 +2 보너스를 받아 그 공격을 빗나가게 할 수 있습니다. 이 반응행동을 사용하려면 공격자를 볼 수 있어야 하고, 근접 무기를 장비하고 있어야 합니다.

도적 무리를 이끌기 위해서는 강한 개성과 무자비한 교활함, 그리고 화려한 말솜씨가 필요합니다. **도적 두목**은 이런 요소들을 골고루 갖추고 있습니다.

한편, 한 무리의 이기적인 악당을 다스리는 **해적 두목** 역시 도적 두목의 변형된 형태로서, 자신이 보호하고 명령을 내리는 배를 이끌고 있습니다. 선원들을 이끌기 위해, 두목은 신상필벌을 엄격하게 집행합니다.

도적 두목이나 해적 두목은 보물 만큼이나 다양한 악명에 집착합니다. 두목의 허영심이나 오만함을 충족시켜 주는 포로는 두목의 화려한 명성에 대해 아무것도 들어본 적 없다고 주장하는 포로보다 훨씬 나은 대접을 받을 것입니다.

드루이드 Druid

중형 인간형(종족 무관), 성향 무관

방어도 11 (나무껍질 피부Barkskin 사용시 16)
히트 포인트 27 (5d8+5)
이동속도 30ft

근력	민첩	건강	지능	지혜	매력
10 (+0)	12 (+1)	13 (+1)	12 (+1)	15 (+2)	11 (+0)

기술 의학 +4, 자연학 +3, 감지 +4
감각능력 상시 감지 14
언어 드루이드어, 추가로 두 가지 언어
도전지수 2 (450 xp)

주문시전. 드루이드는 4레벨 주문시전자입니다. 드루이드의 주문시전 능력치는 지혜입니다. (주문 내성 DC 12, 주문 명중 +4) 드루이드는 아래와 같은 드루이드 주문을 준비하고 있습니다.

소마법(자유시전): 드루이드술Druidcraft, 화염 생성Produce Flame, 마력곤봉Shillelagh
1레벨(슬롯 4개): 얽혀듬Entangle, 활보Longstrider, 동물과의 대화 Speak with Animals, 천둥파도Thunderwave
2레벨(슬롯 3개): 동물 전달자Animal Messenger, 나무껍질 피부Barkskin

행동

육척봉. 근접 무기 공격: 명중 +2, (마력곤봉 사용시 +4), 간격 5ft, 목표 하나. 명중시: 3(1d6)점의 타격 피해. 두 손으로 장비했거나 마력곤봉 사용시 6(1d8+2)점의 타격 피해.

드루이드는 숲속이나 다른 대자연에 살아가며 괴물과 문명의 확장으로부터 자연 세계를 보호하는 이들입니다. 몇몇은 **부족 주술사**로 살아가며 부족 중의 아픈 자들을 치유하고, 동물 정령들에게 기도하며, 영적인 안내를 해주기도 합니다.

도적 두목

드루이드

마법사 MAGE

중형 인간형(종족 무관), 성향 무관

방어도 12 (마법 갑주Mage Armor 사용시 15)
히트 포인트 40 (9d8)
이동속도 30ft

근력	민첩	건강	지능	지혜	매력
9 (-1)	14 (+2)	11 (+0)	17 (+3)	12 (+1)	11 (+0)

내성 굴림 지능 +6, 지혜 +4
기술 비전학 +6, 역사학 +6
감각능력 상시 감지 11
언어 아무 언어나 네 가지
도전지수 6 (2,300 xp)

주문시전. 마법사는 9레벨 주문시전자입니다. 마법사의 주문시전 능력치는 지능입니다.(주문 내성 DC 14, 주문 명중 +6). 마법사는 아래와 같은 위저드 주문을 준비하고 있습니다.

소마법(자유시전): 화염 화살Fire Bolt, 빛Light, 마법사의 손Mage Hand, 요술Prestidigitation
1레벨(슬롯 4개): 마법 탐지Detect Magic, 마법 갑주Mage Armor, 마법 화살Magic Missile, 방패Shield
2레벨(슬롯 3개): 안개 발걸음Misty Step, 암시Suggestion
3레벨(슬롯 3개): 주문반사Counterspell, 화염구Fireball, 비행Fly
4레벨(슬롯 3개): 상급 투명화Greater Invisibiltiy, 얼음 폭풍Ice Storm
5레벨(슬롯 1개): 냉기 분사Cone of Cold

행동

단검. 근접 또는 장거리 무기 공격: 명중 +5, 간격 5ft 또는 장거리 20/60ft, 목표 하나. 명중시: 4(1d4+2)점의 관통 피해.

마법사는 마법을 배우고 익히는데 자신의 삶을 바친 사람들입니다. 선한 성향의 마법사는 귀족들이나 권력자들에게 조언하기도 하며, 악한 성향의 마법사는 홀로 떨어진 장소에서 방해받지 않고 말로는 형용 못할 사악한 실험을 행하기도 합니다.

> ### 변형: 패밀리어
>
> *패밀리어 찾기Find Familiar* 주문을 시전할 수 있는 시전자(대마법사나 마법사 등)의 경우, 패밀리어를 가지고 있을 수 있습니다. 패밀리어는 해당 주문의 설명에 나와 있는 크리쳐 중 하나를 고르면 됩니다.(플레이어즈 핸드북(Player's Handbook)을 참조하십시오.) 그 외에도 기어다니는 손이나 임프, 슈도드래곤, 콰짓 등의 초소형 크리쳐는 패밀리어로 사용할 수 있습니다.

베테랑 VETERAN

중형 인간형(종족 무관), 성향 무관

방어도 17 (스플린트)
히트 포인트 58 (9d8+18)
이동속도 30ft

근력	민첩	건강	지능	지혜	매력
16 (+3)	13 (+1)	14 (+2)	10 (+0)	11 (+0)	10 (+0)

기술 운동 +5, 감지 +2
감각능력 상시 감지 12
언어 아무 언어나 한 가지 (대개 공용어)
도전지수 3 (700 xp)

행동

다중공격. 베테랑은 장검 공격을 2회 가합니다. 만약 소검을 뽑고 있는 상태라면, 소검 공격도 1회 가할 수 있습니다.

장검. 근접 무기 공격: 명중 +5, 간격 5ft, 목표 하나. 명중시: 7(1d8+3)점의 참격 피해. 장검을 양손으로 잡고 있다면 8(1d10+3)점의 참격 피해.

소검. 근접 무기 공격: 명중 +5, 간격 5ft, 목표 하나. 명중시: 6(1d6+3)점의 관통 피해.

중형 석궁. 장거리 무기 공격: 명중 +3, 장거리 100/400ft, 목표 하나. 명중시: 6(1d10+1)점의 관통 피해.

베테랑은 보수를 받고 전투에 나서거나 사람 혹은 가치 있는 물건 등을 보호하는 역할을 하는 전문 전사입니다. 베테랑은 오랫동안 복무하고 은퇴한 군인이나, 다른 누구에게도 충성을 바치지 않고 싸워온 전사 등이 속합니다.

복사 ACOLYTE

중형 인간형(종족 무관), 성향 무관

방어도 10
히트 포인트 9 (2d8)
이동속도 30ft

근력	민첩	건강	지능	지혜	매력
10 (+0)	10 (+0)	10 (+0)	10 (+0)	14 (+2)	11 (+0)

기술 의학 +4, 종교학 +2
감각능력 상시 감지 12
언어 아무 언어나 한 가지 (대개 공용어)
도전지수 1/4 (50 xp)

주문시전. 복사는 1레벨 주문시전자입니다. 복사의 주문 시전 능력치는 지혜입니다. (주문 내성 DC 12, 주문 명중 +4). 복사는 아래 클레릭 주문들을 준비하고 있습니다.

소마법(자유시전): 빛Light, 신성한 불길Sacred Flame, 단순마술Thaumaturgy
1레벨 주문(슬롯 3개): 축복Bless, 상처 치료Cure Wounds, 성역화Sanctuary

행동

곤봉. 근접 무기 공격: 명중 +2, 간격 5ft, 목표 하나. 명중시: 2(1d4)점의 타격 피해.

복사는 성직 체계의 하급 구성원이며, 대개 사제 아래에서 일합니다. 이들은 신전 내에서 다양한 역할을 수행하며, 신들의 힘을 빌어 가벼운 주문을 시전할 수 있습니다.

부족 전사 TRIBAL WARRIOR

중형 인간형(종족 무관), 성향 무관

방어도 12 (하이드 아머)
히트 포인트 11 (2d8+2)
이동속도 30ft

근력	민첩	건강	지능	지혜	매력
13 (+1)	11 (+0)	12 (+1)	8 (-1)	11 (+0)	8 (-1)

감각능력 상시 감지 10
언어 아무 언어나 한 가지
도전지수 1/8 (25 xp)

무리 전술. 부족 전사가 공격하려는 목표 주변 5ft 내에 행동불능 상태가 아닌 전사의 동료가 있다면 명중 굴림에 이점을 받습니다.

행동

창. 근접 또는 장거리 무기 공격: 명중 +3, 간격 5ft 또는 장거리 20/60ft, 목표 하나. *명중시:* 4(1d6+1) 점의 관통 피해. 양손으로 근접 공격을 했을 때는 5(1d8+1) 점의 관통 피해.

부족 전사는 문명의 손길이 닿지 않은 곳에 자리 잡고, 대개 낚시와 사냥으로 살아갑니다. 각각의 부족은 그 족장의 뜻에 따라 움직이며, 이 족장들은 대개 그 부족에서 가장 강대하고 나이 든 전사이거나 신에게 축복받았다고 여겨지는 인물이 맡습니다.

사교 광신도 CULT FANATIC

중형 인간형(종족 무관), 비 선 성향

방어도 13 (가죽 갑옷)
히트 포인트 33 (6d8+6)
이동속도 30ft

근력	민첩	건강	지능	지혜	매력
11 (+0)	14 (+2)	12 (+1)	10 (+0)	13 (+1)	14 (+2)

기술 기만 +4, 설득 +4, 종교학 +2
감각능력 상시 감지 11
언어 아무 언어 하나 (대개는 공용어)
도전지수 2 (450 xp)

어둠의 헌신. 광신도는 매혹이나 공포 상태에 대한 내성 굴림에 이점을 받습니다.

주문시전. 광신도는 4레벨 주문시전자이며, 주문 시전 능력치는 지혜를 사용합니다. (주문 내성 DC 11, 주문 명중 +3) 광신도는 아래와 같은 클레릭 주문들을 준비하고 있습니다.

소마법(자유시전): 빛*Light*, 신성한 불길*Sacred Flame*, 단순마술 *Thaumaturgy*
1레벨(4슬롯): 명령*Command*, 상처 가해*Inflict Wounds*, 신앙의 방패 *Shield of Faith*
2레벨(3슬롯): 인간형 포박*Hold Person*, 영체 무기*Spiritual Weapon*

행동

다중공격. 광신도는 2회의 근접 공격을 가합니다.

단검. 근접 또는 장거리 무기 공격: 명중 +4, 간격 5ft 또는 장거리 20/60ft, 크리쳐 하나. *명중시:* 4(1d4+2)점의 관통 피해.

광신도는 대개 사교 집단의 지도자 역할을 하며, 자신들의 카리스마와 교리를 통해 의지가 약한 자들을 지배합니다. 이들 대부분은 그 무엇보다 자신의 권력 향상을 원하고 있습니다.

사교도 CULTIST

중형 인간형(종족 무관), 비 선 성향

방어도 12 (가죽 갑옷)
히트 포인트 9 (2d8)
이동속도 30ft

근력	민첩	건강	지능	지혜	매력
11 (+0)	12 (+1)	10 (+0)	10 (+0)	11 (+0)	10 (+0)

기술 기만 +2, 종교학 +2
감각능력 상시 감지 10
언어 아무 언어나 한 가지 (대개 공용어)
도전지수 1/8 (25 xp)

어둠의 헌신. 광신도는 매혹이나 공포 상태에 대한 내성 굴림에 이점을 받습니다.

행동

시미터. 근접 무기 공격: 명중 +3, 간격 5ft, 목표 하나. *명중시:* 4(1d6+1)점의 참격 피해.

사교도는 원소 대공이나 데몬 군주, 혹은 아크데빌 등의 사악한 권세와 계약을 맺은 자들입니다. 이들은 사회에서 배척받거나 감금되어 처형당하는 등의 위험을 피하고자 자신의 충성심을 숨기곤 합니다. 사악한 복사와는 달리, 이들은 자신의 신앙과 수련으로 인해 광기를 보이기도 합니다.

사교 광신도

사제 PRIEST

중형 인간형(종족 무관), 성향 무관

방어도 13 (체인 셔츠)
히트 포인트 27 (5d8+5)
이동속도 30ft

근력	민첩	건강	지능	지혜	매력
10 (+0)	10 (+0)	12 (+1)	13 (+1)	16 (+3)	13 (+1)

기술 의학 +7, 설득 +3, 종교학 +5
감각능력 상시 감지 13
언어 아무 언어나 두 가지
도전지수 2 (450 xp)

신성한 광휘. 사제는 추가 행동으로 자신의 주문 슬롯 하나를 소비해 근접 무기에 마법적 힘을 더합니다. 이번 턴 동안 가하는 다음 근접 무기 공격이 명중하면 목표는 추가로 10(3d6)점의 광휘 피해를 더 받습니다. 이 효과는 턴이 끝나면 사라집니다. 만약 사제가 2레벨 이상의 슬롯을 소비했다면, 상승한 슬롯 1레벨당 광휘 피해가 1d6점씩 증가합니다.

주문시전. 사제는 5레벨 주문시전자입니다. 사제의 주문시전 능력치는 지혜입니다.(주문 내성 DC 13, 주문 명중 +5) 사제는 아래와 같은 클레릭 주문을 준비하고 있습니다.

소마법(자유시전): 빛Light, 신성한 불길Sacred Flame, 단순마술 Thaumaturgy
1레벨(슬롯 4개): 상처 치료Cure Wounds, 유도 화살Guiding Bolt, 성역화Sanctuary
2레벨(슬롯 3개): 하급 회복Lesser Restoration, 영체 무기Spiritual Weapon
3레벨(슬롯 2개): 마법 무효화Dispel Magic, 영혼 수호자Spirit Guardians

행동

철퇴. 근접 무기 공격: 명중 +2, 간격 5ft, 목표 하나. 명중시: 3(1d6)점의 타격 피해.

사제는 신의 가르침을 평범한 이들에게 전해주는 사람들입니다. 그들은 신전이나 사원에서 영적 지도자 역할을 수행하며 공동체에도 영향력 있는 위치에 있습니다. 악한 사제들은 공개적으로 폭군을 위해 일하거나, 그들 자신이 선한 사회의 그림자 속에서 비밀스러운 종교 교파를 운영하며 사악한 의식을 벌이기도 합니다.

사제는 대개 한 명 이상의 복사를 데리고 있으며, 이들의 도움을 받아 종교적 의식이나 기념 예식을 치르곤 합니다.

암살자 ASSASSIN

중형 인간형 (종족 무관), 비 선 성향

방어도 15 (스터디드 레더)
히트 포인트 78 (12d8+24)
이동속도 30ft

근력	민첩	건강	지능	지혜	매력
11 (+0)	16 (+3)	14 (+2)	13 (+1)	11 (+0)	10 (+0)

내성 굴림 민첩 +6, 지능 +4
기술 곡예 +6, 기만 +3, 감지 +3, 은신 +9
피해 저항 독성
감각능력 상시 감지 13
언어 도둑의 속어, 추가로 두 가지 언어.
도전지수 8 (3,900 xp)

암살. 첫 번째 턴 동안, 암살자는 아직 자기 턴을 실행하지 않은 크리쳐들을 공격할 때 명중 굴림에 이점을 받습니다. 이때 기습당한 크리쳐에 명중시킨 공격은 치명타가 됩니다.

회피기동. 암살자가 민첩 내성 굴림에 성공하면 절반의 피해만 받는 효과의 대상이 되었을 때, 이 내성 굴림에 성공하면 절반 대신 전혀 피해를 받지 않을 수 있습니다. 또한 실패해도 절반의 피해만 받습니다.

암습 공격. 턴 당 한번, 암살자는 명중 굴림에 이점을 받고 한 무기 공격이 명중했을 때 추가로 14(4d6)점의 피해를 더 줄 수 있습니다. 이점이 없을 때도 목표 주변 5ft 이내에 목표의 적이 있고 암살자가 불리점을 받지 않고 있다면 암습 공격을 가할 수 있습니다.

행동

다중공격. 암살자는 두 번의 소검 공격을 가합니다.

소검. 근접 무기 공격: 명중 +6, 간격 5ft, 목표 하나. 명중시: 6(1d6+3)점의 관통 피해, 또한 목표는 DC 15의 건강 내성에 실패할 경우 24(7d6)점의 독성 피해를 받습니다. 내성에 성공하면 피해가 절반으로 줄어듭니다.

경량 석궁. 장거리 무기 공격: 명중 +6, 장거리 80/320ft, 목표 하나. 명중시: 7(1d8+3)점의 관통 피해. 그리고 목표는 DC 15의 건강 내성에 실패할 경우 24(7d6)점의 독성 피해를 받습니다. 내성에 성공하면 피해가 절반으로 줄어듭니다.

독을 사용하는 훈련을 받은 **암살자**는 망설이지 않는 살인자로, 귀족이나 길드장, 왕족 등등 보수를 지불하는 자들에 의해 고용되어 움직입니다.

일반인 COMMONER

중형 인간형(종족 무관), 성향 무관

방어도 10
히트 포인트 4 (1d8)
이동속도 30ft

근력	민첩	건강	지능	지혜	매력
10 (+0)	10 (+0)	10 (+0)	10(+0)	10(+0)	10(+0)

감각능력 상시 감지 10
언어 아무 언어 한 가지 (대개 공용어)
도전지수 0 (10 xp)

행동

몽둥이. 근접 무기 공격: 명중 +2, 간격 5ft, 목표 하나. 명중시: 2(1d4)점의 타격 피해.

일반인은 농민이나 농노, 노예, 하인, 순례자, 상인, 장인, 은둔자 등등을 모두 포함합니다.

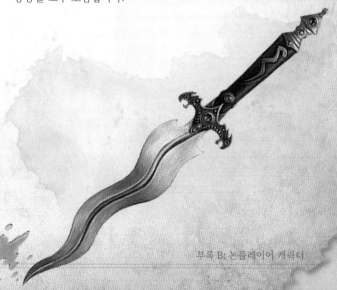

정찰병 Scout

중형 인간형(종족 무관), 성향 무관

방어도 13 (레더 아머)
히트 포인트 16 (3d8+3)
이동속도 30ft

근력	민첩	건강	지능	지혜	매력
11 (+0)	14 (+2)	12 (+1)	11 (+0)	13 (+1)	11 (+0)

기술 자연학 +4, 감지 +5, 은신 +6, 생존 +5
감각능력 상시 감지 15
언어 아무 언어나 한 가지 (대개 공용어)
도전지수 1/2 (100 xp)

예리한 청각과 시각. 정찰병은 청각과 시각에 관계된 지혜(감지) 판정에 이점을 받습니다.

행동

다중공격. 정찰병은 두 번의 근접 공격이나 두 번의 장거리 공격을 가합니다.

소검. *근접 무기 공격:* 명중 +4, 간격 5ft, 목표 하나. *명중시:* 5(1d6+2)점의 관통 피해.

장궁. *장거리 무기 공격:* 명중 +4, 장거리 150/600ft, 목표 하나. *명중시:* 6(1d8+2)점의 관통 피해.

정찰병은 숙련된 사냥꾼이자 추적자로, 보수를 받고 자기 일을 합니다. 이들은 대개 야생 동물을 사냥하곤 하지만, 일부는 현상금 사냥꾼이나 안내원으로 일하며, 때로는 군대에 고용되어 정찰에 나서기도 합니다.

첩자 Spy

중형 인간형(종족 무관), 성향 무관

방어도 12
히트 포인트 27 (6d8)
이동속도 30ft

근력	민첩	건강	지능	지혜	매력
10 (+0)	15 (+2)	10 (+0)	12 (+1)	14 (+2)	16 (+3)

기술 기만 +5, 통찰 +4, 수사 +5, 감지 +6, 설득 +5, 손속임 +4, 은신 +4
감각능력 상시 감지 16
언어 아무 언어나 두 가지
도전지수 1 (200 xp)

교활한 행동. 첩자는 자기 턴마다 추가 행동을 사용하여 질주, 퇴각, 은신 행동을 할 수 있습니다.

암습 공격. 턴 당 한번, 첩자는 명중 굴림에 이점을 받고 한 무기 공격이 명중했을 때 추가로 7(2d6)점의 피해를 더 줄 수 있습니다. 이점이 없을 때도 목표 주변 5ft 이내에 목표의 적이 있고 첩자가 불리점을 받지 않고 있다면 암습 공격 을 가할 수 있습니다.

행동

다중공격. 첩자는 두 번의 소검 공격을 가합니다.

소검. *근접 무기 공격:* 명중 +4, 간격 5ft, 목표 하나. *명중시:* 5(1d6+2)점의 관통 피해.

손 석궁. *장거리 무기 공격:* 명중 +4, 장거리 30/120ft, 목표 하나. *명중시:* 5(1d6+2)점의 관통 피해.

지배자, 귀족, 상인, 길드장 등등의 부유한 인물들은 첩자를 고용하여 살벌한 정치판에서 우위를 점하고자 합니다. **첩자**는 비밀리에 정보를 수집하는 훈련을 받았습니다. 충성스러운 첩자는 자신이나 고용주를 위험에 빠트릴 정보를 누설하느니 차라리 죽음을 택하려 들 것입니다.

정찰병

자료 상자 색인

이 색인을 사용해서 특정한 괴물의 자료 상자를 검색하시기 바랍니다